Barbara Grunewald

Gesellschaftsrecht

8., vollständig überarbeitete Auflage

Mohr Siebeck

Barbara Grunewald ist Professorin für Bürgerliches Recht und Wirtschaftsrecht sowie Anwaltsrecht und Direktorin des Instituts für Gesellschaftsrecht an der Universität zu Köln.

1. Auflage 1994
2. Auflage 1996 (vollständig überarbeitet)
3. Auflage 1999 (vollständig überarbeitet)
4. Auflage 2000 (vollständig überarbeitet)
5. Auflage 2002 (vollständig überarbeitet)
6. Auflage 2005 (vollständig überarbeitet)
7. Auflage 2008 (vollständig überarbeitet)
8. Auflage 2011 (vollständig überarbeitet)

ISBN 978-3-16-150846-2

Die Deutsche Nationalbibliothek verzeichnet diese Publikation in der Deutschen Nationalbibliographie; detaillierte bibliographische Daten sind im Internet über *http://dnb.d-nb.de* abrufbar.

© 2011 Mohr Siebeck Tübingen.

Das Buch wurde von Gulde-Druck in Tübingen aus der Rotation gesetzt, auf säurefreies Werkdruckpapier gedruckt und gebunden. Den Umschlag entwarf Uli Gleis in Tübingen.

Vorwort zur 8. Auflage

Das vorliegende Buch wendet sich an Studierende und andere Juristen, die Kenntnisse im Gesellschaftsrecht erwerben wollen (aber wohl nur an solche, die an vertieften Kenntnissen interessiert sind). Es beruht auf Vorlesungen, die ich an den Universitäten Mainz, Mannheim und Köln gehalten habe, und damit letztlich auch auf Anregungen und Kritik. Beides ist nach wie vor hoch willkommen.

Der Text ist vollständig überarbeitet und auf dem Stand von April 2011.

Mein besonderer Dank gilt Frau Sevgi Kaya für das Erstellen des Manuskripts und Herrn Ilja Gibermann für die Überarbeitung des Stichwortverzeichnisses.

Köln, im April 2011   Barbara Grunewald

Inhaltsverzeichnis

Inhaltsverzeichnis

Inhaltsverzeichnis

Inhaltsverzeichnis

Inhaltsverzeichnis

Zweiter Teil: Körperschaften

Inhaltsverzeichnis

Inhaltsverzeichnis

Inhaltsverzeichnis

Inhaltsverzeichnis

Inhaltsverzeichnis

Inhaltsverzeichnis

Dritter Teil: Gesellschaften ausländischer Rechtsform

Vierter Teil: Grundfragen des Gesellschaftsrechts
– Zusammenfassung –

Abkürzungs- und Literaturverzeichnis

a. A.	anderer Ansicht
a. a. O.	am angegebenen Ort
ABl.	*Amtsblatt*
abl.	ablehnend
Abs.	Absatz
AcP	Archiv für die civilistische Praxis
a.F.	alte Fassung
AG	Aktiengesellschaft,
AG	Die Aktiengesellschaft (Zeitschrift)
AG	Amtsgericht
AGBG	Gesetz zur Regelung des Rechts der Allgemeinen Geschäftsbedingungen
AgrarR	Agrarrecht, Zeitschrift für das gesamte Recht der Landwirtschaft, der Agrarmärkte und des ländlichen Raums
AktG	Aktiengesetz
Anh.	Anhang
Anm.	Anmerkung
Art.	Artikel
Aufl.	Auflage
BAG	Bundesarbeitsgericht
Baumbach/Hopt	Handelsgesetzbuch, begründet von *Adolf Baumbach*, bearbeitet von *Klaus J. Hopt, Hanno Merkt*, 34. Aufl. 2010
Baumbach/Hueck	Kommentar zum GmbH-Gesetz, begründet von *Adolf Baumbach*, fortgeführt von *Alfred Hueck*, bearbeitet von *Lorenz Fastrich, Götz Hueck, Ulrich Noack, Joachim Schulze-Osterloh, Wolfgang Servatius, Wolfgang Zöllner*, 19. Aufl. 2010
BayObLG	Bayrisches Oberstes Landesgericht
BB	Der Betriebs-Berater
BBergG	Bundesberggesetz
Bd.	Band
Bearb.	Bearbeitung
BeckRS	Beck-Rechtsprechung
BetrVG	Betriebsverfassungsgesetz
Beuthien	*Volker Beuthien*, GenG, Kommentar, 15. Aufl. 2011
BFH	Bundesfinanzhof
BGB	Bürgerliches Gesetzbuch
BGBl.	Bundesgesetzblatt

BGH	Bundesgerichtshof
BGHZ	Entscheidungen des Bundesgerichtshofes in Zivilsachen
Bl.	Blatt
BVerfG	Bundesverfassungsgericht
BVerfGE	Entscheidungen des Bundesverfassungsgerichts
BVerwG	Bundesverwaltungsgericht
bzw.	beziehungsweise
ca.	circa
DB	Der Betrieb
ders.	derselbe
DNotZ	Deutsche Notar-Zeitschrift
DrittelbG	Drittelbeteiligungsgesetz
DStR	Deutsches Steuerrecht
DZWiR	Deutsche Zeitschrift für Wirtschaftsrecht
eG	eingetragene Genossenschaft
EG	Europäische Gemeinschaft
Einl.	Einleitung
Erman	Handkommentar zum Bürgerlichen Gesetzbuch, herausgegeben von *Harm Peter Westermann*, 12. Aufl. 2008
etc.	et cetera
EuGH	Europäischer Gerichtshof
e. V.	eingetragener Verein
EWiR	Entscheidungen zum Wirtschaftsrecht
EWIV	Europäische Wirtschaftliche Interessenvereinigung
f. (ff.)	folgende (Plural)
FamRZ	Zeitschrift für das gesamte Familienrecht
FamFG	Gesetz über das Verfahren in Familiensachen und in den Angelegenheiten der freiwilligen Gerichtsbarkeit
Flume, Juristische Person	*Werner Flume*, Allgemeiner Teil des Bürgerlichen Rechts, Erster Band, Zweiter Teil, Die juristische Person, 1983
Flume, Personengesellschaft	*Werner Flume*, Allgemeiner Teil des Bürgerlichen Rechts, Erster Band, Erster Teil, Die Personengesellschaft, 1977
Fn.	Fußnote
FS	Festschrift
GBO	Grundbuchordnung
GenG	Gesetz betreffend die Erwerbs- und Wirtschaftsgenossenschaften
GG	Grundgesetz für die Bundesrepublik Deutschland
GmbH	Gesellschaft mit beschränkter Haftung
GmbHG	Gesetz betreffend die Gesellschaften mit beschränkter Haftung
GmbHR	GmbH-Rundschau
Großkomm. zum AktG	Großkommentar zum Aktiengesetz, herausgegeben von *Klaus J. Hopt* und *Herbert Wiedemann*, 4. Aufl. 1992ff. (teilweise noch 3. Aufl. 1970ff.)
Großkomm. zum HGB	Handelsgesetzbuch, Großkommentar, begründet von *Hermann Staub*, 5. Aufl. 2009 (teilweise noch 4. Aufl.)
GWB	Gesetz gegen Wettbewerbsbeschränkungen

Habersack	*Mathias Habersack*, Europäisches Gesellschaftsrecht, 3. Aufl. 2006
Hachenburg	Großkommentar zum GmbHG, begründet von *Max Hachenburg*, herausgegeben von *Peter Ulmer*, 8. Aufl. 1992 ff.
Henssler	Martin Henssler, Partnerschaftsgesellschaftsgesetz, 2. Aufl. 2008
Heymann	Handelsgesetzbuch, Kommentar herausgegeben von *Norbert Horn*, 2. Aufl. 1995 ff.
HGB	Handelsgesetzbuch
h. M.	herrschende Meinung
Hrsg.	Herausgeber
Hueck, Alfred	*Alfred Hueck*, Das Recht der offenen Handelsgesellschaft, 4. Aufl. 1971
Hüffer	*Uwe Hüffer*, Aktiengesetz, Kommentar, 9. Aufl. 2010
InsO	Insolvenzordnung
i. S. v.	im Sinne von
Jura	Juristische Ausbildung
JuS	Juristische Schulung
JW	Juristische Wochenschrift
JZ	Juristenzeitung
KG	Kammergericht
KG	Kommanditgesellschaft
KGaA	Kommanditgesellschaft auf Aktien
Kölner Komm.	Kölner Kommentar zum Aktiengesetz, herausgegeben von *Wolfgang Zöllner*, 3. Aufl. 2004 ff.
Konzern	Der Konzern
Koller/Roth/Morck	HGB, Kommentar von *Ingo Koller, Wulf-Henning Roth, Winfried Morck*, 6. Aufl. 2007
krit.	kritisch
KTS	Konkurs, Treuhand, Sanierung
Kübler/Assmann	*Friedrich Kübler, Heinz-Dieter Assmann*, Gesellschaftsrecht, 6. Aufl. 2006
LG	Landgericht
LM	Nachschlagewerk des Bundesgerichtshofes (Loseblattsammlung) herausgegeben von *Lindenmaier, Möhring* u.a.
Lutter/Hommelhoff	GmbH-Gesetz, Kommentar bearbeitet von *Walter Bayer, Peter Hommelhoff, Detlef Kleindiek, Marcus Lutter*, 17. Aufl. 2009
MarkenG	Markengesetz
MDR	Monatsschrift für Deutsches Recht
m. E.	meines Erachtens
Meilicke/ Graf v. Westphalen/ Hoffmann/Lenz/Wolf	Kommentar zum PartGG von *Wienand Meilicke, Friedrich Graf von Westphalen, Jürgen Hoffmann, Tobias Lenz, Reinmar Wolff*, 2. Auflage 2006
MitbestG	Gesetz über die Mitbestimmung der Arbeitnehmer
MitbestErgG	Mitbestimmungsergänzungsgesetz
MontanMitbestG	Gesetz über die Mitbestimmung der Arbeitnehmer in den Aufsichtsräten und Vorständen der Unternehmen des Bergbaus und der Eisen und Stahl erzeugenden Industrie
Münchener Handbuch des Gesellschaftsrechts	Band 4, Aktiengesellschaft, herausgegeben von *Michael Hoffmann-Becking*, 3. Aufl. 2007

MünchKomm, AktG	Münchener Kommentar zum Aktiengesetz, herausgegeben von *Mathias Habersack und Wulf Goette*, 3. Aufl.2008ff., teilweise noch 2. Aufl.
MünchKomm	Münchener Kommentar zum Bürgerlichen Gesetzbuch, herausgegeben von *Kurt Rebmann, Franz Jürgen Säcker* und *Roland Rixecker*, 5. Aufl. 2006 ff.
MünchKomm, HGB	Münchener Kommentar zum Handelsgesetzbuch, herausgegeben von *Karsten Schmidt*, 3. Aufl. 2010f.
NJW	Neue Juristische Wochenschrift
NJW-RR	NJW-Rechtsprechungsreport
Nr.	Nummer
NZG	Neue Zeitschrift für Gesellschaftsrecht
Oetker	HGB Kommentar zum HGB, herausgegeben von *Hartmut Oetker* 2009
OHG	Offene Handelsgesellschaft
OLG	Oberlandesgericht
OLGZ	Entscheidungen der Oberlandesgerichte in Zivilsachen einschließlich der freiwilligen Gerichtsbarkeit
OWiG	Gesetz über Ordnungswidrigkeiten
Palandt	BGB, Kommentar, 70. Aufl. 2011
PartGG	Partnerschaftsgesellschaftsgesetz
Pöhlmann/Fandrich/ Bloehs	GenG, Kommentar, 3. Aufl. 2007
Raiser/Veil	*Thomas Raiser, Rüdiger Veil*, Recht der Kapitalgesellschaften, 5. Aufl. 2010
RdL	Recht der Landwirtschaft
Rdz.	Randziffer
RG	Reichsgericht
RGSt	Entscheidungen des Reichsgerichts in Strafsachen
RGZ	Entscheidungen des Reichsgerichts in Zivilsachen
Roth/Altmeppen	GmbHG, Kommentar von *Holger Altmeppen* und *Günther Roth*, 6. Aufl. 2009
Rowedder	GmbH-Gesetz, Kommentar begründet von *Heinz Rowedder*, herausgegeben von *Christian Schmidt-Leithoff*, 4. Aufl. 2002
S.	Seite oder Satz
s.	siehe
Saenger	*Ingo Saenger*, Gesellschaftsrecht, 2010
Schäfer	*Carsten Schäfer*, Gesellschaftsrecht, 2010
Schmidt	*Karsten Schmidt*, Gesellschaftsrecht, 4. Aufl. 2002
Scholz	Kommentar zum GmbH-Gesetz, begründet von *Franz Scholz*, bearbeitet von *Georg Crezelius, Volker Emmerich, Hans-Joachim Priester, Karsten Schmidt, Christoph Seibt, Uwe H. Schneider, Klaus Tiedemann, Rüdiger Veil, Harm Peter Westermann, Heinz Winter*, 10. Aufl. 2006
Soergel	Bürgerliches Gesetzbuch, begründet von *Hs. Th. Soergel*, 13. Aufl. 1999ff. (teilweise noch 12. Aufl.)
sog.	sogenannt
StVG	Straßenverkehrsgesetz
u. a.	und andere

Ulmer	Großkommentar zum GmbHG, herausgegeben von *Peter Ulmer* in Gemeinschaft mit *Matthias Habersack, Martin Winter*, ab 2005
Ulmer/Brandner/ Hensen	AGB-Recht, Kommentar bearbeitet von *Peter Ulmer, Guido Christensen, Andreas Fuchs, Horst-Diether Hensen, Harry Schmidt*, 11. Aufl. 2011
UG	Unternehmergesellschaft
umstr.	umstritten
UmwG	Umwandlungsgesetz
usw.	und so weiter
u. U.	unter Umständen
UWG	Gesetz gegen den unlauteren Wettbewerb
VAG	Gesetz über die Beaufsichtigung der privaten Versicherungsunternehmen und Bausparkassen
VersR	Versicherungsrecht
VO	Verordnung
VVaG	Versicherungsverein auf Gegenseitigkeit
Warn	Die Rechtsprechung des Reichsgerichts auf dem Gebiet des Zivilrechts, herausgegeben von *Warneyer*
Westermann	Handbuch der Personengesellschaften, begründet von *Harry Westermann*, fortgeführt von *Harm Peter Westermann*, Band I, Stand Februar 2011
WiB	Wirtschaftrechtliche Beratung
Wiedemann	*Herbert Wiedemann*, Gesellschaftsrecht, Band I, Grundlagen, 1980; Band II, Recht der Personengesellschaften, 2004
Windbichler	*Christine Windbichler*, Gesellschaftsrecht, 22. Aufl. 2009
WM	Wertpapier-Mitteilungen, Zeitschrift für Wirtschafts- und Bankrecht, Teil IV
z. B.	zum Beispiel
ZBB	Zeitschrift für Bankrecht und Bankwirtschaft
ZEuP	Zeitschrift für Europäisches Privatrecht
ZfG	Zeitschrift für Genossenschaftsrecht
ZGen	Zeitschrift für das gesamte Genossenschaftswesen
ZGR	Zeitschrift für Unternehmens- und Gesellschaftsrecht
ZHR	Zeitschrift für das gesamte Handels- und Wirtschaftsrecht
ZIP	Zeitschrift für Wirtschaftsrecht und Insolvenzpraxis
ZPO	Zivilprozessordnung
ZZP	Zeitschrift für Zivilprozess

Einführung

1. Das Gesellschaftsrecht als Teil der Rechtsordnung

Das Gesellschaftsrecht ist das Recht der Gesellschaft bürgerlichen Rechts, **1**
der Offenen Handelsgesellschaft, der Kommanditgesellschaft, der Stillen
Gesellschaft, der Partnerschaftsgesellschaft, der Europäischen Wirtschaftlichen Interessenvereinigung, der Partenreederei, des Vereins, der Aktiengesellschaft, der Europäischen Aktiengesellschaft, der Kommanditgesellschaft
auf Aktien, der Gesellschaft mit beschränkter Haftung, der eingetragenen
Genossenschaft, der Europäischen Genossenschaft und des Versicherungs-
vereins auf Gegenseitigkeit. Diese Rechtsmaterie wird unter dem Begriff
Gesellschaftsrecht zusammengefasst, weil alle diese Rechtsformen *privatrechtliche Organisationen darstellen, die durch Rechtsgeschäft mit einem
bestimmten Zweck begründet werden.* Daher finden sich auch zahlreiche
Fragestellungen, die in einer dieser Rechtsformen auftreten, in den anderen
wieder. Das rechtfertigt die Zusammenfassung zu einem einheitlichen
Rechtsgebiet, eben dem Gesellschaftsrecht. Soweit weitere Rechtsformen
für vergleichbare privatrechtliche Organisationen entwickelt werden, gehören auch diese Rechtsformen zum Gesellschaftsrecht.

Das Gesellschaftsrecht ist damit von den von ihm behandelten Objekten **2**
her definiert, eben den privatrechtlichen Organisationen, die alle durch
Rechtsgeschäft mit einem bestimmten Zweck begründet werden[1]. Das Gesellschaftsrecht ist das Recht, das speziell für diese Einheiten gilt. Es befasst
sich z.B. mit der Frage, wie die genannten Organisationen verfasst sind oder
sein dürfen, wie sie die Rechtsfähigkeit erlangen, wer für sie handelt und wer
haftet. Dies zeigt, dass das Gesellschaftsrecht sowohl Rechtsmaterien des
Allgemeinen Teils des BGB wie auch des Schuldrechts umfasst. Die BGB-
Gesellschaft ist daher aufbauend auf diesen Regelungsbereichen im Besonderen Teil des Schuldrechts des BGB geregelt und auf diese Regeln für die
BGB-Gesellschaft verweisen wiederum die Bestimmungen für OHG und KG
(§ 105 Abs. 3, § 161 Abs. 2 HGB). Der Verein ist, weil man die Frage der

---

[1] Siehe die Definition bei *Windbichler* § 1 Rdz.; *Schäfer* § 2 Rdz. 1.

Erlangung der Rechtsfähigkeit für entscheidend hielt, im Allgemeinen Teil des BGB eingeordnet. Das Recht der anderen juristischen Personen greift bisweilen auf diese Regelungen für den rechtsfähigen Verein zurück. Nicht zum Gesellschaftsrecht gehört das Recht der Stiftung[2]. Die Stiftung hat keine Mitglieder oder Gesellschafter. Das hat zur Folge, dass sich bei ihr wiederum andere Fragestellungen als bei den genannten privatrechtlichen Organisationsformen ergeben.

2. Gang der Darstellung

3   Die einheitliche Darstellung des Rechts der genannten privatrechtlichen Organisationen rechtfertigt sich aus der aufgezeigten Ähnlichkeit der Fragestellungen, die zum Teil dazu geführt hat, dass für mehrere Rechtsformen eine einheitliche Lösung gilt, zum Teil aber auch je nach Rechtsform ganz unterschiedliche Lösungen hervorgebracht hat. Eine Darstellung der Rechtsmaterie des Gesellschaftsrechts, die vom Problem (etwa wie kann ein hinreichender Schutz der Gläubiger der Gesellschaften erreicht werden oder wie kann ein Gesellschafter vor dem Entzug von Rechten, die für ihn essentiell sind, bewahrt werden?) ausgeht und die Palette der in unserer Rechtsordnung entwickelten Lösungen aufzeigt, ist daher sehr reizvoll. Sie würde das Gemeinsame des Gesellschaftsrechts (die Fragestellungen) und die Vielfalt dieses Rechtsgebietes (die jeweiligen Antworten) aufzeigen. Nicht zu erreichen ist aber auf diese Weise eine auch nur einigermaßen komplette und übersichtliche Darstellung des Gesellschaftsrechts und auch nicht eine Schilderung, die dem Gedankengang des Gesetzes Rechnung trägt, das von einer Rechtsform zur anderen fortschreitet und vielfach die Regelungen der nächsten Rechtsform auf die zuvor getroffenen aufbaut. Im Folgenden wird ein Zwischenweg beschritten: In den ersten beiden Teilen werden die einzelnen Gesellschaftsformen, je für sich, aber aufeinander aufbauend geschildert. Nach knappen Ausführungen zu Auslandsgesellschaften in Deutschland im dritten Teil werden im vierten Teil einige Grundfragen des Gesellschaftsrechts geschildert und unter Rückgriff auf die in den ersten beiden Teilen geschilderten Lösungen die Antworten aufgezeigt, die die Rechtsordnung für diese Fragen bereithält. Nicht behandelt wird das Konzernrecht, da dies den Rahmen dieses Lehrbuches sprengen würde.

---

[2] Ebenso *Schäfer* § 2 Rdz. 1; *Karsten Schmidt* § 1 I 1 c).

Erster Teil:

Personengesellschaften

Personengesellschaften sind die BGB-Gesellschaft, die OHG, die KG, die **1**
Stille Gesellschaft, die Partnerschaftsgesellschaft, die Europäische Wirtschaftliche Interessengemeinschaft und die Partenreederei. Man nennt diese
Gesellschaften Personengesellschaften, weil *nach der Idee des Gesetzes* in
diesen Gesellschaftsformen die Person des Gesellschafters für seine Rechte
und Pflichten maßgebend ist[1]. Dies zeigt sich etwa daran, dass die *Mitgliedschaft* oftmals nach der – dispositiven – gesetzlichen Regel *nicht frei übertragbar und vererblich* ist[2] und auch daran, dass die *Gesellschafter* nach der
gesetzlichen Regel *persönlich* für die Schulden der Gesellschaft *haften*[3].
Vielfach *führen* sie die *Geschäfte der Gesellschaft auch selbst*[4]. Die Willensbildung erfolgt nach dem *Einstimmigkeitsprinzip*[5].

Diese Kriterien sind bei manchen Personengesellschaften vollständig er- **2**
füllt (OHG[6]), bei manchen nur zum Teil (Partenreederei nur Haftung). Einzelne liegen bisweilen auch bei Körperschaften vor (bei der KGaA haftet
etwa der Komplementär unbeschränkt persönlich für die Gesellschaftsschulden und er führt die Geschäfte der Gesellschaft, § 278 Abs. 1, 2 AktG; bei
der Genossenschaft bestehen Vorstand und Aufsichtsrat aus Genossen, § 9
Abs. 2 GenG).

In der Realität können Personengesellschaften ganz anders aussehen, als **3**
sie nach den genannten typischen Merkmalen für Personengesellschaften

---

[1] *Windbichler* § 2 Rdz. 17; *Wiedemann* § 1 I 1, der aber auch auf die gesamthänderi-
sche Vermögensbindung abstellt.
[2] §§ 719 Abs. 1, 727 Abs. 1 BGB, § 131 HGB, § 9 Abs. 4 PartGG.
[3] §§ 128, 171 HGB; zur Haftung in der BGB-Gesellschaft 1. A. 109 ff.; zur Haftung in
der Partnerschaftsgesellschaft 1. E. 10 f.; zur Haftung in der Europäischen Wirtschaftlichen Interessenvereinigung unten 1. F. 6; zur Haftung der Mitreeder § 507 HGB.
[4] §§ 709, 714 BGB, §§ 114, 125 HGB, §§ 6 Abs. 3, 7 Abs. 2 PartGG.
[5] § 709 BGB, § 119 HGB, § 6 Abs. 3 PartGG.
[6] Zur Geschäftsführung und Vertretung sind die Gesellschafter je für sich berechtigt,
§§ 115, 125 HGB.

eigentlich aussehen müssten. Gleichwohl heißen alle Gesellschaften in den genannten Gesellschaftsformen stets Personengesellschaften, unabhängig davon, ob bei ihnen die Person der Gesellschafter – sei es auch nur in der Mehrzahl der Fälle – im Vordergrund steht oder nicht. *Die Klassifikation erfolgt also nach der gesetzlichen Idee, nicht nach der jeweiligen Ausprägung einer bestimmten Gesellschaft.* Daher wird auch eine personalistisch strukturierte GmbH nie zur Personengesellschaft, während andererseits eine kapitalistisch strukturierte Kommanditgesellschaft Personengesellschaft bleibt.

A. Die BGB-Gesellschaft

I. Begriffsbestimmung

§ 705 BGB umschreibt den Inhalt des Gesellschaftsvertrages einer BGB- **1**
Gesellschaft und versucht damit eine Definition dieser Gesellschaft. Nach
dieser Norm verpflichten sich die Gesellschafter durch den Gesellschaftsvertrag gegenseitig, die Erreichung eines gemeinsamen Zwecks in der durch
den Vertrag bestimmten Weise zu fördern. Damit kommt zum Ausdruck,
dass *unabdingbare Voraussetzung für das Vorliegen einer BGB-Gesellschaft ein Vertrag ist, der auf einen gemeinsamen Zweck gerichtet ist, und
dass die Gesellschafter zur Förderung dieses Zwecks verpflichtet sind.*

a) Die BGB-Gesellschaft entsteht, wie jede andere Gesellschaft auch, **2**
durch Vertrag. BGB-Gesellschaften, die auf einer staatlichen Anordnung beruhen, gibt es nicht, wären aber durchaus denkbar. Denn auch sonst besteht
bisweilen eine Pflicht zum Vertragsabschluss (sog. Kontrahierungszwang).
Ein Vertrag setzt die Existenz zweier Vertragspartner voraus. Ob das auch
für einen Gesellschaftsvertrag zur Gründung einer BGB-Gesellschaft gilt,
ist umstritten[1]. § 1 GmbHG, § 2 AktG normieren für GmbH und AG die
Möglichkeit, den *Gesellschaftsvertrag auch durch nur eine Person zu schließen,* für die Personengesellschaften fehlt eine entsprechende Regelung. Das
legt für diese Gesellschaften den Schluss nahe, dass wie sonst auch zwingend zwei Personen Gesellschafter, also Vertragspartner, sein müssen. In
der Praxis hat sich allerdings gezeigt, dass ein Bedürfnis für Einmann-Per-
sonengesellschaften besteht. Das gilt insbesondere in den Fällen, in denen
bei einer nur aus zwei Personen bestehenden Gesellschaft ein Gesellschafter
den anderen beerbt, zugleich aber Testamentsvollstreckung oder Vor- und
Nacherbschaft angeordnet ist[2]. In solchen Situationen ist es sinnvoll, den
ererbten und den schon ursprünglich eigenen Anteil getrennt zu halten, um
die mit dem Erbe verbundenen Belastungen (Testamentsvollstreckung, Vor-
und Nacherbschaft) auf den ererbten Teil beschränken zu können[3]. Zumindest in diesen Fällen sollte daher auch eine Einmann-Personengesellschaft
möglich sein[4].

Der Vertrag muss *nicht ausdrücklich geschlossen werden.* Da das Gesetz **3**
keine Form vorsieht, kann er auch stillschweigend oder konkludent zustan-

---

[1] *Raiser* AcP 194 (1994) 495, 509; *Sieveking,* FS Schippel, 1996, S. 505 ff.
[2] Siehe die Fälle BGH NJW 1986, 2431; BGH NJW 1996, 1284, 1285.
[3] Dies gilt natürlich auch in den Fällen, in denen noch weitere Personen Gesellschafter
sind und daher die Problematik der Einmann-Personengesellschaft nicht auftritt.
[4] Zu weitergehenden Ansätzen *Kießling,* FS Hadding, 2004, S. 477, 493; *Weimar* ZIP
1997, 1769; ablehnend OLG Schleswig ZIP 2006, 615, 617; *Ulmer* ZHR 167 (2003) 103.

de kommen. Das hat zur Folge, dass Rechtsprechung und Literatur vielfach einen Vertragsschluss auch dann bejaht haben, wenn zwar das Regelungssystem der §§ 705 ff. BGB angemessen erscheint, der Wille der Parteien aber jedenfalls nicht eindeutig auf den Abschluss eines Gesellschaftsvertrages gerichtet ist. Dies ist besonders deutlich bei Gesellschaftsverträgen, die zwischen verheirateten oder nicht verheirateten Paaren angenommen werden.

4   In dem Fall BGH ZIP 2003, 1846 hatte der Kläger 16 Jahre mit der Beklagten in einer nichtehelichen Lebensgemeinschaft zusammengelebt. In dieser Zeit erbrachte der Kläger bei der Renovierung und dem Ausbau des gemeinsam bewohnten Hauses der Beklagten Leistungen, deren Wert umstritten ist und für die der Kläger nun eine Abfindung fordert. Der BGH hat den Rechtsstreit an das Berufungsgericht zurückverwiesen, da noch ungeklärt war, welchen Wert die Leistungen des Klägers hatten. Dies – so das Urteil – sei von maßgeblicher Bedeutung, da wesentliche Beiträge eines Partners ein Indiz für die Annahme einer gemeinschaftlichen Wertschöpfung seien, was wiederum zu der Anwendung gesellschaftsrechtlicher Grundsätze führe. Dies deutet auf eine analoge Anwendung des Gesellschaftsrechtes hin[5]. Eine jüngere Entscheidung betont, dass ein über die Verwirklichung der Lebensgemeinschaft hinaus gehender Zweck festgestellt werden müsse, da es andernfalls am Rechtsbindungswillen fehle[6].

In BGH NJW 2006, 1268 (dazu *Haußleiter* NJW 2006, 2741) wird gesagt, dass es für das Vorliegen einer Ehegatteninnengesellschaft entscheidend darauf ankomme, ob die Ehegatten mit der Vermögensbildung einen über die bloße Verwirklichung der ehelichen Lebensgemeinschaft hinausgehenden Zweck erreichen wollen, und ob die Tätigkeit des mitarbeitenden Ehegatten als nennenswerter und für den Erfolg der Gesellschaft bedeutsamer Beitrag zu bewerten ist. Sofern die Ehegatten im gesetzlichen Güterstand leben, wird dies als ein Indiz angesehen, das gegen das Vorliegen einer Gesellschaft spricht, weil der im Falle der Scheidung gebotene Vermögensausgleich nach den Vorschriften über den Zugewinnausgleich erfolgen kann.

5   b) Der Vertrag muss auf einen *gemeinsamen Zweck* gerichtet sein. Dieser gemeinsame Zweck beinhaltet das für jede Gesellschaft konstitutive Kriterium und unterscheidet Gesellschaftsverträge von reinen Austauschverträgen. Von der Grundidee her ist die *Unterscheidung zwischen Austausch- und Gesellschaftsverträgen* also klar. Während der Austauschvertrag von einem Interessengegensatz ausgeht, steht im Gesellschaftsrecht die Gemeinsamkeit der Interessenwahrung im Vordergrund. Es geht um die Verwirklichung eines gemeinsamen Zwecks, nicht um die Erbringung wechselseitiger Leistungen[7]. Im Einzelfall ist die Abgrenzung aber schwierig. Fest steht mittlerweile, dass eine Gesellschaft auch vorliegen kann, wenn eine Beteiligung am Erfolg der Gesellschaft nicht für jeden Gesellschafter vorgesehen

---

[5] Überblick bei MünchKomm-*Ulmer* Vor § 705 Rdz. 73 ff.
[6] BGH NJW 2008, 3277, stattdessen werden Ansprüche nach § 812 Abs. 1 S. 2 Alt. 2 BGB bzw. § 313 BGB erwogen.
[7] Siehe *Lutter* AcP 180 (1980) 85, 91 f.; *Wiedemann/Schultz* ZIP 1999, 1, 2 ff.

ist[8]. Dies leuchtet auch ein, da mit der Annahme einer Gesellschaft über die Anwendbarkeit eines bestimmten Normenbestandes (§§ 705 ff. BGB) entschieden wird und dieser bei gemeinsamer Interessenverfolgung auch dann eine sinnvolle Regelung bereithält, wenn nicht jeder Gesellschafter am Gewinn beteiligt ist. Diese Kriterien müssen auch herangezogen werden, wenn es um die *Abgrenzung von Gesellschaftsverträgen zu sog. partiarischen Rechtsgeschäften*, also zu Rechtsgeschäften, bei denen die Gegenleistung (auch) in einer Gewinnbeteiligung besteht (häufig bei Darlehen), geht[9].

In dem Fall BGH NJW 1990, 573 hatten die Parteien vereinbart, dass der spätere **6** Kläger Eigentumswohnungen veräußern sollte, die der Beklagte planen und errichten sollte. Der nach Abzug der Leistungsvergütungen verbleibende Gewinn sollte hälftig geteilt werden. Für Verfügungen über das Baukonto durch den Kläger war die Zustimmung des Beklagten erforderlich. Gewinnentnahmen waren nach 50%igem Verkaufsstand oder, wenn die Liquiditätslage es erlaubte, vorher zulässig. Gestritten wurde um die Frage, ob die Auseinandersetzung nach den Regeln der BGB-Gesellschaft zu erfolgen hatte. Der BGH hat dies bejaht, wobei er darauf abstellt, „ob sich die Parteien durch den Vertrag zu einem gemeinsamen Zweck verbunden haben und ihre schuldrechtlichen Beziehungen ein gesellschaftsrechtliches Element in sich tragen, oder ob die Parteien ohne jeden gemeinsamen Zweck lediglich ihre eigenen Interessen verfolgen und ihre Beziehungen zueinander ausschließlich durch die Verschiedenheit ihrer eigenen Interessen bestimmt werden". Diese Begründung ist sehr abstrakt ausgefallen. Überzeugender wäre es gewesen, wenn konkret gefragt worden wäre, ob die für die BGB-Gesellschaft geschaffenen Auseinandersetzungsregeln die vertragliche Vereinbarung stimmig ergänzen. Insbesondere im Hinblick auf die für die Gewinnverteilung getroffenen Vereinbarungen war dies zu bejahen.

Nicht jeder Zweck kann in der Rechtsform der BGB-Gesellschaft verfolgt **7** werden. Dies ist besonders deutlich in Bezug auf das Betreiben eines Handelsgewerbes. Nach § 105 Abs. 1 HGB ist eine Gesellschaft, die auf diesen Zweck gerichtet ist, OHG und damit eben nicht BGB-Gesellschaft. Nicht möglich ist es auch, einen verbotenen oder sittenwidrigen Zweck zu verfolgen. Dies ergibt sich aus §§ 134, 138 BGB und ist eigentlich selbstverständlich[10]. Ansonsten kann aber jedem Zweck in der BGB-Gesellschaft nachgegangen werden. Es kann also sowohl um erwerbswirtschaftliche, wie auch um karitative oder künstlerische Zwecke gehen. Die BGB-Gesellschaft ist also eine vielfältig einsetzbare Gesellschaftsform. Dies hat zur Folge, dass sie in ganz unterschiedlichen Ausprägungen in Erscheinung tritt[11].

c) Dieser gemeinsame Zweck soll von den Vertragspartnern nach der ver- **8** traglichen Vereinbarung *gefördert werden*. Wie die Förderung zu erfolgen hat, regelt der Gesellschaftsvertrag vielfach ausdrücklich. Dieser legt insbe-

---

[8] *Böhmer* JZ 1994, 982, 989; MünchKomm-*Ulmer* § 705 Rdz. 149 ff.
[9] Siehe auch 1. D. 2 f.
[10] BGH NZG 1998, 501; vorliegen kann eine fehlerhafte Gesellschaft, 1. A. 161 ff.
[11] 1. A. 9.

sondere die Beiträge fest, also dasjenige, was der Gesellschafter in das Gesellschaftsvermögen zu leisten hat, bzw. die Dienste oder sonstigen Leistungen – wie etwa die Mithaft für die Gesellschaftsschulden –, die er für die Gesellschaft zu erbringen hat[12]. Hinzu tritt eine allgemeine, oftmals nicht ausdrücklich genannte Pflicht, die Belange der Gesellschaft zu unterstützen, jedenfalls aber ihnen nicht zuwiderzuhandeln. Diese Pflicht kann unterschiedlich stark ausgeprägt sein. Üblicherweise wird diese allgemeine Förderpflicht als Treuepflicht bezeichnet. Sie ist mit jeder Gesellschafterstellung unabdingbar verbunden[13].

II. Erscheinungsformen und praktische Bedeutung

9   Es liegt auf der Hand, dass die genannten Voraussetzungen für das Vorliegen einer BGB-Gesellschaft von den unterschiedlichsten Gesellschaften erfüllt werden. Die praktische Bedeutung ist entsprechend groß. BGB-Gesellschaften werden von Unternehmern betrieben, sofern kein Handelsgewerbe vorliegt[1]. Zusammenschlüsse von Personen, die einen sog. freien Beruf ausüben (Ärzte, Rechtsanwälte, Architekten, Steuerberater), können ebenso BGB-Gesellschaft sein[2] wie Bauherrengemeinschaften[3], Arbeitsgemeinschaften von selbständigen Bauunternehmern zur Durchführung eines gemeinsamen Auftrags[4], Poolverträge zur Verwertung von Sicherheiten[5] oder zur Deckung von Verbindlichkeiten[6], Stimmrechtskonsortien[7] und Fahrgemeinschaften[8]. Im Bankbereich treten Emissions-[9] und Kreditkonsortien[10]

---

[12] 1. A. 13.

[13] 1. A. 17.

[1] Dazu bereits oben 1. A. 7.

[2] BGH NZG 2008, 777 (ärztliche Gemeinschaftspraxis); BGHZ 70, 247 (lediglich gemeinsame Praxisbenutzung); BGH NJW 2000, 1560 (Sozietät zwischen Rechtsanwalt und Steuerberatern); BGH ZIP 2007, 2313 (Architektenbüro); BGH ZIP 2010, 1590 (Rechtsanwaltsbüro).

[3] BGH NJW 2002, 1642; BGH ZIP 2005, 1455.

[4] BGH NJW 2001, 1056; MünchKomm-*Ulmer* Vor § 705 Rdz. 43 ff.; zur Abgrenzung gegenüber der OHG: LG Bonn ZIP 2003, 2160; *Karsten Schmidt* DB 2003, 703.

[5] BGH NJW 1989, 896; BGH WM 1994, 237.

[6] OLG München NZG 2002, 1162 (Feuerwehrfonds).

[7] BGH ZIP 2009, 216.

[8] BGHZ 46, 313 (gemeinsame Autofahrten); allgemein *Böhmer* JZ 1995, 982, 986; für einen Auftrag bei bloßer Unkostenbeteiligung bei gemeinsamer Fahrt zum Arbeitsplatz: BGH NJW 1992, 498.

[9] *Grunewald/Schlitt*, Einführung in das Kapitalmarktrecht 2. Aufl. § 9; Baumbach/*Hopt*-BankGesch (7) Y/2.

[10] MünchKomm-*Ulmer*, Vor § 705 Rdz. 58 ff.; kritisch *Grundmann*, FS Boujong, 1996, S. 159.

als BGB-Gesellschaften auf. Die Anzahl der Gesellschafter ist ebenfalls sehr unterschiedlich. Sie kann ganz gering, aber auch – etwa bei den Bauherrengemeinschaften – durchaus stattlich sein. Ähnlich unterschiedlich ist die Ausgestaltung der getroffenen Vereinbarungen. Manche Gesellschaftsverträge werden nur mündlich und ohne viele Worte geschlossen, andere bis ins Detail ausformuliert. Diese ganz unterschiedliche Ausgangslage lässt deutlich werden, dass die Bildung allgemeiner Regeln für alle diese Gesellschaften schwierig ist. Gleichwohl muss dieser vom Gesetz vorgezeichnete Weg beschritten werden, da eine individuelle Regelung für jede Erscheinungsform der BGB-Gesellschaft nicht praktikabel wäre.

III. Der Gesellschaftsvertrag

1. Form- und Genehmigungserfordernisse

a) Der Gesellschaftsvertrag kann regelmäßig abgeschlossen werden, ohne **10** dass besondere *Formerfordernisse* zu beachten wären. Allerdings kann sich aus den für alle Rechtsgeschäfte geltenden Vorschriften etwas anderes ergeben. Dies ist beispielsweise der Fall, wenn ein Grundstück in das Gesellschaftsvermögen geleistet werden soll (*§ 311 b Abs. 1 S. 1 BGB*). Gleich steht der Fall, dass sich ein Gesellschafter verpflichtet, unter bestimmten Umständen aus dem Gesellschaftsvermögen ein Grundstück zu erwerben[1]. Dagegen fällt die Pflicht zur Übertragung eines Anteils an einer Gesellschaft bürgerlichen Rechts, zu deren Gesamthandsvermögen ein Grundstück gehört, nicht unter § 311 b Abs. 1 S. 1 BGB, da insoweit nur die Pflicht zur Übertragung einer Beteiligung und nicht eines Grundstücks begründet wird[2]. Ebenfalls nicht formbedürftig ist der Abschluss eines Gesellschaftsvertrages, der nur allgemein festlegt, dass die Gesellschaft Grundstücke erwerben werde. Insoweit fehlt es an einer konkreten Verpflichtung zum Erwerb eines bestimmten Grundstücks[3]. Daher muss der Gesellschaftsvertrag selbst nicht notariell beurkundet werden. Ist der Gesellschaftsvertrag nicht formgerecht abge-

---

[1] BGH NJW 1978, 2505; BGH NJW 1996, 1279.

[2] BGHZ 86, 367, 369 f.. Teilweise wird vorgeschlagen, eine Ausnahme für Umgehungsfälle zu machen: *Karsten Schmidt* AcP 182 (1982), 481, 510 ff.; *Ulmer/Löbbe* DNotZ 1998, 711, 724 ff. Dem sollte nicht gefolgt werden, da andernfalls mit erheblichen, für Formvorschriften besonders unerträglichen Abgrenzungsschwierigkeiten zu rechnen wäre. Wegen der Heilungsmöglichkeit nach § 311 b Abs. 1 S. 2 BGB ist auf diese Weise sowieso nicht wirklich Abhilfe zu schaffen. Auch kann, wenn nur einige Gesellschafter die Erfüllung des Rechtsgeschäfts verweigern, eine Zusammensetzung des Gesellschafterkreises entstehen, die von keiner Seite gewollt wird.

[3] BGH NJW 1996, 1279.

schlossen und auch nicht geheilt, so gelten die Regeln der fehlerhaften Gesellschaft[4].

11   Aus *§ 518 Abs. 1 BGB* folgt kein Formerfordernis für den Gesellschaftsvertrag, da die Beteiligung an einer BGB-Gesellschaft nicht geschenkt werden kann. Die Gegenleistung des Gesellschafters liegt in der Übernahme der Mithaft für die Gesellschaftsschulden, gegebenenfalls auch in Tätigkeitsverpflichtungen für die Gesellschaft oder in anderen Beiträgen[5]. Dem ist entgegengehalten worden, die genannten Belastungen des Gesellschafters seien Teil der Gesellschafterstellung und schlössen daher die Annahme einer Schenkung nicht aus[6]. Aber das überzeugt nicht. Entscheidend ist, dass sich die Gesellschafter von der Aufnahme eines weiteren Gesellschafters diese „Gegenleistung" versprechen, nicht aber, dass sie zwangsläufig mit der Übernahme einer Gesellschafterstellung verbunden ist. Nur bei reinen Innengesellschaften besteht ein solches Haftungsrisiko nicht. Dann ist eine Schenkung möglich. Gegenstand der Schenkung ist dann die geplante Beteiligung an der Gesellschaft. Mit Begründung der Gesellschafterstellung, also mit Abschluss des Gesellschaftsvertrages, ist die Schenkung vollzogen[7]. Daher tritt Heilung nach § 518 Abs. 2 BGB ein, wenn zuvor eine notarielle Beurkundung nicht durchgeführt wurde.

12   b) Der Gesellschaftsvertrag kann *genehmigungsbedürftig* sein. Dies ist insbesondere dann der Fall, wenn der Gesellschaftszweck auf das Betreiben eines Erwerbsgeschäfts gerichtet ist und eine Person Gesellschafter werden soll, die durch einen Vormund oder ihre Eltern vertreten wird (§§ 1643 Abs. 1, 1822 Nr. 3 BGB). Dann ist die Genehmigung des Familiengerichtes erforderlich. Auf diese Weise soll der nicht voll Geschäftsfähige vor den Risiken geschützt werden, die mit dem Betreiben eines Erwerbsgeschäftes verbunden sind. Hinzu tritt für Minderjährige die Möglichkeit, bei Eintritt der Volljährigkeit die Haftung auf den Bestand des Vermögens zu beschränken, das in diesem Zeitpunkt vorhanden ist (§ 1629 a BGB)[8]. Auch besteht

---

[4] 1. A. 161 ff.

[5] Umstritten, siehe zur Schenkung von OHG-Beteiligungen, wo die Problematik gleich liegt, 1. B. 7; zur Schenkung einer KG-Beteiligung 1. C. 6.

[6] *Kollhosser* AcP 194 (1994), 231, 247.

[7] Nach der Judikatur liegt Vollzug beim Beitritt zu einer Außengesellschaft – nicht zu einer Innengesellschaft – vor: BGHZ 7, 174, 179 und BGHZ 7, 378, 379; offen gelassen in BGH NJW 1990, 2617, 2618. Dies überzeugt nicht (a. A. *Mayer* ZGR 1995, 93, 98), da Vollzug Durchführung der Schenkung bedeutet. Dieser hat je nach Gesellschaftstyp verschiedene Konsequenzen, erfolgt aber stets durch Einräumung der Gesellschafterstellung. Zum Vollzug durch Abschluss des Gesellschaftsvertrages BGH NJW 1990, 2616, 2618; *Brox*, FS Bosch, 1967, S. 75, 86 ff.; MünchKomm-*J. Koch* § 518 Rdz. 32; *Mayer* ZGR 1995, 93, 97.

[8] Zu dieser Regel *Grunewald* ZIP 1999, 597; *Habersack* FamRZ 1999, 1.

ein besonderes Kündigungsrecht[9]. Eine Genehmigung ist auch erforderlich, wenn eine Person Gesellschafter werden soll, die durch einen Betreuer vertreten wird (§ 1908 i Abs. 1 BGB). Ist auch der gesetzliche Vertreter bzw. der Betreuer an der Gesellschaft beteiligt, ist außerdem noch die Bestellung eines Pflegers notwendig (§§ 1629 Abs. 2, 1795 Abs. 2, 1908 i Abs. 1 BGB).

2. Die Beiträge

a) Der Gesellschaftsvertrag begründet für die Gesellschafter die Verpflichtung, die Beiträge wie vereinbart zu leisten. *Was als Beitrag geschuldet ist*, legt der Gesellschaftsvertrag fest: Es kann sich um die Pflicht zur Übereignung oder Überlassung von Sachen in das Gesamthandsvermögen handeln, um die Verpflichtung zur Leistung von Diensten, zur Verschaffung von Immaterialgüterrechten, zur Offenlegung von Know-how usw. Sind vertretbare oder verbrauchbare Sachen beizutragen, so ist nach § 706 Abs. 2 S. 1 BGB im Zweifel anzunehmen, dass die Sachen zu übereignen und nicht nur zu überlassen sind. Ebenso ist zu entscheiden, wenn nicht vertretbare und verbrauchbare Sachen nach Schätzung beizutragen sind, sofern die Schätzung nicht nur als Grundlage für die Gewinnverteilung gedacht ist (§ 706 Abs. 2 S. 2 BGB). Wenn nichts anderes vereinbart ist, haben die Gesellschafter gleiche Beiträge zu leisten (§ 706 Abs. 1 BGB). Diese gesetzliche Regel wird bisweilen auch durch konkludent getroffene Vereinbarungen (etwa durch die Bestimmung über die Verlusttragungspflicht) abbedungen[10]. **13**

b) Probleme ergeben sich, wenn die *Beiträge nicht vereinbarungsgemäß geleistet werden* (§ 280 f. BGB). Die für Austauschverträge geltenden §§ 320 bis 326 BGB können nicht angewandt werden, da die für jede Gesellschaft konstitutive Vereinbarung, man wolle einen gemeinsamen Zweck verfolgen, dem scharfen Sanktionscharakter der §§ 320 ff. BGB widerspricht[11]. Dies gilt insbesondere für die Rücktrittsrechte, und zwar auch dann, wenn die **14**

---

[9] 1. A. 180.
[10] Allgemein zum Grundsatz der Gleichbehandlung 1. A. 26 ff.
[11] Ebenso MünchKomm-*Ulmer* § 705 Rdz. 163; *Wertenbruch* NZG 2001, 306; auch *Karsten Schmidt* § 20 III 2, mit Ausnahme für BGB-Gesellschaften ohne eine von der Gesellschaftergesamtheit abgehobene Organisation; ausführlich *Hüttemann*, Leistungsstörungen bei Personengesellschaften, 1998, S. 5 ff., der auf den Anspruch der Gesellschaft § 320 BGB nicht anwendet (wohl aber auf den angeblich bestehenden Anspruch der Gesellschafter). Die Judikatur des Reichsgerichts hat §§ 320 ff. BGB grundsätzlich angewandt: siehe etwa RGZ 147, 340, 342; 163, 385, 388 (obiter dictum); der BGH hat eine grundsätzliche Entscheidung bislang nicht getroffen, im jeweiligen Fall aber von einer Anwendung abgesehen: BGHZ 10, 44, 51; BGH WM 1959, 53, 54 f.; WM 1967, 419, 429; NJW 1983, 1188, 1189.

Gesellschaft nur aus zwei Personen besteht[12]. Die dem Rücktritt entsprechende Kündigung kann nur nach Maßgabe von § 723 BGB erfolgen.

15   In allen Fällen, in denen der versprochene Beitrag nicht ordnungsgemäß erbracht wird, obwohl dies möglich wäre, kann von Seiten der Gesellschaft auf Leistung geklagt werden[13]. Sofern ein Verschulden (§ 708 BGB) vorliegt, kann Schadensersatz verlangt werden (§ 280 BGB). Gegebenenfalls ist der Vertrag anzupassen. Dies gilt insbesondere für Gewinnverteilungsregeln, die oftmals das Spiegelbild der erbrachten Beiträge sind. Sofern dies für Gesellschaft und Gesellschafter zumutbar ist, kann die Pflicht bestehen, eine Ersatzleistung – vorwiegend in Geld – zu erbringen und zu akzeptieren. Gleiches gilt, wenn die versprochene Beitragsleistung nicht vereinbarungsgemäß beschaffen ist. Aus den genannten Gründen kommt eine Analogie zu §§ 434ff. BGB dann nicht in Betracht[14]. In jedem Fall kann es, sofern die gesetzlichen Voraussetzungen erfüllt sind, zu einer Kündigung der Gesellschaft (§ 723 BGB) oder zum Ausschluss des nicht ordnungsgemäß leistenden Gesellschafters (§ 737 BGB) kommen. Folgeschäden einer nicht ordnungsgemäßen Beitragserbringung können nach § 280 BGB liquidiert werden.

16   c) Von großer praktischer Bedeutung ist die Bestimmung von § 707 BGB, *nach der ein Gesellschafter zur Erhöhung der vereinbarten Beiträge nicht verpflichtet ist.* Da die Beiträge im Gesellschaftsvertrag festgelegt sind und eine Abänderung des Gesellschaftsvertrages sowieso nur mit Zustimmung aller Vertragspartner, also einstimmig, erfolgen kann, beinhaltet § 707 BGB im Grunde eine Selbstverständlichkeit[15]. Dass das Gesetz diese Regelung noch einmal ausdrücklich nennt, zeigt, welche Bedeutung es dieser Bestimmung zumisst. Gleichwohl ist diese Regel dispositiv[16]. Es kann also im Gesellschaftsvertrag auch vorgesehen werden, dass eine Beitragserhöhung durch Mehrheitsbeschluss erfolgen kann. Eine solche Klausel berechtigt zwar die Gesellschafter, nach einem entsprechenden Beschluss ihre Beiträge zu erhöhen, reicht aber nicht aus, um den einzelnen Gesellschafter zur Übernahme einer neuen Einlage zu verpflichten[17]. Dies setzt vielmehr eine ein-

---

[12] Ausnahmen für 2-Personen-Gesellschaften finden sich in unterschiedlichem Umfang etwa bei MünchKomm-*Ulmer* § 705 Rdz. 169; erbringt einer von zwei Gesellschaftern die geschuldete Leistung nicht, so muss allerdings auch der andere nicht leisten. Dies folgt aus einer ergänzenden Auslegung des Gesellschaftsvertrages und aus § 242 BGB, kann aber auch § 320 BGB entnommen werden.

[13] Zur actio pro socio 1. A. 62ff.

[14] *Karsten Schmidt* § 20 III 3 d).

[15] Zur Änderung des Gesellschaftsvertrages in diesem Punkt 1. A. 80ff.; zur Problematik bei Vereinen 2. A. 6f.

[16] Soergel-*Hadding* § 707 Rdz. 3; MünchKomm-*Ulmer* § 707 Rdz. 6.

[17] BGH NJW 1983, 164: Eine Bestimmung, nach der Verluste der Gesellschaft auf Darlehenskonten der Gesellschafter verbucht werden sollen, reicht nicht aus. *Beuthien*

deutige Regelung – in der gewisser Maßen eine antizipierte Zustimmung liegt[18] – sowie die Festlegung einer Obergrenze oder sonstiger Kriterien, die das Erhöhungsrisiko eingrenzen, voraus[19].

3. Die Treuepflicht

a) Inhalt des Gesellschaftsvertrages ist, obwohl vielfach nicht ausdrück-   **17** lich genannt, auch eine stets gegebene allgemeine Treuepflicht[20]. Gleiches gilt vor Vertragsschluss im Rahmen des entsprechenden vorvertraglichen Schuldverhältnisses (§ 311 Abs. 2 Nr. 1 BGB). Die auf dem Gesellschaftsvertrag beruhende Treuepflicht hat eine *doppelte Richtung*. Sie besteht sowohl gegenüber den Mitgesellschaftern wie auch gegenüber der Gesellschaft[21]. Dabei ist es sogar denkbar, dass diese Schutzrichtungen miteinander in Konflikt geraten. So mag es sein, dass die Fassung eines bestimmten Beschlusses (etwa die Erweiterung eines Wettbewerbsverbotes) für die Gesellschaft sehr förderlich ist, für einen Mitgesellschafter aber kaum akzeptabel. Bei einer solchen Kollision sind die verschiedenen Treuepflichten gegeneinander abzuwägen: Ist das Interesse einer Seite besonders dringlich, so ist ihr zu folgen. Ist dies nicht der Fall, so prävaliert das Interesse der Gesellschaft. Denn schließlich war man zu dem gemeinsamen Ziel der Verwirklichung des Gesellschaftszwecks zusammengekommen. Auf rein private Belange muss im Regelfall keine Rücksicht genommen werden (etwa persönliche Antipathien). Etwas anderes gilt nur dann, wenn die Gesellschafter in der Gesellschaft eng zusammenarbeiten und daher Störungen in der privaten Sphäre auf die Gesellschaft durchschlagen[22].

Die *Intensität der Treuepflicht* hängt von der Art und Weise ab, wie die   **18** Gesellschaft ausgestaltet ist[23]. Je kleiner der Mitgliederkreis, je stärker der Einfluss des einzelnen Gesellschafters auf die Geschicke der Gesellschaft, und je weit tragender der Gesellschaftszweck ist, desto intensiver ist die Treuepflicht. Ebenfalls zu berücksichtigen ist, wenn es um die Ausübung von Gesellschafterrechten geht, ob es sich um sog. eigennützige oder uneigen-

---

BB 1987, 6, 10; Soergel-*Hadding* § 707 Rdz. 3; MünchKomm-*Ulmer* § 707 Rdz. 3; auch muss eine Obergrenze genannt werden; siehe auch *Wertenbruch* DStR 2007, 1680 mit genauer Darstellung des Meinungsstandes.

[18] BGH ZIP 2009, 864, 865; BGH ZIP 2009, 1373, 1375; BGH ZIP 2007, 766, 767; *Armbrüster* ZGR 2009, 1, 8 ff.; zur Sanierung 1. A. 20; siehe auch 1. A. 86.

[19] *Karsten Schmidt* ZGR 2008, 1, 20.

[20] Soergel-*Hadding* § 705 Rdz. 58; *Hüffer*, FS Steindorff, 1990, S. 59, 65.

[21] *Lutter* AcP 180 (1980) 84, 120 f.; *Saenger* Rdz. 136.

[22] MünchKomm-*Ulmer* § 705 Rdz. 229; siehe auch *Lutter* AcP 180 (1980) 84, 128.

[23] *Lettl* AcP 202 (2002) 3, 8; *Lutter* AcP 180 (1980) 84, 105 f.; MünchKomm-*Ulmer* § 705 Rdz. 225.

nützige Gesellschafterrechte handelt[24], also um solche, die dem Gesellschafter zur Wahrung seiner eigenen Interessen verliehen sind, oder um solche, die den Interessen der Gesellschaft dienen. Im Bereich der Geschäftsführung (uneigennütziges Gesellschafterrecht) haben die Belange der Gesellschaft beispielsweise stets Vorrang. Hier ist die Treuepflicht wie bei allen uneigennützigen Gesellschafterrechten besonders intensiv.

19 b) Aus der Treuepflicht – insbesondere gegenüber der Gesellschaft – können sowohl *Handlungs- wie Unterlassungspflichten* folgen. Ein Beispiel für das Bestehen einer Handlungspflicht (meist gegenüber der Gesellschaft, u. U. aber auch gegenüber einem Mitgesellschafter, etwa wenn auf seine besonderen Interessen Rücksicht genommen werden muss) ist die Pflicht zur Abgabe einer Stimme in der Gesellschafterversammlung in einem bestimmten Sinne[25]. Eine Unterlassungspflicht (gegenüber der Gesellschaft) besteht, wenn – wie häufig – über die Belange der Gesellschaft Verschwiegenheit zu wahren ist. Auch darf die Gesellschaft in der Öffentlichkeit nicht schlecht gemacht werden[26].

20 In dem Fall BGH ZIP 2009, 2289 hatten Fachleute einer überschuldeten OHG (für eine Gesellschaft bürgerlichen Rechts würde nichts anderes gelten) bescheinigt, dass sie sanierungsfähig sei. Die Banken waren zum Verzicht auf Forderungen bereit, wenn die Gesellschafter neue Beiträge in Höhe von 4,6 Mio. leisten. Nach dem Beschluss der Gesellschafter musste jeder Gesellschafter, der keine neue Einlage übernehmen wollte, ausscheiden und den Betrag an die Gesellschaft zahlen, den er im Falle seines Ausscheidens zu leisten hatte. Mit der Klage verlangte die OHG von einem Gesellschafter diesen Auseinandersetzungsfehlbetrag.

Der BGH hat der Klage stattgegeben. In den Gründen heißt es, dass die Treuepflicht die Gesellschafter zwar nicht zu Nachschüssen verpflichtet, wohl aber dazu, eine Sanierung nicht zu blockieren. Daher träfe die Gesellschafter, wenn sie keine neue Einlage übernehmen wollten, die Pflicht, den Beschluss zu akzeptieren, die Gesellschaft zu verlassen und den Auseinandersetzungsfehlbetrag zu leisten, zumal dieser niedriger sei als die Summe, die sich im Falle der Liquidation der Gesellschaft ergeben würde. Dieses Urteil überzeugt[27]. Denn andernfalls würden die Gesellschafter, die sich nicht an der Sanierung beteiligen, als Trittbrettfahrer von den Einlagen der anderen profitieren.

21 c) Die Treuepflicht als Unterlassungspflicht (gegenüber der Gesellschaft) gewinnt etwa auch an Bedeutung, wenn es um die Frage geht, ob die Gesellschafter der Gesellschaft *Wettbewerb* machen bzw. – allgemeiner formuliert

---

[24] Zu dieser Unterscheidung *Lutter* AcP 180 (1980) 84, 115 ff.; MünchKomm-*Ulmer* § 705 Rdz. 224; Hueck/*Windbichler* § 7 Rdz. 4.

[25] 1. A. 79.

[26] Beispiel bei *Lutter* AcP 180 (1980) 84, 111 f.; siehe auch BGH ZIP 2010, 1232: Erhebung der actio pro socio (1. A. 62) nur im Rahmen der Treuepflicht.

[27] Zustimmend *Goette* GWR 2010, 1; *K. Schmidt* JZ 2010, 125; *Grunewald*, FS Roth, 2011.

– die Geschäftschancen der Gesellschaft nutzen dürfen[28]. Diese Frage kann auch bei der BGB-Gesellschaft eine Rolle spielen, da sie auch erwerbswirtschaftlich tätig sein kann[29]. Gesetzlich geregelt ist diese Problematik nicht. Daher muss anhand der Überlegungen zur Treuepflicht ermittelt werden, ob und ggf. in welchem Umfang ein solches Verbot besteht. Dabei spielen die zur Intensität der Treuepflicht genannten Kriterien eine entscheidende Rolle. Wer beispielsweise mit einigen anderen Ärzten eine Gemeinschaftspraxis betreibt, darf schon deshalb nicht im Nachbarhaus für sich alleine eine Praxis gleichen Stils aufmachen, weil der Gesellschaftszweck für die berufliche Entwicklung der Gesellschafter von entscheidender Bedeutung ist und die Gesellschaft nur wenige Gesellschafter umfasst[30].

d) Schwierig zu beantworten ist die Frage, welche Rolle die Treuepflicht 22 bei der *Ausübung von Rechten* des Gesellschafters spielt, *die nicht aus der Gesellschafterstellung folgen*. Der Gesellschafter kann der Gesellschaft beispielsweise auch als Verkäufer oder Darlehensgeber gegenüberstehen[31]. Bei der Geltendmachung solcher Ansprüche aus Drittgeschäften besteht die Treuepflicht gegenüber Gesellschaft und Gesellschaftern nur in einem eingeschränkten Umfang[32]. Der Gesellschafter muss beispielsweise auf einen vorübergehenden Liquiditätsengpass der Gesellschaft Rücksicht nehmen und darf nicht ohne Beachtung solcher oder ähnlicher Schwierigkeiten seine Interessen durchsetzen. Er muss auch, sofern dies ohne Schwierigkeiten möglich ist, vor einer Inanspruchnahme seiner Mitgesellschafter auf das Gesellschaftsvermögen zugreifen[33] und sich seinen Verlustanteil abziehen lassen[34].

e) Werden *Pflichten, die sich aus der Treuepflicht ergeben, nicht erfüllt*, 23 so kann auf Erfüllung[35] sowie auf Schadensersatz (§ 280f. BGB) geklagt werden[36]. Rechtshandlungen (wie etwa eine Stimmabgabe) sind, sofern sie

---

[28] Zu dem Unterschied zwischen Wettbewerbsverbot und Pflicht zur Wahrung der Geschäftschancen der Gesellschaft unten 1. C. 9; zur Geschäftschancenlehre speziell bei der GbR OLG Koblenz NZG 2010, 1182.

[29] Zum Wettbewerbsverbot *Kübler/Assmann* § 6 II 2 c) aa).

[30] Siehe den eine Steuerberaterpraxis betreffenden Fall BGH NJW 1995, 2843, 2845; zu nachvertraglichen Wettbewerbsverboten BGH NJW 2004, 66; BGH ZIP 2005, 1778, 1779; *Krämer*, FS Röhricht, 2005, S. 335; allgemein *Armbrüster* ZIP 1997, 261, 272.

[31] Zur Abgrenzung zwischen Leistungspflichten aufgrund des Gesellschaftsvertrages und anderen: unten 1. C. 8.

[32] Dazu BGH LM Nr. 12 § 730 BGB = 9/1992 Bl. 1657; *Reuter* JZ 1986, 16, 19; Münch-Komm-*Ulmer* § 705 Rdz. 203f.

[33] *Walter* JuS 1982, 81, 85 zur OHG; a. A. MünchKomm-*Ulmer* § 705 Rdz. 203; BGH ZIP 1988, 899, 901 (obiter dictum).

[34] BGH NJW 1983, 749; 1. B. 47.

[35] *Lutter* AcP 180 (1980) 84, 118; auch MünchKomm-*Ulmer* § 705 Rdz. 239: Erfüllungsanspruch bei Zustimmungspflichten.

[36] *Lutter* AcP 180 (1980) 84, 119; MünchKomm-*Ulmer* § 705 Rdz. 242; a. A. *Wiede-*

gegen die Treuepflicht verstoßen, nichtig bzw. unbeachtlich (etwa ein treuwidriger Widerspruch gegen Geschäftsführungs-maßnahmen)[37]. Sofern Handlungen geschuldet sind, können sie, wenn sie pflichtwidrig unterlassen worden sind, nicht einfach unterstellt werden (etwa die nach dem Vertrag erforderliche Zustimmung zu einer Geschäftsführungsmaßnahme)[38]. Sofern sich die Gesellschafter über dieses Fehlen einfach hinwegsetzen (das Geschäft etwa durchführen)[39], handeln sie also ihrerseits rechtswidrig. Doch kann gleichwohl gegen sie kaum mit Aussicht auf Erfolg eine Schadensersatzklage erhoben werden. Denn schließlich ist der treuwidrig die Mitwirkung verweigernde Gesellschafter seinerseits ebenfalls schadensersatzpflichtig. Demgemäß schuldet er im Wege der Naturalrestitution, die Gesellschaft und seine Mitgesellschafter so zu stellen, wie sie stehen würden, wenn er nicht treuwidrig gehandelt hätte, und das hieße eben wieder, dass die geschuldete Handlung erfolgt wäre. Dieses wechselseitige Patt muss dann zum Nachteil des Gesellschafters, der durch sein treuwidriges Handeln die Schwierigkeiten heraufbeschworen hat, gelöst werden. Seine Schadensersatzklage wäre abzuweisen[40].

24   Sofern sowohl gegenüber der Gesellschaft wie auch gegenüber Mitgesellschaftern treuwidrig gehandelt wurde, bestehen nur Schadensersatzansprüche der Gesellschaft, wenn die Schädigung des Mitgesellschafters nur in der Entwertung seiner Mitgliedschaft liegt (sog. *Reflexschaden*). Eine doppelte Inanspruchnahme des Gesellschafters kommt nicht in Frage, zumal er mit der Begleichung des Gesellschaftsschadens zugleich den Gesellschafterschaden ersetzt.

25   In dem Fall BGH ZIP 2003, 73 hatten die Parteien, zwei Rechtsanwälte, einen Vergleich geschlossen. Bei der Auseinandersetzung der von den Parteien in der Rechtsform der BGB-Gesellschaft geführten Sozietät war es zu Streitigkeiten über die Frage gekommen, ob ein bestimmtes Honorar, das der Beklagte als Testaments-

---

mann, FS Heinsius, 1991, S. 949, 951 für die treuwidrige Stimmabgabe. Dem kann für die BGB-Gesellschaft nicht gefolgt werden, da gerade die Stimmabgabe für die Ausgestaltung der Gesellschaft von großer Bedeutung ist. Trotz Unbeachtlichkeit einer treuwidrigen Stimmabgabe kann es aufgrund faktischer Beachtung zu Schäden kommen.

[37] BGH ZIP 1985, 1134; MünchKomm-*Ulmer* § 705 Rdz. 239; *Wiedemann*, FS Heinsius, 1991, S. 949, 955 ff. folgt dem nur für den Fall, dass die Erklärung die Rechtswidrigkeit auf der Stirn trägt. Ansonsten sei sie beachtlich; zur Stimmabgabe wie hier *Zöllner*, FS Lutter, 2000, S. 821, 825.

[38] BGH NZG 2008, 588, 591; mit Ausnahme für Gesellschafterbeschlüsse, die für die Funktionsfähigkeit der Gesellschaft notwendig sind; siehe auch MünchKomm-*Ulmer* § 705 Rdz. 241; *Weipert* ZGR 1990, 142, 147: Unterstellung möglich bei Zustimmung zu Geschäftsführungsmaßnahmen. Zu Zustimmungspflichten allgemein unten 1. A. 79 ff.

[39] Siehe BGH NJW 1960, 434: Dort wird gesagt, der pflichtwidrig nicht zustimmende Gesellschafter könne sich auf die Unwirksamkeit des zustimmungspflichtigen Geschäfts nicht berufen.

[40] Im Ergebnis so auch BGH ZIP 2007, 268, 269 zur GmbH.

vollstrecker erhalten hatte, in die Auseinandersetzungsrechnung mit einbezogen werden sollte. Der Beklagte erklärte gegenüber dem Kläger, dieses Honorar könne sich höchstens auf DM 270.000,– belaufen. Daraufhin wurde in dem Vergleich vereinbart, dass mit einer Zahlung von DM 90.000,– alle wechselseitigen Ansprüche ausgeschlossen sein sollten. Als sich später herausstellte, dass sich die Vergütung auf 1,1 Mio. DM belief, focht der Kläger den Vergleich wegen arglistiger Täuschung an und verlangte Zahlung des sich nach Einrechnung dieses Honorars ergebenden Überschusses.

Die Anfechtung wegen arglistiger Täuschung hätte darauf gestützt werden können, dass der Beklagte gegenüber dem Kläger über die Höhe der noch ausstehenden Vergütung bewusst unrichtige Angaben gemacht hatte. Doch ließ sich das nicht nachweisen. Gleichwohl hatte die Anfechtung Erfolg. Der Beklagte habe den Kläger – so das Urteil – daraufhin hinweisen müssen, dass seine Aussage über die Höhe des zu erwartenden Honorars nicht auf einer gründlichen Prüfung der Rechtslage beruhe[41]. Dieses Unterlassen war deshalb relevant, weil der Beklagte aufgrund der Treuepflicht gegenüber dem Kläger zu einer entsprechenden Mitteilung verpflichtet war.

4. Das Gleichbehandlungsgebot

Das Gleichbehandlungsgebot besagt, dass die Gesellschafter im Verhältnis zur Gesellschaft nicht willkürlich ungleich behandelt werden dürfen[42]. Es beinhaltet eine besondere Ausprägung des Grundsatzes von Treu und Glauben (§ 242 BGB)[43] und findet in zahlreichen gesetzlichen Bestimmungen seinen Ausdruck. So haben die Gesellschafter etwa nach § 706 Abs. 1 BGB gleiche Beiträge zu leisten, sind alle zur Geschäftsführung berechtigt und verpflichtet (§ 709 Abs. 1 BGB), haben jeder eine Stimme (§ 709 Abs. 2 BGB) und sind auch gleichmäßig am Gewinn und Verlust beteiligt (§ 722 Abs. 1 BGB). Diese Beispiele zeigen aber auch schon, dass der Gleichbehandlungsgrundsatz *dispositiv ist*, dass es den Gesellschaftern also freisteht, ungleiche Beteiligungen zu vereinbaren[44]. Der Gleichbehandlungsgrundsatz gilt also nur, wenn im Gesellschaftsvertrag nichts anderes vereinbart ist und der benachteiligte Gesellschafter sich mit der Ungleichbehandlung auch nicht einverstanden erklärt[45]. Demgemäß kann auch vereinbart werden, dass die Gesellschafterpositionen unterschiedlich ausgestaltet sein sollen. Nur wenn sich aus dem Gesellschaftsvertrag nichts anderes ergibt, dürfen

26

---

[41] Ähnlich für die GmbH BGH ZIP 2007, 268, 269.

[42] Zum Gleichbehandlungsgebot siehe *Karsten Schmidt* § 16 II 4 b); *Verse*, Der Gleichbehandlungsgrundsatz im Recht der Kapitalgesellschaften, 2006; *Wiedemann* § 8 II 2.

[43] *Verse*, Der Gleichbehandlungsgrundsatz im Recht der Kapitalgesellschaften, 2006, S. 87 ff.; zu anderen Begründungen *Karsten Schmidt* § 16 II 4 b) aa); *Wiedemann* § 8 II 2 a).

[44] BGH WM 1966, 1036; Soergel-*Hadding* § 705 Rdz. 65; *Karsten Schmidt* § 16 II 4 b).

[45] BGH WM 1965, 1284, 1286; Soergel-*Hadding* § 705 Rdz. 65; MünchKomm-*Ulmer* § 705 Rdz. 247.

die Gesellschafter im Verhältnis zur Gesellschaft nicht willkürlich ungleich behandelt werden.

27   Besondere praktische Bedeutung erlangt das Gleichbehandlungsgebot bei der *inhaltlichen Überprüfung von Gesellschafterbeschlüssen*. Ein Beschluss, der die Gesellschafter ohne sachlichen Grund ungleich behandelt, ist rechtswidrig[46]. Dies ist etwa der Fall, wenn einem Gesellschafter im Unterschied zu den anderen Gesellschaftern die Erbringung eines erhöhten Beitrages verweigert wird und von der Höhe der erbrachten Beiträge der Umfang der Gesellschafterrechte abhängt[47]. Neben der Beschlusskontrolle kann das Gleichbehandlungsgebot auch bei der *Durchführung von Geschäftsführungsmaßnahmen* eine Rolle spielen. So wäre es beispielsweise rechtswidrig, wenn der geschäftsführende Gesellschafter einen Mitgesellschafter im Unterschied zu den anderen von der Benutzung der Gesellschaftseinrichtungen ohne Grund ausschließt[48]. Der betreffende Gesellschafter hat neben dem Anspruch auf Leistung auch einen *Schadensersatzanspruch* gegen die Gesellschaft[49] (das Fehlverhalten des geschäftsführenden Gesellschafters wird über § 31 BGB der Gesellschaft zugerechnet)[50]. Sofern der Vorteil nur einzelnen Gesellschaftern gewährt wurde, ist in erster Linie der Gesellschaft von den bevorzugten Gesellschaftern Erstattung geschuldet[51]. Gleiches gilt, wenn die Einräumung desselben Vorteils an alle Gesellschafter für die Gesellschaft ungünstig wäre[52]. Dann gebietet es die Treuepflicht, auf die Belange der Gesellschaft Rücksicht zu nehmen und nur auf die Erstattung des rechtswidrig an den Bevorzugten Geleisteten oder eine gleichmäßige Aufteilung des Vorteils zu dringen.

28   In dem Fall OLG Saarbrücken NJW 1985, 811 hatte ein aus 5 Personen bestehender Kegelclub eine Kegelkasse eingerichtet, aus der eine gemeinsame Reise finanziert werden sollte. Zur Jahreswende 1981/82 unternahm der Club dann eine kurzfristig angesetzte Reise nach Kenia. Der Kläger, für den ebenfalls gebucht war, nahm daran nicht teil, weil er sich bereits mit seiner Familie in Südfrankreich verabredet hatte. Der Kläger verlangte ein Fünftel des ursprünglichen Kassenbestands für sich.

---

[46] 1. A. 92; siehe auch BGHZ 20, 363, 369; BGH NJW 1995, 194, 195.

[47] BGH WM 1974, 1151, 1153 (KG); MünchKomm-*Ulmer* § 705 Rdz. 251.

[48] OLG Saarbrücken NJW 1985, 811; MünchKomm-*Ulmer* § 705 Rdz. 250.

[49] Soergel-*Hadding* § 705 Rdz. 67; MünchKomm-*Ulmer* § 705 Rdz. 252; *Verse*, Der Gleichbehandlungsgrundsatz im Recht der Kapitalgesellschaften, 2006, S. 399 ff.

[50] 1. A. 116.

[51] Soergel-*Hadding* § 705 Rdz. 67; zur GmbH ebenso *Ulmer*, FS 100 Jahre GmbHG, 1992, S. 363, 368 f.

[52] Soergel-*Hadding* § 705 Rdz. 67; etwas anders MünchKomm-*Ulmer* § 705 Rdz. 252, wonach es in erster Linie Sache der Gesellschaft sein soll, wie sie den Verstoß gegen den Gleichbehandlungsgrundsatz beseitigen will. Doch schwächt das insofern die Rechtsposition des Betroffenen, als er nichts Konkretes verlangen kann.

Das OLG hat dem Kläger diesen Betrag (abzüglich der Stornokosten) zugesprochen. Dabei wird das Gleichbehandlungsgebot zwar nicht ausdrücklich erwähnt, aber es wird in dem Urteil doch deutlich, dass der Gesellschaftsvertrag dahin verstanden werden musste, dass sich nicht einige Gesellschafter auf Kosten der anderen bereichern dürfen. Das überzeugt. Zugleich wird aber auch klar, dass bei einem größeren Gesellschafterkreis, bei dem von Anfang an damit zu rechnen ist, dass einige Gesellschafter an einer solchen Reise nicht werden teilnehmen können, wohl anders zu entscheiden wäre, da sonst die Zweckbindung des Geldes – Reise – wegen Unüberprüfbarkeit der Verhinderung jedes einzelnen Gesellschafters schon deshalb in Frage gestellt wäre, weil jeder Gesellschafter durch die schlichte Behauptung, er sei verhindert, seinen Anteil an der Kasse herausverlangen könnte.

5. Auslegung des Gesellschaftsvertrages

a) Der Gesellschaftsvertrag ist im Prinzip nach denselben Grundsätzen   **29**
auszulegen wie alle Rechtsgeschäfte. Es kommen also die §§ 133, 157 BGB
zur Anwendung[53]. Eine Ausnahme gilt für *Gesellschaften mit großer Mitgliederzahl,* sowie für solche Gesellschaften, bei denen die Anteile frei übertragbar sind und übertragen wurden. Eine Berücksichtigung des individuellen Verständnisses der Gesellschafter ist dann nicht möglich, weil die Größe bzw. der Wechsel im Mitgliederkreis die Rücksichtnahme auf besondere Interpretationen der Gründer ausschließen. Nur wenn der neu beitretende Gesellschafter mit einem besonderen Vertragsverständnis der bisherigen Gesellschafter rechnen muss (etwa weil der Vertragstext unklar ist oder der Beitretende das Verständnis der Altgesellschafter kennt), muss er sich die bisherige Vertragsinterpretation entgegenhalten lassen[54]. Auch werden Gesellschaftsverträge mit zahlreichen Vertragspartnern bzw. nach einer Rechtsnachfolge nach denselben, vorwiegend am objektiven Inhalt der Vertragsurkunde ausgerichteten Grundsätzen ausgelegt, wie sie für die Satzung von Körperschaften entwickelt wurden[55]. Dies gilt auch dann, wenn die Gesellschaft von nur wenigen Gesellschaftern gegründet wurde und erst mit der Zeit – vielleicht sogar entgegen den Vorstellungen der Gründer – zu einer Gesellschaft mit zahlreichen Gesellschaftern wurde. Auch dann ist für alle Beteiligten klar, dass das individuelle Verständnis, das den neu hinzu-

---

[53] Zum Bestimmtheitsgrundsatz, 1. A. 84.

[54] *Grunewald* ZGR 1995, 68, 77 f.; *Wiedemann* § 3 II 2 a); allgemein *Hey*, Freie Gestaltung in Gesellschaftsverträgen und ihre Schranken, 2004, S. 37.

[55] Zu diesen Regeln unten 2. A. 15 ff. Dazu BGH ZIP 1989, 1052, 1053: Familiengesellschaft mit 155 Mitgliedern; *Lutter* AcP 180 (1980) 84, 96; MünchKomm-*Ulmer* § 705 Rdz. 172 ff.; *Wiedemann* § 3 II 2 a). Diese Regeln gelten auch für die Auslegung von Gesellschaftsverträgen, deren Vertragspartner zwar nur wenige Gesellschafter sind, bei denen aber gemäß dem Plan der Gesellschafter mindestens ein Gesellschafter seine Beteiligung treuhänderisch für eine Vielzahl von Personen hält. Dies ist bei der KG häufig, 1. C. 12.

tretenden Gesellschaftern ja nicht bekannt ist, keine Rolle mehr spielen kann. Den „Alt"-Gesellschaftern bleibt die Möglichkeit, rechtzeitig auf Klarstellung zu dringen.

30   Bei der Auslegung eines Gesellschaftsvertrages darf nicht unberücksichtigt bleiben, dass dieser üblicherweise die Grundlage für eine *längerfristige Zusammenarbeit* der Gesellschafter darstellt. Dies hat in mehrerlei Hinsicht Bedeutung. Zum einen kann insbesondere bei der Auslegung von Gesellschaftsverträgen, deren Abschluss schon längere Zeit zurückliegt, dem Wortlaut keine übertriebene Bedeutung beigemessen werden. Vielmehr ist vorrangig zu berücksichtigen, welches Ziel der Vertrag mit seinen Regeln verfolgte. Insoweit kann es eine Rolle spielen, ob etwa bestimmte prozentuale Beteiligungen einzelner Gesellschafter oder Gesellschafterstämme erreicht werden sollten. Diese Intention ist dann für das Verständnis der jeweiligen Vertragsbestimmung wesentlich (sog. Grundtendenz des Vertrages)[56]. Insbesondere spielt es auch eine Rolle, wie bestimmte Klauseln bislang gehandhabt und verstanden wurden[57]. Allgemein gilt, dass bei Gesellschaften, die auf eine lange Vertragsdauer angelegt sind, eine Vertragsinterpretation, die die Fortdauer der Gesellschaft sichert, nahe liegt. Sofern der Wortlaut des Gesellschaftsvertrages für eine andere Auslegung spricht, ist allerdings Zurückhaltung geboten: Je klarer der Wortlaut, desto schwerwiegender müssen die Gründe sein, die für ein anderes Verständnis des Vertragstextes sprechen[58]. Sollte mit der Vertragsauslegung nicht weiterzukommen sein, bleibt nur eine Vertragsänderung[59].

31   Bei bestimmten Vertragsklauseln können auch die *Interessen Dritter* eine Rolle spielen. Dies gilt etwa für die Vertretungsregeln. Gleichwohl folgt auch in diesen Fällen die Interpretation den genannten Regeln. Der Schutz Dritter wird auf andere Art und Weise (etwa nach Rechtsscheingrundsätzen) erreicht[60]. Er kann nicht dazu führen, die Gesellschafter im Verhältnis zueinander an einer Interpretation festzuhalten, die den Vereinbarungen nicht entspricht. Eventuell besteht eine Pflicht der Gesellschafter, an einer Klarstellung des Textes mitzuwirken.

32   b) Gerade bei Gesellschaftsverträgen stellt sich vielfach die Frage, was gelten soll, wenn die *Problematik im Vertrag nicht oder unwirksam geregelt* ist. Im Prinzip gelten dann die Regeln der ergänzenden Vertragsauslegung,

---

[56] MünchKomm-*Ulmer* § 705 Rdz. 173.

[57] Siehe Soergel-*Hadding* § 705 Rdz. 38; *Karsten Schmidt* § 5 I 4 c).

[58] *Grunewald* ZGR 1995, 68, 70; *Wiedemann* DNotZ 1977, Sonderheft, S. 99, 102; a. A. *Coing* ZGR 1978, 659.

[59] Zur Pflicht zur Mitwirkung 1. A. 80.

[60] *Grunewald* ZGR 1995, 68, 75; a. A. *Wiedemann* § 3 II 2 a), der die Auslegung je nach dem, wem gegenüber sie zu erfolgen hat, verschieden vornimmt. Dem ist nicht zu folgen, da eine Vertragsbestimmung nicht einmal dies und einmal das bedeuten kann.

wobei insoweit auf den hypothetischen Parteiwillen abzustellen ist. Diese Art der Vertragsergänzung ist im Regelfall dem Rückgriff auf das dispositive Gesetzesrecht vorzuziehen, da dieses vielfach von Wertungen ausgeht (etwa einer streng personalistischen Ausrichtung der Gesellschaft bürgerlichen Rechts), die bei der jeweiligen Gesellschaft nicht gegeben sind[61]. Auf derselben Linie liegt es, wenn der BGH dazu tendiert, bei nichtigen Vertragsbestimmungen eine *Teilnichtigkeit* der Regeln anzunehmen und den Rest der Vereinbarung entgegen der Grundregel von § 139 BGB aufrecht zu erhalten[62]. Sofern die Vertragsparteien vereinbart haben, dass auch bei Nichtigkeit einzelner Vertragsklauseln der restliche Vertrag erhalten bleiben soll (sog. salvatorische Erhaltungsklausel), führt auch dies dazu, dass die Vermutung von § 139 BGB nicht eingreift[63].

6. Inhaltskontrolle

a) Das Recht der BGB-Gesellschaft ist, wie überhaupt das Recht der Personengesellschaften, *weitgehend dispositiv*. Demgemäß steht den Gesellschaftern bei der Ausgestaltung des Gesellschaftsvertrages ein erheblicher Spielraum zur Verfügung. Diese Entscheidung des Gesetzgebers hat sich sehr weitgehend bewährt.   33

Genauso wie in anderen Verträgen kann aber auch in einem Gesellschaftsvertrag eine Klausel gegen *§ 134 BGB oder § 138 BGB* verstoßen und demgemäß nichtig sein[64]. Doch sollte man mit der Annahme der Sittenwidrigkeit nicht allzu leicht bei der Hand sein. Der Vertragskompromiss kann das Resultat ganz unterschiedlicher Einschätzungen der Parteien sein, und es ist durchaus nicht immer richtig, eine Klausel für nichtig zu erklären, die sich für eine Seite als besonders belastend erweist. Gerade bei einem Gesellschaftsvertrag, der die Basis für die Zusammenarbeit in einer unbekannten Zukunft sein soll, muss es im Grundsatz bei dem Vereinbarten bleiben. Daher gilt es auch im Gesellschaftsrecht daran festzuhalten, dass ein Verstoß gegen § 138 Abs. 1 BGB nur vorliegt, wenn nicht einmal die Mindeststandards eingehalten sind[65]. Hierzu gehört der Fall, dass für die Gesellschaft   34

---

[61] BGH NJW 1979, 1705; BGH NJW 1985, 192, 193; BGH NJW 1993, 3193.

[62] BGH JZ 1989, 956ff. mit Anm. *Grunewald*.

[63] Siehe BGH ZIP 2010, 925 (stille Gesellschaft).

[64] Zu den Auswirkungen auf den „restlichen Vertrag" 1. A. 161. Besondere Ausprägungen der Inhaltskontrolle beinhalten die Lehre von den unverzichtbaren Gesellschafterrechten (1. A. 88) und das Abspaltungsverbot (1. A. 73).

[65] Eine Schilderung der Judikatur zur Sittenwidrigkeit von Gesellschaftsverträgen findet sich bei MünchKomm-*Ulmer* § 705 Rdz. 134; in der Tendenz wie hier *Dauner-Lieb* ZHR 158 (1994), 271, 287ff.; *Fastrich*, Die richterliche Inhaltskontrolle im Privatrecht, 1992, S. 154ff.

Weitergehend wohl BGHZ 81, 263, 266, wo ein Verstoß gegen § 138 Abs. 1 BGB auch besonders bedeutsame Entscheidungen von Nichtgesellschaftern getroffen werden (Verstoß gegen den *Grundsatz der Verbandssouveränität*)[66].

35 In dem Fall BGH NJW 1985, 2421 war in dem Gesellschaftsvertrag einer OHG vorgesehen, dass einer der persönlich haftenden Gesellschafter – der Seniorchef – die anderen ohne besonderen Grund aus der Gesellschaft ausschließen konnte. Hiervon machte der betreffende Gesellschafter gegenüber einem anderen Gesellschafter Gebrauch, der vor vielen Jahren als kaufmännischer Angestellter in die Gesellschaft eingetreten war und sich zum persönlich haftenden Gesellschafter hochgearbeitet hatte. Der BGH entschied, dass in einer solchen Vertragsgestaltung ein Verstoß gegen § 138 Abs. 1 BGB liege, weil der ausgeschlossene Gesellschafter in der Gesellschaft seinen Beruf ausübe und dies seine Existenzgrundlage sei. Durch die genannte Vertragsklausel werde der betroffene Gesellschafter in eine persönliche und wirtschaftliche Abhängigkeit gebracht, die nicht mehr erträglich sei.

Diese Entscheidung überzeugt letztlich nicht. Sofern der ausgeschlossene Gesellschafter eine Abfindung erhielt, die dem Wert seiner Beteiligung entsprach, waren seine wirtschaftlichen Interessen gewahrt. Bedenkt man weiter, dass der Beruf dieses Gesellschafters im Grunde der eines Managers war und diese Berufsgruppe nahezu stets auf einer leicht lösbaren Vertragsbasis tätig ist, so sieht man auch, dass das von dem Gesellschafter übernommene Risiko keineswegs atypisch oder sittenwidrig war.

Vielleicht sind auch dem BGH insoweit mittlerweile Bedenken gekommen. Dies legt eine Entscheidung aus 2005 nahe, in der es um eine GmbH ging, die eine Vielzahl von M-Märkten betrieb, die jeweils in der Rechtsform einer GmbH – für eine BGB-Gesellschaft würde nichts anderes gelten – organisiert waren. Für das operative Geschäft war ein Vor-Ort-Geschäftsführer zuständig. Entsprechend ihrem einheitlichen Unternehmenskonzept beteiligte die Beklagte den jeweiligen Vor-Ort-Geschäftsführer mit einem Geschäftsanteil von bis zu 10% an der von ihm geleiteten Gesellschaft. Der Geschäftsführer hatte für den Erwerb seines Anteils in der Regel nur den Nominalwert zu zahlen und war am Gewinn, nicht aber am Verlust der Gesellschaft beteiligt. Zugleich vereinbarte die Beklagte mit dem Geschäftsführer, dass seine Gesellschafterstellung enden solle, wenn er als Geschäftsführer abberufen oder sein Geschäftsführer-Anstellungsvertrag beendet werde.

Diese Vertragsgestaltung hat der BGH gebilligt. In den Gründen wird darauf hingewiesen, dass bei dieser Sachlage der das Ausschließungsverbot tragende Gedanke, den Gesellschafter bei der Wahrnehmung seiner Gesellschafterrechte nicht unter unangemessenen Druck zu setzen, nicht berührt werde. Im Vordergrund stehe vielmehr die Möglichkeit, den Geschäftsführer ohne Grund aus seiner Organstellung abzuberufen. Die weitere Folge, dass dann auch die Gesellschafterstellung ende, falle demgegenüber nicht entscheidend ins Gewicht, weil die von vornherein auf Zeit eingeräumte Beteiligung in diesem sogenannten Manager-Modell nur einen Annex zu der Geschäftsführerstellung darstelle. Diese Argumentation liegt auf der hier vertretenen Linie[67].

---

dann bejaht wird, wenn die Grundprinzipien des Gesellschaftsrechts nicht beachtet wurden; sehr weitgehend auch *Wiedemann* ZGR 1980, 147.

[66] 1. A. 70.

[67] BGH NJW 2005, 3641; zu diesem und anderen Urteilen des BGH, die den Ausschluss eines Gesellschafters ohne besonderen Anlass akzeptieren, *Grunewald*, FS Prie-

b) Eine über § 138 Abs. 1 BGB hinausgehende Inhaltskontrolle wird allgemein für *Publikumsgesellschaften*, also für Gesellschaften mit einer Vielzahl von untereinander meist nicht verbundener[68] Gesellschafter[69], befürwortet[70]. Dabei beruft man sich formal auf *§ 242 BGB*. In der Sache geht es darum, dass in Gesellschaften mit großer Mitgliederzahl der Vertragskompromiss als Garant für eine gewisse Ausgeglichenheit der vereinbarten Regelung fehlt. Wer Gesellschafter einer Publikumsgesellschaft werden will, kann nur den fertig ausformulierten Vertrag ablehnen oder akzeptieren. Über den Inhalt des Vertrages wird bei der Aufnahme neuer Mitglieder nicht mehr verhandelt. Letztlich wird mit Hilfe dieser Inhaltskontrolle ein Mindestbestand an Anlegerschutz in Publikumspersonengesellschaften verwirklicht. Auf diese Weise wird der bei Gesellschaften mit großer Mitgliederzahl üblicherweise auftretenden Verselbständigung des Managements gegenüber den Gesellschaftern entgegengewirkt[71].

In dem Fall BGH ZIP 1988, 22 hatten M und der Kläger drei Gesellschaften bürgerlichen Rechts zu dem Zweck gegründet, eine stille Beteiligung an einer kanadischen Investment-Gesellschaft zu erwerben. Die Gesellschaften waren auf den Beitritt weiterer Gesellschafter angelegt. Gleichwohl wuchs die Gesellschafterzahl nur geringfügig an. In den Gesellschaftsverträgen wurde der Kläger beauftragt, die stille Beteiligung treuhänderisch für die Gesellschafter zu verwalten. Eine Kündigung des Treuhandverhältnisses durch die Gesellschafter bedurfte der Zustimmung aller Gesellschafter. Es kam in der Folgezeit zu Meinungsverschiedenheiten zwischen dem Kläger und M einerseits sowie den übrigen Gesellschaftern, den Beklagten, andererseits über die Verwaltung der stillen Beteiligung. In der Gesellschafter-

36

37

---

ster, 2007, S. 123; *Habersack/Verse* ZGR 2005, 451, 456; *Henssler*, FS Konzen, 2006, S. 267; *Peltzer* ZGR 2006, 702; allgemein 1. A. 140.

[68] Es ist umstritten, ob die Sonderregeln auch für Familiengesellschaften gelten, dazu *Ulmer* ZIP 2010, 549, 555.

[69] Die Inhaltskontrolle nach § 242 BGB wird auch auf Gesellschaften angewandt, die zwar nur wenige Gesellschafter haben, bei denen aber ein Gesellschafter die Beteiligung treuhänderisch für eine Vielzahl von Anlegern hält, siehe den Fall BGH ZIP 1988, 906. Dies ist bei Kommanditgesellschaften häufig, 1. C. 12.

[70] BGHZ 64, 238 (KG); 84, 14 (KG); BGHZ 102, 172, 177; BGH NJW 1982, 877, 879; BGH NJW 1982, 2495; BGH ZIP 1988, 22, 24; BGH ZIP 1988, 906 (KG); *Bunte* ZIP 1983, 8, 12; *Fastrich*, Die richterliche Inhaltskontrolle im Privatrecht, 1992, S. 124 ff.; *Karsten Schmidt* § 5 III 4; *Westermann*, FS BGH, 2000, S. 245, 252; ablehnend *Hey*, Freie Gestaltung in Gesellschaftsverträgen und ihre Schranken, 2004, S. 302 ff.; weitgehend auch *Zöllner*, FS 100 Jahre GmbHG, 1992, S. 85, 100 ff., der nur „immanente Funktionsdefizite der Vertragsfreiheit gesellschaftsrechtsspezifischer Art" ausgleichen will. Dies soll nur Regelungen betreffen, die das gedeihliche Funktionieren der Gesellschaft als Dauerrechtsverhältnis in Zukunft beeinträchtigen. M. E. ist dies bei dem hier in den Mittelpunkt der Betrachtung gestellten Fall der Verselbständigung des Managements gegenüber den Gesellschaftern der Fall.

[71] Im Einzelnen zu den verschiedenen Kriterien, die zur Rechtfertigung der Inhaltskontrolle angeführt werden, MünchKommHGB-*Grunewald* § 161 Rdz. 124.

versammlung der drei Gesellschaften wurde dem Kläger aus wichtigem Grund gekündigt. Dem stimmte M nicht zu. Der Kläger klagte auf Feststellung, dass die Treuhandverhältnisse durch Kündigung nicht aufgelöst worden sind.

Der BGH hat dem Kläger nicht Recht gegeben. In dem Urteil wird ausgeführt, dass die Gesellschaftsverträge der drei Gesellschaften der Inhaltskontrolle nach § 242 BGB unterliegen, da der Gesellschaftsvertrag auf die Mitgliedschaft einer Vielzahl noch zu werbender Gesellschafter angelegt sei, die sich nur kapitalistisch beteiligen und mehr oder weniger zufällig zusammengeführt werden. Gemessen an den danach anzuwendenden Maßstäben von Treu und Glauben sei das Einstimmigkeitserfordernis bei der Abberufung des Treuhänders unwirksam. Die Anlagegesellschafter dürften nicht daran gehindert werden, die Verwaltung ihres eingebrachten Kapitals einer Person zu übergeben, die das Vertrauen der Mehrheit genieße. Das Urteil überzeugt. Dies gilt auch in Bezug auf die Anwendung der Grundsätze zur Inhaltskontrolle. In der Tat tritt das Problem, um das es bei der Inhaltskontrolle geht (Verselbständigung des Managements), auch auf, wenn eine Gesellschaft auf den Beitritt zahlreicher Gesellschafter angelegt ist, aber nur wenige Gesellschafter tatsächlich beitreten.

IV. Geschäftsführung und Vertretung

1. Geschäftsführung

38   a) *Geschäftsführung ist jede für die Gesellschaft vorgenommene Tätigkeit*[1]. Nicht zur Geschäftsführung gehören Geschäfte, die die Grundlagen der Gesellschaft betreffen, wie etwa Änderungen des Gesellschaftsvertrages aber auch eine vollkommene Neuausrichtung der Geschäftspolitik. Die Geschäftsführung ist vielfach rein tatsächlicher Art, etwa die Durchführung einer Reise für die Gesellschaft, die Erbringung von Dienstleistungen, die Verwaltung von Gesellschaftsvermögen. Sie kann aber auch rechtsgeschäftlicher Natur sein, so etwa bei der Einstellung von Personal für die Gesellschaft und bei der Geltendmachung von Forderungen. In diesem Fall wird die Gesellschaft berechtigt und verpflichtet, wenn der Gesellschafter Vertretungsmacht zum Handeln für die Gesellschaft hat. Die Geschäftsführungsbefugnis reicht insoweit nicht aus, sie ist nicht einmal erforderlich. Sie besagt nur, dass der Gesellschafter für die Gesellschaft handeln darf, nicht aber, dass er es auch kann.

39   b) Nach § 709 Abs. 1 BGB steht die Befugnis zur Führung der Geschäfte der Gesellschaft den Gesellschaftern gemeinschaftlich zu (*Gesamtgeschäftsführung*)[2]. Für jedes Geschäft der Gesellschaft ist die Zustimmung aller Gesellschafter erforderlich. Die Zustimmung muss nicht ausdrücklich erteilt werden. Allein das Unterlassen von Widerspruch kann, wenn der Gesell-

---

[1] Ähnlich die Definition bei Soergel-*Hadding* § 709 Rdz. 9; MünchKomm-*Ulmer/Schäfer* § 709 Rdz. 7.
[2] Beispiel BGH ZIP 2010, 1639.

schafter um das Geschäft weiß, als Zustimmung zu werten sein. Die Verweigerung der Zustimmung kann insbesondere darauf gestützt werden, dass ein bestimmtes Geschäft für die Gesellschaft nicht zweckmäßig ist. Eine Klage auf Erteilung der Zustimmung wird daher nur dann erfolgreich sein, wenn die Zustimmung aus sachfremden Gründen verweigert wird, etwa um dem Gesellschafter oder einer mit ihm verbundenen Person Vorteile zu sichern[3], oder wenn das Geschäft für die Erhaltung der Gesellschaft ganz offensichtlich dringend erforderlich ist. Im Gesellschaftsvertrag kann auch bestimmt sein, dass eine Geschäftsführungsmaßnahme bereits dann durchgeführt werden darf, wenn sich eine Mehrheit findet, die für diese Maßnahme eintritt. Dabei soll sich die Mehrheit im Zweifel nach der Zahl der Gesellschafter richten (§ 709 Abs. 2 BGB). Von dieser Berechnung der Mehrheit wird vielfach abgewichen. Sie gilt schon dann regelmäßig nicht, wenn andere Gesellschafterrechte (Gewinnbeteiligung, Stimmrecht) nach anderen Kriterien (etwa einer Kapitalquote) verteilt werden.

c) Im Gesellschaftsvertrag kann auch vereinbart werden, dass die Geschäftsführungsbefugnis jedem einzelnen oder jedenfalls einigen Gesellschaftern allein zusteht (*Einzelgeschäftsführungsbefugnis*). Dann haben dieser oder diese Gesellschafter die Berechtigung, ohne Zustimmung der anderen Gesellschafter für die Gesellschaft die Geschäfte zu führen. Jeder geschäftsführungsberechtigte Gesellschafter (nicht aber die anderen!) kann dann der Vornahme eines bestimmten Geschäfts widersprechen. Dann hat es zu unterbleiben (§ 711 BGB). Damit dieses Widerspruchsrecht genutzt werden kann, müssen bedeutende Geschäfte und solche, bezüglich derer mit Differenzen unter den Gesellschaftern gerechnet werden muss, den anderen Geschäftsführern mitgeteilt werden[4]. Sofern dies nicht geschieht, ist die Maßnahme auch dann rechtswidrig, wenn kein Widerspruch erfolgt. Diese Rechtswidrigkeit entfällt, wenn der oder die betreffenden Gesellschafter später unterrichtet werden und nicht widersprechen. Erfolgt ein Widerspruch, so ist die Maßnahme rückgängig zu machen, so weit dies noch möglich ist[5]. Ein Gesellschafter, der trotz erfolgten Widerspruchs ein Geschäft durchführt, macht sich schadensersatzpflichtig[6].

40

---

[3] So auch BGH NJW 1986, 844: Die Entscheidung behandelt den Fall, dass in einer OHG Widerspruch gegen eine Geschäftsführungsmaßnahme – die Gehaltserhöhung für einzelne Mitarbeiter – erfolgt war. 1. B. 16; zu dem Fall, dass sich die Gesellschafter einfach über eine rechtswidrig nicht erteilte Zustimmung hinwegsetzen, 1. A. 22; allgemein zur Zustimmungspflicht 1. A. 79; zur Haftung 1. A. 127.
[4] BGH BB 1971, 759 (OHG); Soergel-*Hadding* § 711 Rdz. 2; MünchKomm-*Ulmer/ Schäfer* § 711 Rdz. 3.
[5] BGH WM 1971, 819; MünchKomm-*Ulmer/Schäfer* § 711 Rdz 3.
[6] BGH ZIP 1988, 843 (OHG).

41   d) Die Geschäftsführungsbefugnis kann auch *mehreren Gesellschaftern gemeinschaftlich* erteilt werden, § 710 BGB (wird sie allen gemeinschaftlich erteilt, liegt Gesamtgeschäftsführungsbefugnis vor). Es gilt das Einstimmigkeitsprinzip (§§ 710 S. 2, 709 BGB). Bestehen unter den Gesellschaftern mehrere Gruppen mit Geschäftsführungsbefugnis, gilt das bereits geschilderte Widerspruchsrecht.

42   e) Der Gesellschaftsvertrag kann auch eine andere Art der Geschäftsführung vorsehen. Die §§ 709–711 BGB sind dispositiv. Häufig findet sich die Aufteilung nach Ressorts, etwa so, dass ein Gesellschafter für den Einkauf und einer für den Verkauf zuständig ist. Vielfach besteht in Gesellschaften das Bedürfnis, die *Geschäftsführungsbefugnis auf Dritte zu übertragen*. Dies ist unstreitig in einem ganz weitgehenden Umfang möglich und erfolgt vielfach im Rahmen von Dienstverträgen[7]. Dann gelten die Normen von §§ 709 ff. BGB nicht, da diese sich nur auf die den Gesellschaftern kraft ihrer Gesellschafterstellung zustehende Geschäftsführungsbefugnis (der sog. organschaftlichen Geschäftsführungsbefugnis) beziehen. Nach Ansicht von Judikatur und Literatur gibt es aber eine Grenze für die Möglichkeit der Übertragung der Geschäftsführungsbefugnis auf Dritte. Dies wird mit dem Prinzip der sog. *Selbstorganschaft* verbunden[8], das angeblich für alle Personengesellschaften gilt[9]. Was genau dieser Grundsatz besagt, ist aber alles andere als deutlich. Auch erscheint es im Ganzen sachgerechter, nicht aus einem umstrittenen Grundsatz Rechtsfolgen abzuleiten, sondern vielmehr umgekehrt die Einzelfälle zu betrachten und dann als deren Resultat u. U. einen Grundsatz abzuleiten, der seinerseits Vorgaben für weitere Fälle geben kann.

43   In der Sache geht es darum, ob eine *Übertragung der Geschäftsführungsbefugnis auf einen Gesellschaftsexternen unter Ausschluss der Geschäftsführungsbefugnis der Gesellschafter* nach §§ 709 ff. BGB möglich ist, oder ob dem gewichtige Interessen Dritter oder der Gesellschafter entgegenstehen. Sofern insoweit *Gläubigerinteressen* genannt werden, kann daraus nicht gefolgert werden, dass die Geschäftsführungsbefugnis nicht auf Gesellschaftsexterne verlagert werden könnte[10]. Denn es ist nicht gesagt, dass

---

[7] Siehe BGH WM 1994, 237; BGH ZIP 2005, 1361.

[8] *Weber*, Privatautonomie und Außeneinfluss im Gesellschaftsrecht, 2000, S. 74 ff.; *Westermann*, FS Lutter, 2000, S. 955; sehr klar *Huber* ZHR 152 (1988), 1, 13, der nur die gesetzlichen Regeln der OHG als „Selbstorganschaft" versteht (§ 125 Abs. 1–3, § 126 Abs. 1, 2 HGB). Doch gilt für die BGB-Gesellschaft nichts Vergleichbares. Gleich ist nur, dass die gesetzlichen Vertretungs- und Geschäftsführungsregeln nur für vertretungsbzw. geschäftsführungsberechtigte *Gesellschafter* gelten.

[9] Eine Ausnahme bildet die EWIV, unten 1. F. 4.

[10] Ausführlich dazu *Schürnbrand*, Organschaft im Recht der privaten Verbände, 2007, S. 242 ff.; *Weber*, Privatautonomie und Außeneinfluss im Gesellschaftsrecht, 2000, S. 81 ff.; *Karsten Schmidt*, FS Knobbe-Keuk, 1997, S. 307, 314 f. meint, die zwingende

ein Dritter die Geschäfte der Gesellschaft mit größerer Wahrscheinlichkeit weniger erfolgreich führt als ein Gesellschafter. Immerhin mag es sein, dass die den Gesellschaftern drohende persönliche Haftung für die Schulden der Gesellschaft zu einem vorsichtigen Geschäftsgebaren Veranlassung gibt[11].

Von entscheidender Bedeutung ist aber der Aspekt des *Schutzes der Gesellschafter*. Die Übertragung der Geschäftsführungsbefugnis auf einen Dritten unter Ausschluss einer entsprechenden Befugnis für die Gesellschafter gibt die Gesellschaft in die Hand des Dritten. Dies ist nun etwa bei einer GmbH, die von den Kapitalgesellschaften noch am ehesten der BGB-Gesellschaft gleicht, nichts Ungewöhnliches, wenn auch stets in dieser Gesellschaftsform zumindest bei Vorliegen eines wichtigen Grundes die Möglichkeit zur Abberufung desjenigen verbleibt, der die Geschäftsführungsbefugnis hat (eben des Geschäftsführers, § 38 Abs. 2 GmbHG). Da die Gesellschafter in der BGB-Gesellschaft aber – anders als in der GmbH – für die Schulden der Gesellschaft unbeschränkt haften, muss sichergestellt werden, dass sie auf das Geschehen in der Gesellschaft maßgeblichen Einfluss haben. Sie müssen daher in der Lage sein, jede Maßnahme auch selbst durchzuführen und von dem Dritten Unterlassung seiner Geschäftsführung zu verlangen, und zwar unabhängig davon, ob ein wichtiger Grund vorliegt[12]. Nach Ansicht des BGH gilt dies allerdings nur, sofern feststeht, dass der Dritte die Geschäfte nicht sachgerecht führt[13]. Aber das zu entscheiden, ist gerade Sache der Gesellschafter. Es ist gemäß dem gesetzlichen Regelungsprinzip des gemeinsamen Handelns aber möglich, dieses Recht der Gesellschafter im Gesellschaftsvertrag daran zu binden, dass unter ihnen Einigkeit besteht.

Sollte in dem *Dienstvertrag mit dem geschäftsführenden Dritten* Weitergehendes (Entzug der Geschäftsführungsbefugnis nicht möglich) vereinbart

44

45

Selbstorganschaft sei gerechtfertigt, weil es in den Personengesellschaften keine Kapitalsicherung gebe.

[11] 1. A. 109.

[12] *Hey*, Freie Gestaltung in Gesellschaftsverträgen und ihre Schranken, 2004, S. 202; MünchKomm-*Ulmer* § 709 Rdz. 5; ebenso zur OHG BGHZ 36, 292, 294; ebenso *Huber* ZHR 152 (1988), 1, 16 ff. für Einzelkaufleute und alle Personengesellschaften. BGH NJW 1982, 877 behandelt einen Gesellschaftsvertrag, der die Weisungsbefugnis und jederzeitige Kündigungsmöglichkeit gegenüber dem Dritten bei der Gesellschaft beließ. Dies ist zweifellos möglich. In BGH WM 1994, 237 ff. bestand die Möglichkeit eines jederzeitigen Widerrufs. Siehe auch BGH NJW 1982, 2495: In der Entscheidung wird zutreffend darauf hingewiesen, dass bei Publikumsgesellschaften eine akzeptable Mehrheitsklausel für die Abberufung erforderlich ist.

[13] In dem Fall BGH NJW 1982, 1817 bestand für diesen Fall eine Kündigungsmöglichkeit für einen Betriebsführungsvertrag. Der BGH hält dies für ausreichend. Dagegen etwa *Reuter* JZ 1986, 16, 18; allgemein zur Problematik solcher Betriebsführungsverträge *Windbichler* ZIP 1987, 825; s. auch *Kleindiek*, Strukturvielfalt im Personengesellschaftskonzern, 1991, S. 98 ff.

sein, so ist diese Klausel unwirksam. Sie würde die Gesellschaft und die Gesellschafter zu sehr belasten und verstößt daher gegen § 138 Abs. 1 BGB. Daher bestehen in diesem Fall auch keine Schadensersatzpflichten, wenn eine Abberufung des Dritten entgegen dieser Klausel erfolgt[14].

46   In dem Fall BGH WM 1994, 237 nahm der Kläger den Beklagten, einen Gesellschafter einer BGB-Gesellschaft, auf Zahlung von Gehaltsansprüchen in Anspruch, die ihm als „Treuhänder" der Gesellschaft gegen diese zustanden. Bei der BGB-Gesellschaft handelte es sich um einen Gläubiger-Pool, dessen Zweck es war, offene Forderungen und Sicherungsrechte, die die Gesellschafter gegen eine bestimmte KG hatten, durchzusetzen und zu verwerten. In dem Gesellschaftsvertrag hieß es, dass der „Treuhänder" die Gesellschaft gerichtlich und außergerichtlich vertrete und zu Verfügungen über das Pool-Vermögen bis auf Widerruf ermächtigt sei.

Der BGH prüft, ob der Gesellschaftsvertrag dem Grundsatz der Selbstorganschaft hinreichend Rechnung trägt. Wirklich notwendig war das wohl nicht, da selbst bei einer eventuellen Nichtigkeit des Gesellschaftsvertrages die Grundsätze der fehlerhaften Gesellschaft zur Anwendung gekommen wären und daher die Gesellschaft auch in diesem Fall so zu behandeln gewesen wäre, als sei sie wirksam (1. A. 162). Zudem kann der Kläger auch dann Zahlung seiner Vergütung verlangen, wenn die Regeln der Selbstorganschaft missachtet wurden. Es wäre dann lediglich die Klausel des Gesellschaftsvertrages unwirksam, die die Rechtsstellung des Klägers zu umfassend ausgestaltet hat. Das Urteil kommt zu dem Ergebnis, dass der Grundsatz der Selbstorganschaft der geschilderten Vertragsgestaltung nicht entgegenstehe, da er nur verbiete, dass sämtliche Gesellschafter von der Geschäftsführung und Vertretung (1. A. 52) ausgeschlossen werden. Die Betrauung eines Dritten mit Geschäftsführungsaufgaben (und einer umfassenden Vollmacht) sei dagegen zulässig. Da hier die Verfügungsbefugnis des Klägers über das Pool-Vermögen widerrufbar war und dem Kläger auch seine Stellung als „Treuhänder" der Gesellschaft jederzeit wieder entzogen werden konnte, war die Position des Klägers von den Gesellschaftern hinreichend abhängig.

47   f) Die im Gesellschaftsvertrag[15] verliehene *Befugnis eines Gesellschafters zur Führung der Geschäfte* kann ihm, sofern der Vertrag nichts anderes bestimmt, nur bei Vorliegen eines wichtigen Grundes *entzogen werden* (§ 712 Abs. 1 BGB)[16]. Je nachdem, ob in dem Gesellschaftsvertrag Beschlussfassung durch Stimmenmehrheit vorgesehen ist oder nicht, ist ein einstimmiger oder ein Mehrheitsbeschluss erforderlich. Das Gesetz spricht nur den Fall an, dass die Geschäftsführungsbefugnis in der Art verteilt ist, dass sie alle oder einzelne Gesellschafter dazu berechtigt, allein – also ohne die anderen – für die Gesellschaft zu handeln. Für die Fälle der Gesamtgeschäftsführung – sei es nun nach Art von § 709 BGB oder in Gruppen – kann aber nichts anderes gelten. Auch dann muss es möglich sein, bei Vorliegen

---

[14] A. A. Schlegelberger-*Martens* § 114 Rdz 53.
[15] Umstritten ist, ob die Norm auch für die gesetzliche Geschäftsführungsbefugnis gilt, verneint von OLG Braunschweig BeckRS 2010, 15491.
[16] Beispiel BGH ZIP 2008, 597.

eines wichtigen Grundes Abhilfe zu schaffen[17]. Sofern ein Entzug der Geschäftsführungsbefugnis erfolgt, wird die Geschäftsführungsbefugnis der anderen Gesellschafter hiervon nicht betroffen[18]. Es tritt allerdings insofern ein gewisser Zuwachs an Einfluss auf die Geschicke der Gesellschaft ein, als die Mitberechtigung des von der Geschäftsführungsbefugnis Ausgeschlossenen entfällt. Auf diese Weise wird am geringsten von der im Gesellschaftsvertrag getroffenen Regel abgewichen, so dass am ehesten davon ausgegangen werden kann, dass die Gesellschafter eine solche Vereinbarung getroffen hätten, wenn sie das Problem erkannt hätten.

Der *Gesellschafter kann* seinerseits die Geschäftsführung bei Vorliegen eines wichtigen Grundes *kündigen* (§ 712 Abs. 2 BGB). Auch dieses Recht gilt unabhängig davon, ob der Gesellschafter allein oder mit anderen zur Geschäftsführung befugt ist[19]. Denn ein für ihn unhaltbarer Zustand kann nicht aufrechterhalten werden. Die Rechtsfolgen für die Geschäftsführungsbefugnis der anderen Gesellschafter entsprechen denen beim Entzug der Geschäftsführungsbefugnis. **48**

g) Die Befugnis zur Führung der Geschäfte ist zugleich eine *Pflicht* der betroffenen Gesellschafter. Sie sind also, sofern nichts anderes vereinbart ist, nicht nur berechtigt, sondern auch verpflichtet, die Geschäfte *im Interesse der Gesellschaft* zu führen. Das Gesetz verweist auf das Auftragsrecht (§ 713 BGB). Das macht deutlich, dass die Geschäftsführungsbefugnis an den Interessen der Gesellschaft auszurichten ist. Sofern der geschäftsführende Gesellschafter dem nicht nachkommt, verletzt er eine ihn treffende Pflicht aus dem Gesellschaftsvertrag und macht sich daher gemäß §§ 280 f. BGB gegenüber der Gesellschaft schadensersatzpflichtig. Hinzu tritt ein nicht unerhebliches *Haftungsrisiko gegenüber den Gläubigern der Gesellschaft, das zu der* Gesellschafterhaftung für die Schulden der Gesellschaft[20] noch hinzu tritt. Diese Problematik ist insbesondere im Recht der GmbH aktuell und vielfach diskutiert worden. Daher soll von ihr auch dort die Rede sein[21]. **49**

---

[17] Soergel-*Hadding* § 712 Rdz. 1; MünchKomm-*Ulmer/Schäfer* § 712 Rdz. 5: beide mit Nachweisen auch zur Gegenmeinung.

[18] A. A., es trete Gesamtgeschäftsführungsbefugnis nach § 709 BGB ein: BGHZ 33, 105, 108 (Es ging um die Vertretungsmacht in der OHG). Dies ist nur richtig, wenn dem einzigen geschäftsführungsbefugten Gesellschafter die Geschäftsführungsbefugnis entzogen wird und dem Beschluss nicht entnommen werden kann, dass der Betroffene auch bei der Geschäftsführungsbefugnis nach § 709 BGB nicht mitwirken soll. Wie hier Soergel-*Hadding* § 712 Rdz. 4 und für den Regelfall auch MünchKomm-*Ulmer/Schäfer* § 712 Rdz. 20.

[19] A. A. Soergel-*Hadding* § 712 Rdz. 7, der die Kündigungsmöglichkeit im Fall der Geschäftsführungsbefugnis nach § 709 BGB nicht anwenden will.

[20] 1. A. 109 ff.

[21] 2. F. 69 ff.

50   In dem Fall BGH ZIP 1996, 2164 (ähnlich auch BGH NZG 2008, 622) hatte die alleingeschäftsführungsbefugte Gesellschafterin entgegen einer Regelung im Gesellschaftsvertrag ein Grundstück ohne Zustimmung ihrer Mitgesellschafterin zu einem bestimmten Preis veräußert. Zuvor hatte sie über den Wert des Grundstücks Erkundigungen eingezogen. Ihre Mitgesellschafterin, die mittlerweile Alleininhaberin des Unternehmens geworden war, verlangte Schadensersatz, weil das Grundstück unter Wert verkauft worden sei.

Der BGH hat dieser Klage zu Recht stattgegeben. Da die Pflichtverletzung in der Veräußerung des Grundstücks ohne Zustimmung der Mitgesellschafterin lag, spielte es keine Rolle, dass die Beklagte Erkundigungen über den Wert des zu veräußernden Objekts eingezogen hatte. Diese Pflichtverletzung war schuldhaft, falls die Beklagte nicht die sog. eigenübliche Sorgfalt (§§ 708, 277 BGB) angewandt hatte. Das musste noch geklärt werden[22].

2. Vertretung

51   a) Um für die Gesellschaft *rechtsgeschäftlich handeln* zu können, muss ein Gesellschafter eine entsprechende Vertretungsmacht haben. Die Geschäftsführungsbefugnis reicht insoweit nicht aus, da sie nur die Frage regelt, ob der Gesellschafter für die Gesellschaft handeln darf. Nach § 714 BGB ist derjenige Gesellschafter, der zur Führung der Geschäfte befugt ist, auch ermächtigt, die anderen Gesellschafter Dritten gegenüber zu vertreten. Damit knüpft das Gesetz die Befugnis zur Vertretung an die Geschäftsführungsbefugnis an. Der Gesellschaftsvertrag kann selbstverständlich auch eine andere Regelung treffen.

52   Dabei soll aber wiederum gelten, dass das Prinzip der *Selbstorganschaft* den Gesellschaftern bei der Schaffung von Vertretungsregeln Grenzen setzt. Es soll wiederum unzulässig sein, dass alle Gesellschafter von der Vertretung der Gesellschaft nach Art von §§ 714 f. BGB ausgeschlossen und die Vertretungsmacht für die Gesellschaft auf einen Dritten übertragen wird[23]. Dass für so eine pauschale Regelung kein zwingender Grund gegeben ist, wurde schon im Zusammenhang mit der Übertragung der Geschäftsführungsbefugnisse auf Dritte gesagt[24]. Insoweit gilt für die Vertretungsmacht nichts anderes.

53   Ist nichts geregelt, so besteht gemäß §§ 709 Abs. 1, 714 BGB *Gesamtvertretungsmacht*. Die Vertretung durch alle Gesellschafter ist oftmals recht

---

[22] Zu der Frage, ob bei schuldhafter Überschreitung der Geschäftsführungsbefugnis nach den Regeln der Geschäftsführung ohne Auftrag gehaftet wird, 1. A. 127.

[23] BGH NJW 1982, 877.

[24] Oben 1. A. 42 ff.; diese beiden Probleme werden meist übereinstimmend abgehandelt, siehe die oben genannte Literatur speziell zum Vertreterverhalten, *Wiedemann* WM-Sonderbeilage Nr. 4, 1994 S. 10; Überblick bei *Weber*, Privatautonomie und Außeneinfluss im Gesellschaftsrecht, 2000, S. 83 ff.

schwerfällig. Sofern die Gesellschafter für bestimmte Geschäfte eine Vertretung der Gesellschaft durch nur einzelne von ihnen vorziehen, können sie diese entsprechend bevollmächtigen. Diese Ermächtigung zur Alleinvertretung darf aber keinen allzu großen Umfang haben[25]. Denn anderenfalls könnte man aus einer Gesamtvertretung durch Erklärung der Gesamtvertreter eine Einzelvertretung machen.

In BGH ZIP 1986, 501 hatte eine BGB-Gesellschaft „AMH-Arbeitsgemeinschaft Mittelständischer Handwerkerbetriebe, ARGE E" eine von ihr gegebene Bürgschaft durch Nachträge verschiedentlich erhöht. Vertreten war die Gesellschaft bei diesen Erhöhungen durch den Architekten S, einem der beiden gesamtvertretungsberechtigten Gesellschafter. S handelte aufgrund einer von beiden gesamtvertretungsberechtigten Gesellschaftern unterzeichneten Erklärung, nach der er für das für die Bürgschaft eröffnete Konto und diese gesamte Geschäftsverbindung vertretungsberechtigt war. Dies hat der BGH zu Recht für zulässig gehalten, weil die Alleinvertretung der BGB-Gesellschaft durch S auf einen bestimmten Kreis von Geschäften beschränkt war. In einem obiter dictum wird dann gesagt, dass eine Vollmacht, die sich auf den gesamten Geschäftsverkehr eines Unternehmens mit seiner Hausbank bezieht, nicht zulässig sei. Das überzeugt nicht so recht, da es immer noch um eine konkrete – wenn auch wichtige – Geschäftsverbindung geht. **54**

Ist die Regelung von § 709 Abs. 2 BGB auf die Geschäftsführungsbefugnis anwendbar, so heißt das auch, dass eine entsprechende Mehrheit die Gesellschaft vertreten kann – eine nicht sonderlich praktikable Regelung, da der Dritte nur schwer feststellen kann, ob nun Vertretungsmacht besteht oder nicht. Umstritten ist, *ob ein Widerspruch nach § 711 BGB* zur Folge hat, dass die Vertretungsmacht des geschäftsführungsbefugten Gesellschafters entfällt. Die h.M. verneint dies[26]. In der Tat wird man es dem Geschäftspartner kaum zumuten können, sich um die Frage zu kümmern, ob ein Widerspruch erfolgt und dieser ggf. wirksam ist. Man kann den Gesellschaftern auch nicht unterstellen, dass sie eine solche vertragliche Regelung, wenn sie den Fall bedacht hätten, akzeptiert hätten. Sie ist einfach zu wenig praktikabel. Die *Vertretungsmacht kann* nach denselben Regeln wie die Geschäftsführungsbefugnis *entzogen werden* (§ 715 BGB). **55**

In dem Fall BGH NJW 2002, 1194 hatte eine Gesellschaft bürgerlichen Rechts ein Grundstück gepachtet. Nach dem Gesellschaftsvertrag waren beide Gesellschafter alleinvertretungsbefugt. Einer der Gesellschafter kündigte namens der Gesellschaft das Pachtverhältnis. Der Pächter, der Beklagte, wies die Kündigungserklärung zurück, weil keine Vollmacht des anderen Gesellschafters beigefügt sei. Die Gesellschaft verlangte Räumung. **56**

---

[25] Sehr weitgehend BGH NZG 2005, 345 mit berechtigter Kritik bei *Wertenbruch* NZG 2005, 462.

[26] BGHZ 16, 394, 398; BGH ZIP 2008, 1582, 1586; MünchKomm-*Ulmer/Schäfer* § 711 Rdz. 15; a. A. etwa *Flume*, Personengesellschaft, § 15 II 4 S. 272, der § 173 BGB anwenden will.

Ein Räumungsanspruch setzt voraus, dass das Pachtverhältnis wirksam gekündigt ist. Die Gesellschaft war zwar ordnungsgemäß vertreten worden. Aber gemäß § 174 S. 1 BGB ist ein einseitiges Rechtsgeschäft (und dazu zählt die Kündigung) unwirksam, wenn der Vertreter keine Vollmachtsurkunde vorlegt und der andere das Rechtsgeschäft aus diesem Grund unverzüglich zurückweist. Diese Regelung gilt nur für eine durch Rechtsgeschäft erteilte Vertretungsmacht (nur diese heißt Vollmacht, § 166 Abs. 2 S. 1 BGB), nicht für eine gesetzliche. Das Urteil führt aus, dass § 174 BGB für die Vertretung der Gesellschaft bürgerlichen Rechts gelten muss, da anders als etwa bei der Vertretung von OHG, KG oder juristischen Personen – siehe § 125 Abs. 4 HGB, § 81 Abs. 1 AktG, § 39 Abs. 1 GmbHG, § 28 Abs. 1 GenG – kein Register existiert, aus dem die Person des Vertreters entnommen werden könnte. Das überzeugt. Allerdings kommt es nicht darauf an, ob der andere Gesellschafter vertreten worden war – wie der Beklagte gemeint hatte und auch das Urteil verschiedentlich sagt –, sondern allein darauf, ob die Gesellschaft so wie geschehen vertreten werden kann.

57   b) *Vertreten ist die BGB-Gesellschaft*[27]. Dem scheint der Wortlaut von § 714 BGB entgegenzustehen, der von einer Vertretung der Gesellschafter spricht. Demgemäß hat man auch lange Zeit angenommen, nur diese und nicht die BGB-Gesellschaft selbst seien vertreten. Mittlerweile steht man aber allgemein auf dem Standpunkt, dass dies nicht so sei, vielmehr eben die BGB-Gesellschaft selbst aus dem Handeln des vertretungsberechtigten Gesellschafters verpflichtet werde. Diese Sichtweise erleichtert die Festlegung der Rechtsfolgen sehr und entspricht auch dem Verständnis der betreffenden Verkehrskreise. Denn BGB-Gesellschaften nehmen in weitem Umfang am Geschäftsverkehr als solche teil und werden als Zurechnungssubjekte von Rechtsverhältnissen verstanden. Vielfach treten sie sogar unter einem eigenen Namen auf. Damit nähert sich die Gesellschaft bürgerlichen Rechts der OHG und KG an, bei denen das Gesetz ihre eigene Verpflichtungsfähigkeit festlegt (§ 124 Abs. 1 HGB).

58   Damit steht fest, dass die Gesellschaft bürgerlichen Rechts jedenfalls insofern rechtsfähig ist, wie sie durch Erklärungen ihrer Vertreter berechtigt und verpflichtet wird. *Sie kann also auch Vermögen haben*, aus dem und in das geleistet wird. Dem entspricht, dass ein vertretungsberechtigter Gesellschafter Leistung nur an die Gesellschaft und nicht etwa an sich selbst verlangen kann[28]. Sofern die Gesellschaft verpflichtet ist, haftet für diese Schulden jedenfalls das Gesellschaftsvermögen[29].

59   c) Der Vertragspartner einer BGB-Gesellschaft wird regelmäßig den Wunsch haben, auch die Gesellschafter für die Erfüllung der Verbindlichkeiten haftbar zu machen. Hierzu kann man aufgrund der Annahme kommen, dass Vertragspartner nicht nur die Gesellschaft selbst, sondern auch

---

[27] BGHZ 146, 341; *Saenger* Rdz. 172; MünchKomm-*Ulmer* § 714 Rdz. 1.
[28] § 428 BGB gilt also nicht! BGH ZIP 1996, 1615, 1616.
[29] Genauer 1. A. 109 ff.

die Gesellschafter seien[30]. Die Erklärung, man handle im Namen und mit Vertretungsmacht für eine Gesellschaft bürgerlichen Rechts, soll dann also zugleich besagen, man handle im *Namen und mit Vertretungsmacht der Gesellschafter*, wobei die Gesellschafter dasselbe wie die Gesellschaft schulden[31]. Die für die Vertretung der Gesellschafter notwendige Vollmacht wurde per Interpretation der Vertretungsmacht, für die Gesellschaft zu handeln, entnommen (sog. *Theorie der Doppelverpflichtung*).

Lange Zeit wurde damit das allseits erwünschte Ergebnis der Gesellschafterhaftung für die Schulden der Gesellschaft erzielt. Erst in jüngerer Zeit haben sich Gesellschaften die bei dieser Sichtweise bestehende Möglichkeit der Beschränkung der Gesellschafterhaftung zunutze gemacht. In den *Gesellschaftsverträgen* wurde ausdrücklich bestimmt, dass eine *Vertretungsmacht* zur Vertretung der Gesellschafter persönlich nicht oder nur in einem beschränkten Umfang[32] bestehe, vielmehr die Haftung der Gesellschafter auf das Gesellschaftsvermögen beschränkt sei[33]. Nun kann man, falls dieses Nichtbestehen der Vollmacht nicht deutlich wird, immer noch mit Rechtsscheingrundsätzen helfen. In dem Moment aber, in dem dem Vertragspartner klargemacht wird, dass eine solche Vollmacht nicht gegeben ist, ist eine vertragliche Haftung der Gesellschafter so nicht mehr begründbar. Es gibt dann, sofern man nicht anderen Haftungskonzepten folgt, eine Gesellschaft bürgerlichen Rechts mit auf das Gesellschaftsvermögen beschränkter Haftung.

60

Eine solche Haftungsbeschränkung ist aber nur akzeptabel, wenn gegenüber dem Vertragspartner eindeutige Erklärungen abgegeben werden. Genau hier liegt aber die Hauptschwierigkeit der Doppelverpflichtungstheorie. Insbesondere führte sie zu der Frage, ob die Beschränkung der Vertretungsmacht durch einen *Zusatz im Namen der Gesellschaft* pauschal für alle Geschäftspartner, die beim Vertragsschluss von diesem Zusatz erfahren, so zum Ausdruck gebracht werden kann, dass die Haftungsbeschränkung eintritt. Diese Namen lauteten etwa „BGB-Gesellschaft ohne persönliche Gesellschafterhaftung", „BGB-Gesellschaft mit beschränkter Haftung" oder

61

---

[30] Schilderung bei MünchKomm-*Ulmer/Schäfer* § 714 Rdz. 3; BGH NJW 1992, 3037, 3038 mit weiteren Nachweisen aus der Judikatur.

[31] Dies ist wichtig, wenn die Gesellschaftsschuld sich verändert, etwa die Erfüllung unmöglich wird. Dazu *Ulmer* AcP 198 (1998), 113, 139; nicht zu folgen ist *Timm* NJW 1995, 3209, 3215, der aus der Rechtsträgerschaft der BGB-Gesellschaft folgert, die Gesellschafter könnten nicht ebenfalls vertreten sein. Auch sonst können mehrere Rechtsträger durch denselben Vertreter vertreten werden.

[32] Insbesondere kam es vor, dass die Gesellschafter nur in Höhe ihrer Beteiligungsquote für die Schulden der Gesellschaft persönlich haften sollten, BGH NJW 1997, 1580; *Karsten Schmidt* NJW 1997, 2201.

[33] Siehe die Fälle BGH NJW 1985, 619; BGH ZIP 1987, 909; BGH NJW-RR 1990, 867; BGH NJW 1992, 3037.

„BGB-Gesellschaft mit Haftungsbeschränkung"[34]. Mit dem Auftreten solcher BGB-Gesellschaften wurde zudem die Vorstellung, auch ohne ausdrückliche Aussage werde die Vertragserklärung nicht nur für die Gesellschaft, sondern auch für die Gesellschafter abgegeben, immer unsicherer[35]. Dies alles hat dazu geführt, dass der BGH von der Doppelverpflichtungstheorie abgerückt ist und nunmehr die Haftung der Gesellschafter für die Schulden der Gesellschaft anderweitig begründet[36]. Auf diese Weise wurde die sich abzeichnende Möglichkeit zur Schaffung einer Gesamthandsgesellschaft ohne persönliche Haftung der Gesellschafter vereitelt.

3. Actio pro socio

62   a) Ansprüche der Gesellschaft werden im Regelfall von den vertretungsberechtigten Gesellschaftern oder von sonstigen für die Gesellschaft vertretungsberechtigten Personen geltend gemacht. Ob darüber hinaus bezüglich bestimmter Ansprüche oder in bestimmten Situationen *ein Recht auch der nichtvertretungsberechtigten Gesellschafter zur Durchsetzung von Ansprüchen, die jedenfalls auch der Gesellschaft zustehen,* im eigenen Namen gegeben ist, ist umstritten. Eine solche Klagemöglichkeit wird Gesellschafterklage oder actio pro socio genannt.

63   b) In der Literatur ist gesagt worden, dass aus dem Gesellschaftsvertrag die wechselseitige Verpflichtung der Gesellschafter jedenfalls *zur Leistung der Beiträge* folge. Sofern ein Gesellschafter auch zur *Geschäftsführung und Vertretung* der Gesellschaft berechtigt und verpflichtet ist, soll er dies ebenfalls nach dem Gesellschaftsvertrag seinen Mitgesellschaftern schulden. Dies hätte zur Folge, dass *jeder Gesellschafter auch seinen Mitgesellschaftern das Recht einräumen würde, die Leistung* seines Beitrags bzw. die Erbringung einer sachgerechten Geschäftsführung an die Gesellschaft *zu verlangen*[37]. Aber das kann, sofern es nicht ausdrücklich so im Gesellschaftsvertrag steht, nicht angenommen werden. Denn diese Vermehrung von Ansprüchen, alle gerichtet auf dasselbe – nämlich die Erbringung der Beitragsleistung bzw. der Geschäftsführung an die Gesellschaft – ist wenig praktikabel und kann daher kaum als im Wege der ergänzenden Vertragsauslegung zu ermittelnder mutmaßlicher Wille der Gesellschafter unterstellt werden. Vielmehr ist davon auszugehen, dass die Beiträge und auch eine ordnungsgemäße Ge-

---

[34] BGH ZIP 1999, 1755; OLG München ZIP 1999, 535; OLG Jena DStR 1998, 2024.

[35] *Dauner-Lieb*, Unternehmen in Sondervermögen, 1998, S. 532; *Ulmer* ZIP 1999, 554.

[36] Dazu 1. A. 109 ff.

[37] *Kreutz*, FS Hadding, 2004, S. 513. Ohne nähere Begründung bejaht BGH NJW 2000, 505, 506 eine actio pro socio auf Rückzahlung unberechtigter Entnahmen; offen gelassen von BGH ZIP 2010, 1232, 1233.

schäftsführung nur der Gesellschaft geschuldet sind[38] und diese Ansprüche jedenfalls üblicherweise von den geschäftsführungsbefugten und vertretungsberechtigten Gesellschaftern durchgesetzt werden.

Daneben findet sich die Argumentation, dass *in bestimmten Situationen* 64 für die von der Vertretung ausgeschlossenen Gesellschafter die Möglichkeit bestehen muss, alle, also nicht nur die auf Beitragsleistung gerichteten Ansprüche der Gesellschaft gegen die Mitgesellschafter durchzusetzen. Dabei geht es vorwiegend um die Ansprüche gegen den oder die vertretungsbefugten Gesellschafter, bezüglich derer eine Vertretung der Gesellschaft, jedenfalls wenn keine weiteren vertretungsberechtigten Gesellschafter vorhanden sind, schwierig ist. In der Tat muss in dieser Situation eine Durchsetzung der Ansprüche der Gesellschaft möglich sein. Dies kann aber nicht im Wege der „Anspruchsvermehrung" – also durch die Annahme, jeder Gesellschafter habe aufgrund des Gesellschaftsvertrages gegen jeden Mitgesellschafter einen mit dem Anspruch der Gesellschaft inhaltlich deckungsgleichen eigenen Anspruch[39] – geschehen. Vielmehr ist davon auszugehen, dass in Sondersituationen der Gesellschafter[40] den Anspruch der Gesellschaft (gerichtet beispielsweise auf ordnungsgemäße Geschäftsführung) durchsetzen kann[41]. Eine solche Sondersituation ist jedenfalls gegeben, wenn Beitrags- oder Schadensersatzansprüche gegen den einzigen geschäftsführungs- und vertretungsberechtigten Gesellschafter durchgesetzt werden sollen. Sofern in einer anderen Situation gegen einen Mitgesellschafter vorgegangen werden soll, ist zu beachten, dass vorrangig die zur Geschäftsführung und Vertretung ausgewählten Gesellschafter zur Durchsetzung dieser Ansprüche legitimiert sind. Nur wenn deren Untätigkeit auf willkürlichen oder sachfremden Gründen beruht, kann von der Befugnis eines Gesellschafters zur Durchsetzung dieser Ansprüche der Gesellschaft im eigenen Namen ausgegangen werden. Es handelt sich um einen Fall der Prozessstandschaft, der von Klagen des Gesellschafters aus eigenem Recht zu unterscheiden ist[42].

Problematisch sind Klagen von Gesellschaftern gegen die geschäftsfüh- 65 rungsbefugten Gesellschafter auf *Durchführung oder Unterlassung bestimmter Geschäfte*. Zwar schuldet der betreffende Gesellschafter der

---

[38] *Bork/Oepen* ZGR 2001, 515, 520 ff.; MünchKomm-*Ulmer* § 705 Rdz. 208.

[39] Nach *Raiser* ZHR 153 (1989) 1, 20 kann aber im Prinzip in jeder Situation jeder Gesellschafter aus eigenem Recht auf Leistung an die Gesellschaft klagen.

[40] Aber nur solange er noch Gesellschafter ist! OLG Karlsruhe NJW 1995, 1296 f.; *Bork/Oepen* ZGR 2001, 515, 529. Gesellschafter ist man auch noch in der Liquidationsgesellschaft: BGH NZG 2003, 215.

[41] *Becker*, Verwaltungskontrolle durch Gesellschafterrechte, 1997, S. 536; *Grunewald*, Die Gesellschafterklage in der Personengesellschaft und der GmbH, 1990, S. 12 ff.; *Wiedemann* ZGR 1996, 286, 291; *Karsten Schmidt* § 21 IV 4 für Gesellschaften, die nicht von allen Gesellschaftern vertreten werden.

[42] Unberechtigt die Kritik von *Karsten Schmidt* § 21 V 3 d).

Gesellschaft unter Umständen die Durchführung eines bestimmten – etwa besonders günstigen – Geschäfts oder die Unterlassung eines bestimmten – besonders ungünstigen – Geschäfts. Auch kann, beispielsweise wenn kein anderer Gesellschafter mit Widerspruchsrecht vorhanden ist, die für die actio pro socio erforderliche Sondersituation gegeben sein. Eine solche direkt auf die Durchführung oder Unterlassung einer Geschäftsführungsmaßnahme gerichtete Klage greift aber besonders deutlich in die dem einzelnen Gesellschafter zugewiesene Kompetenz zur Geschäftsführung ein. Doch ist dies letztlich bei den allseits gebilligten Schadensersatzklagen im Wege der actio pro socio gegenüber geschäftsführungsbefugten Gesellschaftern auch nicht anders, da ein geschäftsführungsbefugter Gesellschafter auch nicht gerne das finanzielle Risiko einer bestimmten Maßnahme trägt. Daher ist eine actio pro socio gerichtet auf Durchführung oder Unterlassung bestimmter Geschäftsführungsmaßnahmen zulässig[43]. Dabei ist allerdings zu beachten, dass nach dem Gesellschaftsvertrag der geschäftsführungsbefugte Gesellschafter die Art und Weise der Geschäftsführung festlegen soll. Daher kann eine solche Klage nur Erfolg haben, wenn die geplante Geschäftsführungsmaßnahme bzw. deren Unterlassung offensichtlich unvertretbar ist.

66   c) *Klagen eines Gesellschafters* zur Geltendmachung von Ansprüchen der Gesellschaft *im eigenen Namen gegen Dritte*, also gegenüber Personen, die nicht Mitgesellschafter sind, sind möglich, wenn dem Gesellschafter eine dahingehende Ermächtigung erteilt wurde. Insoweit gelten die allgemeinen Regeln der gewillkürten Prozessstandschaft. Darüber hinausgehend hat der BGH entschieden, dass auch dann einzelne Gesellschafter eine Gesellschaftsforderung im eigenen Namen geltend machen können, wenn die Voraussetzungen von § 744 Abs. 2 BGB (analog) vorliegen oder wenn sie daran ein berechtigtes Interesse haben, die anderen Gesellschafter die Einziehung der Forderung aus gesellschaftswidrigen Gründen verweigern und zudem der verklagte Gesellschaftsschuldner an dem gesellschaftswidrigem Verhalten beteiligt ist[44].

67   In dem Fall OLG Köln NZG 2000, 475 waren die Klägerin und der Vater des Beklagten Gesellschafter einer H-KG (für eine BGB-Gesellschaft würde nichts anderes gelten[45]). Der Vater, nicht aber die Klägerin, war zur Vertretung der Gesellschaft

---

[43] *Becker,* Verwaltungskontrolle durch Gesellschafterrechte, 1997, S. 536; *Bork/ Oepen* ZGR 2001, 515, 537 f.; *Grunewald*, Die Gesellschafterklage in der Personengesellschaft und der GmbH, 1990, S. 29 ff.; a. A. BGHZ 76, 160, 167; *Zöllner* ZGR 1988, 392, 430 f.; *Raiser* ZHR 153 (1989), 1, 32 bejaht Unterlassungsklagen eines Gesellschafters aus eigenem Recht gegen geschäftsführende Gesellschafter, die über ihre Leitungsbefugnisse hinausgehen; ähnlich *Karsten Schmidt* § 21 V 3 b).

[44] BGHZ 102, 152; BGH ZIP 2008 1582, 1585.

[45] Zu den Sonderregeln der Rechtsprechung im Zusammenhang mit der actio pro socio bei Handelsgesellschaften *Bork/Oepen* ZGR 2001, 515, 547 f.

berechtigt. Er veräußerte den Fuhrpark der Gesellschaft zu extrem günstigen Bedingungen an die F-KG, die er mit seinem Sohn, dem Beklagten, gegründet hatte. Die F-KG wurde dabei von dem Beklagten vertreten.

Ob der Beklagte durch das kollusive Zusammenwirken mit seinem Vater die H-KG sittenwidrig geschädigt hatte (§ 826 BGB), hängt von den Umständen ab und soll hier offen bleiben. Selbst wenn ein solcher Anspruch der H-KG bestehen sollte, ist fraglich, ob die Klägerin diesen geltend machen kann. Denn schließlich ist sie zur Vertretung der Gesellschaft nicht berechtigt. Das OLG Köln weist darauf hin, dass die Klägerin ein berechtigtes Interesse an der Geltendmachung habe, der Vater die Einziehung der Forderung aus gesellschaftswidrigen Gründen verweigere und der Beklagte an diesem gesellschaftswidrigen Verhalten beteiligt sei. Das sind die entscheidenden Kriterien. Daher ging das Gericht zu Recht von der Zulässigkeit der Klage aus[46].

V. Beschlussfassung der Gesellschafter

Der Wille der Gesellschaft wird im Wege der Beschlussfassung ermittelt.

1. Zuständigkeiten

Das Gesetz sieht in mehreren Fällen eine Beschlussfassung unter den Gesellschaftern vor. Dazu gehört die Kompetenz zur Entziehung der Geschäftsführungsbefugnis (§ 712 BGB) und Vertretungsmacht (§ 715 BGB) sowie das unter bestimmten Umständen gegebene Ausschlussrecht bei Vorliegen eines wichtigen Grundes in der Person eines Gesellschafters (§ 737 BGB). Ebenfalls erforderlich ist ein Gesellschafterbeschluss bei Änderungen des Gesellschaftsvertrages, bei der Aufnahme sowie dem Austritt von Gesellschaftern[1] und, wenn Gesamtgeschäftsführung vereinbart ist, auch vor Durchführung einer Geschäftsführungsmaßnahme (§ 709 Abs. 1 BGB). Auch sonst *können die Gesellschafter vereinbaren,* dass in bestimmten Situationen ein Gesellschafterbeschluss erforderlich sein soll. Fehlt ein solcher an sich erforderlicher Beschluss, so ist die Maßnahme rechtswidrig. Eine angestrebte Vertragsänderung ist nicht erfolgt, da ein Wirksamkeitserfordernis, eben die Beschlussfassung, nicht vorliegt. Gleiches gilt für die Übertragung der Mitgliedschaft, sofern diese nur mit Zustimmung der Gesellschafter möglich ist[2].

68

---

[46] Zustimmend auch *Bork/Oepen* ZGR 2001, 515; *Kort* DStR 2001, 2162, 2165.
[1] 1. A. 133, 137.
[2] Zur Problematik der Gesellschaft auf fehlerhafter Vertragsgrundlage 1. A. 161ff., 171.

2. *Stimmabgabe*

69   a) Die Stimmabgabe beinhaltet eine *Willenserklärung* mit der Folge, dass §§ 104 ff. BGB zur Anwendung kommen[3]. Ein Widerruf der Stimmabgabe kann längstens bis zu dem Moment erfolgen, in dem der Beschluss gefasst ist. Denn zu diesem Zeitpunkt wird die Willenserklärung Teil des Beschlusses, der seine eigene Bestandskraft hat. Zuvor wird die Willenserklärung bindend, wenn sie dem Versammlungsleiter bzw. den übrigen Gesellschaftern zugeht[4].

70   b) *Zur Stimmabgabe berechtigt* ist im Grundsatz jeder Gesellschafter. Doch gibt es nicht wenige Ausnahmen von dieser Regel. So kann etwa im Gesellschaftsvertrag das Stimmrecht einzelner Gesellschafter weitgehend ausgeschlossen werden[5]. Das Gesetz erwähnt den Fall, dass nicht alle Gesellschafter zur Geschäftsführung befugt sind (§ 710 BGB). Dann dürfen nur die dazu befugten Gesellschafter über Geschäftsführungsmaßnahmen abstimmen. Nicht möglich ist es allerdings, bei Änderungen des Gesellschaftsvertrages oder bei der Beschlussfassung über Grundlagengeschäfte[6] die Entscheidungsbefugnis der Gesellschafter insgesamt auszuschließen[7]. Eine solche Klausel würde die Gesellschafter bei der Entscheidung über die Geschicke der Gesellschaft, für deren Schulden sie unbeschränkt haften, zu sehr entrechten, da damit die Beschlussfassung über die Basis der Gesellschaft in die Hand Dritter gelegt wird (Verstoß gegen den *Grundsatz der Verbandssouveränität*)[8]. In Einzelfällen ist sogar die Zustimmung bestimm-

---

[3] *Ulmer*, FS Niederländer, 1991, S. 415, 418 ff.; *Zöllner*, FS Lutter, 2000, S. 821, 822.

[4] Soergel-*Hadding* § 709 Rdz. 32; *Ulmer*, FS Niederländer, 1991, S. 415, 421.
BGH ZIP 1990, 505, 508 (OHG) hatte den Fall zu entscheiden, dass von 22 Gesellschaftern die weit überwiegende Zahl zugestimmt hatte. Als zweieinhalb Jahre später der letzte Gesellschafter zustimmte, widerrief 2 Tage zuvor ein anderer Gesellschafter seine Zustimmung. Der BGH führt überzeugend aus, dass in dieser Sondersituation Unwiderruflichkeit vereinbart war.
Ulmer, FS Niederländer, 1991, S. 415 hält einen Widerruf der Stimmabgabe bei Beschlüssen in Geschäftsführungsangelegenheiten aus wichtigem Grund für möglich. Dem kann nicht gefolgt werden, da vielfach unklar ist, ob ein wichtiger Grund vorliegt. Sofern dieser klar gegeben ist, werden sich die Gesellschafter auf eine Beschlussaufhebung einigen.

[5] *Westermann*, FS BGH, 2000, S. 245, 262; *Zöllner*, FS 100 Jahre GmbHG, 1992, S. 85, 121; a. A. *Wiedemann* § 7 II 1 a) für unbeschränkt haftende Gesellschafter; offen gelassen in BGH NJW 1993, 2100.

[6] Dazu 1. B. 14, 23.

[7] *Hermanns*, Unverzichtbare Mitverwaltungsrechte des Personengesellschafters, 1993, S. 122 f.; *Wiedemann* ZGR 1996, 286, 292.

[8] Meist wird sich aber im Wege der Vertragsauslegung ergeben, dass diese Klausel durch die Gesellschafter geändert werden kann. Dann liegt kein Verstoß vor.

ter oder aller Gesellschafter erforderlich[9]. Im Regelfall kann aber bei entsprechender Vertragsgestaltung[10] ein Mehrheitsbeschluss gefasst werden.

c) Schwer zu sagen ist, in welchen Fällen für einen Gesellschafter ein **71** *Stimmverbot* gilt. Einig ist man sich lediglich insoweit, als bei Maßnahmen, die aus wichtigem Grund gegen einen Gesellschafter ergriffen werden, für ihn kein Stimmrecht gegeben ist[11]. Auch besteht bei Beschlüssen über die Entlastung, über die Befreiung von einer Verbindlichkeit und über die Einleitung eines Rechtsstreits gegen einen Gesellschafter ein Stimmverbot für den betroffenen Gesellschafter[12]. Zur Begründung wird auf § 34 BGB und § 47 Abs. 4 GmbHG verwiesen. Dies ist nicht unbedingt überzeugend, weil Personengesellschaften stärker auf die einzelnen Gesellschafter zugeschnitten sind als Verein und GmbH. Doch wird man der geschilderten Ansicht im Ergebnis wohl zustimmen können, da eine ordnungsgemäße, an den Interessen der Gesellschaft ausgerichtete Willensbildung in der Gesellschaft in diesen Fällen nur möglich ist, wenn der Betroffene nicht mitstimmt[13]. Gleiches gilt, wenn es darum geht, ob ein Rechtsgeschäft mit einem bestimmten Gesellschafter abgeschlossen werden soll[14]. Dagegen besteht in Fragen der Geschäftspolitik und Organisation der Gesellschaft (z.B. Wahl zum geschäftsführenden Gesellschafter oder in ein bestimmtes Gremium – sog. *Organisationsakte*) im Regelfall[15] auch dann ein Stimmrecht, wenn ein bestimmter Gesellschafter von einer Maßnahme besonders betroffen ist (ihm etwa der Ausbau einer bestimmten Sparte besonders viel nutzt oder er selbst zur Wahl steht)[16]. Eine entgegen einem Stimmverbot abgegebene Stimme ist nichtig und darf bei der Ermittlung des Abstimmungsergebnisses nicht mitgezählt werden.

d) Der Gesellschafter kann sich bei der Stimmabgabe nur dann *vertreten* **72** *lassen*, wenn dies im Gesellschaftsvertrag vorgesehen ist oder die Gesell-

---

[9] Sogenannter Kernbereich 1. A. 86.

[10] Siehe 1. A. 84.

[11] BGHZ 102, 172, 176; MünchKommHGB-*Enzinger* § 119 Rdz. 32 (OHG); siehe §§ 712, 715, 732 S. 2 BGB; Beispiel 1. A. 99.

[12] MünchKommHGB-*Enzinger* § 119 Rdz. 32 (OHG); *Karsten Schmidt* § 21 II 2 a); MünchKomm-*Ulmer/Schäfer* § 709 Rdz. 65.

[13] Anderenfalls käme nur der Nachweis einer treuwidrigen Stimmabgabe in Frage. Dies setzt eine entsprechende Beweismöglichkeit voraus.

[14] MünchKommHGB-*Enzinger* § 119 Rdz. 33 (OHG); MünchKomm-*Ulmer/Schäfer* § 709 Rdz. 70; offen gelassen in BGHZ 48, 250, 256.

[15] Es kommt darauf an, ob der Zweck des Stimmverbotes (kein Einfluss von Sonderinteressen auf den Verbandswillen) einschlägig ist. Siehe *Hüffer*, FS Heinsius, 1991, S. 337.

[16] Zum Stimmrecht bei Organisationsakten 2. A. 43; BGH WM 1971, 192; MünchKomm-*Ulmer/Schäfer* § 709 Rdz. 66; BGH ZIP 1990, 1194, 1195 (GmbH) entscheidet wie hier für den Fall, dass von einer Beschlussfassung persönliche Interessen eines Gesellschafters besonders betroffen sind.

schafter konkret ihre Zustimmung erteilen[17]. Eine Pflicht zur Zustimmung kann sich für die Gesellschafter aus der Treuepflicht dann ergeben, wenn der Gesellschafter aus besonderen Gründen (etwa Schwierigkeit der Thematik, Erkrankung[18]) nicht in der Lage ist, sein Stimmrecht sachgerecht selbst wahrzunehmen und die Person des Vertreters akzeptabel ist[19].

73   Unter den genannten Umständen kann die *Vollmacht* auch so erteilt werden, dass sie nur aus wichtigem Grund widerruflich ist. Demgegenüber soll es unzulässig sein, eine sogenannte verdrängende Vollmacht zu erteilen, also eine Vollmacht unter Verzicht auf eine persönliche Rechtsausübung[20]. Dies wird vielfach mit dem sogenannten *Abspaltungsverbot* begründet, also mit dem Grundsatz, dass einzelne Mitverwaltungsrechte (etwa auch Kontroll- und Informationsrechte) nicht von der Mitgliedschaft abtrennbar seien[21]. Eine wirklich überzeugende Argumentation in Bezug auf ein Verbot für eine verdrängende Stimmrechtsvollmacht lässt sich aber nur erreichen, wenn gesagt wird, was an einer solchen Vertragsgestaltung anstößig sein soll. Hier kann es einmal um den Schutz der Mitgesellschafter gehen: Ihnen wird durch die Vollmacht eine Person präsentiert, mit der sie den Gesellschaftsvertrag nicht abgeschlossen haben. Da die Mitgesellschafter aber ihre Zustimmung erteilt haben, stehen sie nicht schlechter als in den Fällen, in denen die Gesellschafterstellung wechselt (z. B. durch eine Übertragung der Mitgliedschaft). Es kann aber auch um den Schutz des bevollmächtigenden Gesellschafters selbst gehen. Da der Gesellschafter für die Schulden der Gesellschaft unbeschränkt haftet, ist es für ihn in der Tat nicht akzeptabel, wenn er nicht jederzeit selbst anstelle des Bevollmächtigten aktiv werden kann. Denn schließlich hat er letztlich mit seinem Vermögen für die getroffenen Entscheidungen einzustehen.

74   Das Abspaltungsverbot und in seinem Gefolge die stete Unzulässigkeit der verdrängenden Stimmrechtsvollmacht wird auch darauf gestützt, dass die mitgliedschaftliche Selbstbestimmung die Grundlage legitimer Willensbildung und Betätigung im Verband sei[22]. Diese These besagt, dass *Fremdeinfluss auf die Gesellschaft unerwünscht* ist. Aber das lässt sich wohl so allgemein nicht behaupten. Es müssten konkrete Interessen aufgezeigt werden, die nicht berücksichtigt werden, wenn man den Fremdeinfluss in seiner jeweiligen Ausprägung zulässt. Es ist keineswegs klar, dass die Gesellschaf-

---

[17] MünchKomm-*Ulmer/Schäfer* § 709 Rdz. 77.
[18] BGH ZIP 2004, 2282, 2283.
[19] BGH NJW 1970, 709.
[20] *Flume*, Personengesellschaft, § 14 IV S. 220, Fn. 38; MünchKomm-*Ulmer/Schäfer* § 717 Rdz. 16. Überblick bei *Weber*, Privatautonomie und Außeneinfluss im Gesellschaftsrecht, 2000, S. 67 ff.
[21] *Saenger* Rdz. 125; *Karsten Schmidt* § 19 III 4.
[22] *Karsten Schmidt* § 19 III 4 a.

ter, die sich für eine solche Vertragsgestaltung entschieden haben, nicht selbst am besten wissen, was für sie und ihre Gesellschaft gut ist[23].

e) Vielfach finden sich auch Verträge, in denen sich ein Gesellschafter ver-   **75** pflichtet, nach Weisungen eines Dritten abzustimmen (*Stimmbindungsverträge*). Im Grundsatz besteht Einigkeit darüber, dass Stimmbindungsverträge zulässig sind[24]. Sie sind auf jeden Fall unproblematisch, wenn sie sich nur auf einzelne Beschlussgegenstände beziehen. Sofern eine treuwidrige Stimmabgabe Inhalt der Verpflichtung ist, kann eine Stimme in diesem Sinne nicht wirksam abgegeben werden[25]. Welche Stimmabgabe dann stattdessen geschuldet ist, muss im Wege der ergänzenden Vertragsauslegung ermittelt werden[26].

Bei thematisch *umfassenden Stimmbindungsverträgen* ergeben sich die-   **76** selben Probleme wie bei einer unwiderruflichen Stimmrechtsvollmacht. Es kann daher auf die getroffenen Ausführungen verwiesen werden. Die Gesellschafter können sich also nur dahingehend binden, dass sie den Vertrag jederzeit beenden und nach eigenem Wunsch abstimmen können, und auch das nur, wenn die Mitgesellschafter zugestimmt haben[27]. Darüber hinausgehende Verpflichtungen sind unwirksam. Daher entstehen auch keine Schadensersatzansprüche bei Verstößen gegen eine solche Vereinbarung.

Eine weitergehende Bindung ist im Rahmen des sogenannten *Stimmen-*   **77** *pools*, also einer Vereinbarung unter den Gesellschaftern, ihre Stimmen

---

[23] Daher zu Recht sehr zurückhaltend in Bezug auf die aus dem Abspaltungsverbot entwickelten Grenzen der Vertragsfreiheit: *Karsten Schmidt* § 19 III 4.

[24] BGH ZIP 2009, 216, 217; *Habersack* ZHR 164 (2000), 1, 8 ff.; *Zöllner* ZHR 155 (1991), 168, 170; zur Durchsetzung von Stimmbindungsverträgen *Zutt* ZHR 155 (1991), 190 ff.

[25] 1. A. 23; *Habersack* ZHR 164 (2000), 1, 9 f.

[26] Dagegen zieht *Zöllner* ZHR 155 (1991), 168, 178 eine Pflicht zur Leistung von Schadensersatz vor. Dem kann aber nur für den Fall gefolgt werden, dass Verschulden vorliegt, in dem der gebundene Gesellschafter also sah oder sehen musste, dass die Stimmabgabe wegen des Treueverstoßes unwirksam sein werde. Auch entspricht ein Schadensersatzanspruch kaum den Interessen des Vertragspartners, zumal der Schaden oftmals kaum berechnet werden kann.

[27] Nach Soergel-*Hadding* § 709 Rdz. 36 soll ein thematisch nicht begrenzter Stimmbindungsvertrag zulässig sein, wenn die Mitgesellschafter dem zugestimmt haben. Aber diese Zustimmung verbessert die Rechtsposition des Gebundenen nicht.
Nach MünchKomm-*Ulmer* § 717 Rdz. 23 ff. ist eine Stimmbindung gegenüber Mitgesellschaftern in jeder BGB-Gesellschaft grundsätzlich zulässig. Doch ist der Schutz des Gebundenen nicht weniger dringlich, wenn ein Mitgesellschafter weisungsbefugt ist. Eine Zustimmung der anderen Gesellschafter ist nach *Ulmer* in diesem Fall nicht erforderlich. Gegenüber Dritten hält *Ulmer* eine Stimmbindung grundsätzlich für unzulässig (ebenso *Habersack* ZHR 164 (2000), 1, 10); Ausnahmen sollen unter anderem für einen eingegrenzten, vorhersehbaren Einfluss des Dritten gelten; nach *Weber*, Privatautonomie und Außeneinfluss im Gesellschaftsrecht, 2000, S. 343 muss dem Gesellschafter im Kernbereich der Mitgliedschaft eine weisungsfreie Abstimmung möglich bleiben.

stets einheitlich abzugeben, möglich. Denn den Gesellschaftern verbleibt dann die Möglichkeit, auf den Inhalt der Stimmrechtsausübung Einfluss zu nehmen. Dann ist ihrem Schutzinteresse Genüge getan, zumal der Pool als BGB-Innengesellschaft nach § 723 Abs. 3 BGB gekündigt werden kann[28].

78   Ist ein Stimmbindungsvertrag geschlossen worden, so kann *Klage auf Erfüllung* – also auf Abgabe der Stimme im vereinbarten Sinne – erhoben werden[29]. Das Reichsgericht hatte demgegenüber gemeint, es müsse dem Stimmberechtigten die Möglichkeit verbleiben, aufgrund der Argumente der anderen Gesellschafter anders abzustimmen als zugesagt[30]. Nur Schadensersatzansprüche seien daher möglich. Aber auch sonst gibt es vielfach gute Gründe, die gegen die Befolgung vertraglich übernommener Pflichten sprechen, ohne dass dies etwas an der Erzwingbarkeit des Versprochenen ändert. Da eine Stimmabgabe, die entgegen dem Vereinbarten abgegeben wird, gültig ist, wird vielfach eine einstweilige Verfügung beantragt[31].

79   f) Normalerweise kann ein Gesellschafter so abstimmen, wie er es für angemessen hält. Dabei hat er sich von der *Treuepflicht* gegenüber der Gesellschaft und seinen Mitgesellschaftern leiten zu lassen[32]. In seltenen Fällen besteht aber für ihn die *Pflicht, in einem bestimmten Sinne zu stimmen.* Dies kann etwa dann der Fall sein, wenn die Durchführung eines bestimmten Geschäfts für die Gesellschaft essentiell ist und ein Gesellschafter ohne vernünftigen Grund seine Zustimmung verweigert. Wenn der Gesellschaft in diesem Fall mit einer Stimmenthaltung nicht gedient ist, kann der Gesellschafter sich auch darauf nicht zurückziehen.

80   Eine Pflicht zur Zustimmung kann sich auch ergeben, wenn es um die *Abänderung des Gesellschaftsvertrages* geht[33]. Dies ist insofern nicht unproblematisch, als der Vertrag die Basis der gemeinsamen Zweckverfolgung ist und daher jede Abänderung des Gesellschaftsvertrages dem Gesellschafter die Grundlage, auf der er zum Mitmachen bereit war, entzieht. Daher kann eine Zustimmungspflicht nur angenommen werden, wenn die Ände-

---

[28] BGH NZG 2009, 183, 186.

[29] BGHZ 48, 163, 169 ff. (GmbH); *Zöllner* ZHR 155 (1992), 168, 186, dort auch zur Vollstreckbarkeit.

[30] Ständige Rechtsprechung seit RGZ 112, 273, 279; siehe etwa 160, 257, 262; 170, 358, 371 f.

[31] Dazu *Zöllner* ZHR 155 (1991), 168, 188; *Zutt* ZHR 155 (1992), 190 ff.

[32] 1. A. 17 ff.; zur Treuepflicht im Zusammenhang mit Vertragsänderungen: *Hey*, Freie Gestaltung in Gesellschaftsverträgen und ihre Schranken, 2004, S. 347 ff.; *Lettl* AcP 202 (2002) 3 ff.

[33] BGHZ 64, 253, 257 (Ausschluss aus einer KG); 68, 81 (Ausschluss aus einer KG); BGH NJW 1987, 952 (OHG); siehe auch das Beispiel 1. A. 20; *Lettl* AcP 202 (2002) 3 ff.; *Karsten Schmidt* § 5 IV 2; *Wiedemann* § 2 I 1 a) bb); *Zöllner*, Die Anpassung von Personengesellschaftsverträgen an veränderte Umstände, 1979, S. 25 ff.; a. A. *Flume*, Personengesellschaft § 15 IV, S. 278.

rung für den Fortbestand der Gesellschaft dringend erforderlich ist und zugleich den nicht zustimmenden Gesellschafter nicht allzu stark belastet. Sofern eine akzeptable Möglichkeit zum Austritt aus der Gesellschaft besteht, kann eine Zustimmungspflicht eher bejaht werden. Dies gilt auch für die Zustimmung zum Beitritt oder Ausschluss von Gesellschaftern[34]. Beitragserhöhungen in Bezug auf seine eigene Person muss der Gesellschafter nur in Extremfällen zustimmen, da er grundsätzlich nicht zu neuen Vermögensopfern gezwungen werden kann[35].

In BGH NJW 1987, 952 (mit Anm. *Weipert* ZGR 1990, 142 und *Westermann* JZ **81** 1987, 95; ähnlich auch der Fall BGH ZIP 2005, 25)[36] bestand eine OHG aus zwei Gesellschaftern, dem Kläger und dem Beklagten, von denen der eine 71 und der andere 67 Jahre alt war. Der Gesellschaftsvertrag bestimmte, dass beim Tode eines Gesellschafters die Gesellschaft fortgesetzt wird. Dabei sollten die Erben des Gesellschafters, die nicht schon persönlich haftende Gesellschafter waren, als Kommanditisten in die Gesellschaft eintreten. Der Kläger betrieb die Verurteilung des Beklagten zur Einwilligung in die vollständige oder teilweise Übertragung seines Geschäftsanteils auf seinen Sohn, hilfsweise in die Anstellung seines Sohnes als Geschäftsführer und Prokuristen, und äußerst hilfsweise die Änderung des Gesellschaftsvertrages dahingehend, dass jeder persönlich haftende Gesellschafter seine Stellung zu Lebzeiten auf einen geeigneten Abkömmling übertragen oder durch Verfügung von Todes wegen seinen Nachfolger bestimmen darf.
Der BGH hat die Sache zwar zur Entscheidung an das Berufungsgericht zurückverwiesen, aber doch erkennen lassen, dass er durchaus Sympathie, besonders mit dem letzten Klageantrag, der auch die Interessen des Beklagten besonders gut wahrt, hat. Zu Recht wird in der Entscheidung ausgeführt, dass die Vertragsänderung nicht mit dem Hinweis darauf, dass es dem Unternehmen ja noch gut gehe, verweigert werden dürfe. Unternehmerisches Handeln verlangt u. U. auch ein Eingreifen zu einem Zeitpunkt, zu dem die Schwierigkeiten zwar bereits absehbar, aber noch nicht eingetreten sind. Dies gilt auch für die hier in Streit stehende Notwendigkeit, eine geeignete Nachfolgeregelung zu schaffen.

Die Pflicht zur Zustimmung wird durch Klage auf Zustimmung durchge- **82** setzt. Die Vollstreckung erfolgt nach § 894 ZPO. Eine Ausnahme hat der BGH für *Gesellschaften mit großer Mitgliederzahl* und kapitalistischer Struktur (sogenannte Publikums-Gesellschaften) gemacht, sowie dann, wenn der Beschluss für die Gesellschaft essentiell ist[37]. Dann ist die Klage auf Zustimmung nicht erforderlich.

---

[34] BGH WM 1979, 1058 (Aufnahme eines Geschäftsführergesellschafters).
[35] BGH ZIP 2007, 766, 767; BGH ZIP 2007, 1368; allgemein zur Beitragserhöhung 1. A. 16; zum Kernbereich, zu dem der Beitrag zählt 1. A. 85.
[36] Ausführlich zu dem Fall *Koller*, FS Canaris 2007, S. 147, 179 ff.
[37] BGH WM 1985, 256, 257 (Publikumsgesellschaft); BGH NJW 1985, 974 (Publikumsgesellschaft); BGH NJW-RR 1989, 995 (Publikumsgesellschaft); BGH WM 1986, 1556, 1557 (KG) und BGH WM 1979, 1058, 1059 (KG) behandeln jeweils einen Fall, in dem der Beschluss für die Gesellschaft essentiell ist.

3. Einstimmigkeit und Mehrheitserfordernisse

83   a) Nach der gesetzlichen Regel werden Beschlüsse in der BGB-Gesell-schaft *mit Zustimmung aller*, nicht etwa nur der in einer bestimmten Gesell-schafterversammlung anwesenden Gesellschafter gefasst (§ 709 Abs. 1 BGB für Geschäftsführungsmaßnahmen). Der Gesellschaftsvertrag kann aber eine andere Bestimmung treffen. Häufig werden Mehrheitsentscheidungen vorgesehen, wobei sich die Mehrheit abweichend von § 709 Abs. 2 BGB nicht nach Köpfen, sondern nach der Höhe der Kapitalbeteiligung richten soll.

84   b) Eine *Mehrheitsklausel* kann sich auch auf Änderungen des Gesell-schaftsvertrages beziehen, die anderenfalls der Zustimmung aller Gesell-schafter bedürfen würden. Keine Probleme ergeben sich, wenn die in Rede stehende Vertragsänderung ausdrücklich als durch Mehrheitsbeschluss ab-änderbar im Gesellschaftsvertrag genannt wird. Sofern ein wesentlicher Punkt des Gesellschaftsvertrages geändert werden soll und dieser in der entsprechenden Vertragsklausel nicht ausdrücklich oder sonst unzweideutig als durch Mehrheitsbeschluss abänderbar angeführt ist, stand die Rechtspre-chung früher auf dem Standpunkt, dass eine solche Vertragsänderung durch Mehrheitsbeschluss nicht möglich sein soll. Gleiches sollte für ähnliche, die Grundlagen der Gesellschaft berührende oder in die Rechtsposition der Ge-sellschafter eingreifende Maßnahmen gelten (sogenannter *Bestimmtheits-grundsatz*)[38]. Dies wurde damit begründet, dass der einzelne Gesellschafter, sofern eine Mehrheitsklausel vereinbart ist, nur damit rechne, dass die üb-lichen Vertragsänderungen durch Mehrheitsbeschluss erfolgen würden. Es könne ihm, und überhaupt der Minderheit, nicht unterstellt werden, dass er sich blindlings und möglicherweise unter Inkaufnahme weit tragender Fol-gen der Mehrheit unterwerfe.

85   Diese Überlegung überzeugt nicht. Wenn eine allgemeine Mehrheitsklau-sel im Vertrag enthalten ist, so kann dies nur so verstanden werden, dass jede – und nicht nur jede nicht wesentliche – Vertragsänderung durch Mehr-heitsbeschluss erfolgen kann. Insofern ist der Vertrag eindeutig[39]. Auf eine für Zweifelsfälle akzeptable Auslegungsregel wie den Bestimmtheitsgrund-satz kommt es also nicht an[40]. Auch ist mit Hilfe des Bestimmtheitsgrund-satzes ein effektiver Gesellschafterschutz, um den es letztlich geht, sowieso

---

[38] BGHZ 48, 251, 253 (OHG); 66, 82, 85 (KG); BGH NJW 1987, 411, 412 (KG); ein-schränkend BGH NJW 1995, 194 (KG), dazu 1. A. 85; BGHZ 132, 263, 268 (KG); *Karsten Schmidt* § 16 II 2; *Wiedemann* § 8 I 2 a); ablehnend *Grunewald*, Der Ausschluss aus Ge-sellschaft und Verein, 1987, S. 285 f.; *Hey*, Freie Gestaltung in Gesellschaftsverträgen und ihre Schranken, 2004, S. 274 ff.; MünchKomm-*Ulmer* § 709 Rdz. 87 ff.

[39] So wohl auch *Hermanns* ZGR 1996, 103, 107; etwas enger *Karsten Schmidt* ZGR 2008, 1, 10.

[40] Dazu, dass der Bestimmtheitsgrundsatz eine solche Auslegungsregel ist, *Hermanns* ZGR 1996, 103, 104 ff.; *Karsten Schmidt* ZHR 158 (1994), 205, 218.

nicht erreichbar, weil der Gesellschafter sich in der Situation, in der es um die Vertragsänderung geht, um nichts besser steht, wenn diese Vertragsbestimmung als durch Mehrheitsbeschluss abänderbar im Vertrag genannt ist. Daher hat der BGH den Bestimmtheitsgrundsatz aufgegeben[41]. Der Beschluss wird nun verstärkt inhaltlich auf seine Rechtmäßigkeit überprüft.

c) Ein effektiverer Gesellschafterschutz lässt sich erreichen, wenn man **86** Vertragsbestimmungen festlegt, die nur *mit Zustimmung* des betreffenden Gesellschafters abgeändert werden können (sogenannter *Kernbereich*)[42]. Hierzu gehören die individuellen Rechte, die einem Gesellschafter nach Gesetz oder Gesellschaftsvertrag zustehen und die seine Stellung in der Gesellschaft maßgeblich prägen. Das sind etwa das Stimm-, das Gewinnrecht, das Recht zur Geschäftsführung und das Recht auf Beteiligung am Liquidationserlös[43]. Ebenfalls nicht ohne Zustimmung des Gesellschafters kann eine Erhöhung seines Beitrags beschlossen werden[44]. Die erforderliche Zustimmung kann auch bereits im Gesellschaftsvertrag erteilt werden[45]. Fehlt es an der Zustimmung, so ist der Beschluss dem betroffenen Gesellschafter gegenüber nicht wirksam[46]. Sofern das Wohl der Gesellschaft unabdingbar einen Eingriff in diese Rechte fordert, kann es allerdings sein, dass der Gesellschafter zur Zustimmung zu solchen Maßnahmen verpflichtet ist[47]. Diese Kernbereichsrechte bestehen jeweils in dem durch den Gesellschaftsvertrag vorgezeichneten Umfang und können daher auch zur Disposition der Mehrheit der Gesellschafter gestellt werden. Ob dies geschehen ist, muss im Wege der Auslegung des Gesellschaftsvertrages ermittelt werden. Da solche Rechte meist als besondere Vergünstigung für den jeweiligen Gesellschafter ver-

---

[41] BGH ZIP 2009, 216, dazu *Schäfer* ZGR 2009, 768; *K. Schmidt* ZIP 2009, 737; zuvor schon für mitgliederstarke Gesellschaften: BGHZ 71, 53, 57; 85, 350, 356 (KG); BGH NJW 1991, 691, 692; angewandt wurde der Bestimmtheitsgrundsatz dann aber doch wieder in einer KG mit 65 Kommanditisten aus zwei Familien: BGH NJW 1988, 411; in BGHZ 132, 263, 268 (KG) wird alternativ die Kernbereichslehre herangezogen. Andeutungen auch in BGHZ 170, 283.

[42] Zum Kernbereich BGH NJW 1985, 974 (KG, Zinsanspruch); BGH NJW 1985, 972 (KG); BGHZ 132, 263, 268 (KG); *Schäfer* ZGR 2009, 777; *Karsten Schmidt* ZGR 2008, 1, 17; MünchKomm-*Ulmer/Schäfer* § 709 Rdz. 91 ff.

[43] BGHZ 48, 251 (OHG, Kündigungsfolgen); BGH NJW 1985, 974 (KG, Verzinsung einer Kapitaleinlage); BGH NJW 1995, 194 (KG, Informationsrecht); s. auch *Weber*, Privatautonomie und Außeneinfluss im Gesellschaftsrecht, 2000, S. 251 f.; *Westermann*, FS BGH, 2000, S. 245, 262 f. auch 1. C. 20.

[44] Dazu bereits 1. A. 16.

[45] BGH NJW 1995, 194, 195 lässt offen, wie konkret eine solche Zustimmung sein muss; siehe zu dem gleich liegenden Fall der Beitragserhöhung 1. A. 16; *Karsten Schmidt* ZHR 158 (1994), 205, 226.

[46] BGH ZIP 2007, 1369, 1370; BGH ZIP 2009, 2289; *Schäfer* ZGR 2009, 768, 775.

[47] BGH NJW 1985, 974 (KG, Zinsanspruch); BGH NJW 1985, 972 (KG, Zinsanspruch); BGH ZIP 2009, 2289; dazu 1. A. 20.

standen werden, muss der Gesellschaftsvertrag, wenn er diese Rechte zur Disposition der Mehrheit stellen will, dies auch deutlich sagen. Der Gesellschaftsvertrag muss praktisch eine antizipierte Zustimmung enthalten[48].

87   In dem Fall BGH NJW 1995, 194 waren die Parteien die Gesellschafter einer GmbH & Co. KG. Der Kläger hielt 10%, die drei Beklagten die restlichen 90%. Der Gesellschaftsvertrag bestimmte, dass jeder Gesellschafter jederzeit berechtigt war, über die Angelegenheiten der Gesellschaft Auskunft zu verlangen und die Geschäftsbücher und Papiere der Gesellschaft zu überprüfen. Für Änderungen des Gesellschaftsvertrages war eine Mehrheit von 75% erforderlich. Gestützt auf diese Bestimmung beschlossen die Beklagten gegen die Stimmen des Klägers, den Gesellschaftsvertrag dahingehend zu ändern, dass die Informations- und Kontrollrechte nur noch Gesellschaftern zustehen sollten, die mindestens 25% des Gesellschaftskapitals halten. Der Kläger verlangt die Feststellung der Nichtigkeit dieses Beschlusses. Die Beklagten weisen darauf hin, dass der Kläger auch an einer Gesellschaft beteiligt ist, die im Wettbewerb mit der KG steht.

Das Urteil begründet die Nichtigkeit des Beschlusses damit, dass er einen Eingriff in den Kernbereich der Mitgliedschaft des Klägers beinhalte und daher nur mit Zustimmung des Klägers wirksam gewesen wäre. Dabei wird der Kernbereich dahingehend umschrieben, dass dies die dem individuellen Gesellschafter nach Gesetz und Gesellschaftsvertrag zustehenden wesentlichen Gesellschafterrechte seien, die die Stellung des Gesellschafters in der Gesellschaft maßgeblich prägen. Zutreffend besagt das Urteil, dass der Gesellschafterbeschluss unmittelbar darauf ziele, die dem Kläger nach dem Gesellschaftsvertrag zustehenden Rechtspositionen zu verkürzen, und daher nicht ohne seine Zustimmung wirksam sein konnte.

Allerdings wäre dieser Eingriff in den Kernbereich dann vom Kläger hinzunehmen und der Beschluss demgemäß nicht nichtig, wenn ein solcher Beschluss im Gesellschaftsinteresse geboten und dem Kläger unter Berücksichtigung seiner schutzwerten Belange zumutbar, er also zur Erklärung seines Einverständnis verpflichtet gewesen wäre. Insoweit könnte es eine Rolle spielen, dass der Kläger an einem Konkurrenzunternehmen beteiligt war. Zu Recht heißt es in dem Urteil aber, dass dieser Gefahr auch anderweit als durch Beseitigung der Informations- und Kontrollrechte des Klägers (etwa durch Vorenthaltung sensibler Informationen, Einschaltung eines Treuhänders) Rechnung getragen werden könne.

88   Neben diesem zur Disposition des Gesellschafters stehenden Kernbereich gibt es auch einige wenige *Rechte*, die überhaupt *unverzichtbar sind*[49]. Hierzu zählt etwa das Recht, rechtswidrige Beschlüsse der Gesellschafterversammlung gerichtlich angreifen zu können[50]. Sofern ein Vertrag diese Rechte des Gesellschafters außer Acht lässt, verstößt er gegen § 138 Abs. 1 BGB.

---

[48] *Hermanns*, Unverzichtbare Mitverwaltungsrechte des Personengesellschafters, 1993, S. 111 ff. MünchKomm-*Ulmer/Schäfer* § 709 Rdz. 92; nach *Westermann*, FS BGH, 2000, S. 245, 265 steigen die Anforderungen an die Konkretheit in bezug auf die Vertragsklausel je mehr der Beschlussgegenstand den Kernbereich berührt.

[49] BGH NJW 1995, 194, 195; *Hermanns* ZGR 1996, 103, 109 ff.; MünchKommHGB-*Enzinger* § 119 Rdz. 68.

[50] BGH NJW 1995, 1218, 1219 (KG); *Zöllner*, FS „100 Jahre GmbHG", 1992, S. 85,

4. Beschlussmängel

a) Beschlüsse können aus vielerlei Gründen nicht ordnungsgemäß gefasst **89** sein. Dies ist z. B. der Fall, wenn *das Verfahren*, das bei der Fassung des Beschlusses zu wahren ist, nicht eingehalten wurde. Das Gesetz sagt allerdings nicht, in welchem Verfahren Beschlüsse zu fassen sind. Da keine Formerfordernisse zu beachten sind, können Beschlüsse auch konkludent gefasst werden. Auch Änderungen des Gesellschaftsvertrages können so erfolgen. Dies wird insbesondere dann angenommen, wenn die Gesellschafter mehrere Jahre lang anders als im Vertrag vorgesehen verfahren[51]. Nur für Publikumsgesellschaften soll dies nicht gelten. Hier wird, solange die schriftliche Fassung des Gesellschaftsvertrages nicht geändert worden ist, vermutet, dass der Vertrag nicht allgemein abgeändert, sondern nur in den jeweiligen Einzelfällen nicht gelten sollte[52].

Die im Gesellschaftsvertrag getroffenen Verfahrensregelungen sind selbst- **90** verständlich einzuhalten, anderenfalls ist der Beschluss fehlerhaft. Dies ist etwa der Fall, wenn eine gesellschaftsvertraglich vorgesehene Ladungsfrist[53] missachtet wird. Darüber hinaus gelten die allgemeinen Regeln für Beschlussverfahren[54]. Danach ist ein Beschluss beispielsweise fehlerhaft, wenn ein Gesellschafter nicht zur Gesellschafterversammlung zugelassen wird oder wenn ungültige Stimmen mitgezählt werden. Auch muss die Tagesordnung erkennen lassen, was konkret verhandelt werden soll[55].

b) Im Prinzip sind *Beschlüsse, die nicht ordnungsgemäß gefasst worden* **91** *sind* (sei es nun aufgrund von Verfahrens- oder inhaltlichen Fehlern) nichtig[56]. Dies gilt aber nicht, wenn lediglich ein *Verfahrensfehler* vorliegt und ausgeschlossen werden kann, dass der Beschluss auf diesem Fehler beruht[57].

122; sehr weitgehende unverzichtbare Verfahrensrechte nennt *Wiedemann* ZGR 1996, 286, 295.

[51] BGH WM 1993, 17, 20; gegenüber neu eintretenden Gesellschaftern gilt diese Regel aber nicht ohne Weiteres, 1. A. 29.

[52] BGH WM 1990, 714, 715; es handelt sich dann um eine sog. Durchbrechung im Einzelfall, welche auch in Gesellschaften mit geringer Mitgliederzahl möglich ist: BGH NJW-RR 1995, 194, 195 (KG). Dazu für die GmbH unten 2. F. 103.

[53] Ist nichts im Gesellschaftsvertrag bestimmt, so ist eine angemessene Ladungsfrist einzuhalten. Die Länge richtet sich nach den Verhältnissen der Gesellschaft (Welche Fristen wurden bislang gewahrt, wo wohnen die Gesellschafter?).

[54] *Wiedemann* ZGR 1996, 286, 295.

[55] Siehe den Fall BGH NJW-RR 1995, 194, 195 (KG) und auch 2. A. 53.

[56] Soergel-*Hadding* § 709 Rdz. 44; MünchKomm-*Ulmer/Schäfer* § 709 Rdz. 105 f.

[57] BGH WM 1988, 23, 24 (Publikumsgesellschaft); Soergel-*Hadding* § 709 Rdz. 45; MünchKomm-*Ulmer/Schäfer* § 709 Rdz. 106; Erman-*Westermann* § 709 Rdz. 38; Gleiches soll für Beschlüsse gelten, die unter Verstoß gegen Ordnungsvorschriften gefasst worden sind. Allerdings bleibt unklar, was eine bloße Ordnungsvorschrift sein soll. Sollte damit gemeint sein, dass im Gesellschaftsvertrag auch Vorschriften aufgestellt werden

Dies ist etwa der Fall, wenn das Abstimmungsergebnis unrichtig festgestellt wurde (z. B. eine nichtige Stimme mitgezählt wurde), aber auch eine richtige Feststellung zu keinem anderen Beschluss geführt hätte. Gleiches gilt, wenn die Gesellschafterversammlung zwar nicht ordnungsgemäß einberufen wurde, dem Gesellschafter aber gleichwohl genügend Zeit zur Vorbereitung auf die Tagesordnung geblieben ist[58]. Wurde ein Gesellschafter nicht geladen und ist er demgemäß auch nicht erschienen, so kann auch dann, wenn es auf seine Stimme für das Abstimmungsergebnis nicht ankam, nicht gesagt werden, dass dieser Verfahrensfehler ohne Einfluss auf die Beschlussfassung war, da nie ausgeschlossen werden kann, dass der Gesellschafter, falls er geladen worden wäre, die anderen Gesellschafter von seiner Ansicht überzeugt und so einen anderen Beschluss herbeigeführt hätte[59].

92   c) *Inhaltliche Mängel* eines Beschlusses können sich vor allem aufgrund eines Verstoßes gegen die Treuepflicht und das Gleichbehandlungsgebot ergeben. Die Gesellschafter sind verpflichtet, wechselseitig aufeinander und auf die Gesellschaft Rücksicht zu nehmen. Eingriffe in die Mitgliedschaft einzelner Gesellschafter müssen erforderlich und dürfen nicht unverhältnismäßig belastend sein[60]. Ein Beschluss, der dem nicht nachkommt, ist inhaltlich fehlerhaft und damit nichtig[61]. So sind etwa Beschlüsse, die einem Gesellschafter ein Sonderopfer abverlangen, sofern der betroffene Gesellschafter nicht zustimmt, rechtswidrig und damit nichtig[62]. Gleich liegt der Fall, dass sich ein Gesellschafter oder eine Gruppe von Gesellschaftern besondere Vorteile verschafft.

93   d) Der *Streit über die Wirksamkeit von Gesellschafterbeschlüssen* ist nach Ansicht der Rechtsprechung unter den Gesellschaftern auszutragen[63]. Der Gesellschaftsvertrag kann aber auch vorsehen, dass die Klage auf Feststellung der Nichtigkeit gegen die Gesellschaft zu richten ist[64]. Dies ist viel-

---

können, die nach Möglichkeit eingehalten werden sollen, deren Nichteinhaltung aber sanktionslos bleiben soll, so ist dies möglich.

[58] BGH ZIP 1995, 1355, 1356.

[59] MünchKommHGB-*Enzinger* (OHG) § 119 Rdz. 95; MünchKomm-*Ulmer/Schäfer* § 709 Rdz. 106.

[60] Zu diesem Prinzip der Erforderlichkeit und Verhältnismäßigkeit, das im Aktienrecht entwickelt wurde, 2. C. 138.

[61] Zur Treuepflicht und zum Gleichbehandlungsgrundsatz bereits 1. A. 17 ff.; 1. A. 26 ff.; Beispielsfall in BGH WM 1979, 1060; s. auch Soergel-*Hadding* § 709 Rdz. 43; MünchKomm-*Ulmer/Schäfer* § 709 Rdz. 108; Erman-*Westermann* § 709 Rdz. 37.

[62] Soergel-*Hadding* § 709 Rdz. 43; *Karsten Schmidt* § 16 II 4 b) ee); Erman-*Westermann* § 709 Rdz. 34, 37.

[63] BGH NJW 1981, 2565 (KG); BGH NJW 1984, 2104 (OHG); BGH NJW 1995, 1218 (KG).

[64] BGH NJW-RR 1990, 474, 475 (KG); BGH NJW 1995, 1218 (KG); BGH NZG 2003, 525 (KG).

fach sachgerecht, da sonst die Klage unter Umständen gegen eine Vielzahl von Personen gerichtet werden muss.

e) Der *Grundsatz, dass fehlerhafte Beschlüsse in den genannten Fällen*   94
nichtig sind, wird in einzelnen Fällen durchbrochen. Dies gilt einmal gemäß den Regeln der fehlerhaften Gesellschaft für Beschlüsse, die den Gesellschaftsvertrag abändern[65]. Darüber hinaus sollte für Gesellschaften mit großer Mitgliederzahl von dem Grundsatz der prinzipiellen Nichtigkeit fehlerhafter Gesellschafterbeschlüsse abgerückt werden[66]. Für diese Gesellschaften ist das im AktG niedergelegte, auf die GmbH längst übertragene Anfechtungsverfahren sachgerechter. Dies zeigt sich insbesondere, wenn es darum geht, die Grenze für die Geltendmachung der Beschlussnichtigkeit zu ziehen. Hier führt der Rückgriff auf die für die GmbH in Fortentwicklung der Vorschriften des AktG entwickelten Regeln zu sachgerechten und klaren Ergebnissen[67]. Demgegenüber hilft die h.M. mit der an weniger klare Voraussetzungen geknüpften Verwirkungsregel, wobei davon ausgegangen wird, dass die Geltendmachung der Nichtigkeit auch gegenüber Dritten zur Vermeidung der Verwirkung ausreicht[68].

In dem Fall BGH NJW 1999, 3113 war der Kläger Gesellschafter einer KG mit 250   95
Kommanditisten. Er wurde wegen angeblichen gesellschaftsschädigenden Verhaltens aus der Gesellschaft ausgeschlossen. Acht Monate nachdem in einem Vorprozess geklärt worden war, dass ein erstes Ausschlussverfahren nicht ordnungsgemäß durchgeführt worden war, leitete die beklagte Gesellschaft ein neues Ausschließungsverfahren ein. Ein entsprechender Gesellschafterbeschluss wurde gefasst, gegen den der Kläger viereinhalb Monate später klagte.

In dem Urteil wird gesagt, dass es den Gesellschaftern zwar freistehe, im Gesellschaftsvertrag Ausschlussfristen für die Erhebung einer gegen fehlerhafte Beschlüsse gerichteten Klage vorzusehen. Dies sei aber im Gesellschaftsvertrag der Beklagten nicht erfolgt. Auch der Verwirkungseinwand greife nicht durch, da es jedenfalls an dem neben einem längeren Zeitablauf für das Eingreifen des Verwirkungseinwandes ebenfalls erforderlichen „vertrauensbildenden Verhalten" des Klägers fehle. Dieser habe vielmehr die Unwirksamkeit des Beschlusses immer wieder gerügt. Auch habe die Beklagte durch das zögerliche Betreiben des zweiten Ausschließungsverfahrens selbst den Eindruck erweckt, dass die Sache nicht eilbedürftig sei. Weiter heißt es, dass der Kläger die Klage auch zu Recht gegen die Gesellschaft und nicht gegen seine Mitgesellschafter gerichtet habe, wie dies bei einem Streit über die Wirksamkeit eines Beschlusses eigentlich erforderlich sei. Dies wird zwar mit zweifelhaften Argumenten einer Schiedsklausel des Gesellschaftsvertrages entnommen, ist aber schon deshalb richtig, weil dies als einzig sachgerechte Interpretation im Wege

---

[65] 1. A. 174; Erman-*Westermann* § 709 Rdz. 38.
[66] MünchKommHGB-*Enzinger* § 119 Rdz. 99; MünchKommHGB-*Grunewald* § 161 Rdz. 131; generell so für jede Personengesellschaft *Karsten Schmidt* ZGR 2008, 1, 26.
[67] 2. C. 131 ff.
[68] BGH WM 1973, 100, 101 sieht eine Geltendmachung nach 2 Jahren als verspätet an; Soergel-*Hadding* § 709 Rdz. 45; MünchKomm-*Ulmer/Schäfer* § 709 Rdz. 110.

der ergänzenden Auslegung einem Gesellschaftsvertrag einer Gesellschaft mit zahllosen Gesellschaftern entnommen werden kann. Auch in diesem Punkt zeigt sich, dass die Parallele zur Anfechtungsklage sachgerecht ist (§ 246 Abs. 2 S. 1 AktG).

VI. Informationsrechte

1. Informationsrechte der Gesellschaft

96   Nach § 713 BGB bestimmen sich die Rechte und Pflichten der geschäftsführenden Gesellschafter nach den für den Auftrag geltenden Vorschriften, also auch nach § 666 BGB. Das besagt, dass der *geschäftsführende Gesellschafter* gegenüber der Gesellschaft zur *Auskunfterteilung und Rechenschaftslegung* verpflichtet ist. Das ist im Grunde selbstverständlich, da die Gesellschaft die Hauptbetroffene der Handlungen des Gesellschafters ist. Die Ansprüche der Gesellschaft werden durch die vertretungsberechtigten Gesellschafter geltend gemacht. Diese werden aber nur in Extremfällen diesen Anspruch auf Auskunfterteilung und Rechenschaftslegung durchsetzen, da sie normalerweise ebenfalls an der Geschäftsführung beteiligt sind und daher bereits Bescheid wissen. Gleichwohl kann der Anspruch praktische Bedeutung erlangen, da er, wie alle Ansprüche der Gesellschaft gegen Gesellschafter, mit der actio pro socio von jedem Mitgesellschafter durchgesetzt werden kann. Da es sich um einen Anspruch gegen einen geschäftsführenden Gesellschafter handelt, ist die Geltendmachung im Regelfall unproblematisch[1]. Allerdings ist auch im Rahmen dieser Form der actio pro socio zu bedenken, dass die Geschäftsführung den dazu berechtigten Gesellschaf tern zugewiesen ist. Eine ständige Einmischung der von der Geschäftsführung ausgeschlossenen Gesellschafter war also gerade nicht gewollt. Demgemäß kann über die laufende Geschäftsführung mit Hilfe der actio pro socio keine Auskunft verlangt werden[2]. Daher hat die actio pro socio im Bereich der Auskunfterteilung nur geringe praktische Bedeutung. Denn diese Berechtigung geht nicht über die jedem Gesellschafter aus eigenem Recht zustehenden Informationsrechte hinaus[3].

97   Auskunfterteilung und Rechenschaftslegung hat *gegenüber der Gesellschaft zu erfolgen*[4]. Dies muss so verstanden werden, dass die Auskünfte/ Rechnungslegung in der Gesellschafterversammlung oder sonst – etwa

---

[1] 1. A. 64.

[2] S. zur KG: BGH NJW 1992, 1890, 1892.

[3] Zu diesem individuellen Informationsrecht 1. A. 98; generell zur Begrenzung des kollektiven Informationsrechts durch das individuelle: BGH NJW 1992, 1890, 1892.

[4] *Karsten Schmidt*, Informationsrechte in Gesellschaften und Verbänden, 1984, S. 15 ff., 18; a. A. *Huber* ZGR 1978, 539, 546 ff., der von einem Individualrecht der Gesellschafter auch im Falle von §§ 713, 666 BGB ausgeht; Erman-*Westermann* § 713 Rdz. 3

schriftlich – gegenüber allen Gesellschaftern zu erfolgen hat, damit sichergestellt ist, dass sie die Gesamtheit der Gesellschafter erreichen[5].

2. Informationsrechte des Gesellschafters

Die Informationsrechte des Gesellschafters sind in § 716 BGB geregelt.   **98**
Danach hat der Gesellschafter gegen die Gesellschaft in Bezug auf die Angelegenheiten der Gesellschaft (wozu sogar die Namen und Anschriften der
Gesellschafter zählen sollen[6]) ein *Einsichtsrecht* in die Unterlagen der Gesellschaft. Ihm fehlt aber ein *Auskunftsrecht*. Dies ist in der Regel hinnehmbar, da sich der Gesellschafter mit Hilfe des Einsichtsrechts einen Überblick
verschaffen kann. Sollte es aber auf diese Weise einmal nicht möglich sein,
einem berechtigten Informationsbedürfnis nachzukommen, so hat der Gesellschafter auch ein individuelles Auskunftsrecht[7]. Für die von der Geschäftsführung ausgeschlossenen Gesellschafter bleibt es dabei, dass ihnen
eine ständige Einmischung in die Geschäftsführung gerade nicht zustehen
sollte. Das schließt ein Auskunftsrecht, das sich auf Tagesgeschäfte bezieht,
aus. *Ausgeschiedene Gesellschafter* können diese mitgliedschaftlichen Informationsrechte nicht geltend machen. Sofern sie aber ein rechtliches Interesse daran haben, die Unterlagen der Gesellschaft insbesondere aus der Zeit
ihrer Gesellschafterstellung einzusehen, hilft § 810 BGB. Dies wird insbesondere dann praktisch, wenn es um die Berechnung der geschuldeten Abfindung geht[8].

In dem Fall OLG Köln DB 2005, 2571 waren die Kläger mit je 25% und der Be-   **99**
klagte mit 50% an einer BGB-Gesellschaft, die eine KFZ-Prüfstelle betrieb, beteiligt. Es war vereinbart, dass das Stimmrecht der Beteiligungshöhe entsprechen sollte. Der Beklagte war als einziger zur Geschäftsführung und Vertretung befugt. Als
das Grundstück, auf dem die Prüfstelle betrieben wurde, zum Verkauf stand, erwarb
die Ehefrau des Beklagten das Grundstück von dem Vermieter, ohne dass der Beklagte seine Mitgesellschafter entsprechend informiert hätte. Daraufhin wurde dem
Beklagten von den Klägern die Geschäftsführungsbefugnis und Vertretungsmacht
entzogen. Der Beklagte wendet demgegenüber ein, das mit dem Vermieter privat-

---

sagt, „der Auftraggeber" sei die Gesamtheit der nicht geschäftsführenden Gesellschafter;
ähnlich *Budde*, FS Semler, 1993, S. 789, 794.

[5] MünchKomm-*Ulmer/Schäfer* § 713 Rdz. 9.

[6] BGH NZG 2010, 61, dazu *Altmeppen* NZG 2010, 1321; *Sester* NZG 2010, 375; zum
Verein 2. A. 59.

[7] Im Ergebnis ähnlich *Budde*, FS Semler, 1993, S. 789, 796; *Karsten Schmidt*, Informationsrechte in Gesellschaften und Verbänden, 1984, S. 62 ff.; MünchKomm-*Ulmer/Schä-
fer* § 716 Rdz. 12; s. auch BGH BB 1972, 1245, 1246; BGH BB 1984, 1271, 1272; auf § 242
BGB stützt *Wohlleben*, Informationsrechte des Gesellschafters, 1989, S. 93 ff. ein Auskunftsrecht; weitergehend *Akerman*, Der Kernbereich des Informationsrechts im Recht
der Personengesellschaften, 2002, S. 59: Auskunftsrecht stets gegeben.

[8] BGH NZG 2008, 623, 628.

schaftlich vereinbarte Vorkaufsrecht der Gesellschaft sei formunwirksam und daher sowieso unbeachtlich gewesen.

Das OLG hat der auf Feststellung der Wirksamkeit der Entziehung von Geschäftsführungsbefugnis und Vertretungsmacht gerichteten Klage stattgegeben. Überzeugend wird in den Gründen dargelegt, dass der Beklagte die Kläger über den anstehenden Verkauf informieren musste. Zwar hätte er den Ankauf des Grundstücks durch die Gesellschaft vielleicht auf Grund seiner 50%igen Beteiligung (insoweit könnten sich auf Grund der Treuepflicht der Gesellschafter untereinander aber auch Stimmpflichten ergeben[9]) blockieren können, eine entsprechende Information der Mitgesellschafter hätte aber auf jeden Fall erfolgen müssen. Dem stand auch nicht entgegen, dass die Vereinbarung über das Vorkaufsrecht unwirksam war. Denn der Vermieter hätte vielleicht auch ohne eine entsprechende Verpflichtung an die Gesellschaft verkauft.

In diesem Verhalten sah das Gericht den nach §§ 712, 715 BGB für die Entziehung erforderlichen wichtigen Grund. Dass der Beklagte der Entziehung nicht zugestimmt hatte, war belanglos. Da es um eine Maßnahme ging, die gegen ihn aus wichtigem Grund verhängt werden sollte, hatte er kein Stimmrecht[10].

VII. Die Vermögensordnung in der BGB-Gesellschaft

1. Das Gesamthandsvermögen

100   Die BGB-Gesellschaft selbst kann ein Vermögen haben, aus dem die Forderungen gegen die Gesellschaft befriedigt und in das die Leistungen, die der Gesellschaft geschuldet sind, erbracht werden. Das ist das sogenannte *Gesamthandsvermögen*[1]. Es wird auch gesagt, dieses Gesamthandsvermögen stehe den Gesellschaftern zur gesamten Hand, also in ihrer gesamthänderischen Verbundenheit, zu[2]. Wie man hier formuliert, ist keine rein terminologische Frage. Vielmehr kommt in der Wortwahl zum Ausdruck, wie weit man bereit ist, die Gesellschaft bürgerlichen Rechts selbst als Träger von Rechten und Pflichten zu verstehen. Unstreitig ist jedenfalls, dass das Gesamthandsvermögen nicht Vermögen jedes einzelnen Gesellschafters – auch nicht in Bruchteilen – ist.

a) Bestandteile des Gesamthandsvermögens

101   Zum Gesellschaftsvermögen zählen die Ansprüche auf Beitragsleistung und die in Erfüllung der Beitragspflicht in das Gesellschaftsvermögen übertragenen Gegenstände und Forderungen. Ebenfalls zum Gesellschaftsver-

---

[9] 1. A. 79; zu dem Aspekt, dass der Ankauf durch die Ehefrau gegen das Wettbewerbsverbot/Geschäftschancenlehre verstoßen könnte, 1. A. 21, 1. B. 11.
[10] 1. A. 71.
[1] *Saenger* Rdz. 101; *Windbichler* § 9 Rdz. 1.
[2] *Kübler/Assmann* § 4 III 1; MünchKomm-*Ulmer/Schäfer* § 718 Rdz. 2.

mögen gehören die Gegenstände, die durch Geschäftsführung und Vertretung für die Gesellschaft erworben werden (§ 718 Abs. 1 BGB). In § 718 Abs. 2 BGB wird außerdem noch der Fall der Surrogation genannt. Die Aufzählung ist nicht abschließend[3]. Der Gesellschaft bürgerlichen Rechts können beispielsweise auch Ansprüche nach den Regeln der Eingriffskondiktion zustehen.

b) Verwaltungs- und Verfügungsbefugnis

Die *Verwaltungsbefugnis* bezüglich des Gesellschaftsvermögens haben die geschäftsführungsbefugten Gesellschafter, die *Verfügungsbefugnis* haben die vertretungsberechtigten Gesellschafter, wobei nach der gesetzlichen Regel Geschäftsführungsbefugnis und Vertretungsbefugnis zusammenfallen (§ 714 BGB). Der einzelne Gesellschafter ist nicht befugt, über „seinen Anteil am Gesellschaftsvermögen" – was immer man sich darunter vorstellt – zu verfügen (§ 719 Abs. 1 BGB). Dies besagt allerdings nicht, dass er nicht unter gewissen Umständen über seine Mitgliedschaft als Ganze verfügen könnte[4]. Ausgeschlossen ist nur die separate Verfügung über die Beteiligung am Gesamthandsvermögen. Diese zwingende Regelung leuchtet ein: Wegen der Verzahnung der Gesellschafterstellung mit der Beteiligung am Gesamthandsvermögen, insbesondere wegen der Einflussmöglichkeiten, die der Gesellschafter auf das Gesamthandsvermögen hat, ist eine Abtrennung der Beteiligung am Gesamthandsvermögen von der Gesellschafterstellung nicht sinnvoll. Ebenso wenig kann ein Gesellschafter über seinen Anteil an einzelnen zum Gesellschaftsvermögen gehörenden Gegenständen verfügen (§ 719 Abs. 1 BGB). Auch diese zwingende Regelung leuchtet ein. Eine ordnungsgemäße Verwaltung des Gesellschaftsvermögens wäre sonst ausgeschlossen.

102

c) Rechtsfähigkeit der BGB-Gesellschaft

Folgt man der hier vertretenen Sicht, so ist die BGB-Gesellschaft, sofern ein Gesamthandsvermögen besteht, Inhaberin dieses Vermögens und damit jedenfalls insoweit rechtsfähig. Da sie auch verpflichtet werden kann[5], ist sie auch in diesem Punkt rechtsfähig. Dies führt zu dem Grundsatz, dass eine *BGB-Gesellschaft grundsätzlich*, das heißt, sofern nicht spezielle rechtliche Gesichtspunkte entgegenstehen, *jede Rechtsposition* einnehmen kann[6]. Das

103

---

[3] Soergel-*Hadding* § 718 Rdz. 13; MünchKomm-*Ulmer/Schäfer* § 718 Rdz. 22.
[4] 1. A. 148 ff.
[5] 1. A. 57.
[6] So die Formulierung in BGH NJW 2001, 3121, 3122; BGH NJW 2001, 1056; BGHZ 116, 86, 88; 136, 254, 257; gegen eine Rechtssubjektivität der BGB-Gesellschaft *Zöllner*, FS Gernhuber, 1993, S. 563 ff.

gilt für alle Gesellschaften bürgerlichen Rechts[7]. Eine Ausnahme für „Gesellschaften ohne Identitätsausstattung", also ohne eigenen Namen, Gesellschaftssitz und Handlungsorganisation, sollte nicht gemacht werden[8]. Diese Abgrenzungskriterien sind unklar. Auch entstehen durch die Annahme, dass auch unstrukturierte Gesellschaften rechtsfähig sind, im Geschäftsverkehr keine Nachteile.

104   Dies besagt aber nicht, *dass die BGB-Gesellschaft eine juristische Person ist*[9]. Allerdings kann man nicht sagen, dass der Unterschied zwischen einer Gesamthand und einer juristischen Person darin liege, dass nur die juristische Person ihre Rechtsfähigkeit durch Eintragung in ein Register erlange, während die Gesamthandsgesellschaften schlicht durch Erfüllung eines gesetzlichen Tatbestands (also durch das Vorliegen ihrer Begriffsmerkmale) rechtsfähig würden[10]. Dieser Sichtweise steht die Rechtsfähigkeit der Vorgesellschaft[11] (also der „juristischen Person" vor ihrer Eintragung in ein Register) ebenso entgegen, wie die der zu den Gesamthandsgesellschaften gehörenden Partnerschaft, die ihre Rechtsfähigkeit durch Eintragung in das Partnerschaftsregister erwirbt[12]. Gleichwohl besteht ein Unterschied zwischen Gesamthandsgesellschaften und juristischen Personen. Dieser liegt in den andersartigen Grundlagen von Gläubiger- und Gesellschafterschutz. Das allein, nicht mehr und auch nicht weniger, rechtfertigt die Zusammenfassung der einen Gruppe von Gesellschaften unter den Begriff der Gesamthand und der anderen Gruppe unter den Begriff der juristischen Person[13].

105   Eine BGB-Gesellschaft kann auch Eigentümerin eines Grundstücks sein[14]. Dies folgt schon aus § 899a BGB. Diese Norm erstreckt den Gutgläubensschutz des Grundbuchs auch darauf, dass diejenigen Personen und keine weiteren Gesellschafter sind, die im Grundbuch eingetragen sind. Der Sinn der Regelung ist klar: Da es kein Register gibt, in das die Gesellschaft mit ihren Gesellschaftern einzutragen ist, kann der Erwerber eines Grundstücks, das im Eigentum einer Gesellschaft bürgerlichen Rechts steht, nie sicher sein,

---

[7] Abgesehen von den Innengesellschaften, da diese keine Rechte erwerben oder Verbindlichkeiten begründen 1. A. 108.

[8] *Hadding* ZGR 2001, 712, 716 f.; a. A. *Ulmer* ZIP 2001, 585, 594.

[9] Unten 2. 1.; a. A. *Raiser* AcP 199 (1999), 104 ff., der von der Fähigkeit der BGB-Gesellschaft zum eigenständigen Auftreten sowie von der Rechtsfähigkeit auf die Einordnung als juristische Person schließt; sympathisierend *Karsten Schmid*, § 8 I 3; ablehnend *Ulmer* AcP 198 (1998), 113, 123.

[10] So *Hadding*, FS Kraft, 1998, S. 137, 142; *ders.*, Festgabe Zivilrechtslehrer, 1999, S. 147, 154.

[11] Dazu 2. C. 38; 2. F. 35.

[12] Dazu 1. E. 4.

[13] Siehe Teil 4.

[14] BGH ZIP 2006, 2128; zusammenfassend *Heßeler/Kleinhenz* NZG 2007, 250; *Wagner* ZIP 2005, 637.

ob die für die Gesellschaft Handelnden auch vertretungsberechtigt sind. Wenn aber alle im Grundbuch als Gesellschafter eingetragenen Personen für die Gesellschaft handeln, ist der Erwerber auf Grund der Regel von § 899a BGB auf der sicheren Seite. Denn alle Gesellschafter (und deren Vollzähligkeit wird gemäß § 899a BGB vermutet) können die Gesellschaft jedenfalls gemeinsam vertreten. Umstritten ist, ob die Vermutung von § 899a BGB nur für das Verfügungs- oder auch für das Verpflichtungsgeschäft gilt[15]. Nimmt man ersteres auf Grund des Wortlauts („in Ansehung eines eingetragenen Rechts") an, wird ein eventueller Käufer zwar Eigentümer, bleibt aber gemäß § 812 Abs. 1 S. 1 Alt. 1 BGB zur Rückübereignung verpflichtet.

Die Gesellschaft bürgerlichen Rechts kann auch *Mitglied einer anderen* **106** *Gesellschaft* bürgerlichen Rechts[16], einer OHG[17], KG[18], einer Aktiengesellschaft[19], einer GmbH (auch Vor-GmbH[20]) oder Genossenschaft[21] sein. Für OHG und KG ergibt sich die Schwierigkeit, dass wegen des Fehlens einer Registerpublizität für die Gesellschaft bürgerlichen Rechts nicht erkennbar ist, wer hinter der Gesellschaft steht und somit für die Schulden haftet. Für die KG löst das Gesetz dieses Problem dadurch, dass nicht nur die Gesellschaft, sondern auch die BGB-Gesellschafter mit ihrem Namen ins Handelsregister eingetragen werden (§ 162 Abs. 1 S. 2 HGB). Wer aus der Gesellschaft bürgerlichen Rechts ausscheidet, muss dann dafür sorgen, dass auch das Handelsregister berichtigt wird, da sonst eine Haftung unter Rückgriff auf § 15 HGB droht. Diese Regel kann auf eine BGB-Gesellschaft, die Komplementärin ist, analog angewandt werden. Für solche Gesellschaften ist zudem bedeutsam, dass mangels Registerpublizität auch unklar ist, wie die Vertretungsverhältnisse in der BGB-Gesellschaft und damit in der gegebenenfalls durch sie vertretenen OHG oder KG sind. Auch insoweit kann aber der in § 162 Abs. 1 S. 2 HGB niedergelegte Grundgedanke genutzt werden. Dies führt dann dazu, dass die Vertretungsverhältnisse in der BGB-Gesellschaft ins Handelsregister einzutragen sind[22].

Nachdem lange Zeit Zweifel an der *Wechsel- und Scheckfähigkeit* der **107** BGB-Gesellschaft bestanden hatten, ist auch diese mittlerweile anerkannt[23].

---

[15] Dazu *Weigel* NZG 2010, 1053; *Wertenbruch* ZIIP 2010, 1884.

[16] BGH NJW 1998, 376.

[17] LG Berlin ZIP 2003, 1201; *Bergmann* ZIP 2003, 2231.

[18] Siehe § 162 Abs. 1 S. 2 HGB

[19] BGHZ 118, 33, 99 f.

[20] BGHZ 78, 311.

[21] BGH ZIP 1992, 114; dazu *Beuthien/Ernst* ZHR 156 (1992), 227 ff.

[22] *Bergmann* ZIP 2003, 2231, 2237 ff.; *Schmidt/Bierly* NJW 2004, 1210, 1211 für Vertretungsverhältnisse, die von der gesetzlichen Regel (§ 714, 709 BGB) abweichen.

[23] BGH NJW 2001, 1056, 106l; BGHZ 136, 254, 257 f.; zustimmend *Ulmer* AcP 198 (1998), 113, 135.

Gleiches gilt für die *Parteifähigkeit der BGB-Gesellschaft*[24]. Nach § 50 ZPO ist parteifähig, wer rechtsfähig ist. Das spricht für die Parteifähigkeit. Allerdings bestimmt § 736 ZPO, dass zur Zwangsvollstreckung in das Gesellschaftsvermögen ein gegen alle Gesellschafter ergangenes Urteil erforderlich ist. Diese Bestimmung will erreichen, dass das Gesellschaftsvermögen nur dem Zugriff der Gesellschafts- (und nicht der Gesellschafter-) gläubiger offen steht[25]. Sofern in Konsequenz der Annahme, dass die BGB-Gesellschaft parteifähig ist, ein Titel gegen die BGB-Gesellschaft für die Vollstreckung in ihr Vermögen verlangt wird, wird diesem Ziel des § 736 ZPO umfassend Rechnung getragen[26]. Daher sollte man dem Wortlaut der Norm kein übermäßiges Gewicht beimessen, zumal sich diese Bestimmung auch dahingehend verstehen lässt, dass sie nur die Bezeichnung der BGB-Gesellschaft regelt[27]. Auch die *Insolvenzfähigkeit* der BGB-Gesellschaft ist gemäß § 11 Abs. 2 Nr. 1 InsO gegeben. Umstritten ist die praktisch wohl weniger wichtige Frage, ob die BGB-Gesellschaft *Erbe*[28] oder *Besitzerin* sein kann[29]. Dagegen sollten an der *Grundrechts-*[30] und *Markenrechtsfähigkeit*[31] keine Zweifel bestehen.

2. BGB-Gesellschaften ohne Gesamthandsvermögen

108   Nicht alle BGB-Gesellschaften haben ein Gesamthandsvermögen. Dies fehlt insbesondere typischerweise[32] den sog. *Innengesellschaften*. Das sind Gesellschaften, die nach außen als Gesellschaft nicht in Erscheinung treten.

---

[24] BGH NJW 2001, 1056; BGH ZIP 2002, 614; *Hadding* ZGR 2001, 721, 729 ff.; *Wagner* ZZP 117 (2004) 305, 317 ff.; *Wertenbruch* NJW 2002, 324.

[25] Umfassend *Wertenbruch*, Die Haftung von Gesellschaften und Gesellschaftsanteilen in der Zwangsvollstreckung, 2000, S. 122 ff.

[26] BGH NJW 2001, 1056, 1060.

[27] *Timm* NJW 1995, 3209, 3214; kritisch *Prütting* ZIP 1997, 1725, 1727.

[28] Verneinend *Flume*, Personengesellschaft § 7 III 6, S. 106 ff.; bejahend BFH NJW 1989, 2495; *Hadding* ZGR 2001, 712, 725; *Mülbert* AcP 199 (1999), 38, 74; *Ulmer* ZIP 2001, 585, 596; nach *Otte*, FS Westermann 2008, S. 535, 545 kommt es darauf an, ob die persönliche Haftung der Gesellschafter für die Nachlassverbindlichkeiten ausgeschlossen ist.

[29] Dazu *Hadding* ZGR 2001, 712, 723; *Karsten Schmidt* § 60 II 3; MünchKomm-*Ulmer* § 718 Rdz. 35 ff.; *Wiedemann*, WM-Sonderbeilage Nr. 4/1994, S. 8.

[30] BVerfG NJW 2002, 3533.

[31] *Fezer*, FS Ulmer, 2003, S. 119, 124; *Karsten Schmidt* NJW 2001, 993, 998; *Ulmer* ZIP 2001, 585, 588; abgelehnt von BGH NJW -RR 2001, 114.

[32] Es ist umstritten, ob es auch Innengesellschaften mit Gesamthandsvermögen geben kann. Siehe dazu *Hadding* ZGR 2001, 712, 715; *Karsten Schmidt* JuS 1988, 444; MünchKomm-*Ulmer* § 718 Rdz. 10. Die Gesellschafter können jedenfalls vereinbaren, dass im Verhältnis untereinander so verfahren werden soll, als bestehe ein Gesamthandsvermögen.

Daher wird die Gesellschaft auch nicht durch einen Gesellschafter vertreten. Vielmehr handelt der nach außen in Erscheinung tretende Gesellschafter im eigenen Namen, wenn auch im Interesse der Gesellschaft. Er wird ggf. Forderungsinhaber und Eigentümer, aber auch Schuldner. Eine gesetzlich geregelte Innengesellschaft ist die Stille Gesellschaft (§ 230 HGB[33]). Innengesellschaften sind relativ häufig. Zu ihnen gehören vielfach die sog. Ehegattengesellschaften sowie die Gesellschaften zwischen unverheirateten Paaren[34]. Auch Unterbeteiligungen an Geschäftsanteilen, Aktien oder sonstigen Beteiligungen sind Innengesellschaften. Eine Innengesellschaft kann auch unter Gesellschaftern bestehen, die zugleich eine Bruchteilsgemeinschaft bezüglich der Gegenstände, die sie für das Gesellschaftsziel einsetzen wollen, bilden.

VIII. Die Haftung in der BGB-Gesellschaft

1. Haftung von Gesellschaft und Gesellschaftern

a) Die Haftung der Gesellschafter in Analogie zu § 128 HGB

Für die Schulden der BGB-Gesellschaft haften neben der Gesellschaft **109** selbst[1] *analog § 128 HGB auch die Gesellschafter*[2]. Damit wird dem allgemeinen Grundsatz Rechnung getragen, dass jeder, der Geschäfte betreibt – sei es allein oder in Gemeinschaft mit anderen –, für die daraus entstehenden Schulden auch persönlich und unbeschränkt haftet[3].

Eine *Ausnahme* von diesem Grundsatz kann sich aus dem Gesetz (etwa **110** bei Wahl der Rechtsform der KG, der GmbH oder der AG) oder aber aufgrund einer entsprechenden Vereinbarung mit dem Vertragspartner ergeben. Allein der gegebenenfalls auch im Gesellschaftsvertrag zum Ausdruck gekommene Wunsch der Gesellschafter, nicht persönlich zu haften, reicht also für die Annahme einer Haftungsbeschränkung nicht aus. Dies gilt auch,

---

[33] 1. D.

[34] Siehe die Beispiele 1. A. 4.

[1] Dazu bereits oben 1. A. 57.

[2] BGH NJW 2001, 1056, 1061; *Dauner-Lieb*, Unternehmen in Sondervermögen, 1999, S. 547, 553 f.; *Reiff*, Die Haftungsverfassungen nichtrechtsfähiger unternehmenstragender Verbände, 1996, S. 345 ff.; für die Mitunternehmer-BGB-Gesellschaft *Karsten Schmidt* § 60 III 2; nach Ansicht von *Canaris* ZGR 2004, 69, 116 ist diese Judikatur wegen Verstoßes gegen die Bindung der Rechtsprechung an das Gesetz teilweise verfassungswidrig; dagegen zu Recht *Altmeppen* NJW 2004, 1563.

[3] BGHZ 142, 313, 318; *Dauner-Lieb*, Unternehmen in Sondervermögen, 1999, S. 43 ff., 547; *Meyer*, Der Grundsatz der unbeschränkten Verbandsmitgliederhaftung, 2006, S. 195; *Reiff*, Die Haftungsverfassungen nichtrechtsfähiger unternehmenstragender Verbände, 1996, S. 345.

wenn die Gesellschaft einen entsprechenden Namen (etwa Gesellschaft bürgerlichen Rechts mbH) führt[4]. Denn für die in diesen Fällen allein mögliche
Annahme, es liege eine *konkludente Vereinbarung*[5] zwischen den Gesellschaftern und dem Dritten vor, nach der die Gesellschafter für die Schulden
der Gesellschaft nicht persönlich haften, ist erforderlich, dass besondere
Umstände den Vertragsschluss prägen (etwa wenn für den Vertragspartner
erkennbar nur ein geringes Eigeninteresse der Gesellschafter am Vertragsschluss mit der Gesellschaft besteht[6]). Nur dann kann man sagen, dass Umstände vorliegen, die darauf schließen lassen, dass der Vertragspartner auf
die persönliche Haftung der Gesellschafter verzichtet. Sofern er nur zur
Kenntnis nimmt, dass die Gesellschafter nicht persönlich haften wollen,
liegt hierin kein Verzicht auf die persönliche Haftung. Auch in *AGB* der
Gesellschaft kann nicht vorgesehen werden, dass die Gesellschafter für die
Schulden der Gesellschaft nicht haften. Eine solche Regelung würde von
dem geschilderten Grundsatz abweichen und wäre daher nach § 307 Abs. 2
Nr. 1 BGB unwirksam[7].

111   Ebenso wenig hat eine *Beschränkung der Vertretungsmacht des geschäftsführenden Gesellschafters*, nach der er nur die Gesellschaft, nicht aber die
Gesellschafter verpflichten darf, zur Folge, dass die Gesellschafter nicht persönlich haften würden. Denn da § 128 HGB eine gesetzliche Haftung der
Gesellschafter für die Schulden der Gesellschaft begründet, kommt es auf
den Umfang der Vertretungsmacht nicht an. Man könnte allerdings daran
denken, die Vertretungsmacht, die der Gesellschafter für die Gesellschaft
hat, unter die Bedingung zu stellen, dass eine Haftung der Gesellschafter
nicht eintritt[8]. Aber auch auf diese Weise lässt sich eine Haftung der Gesell-

---

[4] BGH NZG 2005, 209, 210; a. A. *Karsten Schmidt* § 60 III 2 c); ähnlich *Lang/Fraen-
kel* WM 2002, 260, 267.

[5] Eine solche ist im Prinzip möglich: *Henze* BB 1999, 2260, 2261; *Karsten Schmidt*
§ 60 III 2 c); für Bauherrengemeinschaften / geschlossene Immobilienfonds gilt die Analogie zu § 128 HGB nach Ansicht des BGH teilweise nicht: BGHZ 150, 1; dazu *Armbrüster* ZGR 2005, 34, 45; *Hadding*, FS Raiser, 2005, S. 129, 138; *Weitemeyer*, FS K. Schmidt,
2008, S. 1693, 1702.

[6] Dies ist bei Gesellschaften mit ideeller Zielsetzung denkbar, doch fehlt es dann regelmäßig schon an der Basis für eine analoge Anwendung von § 128 HGB, siehe 1. A. 112.

[7] *Dauner-Lieb* DStR 1999, 1992, 1995; *Meyer*, Der Grundsatz der unbeschränkten
Verbandsmitgliederhaftung, 2006, S. 351 ff.; *Reiff* ZGR 2003, 550, 566; a. A. für Immobilienfonds BGHZ 150, 1; dazu *Hadding*, FS Raiser, 2005, S. 129, 138; für BGB-Gesellschaften mit ideeller Zielsetzung sowie für Gesellschaften, denen die Eintragung ins Handelsregister versperrt ist, *Ulmer* ZIP 1999, 554, 562; ähnlich *Schäfer* ZIP 2003, 1225,
1231; a. A. für Gesellschaften mit ideeller Zielsetzung sowie für Publikumsgesellschaften
Hasenkamp BB 204, 230 ff.

[8] *Ulmer* ZIP 1999, 554, 561.

schafter nicht vermeiden. Denn dies wäre eine Umgehung der gesetzlich vorgegebenen Haftungsverfassung[9].

Die analoge Anwendung von § 128 HGB auf jede BGB-Gesellschaft führt **112** dazu, dass eine Norm, die eigentlich nur für Handelsgesellschaften gelten sollte, gegebenenfalls auf Gesellschaften angewandt wird, die nicht unternehmerisch tätig sind. Dies ist insofern hinnehmbar, als diesen Gesellschaftern, sofern sie ein Gewerbe betreiben oder in der Vermögensverwaltung tätig sind, der *Weg in die KG offensteht.* Freiberufler können ihre Haftung durch eine entsprechende Ausgestaltung einer Partnerschaftsgesellschaft beschränken. Auch hat es sich gezeigt, dass gerade BGB-Gesellschaften, die nicht unternehmerisch tätig sind, keinen ausgefeilten Gesellschaftsvertrag haben und daher die mit der Doppelverpflichtungstheorie verbundenen Möglichkeiten zur Haftungsbeschränkung[10] sowieso nicht nutzen. Für Gesellschaften mit einer nicht wirtschaftlichen, insbesondere *ideellen Zielsetzung* passt die Analogie allerdings nicht. Sie haben mit Handelsgesellschaften keine Gemeinsamkeiten[11].

In dem Fall BGHZ 142, 315 hatte die Klägerin eine Betonbrechanlage an die „Ba **113** GbR mbH" vermietet. In dem Gesellschaftsvertrag dieser Gesellschaft heißt es: Die Geschäftsführer müssen bei allen Geschäftsführungsmaßnahmen die Haftungsbeschränkung auf das Gesellschaftsvermögen beachten und haben demgemäß nur für das Gesellschaftsvermögen Vertretungsbefugnis. Bei Abschluss des Mietvertrages setzte der geschäftsführende Gesellschafter demgemäß neben seine Unterschrift den Stempelaufdruck: „Ba GbR mbH". Die Klägerin nimmt die Gesellschafter auf Zahlung der noch offenen Mietschulden in Anspruch.

Der BGH führt aus, dass Mieterin der Betonbrechanlage die Gesellschaft bürgerlichen Rechts gewesen sei. Gleichwohl haften die Gesellschafter aber auch mit ihrem Privatvermögen für diese Mietschulden. Dies – so das Urteil – folge aus dem allgemeinen Grundsatz, dass jeder, der Geschäfte betreibe, für die daraus entstehenden Verpflichtungen auch persönlich hafte, sofern sich nicht aus dem Gesetz oder einer entsprechenden Absprache mit dem Vertragspartner etwas anderes ergebe. Wer unabhängig von der Zustimmung seines Vertragspartners einen Ausschluss der persönlichen Haftung erreichen wolle, müsse daher auf die entsprechenden Gesellschafts-

---

[9] *Dauner-Lieb* DStR 1999, 1992, 1995; *Hadding*, FS Raiser, 2005, S. 129, 143 f.; *Weitemeyer*, FS K. Schmidt, 2008, S. 1693, 1705 ff.; ähnlich auch *Meyer*, Der Grundsatz der unbeschränkten Verbandsmitgliederhaftung, 2006, S. 249 ff.; enger *Armbrüster* ZGR 2005, 34, 36 ff.: keine Haftung, wenn der Gläubiger die Beschränkung der Vertretungsmacht kennt.

[10] Siehe dazu oben 1. A. 60 ff.

[11] Im Ergebnis ebenso *Reiff* ZGR 2003, 571 ff., der aber auch darauf hinweist, dass diesen Gesellschaften weder die KG noch die Partnerschaftsgesellschaft offen steht. Das trifft zwar zu, rechtfertigt den Ausschluss von der unbeschränkten Haftung aber nicht, da die Rechtsform des Idealvereins gewählt werden kann; siehe auch *Jacobs*, Die institutionelle Haftungsbeschränkung bei atypischen Erscheinungsformen der Außen-GbR, 2007, S. 131 ff.: auch § 54 S. 2 BGB sei anwendbar; a.A. *Meyer* ZGR 2008, 702, 715 f.

formen, etwa die GmbH, die KG oder die Partnerschaftsgesellschaft ausweichen. Dies überzeugt.

114   Für *Vertragsverletzungen* der Gesellschafter haftet über § 31 BGB auch die Gesellschaft mit dem Gesellschaftsvermögen[12]. In Bezug auf Erfüllungsgehilfen der Gesellschaft gilt selbstverständlich § 278 BGB.

b) Insbesondere: Die Haftung für gesetzlich begründete Schulden

115   Aus unerlaubter Handlung haften primär diejenigen, die die Handlung begehen. Wenn also ein Gesellschafter bei Erledigung der Geschäfte der Gesellschaft den Tatbestand der §§ 823 ff. BGB erfüllt, so haftet er selbst. Daran besteht kein Zweifel[13].

116   Die *Haftung der Gesellschaft* richtet sich danach, ob die Voraussetzungen von *§ 831 BGB oder § 31 BGB* erfüllt sind. Die Frage, ob § 31 BGB auf geschäftsführende und/oder vertretungsberechtigte BGB-Gesellschafter angewandt werden kann, wird nunmehr allgemein bejaht[14]. Die in einer älteren Entscheidung[15] geäußerten Bedenken, § 31 BGB passe nicht, weil die BGB-Gesellschaft zu wenig körperschaftlich organisiert sei und man daher die für sie handelnden Gesellschafter auch nicht als ihre Organe bezeichnen könne, haben damit letztlich nicht überzeugt. Das verwundert auch nicht, da eben doch manche Gesellschaften eine entsprechende Organisation haben und daher jedenfalls auf sie § 31 BGB anwendbar sein müsste[16]. Aber auch für die anderen Gesellschaften ist zu beachten, dass die auch von der Judikatur mitgetragene zunehmende Verselbständigung der Gesellschaft gegenüber den Gesellschaftern eine Haftung der Gesellschaft mit ihrem Gesellschaftsvermögen erfordert. Dies gilt gerade auch für Gläubiger gesetzlich begründeter Ansprüche, da sich diese ihren Schuldner nicht selbst aussuchen. Diese Haftung ist aber nur über § 31 BGB zu erreichen, da der geschäftsführende Gesellschafter kaum als Verrichtungsgehilfe der Gesellschaft angesehen werden kann. Dies wäre aber Voraussetzung für eine Anwendung von § 831 BGB[17].

---

[12] Zur Anwendbarkeit dieser Norm sogleich im Rahmen der gesetzlich begründeten Schulden.

[13] Problematisch ist lediglich, wann ein geschäftsführender Gesellschafter aufgrund der Verletzung einer Verkehrssicherungspflicht haftet, die die Organisation der Gesellschaft betrifft. Das betrifft in erster Linie mittelbare Schädigungen/Schädigungen durch Unterlassen und wird vorwiegend für die GmbH diskutiert, 2. F. 74.

[14] BGHZ 154, 88; BGH ZIP 2003, 1604, 1605; *Ulmer* ZIP 2003, 1113, 1114.

[15] BGHZ 45, 311, 312.

[16] Siehe die Überlegungen bei *Roth* ZHR 155 (1991), 24, 42.

[17] BGH ZIP 2003, 1604, 1605; Soergel-*Hadding* § 714 Rdz. 40; *Karsten Schmidt* § 60 II 4; MünchKomm-*Ulmer* § 705 Rdz. 261.

Für die so begründeten Schulden der Gesellschaft *haften die Gesellschaf-* **117**
ter analog § 128 HGB *auch persönlich*[18]. Dem ist entgegengehalten worden,
dass es nicht einzusehen sei, warum ein Gesellschafter mit seinem Privatvermögen dafür einstehen müsse, dass ein anderer Gesellschafter bei der
Durchführung der Geschäfte der Gesellschaft eine unerlaubte Handlung be-
gehe[19]. Es reiche aus, wenn der Gesellschafter für diese Schulden nur insoweit hafte, wie er Entnahmen aus dem Gesellschaftsvermögen getätigt habe.
Aber diese Argumentation überzeugt letztlich nicht. Denn zu dem von jedem Gesellschafter übernommenen Geschäftsrisiko gehört auch, dass bei
der Durchführung der Geschäfte deliktisch gehandelt wird. Dies gilt umso
mehr, als die Abgrenzung zwischen vertraglicher und deliktischer Haftung
fließend, bisweilen sogar mehr oder weniger zufällig ist.

Für Ansprüche aus *ungerechtfertigter Bereicherung* gilt nichts anderes. **118**
Im Grundsatz haftet derjenige, der bereichert ist. Wird also an die BGB-Gesellschaft geleistet, etwa um eine ihr gegenüber bestehende Vertragsschuld
zu erfüllen, so haftet die Gesellschaft aus § 812 Abs. 1 S. 1 BGB für eventuelle Bereicherungsschulden. Hat jemand für die BGB-Gesellschaft[20] in die
Rechtsposition eines Dritten eingegriffen, so haftet die Gesellschaft nach
den Regeln der Eingriffskondiktion. Für diese Schuld der Gesellschaft haften die Gesellschafter analog § 128 HGB[21]. Es kommt also nicht darauf an,
ob die Gesellschafter selbst bereichert sind[22], und auch nicht darauf, ob der
Anspruch auf die Regeln der Leistungs- oder der Eingriffskondiktion gestützt wird.

---

[18] BGHZ 154, 88; dem folgend *Karsten Schmidt* NJW 2003, 1897, 1900; *Ulmer* ZIP
2003, 1113, 1114.

[19] *Altmeppen* NJW 2003, 1553; *Armbrüster* ZGR 2005, 34, 56f.; *Schäfer* ZIP 2003,
1225, 1226f.; mehr auf Vertrauensschutzaspekte stellt *Klerx* NJW 2004, 1907 ab.

[20] Dies gilt sowohl für das Handeln der geschäftsführenden Gesellschafter wie auch
für das Handeln von Angestellten.

[21] BGH ZIP 2003, 899; BGH ZIP 2010, 1283 (Leistungskondiktion); *Reiff* NZG 2000,
281, 282; *Karsten Schmidt* § 60 III 2 a); *Ulmer* ZIP 2001, 585, 597; ablehnend *Hadding*,
FS Raiser, 2005, S. 129, 144.

[22] Im Ergebnis ebenso *Zöllner*, FS Gernhuber, 1993, S. 563, 573, aber unter Berufung
auf die von ihm angenommene fehlende Rechtssubjektivität der BGB-Gesellschaft. Keineswegs kann man sagen, dass die Beteiligung des Gesellschafters durch die Bereicherung
der Gesellschaft wertvoller geworden wäre. Das kann zwar mal der Fall sein, muss aber
nicht so sein, zumal die Gesellschaft mit dem Anspruch nach § 812 BGB belastet ist. Jedenfalls wäre diese Werterhöhung nicht auf die Leistung des Dritten zurückzuführen, die
ja an die Gesellschaft erfolgte. Dazu *Habersack* JuS 1993, 1, 4; *Westermann* ZGR 1977,
552, 557f.

119   Auch für die *Steuerschulden*[23] haften die Gesellschafter analog § 128 HGB[24]. Praktisch wichtig ist die Frage, ob bei einem Fahrzeug, das der BGB-Gesellschaft zur Verfügung steht, auch die *Gesellschaft selbst Halter* im Sinne von § 7 StVG sein kann oder ob dies stets der oder die (geschäftsführenden?) Gesellschafter sind. Bejaht man, wie hier geschehen, die Rechtsfähigkeit der BGB-Gesellschaft, so ergeben sich insoweit keine Probleme[25]. Gleiches gilt für die Tierhalterhaftung und die übrigen Tatbestände von § 833 bis § 838 BGB[26]. Für alle diese Verbindlichkeiten haften die Gesellschafter analog § 128 HGB[27].

2. Rückgriff des in Anspruch genommenen Gesellschafters

120   Nach dem Gesagten steht fest, dass es in vielen Situationen dazu kommen kann, dass ein Gesellschafter für Gesellschaftsverbindlichkeiten in Anspruch genommen wird. Dies gilt sowohl im vertraglichen Bereich wie auch für gesetzliche Ansprüche.

121   Sofern der Gesellschafter diese Ansprüche begleicht, wird er versuchen, *Rückgriff bei der Gesellschaft* zu nehmen. Dies ist in der Tat möglich. Denn es entspricht der gesellschaftsvertraglich getroffenen Vereinbarung, dass primär das Gesellschaftsvermögen für die Schulden der Gesellschaft haften soll[28]. Da der Gesellschafter – vergleichbar einem Bürgen – akzessorisch haftet, und von der Gesellschaft Ersatz in voller Höhe verlangen kann, sollte man zudem § 774 Abs. 1 BGB (Forderungsübergang) analog anwenden[29]. Eine *Inanspruchnahme der Mitgesellschafter* ist dem Rückgriff nehmenden Gesellschafter nur möglich, wenn eine Befriedigung aus dem Gesellschaftsvermögen nicht in Frage kommt. Denn wenn, wie regelmäßig, vereinbart ist, dass primär das Gesellschaftsvermögen für die Gesellschaftsschulden aufzukommen hat, dann heißt das eben auch, dass dieses vor den Mitgesellschaftern heranzuziehen ist. Wenn das allerdings keinen Erfolg verspricht, kann der Gesellschafter seine Mitgesellschafter in Anspruch nehmen (§ 426 Abs. 1 S. 1 und Abs. 2 BGB)[30]. Sofern die Verbindlichkeit auf schuldhaftem

---

[23] BFH NJW 1993, 2893 und NJW 1993, 2895; wie der BFH zur Gewerbesteuerschuld BVerwG NJW 1994, 602.

[24] *Reiff* NZG 2000, 281, 282; *Karsten Schmidt* § 60 III 2 a.

[25] *Flume* Personengesellschaft § 16 IV 6, S. 350; Soergel-*Hadding* § 714 Rdz. 40.

[26] Soergel-*Hadding* § 714 Rdz. 40; MünchKomm-*Ulmer/Schäfer* § 718 Rdz. 27.

[27] *Reiff* NZG 2000, 281, 282.

[28] BGH NJW-RR 2002, 455; *Drygala*, FS Raiser, 2005, S. 63, 65; *Habersack* AcP 198 (1998), 152, 166; MünchKomm-*Ulmer* § 705 Rdz. 217.

[29] *Habersack* AcP 198 (1998), 152, 166 f.; eine Gesamtschuld zwischen Gesellschaft und Gesellschaftern besteht nicht, da die Gesellschaft vorrangig schuldet: BGH NJW 2001, 1056, 1061; *Hadding* ZGR 2001, 712, 742.

[30] BGH ZIP 2007, 2313, 2314; BGH ZIP 2002, 394 (KG, dazu 1. C. 48); BGH ZIP 1988,

Handeln eines Gesellschafters beruht, trifft ihn eine erhöhte Quote (§ 254 BGB analog)[31]. Auch muss sich jeder Gesellschafter seinen Verlustanteil abziehen lassen. Denn ein Rückgriff kann nicht in Frage kommen, soweit der Gesellschafter den Verlust selbst trägt. Jeder Gesellschafter haftet für den auf ihn entfallenden Verlustanteil[32]. Besonderheiten sollen allerdings für einige sogenannte *Sozialverpflichtungen* gelten[33]. Wurde der Gesellschafter noch nicht in Anspruch genommen, besteht aber die ernsthafte Möglichkeit, dass dies bald geschehen wird, kann er nach denselben Regeln von seinen Mitgesellschaftern Freistellung bzw. Mitwirkung an der Befriedigung des Gläubigers verlangen[34].

IX. Ansprüche der Gesellschafter untereinander und zwischen Gesellschaft und Gesellschaftern

1. Ansprüche der Gesellschafter untereinander und Ansprüche der Gesellschaft gegenüber den Gesellschaftern

a) Mögliche Ansprüche

Es war schon verschiedentlich die Rede davon, dass aus dem Gesellschafts-   **122** vertrag auch *Pflichten der Gesellschafter untereinander* folgen. Hierzu zählen allerdings nicht die Beitragspflichten. Diese sind nur der Gesellschaft und nicht den Mitgesellschaftern geschuldet[1]. Demgegenüber besteht die Treuepflicht auch gegenüber den Mitgesellschaftern[2]. Gleiches gilt für bestimmte Nebenpflichten, wie sie mit jedem Schuldverhältnis verbunden sind. So dürfen etwa bei der Durchführung der Gesellschaftsaufgaben die Rechtsgüter der Mitgesellschafter nicht widerrechtlich verletzt werden. In diesen Fällen wird bisweilen auch der Tatbestand für § 823 BGB erfüllt sein[3]. Im *vorvertraglichen Bereich* kann es zu Ansprüchen aus §§ 311 Abs. 2, 280 BGB kommen. Dabei spielt insbesondere der Fall eine Rolle, dass die Lage der Gesellschaft zu günstig dargestellt wird und auf diese Weise Gesell-

---

899, 901; *Hadding/Häuser* WM 1988, 1585, 1586; im Ergebnis auch *Habersack* AcP 198 (1998), 152, 166.

[31] Siehe BGH NZG 2008, 777: Alleinhaft des schuldhaft handelnden Gesellschafters im Verhältnis zu den Mitgesellschaftern (Gynäkologische Praxis).

[32] *Hadding/Häuser* WM 1988, 1585, 1586; *Walter* JuS 1982, 81, 84 zur OHG.

[33] Diese Problematik wird üblicher Weise bei der OHG diskutiert, daher siehe 1. B. 47 f.

[34] Beispiel BGH ZIP 2007, 2313.

[1] 1. A. 62.

[2] 1. A. 17 ff.

[3] Zur Haftung nach § 823 Abs. 1 BGB wegen Verletzung der Mitgliedschaft, 1. A. 132.

schafter zum Beitritt bewogen werden. Gesellschafter, die sich beim Vertragsabschluss durch andere Personen (insbesondere Mitgesellschafter) vertreten lassen, haften für diese nach § 278 BGB. Eine Ausnahme gilt allerdings für Gesellschaften mit großer Mitgliederzahl. Hier kann der Anspruch
aus §§ 311 Abs. 2, 280 BGB nicht gegen Gesellschafter gerichtet werden, die
keinen Einfluss auf die Geschäftsführung und damit auch auf die Vertragsverhandlungen haben. Sofern sie bei den Vertragsverhandlungen nicht in
Erscheinung treten und ihnen daher auch kein besonderes Vertrauen entge-
gengebracht wird, haften sie nicht[4]. Das leuchtet ein, da anderenfalls Gesellschafter haften würden, die nicht weniger schutzwürdig sind als derjenige,
der den Anspruch geltend macht.

123   Auch die *Gesellschaft* kann *Ansprüche gegen die Gesellschafter* haben.
Auch davon war bereits die Rede[5]. Insbesondere müssen die Beiträge erbracht und eine etwa geschuldete Geschäftsführung ordnungsgemäß abgewickelt werden. Es besteht aber kein umfassender Anspruch der Gesellschaft
gegen den Gesellschafter auf Wahrung der Gesellschaftsbelange. Vielmehr
sind beispielsweise die nicht zur Geschäftsführung berufenen Gesellschafter
berechtigt, sich um die Geschäfte der Gesellschaft nicht zu kümmern.

b) Sorgfaltsmaßstab

124   § 708 BGB bestimmt, dass ein Gesellschafter bei der Erfüllung der ihm
obliegenden Verpflichtungen nur für die Einhaltung der *eigenüblichen Sorgfalt* (§ 277 BGB) einzustehen hat. Diese Norm bezieht sich auf die den Mitgesellschaftern und der Gesellschaft gegenüber geschuldete Sorgfalt. Denn
sie beruht auf dem Gedanken, dass die Gesellschafter sich wechselseitig so
akzeptieren, wie sie sind[6]. Dies hat zugleich zur Folge, dass auch im Verhältnis zur Gesellschaft von einer Reduktion des Sorgfaltsmaßstabs auszugehen
ist. Denn wenn die Gesellschafter sich wechselseitig so akzeptieren, wie sie
sind, wird man davon auszugehen haben, dass dies auch für den Pflichtenbe-
reich gegenüber der Gesellschaft so sein soll. Für eine Sorgfaltsreduzierung
gegenüber Dritten besteht hingegen kein Anlass.

125   Aber auch im Verhältnis der Gesellschafter untereinander und zur Gesellschaft gibt es Situationen, in denen die Anwendung von § 708 BGB zu nicht
recht überzeugenden Ergebnissen führt. Dies gilt einmal für Gesellschaften,
an denen eine *Vielzahl von Gesellschaftern* beteiligt ist. In diesem Fall kennen sich die Gesellschafter untereinander nicht, und es kann daher auch

---

[4] BGHZ 71, 284, 286 (KG); BGH WM 1985, 533, 534; WM 1987, 811, 812; ZIP 1991,
441 (KG).
[5] 1. A. 13, 17 ff.
[6] Nachweise aus der Gesetzesgeschichte bei Soergel-*Hadding* § 708 Rdz. 1; Münch-
Komm-*Ulmer/Schäfer* § 708 Rdz. 1; Beispiel 1. A. 50.

nicht gesagt werden, die Gesellschafter seien bereit, sich so zu nehmen, wie sie sind[7]. Meist haben diese Gesellschaften insofern eine kapitalistische Struktur, als entscheidend für das Ausmaß der Gesellschafterrechte die kapitalmäßige Beteiligung ist. Ausschlaggebend für die Unanwendbarkeit von § 708 BGB sollte aber allein die Größe der Gesellschafterzahl mit der daraus folgenden fehlenden Bekanntschaft und wechselseitigen Akzeptanz der Gesellschafter untereinander sein[8].

Die Judikatur hat darüber hinaus eine Ausnahme von § 708 BGB für das **126** Handeln im Straßenverkehr postuliert. Zur Begründung wird gesagt, im *Straßenverkehr* sei für eine Reduzierung des Haftungsmaßstabes kein Raum, vielmehr sei hier die geschuldete Sorgfalt allgemein festgelegt[9]. Überzeugen kann diese Überlegung aber nicht. Nicht nur im Straßenverkehr sondern in vielen Bereichen unserer Gesellschaft ist für alle festgelegt, wie man sich zu verhalten hat. Hieraus folgt aber nicht, dass zwingend bei jeder Fahrlässigkeit ein aus einem solchen Fehlverhalten folgender Schaden ausgeglichen werden müsste. Vielmehr ist für abweichende Vereinbarungen häufig durchaus Raum[10].

Wenn ein geschäftsführender Gesellschafter seine *Geschäftsführungsbe-* **127** *fugnis überschreitet*, haftet er, sofern er schuldhaft gehandelt hat, nach § 280 BGB. Der Verschuldensmaßstab richtet sich wiederum nach § 708 BGB. Zu ersetzen sind sämtliche Schäden, die der Gesellschaft aufgrund der Pflichtverletzung entstanden sind (§ 249 BGB). Auch wenn den geschäftsführenden Gesellschafter an der Überschreitung der Geschäftsführungsbefugnis kein Verschulden trifft, haftet er für Schäden, die bei der Durchführung der Maßnahme entstehen, sofern sie auf eine schuldhafte Pflichtverletzung zurückzuführen sind. Auch insoweit gilt § 708 BGB. Demgegenüber wird die Ansicht vertreten, dass in diesem Fall die Regeln der Geschäftsführung ohne Auftrag zur Anwendung kommen[11]. Von dem Grundgedanken des § 708 BGB aus geurteilt kann die Überschreitung der Geschäftsführungsbefugnis aber nicht zur Folge haben, dass nunmehr wie bei einer Geschäftsführung ohne Auftrag für jede Pflichtverletzung verschuldensunabhängig gehaftet wird (§ 678 BGB)[12]. Auch sonst hat ein Verstoß gegen Sorgfaltspflichten (wie

---

[7] BGHZ 69, 207, 209f.; 75, 321, 327f.; Soergel-*Hadding* § 708 Rdz. 2; *Hüffer* ZGR 1981, 348, 361f.; MünchKomm-*Ulmer/Schäfer* § 708 Rdz. 5.

[8] Die kapitalistische Struktur betont demgegenüber Erman-*Westermann* § 708 Rdz. 3.

[9] BGHZ 46, 313, 316ff.; BGH NJW 2009, 1482, 1483; *Kübler/Assmann* § 6 II 2 d).

[10] MünchKomm-*Ulmer/Schäfer* § 708 Rdz. 13; Erman-*Westermann* § 708 Rdz. 6.

[11] Soergel-*Hadding* § 708 Rdz. 5; einschränkend MünchKomm-*Ulmer/Schäfer* § 708 Rdz. 11; zu der Frage, ob die Geschäftsführungsbefugnis schuldhaft überschritten ist, oben 1. A. 49.

[12] Ebenso im Ergebnis *Häuser*, FS Kraft, 1998, S. 147, 163; *Kübler/Assmann* § 6 II 2 d); BGH WM 1988, 986, 970 sieht in der Überschreitung der Geschäftsführungsbefugnis ebenfalls keine Geschäftsführung ohne Auftrag.

die Überschreitung der Geschäftsführungsbefugnis) nicht zur Folge, dass weitere Pflichtverletzungen (wie Fehler bei der Durchführung des Geschäftes) bei der Abwicklung der Geschäfte ohne die Privilegierung des § 708 BGB zu beurteilen wären. Die Gesellschafter nehmen sich so, wie sie sind, und das gilt eben auch bei der Durchführung eines nicht erlaubten Geschäfts. Sofern die Regelung von § 708 BGB nicht passt, haben die Gesellschafter jedenfalls die Möglichkeit, die Norm abzubedingen[13].

2. Ansprüche des Gesellschafters gegenüber der Gesellschaft

a) Aufwendungsersatz

128 Von Ansprüchen des Gesellschafters gegenüber der Gesellschaft war schon die Rede. Hierzu gehört einmal der *Anspruch auf Erstattung der zur Begleichung von auch gegen die Gesellschaft gerichteten Verbindlichkeiten aufgewandten Beträge*[14]. Darüber hinaus kann der Gesellschafter *Ersatz aller Aufwendungen* verlangen, die er im Rahmen der Durchführung der Geschäfte der Gesellschaft berechtigterweise macht. Auch dies kann der Vereinbarung, dass die Gesellschaft anfallende Kosten aus der Gesellschaftskasse zu begleichen hat, entnommen werden. Insofern bringen §§ 713, 669, 670 BGB, die nur für geschäftsführende Gesellschafter gelten, einen allgemeinen Rechtsgedanken zum Ausdruck[15].

b) Gewinn

129 Viele BGB-Gesellschaften sind auf Gewinnerzielung angelegt. Dann hat der einzelne Gesellschafter nach der gesetzlichen Regelung am Schluss jedes Geschäftsjahres einen *Anspruch* gegen die Gesellschaft[16] auf Auszahlung des auf ihn entfallenden *Gewinns*, sofern die Gesellschaft auf längere Dauer angelegt ist (§ 721 Abs. 2 und Abs. 1 BGB). Der Gewinn soll ohne Rücksicht auf die Art und Größe des Beitrages des jeweiligen Gesellschafters nach Köpfen verteilt werden (§ 722 BGB). Diese Regelung ist vielfach unzweckmäßig und wird daher abbedungen. Das kann auch konkludent, insbesondere durch Ausrichtung anderer Gesellschafterrechte an der Beitragshöhe, geschehen.

---

[13] Unstreitig *Kübler/Assmann* § 6 II 2 d); MünchKomm-*Ulmer/Schäfer* § 708 Rdz. 3.
[14] 1. A. 121.
[15] Soergel-*Hadding* § 713 Rdz. 10.
[16] Soergel-*Hadding/Kießling* § 721 Rdz. 14; MünchKomm-*Ulmer* § 721 Rdz. 11.

c) Schutz der Mitgliedschaft?

Ansprüche des Gesellschafters gegen seine Gesellschaft werden auch unter dem Aspekt des Schutzes der Mitgliedschaft diskutiert. Dabei ist von folgendem auszugehen: *Jeder Gesellschafter steht zu seiner Gesellschaft in einer Sonderrechtsbeziehung.* Aufgrund dessen schuldet er der Gesellschaft das, was jeweils vereinbart ist, also Beiträge, Wahrung der Treuepflicht etc. Umgekehrt ergeben sich aus diesem Rechtsverhältnis auch Ansprüche, etwa die genannten Informations-, Erstattungs- und Gewinnansprüche[17]. Damit allein ist es aber auch von Seiten der Gesellschaft nicht getan. Vielmehr hat sie, genau wie umgekehrt der Gesellschafter auch, auf die Interessen des Gesellschafters Rücksicht zu nehmen[18]. Dies gilt vorrangig für die gesellschaftsbezogenen Interessen, kann aber auch zugunsten gravierender Privatinteressen zutreffen. Hat also beispielsweise ein Gesellschafter einer Rechtsanwaltssozietät Anspruch darauf, dass ihm Mandanten, die sich an die Gesellschaft wenden, zugeteilt werden – ob dies so ist, muss im Wege der Auslegung des Gesellschaftsvertrages ermittelt werden –, so hat die Gesellschaft sich daran zu halten. Tut sie dies nicht, wobei ihr das Verhalten der geschäftsführenden Gesellschafter nach § 31 BGB zugerechnet wird, so kann sie auf Erfüllung wie auch auf Schadensersatz in Anspruch genommen werden[19].

130

Problematisch wird diese Sichtweise nur, wenn man von einem allgemeinen – nicht nur die besonderen Belange des Gesellschafters realisierenden – *Anspruch des Gesellschafters gegen die Gesellschaft auf Unterlassung* jeder Art von *rechtswidrigem Verhalten* in Gesellschaftsangelegenheiten ausgeht. Wenn dann eine Klage des Gesellschafters auf Unterlassung möglich ist, besteht die Gefahr, dass jeder Gesellschafter sich gegen Geschäftsführungsmaßnahmen mit dem Argument wendet, diese seien rechtswidrig, weil nicht im Interesse der Gesellschaft liegend, und müssten daher unterbleiben. Sofern Schadensersatzansprüche für möglich gehalten werden, müsste an Naturalrestitution gedacht werden. Dieser Gefahr kann man auf ganz unterschiedliche Art begegnen. Eine dieser Möglichkeiten liegt darin, die Anspruchsvoraussetzungen eng zu fassen, also neben der Rechtswidrigkeit und der Zurechnung des Verhaltens an die Gesellschaft auch ein subjektivrechtliches Betroffensein des Gesellschafters für eine solche Abwehrklage zu fordern[20]. Die Schwierigkeit bei der Verfolgung eines solchen Ansatzes

131

---

[17] 1. A. 98, 128f.

[18] *Lutter* AcP 180 (1980), 84, 122.

[19] Ähnlich lag der zum Vereinsrecht entschiedene Fall BGHZ 110, 323. Der BGH verweist – nicht überzeugend – auf § 823 Abs. 1 BGB, dazu sogleich. Siehe auch unten, 2. A. 77ff.

[20] So *Karsten Schmidt* § 21 V 1, 3, der aber mehr von einem deliktsrechtlichen Anspruch ausgeht.

liegt offensichtlich bei den unklaren Voraussetzungen dieses Anspruchs, was wegen seiner weit tragenden Konsequenzen besonders misslich ist. Daher sollte man bei dem Grundsatz verbleiben, dass eine ordnungsgemäße Geschäftsführung regelmäßig nur der Gesellschaft und nicht auch von der Gesellschaft dem einzelnen Gesellschafter geschuldet ist. Der Anspruch der Gesellschaft kann unter den besonderen Voraussetzungen der actio pro socio von jedem einzelnen Gesellschafter geltend gemacht werden[21].

132   Darüber hinaus besteht ein allgemeiner Anspruch des Gesellschafters auf Wahrung seiner Mitverwaltungsrechte (z. B. Recht auf Teilhabe an der Beschlussfassung in der Gesellschafterversammlung, Durchsetzung gefasster Gesellschafterbeschlüsse). Insofern können Rechtsgedanken, die im Aktienrecht ihren Ursprung haben[22], auf das Personengesellschaftsrecht übertragen werden. Auch *ein deliktischer Schutz der Mitgliedschaft* kann insofern nicht weitergehen, weil die Mitgliedschaft, selbst wenn sie nach § 823 Abs. 1 BGB geschützt sein sollte, nur so weit reicht wie die gerade geschilderten innergesellschaftlichen Kompetenzen[23].

X. Gesellschafterwechsel

1. *Beitritt von Gesellschaftern*

133   Der Gesellschaft kann jederzeit ein neuer Gesellschafter beitreten. Hierzu ist, da es sich um eine *Änderung des Gesellschaftsvertrages* handelt[1], die Zustimmung aller Vertragspartner erforderlich. Im Gesellschaftsvertrag kann vereinbart werden, dass ein Mehrheitsbeschluss für den Beitritt ausreicht oder sogar ein Gesellschafter allein über die Aufnahme entscheidet[2]. Sofern eine allgemeine Mehrheitsklausel für Vertragsänderungen besteht,

---

[21] 1. A. 62 ff.

[22] 2. C. 205.

[23] Im Ergebnis ähnlich *Reuter*, FS Lange, 1992, S. 707, 721 ff., der im Verbandsinnenrecht einen deliktischen Schutz verneint. *Reuter* betont auch, dass die Mitgliedschaft in der BGB-Gesellschaft – im Unterschied zu anderen Mitgliedschaften – nie unter § 823 Abs. 1 BGB falle (a. a. O., S. 712 f.); auch *Karsten Schmidt* JZ 1991, 157, 158 f., der zwar einen weitergehenden deliktischen Schutz bejaht, schlechte Geschäftsführung aber ebenfalls ausnimmt. Ein Anspruch nach § 823 Abs. 1 BGB soll gegeben sein, wenn die in der Mitgliedschaft zusammengefassten Herrschafts-, Teilhabe- und Vermögenszuständigkeiten beseitigt oder verkürzt werden; weitere Beispiele bei *Habersack*, Mitgliedschaft – subjektives und „sonstiges Recht", 1996, S. 243 ff.; zum Verein, wo diese Problematik bereits eine Rolle gespielt hat, 2. A. 78 ff.

[1] Siehe BGH ZIP 1997, 2197, 2198.

[2] Eine Vertretung ist natürlich möglich: BGH WM 1987, 1336; sie erfolgt vielfach bei Mehrheitsklauseln oder Alleinentscheidungsrecht über die Aufnahme, da in diesem Fall davon auszugehen ist, dass eine entsprechende Vertretungsmacht erteilt ist. Zu der Frage,

kann diese nur in Gesellschaften, bei denen ein Beitritt neuer Gesellschafter von der Grundkonzeption her nahe liegt, dahingehend verstanden werden, dass auch neue Gesellschafter auf diese Weise beitreten können. Denn ein Beitritt ist nicht ohne weiteres mit einer normalen Vertragsänderung vergleichbar. Vielmehr tritt unter Beibehaltung des Vertragsinhalts ein neuer Gesellschafter hinzu[3]. Da der Vertragsabschluss zwischen den Gesellschaftern erfolgt, haften diese auch für ein Fehlverhalten bei Vertragsschluss[4].

Sofern die Gesellschaft ein *Gesamthandsvermögen* hat, *„wächst"* dem   **134** Gesellschafter mit seinem Beitritt, ohne dass er in irgendeiner Weise etwas dazu tun müsste, die vertraglich für ihn vorgesehene Quote *an*. In entsprechender Höhe findet bei den übrigen Gesellschaftern eine *„Abwachsung"*[5] statt. Eine irgendwie geartete Übertragung von Vermögensobjekten ist also nicht erforderlich. Vielmehr steht das Gesamthandsvermögen nach wie vor der Gesellschaft zu, an der jetzt eben auch der neue Gesellschafter beteiligt ist. Sollte für den neu hinzukommenden Gesellschafter eine Einlagepflicht vorgesehen sein, gelten dieselben Regeln wie sonst für die Einlageleistung[6].

Der neu beitretende Gesellschafter *haftet für die Altschulden* der Gesell-   **135** schaft analog (§ 130 HGB)[7]. Dies gilt sowohl für vertragliche Ansprüche wie auch für gesetzliche. Dies entspricht den Vorstellungen des Geschäftsverkehrs, der zwischen den im Moment des Beitritts bereits bestehenden und den danach begründeten Verbindlichkeiten nicht unterscheidet. Selbstverständlich haftet die BGB-Gesellschaft nach wie vor mit dem Gesamthandsvermögen, an dem jetzt auch der beitretende Gesellschafter beteiligt ist.

In dem Fall BGHZ 154, 370 verlangte der Kläger Rückzahlung eines ohne Rechts-   **136** grund an eine Sozietät geleisteten Honorarvorschusses von dem Beklagten. Dieser war erst nach Leistung des Vorschusses in die Sozietät eingetreten.
Der Kläger konnte von der Sozietät Rückzahlung des Vorschusses nach § 812 Abs. 1 S. 1 Alt. 1 BGB verlangen. Für diese Schuld haften die Gesellschafter analog § 128 HGB unbeschränkt persönlich. Für neu beitretende Gesellschafter gilt im Grundsatz § 130 HGB analog. Ob diese Haftung für sogenannte Altverbindlichkeiten auch für Haftungsfälle aus freiberuflichem Verhalten eingreift oder ob sich aus der Sonderregel von § 8 Abs. 2 PartGG[8] insoweit etwas anderes ergibt, lässt das Urteil offen, da nicht über einen solchen Fall zu entscheiden war. Überzeugen könnte

---

ob der Aufnahmevertrag auch zwischen der Gesellschaft und dem Gesellschafter geschlossen werden kann, *Wiedemann* ZGR 1996, 286, 297; *Schäfer* ZHR 170(2007), 373, 383f.

[3] *Karsten Schmidt* § 59 II 2 a) spricht von einem Vertragsbeitritt.

[4] 1. A. 122.

[5] Siehe für das Ausscheiden eines Gesellschafters § 738 Abs. 1 S. 1 BGB.

[6] Oben 1. A. 13 ff.

[7] BGH ZIP 2010, 1590, 1592; *Habersack/Schürnbrand* JuS 2003, 739, 741 f.; *Hadding* ZGR 2001, 712, 740; *Ulmer* ZIP 2001, 585, 599; a. A. *Armbrüster* ZGR 2005, 34, 49 ff.; *Hanau/Ann*, FS Westermann, 2008, S. 955.

[8] 1. E. 10.

eine solche Ausnahme nicht. Freiberufler können die Partnerschaftsgesellschaft als für sie passende Form des Zusammenschlusses wählen. Tun sie das nicht, so gelten auch für sie die allgemeinen Regeln[9].

2. *Ausscheiden von Gesellschaftern*

137   a) Ein Gesellschafter kann jederzeit aus der BGB-Gesellschaft wieder ausscheiden. Dies erfolgt durch eine entsprechende *vertragliche Vereinbarung* mit den Mitgesellschaftern.

138   b) Die *Aufkündigung der Gesellschafterstellung* mit der Folge, dass die Kündigung nicht zur Auflösung der Gesellschaft führt, sondern lediglich zum Ausscheiden des betreffenden Gesellschafters, ist möglich, wenn dies im Gesellschaftsvertrag vorgesehen ist (§ 736 Abs. 1 BGB). Das Gesetz erwähnt auch eine vergleichbare Regelung für den Fall des Todes eines Gesellschafters oder der Eröffnung des Insolvenzverfahrens über das Vermögen des Gesellschafters (§ 736 Abs. 1 BGB). Diese Bestimmungen sind nicht abschließend gemeint. Es können weitere Gründe für ein Ausscheiden eines Gesellschafters unter Fortbestand der Gesellschaft vereinbart werden.

139   c) Auch ein *Ausschluss* eines Gesellschafters mit der Folge, dass er aus der Gesellschaft ausscheidet und die Gesellschaft unter den übrigen fortgesetzt wird, ist möglich. Das Gesetz sieht eine solche Regelung für den Fall vor, dass nach dem Gesellschaftsvertrag die Kündigung eines Gesellschafters die Fortsetzung der Gesellschaft unter den übrigen zur Folge hat und in der Person eines Gesellschafters ein wichtiger Grund vorliegt (§ 737 BGB). Ein solcher Grund[10] ist nach §§ 737, 723 Abs. 1 S. 2 BGB beispielsweise gegeben, wenn ein Gesellschafter eine ihm nach dem Gesellschaftsvertrag obliegende wesentliche Verpflichtung vorsätzlich oder grob fahrlässig verletzt. Allgemeiner lässt sich sagen, dass ein solcher Grund vorliegt, wenn der Ausschluss des Gesellschafters erforderlich ist, um den übrigen Gesellschaftern die Weiterverfolgung des Gesellschaftsziels zu ermöglichen. Dies kann auch bei erheblichen Streitigkeiten unter den Gesellschaftern der Fall sein[11]. Auch wenn nach dem Ausschluss nur noch ein Gesellschafter verbleibt, ist eine solche Maßnahme möglich[12].

---

[9] *Karsten Schmidt* NJW 2003, 1897, 1902; a.A. Saenger Rdz. 232.

[10] Ausführlich mit zahlreichen Beispielen aus der Judikatur *Grunewald*, Der Ausschluss aus Gesellschaft und Verein, 1987, S. 60 ff.; *Schöne*, Gesellschafterausschluss bei Personengesellschaften, 1993, S. 4 f.

[11] In BGH ZIP 2003, 759 (GmbH) im konkreten Fall verneint; siehe auch BGH ZIP 2003, 1037; BGH NJW 2006, 844: gesellschaftswidriges Verhalten aller Gesellschafter, auch 1. B. 62, 2. F. 13.

[12] Der Rechtsgedanke von § 140 Abs. 1 S. 2 HGB wird insoweit auch auf die BGB-Gesellschaft angewandt: dazu 1. B. 61; siehe den Fall OLG Hamm ZIP 1999, 1484.

Im Gesellschaftsvertrag kann eine solche *Ausschlussmöglichkeit auch für* **140** *andere als die im Gesetz genannten Fälle* vorgesehen werden, wobei noch nicht abschließend geklärt ist, wie weit die Vertragsfreiheit in diesem Punkt reicht[13]. Der BGH steht auf dem Standpunkt, dass im Grundsatz ein Ausschluss ohne besonderen Grund, also nach freiem Ermessen, vertraglich nur vorgesehen werden kann, wenn für eine solche Regelung ausnahmsweise vernünftige sachliche Gründe vorliegen[14]. Dies überzeugt nicht so recht, da die vom BGH gefürchtete Willkürherrschaft der von dem Ausschlussrecht begünstigten Gesellschafter gegenüber den anderen auch eintreten kann, wenn bestimmte Gründe für eine solche Vertragsgestaltung sprechen. Ein befristetes Ausschlussrecht, das an fest umrissene Tatbestandsmerkmale anknüpft (etwa den Tod eines Gesellschafters), wird aber stets zulässig sein, da durch eine solche Vertragsgestaltung ein Ausschlussrecht, das als Waffe gegen missliebige Gesellschafter eingesetzt werden könnte, nicht geschaffen wird[15]. Da es um den Schutz des Gesellschafters, dessen Ausscheiden zur Debatte steht, vor Repressalien durch Mitgesellschafter geht, sollte bei der Überprüfung der Klauselgestaltung auch berücksichtigt werden, welche Abfindung der betreffende Gesellschafter bei seinem Ausscheiden erhält. Denn von der Höhe dieser Summe hängt ganz entscheidend ab, wie hart ihn der Ausschluss trifft und damit auch, ob er überhaupt als Repressalie verstanden werden kann. Zu berücksichtigen ist auch, auf welche Art und Weise es zu dem Ausschluss kommt. Hier birgt ein Beschluss sämtlicher Gesellschafter eine größere Wahrscheinlichkeit für eine gerechte Entscheidung als ein Alleinentscheidungsrecht eines Gesellschafters[16].

d) *Mit dem Ausscheiden verliert der Gesellschafter seinen Anteil am Ge-* **141** *sellschaftsvermögen.* Er wächst den anderen Gesellschaftern zu (§ 738 Abs. 1 S. 1 BGB). Eine rechtsgeschäftliche Übertragung der zum Gesamthandsvermögen gehörenden Gegenstände findet also nicht statt. Der Ausscheidende hat einen anhand einer Abfindungsbilanz zu ermittelnden *Abfindungsanspruch* gegenüber der Gesellschaft (§ 738 Abs. 1 S. 2 BGB)[17]. Er kann also nicht einzelne Aktivposten dessen, was er von der Gesellschaft

---

[13] Dazu *Grunewald*, FS Priester, 2007, S. 123; *Henssler*, FS Konzen, 2006, S. 267; *Hey*, Freie Gestaltung in Gesellschaftsverträgen und ihre Schranken, 2004, S. 212 ff.

[14] So BGHZ 125, 74, 79 (Stille Gesellschaft); BGHZ 112, 103 (GmbH); zur Unzulässigkeit einer solchen Klausel in einer Publikumsgesellschaft: BGH ZIP 1988, 906; zu möglichen Ausnahmefällen BGHZ 105, 213 (Erbe); BGH ZIP 2004, 903 (Freiberufler); BGH NJW 2005, 3644 (Mitarbeitermodell); BGH ZIP 2007, 862 (Vollzug des Erblasserwillens).

[15] BGHZ 105, 123 (KG); *Sigle*, FS Semler, 1993, S. 767, 782 f.

[16] *Grunewald*, Der Ausschluss aus Gesellschaft und Verein, 1987, S. 9 ff.

[17] Einen Beispielsfall für die zahllosen Streitigkeiten, die bei der Erstellung einer solchen Bilanz entstehen können, bildet BGH ZIP 1990, 1200.

noch zu bekommen hat, isoliert geltend machen[18]. Bei der Ermittlung des Abfindungsanspruchs sind stille Reserven aufzulösen und ein eventuell vorhandener good will eines Unternehmens zu berücksichtigen. Es ist also mit anderen Worten vom wirklichen Wert des lebenden Unternehmens, wenn ein solches betrieben wird, auszugehen[19]. Dieser wird üblicherweise nach dem Ertragswert des Unternehmens bemessen[20]. Für die Erfüllung dieses Abfindungsanspruchs haften die Gesellschafter auch persönlich[21]. Es gibt keinen Grund, den ausscheidenden Gesellschafter schlechter zu behandeln als andere Gläubiger der Gesellschaft.

142   In BGH NJW 1990, 1171 schied ein Gesellschafter, der Beklagte, aus einer BGB-Gesellschaft aus, die aus zwei Gesellschaftern, dem Kläger und ihm, bestand. Der Kläger verlangte von dem Beklagten in Bezug auf ein Grundstück, das zum Gesamthandsvermögen gehörte, Zustimmung zur Berichtigung des Grundbuchs. Der Beklagte machte gegenüber dem Grundbuchberichtigungsanspruch ein Zurückbehaltungsrecht geltend, da er der Ansicht war, ihm stehe gegen den Kläger noch ein Restabfindungsanspruch zu. Der BGH geht davon aus, dass in einer nur aus zwei Gesellschaftern bestehenden BGB-Gesellschaft mit dem Ausscheiden eines Gesellschafters der verbleibende Gesellschafter entsprechend § 738 Abs. 1 S. 1 BGB das bisherige Gesamthandsvermögen zu Alleineigentum erwirbt. Das Grundbuch muss also berichtigt werden, da bislang die BGB-Gesellschaft eingetragen war. Das Urteil hält es für möglich, ein Zurückbehaltungsrecht auf den Abfindungsanspruch zu stützen (§ 273 Abs. 1 BGB).

143   e) *In den Gesellschaftsverträgen finden sich häufig Bestimmungen, nach denen die Abfindung ausscheidender Gesellschafter beschränkt ist.* Solche Klauseln beruhen vielfach auf der Überlegung, dass ein Kapitalabfluss wie er infolge der Auszahlung des Abfindungsguthabens an einen Gesellschafter eintritt für die Gesellschaft sehr belastend sein kann. Auch wünscht man von der streitträchtigen Art der Berechnung der geschuldeten Summe, wie sie das Gesetz vorsieht, wegzukommen. Daher bestimmen die Gesellschaftsverträge oftmals, dass von dem Buchwert[22] der Beteiligung auszugehen sei

---

[18] BGH NZG 2005, 593, 594; Soergel-*Hadding/Kießling* § 738 Rdz. 23; Erman-*Westermann* § 738 Rdz. 4 mit Hinweisen auf die Ausnahmen von diesem Grundsatz.
[19] BGH NJW 1999, 2438, 2439; Soergel-*Hadding/Kießling* § 738 Rdz. 30; Münch-Komm-*Ulmer/Schäfer* § 738 Rdz. 32; Erman-*Westermann* § 738 Rdz. 5.
[20] Siehe *Ulmer*, FS Quack, 1991, S. 477, 479.
[21] BGHZ 148, 201, 206; einschränkend *Ulmer* ZIP 2003, 1113, 1120, siehe auch 1. A. 147.
[22] Danach entspricht das auszuzahlende Guthaben dem in der Bilanz ausgewiesenen Kapitalanteil des Gesellschafters. Der good will und die stillen Reserven sowie andere nicht aktivierte oder passivierte Wirtschaftsgüter/Schulden gehen in die Bewertung nicht ein. Die offenen Rücklagen wie alle in der Bilanz ausgewiesenen Posten mit Rücklagencharakter werden berücksichtigt: BGH WM 1978, 1044, 1045.

oder dass zumindest eine Partizipation am immateriellen Wert des Gesellschaftsanteils, dem sog. good will, nicht erfolgen solle[23].

Eine pauschale Antwort auf die *Frage, ob eine solche Klausel Bestand* 144
hat, ist nicht möglich. Zu vielfältig sind die durch die Reduktion der Abfindung betroffenen Interessen. Knüpft eine Abfindungsbeschränkung z.B. an die *Kündigung des Gesellschafters* an, so muss gefragt werden, ob ihm auf diese Weise rein faktisch seine Kündigungsmöglichkeit genommen wird. Dem würde, sofern auch eine Kündigung mit der Folge der Auflösung der Gesellschaft nicht möglich ist, § 723 Abs. 3 BGB entgegenstehen[24]. Eine solche unzulässige Beschränkung des Kündigungsrechts soll vorliegen, wenn ein erhebliches Missverhältnis zwischen dem vertraglich festgesetzten Abfindungsanspruch und dem wirklichen Wert besteht[25]. Da nicht von einem permanenten Wechsel – je nach Entwicklung des realen Wertes der Beteiligung – zwischen Wirksamkeit und Unwirksamkeit der Klausel ausgegangen werden kann, heißt das wohl, dass die Klausel wirksam ist, im Einzelfall aber bei entsprechenden Wertverhältnissen nicht zur Anwendung kommt[26]. Sonderlich plausibel ist eine solche Lösung aber nicht, da sie zu einer nicht gerechtfertigten Ungleichbehandlung der kündigenden Gesellschafter führt, je nachdem, ob der wirkliche Wert der Beteiligung gerade hoch oder niedrig ist[27]. Auch ist nicht recht klar, wie die Abfindung stattdessen berechnet werden soll. Der BGH[28] will nicht stets den realen Wert zugrunde legen – wie es § 738 BGB entsprechen würde –, sondern die vertraglich vereinbarte Abfindungsbeschränkung unter Berücksichtigung des Parteiwillens an die veränderten Verhältnisse anpassen. Es liegt auf der Hand, dass damit die Streitigkeiten, die doch vermieden werden sollten, geradezu heraufbeschworen

---

[23] Überblick über die unterschiedlichen Regeln bei *Henze* FS Karsten Schmidt, 2009, S. 619, 621.

[24] Siehe auch 1. A. 178 ff.

[25] BGH ZIP 2006, 851; BGH ZIP 2008, 1276, 1279;; *Ulmer/Schäfer* ZGR 1995, 134, 152 f. geben als pauschalen Richtwert eine Reduzierung des Abfindungsanspruchs um ein Drittel an. Nach BGHZ 126, 226 ist jedenfalls eine Reduzierung um circa die Hälfte unzulässig; Überblick bei *Henze* FS Karsten Schmidt, 2009, S. 619, 628 ff.

[26] BGH WM 1993, 2008, 2009 sagt, die Regelung sei wirksam, habe aber je nach den Umständen einen anderen Inhalt. Nach BGH ZIP 1994, 1173, 1179 ist die Abfindung der Entwicklung des Wertes der Beteiligung anzupassen. *Hey*, Freie Gestaltung in Gesellschaftsverträgen und ihre Schranken, 2004, S. 258 ff.; *Ulmer/Schäfer* ZGR 1995, 134, 144; *Westermann*, FS BGH, 2000, S. 245, 249, 257 ff.

[27] BGH NJW 1989, 3272 zieht in Erwägung, ob in einer Berufung auf ein solches Missverhältnis unter Umständen eine Treuepflichtverletzung gegenüber früher ausgeschiedenen Gesellschaftern, die nach der vertraglichen Regel abgefunden wurden, liegt. Aber was könnte Rechtsfolge eines solchen Treueverstoßes sein? Doch wohl kein Schadensersatzanspruch? Die Berechnung erfolgte doch rechtmäßig.

[28] BGHZ 123, 281 (KG); BGH NJW 1993, 2101, 2103 (OHG); BGH ZIP 2002, 259 (GmbH); BGZ ZIP 2008, 1276, 1279 wendet die allgemeine Regeln.

werden[29]. Auch aus diesem Grund erscheint es sachgerechter, zu einer generellen Aussage zu kommen. Dabei sollte eine Buchwertklausel, sofern nicht eine Kündigung durch den Gesellschafter aus wichtigem Grund zur Debatte steht[30], anerkannt werden[31]. Der Gesellschafter kann die Höhe der Abfindung in seine Überlegung zur Kündigung miteinbeziehen. Solange kein wichtiger Grund vorliegt, steht er bezüglich der Kündigung auch nicht übermäßig unter Druck.

145   Bei der Überprüfung von *Abfindungsbeschränkungen in anderem Zusammenhang* sind dann wieder andere Überlegungen ausschlaggebend. Knüpft etwa der Ausschluss an die Insolvenz des Gesellschafters an, so müssen Aspekte des Gläubigerschutzes berücksichtigt werden[32]. Doch soll nach Ansicht des BGH[33] auch in diesem Fall ein Auseinanderfallen von vereinbartem Abfindungs- und wirklichem Anteilswert in der beschriebenen Weise berücksichtigt werden. Geht es um einen Ausschluss des Gesellschafters nach freiem Ermessen oder aus wichtigem Grund, so spielen die Interessen des Gesellschafters daran, den Wert seiner Beteiligung ausgezahlt zu erhalten, eine je nach den verschiedenen Ausschlussgründen unterschiedlich gewichtige Rolle[34]. Die Rechtsprechung tendiert dazu, eine Abfindung zu Buchwerten beim Ausschluss aus wichtigem Grund für zulässig zu halten[35]. Geringere Abfindungen (z. B. halber Buchwert) werden aber – sieht man einmal von dem Sonderfall des Ausscheidens von mitarbeitenden Gesellschaftern, die einen geringen Anteil erworben haben (Manager-/Mitarbeitermodell)[36], sowie von Gesellschaftern, die eine Gesellschaft mit ideeller Zielsetzung verlassen, ab[37] – wohl nicht akzeptiert werden[38]. Dabei spielt es – wie die Rechtsprechung zu Recht betont – keine Rolle, ob der Gesellschafter für

---

[29] *Ulmer/Schäfer* ZGR 1995, 134, 148 f.

[30] Zu Kündigungsbeschränkungen MünchKomm-*Ulmer* § 738 Rdz. 49; siehe auch 1. A. 175.

[31] *Rasner* ZHR 158 (1994), 292, 302; in der Tendenz auch *Henze*, FS Karsten Schmidt, 2009, S. 619 ff.

[32] BGH ZIP 1991, 1220, 1222; BGH NJW 1993, 2101 (OHG); zum Ausschluss bei Pfändung des Anteils BGHZ 144, 356 (GmbH); *Lange* NZG 2001, 635, 639; *Henze*, FS Karsten Schmidt, 2009, S. 619, 626.

[33] BGH NJW 1993, 2101, 2102 f.

[34] BGH WM 1978, 1044, 1045; BGHZ 105, 50, 58 f. (KG); *Grunewald*, Der Ausschluss aus Gesellschaft und Verein, 1987, S. 150 ff., 200 ff.; siehe auch die Darstellung von *Ulmer*, FS Quack, 1991, S. 477, 487.

[35] BGH ZIP 2002, 258, 259: Aber Überprüfung, ob ein grobes Missverhältnis zwischen Buch- und Verkehrswert entstanden ist.

[36] BGH NJW 2005, 3644, 3646 (nur Rückerhalt der Einzahlung, Mitarbeitermodell); BGH NJW 2005, 3641, 3643 (Managermodell, obiter dictum).

[37] Siehe den Fall BGHZ 135, 87 mit Anm. *Grunewald* JZ 1997, 1066; Überblick bei *Hülsmann* NJW 2002, 1672, 1676.

[38] Abfindung zum halben Buchwert unzulässig: BGH NJW 1989, 2685.

den Erhalt der Beteiligung eine Gegenleistung erbracht hat oder nicht[39]. Denn ein Rechtserwerb, der ohne Gegenleistung erworben wurde, ist nicht etwa grundsätzlich weniger schützenswert als ein anderer.

f) Das Ausscheiden hat nicht zur Folge, dass die einmal begründete *Haftung des Gesellschafters* für die Schulden der Gesellschaft erlöschen würde. Allerdings führt das Ausscheiden immerhin dazu, dass die besondere Enthaftungsregel des § 160 Abs. 1 HGB zur Anwendung kommt (§ 736 Abs. 2 BGB). Dabei ergibt sich aber insoweit eine Modifikation gegenüber § 160 HGB, als die Frist nicht ab Eintragung des Ausscheidens läuft – eine solche Eintragung erfolgt ja nicht – sondern ab Kenntnis des Gläubigers von diesem Ausscheiden[40]. **146**

Auch für die *Ausgleichsansprüche des ausgeschiedenen Gesellschafters gegen die Gesellschaft und seine Mitgesellschafter* gilt im Prinzip nichts anderes als für die Zeit vor Beendigung der Gesellschafterstellung[41]. § 738 Abs. 1 S. 2 BGB besagt noch einmal ausdrücklich, dass der ausscheidende Gesellschafter von den gemeinschaftlichen Schulden zu befreien ist. Sofern er bereits gezahlt hat, folgt daraus, dass er die aufgewandten Mittel aus der Gesellschaftskasse zurückerhalten muss[42]. Der Anspruch gegen die Mitgesellschafter folgt aus § 426 Abs. 1 S. 1 BGB. Nach seinem Ausscheiden kann man es dem Gesellschafter kaum zumuten, seine Mitgesellschafter erst in Anspruch zu nehmen, nachdem zuvor der Versuch gemacht wurde, Befriedigung aus dem Gesellschaftsvermögen zu verlangen[43]. Diese Vereinbarung gilt eben nur für die Zeiten, in denen der Berechtigte noch Gesellschafter war. Im übrigen entspricht dies der allgemeinen Regel, dass sich die Treuepflichten von Personen, die nicht mehr Vertragspartner sind, abschwächen. **147**

3. Übertragung der Mitgliedschaft

Will ein Gesellschafter aus der Gesellschaft ausscheiden und ein anderer an seine Stelle treten, so lässt sich dies durch den *Austritt des einen und den Eintritt des anderen* bewerkstelligen. Es gelten dann die beschriebenen Regeln[44]. Vielfach ist die Interessenlage aber eine andere. Der neue Gesellschafter will die Gesellschafterstellung des alten erhalten, sie soll von einem Gesellschafter auf den anderen übertragen werden. **148**

---

[39] BGH NJW 1989, 2685, 2686.
[40] BGHZ 117, 168, 175 ff.; *Hadding* ZGR 2001, 712, 740.
[41] 1. A. 121.
[42] *Hadding/Häuser* WM 1988, 1585, 1588; *Preuß* ZHR 160 (1996), 163, 164.
[43] BGH NJW 1980, 340; a. A. *Hadding/Häuser* WM 1988, 1588, 1590.
[44] 1. A. 133 ff.

149   a) Eine solche *Übertragung der Mitgliedschaft ist möglich*, wenn dies im Gesellschaftsvertrag vorgesehen ist[45] oder wenn die Gesellschafter ihre Zustimmung erteilen[46]. Sofern im Gesellschaftsvertrag bestimmt ist, dass ein Mehrheitsbeschluss ausreicht, ist auch gegen eine solche Vertragsgestaltung nichts einzuwenden. Sie entspricht vergleichbaren Regeln über die Aufnahme von Gesellschaftern. Ist nur geregelt, dass Vertragsänderungen durch Mehrheitsbeschluss erfolgen, so kann dem nicht entnommen werden, dass auch für die Zustimmung zur Übertragung der Mitgliedschaft ein Mehrheitsbeschluss ausreichen soll[47]. Etwas anders gilt lediglich für Gesellschaften, bei denen ein Gesellschafterwechsel von der Grundkonzeption her nahe liegt[48]. Die Übertragung beinhaltet eine Verfügung, die normalerweise ihren Rechtsgrund in einem schuldrechtlichen Vertrag findet, beispielsweise in einem Kauf oder einer Schenkung. Die Übertragung selbst ist formfrei[49].

150   b) *Der neue Gesellschafter* hat, sofern nichts anderes vereinbart ist, *dieselbe Rechtsstellung wie der ausscheidende*. Dies ist im Grunde selbstverständlich, da er ja diese Rechtsposition übertragen erhalten hat. Dies gilt nicht nur für die Vermögensrechte, wie den Anspruch auf den Anteil am Gewinn, sondern auch für die Verwaltungsrechte, also auch für Geschäftsführungsbefugnis und Vertretungsmacht[50]. Doch ist hier ganz besonders darauf zu achten, ob nicht die Auslegung des Gesellschaftsvertrages zu einem anderen Ergebnis führt[51]. Sofern eine Beitragsschuld offen ist, bleibt es dabei, dass der „Alt"-Gesellschafter für sie aufzukommen hat. Er hat diesen Beitrag der Gesellschaft versprochen und wird von diesem Versprechen nur frei, wenn die Gesellschaft dem zustimmt. Ein Beitritt des neuen Gesellschafters zu dieser Beitragsschuld ist möglich, kann aber nicht ohne weiteres unterstellt werden[52]. Eine An- oder Abwachsung der Beteiligung am Ge-

---

[45] Vielfach wird dann von einer generellen Zustimmung gesprochen: MünchKomm-*Ulmer/Schäfer* § 719 Rdz. 27. Doch ist es klarer und entspricht auch eher den Vorstellungen der Betroffenen in diesen Fällen davon auszugehen, dass eine Zustimmung überhaupt nicht notwendig ist.

[46] MünchKomm-*Ulmer/Schäfer* § 719 Rdz. 27.

[47] BGH WM 1961, 303; MünchKomm-*Ulmer/Schäfer* § 719 Rdz. 28.

[48] Siehe zu der identischen Problemlage beim Beitritt 1. A. 133.

[49] Dazu bereits 1. A. 10.

[50] Siehe zum Übergang von Vermögensrechten BGH ZIP 1988, 164 und das erste Revisionsurteil im selben Fall, BGH WM 1986, 1314.

[51] Ausführlich dazu *Teichmann* NJW 1966, 2336, 2339; MünchKomm-*Ulmer/Schäfer* § 719 Rdz. 40 ff.

[52] A. A. BGHZ 45, 221, 223; BGH WM 1986, 1314, 1315: Es stehe Veräußerer und Erwerber frei, wie sie die Verbindlichkeiten aufteilen wollen; a. A. auch MünchKomm-*Ulmer/Schäfer* § 719 Rdz. 44 f.: Es bestehe eine Gesamtschuld von Veräußerer und Erwerber. Abweichende Vereinbarungen würden der Zustimmung der Gesellschaft bedürfen. Bezüglich der Befreiung des Alt-Gesellschafters, wie hier, *Teichmann* NJW 1966, 2336, 2338.

samthandsvermögen tritt nicht ein, es sei denn, der Gesellschaftsanteil wird auf jemanden übertragen, der bereits Gesellschafter ist. Ist dieser damit der einzige verbleibende Gesellschafter oder erwirbt sonst eine Person alle Gesellschaftsanteile, so fällt an ihn das Gesamthandsvermögen, ohne dass die einzelnen zum Gesamthandsvermögen gehörenden Gegenstände auf ihn übertragen werden müssten[53].

c) Der *Ausscheidende* hat *keinen Anspruch auf Abfindung* gegen die Gesellschaft. Dies ist im Grunde selbstverständlich, weil er den Wert der Beteiligung durch die Übertragung auf den neuen Gesellschafter realisiert. Er kann von der Gesellschaft auch nicht verlangen, von den Verbindlichkeiten, für die er haftet, befreit zu werden. Wohl gilt aber zu seinen Gunsten § 160 HGB (§ 736 Abs. 2 BGB)[54]. Wie weit der übertragende Gesellschafter einen Anspruch gegen den Erwerber auf Freistellung von diesen Verbindlichkeiten hat, muss durch Auslegung des schuldrechtlichen Vertrages zwischen diesen beiden Personen ermittelt werden.   **151**

4. Tod eines Gesellschafters

a) Nach § 727 Abs. 1 BGB *wird die Gesellschaft durch den Tod des Gesellschafters aufgelöst*, wenn im Gesellschaftsvertrag nichts anderes bestimmt ist. Eine solche Auflösung ist für viele BGB-Gesellschaften offensichtlich nicht akzeptabel. Dies gilt ganz besonders für unternehmerisch tätige Gesellschaften. Daher wird oftmals im Gesellschaftsvertrag festgelegt, dass eine Auflösung nicht stattfinden soll.   **152**

b) Sofern im Gesellschaftsvertrag bestimmt ist, dass die *Gesellschaft mit den übrigen Gesellschaftern fortgesetzt wird*, steht dem Erben bzw. der Erbengemeinschaft ein Abfindungsanspruch zu. Insofern gilt nichts anderes als sonst beim Ausscheiden eines Gesellschafters. Es ist auch möglich, die Pflicht zur Zahlung einer Abfindung im Gesellschaftsvertrag für diesen Fall auszuschließen[55]. Das hat zur Folge, dass mit jedem Todesfall die Beteiligung der Verbleibenden am Gesellschaftsvermögen mehr wert wird. Es findet also eine Art „Russisches Roulette" statt.   **153**

c) Im Gesellschaftsvertrag kann aber auch bestimmt sein, dass *die Gesellschaft mit dem Erben fortgesetzt wird (Nachfolgeklausel)*. Dann werden nach h. M. mit dem Tod des Gesellschafters seine Erben Gesellschafter, nicht aber die Erbengemeinschaft. Dies wird damit begründet, dass eine Erbengemeinschaft nicht Gesellschafterin einer Personengesellschaft sein könne,   **154**

---

[53] Siehe den Fall BGH ZIP 1990, 504 (KG).
[54] Dazu bereits 1. A. 146.
[55] BGH WM 1971, 1338; *Karsten Schmidt* § 45 V 3 b); MünchKomm-*Ulmer/Schäfer* § 738 Rdz. 61.

weil diese eine persönlichkeitsbezogene Arbeitsgemeinschaft sei[56]. Daran ist richtig, dass ein so schwerfälliges Gebilde wie eine Erbengemeinschaft sicher nicht dazu geeignet ist, geschäftsführende Gesellschafterin einer Gesellschaft bürgerlichen Rechts zu sein. Doch kann man insoweit auf die Eigeninitiative der Gesellschafter vertrauen. Sie werden schon eine Vertragsgestaltung wählen, die für sie sachgerecht ist. Auch würde dieser Gesichtspunkt es nicht ausschließen, der Erbengemeinschaft eine Gesellschafterstellung ohne Geschäftsführungsbefugnis zuzusprechen. Dies geschieht aber wohl deshalb nicht, weil gegen eine solche Gesellschafterstellung auch Aspekte des Gläubigerschutzes zu sprechen scheinen. Dabei geht man davon aus, dass es dem Gläubiger einer BGB-Gesellschaft, der auf die persönliche Haftung der Gesellschafter vertraut, kaum zugemutet werden kann, als Schuldner eine Erbengemeinschaft zu haben[57]. Auf der anderen Seite bleibt zu bedenken, dass es für Gläubiger nie eine Garantie dafür gibt, dass die Gesellschafter zahlungsfähig sind. Unstreitig kann etwa auch eine GmbH Gesellschafterin einer BGB-Gesellschaft sein. Das spricht dafür, die Erbengemeinschaft als Mitglied einer BGB-Gesellschaft zu akzeptieren[58].

155   Die von der Rechtsprechung befürwortete sog. *Sondererbfolge* (also das Einrücken der Erben gemäß der Erbquote statt der hier befürworteten Nachfolge der Erbengemeinschaft) führt zu erheblichen praktischen Schwierigkeiten, da sie mit den Wertungen des Erbrechts nicht harmoniert. Das gilt sowohl für den *Zugriff der Gläubiger des Erblassers* auf den Nachlass als auch im Bereich der Testamentsvollstreckung. Um die Interessen der Nachlassgläubiger zu wahren, wird gesagt, dass der Anteil an der BGB-Gesellschaft trotz Sondererbfolge zum Nachlass gehört und damit dem Vollstreckungszugriff der Nachlassgläubiger unterliegt[59]. Folgt man dem, so ist der Zugriff auf den Anteil vom Gesetz klar vorgezeichnet. Es kann von Seiten der Nachlassgläubiger genauso verfahren werden, wie es das Gesetz vorsieht: Pfändung des Gesellschaftsanteils und Kündigung der Gesellschaft (§ 725 BGB)[60]. Allerdings bleibt es bei der Besonderheit, dass die Nachfolge

---

[56] BGHZ 68, 225, 237 (KG); 98, 48, 50 f. (OHG); BGH NJW 1983, 2377; BGH ZIP 1996, 327, 329; BGH ZIP 1999, 67, 68.

[57] Dies liegt daran, dass jeder Miterbe das Recht hat, über seinen Anteil zu verfügen sowie die Auflösung der Erbengemeinschaft zu verlangen (§§ 2033 Abs. 1, 2042 Abs. 2 BGB). Auch besteht die Möglichkeit der Haftungsbeschränkung, § 2059 BGB.

[58] *Flume*, Personengesellschaft, § 18 III, S. 395 f.; *Weipert*, FS Bezzenberger, 2000, S. 439, 443 f.; einen Eintritt einer Erbengemeinschaft in eine Innengesellschaft befürwortet *Karsten Schmidt* § 59 II 2 e).

[59] BGHZ 98, 48 (KG); BGHZ 108, 187, 192 ff.; MünchKomm-*Ulmer/Schäfer* § 727 Rdz. 40.

[60] Es genügt ein Titel gegen die Erben, *Ulmer/Schäfer* ZHR 160 (1996), 413, 429 f.

nicht von der Erbengemeinschaft sondern von den einzelnen Erben angetreten wird[61].

Diese Sichtweise erleichtert zugleich eine sachgerechte Entscheidung der **156** Frage, ob *Testamentsvollstreckung an ererbten Gesellschaftsanteilen möglich ist*. Im Ausgangspunkt lässt sich sagen, dass alles, was zum Nachlass gehört, der Testamentsvollstreckung unterliegt. Zum Nachlass zählt, wie geschildert, trotz der Sondererbfolge auch die Beteiligung an einer BGB-Gesellschaft, so dass auch sie der Testamentsvollstreckung unterliegen müsste. Wirkliche sachliche Gründe für oder gegen eine Testamentsvollstreckung sind mit diesen eher begrifflichen Überlegungen aber noch nicht zur Sprache gekommen[62]. Der für Gesellschaftsrecht zuständige Senat des BGH hat sich denn auch bei der Stellungnahme zu der Frage der Zulässigkeit der Testamentsvollstreckung an einem KG-Anteil nicht von solchen begrifflichen Erwägungen leiten lassen, sondern untersucht, ob die Testamentsvollstreckung mit der Ausgestaltung der Rechtsstellung eines Kommanditisten vereinbar ist. Dabei wird gesagt, dass für unbeschränkt haftende Gesellschafter eine Testamentsvollstreckung insoweit nicht in Frage komme, als der Testamentsvollstrecker den Erben über das Nachlassvermögen hinaus verpflichten könne[63]. Dies müsste dann auch für die BGB-Gesellschaft gelten. Weitergehend stellt sich die Frage, ob der Testamentsvollstrecker wirklich alle Mitgliedschaftsrechte ausüben kann oder ob dem Gesellschafter gewisse „Restbefugnisse" verbleiben müssen[64]. Alle diese Schwierigkeiten erledigen sich, wenn man, wie hier vertreten, davon ausgeht, dass die Erbengemeinschaft Inhaberin des Anteils wird[65].

Einigkeit besteht darüber, dass eine Testamentsvollstreckung nur möglich **157** ist, wenn die übrigen Gesellschafter dem *zugestimmt haben*[66]. Dies verlangt der Schutz der Mitgesellschafter, die sich mit dem Einfluss Dritter auf die Gesellschaft nur abfinden müssen, wenn sie dies gebilligt haben. Diese Zustimmung kann auch schon generell im Gesellschaftsvertrag erteilt werden. Wenn diese Zustimmung erteilt ist, sind die Rechte der Mitgesellschafter aber auch hinreichend gewahrt. Daher leuchtet es nicht ein, wenn unter Hin-

---

[61] *Karsten Schmidt* § 45 V 4 a) spricht plastisch von einer kraft Gesetzes sich vollziehenden Teilauseinandersetzung der Erbengemeinschaft; zu der Frage, ob damit die Anwendbarkeit von § 2059 BGB gegeben ist: *Ulmer/Schäfer* ZHR 160 (1996) 413, 424.

[62] Kritisch zu einer solchen Ableitung von Rechtsfolgen in diesem Zusammenhang auch *Brandner*, FS Kellermann, 1991, S. 37, 40.

[63] BGH NJW 1989, 3152, 3154; ähnlich BGH JZ 1998, 468 (OHG); auch *Ulmer/Schäfer* ZHR 160 (1996) 413, 439.

[64] Dazu *Lorz*, FS Boujong, 1996, S. 319 ff.

[65] Zur Beschränkung der Haftung bei Testamentsvollstreckung für nur einen Erben MünchKomm-*Ulmer* § 705 Rdz. 114.

[66] BGH NJW 1989, 3152, 3153 (KG); *Faust* DB 2002, 189, 190; *Ulmer/Schäfer* ZHR 160 (1996) 413, 439.

weis darauf, dass die Gesellschaft auch eine „Arbeitsgemeinschaft" ist, dem Testamentsvollstrecker weitere Befugnisse entzogen werden[67].

158   d) *Im Gesellschaftsvertrag kann auch bestimmt werden, dass beim Tode eines Gesellschafters die Gesellschaft nicht mit allen Erben sondern nur mit einem oder einigen Erben fortgesetzt werden soll (sog. qualifizierte Nachfolgeklausel).* In diesem Fall gilt nach h.M. für den (die) nachfolgeberechtigten Gesellschafter dasselbe wie in dem Fall, dass alle Erben Gesellschafter werden: Die Erben treten die Nachfolge in den Gesellschaftsanteil unmittelbar persönlich an[68], wobei sich bei mehreren Erben die Quote wiederum nach dem Verhältnis ihrer Beteiligung am Nachlass richtet[69]. Die nicht nachfolgeberechtigten Erben haben keinen Abfindungsanspruch gegen die Gesellschaft, da der Anteil des Erblassers nicht den übrigen Gesellschaftern angewachsen ist. Die Ausgleichspflicht des nachfolgeberechtigten Erben richtet sich nach Erbrecht[70]. Für den Gläubigerzugriff und die Testamentsvollstreckung gilt dasselbe wie in dem Fall, dass jeder Erbe Gesellschafter wird[71].

159   e) Der Erblasser kann auch ein Interesse daran haben, dass Nachfolger in seinen Gesellschaftsanteil bei seinem Tod *nicht sein Erbe sondern ein Dritter wird.* Sofern dies gewollt ist, muss im Gesellschaftsvertrag vereinbart sein, dass die Gesellschaft beim Tod eines Gesellschafters nicht aufgelöst wird und dass eine bestimmte Person ein Recht auf Eintritt in die Gesellschaft haben soll (sog. *Eintrittsklausel).* Diese Abrede, die auch zugunsten einer Person, die als Erbe vorgesehen ist, getroffen werden kann, beinhaltet einen echten Vertrag zugunsten Dritter (§ 328 Abs. 1 BGB). Eine solche Vertragsgestaltung verhindert aber nicht, dass der Abfindungsanspruch in den Nachlass fällt. Der Dritte müsste daher, sofern er die Position des Verstorbenen in der Gesellschaft einnehmen will, erneut dessen Beitrag aufbringen[72].

160   In BGH NJW 1978, 264 (KG), ähnlich auch der Fall BGH ZIP 1987, 1043, war in einem Gesellschaftsvertrag vorgesehen, dass beim Tode eines Gesellschafters die Gesellschaft nicht aufgelöst, sondern mit den leiblichen Erben fortgesetzt werden sollte. Ein Gesellschafter verstarb. Als Alleinerbin hatte er seine Ehefrau eingesetzt, seinem Sohn hatte er den Gesellschaftsanteil als Vermächtnis zugewandt. Die anderen Gesellschafter klagten auf Feststellung gegen den Sohn, dass dieser nicht Gesellschafter sei. Der BGH hat die Klage abgewiesen. Zwar konnte der Sohn nicht auf-

---

[67] Unklar insoweit BGH JZ 1998, 468.

[68] BGHZ 68, 237 (KG); BayObLG MDR 1981, 584; *Kübler/Assmann* § 7 VII 3 b) aa), bb) (OHG); *Saenger* Rdz. 227; a. A. noch BGHZ 22, 186, 194 (OHG): Dem Miterben falle nur ein seiner Erbquote entsprechender Teil zu.

[69] Wenn also von drei Miterben jeder 1/3 erbt und nur zwei nachfolgeberechtigt sind, so beträgt die Beteiligung am Gesellschaftsanteil je 1/2.

[70] *Kübler/Assmann* § 7 VII 3 b) cc) (OHG); *Saenger* Rdz. 228.

[71] 1. A. 155 f.

[72] Zu diesem Problem *Kübler/Assmann* § 7 VII 4 (OHG); *Karsten Schmidt* § 45 V 6 a); MünchKomm-*Ulmer/Schäfer* § 727 Rdz. 58; *Ulmer* JZ 1987, 881.

grund eines erbrechtlich orientierten Verständnisses der vertraglich getroffenen Vereinbarung in die Gesellschafterstellung einrücken. Denn er war nicht Erbe geworden. Der BGH hat dem Gesellschaftsvertrag im Wege der ergänzenden Vertragsauslegung aber ein Eintrittsrecht für leibliche Abkömmlinge entnommen. Dieses Eintrittsrecht hatte der Beklagte genutzt. Daher war er Gesellschafter geworden.

XI. Gesellschaften auf fehlerhafter Vertragsgrundlage

1. Fehler bei der Gründung

a) Bei der Gründung von Gesellschaften kann es aus vielerlei Gründen **161** dazu kommen, dass der *Gesellschaftsvertrag nichtig oder unwirksam* ist. Dies kann etwa auf §§ 134, 138 BGB, auf einem Dissens, einer Anfechtung, einem Formfehler[1] oder auch auf der Nichtbeachtung der für die Gesellschaftsbeteiligung Minderjähriger anwendbaren Vorschriften[2] beruhen. Möglich ist es auch, dass lediglich einzelne Klauseln nichtig sind. Dies kann nach § 139 BGB u. U. zur Gesamtnichtigkeit des Vertrages führen[3].

Auch aufgrund eines nichtigen oder unwirksamen Gesellschaftsvertrages **162** können die Gesellschafter mit der Durchführung der Gesellschaft beginnen, also etwa für die Gesellschaft gehandelt und die Beiträge geleistet haben. Dies wird insbesondere dann vorkommen, wenn die Gesellschafter gar nicht wissen, dass der Vertrag nichtig oder nicht ordnungsgemäß geschlossen ist. Wenn dann – oftmals erst nach langer Zeit – festgestellt wird, dass der Gesellschaftsvertrag nichtig oder unwirksam ist, ist eine *Rückabwicklung* (die weitgehend nach Bereicherungsrecht erfolgen müsste) *vielfach kaum noch möglich*[4]. Ganz deutlich wird dies, wenn das Verhältnis zu den Gläubigern der Gesellschaft zur Debatte steht. Diesen kann nicht zugemutet werden, dass ihr Vertragspartner (die Gesellschaft) sich in Nichts auflöst mit der Folge, dass die Haftungsverhältnisse alles andere als klar sind.

Dies hat dazu geführt, dass *jede in Vollzug gesetzte Gesellschaft grund-* **163** *sätzlich so wie eine wirksam gegründete behandelt wird*. Dabei stützt man sich nicht auf Rechtsscheinüberlegungen. Es kommt also nicht auf die Gutgläubigkeit desjenigen an, der sich auf die Grundsätze der fehlerhaften Gesellschaft beruft[5]. Dies ist insofern richtig, als man anderenfalls zu einer relativen Existenz der Gesellschaft käme, ein Ergebnis, das sicher nicht prak-

---

[1] 1. A. 10.
[2] 1. A. 12.
[3] 1. A. 32.
[4] Schilderung bei *Schäfer*, Die Lehre vom fehlerhaften Verband, 2002, S. 71 ff.
[5] Die Entwicklung der Rechtsprechung zu dieser Frage schildern *Goette* DStR 1996, 266 und *Ulmer* ZHR 161 (1997) 102, 115 ff. Zu dem Verhältnis der Regeln der fehlerhaften Gesellschaft zu Rechtsscheingrundsätzen auch *Paschke* ZHR 155 (1991) 1, 6 f.; *Karsten Schmidt* AcP 186 (1986) 421, 424.

tikabel wäre. Als dogmatische Begründung für diese – hier rein pragmatisch begründete – Rechtsfigur der fehlerhaften Gesellschaft wird angeführt, dass sich der auf vertraglicher Grundlage errichtete Verband nicht in der Summe der schuldrechtlichen Beziehungen seiner Mitglieder erschöpfe, vielmehr mit der Begründung der Schuldverhältnisse zugleich die Schaffung eines Organisationsgefüges einhergehe, dessen tatsächliche und rechtliche Existenz von den Mängeln der schuldrechtlichen Verbandsgrundlage unberührt bleibe. Die rechtliche Existenz des Verbandes als Organisationsgefüge finde nicht kraft Schuldvertrag, sondern willensunabhängig kraft Gesetz Anerkennung[6]. Inwieweit aus diesen doch sehr abstrakten und für die juristische Handhabung auch wenig griffigen Überlegungen wirklich abgeleitet werden kann, dass eine aufgrund nichtigen oder unwirksamen Gesellschaftsvertrages in Vollzug gesetzte Gesellschaft weitgehend wie eine wirksam gegründete zu behandeln ist, soll hier offen bleiben.

164   b) Wie bereits gesagt, ist die Gleichstellung mit einer ordnungsgemäß gegründeten Gesellschaft nur sachgerecht, wenn die Gesellschaft *in Vollzug gesetzt ist.* Dieses Kriterium ist jedenfalls dann erfüllt, wenn für die Gesellschaft nach außen gehandelt worden ist oder wenn sie als solche im Rechtsverkehr aufgetreten ist. Dabei reicht jede Tätigkeit für die Gesellschaft aus, rechtsgeschäftliches Handeln ist also nicht notwendig[7]. Dies erfordert der Schutz Dritter, die auch von einem nicht rechtsgeschäftlichen Handeln betroffen sein können.

165   Sofern lediglich *unter den Gesellschaftern mit der Vertragsdurchführung begonnen wurde,* ist streitig, ob eine Invollzugsetzung gegeben ist. Im Allgemeinen wird gesagt, es reiche für die Invollzugsetzung aus, wenn Gesamthandsvermögen gebildet worden ist – etwa durch die Erbringung der Beitragsleistungen –, da dann liquidiert werden müsse[8]. Dies wird man aber so allgemein kaum sagen können. Denn als durch die Lehre von der fehlerhaften Gesellschaft zu schützende Interessen kommen, sofern nach außen noch nicht für die Gesellschaft gehandelt wurde, nur die der Gesellschafter selbst in Frage. Für diese ist aber eine Rückabwicklung – sofern die einzelnen Beiträge noch unverbraucht vorhanden sind – problemlos möglich.

---

[6] *Paschke* ZHR 155 (1991) 1, 5, in Fortentwicklung von *Flume,* Personengesellschaft § 2 III, S. 13 ff.; *Schäfer,* Die Lehre vom fehlerhaften Verband, 2002, S. 127 ff. unter Betonung der Rückabwicklungsschwierigkeiten; s. auch MünchKomm-*Ulmer* § 705 Rdz. 354 ff.

[7] MünchKommHGB-*Karsten Schmidt* § 105 Rdz. 236: Entscheidend ist nach *Schmidt* aber das Ingangsetzen einer verfassten Organisation; s. auch *ders.* AcP 186 (1986), 421, 441. Dieses Kriterium soll auch erfüllt sein, wenn die Gesellschaft nach außen tätig geworden ist.

[8] BGHZ 13, 320, 321 (GmbH-Gründungsgesellschaft); BGH NJW 2000, 2586 (KG, Übertragung eines Anteils und Leistung an die KG); *Karsten Schmidt* AcP 186 (1986), 421, 441; a. A. *Kübler/Assmann* § 26 II 2 und *Schäfer* in GroßKomm zum HGB § 105 Rdz. 335: Es müsse die Geschäftstätigkeit nach außen aufgenommen worden sein.

c) Rechtsfolge dieser Invollzugsetzung einer nichtigen oder unwirksam   **166**
gegründeten Gesellschaft ist, dass die Gesellschaft *im Innen- wie im Außen-*
verhältnis grundsätzlich als wirksam anzusehen ist. Ein Gesellschafter, der
sich auf die Unwirksamkeit des Gesellschaftsvertrages berufen will, muss
die Gesellschaft nach § 723 Abs. 1 S. 2 BGB aus wichtigem Grund *kündigen*,
wobei schon allein die Tatsache, dass der Gesellschaftsvertrag nichtig oder
unwirksam ist, einen solchen Kündigungsgrund abgibt[9]. Allerdings kann
sich aus der Treuepflicht ergeben, dass der Gesellschafter die Fortsetzung
der Gesellschaft durch die Übrigen und u. U. auch mit ihm selbst hinnehmen
muss[10]. In Publikumsgesellschaften hat der Gesellschafter anstelle des Kün-
digungs- ein Austrittsrecht[11].

In dem Fall BGH ZIP 2010, 1283 (mit Anm. Karsten Schmidt JUS 2010, 918) ver-   **167**
langte eine Bank von ihrer Kundin 5000,– Euro. Diese waren versehentlich auf ein
Konto einer Gesellschaft bürgerlichen Rechts überwiesen worden, die der Vater der
Beklagten als Vertreter der Beklagten mit sich selbst als zweiten Gesellschafter gegründet hatte.
Dieser Anspruch könnte sich aus § 812 Abs. 1 S. 1 Alt. 1 BGB, § 128 HGB analog
ergeben. Voraussetzung dafür wäre, dass die Gesellschaft bereichert und die Beklagte Gesellschafterin ist. Der BGH führt aus, dass die Gesellschaft nicht wirksam gegründet wurde, da der Vater als Vertragspartner der Vertretenen den Missbrauch der
Vollmacht[12] kannte und die Beklagte daher nicht wirksam vertreten war. Allerdings
würde sie auch dann für die Bereicherungsschuld der Gesellschaft analog § 128 HGB
haften, wenn die Regeln der fehlerhaften Gesellschaft eingreifen würden. Dies verneint der BGH. Es genüge zwar – so das Urteil – für die Anwendbarkeit der Regeln,
dass der Gesellschaftsvertrag mangelhaft ist, er müsse aber von dem tatsächlichen
– wenn auch fehlerhaften – Willen der Vertragsschließenden getragen sein. Daran
fehle es hier, da kein Mitgesellschafter von einer wirksamen Vertretung ausgehen
konnte (der Vater wusste ja Bescheid) und der Abschluss des Gesellschaftsvertrages
auch nicht vom Willen der Beklagten umfasst war. Da die Beklagte auch nicht in
unzurechenbarer Weise den Anschein erweckt hatte, sie sei Gesellschafterin[13], hatte
die Klage keinen Erfolg. Dieses Ergebnis ist nicht unproblematisch. Denn schließlich
dienen die Regeln der fehlerhaften Gesellschaft in erster Linie dem Gläubigerschutz.
Für diese ist aber nicht erkennbar, dass die Vollmacht missbraucht wurde. Auch ist
der Missbrauch der Vertretungsmacht eher dem Vertretenen als Gläubigern der Gesellschaft zuzurechnen.

---

[9] BGHZ 3, 285, 291 (KG); BGH NJW 1976, 894; *Schäfer*, Die Lehre vom fehlerhaften
Verband, 2002, S. 177 ff.; MünchKomm-*Ulmer* § 705 Rdz. 345; etwas anders Münch-
KommHGB-*Karsten Schmidt* § 105 Rdz. 245: Nur eine Fehlerhaftigkeit, die dem Gesellschaftsverhältnis noch anhaftet, sei ein wichtiger Grund. Dies sei regelmäßig der Fall.
[10] MünchKomm-*Ulmer* § 705 Rdz. 345.
[11] Siehe die Fälle BGHZ 63, 338, 345 (KG) und BGH NJW 1976, 894 (KG); *Kübler/*
Assmann § 26 III 2 b) bb) für den arglistig Getäuschten.
[12] Dazu *Grunewald* Bürgerliches Recht 8. Aufl. 2009 § 7 Rdz. 12 f.
[13] Zur Schein-BGB-Gesellschaft MünchKomm-*Ulmer* § 705 Rdz. 377.

168   d) *Ausnahmen* von diesem Grundsatz der vollen Wirksamkeit der Gesellschaft trotz fehlerhaften Vertrags finden sich in zweierlei Richtungen. Zum einen kommen *einzelne Klauseln des Gesellschaftsvertrages* nicht zur Anwendung, und zwar solche, die einen Gesellschafter gegenüber einem anderen begünstigen und auf arglistiger Täuschung beruhen oder die nach § 125 BGB (etwa nicht notariell beurkundete Verpflichtung zur Übereignung eines Grundstücks) bzw. § 138 BGB unwirksam sind. Sofern es aber um Bestimmungen geht, die auch für die Gläubiger wesentlich sind (Einlageverpflichtung), oder sofern noch weitere ebenfalls getäuschte oder ahnungslose Gesellschafter an der Gesellschaft beteiligt sind, bleibt es bei dem (eventuell angepassten – statt Erbringung der Einlage durch Übereignung eines Grundstücks, Geldzahlung) Inhalt des Gesellschaftsvertrages[14].

169   Daneben wird verschiedentlich dafür plädiert, die Regeln der *fehlerhaften Gesellschaft nicht anzuwenden, wenn die Nichtigkeit auf Normen beruht, die höherrangigen Interessen der Allgemeinheit dienen oder bestimmte Personen schützen sollen*[15]. Dabei wird an eine Nichtigkeit des Gesellschaftsvertrages nach §§ 134, 138 BGB und an Verstöße gegen § 1 GWB gedacht. Dieser Ansicht ist nicht zu folgen[16]. Das wird ganz deutlich, wenn es um den Schutz Dritter, also nicht der Gesellschafter selbst, geht. Für diese ist es keineswegs stets erkennbar, ob die Gesellschaft, mit der sie es zu tun haben, auf einem Gesellschaftsvertrag beruht, der gegen die genannten Normen verstößt und daher nichtig oder nicht wirksam ist. Aber auch wenn die Dritten um die Normwidrigkeit wissen, kann es ihnen nicht zugemutet werden, dass sich die Gesellschaft unter Berufung auf die Nichtigkeit in Nichts auflöst. Schließlich ist die Abstellung von Verstößen gegen § 1 GWB und §§ 134, 138 BGB nicht Sache der Vertragspartner, sondern der Kartellbehörde oder anderer öffentlich-rechtlicher Einrichtungen[17]. Allenfalls im Innenverhältnis der Gesellschafter untereinander käme eine Abwicklung ohne Anwendung der Regeln der fehlerhaften Gesellschaft in Betracht. Doch kollidiert das wiederum mit der angenommenen Wirksamkeit im Außenverhältnis. Schließlich kommt eine ordnungsgemäße Liquidation auch dem Gläubigerinteresse entgegen.

170   Nicht viel anders ist die Rechtslage, wenn die Unwirksamkeit oder Nichtigkeit auf der nicht ordnungsgemäß vollzogenen *Beteiligung Minderjäh-*

---

[14] Baumbach/*Hopt* § 105 Rdz. 86 (OHG); zum Beitritt: *Schäfer* ZHR 170 (2006), 373, 394.

[15] BGHZ 62, 234, 241; 75, 214, 217; OLG Hamm NJW-RR 1986, 1487 zu § 1 GWB; in der Tendenz auch BGH ZIP 2003, 1442: Verstoß gegen ein Konzessionserfordernis, Spielhalle; *Goette* DStR 1996, 266, 270; *Kübler/Assmann* § 26 IV 1, 2.

[16] Siehe *Karsten Schmidt* AcP 186 (1986), 421, 448; *ders.*, FS Mestmäcker, 1996, S. 767; *Schwintowski* NJW 1988, 937.

[17] *Karsten Schmidt* § 6 III 3 c) aa).

riger oder Geschäftsunfähiger beruht. Auch dann ist im Grundsatz davon auszugehen, dass die Gesellschaft nach den Regeln der fehlerhaften Gesellschaft wie eine wirksam gegründete zu behandeln ist, und zwar unter Einschluss des Minderjährigen sowohl im Außen- wie im Innenverhältnis[18]. Allerdings kann der Minderjährige nicht für die Schulden der Gesellschaft und für die Erbringung der versprochenen Einlage haftbar gemacht werden. Insofern präfaliert sein Schutz gegenüber dem der Gläubiger der Gesellschaft. Der Minderjährige hat ein Austrittsrecht[19]. Sofern er dieses nicht nutzt, kann er von den übrigen Gesellschaftern auch ausgeschlossen werden. Dies gilt aber nur, wenn der Mangel nicht geheilt wird (etwa durch nachträgliche Genehmigung des Familiengerichts)[20]. Neben dieses Austrittsrecht tritt nach § 723 Abs. 1 S. 3 Nr. 2 BGB mit Eintritt der Volljährigkeit das Recht zur Kündigung der Gesellschaft[21]. In Bezug auf die übrigen Gesellschafter liegt eine fehlerhafte Gesellschaft vor, sofern § 139 BGB zur Gesamtnichtigkeit des Vertrages führt[22]. Diese Norm gilt auch, wenn Gesellschafter aus anderen Gründen fehlerhaft am Vertragsschluss mitgewirkt haben[23].

2. Fehler beim Gesellschafterwechsel

Genau wie bei der Gründung der Gesellschaft so kann es auch beim Ein- und Austritt von Gesellschaftern und bei der Übertragung der Mitgliedschaft zu Fehlern kommen. Im Grundsatz *gilt dann nichts anderes als bei*

171

---

[18] MünchKommHGB-*Karsten Schmidt* § 105 Rdz. 239 (OHG); *Karsten Schmidt* § 6 III 3 c) cc); a. A. BGH NJW 1983, 748; *Goette* DStR 1996, 266, 270; Soergel-*Hadding* § 705 Rdz. 82.
[19] Eine eventuelle Verlustbeteiligung wäre nicht auszugleichen. Der Minderjährige erhält also auf jeden Fall seine Einlage zurück. Sind Gewinne gemacht worden, so erhält er diese, soweit nach Verrechnung mit Verlusten ein Überschuss verbleibt; a. A. Münch-Komm-*Ulmer* § 705 Rdz. 337 und Erman-*Westermann* § 705 Rdz. 76, die von §§ 818 Abs. 1, 987 BGB für die Nutzung der Einlage ausgehen. Aber es besteht kein vernünftiger Grund für eine solche Andersbehandlung (meist Schlechterstellung) des Minderjährigen gegenüber den übrigen Gesellschaftern.
[20] *Kübler/Assmann* § 26 IV 4; MünchKomm-*Ulmer* § 705 Rdz. 338. U. U. kann die Heilung auch durch den volljährig gewordenen Minderjährigen selbst erfolgen.
[21] Nach *Schäfer,* Die Lehre vom fehlerhaften Verband, 2002, S. 271 ff. führt dieses Kündigungsrecht dazu, dass die Lehre von der fehlerhaften Gesellschaft nunmehr auch zu Lasten Minderjähriger geht. Aber das überzeugt nicht, da der Minderjährigenschutz durch diese Norm ergänzt, nicht abgeschafft wurde, so im Ergebnis auch Münch-KommHGB-*Karsten Schmidt* § 105 Rdz. 239; Erman-*Westermann* § 705 Rdz. 76. Dieses Kündigungsrecht besteht auch, wenn keine fehlerhafte Gesellschaft vorliegt: 1. A. 180.
[22] Soergel-*Hadding* § 705 Rdz. 82; MünchKomm-*Ulmer* § 705 Rdz. 339.
[23] BayObLG NJW-RR 1990, 479: Stiftung schließt einen Gesellschaftsvertrag ohne Genehmigung der Stiftungsaufsicht; s. auch BGH NJW 1983, 748, in der Entscheidung wird aber nicht auf § 139 BGB abgestellt.

der Gründung[24]: Sofern eine, sei es auch fehlerhafte, rechtsgeschäftliche Erklärung des Beitretenden/Ausscheidenden und der übrigen Gesellschafter vorliegt[25], gilt nach Vollzug, also spätestens ab dem Zeitpunkt, zu dem der Beitritt bzw. das Ausscheiden/die Übertragung nach außen dokumentiert worden ist[26], der Gesellschafter als beigetreten oder ausgeschieden[27]. Ein Vollzug aufgrund von Handlungen der Gesellschafter untereinander ist gegeben, wenn die Organisation der Gesellschaft auf die vermeintliche Änderung des Gesellschafterkreises umgestellt worden ist, also etwa die Gewinnverteilung entsprechend erfolgt ist oder die Gesellschafterversammlung demgemäß zusammengesetzt worden ist. Sofern der fälschlich Ausgeschiedene oder Beigetretene sich sofort zur Wehr setzt, also geltend macht, dass er entgegen der Ansicht der Gesellschaft Gesellschafter sei oder nicht sei, ist ein Vollzug aufgrund von Handlungen im Innenverhältnis nicht denkbar. Die übrigen Gesellschafter handeln dann auf eigenes Risiko. Ein Vollzug durch Handeln im Außenverhältnis bleibt allerdings möglich und kann sich zu Lasten des Gesellschafters auswirken. Insofern muss er sich an seiner – sei es auch fehlerhaften – Willenserklärung festhalten lassen. Doch hat er gegenüber Dritten, die um sein Bestreiten wissen, die Arglisteinrede. Der fehlerhaft Beigetretene kann ausgeschlossen werden[28] und austreten[29].

---

[24] Umstritten für die Übertragung, vielfach wird auch gesagt, die Anteilsübertragung beinhalte lediglich ein Geschäft zwischen Veräußerer und Erwerber, BGH ZIP 2010, 1590, 1593 wendet die Grundsätze der fehlerhaften Gesellschaft an.

[25] Wenn ein fehlerhafter Ausschluss zur Debatte steht, reicht die Erklärung der übrigen Gesellschafter. Wenn sich der Ausgeschlossene in angemessener Zeit zur Wehr setzt, ist aber ein Vollzug durch Handeln im Innenverhältnis möglich, dazu sogleich. Auch ein Vollzug durch Handeln der Gesellschaft im Außenverhältnis scheidet dann aus. Es fehlt an der – fehlerhaften – Willenserklärung, an der sich der Ausgeschlossene festhalten lassen muss. *Grunewald*, Der Ausschluss aus Gesellschaft und Verein, 1987, S. 276; MünchKommHGB-*Karsten Schmidt* § 105 Rdz. 249 (OHG).

[26] *Welf Müller*, FS Maier-Reimer 2010, S. 497, 503: Ausscheiden vollzogen bei Publikation nach außen; MünchKommHGB-*Karsten Schmidt* § 105 Rdz. 249 (OHG): Austritt vollzogen, sobald nach den abgegebenen Erklärungen die Anwachsungsfolge eintreten soll; MünchKomm-*Ulmer* § 705 Rdz. 367: Beitritt bei nichtigem oder unwirksamem Vertragsschluss vollzogen mit Leistung der Einlage oder Teilnahme an Geschäftsführungsmaßnahmen.

[27] Beispiele aus der Judikatur: BGH NZG 2003, 276; BGH NJW 2003, 1252; BGH NJW 2003, 2821; BGH ZIP 2010, 1689 (KG); BGH ZIP 2010, 1540.

[28] MünchKommHGB-*Karsten Schmidt* § 105 Rdz. 248 (OHG); auch MünchKomm-*Ulmer* § 705 Rdz. 368, sofern der Fehler auf einem Verhalten des Beitretenden beruht. Aber wie soll der fehlerhaft Beigetretene in den anderen Fällen zum Verlassen der Gesellschaft angehalten werden? Darüber hinaus kann sich nach *Karsten Schmidt*, a.a.O., auch aus § 242 BGB ergeben, dass der fehlerhaft Beigetretene seine Mitgliedschaftsrechte nicht geltend machen kann, sofern die Fehlerhaftigkeit unstreitig oder evident ist. Dies kann jedenfalls nur insofern gelten, als die Mitgliedschaftsrechte in einem Bereich ausgeübt

In BGH ZIP 1992, 247 hatten sich mehrere Gläubiger einer insolventen KG zu dem **172** Zweck zusammengetan, ihre gegen die KG gerichteten Forderungen und Sicherungsrechte nach Beendigung der von dieser Gesellschaft begonnenen Bauvorhaben so weit wie möglich sicherzustellen. Die Beklagten wurden für Schulden der BGB-Gesellschaft mit der Begründung in Anspruch genommen, sie seien dieser Gesellschaft beigetreten. Dies stellten sie unter Berufung darauf in Abrede, dass sie das vorformulierte Beitrittsformular nicht unverändert unterschrieben, sondern durch Zusätze abgeändert hatten.

Der BGH hat festgestellt, dass die Beklagten der BGB-Gesellschaft nicht ordnungsgemäß beigetreten seien. Zwar habe in dem Beitrittsformular ein Angebot auf Abschluss eines Beitrittsvertrages gelegen, das die Beklagten aber nicht angenommen hätten. Vielmehr liege ein Fall des § 150 Abs. 2 BGB vor. Über dieses erneute Beitrittsangebot (ausgehend von den „Gesellschaftern") habe die Gesellschaft nicht entschieden. Gleichwohl mussten sich die Beklagten als Gesellschafter behandeln lassen. Denn nach den Regeln der fehlerhaften Gesellschaft, die auch für den fehlerhaften Beitritt gelten, ist ein solcher Beitritt nicht von Anfang an unwirksam, sondern nur mit Wirkung für die Zukunft vernichtbar. Bis dahin ist der vollzogene Beitritt voll wirksam.

Nun setzt ein fehlerhafter Beitritt immerhin überhaupt eine Willenserklärung voraus. In dem Fall des BGH waren aber übereinstimmende Willenserklärungen gerade nicht zustande gekommen. Der BGH führt überzeugend aus, dass sich für die Annahme einer fehlerhaften Gesellschaft die Willensübereinstimmung nicht auf alle Punkte beziehen muss, die der Gesellschaftsvertrag regeln soll. Das ist schon deshalb richtig, weil diese Interna insbesondere den Gläubigern nicht erkennbar sind. Der Schutz der fehlerhaft beigetretenen Gesellschafter liegt darin, dass die Regeln nur eingreifen, wenn die Gesellschafter eine sei es auch fehlerhafte Willenserklärung abgegeben haben. Auch bleibt ihnen gegenüber Dritten, die um die Fehlerhaftigkeit wissen, die Arglisteinrede.

Diese Regeln gelten auch, wenn der Beitritt in einer sog. „Haustürsitua- **173** tion" im Sinne von § 312 BGB erfolgt[30] und auch für den *Beitritt Minderjähriger*. Der Beitritt kann aber nicht zum Nachteil des Minderjährigen geltend gemacht werden. Es besteht also gegen ihn kein Anspruch auf Einlageleistung. Für Verluste haftet er nur im Innenverhältnis im Rahmen der Verrechnung mit ihm anderweit geschuldeten Gewinnen. Demgegenüber sollen nach Ansicht des BGH bei *einem Ausscheiden* aus einer Gesellschaft aufgrund einer nach § 105 Abs. 2 BGB nichtigen Willenserklärung – und Gleiches müsste für die Willenserklärung Geschäftsunfähiger und beschränkt Geschäftsfähiger gelten – die Regeln der fehlerhaften Gesellschaft nicht gelten[31]. Vielmehr soll die Gesellschafterstellung erhalten bleiben. Unter dem Aspekt des Schutzes beschränkt Geschäftsfähiger und Geschäftsunfähiger

---

werden sollen, der für das von dem fehlerhaft Beigetretenen mitzutragende Haftungsrisiko nicht relevant ist.

[29] MünchKommHGB-*Karsten Schmidt* § 105 Rdz. 248 (OHG).

[30] BGH ZIP 2010, 1540; dazu *Kliebisch* JuS 2010, 958, 960.

[31] BGH NJW 1992, 1503.

sowie der nach § 105 Abs. 2 BGB geschützten Personen ist dieses Ergebnis folgerichtig[32]. Denn der Betreffende wird an seiner Willenserklärung gemäß der gesetzlichen Idee nicht festgehalten. Auch aus der Sicht der Gläubiger steht diesem Ergebnis nichts entgegen. Für sie ist es nur günstig, wenn die Gesellschaft einen Gesellschafter mehr hat. Es bleibt der Aspekt des Schutzes der Gesellschafter untereinander. Hier kann jedenfalls nicht davon ausgegangen werden, dass jeder Beschluss nichtig wäre, der ohne Beteiligung des nur scheinbar Ausgeschiedenen gefasst worden ist.

3. Fehlerhafte Vertragsänderungen

174   Dieselben Fehler, die bei der Gründung einer Gesellschaft auftreten, können auch bei Vertragsänderungen vorkommen. Auch dann stellt sich die Frage, ob die Änderung nach den Regeln der fehlerhaften Gesellschaft erst einmal wirksam ist – mit der Möglichkeit, sie in Zukunft der „wahren" Rechtslage anzupassen – oder ob die Änderung als von Anfang an nichtig zu behandeln ist. Die Judikatur wendet hier *die Regeln über die fehlerhafte Gesellschaft nur in einem eingeschränkten Umfang* an, nämlich nur dann, wenn die fehlerhafte Vertragsänderung den „Status" der Gesellschaft betrifft[33]. Diese Einschränkung ist aber wenig praktikabel, da nicht recht klar ist, was eine Statusänderung ist und was nicht[34]. Da es bei den Grundsätzen der fehlerhaften Gesellschaft darum geht, Rückabwicklungen zu vermeiden, die nur unter erheblichem Aufwand durchführbar sind, sollte dies das entscheidende Kriterium sein[35]. Eine rückwirkende Abänderung des Gewinnverteilungsschlüssels ist also beispielsweise möglich, sofern die Neugestaltung des Gewinnverteilungsschlüssels nicht mit einer Änderung des Haftungsrisikos für einzelne Gesellschafter einherging[36].

4. Innengesellschaften

175   Die Rechtsprechung wendet die *Regeln der fehlerhaften Gesellschaft auch auf fehlerhafte Innengesellschaften an*[37]. Dem ist unter Hinweis darauf, dass Innengesellschaften kein für eine Organisation kennzeichnendes

---

[32] A. A. MünchKomm-*Ulmer* § 705 Rdz. 370: nur Anspruch auf Wiederaufnahme.

[33] BGHZ 62, 20, 29 (KG); *Kübler/Assmann* § 26 V 4.

[34] Kritisch auch *Schäfer*, Die Lehre vom fehlerhaften Verband, 2002, S. 360; MünchKomm-*Ulmer* § 705 Rdz. 362.

[35] Ähnlich *Schäfer*, Die Lehre vom fehlerhaften Verband, 2002, S. 360.

[36] Erman-*Westermann* § 705 Rdz. 84.

[37] BGHZ 55, 5, 8; 75, 214, 217 f.; BGH NJW-RR 1991, 613; zur Stillen Gesellschaft 1. D. 31.

Gesamthandsvermögen haben, widersprochen worden[38]. Doch sollte auch diese Frage wieder rein pragmatisch danach entschieden werden, ob eine Rückabwicklung problemlos möglich und für die Gläubiger akzeptabel ist[39]. Im Zweifel gelten die Grundsätze der fehlerhaften Gesellschaft wie bei jeder BGB-Gesellschaft auch hier. Dies gilt insbesondere für Innengesellschaften mit zahlreichen Gesellschaftern, die über mehrere Jahre hinweg unter Vornahme von umfangreichem Zahlungsverkehr gelaufen sind.

XII. Auflösung und Beendigung

1. Gründe für die Auflösung

a) Kündigung der Gesellschaft durch einen Gesellschafter

Nach der Vorstellung des Gesetzes kann die Gesellschaft, sofern sie, wie **176** regelmäßig, *auf unbestimmte Zeit*, also ohne festen Endtermin[1], eingegangen ist[2], jederzeit von einem Gesellschafter gekündigt werden (§ 723 Abs. 1 S. 1 BGB). Ein Grund für diese Kündigung ist nicht erforderlich. Nach der Gesetzesidee ist die BGB-Gesellschaft ein lockerer Zusammenschluss der Gesellschafter, für den diese jederzeitige Kündigungsmöglichkeit passt. Zugleich beinhaltet diese Norm offensichtlich einen ganz immensen Schutz der Gesellschafter. Wenn ihnen die Bedingungen nicht mehr zusagen, können sie die Gesellschaft zur Auflösung bringen.

Die Ausübung dieses Kündigungsrechts kann die übrigen Gesellschafter **177** offensichtlich in eine schwierige Lage bringen, da eine Auflösung der Gesellschaft keineswegs auch von ihnen gewollt sein muss. Daher wird in den Gesellschaftsverträgen von Gesellschaften, die auf unbestimmte Zeit geschlossen sind, vielfach vereinbart, dass bei der *Kündigung bestimmte Fristen oder Termine einzuhalten sind* oder auch, dass der Kündigende selbst aus der Gesellschaft auszuscheiden hat, die Gesellschaft aber als solche fortbesteht.

Solche Klauseln sind anhand des in § 723 Abs. 3 BGB niedergelegten **178** Grundsatzes, dass das *Kündigungsrecht nicht ausgeschlossen oder beschränkt werden kann*, zu überprüfen. Im Prinzip ist gegen die Vereinba-

---

[38] MünchKomm-*Ulmer* § 705 Rdz. 359; *Wiesner*, Die Lehre von der fehlerhaften Gesellschaft, 1980, S. 162 ff.; *Karsten Schmidt* AcP 186 (1986), 421, 432, der die Grundsätze der fehlerhaften Gesellschaft auf Innengesellschaften anwenden will, wenn sie verbandsrechtlich verfasst sind. Doch ist schwer zu sagen, wann das der Fall ist.

[39] Ähnlich Erman-*Westermann* § 705 Rdz. 88.

[1] Dazu Erman-*Westermann* § 723 Rdz. 10; MünchKomm-*Ulmer/Schäfer* § 723 Rdz. 23: Die Dauer der Gesellschaft muss objektiv bestimmbar sein.

[2] Nach § 724 S. 1 BGB gilt dasselbe für Gesellschaften, die auf Lebenszeit eines Gesellschafters eingegangen sind.

rung von Kündigungsterminen nichts einzuwenden, da dann praktisch die gleiche Situation vorliegt, als wäre die Gesellschaft auf bestimmte Zeit eingegangen[3]. Dass Kündigungsfristen vorgesehen werden können, sagt das Gesetz selbst (§ 723 Abs. 1 S. 6 BGB). Problematisch werden Kündigungsfristen und Termine erst dann, wenn dadurch eine überlange Bindung des Gesellschafters an die Gesellschaft erreicht wird, die das Gesetz gerade verhindern will. Wann eine solche nicht mehr akzeptable Bindung vorliegt, kann nicht pauschal gesagt werden. Insoweit sind auch die Gesellschaftsbelange mitzuberücksichtigen. Jedenfalls darf der Zeitpunkt der Auflösung der Gesellschaft nicht so weit in der Zukunft liegen, dass praktisch wieder von einer auf unbestimmte Zeit eingegangenen Gesellschaft gesprochen werden muss[4]. Es ist im Grundsatz auch zulässig, das *Ausscheiden des kündigenden Gesellschafters zu vereinbaren* (§ 736 BGB)[5]. Doch muss die geschuldete Abfindung dann angemessen[6] und die Frist bis zum Ausscheiden so wie für die Auflösung der Gesellschaft geschildert bemessen sein. Gleiches gilt für Klauseln, die als Konsequenz der Kündigung die Pflicht zur Übertragung der Beteiligung auf die (oder einen) Mitgesellschafter vorsehen. Es bleibt allerdings bei der Kündigungsmöglichkeit, wenn die Berechtigten sich weigern, die Beteiligung zu erwerben.

179   In dem Fall BGH ZIP 1994, 1173 waren die Kläger zu 1 bis 3 und der Beklagte Gesellschafter einer BGB-Gesellschaft, und zwar einer Innengesellschaft ohne Gesamthandsvermögen (1. A. 108). Gesellschaftszweck war die Sicherstellung der einheitlichen Rechtsausübung aus den Beteiligungen, die die Gesellschafter an einem anderen Unternehmen (dem sog. Vertragsunternehmen) hielten, sowie die Erhaltung dieses Beteiligungsbesitzes in der Hand der Gesellschafter. Der auf unbestimmte Zeit abgeschlossene Gesellschaftsvertrag konnte von jedem Gesellschafter mit einer zweijährigen Frist gekündigt werden. Die verbleibenden Gesellschafter waren berechtigt, die Anteile des ausscheidenden Gesellschafters an dem Vertragsunternehmen zu übernehmen. Die Kläger wollten festgestellt wissen, dass sie zur Kündigung des Vertrages ohne Bindung an dieses Übernahmerecht berechtigt sind.

In den Entscheidungsgründen wird geprüft, ob die Verpflichtung zur Übertragung von Anteilen an einem dritten Unternehmen das Kündigungsrecht aus § 723 Abs. 3 BGB übermäßig einschränkt und daher nichtig ist. Im Ergebnis wird dies mit der Begründung verneint, dass es nach dem Gesellschaftszweck nahe gelegen hätte, die Beteiligungen an dem Vertragsunternehmen auf die BGB-Gesellschaft zu übertragen und sie so zum Gesamthandsvermögen der Gesellschaft zu machen. In diesem

---

[3] *Steinbeck*, FS Hadding, 2004, S. 675, 678; MünchKomm-*Ulmer/Schäfer* § 723 Rdz. 71.

[4] BGH WM 1967, 315, 316: Bindung bis zu 30 Jahren im Allgemeinen unbedenklich; BGHZ 50, 316, 320; BGH ZIP 2007, 2316: Ausschluss der Kündigung für 30 Jahre bei Sozietät zu lang; Überblick über die in der Literatur genannten Fristen bei Erman-*Westermann* § 723 Rdz. 22: Die Spanne reicht von 14 bis zu 75 Jahren.

[5] Beispiele BGH ZIP 2008, 1075; BGH ZIP 2008, 1276.

[6] 1. A. 144 ff.

Falle hätte ein ausscheidender Gesellschafter die Anteile ebenfalls nicht zurückerhalten. Vielmehr wäre ihm lediglich eine Abfindung geschuldet gewesen. Genauso standen die Kläger auch im vorliegenden Fall. Allerdings muss die Abfindung angemessen sein (1. A. 178). Sofern sie dies nicht ist, führt das aber nach Ansicht der Judikatur nicht zur Unwirksamkeit der entsprechenden Klausel, sondern nur zur Anpassung der Abfindung[7]. Daher konnte die Klage keinen Erfolg haben.

Ist die Gesellschaft für eine *bestimmte Dauer eingegangen*, so kann sie **180** der Gesellschafter *vor Ablauf der Zeit kündigen, wenn ein wichtiger Grund vorliegt* (§ 723 Abs. 1 S. 2 BGB). Wann ein solcher Grund vorliegt, wird im Gesetz beispielhaft aufgezählt: Er ist gegeben, wenn ein anderer Gesellschafter eine ihm nach dem Gesellschaftsvertrag obliegende wesentliche Verpflichtung vorsätzlich oder grob fahrlässig verletzt oder wenn die Erfüllung einer solchen Verpflichtung unmöglich wird. Weiterhin liegt ein wichtiger Grund vor, wenn der kündigende Gesellschafter das 18. Lebensjahr vollendet hat (§ 723 Abs. 1 S. 3 BGB). Auf diese Weise räumt ihm das Gesetz die Möglichkeit ein, eigenständig über seine Gesellschafterstellung und das damit verbundene Risiko zu entscheiden[8]. Allgemein lässt sich sagen, dass ein wichtiger Grund immer dann gegeben ist, wenn dem Gesellschafter ein Abwarten bis zum vereinbarten Endtermin der Gesellschaft auch unter Berücksichtigung der Belange der Gesellschaft nicht zumutbar ist. Nach der Vorstellung des Gesetzes war eine vergleichbare Kündigungsmöglichkeit für *Gesellschaften, die nicht auf eine bestimmte Dauer eingegangen sind*, nicht notwendig, da diese Gesellschaften ja jederzeit gekündigt werden können (§ 723 Abs. 1 S. 1 BGB). Sofern diese Gesellschaften aber auf eine Mindestdauer eingegangen oder Kündigungsfristen vereinbart sind, besteht für sie ebenfalls das Recht zur Kündigung aus wichtigem Grund[9].

Das Recht zur Kündigung aus wichtigem Grund kann nicht ausgeschlos- **181** *sen* oder beschränkt werden (§ 723 Abs. 3 BGB). Kurze Kündigungsfristen zur Erleichterung der Abwicklung[10] sowie Bestimmungen, nach denen der Kündigende unter Erhalt einer vollwertigen Abfindung aus der Gesellschaft

---

[7] Dazu BGH ZIP 2008, 1075, 1077; siehe auch *Henze*, FS Karsten Schmidt, 2008, S. 619, 625 und 1. A. 144.

[8] *Grunewald* ZIP 1999, 597; *Habersack* FamRZ 1999, 1.

[9] Beispiel BGH ZIP 1996, 1434.

[10] Soergel-*Hadding/Kießling* § 723 Rdz. 60; a. A. RGZ 162, 388, 393; MünchKomm-*Ulmer/Schäfer* § 723 Rdz. 74. Doch gebietet schon die Treuepflicht trotz Vorliegen eines wichtigen Grundes, die Interessen von Gesellschaft und Mitgesellschaftern zumindest in einem eingeschränkten Umgang mitzuberücksichtigen. In der Literatur findet sich stattdessen der Hinweis, es bedürfe besonderer Prüfung, ob der wichtige Grund die Kündigung gerade zu einem für die Gesellschaft besonders ungünstigen Zeitpunkt rechtfertige: S. *Windbichler* § 11 Rdz. 4. Das wäre ein stärkerer Eingriff in die Rechtsstellung des Gesellschafters als hier vorgeschlagen.

auszuscheiden hat (§ 736 BGB)[11], sind aber akzeptabel, da sie den Interessen des Gesellschafters, der eine Beendigung seines Engagements wünscht, hinreichend Rechnung tragen.

b) Kündigung durch den Gläubiger eines Gesellschafters

182   Nach § 725 Abs. 1 BGB kann ein Gläubiger eines Gesellschafters, der die Pfändung des Anteils des Gesellschafters am Gesellschaftsvermögen erwirkt hat, die Gesellschaft fristlos kündigen. Dies gilt allerdings nur, sofern der Schuldtitel *nicht lediglich vorläufig vollstreckbar* ist. Die Pfändung des Anteils erfolgt nach §§ 859, 857 ZPO[12]. Die Bestimmung ist zum Schutz der Gläubiger zwingend. Es kann aber vereinbart werden, dass der Gesellschafter, dessen Anteil gepfändet wird, aus der Gesellschaft auszuscheiden hat. Dann stellt sich die Frage, wie weit die dann zu zahlende Abfindung beschränkt werden kann. Zur Klärung dieser Problematik müssen auch die Interessen der Gläubiger, zu deren Lasten eine solche Beschränkung vielfach letztlich geht, berücksichtigt werden[13].

c) Auflösungsbeschluss

183   Die Gesellschafter können jederzeit die Auflösung der Gesellschaft beschließen. Sofern nichts anderes vereinbart ist, ist Einstimmigkeit erforderlich. Eine Klausel, die Vertragsänderungen allgemein dem *Mehrheitsprinzip* unterstellt, bezieht sich nicht auf die Fassung des Auflösungsbeschlusses, da es dann um die Beendigung der Gesellschaft und nicht um eine bloße Abänderung des Gesellschaftsvertrages geht[14].

d) Zeitablauf, Erreichen und Unmöglichwerden des Gesellschaftszwecks

184   Es versteht sich im Grunde von selbst, dass BGB-Gesellschaften, die lediglich für eine bestimmte Zeit eingegangen sind, mit Ablauf dieser Zeit aufgelöst sind. Mehr Probleme kann die Bestimmung von § 726 BGB bereiten, nach der die Gesellschaft endigt, wenn der vereinbarte *Zweck erreicht oder die Zweckerreichung unmöglich* geworden ist. Die Norm ist zugeschnitten auf Gelegenheitsgesellschaften, kann aber auch für auf längere Zeit eingegangene Gesellschaften eine Rolle spielen (Sanierungsgesellschaften, Gläubigerpools). Streitigkeiten können aus der Frage entstehen, ob der Zweck tatsächlich erreicht oder unmöglich geworden ist. Bei der Beantwortung dieser Frage ist die Überlegung mit einzubeziehen, dass die automatische Auf-

---

[11] MünchKomm-*Ulmer/Schäfer* § 723 Rdz. 74.
[12] Beispielsfall BGH ZIP 1986, 776.
[13] 1. A. 145.
[14] MünchKomm-*Ulmer/Schäfer* Vor § 723 Rdz. 18.

lösung der Gesellschaft vielfach nicht sachgerecht ist. Demgemäß wird allgemein gefordert, dass die Unmöglichkeit (und Gleiches müsste für die Zweckerreichung gelten) dauernd und ganz offenbar sein muss[15]. In jedem Fall ist hilfsweise eine Kündigung aus wichtigem Grund möglich.

e) Tod eines Gesellschafters

Auch durch den Tod eines Gesellschafters wird die Gesellschaft aufgelöst, **185** sofern der Gesellschaftsvertrag nichts anderes bestimmt (§ 727 Abs. 1 BGB). Diese Regelung ist vielfach insbesondere bei unternehmenstragenden Gesellschaften wenig sachgerecht und wird daher abbedungen. Davon war bereits die Rede[16]. Ist eine juristische Person oder eine Gesamthandsgemeinschaft an der BGB-Gesellschaft beteiligt, so führt deren Auflösung nicht zur Auflösung der BGB-Gesellschaft[17]. Auf den Fortbestand derart anonymisierter Organisationen ist die Gesellschaft nicht in gleichem Maße zugeschnitten wie auf natürliche Personen als Gesellschafter.

f) Insolvenz der Gesellschaft / des Gesellschafters

Nach § 728 Abs. 1 BGB wird die Gesellschaft durch die Eröffnung des **186** Insolvenzverfahrens über das Vermögen der Gesellschaft aufgelöst. Gleiches gilt nach § 728 Abs. 2 BGB, wenn ein Insolvenzverfahren über das Vermögen eines Gesellschafters eröffnet wird[18]. Damit wird den *Gläubigern eines Gesellschafters der Zugriff* auf sein Vermögen, zu dem eben auch die Beteiligung an der BGB-Gesellschaft gehört, ermöglicht. § 728 Abs. 2 BGB hat also eine ganz ähnliche Funktion wie § 725 BGB. Im Gesellschaftsvertrag kann vereinbart werden, dass der betreffende Gesellschafter aus der Gesellschaft ausscheidet und die Gesellschaft unter den übrigen Gesellschaftern fortgesetzt wird (§ 736 BGB). Bezüglich der zu zahlenden Abfindung ergeben sich dieselben Probleme wie bei der Pfändung.

g) Beteiligung nur noch eines Gesellschafters

Nach h.M. wird die Gesellschaft auch aufgelöst, wenn nur noch ein Gesell- **187** schafter vorhanden ist. Dies kann etwa dadurch passieren, dass der eine von zwei Gesellschaftern seine Beteiligung auf den anderen überträgt oder der

---

[15] BGHZ 24, 276, 293; BGH NJW 1982, 2821; Soergel-*Hadding/Kießling* § 726 Rdz. 2.

[16] 1. A. 152 ff.

[17] Sofern die Beendigung dem Tod eines Gesellschafters gleichgestellt werden soll, spielt dies praktisch keine Rolle, da diese erst eintritt, wenn das Vermögen aufgeteilt und damit die Beteiligung an der BGB-Gesellschaft neu zugewiesen ist: MünchKomm-*Ulmer/Schäfer* § 727 Rdz. 8.

[18] Beispielsfall BAG ZIP 1987, 1588: Betroffener BGB-Gesellschafter war eine KG.

eine Gesellschafter den anderen beerbt[19]. Zur Begründung wird gesagt, dass ein Vertrag – und damit eben auch ein Gesellschaftsvertrag – zwingend die Beteiligung von mindestens zwei Personen voraussetzt. Dass dem nicht so ohne weiteres zugestimmt werden kann, wurde schon gesagt[20].

2. Folgen der Auflösung

188   Mit der Auflösung *ändert sich der Gesellschaftszweck*[21]. Die Gesellschaft ist nunmehr auf die Auseinandersetzung des Gesamthandsvermögens ausgerichtet. Es entsteht eine *Abwicklungsgesellschaft* (§ 730 Abs. 1 BGB). Die Geschäftsführungsbefugnis eines Gesellschafters erlischt mit der Auflösung. Nunmehr steht die Befugnis zur Geschäftsführung – und damit auch zur Vertretung der Gesellschaft – den Gesellschaftern gemeinschaftlich zu (§ 730 Abs. 2 S. 2 BGB). Die Gesellschafter sind verpflichtet, an der Abwicklung mitzuwirken. Die *Treuepflicht* der Gesellschafter untereinander besteht fort, ist aber dem geänderten Gesellschaftszweck anzupassen[22].

189   In BGH NJW 1980, 1628 waren die Parteien die Gesellschafter einer OHG (für die BGB-Gesellschaft würde nichts anderes gelten), die den Vertrieb von Signiermitteln aller Art betrieb. Den wesentlichen Wert der Gesellschaft bildete die Alleinvertretung der amerikanischen Firma M. Der Kläger verlangte Ersatz dafür, dass sich der Beklagte nach der Auflösung der Gesellschaft die Geschäftsbeziehungen mit der Firma M allein nutzbar gemacht habe. Das Urteil führt überzeugend aus, dass nach der Auflösung die gesellschafterliche Treuepflicht den einzelnen Gesellschafter zwar nicht daran hindere, sich auf dem Gebiet der im Liquidationsstadium befindlichen Gesellschaft zu betätigen, sofern diese – was regelmäßig der Fall ist – nicht mehr werbend tätig ist. Ein Verstoß gegen die Treuepflicht liegt aber – wie es in dem Urteil richtig heißt – sehr wohl vor, wenn sich ein Gesellschafter die Vermögenswerte der Gesellschaft allein nutzbar macht. Hieraus kann ein Unterlassungs- oder Schadensersatzanspruch des anderen Gesellschafters erwachsen.

190   Wie die *Abwicklung im Einzelnen zu erfolgen hat*, regeln die §§ 730 bis 735 BGB. Danach sind die schwebenden Geschäfte zu beenden (§ 730 Abs. 2 S. 1 BGB). Sodann sind die Gegenstände, die ein Gesellschafter der Gesellschaft zur Benutzung überlassen hat, zurückzugeben (§ 732 BGB). Dann sind die gemeinschaftlichen Schulden aus dem Vermögen der Gesellschaft zu begleichen (§ 733 Abs. 1 BGB). Die Einlagen der Gesellschafter sind zurückzuerstatten (§ 733 Abs. 2 S. 1 BGB). Verbleibt sodann noch ein Überschuss, so wird er gemäß den Gewinnanteilen an die Gesellschafter verteilt

---

[19] Siehe den Fall BGH ZIP 1991, 96 (KG).

[20] 1. A. 2.

[21] *Kübler/Assmann* § 6 IV 1; Baumbach/*Hopt* § 145 Rdz. 4; a. A. *Karsten Schmidt* ZHR 153 (1989), 270, 282, woraus er die Zulässigkeit von Prokuren bei der aufgelösten Gesellschaft ableitet.

[22] *Hillers*, Personengesellschaft und Liquidation, 1988, S. 55 ff.

(§ 734 BGB). Reicht das Gesellschaftsvermögen zur Begleichung der Gesellschaftsschulden und zur Rückerstattung der Einlagen nicht aus, so trifft die Gesellschafter eine Nachschusspflicht (§ 735 BGB). Einzelne Ansprüche, die der Gesellschafter gegen die Gesellschaft oder gegen Gesellschafter aus dem Gesellschaftsverhältnis hat, oder auch Ansprüche, die der Gesellschaft gegen einen Gesellschafter zustehen, können nach der Auflösung im Regelfall nicht mehr isoliert geltend gemacht werden. Vielmehr muss bis zur Erstellung der Schlussabrechnung, also der endgültigen Abrechnung, gewartet werden[23].

Diese Regeln stehen zur *Disposition der Gesellschafter* (§ 731 S. 1 BGB). **191** Da die Gesellschafter für die Schulden der Gesellschaft – seien sie nun vor oder nach der Auflösung entstanden – auch persönlich haften, sind die Interessen der Gläubiger weitgehend gewahrt. Auch die *Nachschusspflicht von § 735 BGB ist aus dem genannten Grund nicht zwingend.*

Die Gesellschafter können, sofern der Auflösungsgrund beseitigt ist, auch **192** nach der Auflösung einstimmig jederzeit *beschließen, dass die Gesellschaft wieder zur werbenden Gesellschaft werden soll*[24]. Damit ist die Abwicklung beendet.

3. Beendigung der Gesellschaft

Die Beendigung der Gesellschaft tritt mit *vollständiger Verteilung des* **193** *Gesellschaftsvermögens*, also mit Abschluss der Abwicklung der Gesellschaft, ein[25]. Da das gesetzlich vorgesehene Verfahren nach Auflösung der Gesellschaft meistens eine gewisse Zeit in Anspruch nimmt, setzt Beendigung gewöhnlich erst nach einiger Zeit ein. Da die Gesellschafter aber auch eine andere Art der Abwicklung als die gesetzlich vorgesehene beschließen können, kann die Beendigung auch ganz rasch herbeigeführt werden[26]. Dies ist etwa dann der Fall, wenn ein Gesellschafter oder ein Dritter das Gesellschaftsvermögen gegen Zahlung einer Ausgleichssumme an die anderen übernimmt[27] oder wenn das Gesellschaftsvermögen als Ganzes auf einen Dritten übertragen wird.

---

[23] H.M. Nachweise bei Soergel-*Hadding/Kießling* § 730 Rdz. 3; MünchKomm-*Ulmer/ Schäfer* § 730 Rdz. 49 ff.; dort auch zu den Ausnahmen.
[24] Unstreitig: BGH NJW 1995, 2843; vgl. *Kübler/Assmann* § 6 IV 1 c); MünchKomm-*Ulmer/Schäfer* Vor § 723 Rdz. 11.
[25] S. etwa MünchKomm-*Ulmer/Schäfer* § 730 Rdz. 38.
[26] Überblick bei *Hillers*, Personengesellschaften in Liquidation, 1988, S. 18 ff.
[27] Beispielsfall (mit Rücktritt von der Abfindungsvereinbarung!) BGH ZIP 1982, 1322; *Karsten Schmidt* ZHR 153 (1989), 270, 276.

B. Die Offene Handelsgesellschaft (OHG)

I. Begriffsbestimmung, Erscheinungsformen und praktische Bedeutung

1. Die OHG als Gesellschaft, die auf den Betrieb eines Handelsgewerbes gerichtet ist

1   Nach § 105 Abs. 1 HGB *ist eine Gesellschaft, deren Zweck auf den Betrieb eines Handelsgewerbes* unter gemeinschaftlicher Firma gerichtet ist, eine OHG, wenn bei keinem Gesellschafter die Haftung beschränkt ist. Wird *kein Handelsgewerbe* nach § 1 Abs. 2 HGB betrieben, so liegt eine OHG nur vor, wenn die Firma im Handelsregister eingetragen ist (§ 105 Abs. 2 HGB). Diese Eintragungsmöglichkeit eröffnet das Gesetz einer Gesellschaft, die nur ihr eigenes Vermögen verwaltet[1], sowie generell allen Gewerbetreibenden, auch wenn ihr Unternehmen einen in kaufmännischer Weise eingerichteten Gewerbebetrieb nicht erfordert. Man kann die OHG als Spezialfall der BGB-Gesellschaft bezeichnen. Demgemäß müssen im Grundsatz alle Kriterien einer BGB-Gesellschaft erfüllt sein. Das Gesetz bringt diese Nähe zur BGB-Gesellschaft durch den Verweis in § 105 Abs. 3 HGB auf das Recht dieser Gesellschaftsform zum Ausdruck.

2   Die OHG *entsteht kraft Gesetz*, wenn ein Handelsgewerbe nach § 1 Abs. 2 HGB betrieben wird. Dies ist der Fall, wenn ein Gewerbe so ausgeübt wird, dass es nach Art und Umfang einen in kaufmännischer Weise eingerichteten Geschäftsbetrieb erfordert. Wie geschildert kann eine OHG unter Umständen auch entstehen, wenn ein anderes Gewerbe als ein Handelsgewerbe nach § 1 Abs. 2 HGB (oder die Verwaltung eigenen Vermögens) betrieben wird. In diesem Fall entsteht die OHG aber nur *auf Wunsch der Gesellschafter*, nämlich durch Eintragung der Firma ins Handelsregister[2]. Die Gesellschafter können die Firma auch wieder löschen lassen (§ 105 Abs. 2 S 2 HGB)[3]. Dann liegt keine OHG, sondern eine BGB-Gesellschaft vor. Fehlt es bei einer kraft Gesetzes zur OHG gewordenen Gesellschaft später am Vorliegen eines Handelsgewerbes nach § 1 Abs. 2 HGB, so führt dies nicht zur Löschung der Gesellschaft von Amts wegen. Vielmehr haben die Gesellschafter, sofern ein

---

[1] Es ist umstritten, ob die Vermögensverwaltung ein Gewerbe beinhaltet: Dazu *Bydlinski* ZIP 1998, 1169, 1175; *Schön* DB 1998, 1169; weitergehend *Karsten Schmidt* JZ 2003, 585, 591, nach dem jede Außengesellschaft eingetragen werden kann.

[2] Da mit dem Zugang zur OHG den Gesellschaftern auch die Möglichkeit eröffnet wird, eine KG zu gründen und damit die Haftung zumindest einiger Gesellschafter zu beschränken, ist diese neu geschaffene Wahl zwischen den Gesellschaftsformen für manche Gesellschaften attraktiv.

[3] *Schaefer* DB 1998, 1269, 1273: anders für land- und forstwirtschaftliche Unternehmen, § 3 Abs. 2 HGB.

Gewerbe betrieben oder nur eigenes Vermögen verwaltet wird, die Möglichkeit, im Handelsregister zu verbleiben. Wird die OHG zu einer BGB-Gesellschaft, so ist eine Übertragung von Vermögensgegenständen nicht erforderlich. Die Identität der Gesellschaft bleibt gewahrt.

Das Handelsgewerbe muss *unter gemeinschaftlicher Firma* betrieben   **3**
werden. Diese Formulierung von § 105 Abs. 1 HGB ist missverständlich. Selbstverständlich können die Gesellschafter der strengen Haftung für OHG-Gesellschafter nicht dadurch entgehen, dass sie sich auf keine oder auf eine unzulässige Firmenbezeichnung einigen[4]. Gemeint ist, dass eine OHG nur dann vorliegt, wenn die Gesellschaft als solche nach außen in Erscheinung tritt[5]. Da die Gesellschaft (und nicht die Gesellschafter) das Gewerbe betreibt, ist dies auch gar nicht anders denkbar. Daher wird auch gesagt, die gemeinschaftliche Firma sei kein selbständig zu prüfendes Tatbestandsmerkmal des § 105 Abs. 1 HGB[6].

Das Gesetz besagt auch, dass eine OHG nur vorliegt, wenn bei *keinem*   **4**
Gesellschafter die Haftung gegenüber den Gesellschaftsgläubigern beschränkt ist. Hierin liegt die Abgrenzung zur Kommanditgesellschaft. Ob eine Haftungsbeschränkung vorliegt, richtet sich nach dem Gesellschaftsvertrag. Eine andere Frage ist es, ob, wenn die Haftungsbeschränkung im Gesellschaftsvertrag vorgesehen ist, und damit, sofern es um eine Personenhandelsgesellschaft geht, eine Kommanditgesellschaft vorliegt, die Haftung auch wirklich beschränkt ist. Hier kann sich aufgrund von § 176 HGB oder auch aus allgemeinen Rechtsscheingrundsätzen (Auftreten als OHG) ein anderes ergeben. Nicht erforderlich ist, dass der Wille der Gesellschafter auf die unbeschränkte Haftung gerichtet ist. Vielmehr reicht es aus, dass keine Haftungsbeschränkung vereinbart wird.

2. Eintragung im Handelsregister

Eine OHG muss ins Handelsregister eingetragen werden (§ 106 HGB).   **5**
Wenn die Gesellschaft ein Handelsgewerbe i. S. d. § 1 Abs. 2 HGB betreibt, ist die Eintragung aber nur *deklaratorisch*. Die OHG besteht also unabhängig davon, ob sie eingetragen ist oder nicht. Dies leuchtet auch ein, da anderenfalls die Gesellschafter allein dadurch, dass sie ihrer Eintragungspflicht nicht nachkommen, den strengen Regeln, die das Gesetz für die OHG vorsieht, entgehen könnten. Betreibt die Gesellschaft ein Gewerbe i. S. d § 2 HGB oder verwaltet sie nur eigenes Vermögen, so entsteht die OHG erst mit Eintragung (§ 105 Abs. 2 HGB). Zuvor liegt eine Gesellschaft bürgerlichen

---

[4] Mittlerweile weitgehend unstreitig, s. Baumbach/*Hopt* § 105 Rdz. 5.
[5] *Oetker/Weitemeyer* § 105 Rdz. 19.
[6] MünchKommHGB-*Karsten Schmidt* § 105 Rdz. 43.

Rechts vor. Die Eintragung ist also *konstitutiv*. § 123 HGB stiftet insoweit eher Verwirrung[7]. Auch vor der Eintragung besteht eine Gesellschaft, entweder eine OHG (Fall des § 1 Abs. 2 HGB) oder eine Gesellschaft bürgerlichen Rechts (Fall von § 2 HGB und der Verwaltung eigenen Vermögens). § 123 Abs. 1 HGB besagt demgegenüber nur, dass spätestens mit der Eintragung eine OHG entsteht[8].

3. Wirtschaftliche Bedeutung

6   Die wirtschaftliche Bedeutung der OHG ist rückläufig[9]. Dies liegt in erster Linie an dem mit der Gesellschafterstellung verbundenen Haftungsrisiko, das mit der unbeschränkten Haftung für die Gesellschaftsschulden zwangsläufig verbunden ist. Zugleich darf nicht übersehen werden, dass für große Unternehmen die Kapitalbeschaffung problematisch ist, wenn die Rechtsform der OHG gewählt wird. Daher treten Offene Handelsgesellschaften fast nur im mittelständischen Bereich auf[10].

II. Der Gesellschaftsvertrag

1. Form- und Genehmigungserfordernisse

7   Bezüglich der *Formerfordernisse* gilt im Grundsatz dasselbe wie bei der BGB-Gesellschaft[1]. Da bei der OHG die Gesellschafter zwingend für die Schulden der Gesellschaft haften, kann die Aufnahme in eine OHG nicht geschenkt werden[2]. In der Übernahme des Haftungsrisikos liegt die die Unentgeltlichkeit ausschließende Gegenleistung.

8   Eine *Genehmigung* des Vormundschaftsgerichts / Familiengerichts ist bei Beteiligung von Personen, die durch einen Vormund oder ihre Eltern vertreten werden, stets erforderlich. Denn die Beteiligung an einer OHG stellt stets das Betreiben eines Erwerbsgeschäfts i.S.v. § 1822 Nr. 3 BGB dar[3]. Gleiches gilt, wenn für einen Gesellschafter ein Betreuer bestellt ist (§ 1908 i BGB).

---

[7] MünchKommHGB-*Karsten Schmidt* § 123 Rdz. 1 sagt, die Norm sei missverständlich formuliert.

[8] Oetker/*Boesche* § 123 Rdz. 8; MünchKommHGB-*Karsten Schmidt* § 123 Rdz. 6.

[9] S. *Meyer* GmbHR 2002, 177, 178; *Schäfer*, in Großkomm. zum HGB, § 105 Rdz. 12; auch *Kübler/Assmann* § 7 I 4.

[10] *Windbichler* § 4 Rdz. 11 geht für 2007 von 262.649 OHGs aus.

[1] 1. A. 10 f.

[2] BGH WM 1971, 1338; BGH NJW 1981, 1956, 1957: die Aufnahme sei im Regelfall keine Schenkung; a.A. *Ulmer*, in Großkomm. zum HGB, § 105 Rdz. 176.

[3] *Koller*/Roth/Morck § 105 Rdz. 15; MünchKommHGB-*Karsten Schmidt* § 105 Rdz. 145.

2. *Beiträge, Treuepflicht, Gleichbehandlungsgebot, Wettbewerbsverbt*

Im Bereich der Beiträge, Treuepflichten und des Gleichbehandlungsgrund-   **9**
satzes gilt nichts anderes als bei der BGB-Gesellschaft[4]. Allerdings muss das
Wettbewerbsverbot nicht aus der allgemeinen Treuepflicht entwickelt werden. Vielmehr ist es in § 112 Abs. 1 HGB kodifiziert. Nach dieser Norm darf
ein Gesellschafter nicht in dem Handelszweig der Gesellschaft Geschäfte
machen oder an einer gleichartigen Handelsgesellschaft als persönlich haftender Gesellschafter teilnehmen. Geschützt ist also der Markt, auf dem die
OHG tätig ist oder tätig werden will. Ebenso geschützt ist das engere Umfeld
dieses Marktes, sofern Interessengegensätze zwischen Gesellschaft und Gesellschafter nicht auszuschließen sind[5]. Dabei ist in erster Linie auf den im
Gesellschaftsvertrag niedergelegten Gesellschaftszweck abzustellen, da sich
die Gesellschafter insoweit gebunden haben. Allerdings kann – auch durch
konkludente Absprachen der Gesellschafter – dieser Gesellschaftszweck mit
der Zeit enger oder weiter gefasst worden sein[6].

Das Wettbewerbsverbot *gilt nicht, wenn die anderen Gesellschafter ein-*   **10**
gewilligt haben (§ 112 Abs. 1, 2 HGB). Es kann im Gesellschaftsvertrag
auch vorgesehen werden, dass statt einer solchen individuellen Einwilligung
jedes einzelnen Gesellschafters ein Gesellschafterbeschluss (eventuell sogar
ein Mehrheitsbeschluss) ausreicht. Bei der Beschlussfassung hat der betroffene Gesellschafter kein Stimmrecht[7]. Mit einer solchen Vertragsgestaltung
gehen die Gesellschafter ein nicht unerhebliches Risiko ein, da ein Mitgesellschafter als Wettbewerber wegen seiner Kenntnisse über die Interna der Gesellschaft für die OHG besonders nachteilig sein kann.

In dem Fall BGH NJW 1986, 584 hatte der beklagte Gesellschafter einer OHG ein   **11**
Grundstück gemietet, auf dem die OHG ihren Geschäftsbetrieb ausübte. Die Miete
zahlte die OHG. Laut Mietvertrag war der Vermieter verpflichtet, im Falle des Ver-
kaufs das Mietobjekt dem Mieter zuvor schriftlich anzubieten. Demgemäß wurde
das Grundstück dem Beklagten angeboten, der einen Kauf durch seine Frau in die
Wege leitete. Der Kläger und Mitgesellschafter, der das Unternehmen übernommen
hatte, verlangte Schadensersatz mit der Begründung, der Beklagte habe seine Pflichten als Geschäftsführer der Gesellschaft dadurch, dass er nicht einen Kauf durch die
OHG gefördert habe, verletzt.

---

[4] 1. A. 13 ff., 26 ff.; zur Treuepflicht in der OHG *Koller*/Roth/Morck § 105 Rdz. 35;
Ulmer, in Großkomm. zum HGB, § 105 Rdz. 232 ff.

[5] *Schäfer* in Großkomm. zum HGB § 112 Rdz. 17 bezeichnet § 112 HGB zu Recht als
Gefährdungstatbestand.

[6] In diese Richtung auch BGH NJW 1984, 1351, 1353; auch MünchKommHGB-
Langhein § 112 Rdz. 11 ff.; nach *Armbrüster* ZIP 1997, 261, 263 können die Gesellschafter bis zu dem Zeitpunkt, zu dem die OHG zur Konkurrentin wird, in dem Tätigkeitsfeld
aktiv sein.

[7] BGHZ 80, 69, 71; *Timm* GmbHRdsch 1981, 183; *Ulmer* in Großkomm. zum HGB
§ 112 Rdz. 31.

Der BGH ist dieser Überlegung des Klägers gefolgt und hat ausgeführt, dass ein geschäftsführender Gesellschafter aufgrund der Treuepflicht dazu verpflichtet sei, in allen Angelegenheiten, die das Interesse der Gesellschaft berühren, deren Wohl und nicht seinen eigenen Nutzen oder den Vorteil anderer im Auge zu behalten. Dies habe im vorliegenden Fall die Pflicht begründet, alles daran zu setzen, das Grundstück der OHG zu sichern, da nur so die mit jedem Mietvertrag verbundenen Unsicherheiten langfristig vermeidbar waren. Aufgrund dieser Pflichtverletzung sei der Beklagte zur Leistung von Schadensersatz verpflichtet.

Das Urteil zeigt deutlich die Nähe zwischen Treuepflicht und Wettbewerbsverbot[8]. Wettbewerb wollte der Beklagte der OHG nicht machen, da er nicht in ihren Geschäftsbereich, betrieben wurde ein Textilgeschäft, eindringen wollte. Darüber hinaus hat aber jeder Gesellschafter auch die Geschäftschancen der Gesellschaft zu respektieren[9]. Es ist ihm nicht erlaubt, diese ungenutzt verstreichen zu lassen oder sogar für sich oder eine dritte Person zu nutzen.

12   *Verstößt ein Gesellschafter gegen das Wettbewerbsverbot*, so macht er sich schadensersatzpflichtig. Die OHG kann auch Unterlassung verlangen. Darüber hinaus kann sie geltend machen, dass der Gesellschafter das für eigene Rechnung gemachte Geschäft als für Rechnung der Gesellschaft eingegangen gelten lässt (§ 113 Abs. 1 HGB). Im Verhältnis zu Dritten bleibt der Gesellschafter aber Vertragspartner. Der Gesellschafter ist verpflichtet, alles was er aus diesem Geschäft erlangt hat, an die OHG abzuführen. Sofern Verluste entstehen, treffen auch diese, wenn das Eintrittsrecht geltend gemacht wurde, die OHG.

3. Auslegung und Inhaltskontrolle

13   Im Bereich der Auslegung und Inhaltskontrolle gilt dasselbe wie bei der BGB-Gesellschaft[10]. Da Gesellschaften mit großer Mitgliederzahl in der Rechtsform der OHG kaum vorkommen, spielt die Inhaltskontrolle nach § 242 BGB praktisch keine Rolle.

---

[8] Dazu *Kübler/Waltermann* ZGR 1991, 162, 165 f., 173 f.; siehe auch den Fall 1. A. 99.

[9] Ausführlich *Merkt* ZHR 159 (1995), 423; siehe auch BGH ZIP 1997, 2197: Hier hatte der Gesellschafter schon vor Gründung der Gesellschaft das Grundstück gepachtet, das er später an die Gesellschaft mit Gewinn weiterverpachtete. Daher lag kein Verstoß gegen die Treuepflicht vor.

[10] 1. A. 29 ff., 33 ff.

III. Geschäftsführung und Vertretung

1. Geschäftsführung[1]

a) Nach § 114 Abs. 1 HGB sind alle Gesellschafter zur Führung der Ge-　**14**
schäfte berechtigt und verpflichtet (*Einzelgeschäftsführungsbefugnis*). Die
Befugnis zur Geschäftsführung erstreckt sich auf alle Handlungen, die der
gewöhnliche Betrieb des Handelsgewerbes der Gesellschaft mit sich bringt.
Diese Regelung erlaubt es jedem Gesellschafter, unabhängig von den anderen Gesellschaftern für die Gesellschaft tätig zu werden. Damit kann die
Gesellschaft sehr viel schneller reagieren, als wenn vor jedem Geschäft eine
Abstimmung mit allen Mitgesellschaftern notwendig wäre. Für alle Handlungen, die der gewöhnliche Betrieb des Handelsgewerbes nicht mehr mit
sich bringt, ist aber ein Beschluss sämtlicher Gesellschafter erforderlich
(§ 116 Abs. 2 HGB). Gleiches gilt für sogenannte *Grundlagengeschäfte*[2],
worunter man Maßnahmen versteht, die wegen ihrer besonderen Bedeutung
für das Verhältnis der Gesellschafter untereinander schon kaum noch als
Geschäftsführung angesehen werden können. Ohne den erforderlichen Beschluss darf die Maßnahme nicht durchgeführt werden. Die Gesellschaft
kann Unterlassung verlangen[3].

b) Die Regelung von § 114 Abs. 1 HGB ist *dispositiv* (§ 109 HGB). Im Ge-　**15**
sellschaftsvertrag kann also die Geschäftsführungsbefugnis auch einem
oder auch mehreren Gesellschaftern übertragen werden. Wenn das der Fall
ist, sind die übrigen Gesellschafter von der Geschäftsführungsbefugnis ausgeschlossen (§ 114 Abs. 2 HGB). Es können auch Zustimmungskataloge oder
Widerspruchsrechte festgelegt werden. Ein solches Widerspruchsrecht sieht
§ 115 Abs. 1 HGB für den Fall vor, dass alle oder mehrere Gesellschafter zur
Geschäftsführung befugt sind. Dann haben die geschäftsführungsbefugten
Gesellschafter – nur diese! – ein Widerspruchsrecht[4]. Zwingend ist aber auch
diese Regelung nicht[5].

In dem Fall BGH NJW 1986, 844 waren die Parteien die persönlich haftenden　**16**
Gesellschafter einer Kommanditgesellschaft. Sie hatten Einzelgeschäftsführungsbefugnis. Der Kläger schlug eine Gehaltserhöhung für einzelne Mitarbeiter um 5% vor.

---

[1] Dazu, was darunter zu verstehen ist, 1. A. 38.
[2] Der Begriff wird unterschiedlich verwandt. Nach *Koller*/Roth/Morck § 114 Rdz. 2
(ähnlich *Priester* DStR 2007, 28, 29; *Schulze-Osterloh*, FS Hadding, 2004, S. 637, 645)
sind es Tätigkeiten, die auf die Grundlagen der Tätigkeit, Organisation und Zusammensetzung der Gesellschaft bzw. auf die Rechtsbeziehungen der Gesellschafter untereinander bezogen sind; siehe auch 1. B. 23, 1. D. 9.
[3] Zur actio pro socio 1. B. 26.
[4] Es gelten dieselben Regeln wie beim Widerspruchsrecht in der BGB-Gesellschaft, 1.
A. 40, 55.
[5] Zu einer Modifikation des Widerspruchsrechts BGH ZIP 1988, 843.

Der Beklagte stimmte der Gehaltserhöhung für eine Mitarbeiterin zu, widersprach aber der Gehaltserhöhung im Übrigen[6]. Der BGH hat die Klage, die auf Feststellung der Unbeachtlichkeit des Widerspruchs gerichtet war, abgewiesen. Das Urteil überprüft, ob der Widerspruch aus eigennützigen Motiven erfolgte und daher unzulässig sei. Damit wird zutreffend gesagt, dass allein die Tatsache, dass für die Einlegung des Widerspruchs auch persönliche Gründe im Spiel waren (Wunsch, einen höheren Gewinn für die Gesellschaft und damit für sich selbst zu erzielen), nicht dazu führt, dass der Widerspruch unzulässig ist.

17   Eine Grenze für die den Gesellschaftern eingeräumte Vertragsfreiheit soll sich wiederum aus dem Grundsatz der *Selbstorganschaft* ergeben. Insoweit kann auf die Überlegungen im Zusammenhang mit der BGB-Gesellschaft verwiesen werden[7]. Da die Haftung der Gesellschafter in der OHG zwingend unbeschränkt ist (§ 128 HGB), muss den Gesellschaftern die Möglichkeit verbleiben, jede Maßnahme auch selbst durchzuführen bzw. von einem Dritten, der in Sachen der Gesellschaft tätig ist, Unterlassung zu verlangen[8].

18   c) Die Befugnis zur Geschäftsführung kann dem Gesellschafter bei Vorliegen eines wichtigen Grundes *durch Gestaltungsurteil entzogen werden* (§ 117 HGB). Sofern im Gesellschaftsvertrag nichts anderes vereinbart ist, reicht also ein Beschluss der Gesellschafter nicht aus. Die Klage muss von allen Gesellschaftern (und nicht von der Gesellschaft) erhoben werden[9]. Gesellschafter, die nicht mitklagen, können auf Mitwirkung verklagt werden, wenn die Treuepflicht eine solche Mitwirkung gebietet[10]. Dies ist insbesondere dann der Fall, wenn die Fortdauer der Geschäftsführungsbefugnis zu einer Schädigung der Gesellschaft führen könnte.

2. Vertretung

19   a) Gesellschafter, die Geschäftsführungsbefugnis haben, dürfen für die Gesellschaft handeln. Um die Gesellschaft rechtsgeschäftlich vertreten zu können, ist aber eine entsprechende Vertretungsmacht erforderlich. Diese ist von der Geschäftsführungsbefugnis strikt zu unterscheiden. Es ist denkbar, dass ein Gesellschafter Vertretungsmacht hat und demgemäß die OHG berechtigen und verpflichten kann, ihm aber die Geschäftsführungsbefugnis

---

[6] Siehe auch BGH ZIP 2007, 268, 269 (Zahlungen an einen Gesellschafter-Geschäftsführer für die Geschäftsführung, GmbH).

[7] 1. A. 42 ff.

[8] MünchKommHGB-*Rawert* § 114 Rdz. 28; *Windbichler* § 14 Rdz. 4.

[9] BGHZ 64, 253, 255; 68, 81, 82 (beide Entscheidungen zu § 140 HGB); BGH NJW 1984, 173 (KG); Baumbach/*Hopt* § 117 Rdz. 6; MünchKommHGB-*Jikeli* § 117 Rdz. 59.

[10] BGHZ 64, 253, 257 zu § 140 HGB; BGH NJW 1984, 173 (KG); Baumbach/*Hopt* § 117 Rdz. 6; allgemein zur Pflicht zur Zustimmung zur Abänderung des Gesellschaftsvertrages: 1. A. 80 ff.

fehlt, und er daher nicht berechtigt ist, für die Gesellschaft rechtsgeschäftlich zu handeln.

b) Zur Vertretung der OHG ist *jeder Gesellschafter ermächtigt* (§ 125   **20**
Abs. 1 HGB). Es kann aber auch, wie nach der gesetzlichen Regel in der BGB-Gesellschaft, Gesamtvertretung im Gesellschaftsvertrag angeordnet werden (§ 125 Abs. 2 HGB). Dabei können einzelne oder alle Gesellschafter als Gesamtvertreter vorgesehen werden. Möglich ist auch eine „gemischte Gesamtvertretung" nach der Art, dass die Gesellschafter, wenn nicht mehrere Gesellschafter zusammen handeln, nur in Gemeinschaft mit einem Prokuristen zur Vertretung der Gesellschaft ermächtigt sein sollen (§ 125 Abs. 3 HGB).

Eine Grenze für die beliebige Ausgestaltung der Vertretungsmacht wird   **21**
wiederum dem Grundsatz der *Selbstorganschaft* entnommen. Danach soll es unzulässig sein, alle persönlich haftenden Gesellschafter von der Vertretung nach §§ 125 ff. HGB auszuschließen bzw. den einzigen oder alle Gesellschafter an die Mitwirkung eines Prokuristen zu binden[11]. Da in der OHG die Gesellschafter zwingend unbeschränkt persönlich für die Schulden der Gesellschaft haften, gebietet es der Gesellschafterschutz in der Tat, dass die Gesellschafter jedenfalls alle zusammen auch stets selbst für die Gesellschaft handeln und das Tätigwerden Dritter unterbinden können. Es reicht aus, dass ihnen diese Möglichkeit in Form der Gesamtvertretung zur Verfügung steht. Da aber die unabdingbare Mitwirkung Dritter nicht akzeptabel ist, kann in der Tat auch nicht vereinbart werden, dass der einzige vertretungsberechtigte Gesellschafter oder alle vertretungsberechtigten Gesellschafter an die Mitwirkung eines Prokuristen gebunden sind.

c) Der *Umfang der Vertretungsmacht* bestimmt sich nach § 126 HGB. Da-   **22**
nach erstreckt sie sich auf alle gerichtlichen und außergerichtlichen Geschäfte und Rechtshandlungen, einschließlich der Veräußerung und Belastung von Grundstücken, sowie auf Erteilung und Widerruf von Prokuren (Abs. 1). Eine Beschränkung des Umfangs der Vertretungsmacht ist nach § 126 Abs. 2 HGB Dritten gegenüber unwirksam. Da es um den Schutz des Dritten geht, gilt die Norm nicht zugunsten von Gesellschaftern. Diese kennen ja den Vertrag [12]. Nicht von der Vertretungsmacht erfasst sind Änderungen des Gesellschaftsvertrages. Hierzu zählen etwa auch die Änderungen der Geschäftsführungsbefugnis und der Vertretungsmacht nach §§ 114 ff., 125 ff. HGB. Das ist im Grunde selbstverständlich, da die OHG durch den betreffenden Gesellschafter vertreten wird, Vertragspartner des Gesell-

---

[11] BGHZ 26, 330, 332 (KG); 41, 367, 369 (KG); Baumbach/*Hopt* § 125 Rdz. 20; Münch-KommHGB-*Karsten Schmidt* § 125 Rdz. 6; allgemein zur Selbstorganschaft 1. A. 52, 42 ff.
[12] BGH ZIP 1997, 1419 (GmbH); OLG Stuttgart ZIIP 2010, 474, 475.

schaftsvertrages aber die Gesellschafter sind. Gleiches gilt für die Aufnahme von neuen Gesellschaftern[13]. Allerdings können sich die Altgesellschafter bei der Aufnahme neuer Gesellschafter durch einen Gesellschafter vertreten lassen. Für das Ausscheiden gilt dasselbe.

23   In dem Fall BGH NJW 1995, 596 hatte der Komplementär einer KG den gesamten Betrieb (ein Nachtlokal) auf einen Dritten übertragen. Dies war mit den Mitgesellschaftern nicht abgesprochen. Zu klären war, ob das schuldrechtliche Veräußerungsgeschäft zwischen der KG und dem Dritten – gerichtet auf Übertragung des Geschäftsbetriebs und damit des gesamten Vermögens der KG – wirksam ist. In dem Urteil wird dies unter Hinweis darauf verneint, dass die Vertretungsmacht des Gesellschafters nicht auch die Veräußerung des Geschäftsbetriebs der Gesellschaft und damit eine komplette Umgestaltung der Gesellschaft umfasse. Der Rechtsgedanke des § 179 a AktG greife auch hier.

Diese Entscheidung ist nicht unproblematisch. Dabei ist sicher klar, dass ein Gesellschafter solche *Grundlagengeschäfte* nicht ohne Zustimmung der anderen abschließen darf. Darum ging es aber im vorliegenden Fall nicht. Zur Debatte stand vielmehr die Frage, ob ein Gesellschafter solche Geschäfte ohne die im Innenverhältnis erforderliche Zustimmung abschließen kann, ob also seine Vertretungsmacht so weit reicht. Hier spielen nun auch Aspekte des Drittschutzes eine Rolle: Der Erwerber weiß nicht unbedingt, dass der veräußerte Gegenstand den gesamten Geschäftsbetrieb der Gesellschaft umfasst (die Gesellschaft könnte auch eine ganze Kette von Nachtlokalen betreiben). § 126 Abs. 2 HGB ist aber gerade diesem Drittschutz verpflichtet. Daher sollte man davon ausgehen, dass eine entsprechende Vertretungsmacht gegeben ist[14]. Den Mitgesellschaftern kann man mit den Regeln des Missbrauchs der Vertretungsmacht helfen. Danach findet jede Vertretungsmacht ihre Grenze, wenn der Vertreter unter Umständen tätig wird, aufgrund derer sich dem Vertragspartner der Verdacht eines Treueverstosses gegenüber der vertretenen Gesellschaft oder (wie hier) gegenüber den Mitgesellschaftern aufdrängen muss[15]. Für Verfügungsgeschäfte, die auf die Übertragung des gesamten Geschäftsbetriebes gerichtet sind, nimmt auch der BGH an, dass die Vertretungsmacht des Gesellschafters ausreiche. Doch nützt dies dem Erwerber wenig. Er muss das Erlangte nach § 812 Abs. 1 S. 1 BGB wegen Unwirksamkeit des schuldrechtlichen Geschäfts wieder herausgeben.

24   d) Die *Vertretungsmacht* kann dem Gesellschafter unter denselben Voraussetzungen wie die Geschäftsführungsbefugnis *entzogen werden* (§ 127 HGB). Abweichende Vereinbarungen sind zulässig. Insbesondere kann von dem Erfordernis eines Gestaltungsurteils abgewichen werden[16]. Stets muss

---

[13] Siehe *Hadding*, FS Lutter, 2000, S. 851, 860.

[14] *Grunewald* JZ 1995, 577; *Hadding*, FS Lutter, 2000, S. 851, 862ff.; dem Urteil folgend dagegen BGH ZIP 2005, 171, 173 und *Karsten Schmidt* ZGR 1995, 674ff.; zum Verein, wo die Problematik ähnlich liegt, 2. A. 57.

[15] *Grunewald* Bürgerliches Recht, 8. Aufl. 2009 § 7 Rdz. 12f.; *Koller*/Roth/Morck § 126 Rdz. 2.

[16] Baumbach/*Hopt* § 127 Rdz. 12; siehe auch MünchKomm HGB-*Karsten Schmidt* § 127 Rdz. 9ff.: Die Entziehung aus wichtigem Grund müsse stets möglich sein.

die Entziehung der Vertretungsmacht aber dann möglich sein, wenn ein wichtiger Grund vorliegt[17].

e) Nach § 106 Abs. 2 Nr. 4 HGB ist die Vertretungsmacht der Gesellschaf-   25
ter ins *Handelsregister einzutragen.* Die Rechtsfolgen einer unterbliebenen oder vollzogenen Eintragung richten sich nach § 15 HGB.

3. Actio pro socio

Auch in der OHG kann ein Gesellschafter Ansprüche der Gesellschaft   26
unter gewissen Umständen auch dann durchsetzen, wenn er keine Vertretungsmacht für die OHG hat. Besonderheiten gegenüber der BGB-Gesellschaft gibt es im Grundsatz nicht[18]. Die Durchführung einer solchen Klage
ist im Regelfall auch nicht an einen Beschluss nach § 116 Abs. 2 HGB gebunden. Denn da sich die Befugnis zur Durchsetzung der Rechte der Gesellschaft durch einen Gesellschafter im eigenen Namen im Wege der ergänzenden Auslegung des Gesellschaftsvertrages ergibt, muss dieses Regelwerk
stimmig vervollständigt werden. Würde man die actio pro socio aber an einen Gesellschafterbeschluss binden, so wäre sie schon wegen des zu erwartenden Widerspruchs des Gesellschafters, der in Anspruch genommen werden soll, kaum praktikabel[19].

IV. Beschlussfassung der Gesellschafter

1. Zuständigkeiten und Stimmabgabe

Ein Gesellschafterbeschluss ist immer dann erforderlich, wenn der Gesell-   27
schaftsvertrag einen solchen vorsieht. Darüber hinaus gilt § 116 Abs. 2 HGB.
Fehlt ein erforderlicher Beschluss, so ist die getroffene Maßnahme rechtswidrig. Abänderungen des Gesellschaftsvertrages sind nicht wirksam, wenn
nicht alle Gesellschafter dem zugestimmt haben. Gleiches gilt für den Beitritt und das Ausscheiden von Gesellschaftern sowie für die Übertragung
der Mitgliedschaft[1].

Das Gesetz spricht in mehreren Fällen von der *Einwilligung der Gesell-*   28
schafter (§§ 112, 122 Abs. 2 HGB). Ob damit ein einstimmiger Beschluss
aller Gesellschafter oder aber eine entsprechende Willenserklärung jedes

---

[17] BGH NJW 1998, 1225, 1226 (KG).
[18] 1. A. 62 ff.
[19] *Becker,* Verwaltungskontrolle durch Gesellschafterrechte, 1997, S. 561; *Bork/ Oepen* ZGR 2001, 515, 535; *Grunewald,* Die Gesellschafterklage in der Personengesell-schaft und der GmbH, 1990, S. 49 ff., jeweils mit Ausnahme von diesem Grundsatz.
[1] 1. A. 67.

Gesellschafters gemeint ist, ist umstritten[2]. Bedeutung soll die Frage bei der Festlegung der Bedingungen haben, unter denen ein Widerruf erfolgen kann. Doch selbst wenn man davon ausgeht, dass mit der Einwilligung eine entsprechende Willenserklärung jedes Gesellschafters gemeint ist, kommt eine freie Widerruflichkeit dieser Erklärung schon deshalb nicht in Betracht, weil sich die anderen Gesellschafter auf die einmal gegebene Einwilligung eingestellt haben. Es müsste also für einen Widerruf zumindest ein wichtiger Grund vorliegen[3], wobei die Interessen der Gesellschafter, die sich auf die Einwilligung verlassen haben, nicht außer Acht gelassen werden dürfen. Zugleich sollte man zu ihrem Schutz einen einstimmigen Beschluss aller Gesellschafter fordern, wenn die einmal erfolgte Einwilligung zurückgenommen werden soll. Das spricht dafür, auch die Einwilligung als einen Beschluss anzusehen, der durch einen weiteren einstimmigen Beschluss wieder aufgehoben werden kann.

29   Bezüglich der *Stimmabgabe*, insbesondere der Stimmberechtigung und der Stimmverbote, der Vertretung, der Stimmbindungsverträge und der Stimmpflicht gilt dasselbe wie bei der BGB-Gesellschaft[4].

2. Einstimmigkeit, Mehrheitserfordernis, Beschlussmängel

30   Nach § 119 Abs. 1 HGB bedürfen die von den Gesellschaftern zu fassenden Beschlüsse der *Zustimmung aller zur Mitwirkung bei der Beschlussfassung berufenen Gesellschafter*. Damit bringt das Gesetz zum Ausdruck, dass die Beschlussfassung im Regelfall mit Zustimmung aller Gesellschafter erfolgen soll. Nach § 119 Abs. 2 HGB soll eine Klausel im Gesellschaftsvertrag, nach der die Mehrheit der Stimmen zu entscheiden hat, so zu verstehen sein, dass die Mehrheit nach Köpfen zu berechnen ist. Eine solche Art der Mehrheitsberechnung ist aber oftmals nicht gewollt. Vielmehr soll sich die Mehrheit nach der kapitalmäßigen Beteiligung der Gesellschafter an der OHG berechnen. Sofern der Gesellschaftsvertrag – wie üblich – Anhaltspunkte für eine solche mehr an der kapitalmäßigen Beteiligung ausgerichtete Mehrheitsberechnung liefert, ist eine Mehrheitsklausel – entgegen der gesetzlichen Regel – auch dahingehend zu verstehen. In Bezug auf den Bestimmtheitsgrundsatz und die Kernbereichslehre gilt nichts anderes als bei der BGB-Gesellschaft[5].

---

[2] Für eine Individualerklärung MünchKommHGB-*Langhein* § 112 Rdz. 24; *Ulmer*, in Großkomm. zum HGB, § 112 Rdz. 26.

[3] MünchKommHGB-*Langhein* § 112 Rdz. 25; *Ulmer*, in Großkomm. zum HGB, § 112 Rdz. 26.

[4] 1. A. 68 ff.

[5] 1. A. 83 f.

V. Informationsrechte

1. Informationsrechte der OHG

Über die Verweisung von § 105 Abs. 2 HGB finden die Vorschriften der   31
BGB-Gesellschaft Anwendung[1].

2. Informationsrechte der Gesellschafter

Nach § 118 Abs. 1 HGB kann sich jeder Gesellschafter von den Angele-   32
genheiten der Gesellschaft persönlich unterrichten und die Bücher und Papiere der Gesellschaft einsehen. Dieses umfassende *Einsichtsrecht* ist für
den Gesellschafter wichtig, weil er auf diese Weise sein Haftungsrisiko ab-
schätzen kann. Nicht geregelt ist ein *Auskunftsrecht*. Dieses besteht aber
schon wegen des umfassenden Haftungsrisikos immer dann, wenn anders
dem berechtigten Informationsbedürfnis des Gesellschafters nicht Rechnung
getragen werden kann[2]. Dies kann etwa der Fall sein, wenn ein bestimmter
Vorfall in den Büchern der Gesellschaft nicht niedergelegt ist.

VI. Die Vermögensordnung in der OHG

1. Die Rechtsfähigkeit der OHG

Nach § 124 Abs. 1 HGB kann die OHG unter ihrer Firma Rechte erwerben   33
und Verbindlichkeiten eingehen, Eigentum und andere dingliche Rechte erwerben, sowie vor Gericht klagen und verklagt werden. Damit legt diese
Norm eine *umfassende Rechtsfähigkeit* der OHG fest[1]. Demgegenüber findet sich vielfach die wenig klare Aussage[2], Träger der im Namen der Gesellschaft begründeten Rechte und Pflichten sei nicht ein von den Gesellschaftern verschiedenes Rechtssubjekt, vielmehr seien dies die gesamthänderisch
gebundenen Gesellschafter. Aber dies steht im Widerspruch zu dem Wortlaut von § 124 Abs. 1 HGB und verdunkelt nur die Zusammenhänge.

---

[1] 1. A. 94; siehe auch *Budde*, FS Semler, 1993, S. 789, 797 f.
[2] BGH WM 1983, 910, 911; Baumbach/*Hopt* § 118 Rdz. 7; *Karsten Schmidt*, Informationsrechte in Gesellschaften und Verbänden, 1984, S. 64; weitergehend *Akermann*, Der
Kernbereich des Informationsrechts im Recht der Personengesellschaften, 2002, S. 59:
Auskunftsrecht stets gegeben.
[1] Deutlich ebenso *Hadding* ZGR 1973, 137, 145; MünchKommHGB-*Karsten Schmidt*
§ 124 Rdz. 1.
[2] BGHZ 34, 293, 296; BGH NJW 1988, 556; s. auch *Kübler/Assmann* § 7 IV 1: Rechtssubjekt seien die gesamthänderisch verbundenen Gesellschafter, aber ihr Verbund werde
im Verhältnis zu Dritten als fest gefügte Organisation behandelt.

34   Aufgrund von § 124 Abs. 1 HGB ist unstreitig, dass die OHG ins Grundbuch eingetragen[3] und Gesellschafter einer BGB-Gesellschaft, einer KG sowie einer AG oder GmbH sein kann[4]. Ausdrücklich normiert ist die Parteifähigkeit[5]. Die OHG ist insolvenzfähig (§ 11 Abs. 2 Nr. 1 InsO)[6], sie kann
Besitzer[7] und Erbe[8] sein.

2. Das Gesamthandsvermögen

35   Da die OHG selbst rechtsfähig ist, ist das Gesellschaftsvermögen *das Ver-*
mögen der OHG. Den Gesellschaftern gehört das Gesellschaftsvermögen
also nicht, auch nicht in Bruchteilen. Aus diesem Vermögen sind die Schulden der OHG zu begleichen. Da die OHG Gesamthand (und nicht juristische
Person[9]) ist, kann das Gesellschaftsvermögen als Gesamthandsvermögen
bezeichnet werden. Die *Bestandteile* des Gesellschaftsvermögens sind dieselben wie bei der BGB-Gesellschaft. Gleiches gilt für die Verwaltungs- und
Verfügungsbefugnis[10].

VII. Die Haftung in der OHG

1. Haftung der Gesellschaft gegenüber den Gesellschaftsgläubigern

36   Für die vertraglich begründeten Schulden haftet bei entsprechender Vertretung die OHG. Das ist eigentlich eine Selbstverständlichkeit. Da die OHG
selbst rechtsfähig ist[1], kann sie auch Vertragspartner sein. Ein Fehlverhalten
der geschäftsführenden und/oder vertretungsberechtigten Gesellschafter
wird über § 31 BGB der Gesellschaft zugerechnet[2]. Bei Deliktsansprüchen
kommt ebenfalls § 31 BGB auf die geschäftsführenden Gesellschafter zur
Anwendung[3].

---

[3] *Kübler/Assmann* § 7 IV 1 a); MünchKommHGB-*Karsten Schmidt* § 124 Rdz. 10.
[4] Baumbach/*Hopt* § 124 Rdz. 32; MünchKommHGB-*Karsten Schmidt* § 124 Rdz. 6.
[5] § 124 Abs. 1 HGB, dazu Baumbach/*Hopt* § 124 Rdz. 42.
[6] *Kübler/Assmann* § 7 IV 1 e); MünchKommHGB-*Karsten Schmidt* § 124 Rdz. 12;
BGHZ 34, 293, 297 sagt demgegenüber, die Gesellschafter seien die Gemeinschuldner.
[7] MünchKommHGB-*Karsten Schmidt* § 124 Rdz. 7; a. A. *Steindorff* JZ 1970, 106 ff.
[8] BFH NJW 1989, 2495; Baumbach/*Hopt* § 124 Rdz. 37.
[9] 1. A. 104.
[10] 1. A. 101 f.
[1] 1. B. 33.
[2] BGH NJW 1952, 537, 538; NJW 1973, 456; *Kübler/Assmann* § 7 V 1 a); *Windbichler*
§ 15 Rdz. 3, 4.
[3] S. die Nachweise in Fn. 2.

2. *Haftung der Gesellschafter gegenüber den Gesellschaftsgläubigern*

a) Grundsätze

Nach § 128 S. 1 HGB haften die Gesellschafter für die Verbindlichkeiten   **37**
der Gesellschaft als Gesamtschuldner persönlich, also mit ihrem Privatvermögen. Die Haftung bezieht sich auf sämtliche Gesellschaftsschulden –
gleichgültig auf welchem Rechtsgrund sie beruhen – und besteht *unmittelbar
gegenüber den Gläubigern*. Sie ist also nicht als Pflicht zur Zahlung von
Nachschüssen an die OHG konzipiert. Diese Haftung ist *nicht etwa subsidiär* gegenüber der Haftung der OHG selbst. Vielmehr können – und werden
regelmäßig auch – Gesellschaft und Gesellschafter gleichzeitig in Anspruch
genommen. Die Haftung ist weder *der Höhe nach* noch in Bezug auf die
Gegenstände, die von den Gläubigern in Anspruch genommen werden können, *beschränkt*. Diese strenge Haftung kann durch eine Vereinbarung der
Gesellschafter untereinander nicht beseitigt werden (§ 128 S. 2 HGB), wohl
aber durch eine entsprechende Absprache mit den Gläubigern[4].

b) Inhalt der Haftung

Der Gesellschafter haftet für die Verbindlichkeiten der Gesellschaft (§ 128   **38**
S. 1 HGB). Das besagt, dass er im Grundsatz auf genau dasselbe in Anspruch
genommen werden kann wie die OHG[5]. Soweit Geldschulden in Rede stehen,
ist der Inhalt der Gesellschafterhaftung problemlos zu bestimmen: Der Gesellschafter schuldet genau wie die OHG Erfüllung dieser Verbindlichkeit.
Schwierig wird es demgegenüber dann, wenn eine Sachleistung oder ein
Tun/Unterlassen von der OHG geschuldet ist. Dann stellt sich die Frage, ob
der Gesellschafter auf *Erfüllung der Gesellschaftsschuld* (sogenannte Erfüllungstheorie) oder lediglich auf *Leistung von Geldersatz* (sogenannte Haftungstheorie) in Anspruch genommen werden kann. Die Rechtsprechung[6]
und zunehmend auch die Literatur[7] gehen davon aus, dass der Gesellschafter

---

[4] Unstreitig: *Kübler/Assmann* § 7 V 1 b) ee); den Fall eines stillschweigenden Haftungsausschlusses behandelt OLG München NJW-RR 1995, 1439, 1440.

[5] Nach *Altmeppen* NJW 2003, 1553, 1556 gilt dies nicht für Deliktsschulden der OHG.
Für diese soll der Gesellschafter nur mit Entnahmen haften, die er nach Entstehen der
Schuld aus dem Gesellschaftsvermögen getätigt hat. Dazu 1. A. 117.

[6] BGHZ 73, 217, 222: Es ging um Mängelbeseitigung. Die Inanspruchnahme des Gesellschafters auf Beseitigung wird unter Hinweis darauf, dass der Gesellschafter nicht
persönlich die Beseitigung durchführen müsse, vielmehr auch einen Dritten beauftragen
könne, bejaht; daher beeinträchtige die Erfüllung den Gesellschafter nicht wesentlich
mehr als eine Geldverpflichtung; BGH NJW 1987, 2367, 2369: Herausgabe einer Leasingsache ist jedenfalls für den Fall von den Gesellschaftern auch persönlich geschuldet,
dass die Gesellschafter die Erfüllung nicht wesentlich mehr beeinträchtigt als eine Geldleistung; s. auch BGH WM 1988, 971.

[7] *Hadding* ZGR 1973, 137, 147; *Karsten Schmidt* § 49 III 1 b).

auf dasselbe haftet wie die Gesellschaft, also auf Erfüllung, und beide Ansprüche auch derselben Verjährungsfrist[8] unterliegen. Dabei steht die Überlegung im Vordergrund, dass das Gesetz einen umfassenden Gläubigerschutz intendiert und dieser am besten erreicht wird, wenn auch die Gesellschafter auf Erfüllung der Gesellschaftsschulden in Anspruch genommen werden können. Bisweilen werden Ausnahmen von diesem Grundsatz zum Schutz des einzelnen Gesellschafters postuliert. So soll, wenn eine nicht vertretbare Leistung geschuldet ist, die nur der betreffende Gesellschafter erbringen kann (etwa das von der OHG geschuldete Grundstück gehört ihm), eine Inanspruchnahme des Gesellschafters auf Erfüllung nur möglich sein, wenn dieser der Gesellschaft gegenüber zur Leistung verpflichtet ist (diese also einen Anspruch auf Übereignung an sich, etwa als Beitrag, oder an den Dritten hat) bzw. wenn dem Gläubiger nicht bekannt war oder bekannt sein musste, dass die Erfüllung nur durch einen Übergriff in die Privatsphäre des Gesellschafters erreichbar ist[9]. Überzeugend ist eine solche Ausnahme zugunsten des einzelnen Gesellschafters aber schon deshalb nicht, weil es nicht Sache des Gläubigers ist, sich darüber Gedanken zu machen, wie es zur Erfüllung seiner Ansprüche kommt. Demgegenüber hat jeder Gesellschafter einer OHG Veranlassung, dafür zu sorgen, dass die vertretungsberechtigten Gesellschafter nicht in seine Privatsphäre eingreifen. In Extremfällen (kollusives Zusammenwirken des Dritten und des vertretungsberechtigten Gesellschafters) bleibt der Missbrauchseinwand (§ 242 BGB). Ist dem Gesellschafter im Einzelfall die Erfüllung nicht möglich, so kann der Gläubiger nach §§ 280 Abs. 1, 283 BGB auf Schadensersatz übergehen[10]. Erhält der Gläubiger auf diese Weise Schadensersatz, so kann er auch von der Gesellschaft nichts mehr verlangen. Anderenfalls stünde der Gläubiger besser als bei ordnungsgemäßer Erfüllung.

39   Sofern man, wie hier dargelegt, davon ausgeht, dass die Gesellschafter auf dasselbe haften wie die Gesellschaft, muss man zugleich darauf achten, *dass der Anspruch gegen die Gesellschafter nicht zur Folge hat, dass der Gläubiger aufgrund von § 128 S. 1 HGB etwas anderes erhält als ihm die Gesell-*

---

[8] BGH ZIP 2010, 319, 323 (GbR).

[9] *Windbichler* § 15 Rdz. 19; *Hadding* ZGR 1981, 577, 581 ff., unter Hinweis darauf, dass in diesem Fall bezüglich der Leistungspflicht der OHG Unmöglichkeit vorliegt, die OHG nur noch Geldersatz schuldet und daher auch der Gesellschafter nur auf Geldersatz hafte. Dem ist entgegenzuhalten, dass die Inanspruchnahme des Gesellschafters gleichwohl genauso wie bei der Verpflichtung zur Leistung vertretbarer Sachen sachgerecht ist, s. die Überlegungen im Text. Die Leistung des Gesellschafters führt zur Befreiung der Gesellschaft von ihrer Leistungspflicht. Wird von der Gesellschaft Geldersatz geleistet und dieser vom Gläubiger angenommen, so wird auch der Gesellschafter frei.

[10] BGH NJW 1987, 2367, 2369; *Flume*, Personengesellschaft § 16 III 3, S. 305; siehe auch MünchKommHGB-*Karsten Schmidt* § 128 Rdz. 24 ff.

schaft schuldet[11]. Dies wäre etwa der Fall, wenn der Gläubiger von dem Gesellschafter Erbringung einer *unvertretbaren Handlung* (wozu immer auch eine geschuldete Unterlassung gehört), die die Gesellschaft schuldet, verlangen könnte. Wenn ihm etwa die OHG Unterlassung von Wettbewerb schuldet, so kann nicht von jedem Gesellschafter verlangt werden, dass er dem Gläubiger ebenfalls keinen Wettbewerb macht, da dies eben nicht geschuldet ist[12]. Dies gilt allerdings dann nicht, wenn sich der Gesellschafter – eventuell vertreten durch einen anderen Gesellschafter – auch selbst verpflichtet hat.

In dem Fall BGHZ 59, 64 war eine OHG aufgrund eines Vertrages verpflichtet, in einem bestimmten Gebiet keine Auskiesung vorzunehmen. Die Gesellschafter gründeten eine weitere OHG, die die Auskiesung in dem betreffenden Gebiet dann doch vornahm. Der Vertragspartner verlangte Unterlassung von dieser zweiten OHG. Der BGH hat der Klage im Wesentlichen unter Berufung auf § 242 BGB stattgegeben. Es wird aber auch auf Sinn und Zweck der Sperrbezirksklausel Bezug genommen. Im Ergebnis ist der Entscheidung zu folgen. Die Begründung wäre vielleicht überzeugender ausgefallen, wenn darauf abgestellt worden wäre, dass der Vertrag mit der OHG auch die persönliche Verpflichtung der Gesellschafter enthielt, die Auskiesung auch nicht mit Hilfe einer anderweit gegründeten Gesellschaft vorzunehmen[13]. **40**

Wesentlich einfacher zu beurteilen ist eine *Verpflichtung der OHG zur Abgabe einer Willenserklärung*. Hier kann die geschuldete Leistung nur von der OHG erbracht werden. Die Abgabe der Willenserklärung durch einen Gesellschafter ist demgegenüber deutlich etwas anderes[14]. **41**

c) Einreden und Einwendungen

Wird ein Gesellschafter für die Schulden der Gesellschaft haftbar gemacht, so kann er sich auf ganz unterschiedliche Art und Weise verteidigen. Er kann einmal *Einreden und Einwendungen* geltend machen, *die in seiner Person begründet sind*, die ihm also im Verhältnis zum Gläubiger zustehen. Dazu gehört etwa eine Vereinbarung, nach der der Gläubiger einen Gesellschafter nicht persönlich in Anspruch nehmen darf (§ 128 S. 2 HGB). Auch eine Stundung kann zugunsten eines Gesellschafters vereinbart werden. **42**

---

[11] *Hadding* ZGR 1981, 577, 587; *Karsten Schmidt* § 49 III 2 b), c).

[12] OLG Nürnberg WM 1996, 399, 401 f.; demgegenüber meint *Hadding* ZGR 1981, 577, 587 f., die Einstandspflicht nach § 128 S. 1 HGB wäre in diesem Fall abbedungen. Eine solche Korrektur ist aber überflüssig.

[13] Mehr in diese Richtung tendiert die Entscheidung BGH WM 1974, 253, 254; s. auch der Fall BGH LM Nr. 22 zu § 128 HGB: Hier hatten dieselben Personen wie in BGHZ 59, 64 erneut versucht, die Sperrbezirksklausel zu umgehen, diesmal durch Beteiligung einer von ihnen beherrschten GmbH an der neuen Gesellschaft; dazu *Karsten Schmidt* § 49 III 2 c); entgegen *Emmerich*, FS Lukes, 1989, S. 639, 650 geht es aber nicht darum, ob die Gesellschaft eine entsprechende Verpflichtung eingegangen ist.

[14] BGH NJW 2008, 1378; *Karsten Schmidt* NJW 2008, 1841, 1842.

43   Der Gesellschafter kann aber auch *Einreden und Einwendungen geltend machen, die von der Gesellschaft gegen den Anspruch erhoben werden können* (§ 129 Abs. 1 HGB). Hierzu gehört etwa die Erfüllung (§ 362 BGB), die befreiende Unmöglichkeit (§ 275 BGB) und der Erlass (§ 397 BGB). Der Gesellschafter kann allerdings, sofern er nicht in Vertretung der Gesellschaft handelt, nicht die Schuld der OHG umgestalten, also etwa für die OHG kündigen, zurücktreten oder Gestaltungsrechte geltend machen. Als Ausgleich dafür sieht § 129 Abs. 2, Abs. 3 HGB vor, dass der Gesellschafter, solange die Gesellschaft anfechten oder aufrechnen kann[15], die Befriedigung des Gläubigers verweigern kann. Für die Aufrechnung und Anfechtung vergleichbare Einreden (Rücktritt, Kündigungsrechte) sollte dasselbe gelten[16]. Schließlich kann die OHG auch in diesem Fall die Forderung des Gläubigers noch zu Fall bringen.

44   In dem Fall BGHZ 104, 76 wurde der persönlich haftende Gesellschafter einer KG (für einen OHG-Gesellschafter gilt dasselbe) auf Zahlung einer Geldsumme von DM 10.000 verklagt. Bei Klageerhebung war der Anspruch nicht verjährt. Der Beklagte berief sich gleichwohl auf Verjährung, da die Gesellschaft nicht verklagt worden war und daher der gegen sie gerichtete Anspruch mittlerweile verjährt ist.
§ 129 Abs. 1 HGB erweckt den Eindruck, als müsste die Klage abgewiesen werden. Denn der Beklagte berief sich auf eine Einrede der Gesellschaft (Verjährung). Gleichwohl hat der BGH der Klage zu Recht stattgegeben: Das Urteil betont, dass in diesem Fall eine Ausnahme von der Grundregel, dass die Gesellschafterschuld der Gesellschaftsschuld entspreche, gemacht werden müsse. Denn da der Gesellschafter in unverjährter Zeit in Anspruch genommen worden war, habe er damit rechnen müssen, dass er die Schuld zu begleichen habe. Ein schützenswertes Interesse des Gesellschafters, sich auf die Verjährung des gegen die Gesellschaft gerichteten Anspruchs berufen zu können, was den Gläubiger dazu zwingen würde, stets auch die Gesellschaft zu verklagen, um auch ihr gegenüber die Verjährung zu unterbrechen, ist in der Tat nicht ersichtlich[17].

45   *Einwendungen und Einreden, die die Gesellschaft nicht mehr geltend machen kann*, kann auch der Gesellschafter nicht mehr erheben, § 129 Abs. 1 HGB[18]. Doch gibt es auch hiervon eine Ausnahme: Wenn der die OHG vertretende Gesellschafter in kollusivem Zusammenwirken mit dem

---

[15] Nach Abs. 3 soll es auf die Aufrechnungsmöglichkeit des Gläubigers ankommen. Aber das ist ein Redaktionsversehen. Entscheidend ist, ob die Gesellschaft aufrechnen kann: *Karsten Schmidt* § 49 II 3 d). Denn von ihr leitet der Gesellschafter seine Rechtsposition ab. Dieses kann bei vertraglich vereinbarten Aufrechnungsverboten zu Lasten der OHG praktisch werden (BGHZ 42, 396).

[16] *Koller*/Roth/Morck §§ 128, 129 Rdz. 3.

[17] Der BGH lässt offen, ob die Klage gegen den Gesellschafter auch die Verjährung des gegen die Gesellschaft gerichteten Anspruchs unterbricht: Dazu MünchKommHGB-*Karsten Schmidt* § 129 Rdz. 9.

[18] Beispiel BGH ZIP 2006, 94, 995; BGH NZG 2008, 588, 590; Rechtskräftiges Urteil gegen die Gesellschaft (GbR).

Dritten die Einwendungen der OHG nicht geltend macht (etwa einen gegen die OHG gerichteten Vollstreckungsbescheid ergehen und rechtskräftig werden lässt[19]), dann bleiben sie dem Gesellschafter gleichwohl erhalten, da der Dritte dann nicht schutzwürdig ist. Meist wird dann zugleich eine vorsätzliche sittenwidrige Schädigung des Gesellschafters vorliegen, so dass er sich auch auf § 826 BGB berufen kann (dann greift § 129 Abs. 1 HGB ein).

Vielfach diskutiert ist der Fall, dass der Gläubiger *der OHG die Schuld* 46 *erlässt* und zugleich erklärt, er wolle die Gesellschafter aber noch in Anspruch nehmen. Dies hat man für unmöglich gehalten, da ohne Gesellschaftsschuld auch eine Gesellschafterschuld nicht bestehen könne[20]. Ob das so ist, mag hier offen bleiben. Immerhin zeigt der gerade erläuterte Verjährungsfall, dass jedenfalls keine Rede davon sein kann, dass immer dann, wenn die Gesellschaft nicht in Anspruch genommen werden kann, dies auch für den Gesellschafter gelten müsste. Da der Gläubiger erklärt hat, er wolle den Gesellschafter, nicht aber die Gesellschaft in Anspruch nehmen, muss dies – falls man es für ausgeschlossen hält, dass der Gesellschaft die Schuld erlassen wird und der Gesellschafter forthaftet – dahingehend verstanden werden, dass die Gesellschaft die Erfüllung verweigern kann, also als ein pactum de non petendo zu ihren Gunsten[21].

d) Sog. Sozialverpflichtungen/Rückgriff des in Anspruch genommenen Gesellschafters

Von den geschilderten Grundsätzen der Gesellschafterhaftung wird eine 47 Ausnahme für sog. *Sozialverpflichtungen* gemacht. Dies sind Verpflichtungen aus dem Gesellschaftsverhältnis, also etwa Ansprüche auf Gewinn oder Ersatz für Aufwendungen, die im Rahmen der Geschäftsführung angefallen sind. Davon zu unterscheiden sind die sogenannten *Drittgläubigerforderungen* der Gesellschafter. Dies sind Forderungen, die nicht auf dem Gesellschaftsverhältnis beruhen, sondern etwa auf Kauf, Darlehen usw. Für sie gilt unstreitig § 128 HGB, allerdings mit der Besonderheit, dass der Gesellschaftergläubiger – anders als sonstige Gläubiger – vorrangig die Gesellschaft in Anspruch nehmen und sich seinen Verlustanteil abziehen lassen muss[22].

---

[19] Fall des BGH NJW 1996, 658; doch wird in dem Urteil letztlich darauf abgestellt, dass sich auch die Gesellschaft dann noch auf § 826 BGB berufen kann; für weitergehende Einredemöglichkeiten insbesondere von Gesellschaftern ohne Einfluss *Klimke* ZGR 2006, 540, 542.
[20] MünchKommHGB-*Karsten Schmidt* § 128 Rdz. 17; *Windbichler* § 15 Rdz. 16.
[21] A. A. BGHZ 47, 376: Der Vorbehalt der Gesellschafterhaftung sei unwirksam, daher sei der Erlass unwirksam; dem folgt *Flume*, Personengesellschaft § 16 II 2 b); für eine Umdeutung u. U. wie hier MünchKommHGB-*Karsten Schmidt* § 128 Rdz. 17.
[22] *Faust*, FS Karsten Schmidt, 2009, S. 357, 358; Baumbach/*Hopt* § 128 Rdz. 24; *Windbichler* § 15 Rdz. 29; 1. A. 21.

Für Sozialverpflichtungen *haften* nach h.M. *die einzelnen Gesellschafter* grundsätzlich *nicht*[23]. Dies wird damit begründet, dass nach § 707 BGB der jeweilige Gesellschafter nicht zu einer Erhöhung des vereinbarten Beitrags verpflichtet sei, und daher auch nicht zur Bezahlung der von der OHG einem Mitgesellschafter aus dem Gesellschaftsverhältnis geschuldeten Beträge herangezogen werden könne. Von diesem Grundsatz gibt es aber wieder eine Unterausnahme.

48 Wenn *ein Gesellschafter eine Gesellschaftsschuld beglichen hat*, so kann er von der Gesellschaft nach § 110 HGB Ersatz verlangen[24]. Da der Gesellschafter – vergleichbar einem Bürgen – akzessorisch haftet und von der OHG vollen Ersatz verlangen kann, wendet man zudem § 774 Abs. 1 BGB analog an[25]. Dies hat zur Folge, dass Sicherheiten, die für den Anspruch des Dritten gegen die OHG bestellt waren, auf den leistenden Gesellschafter übergehen (§§ 774 Abs. 1 S. 1, 412, 401 BGB). Zudem können die Mitgesellschafter in Anspruch genommen werden[26]. Dabei wendet man nicht §§ 110, 128 HGB, sondern § 426 Abs. 1 S. 1 BGB sowie § 426 Abs. 2 BGB an. Jeder Gesellschafter kann aber nur, wenn der Anspruch nach § 110 HGB gegen die OHG nicht durchsetzbar ist und nur entsprechend seiner Verlustbeteiligung haftbar gemacht werden[27].

49 Aber *auch für die anderen Sozialverbindlichkeiten* kann nicht davon ausgegangen werden, dass der betreffende Gesellschafter vor seinem Ausscheiden/der Liquidation der Gesellschaft[28] keine Möglichkeit zur Inanspruchnahme seiner Mitgesellschafter hat und auf seinen Kosten sitzen bleibt. Vielmehr steht dann auch § 707 BGB einer Zahlungspflicht der Mitgesellschafter nicht entgegen. Denn *ein* Gesellschafter muss in jedem Fall mehr als geplant für die OHG aufwenden und somit seinen Beitrag erhöhen, nämlich entweder derjenige, der die Aufwendungen gemacht hat (bzw. seine Entnahme nicht tätigen kann), oder derjenige, um dessen Inanspruchnahme es geht. Da erscheint es dann doch eher der getroffenen Vereinbarung zu entsprechen, gemäß der vorgesehenen Verlustbeteiligung zu verfahren[29]. Der betroffene Gesellschafter hat aber die Möglichkeit, die Zahlung unter Hinweis darauf,

---

[23] Baumbach/*Hopt* § 128 Rdz. 22; *Karsten Schmidt* § 49 I 2 b).

[24] BGHZ 37, 299, 301; 39, 319, 324; *Karsten Schmidt* § 49 V 1.

[25] *Faust*, FS Karsten Schmidt, 2009, S. 357, 359; *Habersack* AcP 198 (1998), 152, 159; a. A. *Preuß* ZHR 160 (1996), 163, 173.

[26] BGHZ 37, 299, 301; Baumbach/*Hopt* § 128 Rdz. 27; *Windbichler* § 15 Rdz. 28.

[27] BGH ZIP 2002, 394 (KG, dazu 1. C. 48.); BGH WM 1986, 906, 907 (KG); *Drygala*, FS Raiser, 2004, S. 63, 67; *Windbichler* § 15 Rdz. 28; ebenso bei der BGB-Gesellschaft, dazu 1. A. 119.

[28] Dann geht der Anspruch in die Auseinandersetzungs-/Schlussbilanz ein. Für den Abfindungsanspruch haften die Mitgesellschafter persönlich, 1. B. 63.

[29] *Wiedemann* § 5 III 2 a); für den Fall, dass schon vor der Schlussabrechnung feststeht, dass der ersatzberechtigte Gesellschafter von seinen Mitgesellschaftern Ausgleich

dass er die OHG auch seinerseits nicht mit Aussicht auf Erfolg in Anspruch nehmen kann, zu verweigern. Dann muss die OHG liquidiert werden[30] und der Anspruch des Gesellschafters, der zum Rückgriff berechtigt ist, wird in die Schlussabrechnung eingestellt.

In dem Fall BGH NJW-RR 1989, 866 schuldete eine KG aufgrund des Gesell-   **50**
schaftsvertrages der Kommanditistin einen Vorweggewinn von DM 24.000 pro Jahr. Ansonsten nahm die Kommanditistin am Gewinn und Verlust der KG nicht teil. Als die Schuld nicht bezahlt wurde, nahm die Kommanditistin den persönlich haftenden Gesellschafter auf Leistung in Anspruch. Der BGH wies die Klage mit der nichts sagenden Begründung ab, es handele sich um einen Sozialanspruch, für den der Beklagte nicht persönlich hafte. Der Fall zeigt deutlich, wie brüchig diese Argumentation ist. Wäre die gleiche Vereinbarung außerhalb des Gesellschaftsvertrages getroffen worden – was leicht denkbar war, da es sich im Grunde um eine Versorgungszusage handelte –, hätte ein solcher Sozialanspruch wohl kaum vorgelegen und die Haftung wäre auch nach Ansicht der Rechtsprechung zu bejahen gewesen.

VIII. Ansprüche der Gesellschafter untereinander und Ansprüche zwischen Gesellschaft und Gesellschaftern

1. Ansprüche der Gesellschafter untereinander und Ansprüche der Gesellschaft gegenüber den Gesellschaftern

Wie bei der BGB-Gesellschaft so gilt auch für die OHG, dass aus dem Ge-   **51**
sellschaftsvertrag auch Ansprüche der Gesellschafter untereinander (Hauptbeispiel: Treuepflicht!) sowie gegenüber der Gesellschaft bestehen[1]. Als Sorgfaltsmaßstab ist wiederum § 708 BGB heranzuziehen.

2. Ansprüche des Gesellschafters gegenüber der Gesellschaft

a) Aufwendungsersatz

Nach § 110 Abs. 1 HGB hat die Gesellschaft dem Gesellschafter – jedem,   **52**
nicht nur dem zur Geschäftsführung befugten Gesellschafter – für Aufwendungen in Gesellschaftsangelegenheiten, die er den Umständen nach für erforderlich halten durfte, Ersatz zu leisten. Von dem wichtigsten Anwendungsfall dieser Norm war bereits die Rede: Ein Gesellschafter, der die Schulden der Gesellschaft begleicht, kann von der OHG Ersatz verlangen[2]. Die Norm betrifft aber alle vermögenswerten Opfer, die ein Gesellschafter

---

verlangen kann, auch MünchKommHGB-*Langhein* § 110 Rdz. 10; a.A. *Faust*, FS Karsten Schmidt, 2009, S. 357, 365 ff.
[30] *Drygala*, FS Raiser, 2004, S. 63, 66.
[1] 1. A. 122 ff.
[2] 1. B. 48.

im Interesse der Gesellschaft macht, ohne aufgrund seiner Beitragspflicht dazu verpflichtet zu sein[3]. Der Gesellschafter kann auch Ersatz für Verluste verlangen, die er durch seine Geschäftsführung erleidet (§ 110 Abs. 1 HGB). Dies kann etwa dann von Vorteil sein, wenn der Gesellschafter von einem Dritten wegen Verletzung der ihm bei der Durchführung der Geschäfte der OHG obliegenden Verkehrssicherungspflichten in Anspruch genommen wurde[4].

b) Gewinn, Entnahmerechte

53   Nach der gesetzlichen Regelung erhält jeder Gesellschafter vom Jahresgewinn einen Anteil in Höhe von 4% seines Kapitalanteils (§ 121 Abs. 1 HGB). Was unter einem *Kapitalanteil* zu verstehen ist, sagt das Gesetz nicht ausdrücklich. Es lässt sich aber aus §§ 120 Abs. 2, 121 Abs. 2 HGB entnehmen, dass die geleistete Einlage des Gesellschafters zuzüglich stehen gelassener Gewinne und abzüglich von Entnahmen und Verlusten gemeint ist. Die Höhe des Kapitalanteils variiert also. Denn nicht nur zu Beginn des Gesellschaftsverhältnisses, sondern auch später können (mit Zustimmung der Gesellschafter) noch Einlageleistungen erbracht werden. Auch können Gewinne stehen gelassen oder entnommen werden, Entnahmen getätigt oder unterlassen werden etc. Der Kapitalanteil kann auch negativ werden, so z. B. dann, wenn Verluste ein vorheriges Guthaben aufgezehrt haben. Die Veränderungen des Kapitalanteils werden für jeden Gesellschafter gesondert auf dem sogenannten Kapitalkonto gebucht. Der Kapitalanteil stellt – wenn er positiv ist – keine Forderung gegen die Gesellschaft dar und auch keine Verbindlichkeit des Gesellschafters, wenn er negativ ist[5]. Er ist vielmehr eine bloße Rechnungsziffer.

54   Dieser *Kapitalanteil ist aus dem Jahresgewinn zu verzinsen.* Der Gewinn ergibt sich aus dem Jahresabschluss, den die OHG wie jeder Kaufmann für den Schluss eines jeden Geschäftsjahres zu erstellen hat (§§ 120 Abs. 1, 238 ff. HGB). Dabei wird der Jahresabschluss von den geschäftsführenden Gesellschaftern aufgestellt. Verbindlich wird er durch Beschluss sämtlicher Gesellschafter, die sogenannte Feststellung des Jahresabschlusses[6]. Der Gewinn stellt die Vermehrung des Gesellschaftsvermögens während des abge-

---

[3] MünchKommHGB-*Langhein* § 110 Rdz. 17.; *Ulmer*, in Großkomm. zum HGB, § 110 Rdz. 12.

[4] Dazu, dass dieses Risiko mittlerweile ganz erheblich ist, 2. F. 74 ff. Ein Verschulden des Gesellschafters schließt also den Ersatzanspruch nicht aus, MünchKommHGB-*Langhein* § 110 Rdz. 20.

[5] Unstreitig: *Huber* ZGR 1981, 1, 5.

[6] BGH ZIP 2007, 475; Zu der Frage, inwieweit die Gesellschafter an den aufgestellten Jahresabschluss bei der Feststellung gebunden sind: BGHZ 132, 263; *Hopt*, FS Odersky, 1996, S. 799, 808; MünchKomm-*Priester* § 120 Rdz. 63.

laufenen Geschäftsjahres dar. Es kommt also nicht darauf an, ob ein früher mal vorhandenes Gesellschaftsvermögen noch besteht. Ist während des abgelaufenen Geschäftsjahres eine solche Vermehrung nicht eingetreten, fehlt es am Gewinn und die Kapitalkonten können nicht verzinst werden. Der nach Abzug der für die Verzinsung der Kapitalkonten erforderlichen Beträge verbleibende *Gewinn* wird unter die Gesellschafter *nach Köpfen verteilt* (§ 121 Abs. 3 HGB). Jeder Gesellschafter erhält also dieselbe Summe. Dieser Betrag wird dem Kapitalkonto gutgeschrieben (§ 120 Abs. 2 HGB). Ein Verlust wird ebenfalls nach Köpfen verteilt (§ 121 Abs. 3 HGB) und auf dem Kapitalkonto in Abzug gebracht (§ 120 Abs. 2 HGB).

Die Gesellschafter haben ein Interesse daran, *Beträge* aus der Gesellschaft **55** *zu entnehmen*. § 122 HGB billigt jedem Gesellschafter das Recht zu, Geld aus der Gesellschaftskasse in Höhe von 4% seines für das letzte Geschäftsjahr festgestellten Kapitalanteils zu entnehmen. Dieses Recht besteht unabhängig davon, ob die Gesellschaft tatsächlich Gewinn gemacht hat. Damit trägt das Gesetz der Überlegung Rechnung, dass viele Gesellschafter ihre ganze Arbeitskraft der Gesellschaft widmen, und daher, oder auch aus anderen Gründen, über kein anderes Einkommen verfügen. Darüber hinaus kann die Auszahlung eines höheren Gewinnanteils verlangt werden, sofern dies nicht zum offenbaren Schaden der Gesellschaft gereicht (§ 122 Abs. 1 HGB). Ein dringendes Bedürfnis der OHG nach Erhalt ihrer liquiden Mittel geht also dem Verlangen des Gesellschafters nach Auszahlung des auf ihn entfallenden Gewinns vor. Weitere Entnahmen sind nur zulässig, wenn die übrigen Gesellschafter dem zustimmen (§ 122 Abs. 2 HGB). Die Entnahmen werden auf dem Kapitalkonto abgebucht.

Die *gesetzliche Regel* der Gewinnverteilung und Entnahmen ist vielfach **56** *nicht zweckmäßig*. Daher wird im Gesellschaftsvertrag fast durchweg etwas anderes vereinbart. Verbreitet ist die *Festlegung fester* – also nicht variabler – *Kapitalanteile*. Nach dem Verhältnis der Kapitalanteile der Gesellschafter zueinander bestimmen sich dann vielfach die Gewinn- und Verlustverteilung und die Mitverwaltungsrechte, insbesondere auch das Stimmrecht. Diese bestehen also stets im gleichen Verhältnis. Neben dieses feste Kapitalkonto (meist Kapitalkonto I genannt) tritt ein weiteres Kapitalkonto (das Kapitalkonto II), auf dem die genannten variablen Posten (stehen gelassene Gewinne, Verluste etc.) gebucht werden. Dieses Konto wird meist ähnlich wie ein Darlehenskonto geführt[7], also auch verzinst. Daneben erhalten die geschäftsführenden Gesellschafter ein festes Gehalt.

---

[7] Zu dem Fall, dass auf dem Kapitalkonto II Posten mit Eigenkapitalcharakter gebucht werden und daher noch ein Darlehenskonto zusätzlich geführt wird, *Karsten Schmidt* § 47 III 2 d).

c) Schutz der Mitgliedschaft

57   Insofern ergeben sich gegenüber der BGB-Gesellschaft keine Besonderheiten[8].

IX. Gesellschafterwechsel

1. Beitritt von Gesellschaftern

58   Für den Beitritt neuer Gesellschafter gilt im Grundsatz nichts anderes als in der BGB-Gesellschaft[1]. § 130 HGB bestimmt, dass der neu hinzutretende Gesellschafter wie die anderen Gesellschafter für die vor seinem Beitritt begründeten Verbindlichkeiten der Gesellschaft haftet. Eine anders lautende Vereinbarung ist Dritten gegenüber unwirksam (§ 130 Abs. 2 HGB). Möglich bleibt eine individuelle Abrede mit dem Dritten. Der Eintritt des neuen Gesellschafters ist ins Handelsregister einzutragen (§ 107 HGB). Diese Eintragung ist aber nur deklaratorisch.

2. Ausscheiden von Gesellschaftern

59   a) Auch in der OHG kann ein Gesellschafter aufgrund *vertraglicher Vereinbarung* mit den übrigen Gesellschaftern jederzeit aus der Gesellschaft ausscheiden[2]. Das Gesetz nennt in § 131 Abs. 3 HGB zudem Gründe, die falls nichts anderes vereinbart ist, zum Ausscheiden eines Gesellschafters führen. Hierzu gehört der Tod eines Gesellschafters sowie die Eröffnung des Insolvenzverfahrens über sein Vermögen oder auch die Kündigung eines Gesellschafters. Weitere Fälle können im Gesellschaftsvertrag festgelegt werden (§ 131 Abs. 3 Nr. 5 HGB). Der betroffene Gesellschafter scheidet mit Eintritt des Ereignisses bzw. im Falle der Kündigung mit Ablauf der Kündigungsfrist aus der OHG aus (§ 131 Abs. 2 S. 2 HGB). Die Gesellschaft wird dann unter den übrigen Gesellschaftern fortgesetzt.

60   b) Für die *Kündigung des Gesellschafters* verlangt das Gesetz – wie bei der BGB-Gesellschaft – keinen besonderen Anlass. Allerdings legt § 132 HGB anders als bei der BGB-Gesellschaft fest, dass die Kündigung bei einer OHG, die auf unbestimmte Zeit[3] eingegangen ist – wobei nach § 134 HGB

---

[8] 1. A. 130.

[1] 1. A. 133 ff.

[2] Der in § 131 Abs. 2 Nr. 6 HGB genannte Beschluss der Gesellschafter erfolgt nach der gesetzlichen Regel einstimmig (§ 119 Abs. 1 HGB) und enthält damit diese Vereinbarung, siehe Begründung zum Regierungsentwurf: ZIP 1997, 942, 954.

[3] Bei Gesellschaften, die auf bestimmte Zeit eingegangen sind, gibt es kein ordentliches Kündigungsrecht, 1. A. 180.

eine OHG, die auf Lebenszeit eines Gesellschafters eingegangen ist bzw. eine OHG, die nach Ablauf der Zeit, für die sie eingegangen war, fortgesetzt wird, gleichsteht – nur zum Schluss eines Geschäftsjahres erfolgen kann und mindestens 6 Monate vor diesem Zeitpunkt zu erfolgen hat. Damit statuiert das Gesetz einen gewissen Schutz für das Unternehmen, aus dessen Vermögen die Abfindung des ausscheidenden Gesellschafters zu leisten ist. Da diese Frist aber nur kurz bemessen ist, spielt auch bei der OHG die Frage der Einschränkung dieses Kündigungsrechts eine ganz erhebliche Rolle. Die Probleme liegen insoweit nicht anders als bei der BGB-Gesellschaft[4].

c) Das Gesetz sieht außerdem den *Ausschluss eines Gesellschafters* vor, **61** wenn in seiner Person ein wichtiger Grund gegeben ist (§ 140 HGB). Sofern im Gesellschaftsvertrag andere Ausschlussgründe oder Abfindungsbeschränkungen vereinbart sind, liegt die Problematik nicht anders als bei der BGB-Gesellschaft[5]. Das Gesetz bestimmt allerdings – anders als bei der BGB-Gesellschaft –, dass die Ausschließung nicht aufgrund eines Gesellschafterbeschlusses sondern im Wege der Gestaltungsklage zu erfolgen hat. Im Gesellschaftsvertrag kann aber auch vereinbart werden, dass ein Beschluss an die Stelle des Ausschließungsprozesses tritt[6]. Wenn im Gesellschaftsvertrag allgemein gesagt ist, dass Vertragsänderungen durch Mehrheitsbeschluss erfolgen, kann daraus nur bei Gesellschaften, bei denen mit einem Wechsel des Gesellschafterbestands typischerweise zu rechnen ist (Publikumsgesellschaften, Familiengesellschaften mit zahlreichen Mitgliedern), geschlossen werden, dass auch ein Ausschlussverfahren durch Mehrheitsbeschluss betrieben werden kann. Denn der Ausschluss ist nicht ohne weiteres einer normalen Vertragsänderung vergleichbar. Vielmehr verliert ein Gesellschafter – unter Beibehaltung des Vertragsinhalts für die übrigen Gesellschafter – seine Gesellschafterstellung[7]. § 140 Abs. 1 S. 2 HGB stellt klar, dass ein Ausschluss auch möglich ist, wenn *nach der Ausschließung nur noch ein Gesellschafter* übrig ist, also etwa von zwei Gesellschaftern einer oder von drei Gesellschaftern zwei ausgeschlossen werden sollen. Diese Entscheidung des Gesetzes überzeugt. Denn ein Gesellschafter kann nicht allein deshalb seinen Mitgesellschaftern ausgeliefert sein, weil er der einzige Partner ist, in dessen Person kein wichtiger Grund vorliegt.

In dem Fall BGH NJW 1988, 146 klagte der Komplementär einer KG (für eine **62** OHG würde nichts anderes gelten) zusammen mit zwei Kommanditisten gegen den Beklagten zu 1) auf dessen Ausschließung, weil dieser mehrfach Vorwürfe bezüglich

---

[4] 1. A. 178.
[5] 1. A. 140.
[6] BGHZ 81, 263, 265 f.; 107, 351, 356; MünchKommHGB-*Karsten Schmidt* § 140 Rdz. 91; a. A. *Behr* ZGR 1985, 475, 501 ff.
[7] Zu den Publikumsgesellschaften ebenso *Grunewald*, Der Ausschluss aus Gesellschaft und Verein, 1987, S. 105 f.; MünchKommHGB-*Karsten Schmidt* § 140 Rdz. 91.

der Geschäftsführung in der KG erhoben hatte. Von den im ganzen 96 Kommanditisten waren sechs weitere auf Zustimmung zu diesem Ausschluss verklagt. Die übrigen hatten dieser Vorgehensweise zugestimmt.

Das Urteil führt aus, dass an der Ausschließungsklage im Grundsatz alle Gesellschafter (sei es als Kläger oder als Beklagte) beteiligt sein müssten. Dissentierende Gesellschafter müssen also auf Zustimmung zu einer Ausschlussklage verklagt werden. Dies ist – wie das Urteil überzeugend darlegt – allerdings nicht erforderlich, wenn die am Prozess nicht beteiligten Gesellschafter außergerichtlich verbindlich erklärt haben, dass die Ausschlussklage auch für sie bindend sei. In diesem Fall ist eine Zustimmungsklage in der Tat überflüssig. Diese Voraussetzungen waren in dem geschilderten Fall erfüllt. Gleichwohl hatte die Klage keinen Erfolg. Es fehlte am wichtigen Grund für den Ausschluss. Denn die vom Beklagten zu 1) geübte Kritik war nicht völlig aus der Luft gegriffen und musste daher hingenommen werden.

63   d) Die *Folgen des Ausscheidens* des Gesellschafters sind dieselben wie bei der BGB-Gesellschaft: Der Ausscheidende verliert seine Gesellschafterstellung und seinen Anteil am Gesellschaftsvermögen. Er erhält einen Abfindungsanspruch, für den die Mitgesellschafter persönlich haften[8]. Dieser Anspruch wird durch vertragliche Vereinbarung vielfach beschränkt[9]. Von der OHG und den verbleibenden Gesellschaftern kann er Freistellung von den gemeinschaftlichen Schulden verlangen[10]. Das Ausscheiden hat nicht zur Folge, dass die Haftung des Gesellschafters für die Gesellschaftsschulden entfallen würde. Allerdings legt § 160 HGB eine *umfassende Enthaftungsregel* zugunsten des Gesellschafters fest. Danach haftet der ausgeschiedene Gesellschafter für die bis zu seinem Ausscheiden begründeten Verbindlichkeiten nur dann, wenn sie vor dem Ablauf von 5 Jahren nach seinem Ausscheiden fällig und gerichtlich gegen den Gesellschafter geltend gemacht worden sind. Diese Bestimmung reduziert das Haftungsrisiko insbesondere für Dauerschuldverhältnisse erheblich[11].

64   Das Ausscheiden eines Gesellschafters muss *ins Handelsregister eingetragen werden* (§ 143 Abs. 2 HGB). Die Eintragung ist nur deklaratorisch, der Gesellschafter ist also auch ohne Eintragung aus der Gesellschaft ausgeschieden. Zugunsten gutgläubiger Dritter greift aber § 15 HGB ein.

3. Übertragung der Mitgliedschaft

65   Insoweit gilt nichts anderes als bei der BGB-Gesellschaft[12]. Der Gesellschafterwechsel muss allerdings ins Handelsregister eingetragen werden

---

[8] *Habersack* in GroßKomm zum HGB § 128 Rdz. 12; *Koller*/Roth/Morck § 131 Rdz. 10.

[9] 1. A. 147 ff.; zum Ausscheiden durch Tod 1. B. 66.

[10] 1. A. 145; *Preuß* ZHR 160 (1996), 163.

[11] Beispiel BGH NJW 2000, 208.

[12] 1. A. 148 ff.

(§§ 107, 143 Abs. 2 HGB). Zwar ist die Übertragung der Beteiligung kein Ein- und Austritt. Aber da das Gesetz anordnet, dass diese einzutragen sind, wird man daraus zu schließen haben, dass auch die Übertragung der Beteiligung einzutragen ist. Eingetragen wird, dass ein Gesellschafter ausgeschieden und einer eingetreten ist, und zwar im Wege der Einzelrechtsnachfolge. Diese Formulierung ist aber noch verbesserungsfähig[13].

4. Tod eines Gesellschafters

a) Nach § 131 Abs. 3 Nr. 1 HGB *scheidet ein Gesellschafter* durch Tod aus **66** der OHG *aus*. Diese Bestimmung gilt aber nur, wenn sich aus dem Gesellschaftsvertrag nichts anderes ergibt. Dies ist oftmals der Fall, da den Gesellschaftern an der Vererbung der Beteiligung gelegen ist.

b) Im Gesellschaftsvertrag kann bestimmt werden, dass die Gesellschaft **67** *mit den oder mit einigen Erben fortgesetzt wird*. Die Erben rücken dann nach h.M. gemäß ihrer Erbquote in die Gesellschaft ein[14]. Eine *Testamentsvollstreckung* an der Beteiligung wird vielfach für ausgeschlossen gehalten[15]. Lediglich die abtretbaren Vermögensrechte (Gewinn, Ansprüche auf das künftige Auseinandersetzungsguthaben) unterliegen nach h.M. der Verwaltung des Testamentsvollstreckers[16]. Macht der Erbe von seiner Befugnis nach § 139 HGB Gebrauch und wird er auf diesem Wege zum Kommanditisten, so unterliegt die Kommanditbeteiligung der Testamentsvollstreckung, da dann für den Erben kein unbeschränktes Haftungsrisiko mehr gegeben ist.

c) Wird ein Erbe Gesellschafter, so räumt § 139 HGB ihm das *Recht ein,* **68** *die Stellung eines Kommanditisten zu verlangen*. Dabei spielt es keine Rolle, ob der Erbe aufgrund einer einfachen oder qualifizierten Nachfolgeklausel Gesellschafter geworden ist. Dem Erben soll die Möglichkeit eingeräumt werden, der unbeschränkten persönlichen Haftung für Gesellschaftsschulden zu entgehen, ohne dazu gezwungen zu werden, die Erbschaft auszuschlagen. Daher gilt die Norm nicht, wenn zugunsten des Erben lediglich eine Eintrittsklausel vereinbart ist oder der Erbe schon vor dem Erbfall als persönlich haftender Gesellschafter an der Gesellschaft beteiligt war[17].

---

[13] MünchKommHGB-*Karsten Schmidt* § 143 Rdz. 7.

[14] 1. A. 154 f.; Baumbach/*Hopt* § 139 Rdz. 14.

[15] 1. A. 156.

[16] BGH NJW 1985, 1953, 1954; BGHZ 108, 192; *Windbichler* § 16 Rdz. 11; *Schäfer* in Großkomm. zum HGB § 139 Rdz. 62. Für die prinzipielle Zulässigkeit der Testamentsvollstreckung an der Beteiligung eines OHG-Gesellschafters *Marotzke* AcP 187 (1987), 223, 236 ff.; MünchKommHGB-*Karsten Schmidt* § 139 Rdz. 47. Dies zwingt den Erben zur Vermeidung des Haftungsrisikos dazu, auf dem Weg des § 139 HGB Kommanditist zu werden, dazu *Faust* DB 2002, 189 ff., der zum Schutz des Erben das Recht nach § 139 HGB perpetuieren will und daher die Testamentsvollstreckung für zulässig hält.

[17] KG JW 1936, 2933 Nr. 28; MünchKommHGB-*Karsten Schmid*t § 139 Rdz. 65.

69   Der Erbe muss, will er die Rechtsfolgen des § 139 HGB herbeiführen, innerhalb der Frist des § 139 Abs. 3 HGB verlangen, dass ihm die Stellung eines Kommanditisten eingeräumt wird, wobei ihm der bisherige Gewinnanteil belassen und der auf ihn entfallende Teil der Einlage des Erblassers als seine Kommanditeinlage anerkannt wird. Nicht recht klar ist allerdings, *was mit der „Einlage" des Erblassers gemeint ist*. Da es der Sinn der gesetzlichen Regelung ist, einen Kapitalabfluss bei der OHG zu vermeiden und den Gesellschafter vor Zahlungspflichten zu bewahren, muss unter der Einlage des Erblassers – und zwar sowohl im Sinne der Haft- wie der Pflichteinlage – das gesamte der OHG vom Erblasser zur Verfügung gestellte Vermögen verstanden werden, also im Grundsatz die auf dem Kapitalkonto gebuchten Beträge, nicht mehr und nicht weniger. Sofern ausnahmsweise „stille Verluste" vorhanden sind, müssen diese allerdings in Abzug gebracht werden[18]. Wenn der Erblasser Gelder verbotswidrig von diesem Kapitalkonto entnommen oder geschuldete Einlagen noch nicht geleistet hat, hat der Erbe diese Verbindlichkeiten zu begleichen, wenn ihn als Gesamtrechtsnachfolger des Erblassers diese Schuld trifft[19]. Eine Erhöhung der Hafteinlage hat das nicht zur Folge, da anderenfalls der Erbe auch gegenüber den Gläubigern der Gesellschaft haften würde, was § 139 HGB gerade vermeiden will[20]. Sofern der Erblasser noch Forderungen gegen die OHG hatte (etwa Darlehen, aber auch stehen gelassene Gewinne), kann auch der Erbe als Gesamtrechtsnachfolger diese Beträge verlangen. Denn die Gesellschaft konnte sich nicht darauf verlassen, dass ihr diese Beträge erhalten bleiben würden. Der Pflicht- oder Hafteinlage des Kommanditisten sind diese Summen nicht hinzuzurechnen, da anderenfalls bei einer Entnahme entgegen der Intention von § 139 HGB eine Haftung des Gesellschafters gegenüber den Gesellschaftsgläubigern drohen würde.

70   Ergibt sich auf diese Weise eine *negative Einlage des Kommanditisten*, so wird die Hafteinlage mit einem Euro festgesetzt[21]. Irgendeine Summe muss bestimmt werden, da der Kommanditist mit irgendeiner Einlage ins Handelsregister eingetragen werden muss. Sofern es nicht um die *Hafteinlage* geht, sondern darum, ab welchem Kontostand der Kommanditist entnahme-

---

[18] S. *Huber*, Vermögensanteil, Kapitalanteil und Gesellschaftsanteil an Personengesellschaften des Handelsrechts, 1970, S. 432.

[19] *Karsten Schmidt* ZGR 1989, 445, 457; umstritten ist, ob die Haftung des Erben insoweit unbeschränkbar ist, so MünchKommHGB-*Karsten Schmidt* § 139 Rdz. 72 und *ders.* ZGR 1989, 445, 457; *Schäfer* in Großkomm. zum HGB § 139 Rdz. 104.

[20] Oetker/*Kamanabrou* § 139 Rdz. 80; *Schäfer* in Großkomm. zum HGB § 139 Rdz. 107.

[21] Baumbach/*Hopt* § 139 Rdz. 42; *Schäfer* in Großkomm. zum HGB § 139 Rdz. 109; dazu, dass die Stellung eines Kommanditisten auch verlangt werden kann, wenn der Kapitalanteil negativ ist, BGHZ 101, 123; siehe auch BayObLG DB 2003, 763, es bleibt offen, ob eine schon bestehende Einlage eines Kommanditisten erhöht werden muss.

berechtigt ist (*Pflichteinlage*), bleibt es bei der negativen Einlage[22]. Der Kommanditist muss diese erst ausgleichen, bevor er Entnahmen tätigen kann.

Demgegenüber ist die Ansicht vertreten worden, der Erbe müsse so stehen, als habe er einen Kommanditisten beerbt. Daher komme es für die Haftung gegenüber den Gläubigern nicht darauf an, ob der Erbe eine der Haftsumme entsprechende Einlage in der Gesellschaft hält. Vielmehr könne und müsse als Haftsumme die vom Erblasser bedungene Einlage eingetragen werden[23], worunter mindestens die Summe zu verstehen sei, die der Erblasser ohne Entnahmemöglichkeit in der Gesellschaft hielt, zuzüglich einer noch geschuldeten Einlage bzw. unzulässiger Entnahmen. Dem ist entgegenzuhalten, dass schon nicht klar ist, warum derjenige, der einen persönlich haftenden Gesellschafter beerbt hat, so stehen müsste, als hätte er einen Kommanditisten beerbt. Auch ist keineswegs ausgemacht, dass mit dem Erblasser tatsächlich je eine Einlage bedungen, also wohl abgesprochen worden war[24]. **71**

Wenn die übrigen *Gesellschafter den Antrag des Erben*, zu den genannten Bedingungen Kommanditist zu werden, *nicht annehmen*, hat der Erbe die Möglichkeit, ohne Einhaltung einer Kündigungsfrist innerhalb von 3 Monaten sein Ausscheiden aus der Gesellschaft zu erklären und Auszahlung seines Abfindungsguthabens zu verlangen (§ 139 Abs. 2, 3 HGB). Er haftet dann für die bis zu seinem Ausscheiden begründeten Gesellschaftsschulden nach Maßgabe von §§ 1967, 1975 BGB. Wird der Erbe Kommanditist, gilt für die bis zur Umwandlung in eine Kommanditbeteiligung entstandenen Gesellschaftsschulden nichts anderes[25]. Für die später entstandenen Schulden kommen §§ 171 ff. HGB zur Anwendung. **72**

d) Für die *Eintrittsklausel* gilt das zur BGB-Gesellschaft Ausgeführte entsprechend[26]. **73**

---

[22] Baumbach/*Hopt* § 139 Rdz. 42; Oetker/*Kamanabrou* § 139 Rdz. 81.
[23] *Karsten Schmidt* ZGR 1989, 445, 465 ff.
[24] Oetker/*Kamanabrou* § 139 Rdz. 79; *Saßenrath* BB 1990, 1209, 1212.
[25] *Kübler/Assmann* § 7 VII 2 c); *Windbichler* § 16 Rdz. 8.
[26] 1. A. 159 f.

X. Gesellschaften auf fehlerhafter Vertragsgrundlage

74   Im Grundsatz gelten dieselben Regeln wie bei der BGB-Gesellschaft[1]. Al-   **74**
lerdings ist es – im Unterschied zur BGB-Gesellschaft – oftmals relativ leicht
festzustellen, ob die OHG schon in Vollzug gesetzt wurde und damit der
Anwendungsbereich der Lehre von der fehlerhaften Gesellschaft eröffnet
ist. Denn man geht allgemein davon aus, dies sei mit Eintragung der OHG
im Handelsregister der Fall, weil damit die Existenz der OHG manifestiert
werde[2].

XI. Auflösung und Beendigung der Gesellschaft

1. Gründe für die Auflösung

a) Zeitablauf

75   Nach § 131 Abs. 1 Nr. 1 HGB wird die OHG durch Ablauf der Zeit, für die
sie eingegangen ist, aufgelöst. Diese Bestimmung ist im Grunde selbstverständlich. Anders als in § 726 BGB führt das Unmöglichwerden der Erreichung des Gesellschaftszwecks (etwa Schließung des Geschäfts durch
Zwangsmaßnahmen der öffentlichen Hand) nicht zur Auflösung der OHG.
Dies ist auch sachgerecht, da damit vermieden wird, dass an einen wenig
klaren Tatbestand (Unmöglichkeit der Erreichung des Gesellschaftszwecks)
weit tragende Rechtsfolgen (Auflösung der Gesellschaft) geknüpft werden.
Möglich bleibt die Auflösungsklage nach § 133 HGB.

b) Auflösungsbeschluss

76   Nach § 131 Abs. 1 Nr. 2 HGB wird die OHG durch Beschluss der Gesellschafter aufgelöst. Nach der Regelung des § 119 Abs. 1 HGB ist für diesen
Beschluss Einstimmigkeit erforderlich, doch ist dies nicht zwingend[1].

c) Insolvenz der OHG

77   Auch die Insolvenz der Gesellschaft löst die OHG auf (§ 131 Abs. 1 Nr. 3
HGB). Demgegenüber führt die Ablehnung der Eröffnung des Insolvenzverfahrens mangels Masse (§ 26 InsO) nur in den Fällen von § 131 Abs. 2 Nr. 1
HGB (kein persönlich haftender Gesellschafter ist eine natürliche Person)
zur Auflösung.

---

[1] 1. A. 161 ff.
[2] MünchKommHGB-*Karsten Schmidt* § 105 Rdz. 236; a. A. *Schäfer*, Die Lehre vom
fehlerhaften Verband, 2002, S. 149 ff.
[1] MünchKommHGB-*Karsten Schmidt* § 131 Rdz. 15.

d) Auflösung durch gerichtliche Entscheidung

Nach § 131 Abs. 1 Nr. 4 HGB wird die OHG des Weiteren durch eine ent-   **78**
sprechende gerichtliche Entscheidung aufgelöst. Damit wird die Regelung
des § 133 HGB in Bezug genommen, wonach die OHG auf Antrag eines Gesellschafters *bei Vorliegen eines wichtigen Grundes durch Urteil aufgelöst
wird.* Ein wichtiger Grund liegt vor, wenn eine Fortsetzung der Gesellschaft
für den Gesellschafter aus einem Grund, der die Verfolgung des Gesellschaftszwecks beeinträchtigt, auch bis zum nächsten Kündigungstermin
nicht mehr zumutbar ist[2]. Wegen seiner weit tragenden Folgen (eben der
Auflösung der Gesellschaft) ist das Auflösungsrecht gegenüber anderen
Rechtsbehelfen eines Gesellschafters bei Vorliegen eines wichtigen Grundes
subsidiär[3]. So muss sich etwa der Gesellschafter, der die Auflösung betreibt,
mit einer Vertragsänderung, die den wichtigen Grund beseitigt und die ihm
von den anderen Gesellschaftern angeboten wird, einverstanden erklären[4].
Ein Auflösungsrecht besteht dann nicht. Auch die Entziehung der Geschäfts-
führungs- und/oder Vertretungsbefugnis eines Mitgesellschafters hat Vorrang vor der Auflösung[5]. Sofern dem Gesellschafter ein akzeptables Austrittsrecht zusteht oder von den Mitgesellschaftern – auch aus aktuellem
Anlass – eingeräumt wird, hat der Gesellschafter dieses zu nutzen[6]. Allerdings darf er dann finanziell höchstens geringfügig schlechter stehen als bei
der Auflösung der Gesellschaft.

In dem Fall BGHZ 80, 346 betrieb der Kläger die Auflösung einer Dreipersonen-   **79**
gesellschaft (einer GmbH, für eine Personengesellschaft würde aber nichts anderes
gelten), weil es durch die Heirat eines Gesellschafters mit einer Angestellten der
Gesellschaft zu erheblichen Spannungen unter den Gesellschaftern gekommen war.
Gegen den Kläger und den weiteren Mitgesellschafter hatte der dritte Gesellschafter
Klage auf Ausschließung erhoben, weil er der Ansicht war, dass der Kläger die Zer-
rüttung zu verantworten hatte.
In den tiefgreifenden Streitigkeiten der Gesellschafter untereinander lag nach den
überzeugenden Ausführungen des Gerichts in der Tat ein wichtiger Grund für die
Auflösung der Gesellschaft. Gleichwohl konnte die Klage – wie im Urteil ausgeführt
– keinen Erfolg haben, wenn der Kläger tatsächlich nach § 140 HGB ausgeschlossen
werden konnte. Denn die Ausschließungsklage kann nicht daran scheitern, dass der

---

[2] Baumbach/*Hopt* § 133 Rdz. 5; MünchKommHGB-*Karsten Schmidt* § 133 Rdz. 11.
[3] BGH WM 1968, 430, 432; Baumbach/*Hopt* § 133 Rdz. 6; MünchKommHGB-*Karsten
Schmidt* § 133 Rdz. 13.
[4] BGH WM 1968, 430, 432; MünchKommHGB-*Karsten Schmidt* § 133 Rdz. 10.
[5] MünchKommHGB-*Karsten Schmidt* § 133 Rdz. 9; *Schäfer* in Großkomm. zum HGB
§ 133 Rdz. 13.
[6] BGHZ 63, 338, 345f. (Publikums KG); restriktiver MünchKommHGB-*Karsten
Schmidt* § 133 Rdz. 6: Aber wenn der Gesellschafter bei seinem Ausscheiden nicht
schlechter steht als bei der Auflösung der OHG, gibt es keinen vernünftigen Grund, die
Auflösung zu betreiben.

Betroffene zuvor die Auflösung der Gesellschaft betreibt. Auch ist es den Gesellschaftern, die an der Gesellschaft festhalten wollen, nicht zumutbar, die Auflösung aufgrund des Betreibens eines Gesellschafters, in dessen Person ein wichtiger Ausschließungsgrund vorliegt, hinzunehmen.

80 Das Auflösungsurteil ist ein *Gestaltungsurteil*. Die Auflösung der OHG tritt demgemäss ohne jede Vollstreckung mit Rechtskraft des Urteils ein.

81 Nach § 133 Abs. 3 HGB ist eine Vereinbarung, durch welche das *Auflösungsrecht ausgeschlossen* oder der genannten Vorschriften zuwider *beschränkt wird*, nichtig. Damit soll sichergestellt werden, dass kein Gesellschafter zum Verbleiben in der Gesellschaft gezwungen wird, wenn ihm dies nicht zumutbar ist. Diesem Grundsatz wird aber auch Rechnung getragen, wenn dem Gesellschafter ein Ausscheiden aus der Gesellschaft zu akzeptablen Bedingungen ermöglicht wird. Erleichterungen in Bezug auf das Auflösungsrecht sind möglich. Insbesondere kann auch vereinbart werden, dass zur Auflösung der Gesellschaft bei Vorliegen eines wichtigen Grundes eine Klage nicht erforderlich ist[7].

e) Beteiligung nur noch eines Gesellschafters

82 Die OHG wird nach h.M. auch aufgelöst, wenn nur noch ein Gesellschafter vorhanden ist[8].

2. *Folgen der Auflösung*

83 Die Auflösung der Gesellschaft ist von sämtlichen Gesellschaftern zur Eintragung ins *Handelsregister anzumelden* (§ 143 Abs. 1 HGB)[9]. Diese Eintragung ist lediglich deklaratorisch.

84 Mit der Auflösung *ändert sich der Gesellschaftszweck*. Die OHG wird zur Abwicklungsgesellschaft[10]. Wie die Abwicklung im Einzelnen zu erfolgen hat, regeln § 145 bis § 158 HGB. Die Liquidation erfolgt, sofern der Gesellschaftsvertrag nichts anderes vorsieht und die Gesellschafter auch nichts anderes beschließen, durch sämtliche Gesellschafter als Liquidatoren (§ 146 Abs. 1 HGB). Wer Liquidator ist, wird ins Handelsregister eingetragen (§ 148 Abs. 1 HGB). Die *Liquidatoren* haben die laufenden Geschäfte zu beenden, die Forderungen einzuziehen, das übrige Vermögen in Geld umzusetzen und die Gläubiger zu befriedigen (§ 149 S. 1 HGB). Innerhalb ihres Geschäfts-

---

[7] BGHZ 31, 295, 300; Baumbach/*Hopt* § 133 Rdz. 18; MünchKommHGB-*Karsten Schmidt* § 133 Rdz. 66.

[8] 1. A. 187.

[9] Im Falle der Eröffnung des Insolvenzverfahrens ist eine Anmeldung der Gesellschafter nicht nötig, weil hier die Eintragung aufgrund von §§ 32, 6 HGB erfolgt.

[10] Zur BGB-Gesellschaft besteht insoweit kein Unterschied, 1. A. 188 f.

kreises vertreten die Liquidatoren die Gesellschaft. Ihre Vertretungsmacht ist also durch den Liquidationszweck beschränkt, doch wirkt sich dies nur dann zu Lasten Dritter aus, wenn diese wussten oder hätten wissen müssen, dass das in Rede stehende Rechtsgeschäft von der Vertretungsmacht nicht mehr gedeckt ist[11]. Die Liquidatoren haben Gesamtgeschäftsführungsbefugnis und Gesamtvertretungsmacht (§ 150 Abs. 1 HGB).

Reicht das Gesellschaftsvermögen zur Befriedigung der Gläubiger nicht   **85** aus, so können die Liquidatoren von den Gesellschaftern gleichwohl *keine Nachschüsse* verlangen[12]. Sie müssen aber ein Insolvenzverfahren über das Vermögen der OHG einleiten[13]. Es bleibt also den Gläubigern überlassen, ob sie die Gesellschafter in Anspruch nehmen wollen oder nicht. Bleibt nach der Befriedigung der Gläubiger noch Vermögen übrig, so ist dieses an die Gesellschafter zu verteilen (§ 155 Abs. 1 HGB). Einzelne Ansprüche, die ein Gesellschafter gegen die OHG oder gegen Mitgesellschafter hat, können im Regelfall nur noch im Rahmen einer Schlussabrechnung geltend gemacht werden[14]. Die Regeln über die Liquidation der OHG sind dispositiv (§ 145 Abs. 1 HGB).

Die Gesellschafter können auch nach der Auflösung einstimmig beschlie-   **86** ßen, dass die Gesellschaft wieder zur werbenden Gesellschaft werden soll[15]. Für die *Beendigung* gilt dasselbe wie bei der BGB-Gesellschaft[16]. Die Beendigung der Gesellschaft ist ins Handelsregister einzutragen (§ 157 Abs. 1 HGB). Die Eintragung hat nur deklaratorische Bedeutung[17].

---

[11] BGH NJW 1984, 982; Baumbach/*Hopt* § 149 Rdz. 7; weitergehend *Karsten Schmidt* ZHR 153 (1989), 270, 291 f.: Nur Grundlagengeschäfte lägen außerhalb der Vertretungsmacht, ansonsten würden die Regeln des Missbrauchs der Vertretungsmacht gelten. Das dürfte regelmäßig zu denselben Ergebnissen führen.

[12] *Windbichler* § 13 Rdz. 34; a. A. *Karsten Schmidt* ZHR 153 (1989), 270, 294 ff., obwohl auch er anerkennt, dass das Gesetz es anders will. Da fragt es sich aber, welcher zwingende Grund dagegen spricht, diesem Willen des Gesetzes Folge zu leisten.

[13] Baumbach/*Hopt* § 149 Rdz. 5.

[14] 1. A. 190.

[15] MünchKommHGB-*Karsten Schmidt* § 144 Rdz. 8, § 145 Rdz. 70 ff.; *Schäfer* in Großkomm. zum HGB § 144 Rdz. 2.

[16] 1. A. 193.

[17] BGH NJW 1979, 1987; Baumbach/*Hopt* § 157 Rdz. 3; *Karsten Schmidt* ZHR 153 (1989), 270, 298.

C. Die Kommanditgesellschaft (KG)

I. Begriffsbestimmung

1   a) Nach § 161 Abs. 1 HGB ist eine Gesellschaft, deren Zweck auf den Betrieb eines Handelsgewerbes unter gemeinschaftlicher Firma gerichtet ist, eine KG, wenn bei mindestens einem Gesellschafter die Haftung auf eine bestimmte Vermögenseinlage beschränkt ist (sog. Kommanditist), während bei mindestens einem anderen Gesellschafter eine Beschränkung der Haftung nicht stattfindet (sog. Komplementär). Die KG ist also, wie ein Vergleich zwischen § 105 Abs. 1 S. 1 HGB und § 161 Abs. 1 HGB zeigt, eine *Sonderform der OHG*: Sie unterscheidet sich von der OHG nur dadurch, dass *bei einem Teil der Gesellschafter die Haftung* auf eine bestimmte Vermögenseinlage *beschränkt ist*[1]. Dem entspricht, dass sich in § 161 Abs. 2 HGB ein Verweis auf das Recht der OHG findet, der aber nur gelten soll, soweit sich nicht aus §§ 162 ff. HGB etwas anderes ergibt. Diese Normen beziehen sich nahezu ausschließlich auf die Rechtsstellung des Kommanditisten. Für die Komplementäre gilt also durchweg dasselbe wie in der OHG.

2   b) Die KG *muss ins Handelsregister eingetragen werden* (§ 162 HGB). Betreibt eine KG ein Handelsgewerbe im Sinne von § 1 Abs. 2 HGB, so ist die Eintragung Voraussetzung für die *Haftungsbeschränkung* des Kommanditisten (§ 176 Abs. 1 S. 1 HGB). Betreibt die als KG auftretende Gesellschaft kein Handelsgewerbe, so gilt für sie diese Regelung nicht (§ 176 Abs. 1 S. 2 HGB). Es liegt dann eine BGB-Gesellschaft vor, für die die Vorschriften über Handelsgesellschaften nicht zur Anwendung kommen[2].

3   In dem Fall BGH NJW 1977, 1683 machte der Kläger Forderungen aus einem Kaufvertrag mit einer „KG", die kein Handelsgewerbe betrieb, gegen den Beklagten geltend, der Kommanditist dieser KG gewesen war. Die Kaufpreisforderung stammte aus einer Zeit, zu der die KG noch nicht ins Handelsregister eingetragen war. Der BGH führt aus, dass eine KG im Rechtssinne bei der Begründung der Forderung nicht vorgelegen habe, da kein Handelsgewerbe betrieben wurde. Damit stand fest, dass es sich bei der Gesellschaft um eine BGB-Gesellschaft handelte. Somit schloss sich die Frage an, ob der Beklagte für die Schulden dieser BGB-Gesellschaft persönlich haftete. Der BGH hat dies verneint: Aufgrund des Auftretens der Gesellschaft als KG und des Beklagten als Kommanditisten sei offenkundig, dass er nur beschränkt für die Schulden der Gesellschaft haften wolle. Aber das allein reicht für die Annahme, es sei eine Haftungsbeschränkung vereinbart, eigentlich nicht aus (1. A. 110). Eine gewisse Unstimmigkeit ergibt sich aber aus § 176 Abs. 1 S. 2 HGB. Danach gilt für eine BGB-Gesellschaft, die als KG eingetragen werden kann, aber nicht

---

[1] Ob eine Haftungsbeschränkung und damit eine KG vorliegt, richtet sich nach dem Gesellschaftsvertrag. S. dazu oben 1. B. 4.

[2] S. auch unten 1. C. 45 f.

muss – und um eine solche Gesellschaft ging es – § 176 Abs. 1 S. 1 HGB nicht. Dies müsste dann auch für die Einschränkung gelten, dass die Haftung entfällt, wenn dem Gläubiger die Beteiligung als Kommanditist bekannt ist (§ 176 Abs. 1 S. 1 HGB am Ende). Dann würde ein Kommanditist, der einer KG angehört, die eingetragen werden muss, besser stehen als dieser BGB-Gesellschafter, da für den Kommanditisten das Privileg von § 176 Abs. 1 S. 1 HGB am Ende gilt. Um diese Unstimmigkeit zu vermeiden, wird man auch den BGB-Gesellschafter nicht haften lassen, wenn dem Gläubiger die geplante Haftungsbeschränkung bekannt ist[3].

II. Erscheinungsformen und praktische Bedeutung

1. Die KG kommt in ganz unterschiedlichen Formen vor. Nicht selten sind **4** Gesellschaften, die nur eine geringe Anzahl von Kommanditisten haben, wobei mitunter alle Gesellschafter derselben Familie angehören. Dieser Typ von KG entspricht dem gesetzlichen Leitbild. Daneben gibt es aber auch Kommanditgesellschaften mit zahlreichen, meist am Kapitalmarkt geworbenen Gesellschaftern, die sich regelmäßig untereinander nicht kennen, die sog. *Publikumskommanditgesellschaften.* Diese Gesellschaftsform tritt auch in der Ausgestaltung auf, dass zwar nur ein Kommanditist an der KG beteiligt ist, dieser aber seine Beteiligung treuhänderisch für eine Vielzahl von Anlegern hält. Komplementär ist bei nahezu allen Publikumsgesellschaften, oftmals aber auch bei anderen KGs, keine natürliche, sondern eine juristische Person, meist eine GmbH (sog. *GmbH & Co. KG).* Die Geschäftsanteile an der GmbH stehen dabei den Unternehmergesellschaftern zu, die bisweilen zugleich auch wiederum (die einzigen) Kommanditisten sind. Da sowohl die Publikumskommanditgesellschaft als auch generell die GmbH & Co. KG dem gesetzlichen Leitbild nicht entsprechen, werfen sie einige Sonderprobleme auf, auf die im jeweiligen Zusammenhang eingegangen wird.

2. Die *wirtschaftliche Bedeutung der KG ist groß*[1]. Sie hat gegenüber der **5** OHG den Vorteil, dass mit Hilfe der Haftungsbeschränkung das unternehmerische Risiko reduziert werden kann. Tritt die KG in der Erscheinungsform der GmbH & Co. KG auf, so muss sogar gar keine natürliche Person das unbeschränkte Haftungsrisiko tragen. Da die KG zugleich in der Ausgestaltung als Publikums-KG auch für Anlagegesellschaften attraktiv sein kann, eröffnet sich für diese Gesellschaftsform in der Tat ein weites Betätigungsfeld.

---

[3] Hierin liegt eine Sonderbehandlung von BGB-Gesellschaften, die KG werden wollen, gegenüber anderen BGB-Gesellschaften. Dazu *Armbrüster* ZGR 2005, 34, 60; *Dauner-Lieb*, FS Lutter 2000, S. 835, 845; *Karsten Schmidt*, GmbHR, 2002, 341, 346.

[1] S. die Zahlen bei *Kornblum* GmbHR 2010, 739, 744 (circa 237.000 KGs); Münch-KommHGB-*Grunewald* § 161 Rdz. 12; *Karsten Schmidt* § 53 I 2 c).

III. Der Gesellschaftsvertrag

1. Form- und Genehmigungserfordernisse

6   Insoweit gilt nichts anderes als für die OHG. Da den Kommanditisten kein Haftungsrisiko mehr trifft, wenn seine Einlage erbracht ist, kann ihm die Aufnahme in die Gesellschaft geschenkt werden[1]. Der Vollzug der Schenkung liegt in der Gründung der KG[2]. § 1822 Nr. 3 BGB greift auch ein, wenn die durch ihre Eltern oder einen Vormund vertretene Person Kommanditist werden soll, da auch der Gesellschaftsvertrag einer KG zum Betrieb eines Erwerbsgeschäftes eingegangen wird[3].

2. Beiträge, Treuepflicht und Gleichbehandlungsgebot

7   a) Was die Gesellschafter an *Beiträgen* zu leisten haben, ergibt sich aus dem Gesellschaftsvertrag. Insofern gilt nichts anderes als für die OHG[4]. Dieser Beitrag kann in der Einbringung von Vermögenswerten in das Gesellschaftsvermögen liegen, aber auch in jeder anderen Leistung (etwa der Erbringung von Diensten)[5]. Sofern der Beitrag im Gesellschaftsvertrag durch eine bestimmte Geldsumme ausgedrückt wird (sog. *Pflichteinlage*), wird er vielfach mit der sogenannten Hafteinlage, also mit der ins Handelsregister einzutragenden Summe, in deren Höhe der Kommanditist den Gläubigern der Gesellschaft haftet, identisch sein. Notwendig ist dies aber nicht.

8   *Leistungspflichten des Kommanditisten gegenüber der KG können nicht nur auf dem Gesellschaftsvertrag, sondern auch auf separaten schuldrechtlichen Verträgen* (Dienstvertrag, Mietvertrag, Pacht) mit der Gesellschaft *beruhen.* Was gewollt ist, muss im Wege der Auslegung ermittelt werden, wobei die Aufnahme der Vereinbarung in die Vertragsurkunde des Gesellschaftsvertrages ein starkes Indiz für eine mitgliedschaftliche Pflicht bildet[6]. Die Unterscheidung zwischen mitgliedschaftlichen Leistungspflichten und anderen ist deshalb wesentlich, weil für Vertragsänderungen andere Regeln zu beachten sind (Sondermodalitäten der Abänderung des Gesellschaftsvertrages einerseits und die Formalien der üblichen schuldrechtlichen Vertrags-

---

[1] BGH NJW 1990, 2616, 2617.

[2] 1. A. 11.

[3] BGHZ 17, 160 ff.; MünchKommHGB-*Grunewald* § 161 Rdz. 23; zurückhaltend Führ/ Nikoleyczik BB 2009, 2105, 2107.

[4] 1. B. 9.

[5] In BGH ZIP 1994, 1850, 1851 wird die Übernahme einer Bürgschaft für eine Gesellschaftsschuld als möglicher Beitrag angesehen.

[6] Dies wäre ein sog. materieller Bestandteil des Gesellschaftsvertrages im Unterschied zu den sog. formellen Bestandteilen, die zwar ebenfalls in der Vertragsurkunde enthalten sind, aber den normalen Regeln über Austauschverträge folgen.

änderungen, meist lediglich beiderseitiges Einverständnis, andererseits) und die Sonderregeln für AGB auf Gesellschaftsverträge nicht – wohl aber auf schuldrechtliche Verträge – zur Anwendung kommen[7]. Auch ist die Intensität der Treuepflicht unterschiedlich[8]. Häufig werden im Gesellschaftsvertrag Vereinbarungen getroffen, nach denen die Gesellschafter der KG neben der Zahlung einer bestimmten Summe als Einlage auch noch ein Darlehen zu überlassen haben. Dieses Darlehen wird vielfach zu besonders günstigen Konditionen gegeben und kann auch nur unter bestimmten Voraussetzungen wieder abgezogen werden[9].

b) Auch bezüglich der *Treuepflicht* kann auf die Ausführungen zur OHG   9
verwiesen werden[10]. Eine Sonderregel trifft das Gesetz bezüglich des *Wettbewerbsverbots*. Nach § 165 HGB gelten für den Kommanditisten §§ 112, 113 HGB nicht. Das besagt allerdings nicht, dass jeder Kommanditist der KG in beliebigem Umfang Wettbewerb machen dürfte. Vielmehr kann sich im Einzelfall sehr wohl auch aus einer entsprechenden Regelung im Gesellschaftsvertrag oder aus der Treuepflicht ein Wettbewerbsverbot für einen Kommanditisten ergeben[11]. Dies ist insbesondere dann der Fall, wenn der Kommanditist aufgrund seiner Stellung besondere Informations- und Einflussmöglichkeiten in Bezug auf die Gesellschaft hat. Denn dann ist die Gefahr der Ausnutzung von Geschäftschancen, die eigentlich der KG zustehen, durch den Kommanditisten nicht von der Hand zu weisen. Eine solche Gefährdung der Geschäftschancen der KG reicht für das Eingreifen des Wettbewerbsverbotes aus.

In dem Fall BGH ZIP 2002, 479 verlangte der Kläger Rückübertragung eines An-   10
teils an einer KG, den er dem Beklagten, seinem Sohn, geschenkt hatte. Der Beklagte war auf Grund der Schenkung mit 5% an der KG und an der Komplementär-GmbH beteiligt. Als sich die Parteien zerstritten, errichtete der Beklagte eine weitere KG, die dieselben Produkte herstellt.
Der Kläger stützte seinen Anspruch auf § 530 Abs.1 BGB. Das Urteil stellt klar, dass der Beklagte keinem Wettbewerbsverbot unterlag. Zwar könne auf Grund der Treuepflicht auch einen Kommanditisten ein solches Verbot treffen. Aber – so der BGH – dies gelte nur für bestimmte Fallgestaltungen, etwa wenn der Kommanditist

---

[7] S. *Grunewald*, FS Semler, 1993, S.179, 181 ff.; *Ulmer/Schäfer*/Brandner/Hensen § 310 Rdz. 122.

[8] S. oben 1. A. 21.

[9] S. den Fall BGH ZIP 1988, 638; allgemein *Karsten Schmidt*, FS Goerdeler, 1987, S.487, 496 ff.; zu der Frage, inwieweit diese Darlehen als Haftkapital anzusehen sind, unten 1. C. 44.

[10] 1. B. 9; Beispielsfälle BGH NJW 1995, 194, 195 (Pflicht zur Zustimmung zur Änderung des Gesellschaftsvertrages); BGH NZG 2005, 33, 34 (Pflicht, eine Vertretung in der Gesellschafterversammlung zu akzeptieren).

[11] BGHZ 89, 162, 166; BGH NJW 2002, 1046, 1047; *Armbrüster* ZIP 1997, 261, 269; MünchKommHGB-*Grunewald* § 165 Rdz. 5 ff.; *Kübler/Waltermann* ZGR 1991, 162, 165; *Klaus Müller* NJW 2007, 1724.

maßgeblichen Einfluss auf die Geschäftsführung der KG habe. Davon konnte in Bezug auf den Beklagte, der keinerlei Weisungsrechte in der KG hatte und auf Grund eines Hausverbotes des Klägers die Betriebsstätte der KG nicht einmal betrat, nicht die Rede sein.

Ob das Verhalten des Beklagten gleichwohl als grober Undank i. S. v. § 530 Abs. 1 BGB zu bewerten war, konnte der BGH nicht abschließend klären. Insoweit erfolgte eine Zurückverweisung. Dass der Kläger keine Ausschlussklage nach §§ 140, 161 Abs. 2 HGB erhoben hatte, wird wohl schlicht darauf beruhen, dass die KG dann eine Abfindung hätte bezahlen müssen (1. A. 141).

11   c) Das *Gleichbehandlungsgebot* gilt in der KG genauso wie in der OHG und in der BGB-Gesellschaft[12]. Allerdings kann der Kommanditist nicht stets die gleiche Behandlung wie der Komplementär verlangen. Denn schließlich tragen Kommanditist und Komplementär unterschiedliche Risiken und nehmen auch unterschiedliche Positionen in der Gesellschaft ein.

3. Auslegung und Inhaltskontrolle

12   a) Für die *Auslegung* des Gesellschaftsvertrages gilt das zur OHG und zur BGB-Gesellschaft Ausgeführte entsprechend[13]. Da es durchaus Kommanditgesellschaften mit zahlreichen Gesellschaftern gibt, spielt hier die Auslegung anhand objektivierter Kriterien eine nicht unwesentliche Rolle. Diese Art der Auslegung kommt auch dann zur Anwendung, wenn an einer KG zwar nur ein Kommanditist beteiligt ist, dieser aber seine Beteiligung treuhänderisch für eine Vielzahl von Kommanditisten hält[14]. Denn dann ist den Gesellschaftern der KG klar, dass die getroffenen Regelungen für eine Vielzahl von Personen bedeutsam werden und daher nicht gemäß dem individuellen Verständnis der Gesellschafter der KG ausgelegt werden können.

13   b) Auch in Bezug auf die *Inhaltskontrolle* kann auf das Recht der OHG und der BGB-Gesellschaft verwiesen werden[15]. Auch sie spielt für die Publikumskommanditgesellschaften eine besonders große Rolle und auch sie wird auf Kommanditgesellschaften ebenfalls angewandt, die zwar nur einen oder wenige Kommanditisten haben, deren Kommanditisten aber ihre Beteiligung treuhänderisch für eine größere Anzahl von Anlegern halten[16]. Dies überzeugt, da auch diese Vertragsgestaltung die für Publikumsgesellschaften typischen Gefahren (Verselbständigung des Managements gegenüber der

---

[12] 1. B. 9.
[13] 1. B. 13.
[14] S. die Fälle BGH WM 2006, 774, 775; BGH ZIP 2009, 864, 865.
[15] 1. B. 13.
[16] Beispielsfälle BGH ZIP 1988, 906, 908; BGH ZIP 1991, 1211, 1213; *Grundmann*, Der Treuhandvertrag, 1997, S. 513 ff.; *Grunewald*, Der Ausschluss aus Gesellschaft und Verein, 1987, S. 134, 139; *Westermann*, FS Stimpel, 1985, S. 69, 74.

Gesellschaft und ihren Gesellschaftern) für die Anleger mit sich bringt, die mit Hilfe der Inhaltskontrolle vermieden werden sollen.

IV. Geschäftsführung und Vertretung

a) Für die Geschäftsführung und Vertretung der KG ist der Komplementär   **14** zuständig (§§ 161 Abs. 2, 114 ff., 125 ff. HGB). Die *Kommanditisten* sind demgegenüber von der *Führung der Geschäfte* der Gesellschaft weitgehend *ausgeschlossen* (§ 164 S. 1 HGB). Diese Bestimmung ist aber nicht zwingend. Vielmehr kann den Kommanditisten im Gesellschaftsvertrag Geschäftsführungsbefugnis eingeräumt werden[1]. Wenn das geschehen ist, gelten die §§ 115 ff. HGB[2]. Erfolgt die Übertragung der Geschäftsführungsbefugnis im Rahmen eines normalen Dienstvertrages, so gelten diese Normen nicht, da sie nur die sog. organschaftliche Geschäftsführungsbefugnis regeln[3]. Sofern dem Kommanditisten die organschaftliche Geschäftsführungsbefugnis übertragen wird, ist auch aus der Sicht derer, die am Grundsatz der Selbstorganschaft uneingeschränkt festhalten, ein Ausschluss des Komplementärs von der organschaftlichen Geschäftsführungsbefugnis möglich, da die Übertragung dieser Befugnis auf einen Kommanditisten der Übertragung auf einen Gesellschaftsexternen nicht gleichstehen soll[4]. Von dem hier vertretenen Standpunkt[5] aus, nach dem es zum Schutz der unbeschränkt haftenden Gesellschafter notwendig ist, ihnen bezüglich der Geschäftsführungsbefugnis den Vorrang einzuräumen, gilt das nicht. Denn es macht in Anbetracht ihres Risikos einer eigenen unbeschränkten Haftung keinen Unterschied, ob dieses Risiko auf ein Handeln des Kommanditisten oder eines Dritten zurückzuführen ist[6].

Der *Kommanditist kann* normalerweise einer Handlung des Komplemen-   **15** tärs auch *nicht widersprechen*. Etwas anderes gilt lediglich dann, wenn die Handlungen über den gewöhnlichen Betrieb des Handelsgewerbes der KG hinausgehen. Dann bedarf diese Handlung der Zustimmung des Kommanditisten (§ 164 HGB). Entgegen dem missverständlichen Wortlaut der Norm

---

[1] BGHZ 51, 198, 201; Baumbach/*Hopt* § 164 Rdz. 1; *Koller*/Roth/Morck § 164 Rdz. 3.

[2] Offen gelassen in BGH ZIP 2004, 2282, 2284; MünchKommHGB-*Grunewald* § 164 Rdz. 22; § 114 Abs. 2 HGB gilt wegen des besonderen Haftungsrisikos für die Komplementäre wohl eher nicht.

[3] 1. A. 42.

[4] BGHZ 51, 198, 201; *Bork* AcP 184 (1984), 466, 470; *Windbichler* § 17 Rdz. 11.

[5] 1. A. 44 ff.

[6] MünchKommHGB-*Grunewald* § 164 Rdz. 23; *Wiedemann* § 10 III 2 a); a. A. BGHZ 17, 394; BGHZ 51, 198, 201: völlige Entrechtung des Komplementärs sei in diesem Punkt möglich.

gilt also insoweit nichts anderes als in der OHG (s. § 116 Abs. 2 HGB[7]). Auch § 116 Abs. 3 HGB kommt zur Anwendung (§ 164 S. 2 HGB). Doch ist auch diese Regelung dispositiv. Es kann also auch vereinbart werden, dass der Komplementär sogar außergewöhnliche Geschäfte ohne Zustimmung des Kommanditisten durchführen kann[8].

16   b) Der Kommanditist ist auch von der *Vertretung der Gesellschaft ausgeschlossen* (§ 170 HGB). Diese Regelung ist bezüglich der sog. organschaftlichen Vertretungsmacht, also der Vertretungsmacht, für die §§ 125, 126 f. HGB gelten, zwingend. Jede andere Form der Vertretungsmacht kann dem Kommanditisten aber erteilt werden[9]. Dies gilt auch für die Prokura. Diese kann nach der zwingenden gesetzlichen Regel dem Prokuristen jederzeit wieder entzogen werden (§ 52 Abs. 1 HGB). Im Gesellschaftsvertrag kann aber nach h.M. vereinbart werden – und im Zweifel soll dies auch vereinbart sein –, dass eine dem Kommanditisten erteilte Prokura nur aus wichtigem Grund entzogen werden kann[10]. Dann würde ein gleichwohl erfolgter Entzug zwar im Außenverhältnis wirken, die Gesellschafter wären aber im Innenverhältnis zu einer Neuerteilung der Prokura und zum Schadensersatz verpflichtet[11]. Dass dies nicht richtig sein kann, folgt aber einmal aus § 52 Abs. 1 HGB. Nach dieser Norm ist eine Prokura stets frei widerruflich. Im Übrigen gilt das zur Übertragung der Geschäftsführungsbefugnis auf den Kommanditisten Gesagte auch im Bereich der Erteilung einer Prokura: Der Schutz der Komplementäre erfordert, dass diese auch jederzeit die Vertretungsmacht anderer Personen wieder rückgängig machen können[12].

17   c) Wenn der *Kommanditist zur Geschäftsführung* und im beschriebenen Umfang auch *zur Vertretung der KG berechtigt* ist, so ändert das gleichwohl nichts daran, dass er für die Gesellschaftsschulden nur *beschränkt haftet*[13]. Eine der gesetzlichen Regel nicht entsprechende Machtverteilung in der KG hat also keine Veränderung der Haftungsverhältnisse zur Folge. Etwas anderes kann nach Rechtsscheingrundsätzen gelten, wenn der Kommanditist den

---

[7] BGHZ 76, 160, 164; MünchKommHGB-*Grunewald* § 164 Rdz. 10; Baumbach/*Hopt* § 164 Rdz. 2.

[8] BGH WM 1993, 18, 23; MünchKommHGB-*Grunewald* § 164 Rdz. 27.

[9] BGHZ 17, 392, 395; BGH BB 1972, 726; Baumbach/*Hopt* § 170 Rdz. 3; *Koller*/Roth/ Morck § 170 Rdz. 1.

[10] BGHZ 17, 392, 395; Baumbach/*Hopt* § 170 Rdz. 4; *Koller*/Roth/Morck § 170 Rdz. 1.

[11] S. die in Fn. 10 Genannten.

[12] MünchKommHGB-*Grunewald* § 170 Rdz. 17.

[13] In dem Fall BGHZ 45, 204 (Rektorfall) war der Kommanditist wirtschaftlich gesehen der alleinige Inhaber des Handelsgeschäfts. Der Komplementär war mittellos. Der BGH entschied, dass der Kommanditist gleichwohl nicht unbeschränkt haftete; kritisch *Koller*, FS Heinsius, 1991, S. 357, 370; siehe auch *Grunewald*, FS Großfeld, 1998, S. 319, 340.

Anschein erweckt, er hafte für die Schulden der KG unbeschränkt persönlich. Allein die Tatsache, dass der Kommanditist als Vertreter der KG auftritt, reicht aber dafür, wie gesagt, nicht aus. Erst dann, wenn der Kommanditist behauptet, er sei nicht aufgrund einer Bevollmächtigung, sondern als organschaftlicher Vertreter der KG vertretungsbefugt, ein eher theoretischer Fall, sind die Voraussetzungen einer Rechtsscheinhaftung erfüllt[14].

d) Im Rahmen der actio pro socio gilt nichts anderes als wie für die OHG[15].   **18**

V. Beschlussfassung der Gesellschafter

Bezüglich der Beschlussfassung gilt dasselbe wie in der OHG und in der BGB-Gesellschaft. Es kommt also, sofern im Gesellschaftsvertrag nichts anderes bestimmt ist, das *Einstimmigkeitsprinzip* in dem Sinne zur Anwendung, dass die Zustimmung aller Gesellschafter erforderlich ist[1]. Sind Mehrheitsentscheidungen vorgesehen, so bestimmt sich die Mehrheit nach der gesetzlichen Regel nach Köpfen. Die Kommanditisten haben kein Mitspracherecht bei der Geschäftsführung, sofern sie nicht den gewöhnlichen Betrieb des Handelsgewerbes überschreitet (§ 164 HGB) oder etwas anderes vereinbart ist. Davon war schon die Rede[2].   **19**

In dem Fall BGH NJW 1993, 2100 war in einer GmbH & Co. KG das Stimmrecht   **20**
der GmbH ausgeschlossen. Nach der Satzung der GmbH sollten ihre Gesellschafter im gleichen Verhältnis auch an der KG als Kommanditisten beteiligt sein. Der Gesellschaftsvertrag der KG wurde dahingehend abgeändert, dass die Beteiligung eines Kommanditisten erhöht wurde mit der Folge, dass sich der Anteil der anderen Gesellschafter entsprechend verminderte. In Streit war, ob diese Vertragsänderung, an der die GmbH nicht mitgewirkt hatte, wirksam erfolgt war.
Der BGH entschied, dass eine Mitwirkung der GmbH nicht erforderlich gewesen sei, da ihr Stimmrecht wirksam ausgeschlossen worden sei. Dabei lässt das Urteil offen, wie weit normalerweise Vertragsänderungen ohne Zustimmung des persönlich haftenden Gesellschafters bzw. unter Ausschluss seines Stimmrechts[3] in einer KG durchgeführt werden können. Bereits früher hatte der BGH aber entschieden, dass in die Rechtsstellung eines Kommanditisten dann nicht ohne seine Mitwirkung eingegriffen werden dürfe, wenn seine Kommanditbeteiligung oder Haftsumme geändert oder seine Gewinnbeteiligung bzw. die Höhe seines Auseinandersetzungsguthabens geschmälert werden (BGHZ 20, 363, 366 ff., sog. Kernbereich 1. A. 86). Das,

---

[14] MünchKommHGB-*Grunewald* § 170 Rdz. 14; weitergehend *Kübler/Assmann* § 8 II 3 b): Es reiche aus, dass der Kommanditist als vertretungsberechtigter Gesellschafter auftritt. Aber das ist auch der Fall, wenn er als Prokurist tätig ist.

[15] 1. B. 26.

[1] 1. B. 30.

[2] 1. C. 15.

[3] Zu diesem Unterschied 1. A. 86 und 1. A. 71.

so lässt das Urteil durchscheinen, müsse auch für den Komplementär gelten. Im zu entscheidenden Fall bestanden aber keine schützenswerten Eigeninteressen der GmbH, da die GmbH personengleich mit der KG zusammengesetzt sein sollte. Dann waren aber die Interessen der GmbH mit denen der KG identisch, und es war problemlos möglich, dass die Kommanditisten in der KG allein entschieden.

VI. Informationsrechte

1. Informationsrechte der Kommanditgesellschaft

21   Über die Verweisung von § 161 Abs. 2 HGB finden die für die OHG geltenden Vorschriften entsprechende Anwendung[1].

2. Informationsrechte der Gesellschafter

22   a) Der *Komplementär* hat dieselben Informationsrechte wie der Gesellschafter einer OHG (§ 161 Abs. 2 HGB)[2].

23   b) Für den *Kommanditisten* bestimmt § 166 Abs. 1 HGB, dass er berechtigt ist, die schriftliche Mitteilung des Jahresabschlusses zu verlangen und dessen Richtigkeit unter *Einsicht* in die Bücher und Papiere der Gesellschaft zu prüfen. Sieht man dieses Einsichtsrecht auf dem Hintergrund des dem GmbH-Gesellschafter nach § 51 a GmbHG zwingend zustehenden Informationsrechtes und bedenkt man, dass eine sachgerechte Prüfung des Jahresabschlusses für den Kommanditisten von immenser Bedeutung ist, so spricht viel dafür, dieses Einsichtsrecht für *unabdingbar zu halten*[3]. Akzeptabel ist aber wohl eine Regelung, die die Ausübung des Einsichtsrechts an eine zur Berufsverschwiegenheit verpflichtete oder eine andere Person bindet, die von den Kommanditisten ausgewählt wurde[4].

24   In dem Fall BGH NJW 1989, 225 war in dem Gesellschaftsvertrag einer KG vorgesehen, dass der Kommanditist die Prüfung des Jahresabschlusses nicht durch Einsicht in die Bücher der KG vornehmen dürfe. Statt dessen konnte er die Aushändigung des vom Steuerberater oder Wirtschaftsprüfer der KG bestätigten Jahresabschlusses verlangen. Ein Kommanditist wollte sich damit nicht zufrieden geben. Daher stellte sich die Frage, ob das Einsichtsrecht des § 166 Abs. 1 HGB abdingbar

---

[1] 1. B. 31; zu Unrecht geht *Budde*, FS Semler, 1993, S. 789, 801 davon aus, dass dieses Recht der KG nicht weiter gehe als das Informationsrecht des Kommanditisten. Dies zeigt sich auch daran, dass die KG ja auch Komplementäre hat!

[2] 1. B. 32.

[3] *Grunewald* ZGR 1989, 545, 549 f.; *Schiessl* NJW 1989, 1597, 1598; *Karsten Schmidt* § 53 III 3 d); *Veltins/Hikel* DB 1989, 465, 466; a. A. Recht nach § 166 Abs. 1 HGB beschränkbar; *Baumbach/Hopt* § 166 Rdz. 18.

[4] *Schilling*, in Großkomm. zum HGB, § 166 Rdz. 16; einschränkend *Hirte*, FS Röhricht, 2005, S. 217, 228; offen gelassen in BGH NJW 1992, 1890, 1891 für den Beirat.

ist. Der BGH tendiert in dem Urteil zu der Annahme, § 166 Abs. 1 HGB stehe nicht zur Disposition der Gesellschafter. Das Urteil lässt diese Frage aber letztlich offen, da der Klage aus einem anderen Grund in jedem Fall stattzugeben war.

Wie weit dem Kommanditisten ein Einsichtsrecht über den Bereich des **25** § 166 Abs. 1 HGB hinaus zusteht, regelt das Gesetz nur für den Sonderfall, dass ein wichtiger Grund vorliegt (§ 166 Abs. 3 HGB). In Anlehnung an § 51 a GmbHG ist in der Literatur ein *allgemeines Einsichtsrecht* des Kommanditisten entwickelt worden[5]. Doch dürfte insoweit wohl eher Zurückhaltung am Platze sein. Denn für den Aktionär besteht ein solches Einsichtsrecht nicht. Auch behindert gerade ein Einsichtsrecht den Gang der Geschäfte der Gesellschaft in einem erheblichen Umfang.

c) Im Bereich des *Auskunftsrechts* regelt das Gesetz nur die Situation bei **26** Vorliegen eines wichtigen Grundes (§ 166 Abs. 3 HGB). Mittlerweile ist aber weitgehend anerkannt, dass über diesen Rahmen hinaus ein Auskunftsrecht des Kommanditisten gegeben ist, wenn er dieses benötigt, um seine Gesellschafterrechte sachgerecht auszuüben[6]. Dabei sollte der Umfang der erfragbaren Informationen in Anlehnung an § 131 Abs. 1 AktG entwickelt werden. Dagegen kann wegen des restriktiven Wortlauts von § 166 HGB nicht einfach an den anders gearteten und zudem vielfach kritisierten § 51 a GmbHG angeknüpft werden. Dieses relativ enge Auskunftsrecht ist zugleich unabdingbar[7].

VII. Die Vermögensordnung in der KG

Insofern ergeben sich keine Unterschiede zur OHG[1]. Die KG ist also **27** rechtsfähig. Das Gesellschaftsvermögen ist Gesamthandsvermögen und gehört der KG.

---

[5] *Karsten Schmidt* § 53 III 3 b); *ders.*, Informationsrechte in Gesellschaften und Verbänden, 1984, S. 65 ff.: Das Einsichtsrecht soll im Rahmen des Informationsbedürfnisses bestehen.

[6] *Budde*, FS Semler, 1993, S. 789, 801; *Grunewald* ZGR 1989, 545, 552; auch Heymann-*Horn* § 166 Rdz. 19, wenn dieses Auskunftsrecht unbedingt erforderlich ist zur Ausübung der Gesellschafterrechte; weitergehend noch *Karsten Schmidt*, Informationsrechte in Gesellschaften und Verbänden, 1984, S. 65 ff. und *Wiedemann* § 7 II 2 a) bb)); offen gelassen in BGH NJW 1992, 1890, 1891; ablehnend unter Hinweis auf die actio pro socio, die aber nur in Ausnahmesituationen hilft, 1. A. 61 ff., *Hey*, Freie Gestaltung in Gesellschaftsverträgen und ihre Schranken, 2004, S. 251 f.

[7] *Grunewald* ZGR 1989, 545, 553; a. A. Heymann-*Horn* § 166 Rdz. 28: Das Auskunftsrecht könne beschränkt, aber nicht entzogen werden.

[1] 1. B. 33 ff.

VIII. Die Haftung in der KG

1. Die Haftung der KG und des Komplementärs

28 Für die Schulden der KG[1] haftet die KG mit ihrem Gesellschaftsvermögen. Daneben haftet der Komplementär für die Gesellschaftsschulden wie die Gesellschafter einer OHG (§ 161 Abs. 1, 2 HGB)[2].

2. Die Haftung des Kommanditisten

a) Grundsätze

29 Der Kommanditist haftet den Gläubigern der Gesellschaft genauso wie der Komplementär *unmittelbar*. Auch seine Haftung besteht also nicht lediglich in einer Pflicht zur Leistung an die KG. Vielmehr können ihn die Gläubiger direkt in Anspruch nehmen. Er haftet auch *nicht subsidiär*, etwa gegenüber der KG oder dem Komplementär. Seine Haftung ist aber *beschränkt*. Er haftet nur in Höhe der ins Handelsregister eingetragenen Einlage (der sog. *Hafteinlage*, § 171 Abs. 1 HGB).

30 In dem Fall BGH ZIP 1995, 115 (dazu *Karsten Schmidt* DB 1995, 1381) war im Zuge von Sanierungsmaßnahmen eine KG in eine GmbH & Co. KG umgewandelt worden. Die Beklagten traten dieser Gesellschaft als Kommanditisten bei. Dabei wurde vereinbart, dass alle Gesellschafter die persönlich haftende Gesellschafterin, also die GmbH, im Innenverhältnis von der Haftung freistellen sollten. Die Klägerin erwirkte einen Zahlungstitel gegen die GmbH als persönlich haftende Gesellschafterin der KG sowie einen Pfändungs- und Überweisungsbeschluss bezüglich des angeblichen Freistellungsanspruchs der GmbH gegen die Beklagten. Diese bestreiten, zur Freistellung verpflichtet zu sein.
Der BGH hat der Klage im wesentlichen aufgrund des klaren Wortlauts der Klausel stattgegeben. In der Tat dürfte an dieser Formulierung nichts zu deuten sein. Allerdings hatte diese Vertragsgestaltung zur Folge, dass die Kommanditisten – ganz anders als nach der gesetzlichen Regel – das gesamte Unternehmensrisiko zu tragen hatten, während die Komplementärin, solange sich der Freistellungsanspruch gegen die Kommanditisten realisieren ließ, ohne größeres Risiko agieren konnte. Eine solche Klausel kann durchaus ihren Sinn haben. Denn sie erhöht ohne Zweifel die Kreditwürdigkeit der Gesellschaft.

b) Haftungsausschluss durch Leistung der Einlage

31 aa) Die *Haftung des Kommanditisten ist ausgeschlossen*, wenn er diese Hafteinlage an die KG geleistet hat (§ 171 Abs. 1 HGB). *Ob der Kommanditist auf die Hafteinlage* (oder auf eine eventuell ebenfalls bestehende andere

---

[1] Für ihre Begründung gilt dasselbe wie bei der OHG, 1. B. 36.
[2] 1. B. 37 ff.

Verpflichtung gegenüber der KG, etwa auf eine Kaufpreisschuld) *leistet*, muss per Auslegung ermittelt werden[3]. Hat der Kommanditist eine Teilleistung erbracht, so vermindert sich seine Haftung entsprechend.

In manchen Fällen ist es nicht ganz einfach festzustellen, ob der Kommanditist seine Hafteinlage erbracht hat oder nicht. Dabei geht es nicht darum, ob er seiner Beitragsverpflichtung gegenüber der KG nachgekommen ist. Ob dies geschehen ist, ergibt sich aus dem Gesellschaftsvertrag[4]. Vielmehr geht es darum, ob das Geleistete zu einer Befreiung des Kommanditisten von seiner Haftung gegenüber den Gläubigern der KG führt. 32

bb) Unproblematisch ist der Fall, dass der Kommanditist einen entsprechenden Geldbetrag in das Vermögen der KG auf die Hafteinlage geleistet hat. Damit hat er seine Hafteinlage zweifelsohne erbracht. Sofern der Kommanditist *etwas anderes als Geld leistet*, stellen sich zwei Fragen: Zum einen muss geklärt werden, ob diese Leistung überhaupt die Wirkung haben kann, dass sie als Erbringung der Hafteinlage gilt. Des Weiteren muss festgestellt werden, falls diese erste Frage zu bejahen ist, in welcher Höhe die Leistung als Erbringung der Hafteinlage anzusehen ist, und in welcher Höhe damit Haftungsbefreiung gegenüber den Gläubigern eingetreten ist. 33

Soweit die Frage zur Debatte steht, *was ein Kommanditist befreiend auf seine Hafteinlage leisten kann*, geht es im Kern darum sicherzustellen, dass die mit der Einlageleistung verbundene Haftungsbefreiung nur eintritt, wenn der KG ein Vermögenswert zugeflossen ist, der – insbesondere auch in der Krise – zugunsten der KG einsetzbar ist. Ein solcher Zufluss kann problemlos bei der Übertragung von Eigentum oder sonstigen dinglichen Rechten oder Immaterialgüterrechten auf die KG festgestellt werden[5]. Auch die Übertragung *schuldrechtlicher Ansprüche*, die der Kommanditist gegenüber Dritten hat (etwa Abtretung einer Kaufpreisforderung), oder die Begründung solcher Ansprüche der KG gegenüber dem Kommanditisten wird bisweilen als akzeptable und damit haftungsbefreiende Leistung angesehen[6]. Problematisch ist dies einmal bei der Verpflichtung zur Überlassung von Gegenständen zur Nutzung und zum anderen bei der Verpflichtung zur Leistung von Diensten. Gegen die sog. *„Einlagefähigkeit"* (also die Rechtsfolge der Haftungsbefreiung bei Eingehung oder Übertragung der entsprechenden Verpflichtung) wird vor allem angeführt, dass eine Vergleichbarkeit mit einer Geldeinlage fehle, weil die Werthaltigkeit der Forderung von der Bereitwilligkeit und Fähigkeit des Schuldners zur Leistung abhänge, und 34

---

[3] MünchKommHGB-*Karsten Schmidt* §§ 171, 172 Rdz. 47 f.

[4] 1. C. 7.

[5] *Oetker* § 171 Rdz. 42.

[6] MünchKommHGB-*Karsten Schmidt* §§ 171, 172 Rdz. 9; *Oetker* Rdz. 42; kritisch zu Gebrauchsüberlassungsrechten *Karsten Schmidt* ZHR 154 (1990), 237, 253; kritisch zu Forderungen gegen den Gesellschafter *Ulmer* § 5 Rdz. 46.

damit die Position der Gesellschaft permanent durch den Schuldner und seine Gläubiger beschränkbar sei[7]. Auch wird darauf hingewiesen, dass die Gesellschaft über diese Forderungen meist nicht verfügen könne und daher eine Verwertung kaum möglich sei[8]. Doch lässt sich dies alles kaum so pauschal sagen. Vielmehr kommt es auf die jeweilige Vertragsgestaltung an[9]. Lediglich bei der Verpflichtung zur Erbringung von Dienstleistungen kann die Einlagefähigkeit allgemein verneint werden[10]. Hier fehlt es stets an der Verwertbarkeit in der Krise der KG[11].

35   cc) Die geschuldete Einlageleistung kann durch einen *Dritten*, und zwar auch durch den Komplementär, *erbracht werden*, etwa indem er die entsprechende Summe für den Kommanditisten bei der KG einzahlt (§ 267 BGB). Dann wird das den Gläubigern haftende Vermögen insgesamt gesehen zwar, sofern der Komplementär geleistet hat, nicht mehr, da sich das Komplementärvermögen, das dem Gläubigerzugriff ebenfalls offen steht, entsprechend verringert. Aber da die Gläubiger keinen Anspruch darauf haben, dass das Komplementärvermögen ihnen in dem einmal gegebenen Umfang erhalten bleibt, ändert dies nichts daran, dass die Einlage des Kommanditisten erbracht ist[12]. Aus demselben Grund ist auch eine sog. Umbuchung (also die Abbuchung der geschuldeten Einlage vom Kapitalkonto des Komplementärs und die Einbuchung als Einlage des Kommanditisten) zulässig[13].

36   dd) Der Kommanditist kann sich von seiner Haftung gegenüber den Gläubigern der KG auch durch *Erfüllung von Forderungen, die gegen die KG gerichtet sind,* und Aufrechnung seines Erstattungsanspruchs[14] befreien[15]. Dabei macht es keinen Unterschied, ob er an den Gläubiger der KG in einem Moment leistet, in dem er in Anspruch genommen wird, oder ob er dies schon zu einem früheren Zeitpunkt tut. Leistet er von sich aus, so kann darin allerdings eine Verletzung der sich aus dem Gesellschaftsvertrag erge-

---

[7] *Bork* ZHR 154 (1990), 205, 210; *Ulmer* § 5 Rdz. 60 für Dienstleistungen, anders für obligatorische Rechte auf Gebrauch einer Sache; Rdz. 52 ff.

[8] *Bork* ZHR 154 (1990), 205, 224 ff.

[9] Für obligatorische Nutzungsrechte ebenso aber mit Unterschieden im einzelnen BGHZ 144, 290 (AG); BGH ZIP 2004, 1642, 1643 (GmbH); *Bork* ZHR 154 (1990), 204, 221 ff.; *Brandes* ZGR 1989, 244, 246; *Karsten Schmidt* ZHR 154 (1990), 237, 254 ff.; *Steinbeck* ZGR 1996, 116.

[10] *Koller*/Roth/Morck §§ 171, 172 Rdz. 14; *Knobbe-Keuk* ZGR 1980, 214, 222; a.A. *Oetker* § 171 Rdz. 42.

[11] Zu dem Fall, dass der Anspruch auf Dienstleistung ausnahmsweise verwertbar ist, *Karsten Schmidt* ZHR 154 (1990), 237, 254.

[12] BGHZ 93, 246, 249 f.; BGH NJW 1984, 2290; *Oetker* Rdz. 52.

[13] BGHZ 101, 123, 126 ff.; BGH NJW 1984, 2290; Baumbach/*Hopt* § 171 Rdz. 6; MünchKommHGB-*Karsten Schmidt* §§ 171, 172 Rdz. 45.

[14] 1. C. 47

[15] BGH NJW 1984, 2290, 2291; Baumbach/*Hopt* § 171 Rdz. 8; *Kübler/Assmann* § 8 III 2 b); MünchKommHGB-*Karsten Schmidt* §§ 171, 172 Rdz. 50.

benden Pflichten liegen[16]. Denn regelmäßig soll nicht der Kommanditist sondern der Komplementär entscheiden, welche Verbindlichkeiten der KG erfüllt werden sollen. Unter Umständen kann die KG auf diese Pflichtverletzung
einen Schadensersatzanspruch stützen.

ee) Sofern eine Leistung auf die Hafteinlage vorliegt, ist zu fragen, *in wel-* 　37
cher Höhe der Kommanditist von seiner Haftung befreit ist. Dies ist bei
Geldzahlungen an die KG, gleich ob sie durch den Kommanditisten oder
durch einen Dritten auf seine Schuld erfolgen, unproblematisch. Haftungsbefreiung tritt in Höhe der geleisteten Zahlung ein. Sofern eine Sachleistung
erbracht wird, kommt es auf den *objektiven Wert* der Sachleistung an[17].
Sollten die Gesellschafter demgegenüber vereinbaren, dass die Sache anders
– regelmäßig höher – zu bewerten ist, so hat das gegenüber den Gläubigern,
die die Kommanditistenhaftung geltend machen, keine Wirkung. Sie können
verlangen, dass die Kommanditistenhaftung solange bestehen bleibt, bis ein
entsprechender Wert in das Vermögen der Gesellschaft geleistet worden ist
– nicht mehr, aber auch nicht weniger. *Befriedigt ein Kommanditist einen*
Gläubiger der Gesellschaft, so tritt – wie geschildert – Haftungsbefreiung in
Höhe des gezahlten Betrages ein[18]. Auf den Wert der vom Kommanditisten
erfüllten Forderung, der nicht der geschuldeten Summe entsprechen muss,
kommt es nicht an[19], da sich der Kommanditist auf diese Weise von dem
Risiko seiner persönlichen Inanspruchnahme befreit. Dies ist anders, wenn
der Kommanditist seine Hafteinlage durch *Aufrechnung* mit einer anderen
Forderung erbringt, die ihm gegen die KG zusteht. Dann tritt Befreiung von
der Haftung nur in der Höhe des wirklichen Wertes der Forderung ein[20].

In dem Fall BGHZ 95, 188 (vereinfacht) wurde ein Kommanditist auf Leistung 　38
seiner Hafteinlage in Anspruch genommen. Demgegenüber berief er sich darauf,
dass er mit einer Darlehensforderung, die ihm gegen die KG zustand, aufgerechnet
habe. Das Urteil führt aus, dass Haftungsbefreiung durch Aufrechnung nur in der
Höhe eingetreten sei, die dem Wert der Forderung des Kommanditisten gegen die KG
entspreche. Denn nur in dieser Höhe seien der KG bei objektiver Betrachtung entsprechende Werte zugeflossen. Damit ergibt sich ein offensichtlicher Unterschied zu

---

[16] Dass dies aber nicht der Fall sein muss, zeigt die Entscheidung BGH NJW 1984,
2290.

[17] BGHZ 39, 319, 329; 61, 59, 72 f.; 95, 188, 195 ff.; BGH ZIP 1990, 307, 308; Baum-
bach/*Hopt* § 171 Rdz. 6; *Kübler/Assmann* § 8 III 2 a); bezüglich einer Unterbewertung
der Sacheinlage a. A. MünchKommHGB-*Karsten Schmidt* §§ 171, 172 Rdz. 48: diese könne eine Direkthaftung nach einer Haftsummenerhöhung nicht verhindern.

[18] 1. C. 36; etwas anderes gilt nach Eröffnung des Insolvenzverfahrens, § 171 Abs. 2
HGB; dazu *Wertenbruch*, Die Haftung von Gesellschaften und Gesellschaftsanteilen,
2000, S. 477 f. zum Erstattungsanspruch 1. C. 47.

[19] BGHZ 95, 188, 194 f.; *Koller*/Roth/Morck §§ 171, 172 Rdz. 15.

[20] *Koller*/Roth/Morck §§ 171, 172 Rdz. 15.; zu der Frage, wie die Aufrechnung auf
eine die Hafteinlage übersteigende Pflichteinlage wirkt, *von Olshausen* ZGR 2001, 175.

dem Fall, dass der Kommanditist einen Gläubiger der KG befriedigt. Denn dann tritt Haftungsbefreiung in Höhe der geleisteten Summe auch dann ein, wenn die Forderung des Gläubigers nicht vollwertig ist. Diesen Unterschied rechtfertigt das Urteil damit, dass bei Begleichung einer Forderung eines Dritten gegen die KG der Kommanditist seiner persönlichen Inanspruchnahme in voller Höhe zuvorkomme, während er bei der Aufrechnung mit einer anderen Forderung lediglich seine Einlage erbringe, welche nach objektiven Kriterien zu bewerten sei.

c) Wiederaufleben der Haftung durch Einlagenrückgewähr

39   Nach § 172 Abs. 4 S. 1 HGB gilt die Einlage des Kommanditisten als nicht geleistet, wenn sie an ihn zurückgezahlt worden ist. Der Kommanditist *haftet dann also den Gläubigern der Gesellschaft* wieder bis zur Höhe seiner im Handelsregister eingetragenen Einlage. Das ist im Grunde selbstverständlich, da anderenfalls durch ein schlichtes Hin- und Herzahlen die Kommanditistenhaftung ausgeschlossen werden könnte. Ob in dem Rückerhalt der Einlage auch ein Verstoß des Kommanditisten gegen seine gesellschaftsvertraglichen Pflichten liegt, kann nicht allgemein gesagt werden. Insofern kommt es darauf an, was die Gesellschafter vereinbart haben.

40   *Ob eine solche Rückzahlung erfolgt ist*, ist nicht immer einfach zu sagen. Da es darum geht, die Haftung des Kommanditisten nur dann für beendet zu halten, wenn der KG ein entsprechender Wertzuwachs zugeflossen ist, muss entscheidend darauf abgestellt werden, ob dem Gesellschaftsvermögen Werte zugunsten des Kommanditisten entzogen worden sind. Dabei muss man sich darüber im Klaren sein, dass die Haftung erst in dem Moment einsetzt, in dem dem Kommanditisten diese Hafteinlage zurückgezahlt wird. Hat er also eine größere Summe als die Hafteinlage in das Vermögen der KG geleistet (etwa weil er einen höheren Beitrag schuldete), so kann er – solange die Hafteinlage abgedeckt ist – diesen höheren Betrag zurückerhalten, ohne dass seine Haftung gegenüber den Gläubigern wiederauflebt[21].

41   *Die Rückzahlung der Einlage muss nicht in Geld bestehen.* Dem Kommanditisten können auch andere Sachwerte zufließen. Die Rückgewähr muss auch nicht als Rückzahlung der Einlage gewollt sein: So werden etwa auch überhöhte Tätigkeitsvergütungen an den Kommanditisten erfasst[22]. Betrachtet man die Judikatur, so kann man sogar den Eindruck gewinnen, als sei dies ein durchaus nicht seltener Fall des § 172 Abs. 4 HGB[23]. Nicht anders wäre die Begleichung einer überhöhten Kaufpreisforderung aufgrund eines mit dem Kommanditisten abgeschlossenen Kaufvertrages zu beurteilen oder

---

[21] BGHZ 84, 383, 387; OLG Düsseldorf ZIP 1990, 1266, 1267; *Oetker* Rdz. 16; a. A. *Bayer/Lieder* ZIP 2008, 809: Rückzahlung eines Aufgeldes sei stets möglich.
[22] *Bork* AcP 184 (1984), 465, 483 ff.; MünchKommHGB-*Karsten Schmidt* §§ 171, 172 Rdz. 68.
[23] BAG WM 1983, 515; OLG Hamm DB 1977, 717 (im konkreten Fall aber verneint).

die Rückzahlung eines vom Kommanditisten der KG gewährten Darlehens in voller Höhe zu einem Zeitpunkt, zu dem die Darlehensforderung etwa wegen einer schlechten wirtschaftlichen Lage der Gesellschaft nicht mehr vollwertig ist[24]. Wird die Einlage des Kommanditisten auf ein Darlehenskonto „umgebucht", so liegt auch hierin eine Einlagenrückgewähr[25]. Denn der Kommanditist kann der KG nur dann die Summe als Darlehen gewähren, wenn er sie zuvor aus der Gesellschaft entnimmt.

In dem Fall BGHZ 93, 246 stand die Frage zur Debatte, ob die Kommanditisten- **42** haftung wieder auflebt, wenn der Kommanditist aus dem Vermögen des Komplementärs seine Einlage zurückerhält. Die Entscheidung verneint dies mit der zutreffenden Begründung, dass das Vermögen des Komplementärs den Gesellschaftsgläubigern nur in seinem jeweiligen Bestand als Haftungsmasse offen steht. Es könne daher frei und eben auch zugunsten des Kommanditisten verwandt werden[26]. Etwas anderes soll allerdings gelten, wenn der Komplementär für Rechnung der Gesellschaft handelt und bei ihr Rückgriff nehmen kann[27].

d) Wiederaufleben der Haftung durch Gewinnentnahmen

Nach § 172 Abs. 4 S. 2 HGB lebt die Haftung des Kommanditisten wieder **43** auf, wenn er Gewinn entnimmt und durch die Entnahmen seine in der KG gehaltene Hafteinlage nicht mehr gedeckt ist oder bereits zuvor nicht mehr gedeckt war. Das entspricht § 172 Abs. 4 S. 1 HGB. Allerdings bestimmt Abs. 5, dass der Kommanditist das, was er aufgrund einer im guten Glauben errichteten Bilanz in gutem Glauben erhalten hat, nicht zurückzahlen muss. Dabei soll unter einer „*in gutem Glauben errichteten Bilanz*" nur eine solche zu verstehen sein, die von den geschäftsführenden Gesellschaftern der KG gutgläubig aufgestellt wurde[28], während es auf den guten Glauben des Kommanditisten insofern nicht ankommen soll – ein fragwürdiges Ergebnis, da es doch gerade um den Schutz des Kommanditisten geht. Es wäre wohl sachgerechter, diesen Schutz jedem Kommanditisten zuzubilligen, der beim Erhalt der Gewinne davon ausging und ausgehen konnte, dass die Bilanz in

---

[24] BGHZ 112, 31.

[25] *Oetker* Rdz. 19; MünchKommHGB-*Karsten Schmidt* §§ 171, 172 Rdz. 72; a. A. BGHZ 39, 331; Baumbach/*Hopt* § 172 Rdz. 7.

[26] Zustimmend *Oetker* Rdz. 24; MünchKommHGB-*Karsten Schmidt* §§ 171, 172 Rdz. 71; s. zu dem Fall, dass der Komplementär die Einlageschuld des Kommanditisten begleicht, oben 1. C. 35.

[27] S. auch den Fall BGHZ 112, 31, 36 f. mit Anm. *Grunewald* JZ 1991, 143: Hier zahlte die KG auf die Schuld des Komplementärs gegenüber dem Kommanditisten, weil der Komplementär noch ein Darlehenskonto bei der KG hatte, von dem die an den Kommanditisten ausbezahlte Summe abgebucht werden konnte. Der BGH sieht hierin zutreffend keine Einlagenrückgewähr.

[28] BGHZ 84, 383; ebenso *Oetker* Rdz. 39.

Ordnung ist[29]. Darüber hinaus ist noch nicht geklärt, ob § 172 Abs. 5 HGB den Kommanditisten lediglich vor der Inanspruchnahme der Gläubiger der Gesellschaft schützt oder ob auch die *Gesellschaft von dem Kommanditisten keine Rückzahlung* des Erhaltenen nach § 812 Abs. 1 S. 1 BGB verlangen kann. Da es um den Schutz des Kommanditisten geht, kann nur Letzteres richtig sein, zumal es für ihn keinen Unterschied macht, aufgrund welcher Bestimmung er die erhaltenen Gewinne zurückzahlen muss[30].

e) „Gesplittete" Einlage

44   In vielen Gesellschaftsverträgen von Kommanditgesellschaften, ganz besonders aber in Gesellschaftsverträgen von Publikumskommanditgesellschaften, ist vorgesehen, dass die Gesellschafter neben der Einlage der KG auch noch *weitere Beträge als Darlehen* zur Verfügung zu stellen haben. Diese Darlehen haben oftmals für die Finanzierung der KG dieselbe Funktion wie die Einlagen. Ob dies der Fall ist, muss unter Berücksichtigung der Darlehensbedingungen festgestellt werden. Als Indizien dienen die Pflicht zur langfristigen Belassung, das Fehlen einseitiger Kündigungsmöglichkeiten, die Verbindung der Darlehenshingabe mit Einflussmöglichkeiten auf die KG sowie insbesondere die nach Einschätzung der Gesellschaft gegebene Unentbehrlichkeit des Darlehens zur Verwirklichung der gesellschaftsvertraglichen Ziele[31]. Wenn ein Darlehen im Sinne dieser Definition Einlagencharakter hat, kann der Gesellschafter es nicht dann abziehen, wenn es als solche benötigt wird. Daher kann die Darlehensforderung in der Krise der KG nicht geltend gemacht werden. Dasselbe soll auch in der Insolvenz gelten[32]. Darüber hinaus können die Darlehensvaluta, sofern noch nicht geleistet, von der KG (bzw. von ihrem Insolvenzverwalter) eingefordert werden[33]. Das Risiko des Kommanditisten ist also weitgehend dasselbe wie bei einer Einlageschuld.

---

[29] MünchKommHGB-*Karsten Schmidt* §§ 171, 172 Rdz. 87; *Schön*, FS BGH, 2000, S. 153, 179.

[30] *Schilling*, in Großkomm. zum HGB, § 172 Rdz. 16; MünchKommHGB-*Karsten Schmidt* §§ 171, 172 Rdz. 94; a. A. *Koller*/Roth/Morck §§ 171, 172 Rdz. 25; *Joost*, FS Lutter, 2000, S. 473, 476.

[31] BGH WM 1980, 332 (Stille Gesellschaft); WM 1981, 761 (Stille Gesellschaft); WM 1982, 835; NJW 1985, 1468; ZIP 1988, 638, 641; *Grunewald*, FS Großfeld, 1998, S. 319, 325; *Habersack* ZHR 161 (1997), 457, 477 ff.; dieselben Fragen tauchen im Zusammenhang mit den sog. Finanzplankrediten in der GmbH auf: 2. F. 148; BGH ZIP 2008, 1423 betraf einen Golfclub e.V.

[32] BGH NJW 1988, 1841, 1842; *Fleischer*, Finanzplankredite und Eigenkapitalersatz im Gesellschaftsrecht, 1995, S. 23 ff., 128 ff.; dieses Ergebnis ist nicht unproblematisch, da es der Darlehensabsprache zumindest nicht ohne weiteres entnommen werden kann, *Grunewald*, FS Großfeld, 1998, S. 319, 325.

[33] S. die in Fn. 31 genannten Entscheidungen; *Wilken* ZIP 1996, 61, 62.

f) Die Haftung vor Eintragung der KG

In § 176 Abs. 1 HGB sieht das Gesetz eine *unbeschränkte persönliche Ein-* **45** *standspflicht* des Kommanditisten für die Schulden der KG für den Fall vor, dass die KG ihre Geschäfte schon vor ihrer Eintragung begonnen und der Kommanditist dem Geschäftsbeginn zugestimmt hat[34]. Das soll allerdings nicht gelten, wenn die KG kein Handelsgewerbe betreibt (§ 176 Abs. 1 S. 2 HGB)[35], da dann – so die Vorstellung des Gesetzes – der Eindruck einer Gesellschaft, bei der die Gesellschafter unbeschränkt persönlich für die Schulden der Gesellschaft haften, nicht entsteht. Ob das der Realität entspricht, mag dahinstehen. Es liegt dann eine BGB-Gesellschaft vor, bei der – wie geschildert[36] – die Gesellschafter im Grundsatz wie OHG-Gesellschafter haften. Doch wird man hier wohl eine Ausnahme machen müssen[37].

Da durch § 176 HGB das Vertrauen der Gläubiger der Gesellschaft in die **46** unbeschränkte Haftung der Gesellschafter geschützt wird, kommt es nicht zur unbeschränkten Haftung, wenn *der Gläubiger – etwa weil die KG als GmbH & Co. KG firmiert[38] – weiß, dass der Betreffende lediglich Kommanditist ist* (§ 176 Abs. 1 S. 1 HGB). Aus dem gleichen Grund kann die Norm nicht gelten, wenn deliktische Ansprüche gegen die KG geltend gemacht werden[39]. Denn bei der Begründung solcher Ansprüche spielt Vertrauensschutz keine Rolle. Insgesamt steht der Kommanditist vor Eintragung der KG also besser als der Gesellschafter einer Gesellschaft bürgerlichen Rechts, der in jedem Fall unbeschränkt persönlich haftet. Das ist insofern gerechtfertigt, als der Kommanditist eben auch schon vor der Eintragung Kommanditist und das heißt nur beschränkt haftender Gesellschafter ist. Wenn ein Gläubiger das weiß, besteht für eine unbeschränkte Haftung kein Anlass[40].

3. *Rückgriff des in Anspruch genommenen Gesellschafters*

Bezüglich des Rückgriffs des persönlich haftenden Gesellschafters gilt **47** dasselbe wie bei der OHG[41]. Wird der Kommanditist von den Gläubigern der

---

[34] Auch eine konkludente Zustimmung ist möglich, BGHZ 82, 209, 211; *Oetker* § 176 Rdz. 14; MünchKommHGB-*Karsten Schmidt* § 176 Rdz. 12.

[35] BGHZ 59, 179, 181; 61, 59, 65 f.; *Oetker* § 176 Rdz. 5.

[36] 1. A. 109 ff.

[37] 1. C. 2 f.

[38] Siehe den Fall OLG Frankfurt NZG 2007, 625.

[39] BGHZ 82, 215; MünchKommHGB-*Karsten Schmidt* § 176 Rdz. 37; a. A. *Mattheus/ Schwab* ZGR 2008, 65, 91.

[40] Nach *Dauner-Lieb*, FS Lutter 2000, S. 835, 839 liegt der Grund für dieses Privileg darin, dass der Kommanditist die Dauer des Eintragungsverfahrens nicht beeinflussen kann.

[41] 1. B. 48.

KG in Anspruch genommen, so hat er nach § 110 HGB einen Freistellungsanspruch gegen die KG. Dieser kann mit einer eventuell noch offen stehenden Einlageschuld aufgerechnet werden.

48   In dem Fall BGH ZIP 2002, 394 (mit Anm. *Karsten Schmidt* JuS 2003, 228 und
Faust, FS Karsten Schmidt, 2009, S. 357, 371) war der Kläger Kommanditist[42] der
X-KG, der Beklagten zu 1. Er und seine Ehefrau hatten zur Sicherheit für Darlehens-
schulden der KG in Höhe von DM 200.000,– an ihrem Grundstück eine Grundschuld
bestellt. Der Kläger und seine Frau wurden von dem Darlehensgeber zur Zahlung
von DM 200.000,– unter Hinweis darauf aufgefordert, dass anderenfalls das Grundstück verwertet werde. Der Kläger bezahlte und verlangte aus eigenem sowie aus
von seiner Ehefrau abgetretenem Recht von der KG und ihrem Komplementär, dem
Beklagten zu 2, die verauslagten DM 200.000,–.

Der Anspruch gegen die KG ergab sich aus § 110 HGB. Zwar hatte der Kläger nicht
auf die Darlehensschuld der KG sondern auf die an seinem Grundstück bestellte
Grundschuld gezahlt. Aber diese Leistung hatte zur Folge, dass die KG das Darlehen
nicht begleichen musste[43], und stand bei wirtschaftlicher Betrachtung daher einer
Zahlung auf die Darlehensschuld gleich. Für die Inanspruchnahme des Beklagten zu
2 kam § 426 BGB infrage, falls der Kläger und der Beklagte Gesamtschuldner waren.
Wäre der Kläger Komplementär der KG gewesen, so wären die Voraussetzungen der
Norm erfüllt (1. B. 48). Da der Kläger seine Hafteinlage aber erbracht hatte, haftete
er als Kommanditist den Gesellschaftsgläubigern nicht (§ 171 Abs. 1 HGB). Daher
waren die Voraussetzungen einer Gesamtschuld eigentlich nicht gegebenen. Der
BGH wendet § 426 BGB gleichwohl unter Hinweis darauf an, dass der Kläger im
wirtschaftlichen Ergebnis wie ein Komplementär gehandelt habe und daher auch
entsprechende Rechte haben müsse. Da er als Kommanditist am Verlust der KG im
Grundsatz nicht beteiligt ist (1. C. 52), müsse er – anders als ein Komplementär –
auch keine Abzüge hinnehmen. Generell kann ein Mitgesellschafter allerdings nur
haftbar gemacht werden, wenn zuvor die Gesellschaft in Anspruch genommen wurde (1. A. 121). Dies war hier ausnahmsweise aber nicht notwendig, da die KG insolvent war.

Das Urteil überzeugt jedenfalls im Ergebnis. In der Begründung wäre wohl besser
darauf abgestellt worden, dass der Kläger als Gesellschafter bei der Einräumung der
Grundschuld im Verhältnis zur KG kaum schlechter stehen sollte als seine Frau. Für
diese ergab sich problemlos ein Anspruch gegen die Beklagte zu 1 aus §§ 662, 670
BGB und gegen den Beklagten zu 2 aus §§ 662, 670 BGB i. V. m. §§ 128, 161 Abs. 2
HGB.

---

[42] Im Originalfall war er ein stiller Gesellschafter, der nach dem Gesellschaftsvertrag
wie ein Kommanditist behandelt werden sollte.
[43] Die KG hat eine Einrede, die auf § 242 BGB gestützt ist. Diese Einrede stellt sicher,
dass der Gläubiger sein Geld nur einmal erhält: *Grunewald*, Bürgerliches Recht, 8. Aufl.,
§ 39 Rdz. 7.

IX. Ansprüche der Gesellschafter untereinander und Ansprüche zwischen Gesellschaft und Gesellschaftern

1. Ansprüche der Gesellschafter untereinander und Ansprüche der Gesellschaft gegenüber den Gesellschaftern

Besonderheiten gegenüber der BGB-Gesellschaft oder der OHG ergeben sich nicht[1].   **49**

2. Ansprüche des Gesellschafters gegenüber der Gesellschaft

a) Aufwendungsersatz

Sofern der Kommanditist in Sachen der KG Aufwendungen macht, die er den Umständen nach für erforderlich halten darf, oder wenn er durch eine Geschäftsführung für die KG Verluste erleidet, gilt auch für ihn, wie für den Komplementär, § 110 Abs. 1 HGB[2]. Hat der Kommanditist einen Gläubiger befriedigt, so kann er, falls seine Beitragsschuld noch offen steht, diese durch Aufrechnung mit seinem Anspruch aus § 110 Abs. 1 HGB begleichen[3]. Seine Hafteinlage ist dann erbracht[4].   **50**

b) *Gewinn, Entnahmerecht*

Nach § 167 Abs. 1 HGB gilt § 120 HGB über die Berechnung des Gewinns oder des Verlustes auch für den Kommanditisten. Daraus ergibt sich, dass auch in der KG nach der gesetzlichen Regel variable Kapitalanteile bestehen, deren Höhe sich nach der Summe der geleisteten Einlagen und der stehen gelassenen Gewinne abzüglich der Verluste und Entnahmen bestimmt. Anders als bei der OHG wird in der KG der dem Kommanditisten zukommende Gewinn seinem Kapitalanteil aber nur solange gutgeschrieben, bis die Höhe der bedungenen Einlage (= Pflichteinlage) erreicht ist (§ 167 Abs. 2 HGB). Damit verhindert das Gesetz, dass der Kommanditist seine Position in der KG durch das „Ansparen" großer Beträge als Kapitalanteil zu Lasten des Komplementärs ausbaut[5]. Dieser so berechnete Kapitalanteil wird aus dem Jahresgewinn mit 4% verzinst (§§ 168 Abs. 1, 121 Abs. 1, 2 HGB). Sofern nach Abzug dieser Summe noch weiterer Gewinn vorhanden ist, soll dieser in einem angemessenen Verhältnis verteilt werden (§ 168 Abs. 2 HGB).   **51**

---

[1] 1. B. 51.

[2] BGH ZIP 2005, 1552 wendet § 110 HGB zu Recht auch auf „Sonderopfer" des Kommanditisten für die KG an.

[3] BGH NJW 1984, 2290, 2291; MünchKommHGB-*Karsten Schmidt* §§ 171, 172 Rdz. 50.

[4] 1. C. 36.

[5] MünchKommHGB-*Grunewald* § 167 Rdz. 14.

Gleiches soll für die Verluste gelten (§ 168 Abs. 2 HGB). Wegen der Unbe-
stimmtheit dieser Begriffe enthalten praktisch alle Kommanditgesellschafts-
verträge eine genauere Regelung über die Gewinnverteilung. Dabei wird
üblicherweise eine erhöhte Zahlung an den persönlich haftenden Gesellschafter wegen der Übernahme des Haftungsrisikos sowie wegen der für die
KG geleisteten Geschäftsführertätigkeiten vorgesehen und die Gewinnverteilung im Verhältnis fest bestimmter, nicht variabler Kapitalanteile geregelt[6].

52   Diese so ermittelten Gewinne können unter den Voraussetzungen des
§ 169 Abs. 1 HGB *entnommen werden*, also immer dann und nur soweit wie
die erbrachte Einlage der KG ungeschmälert erhalten bleibt[7]. Auch wenn
Verluste der KG die Einlage des Kommanditisten aufgezehrt haben, braucht
der Kommanditist nichts an die KG zu zahlen (§ 167 Abs. 3 HGB). Mehr als
seine Pflichteinlage schuldet er nicht. Eventuelle spätere Gewinne müssen
aber zur Abdeckung der Verluste verwendet werden, da § 169 Abs. 1 S. 2
HGB sonst einer Entnahme entgegensteht.

c) Schutz der Mitgliedschaft

53   Hier gilt dasselbe wie für BGB-Gesellschaft und OHG[8].

X. Gesellschafterwechsel

1. Beitritt von Gesellschaftern

54   Der Beitritt neuer Gesellschafter erfolgt genauso wie bei der BGB-Gesellschaft und bei der OHG[1]. Ein neuer Kommanditist muss nach § 162 Abs. 3
HGB ins Handelsregister eingetragen werden. Diese Eintragung hat aber nur
deklaratorische Bedeutung[2]. Bezüglich der *Haftung des Beitretenden* bestimmt § 173 HGB, dass sich die Haftung nach §§ 171, 172 HGB auch auf die
vor dem Eintritt begründeten Verbindlichkeiten der KG bezieht. Des Weiteren sieht § 176 Abs. 2 HGB vor, dass ein neu eintretender Kommanditist
für die Schulden der KG, die in der Zeit zwischen seinem Eintritt und dessen
Eintragung ins Handelsregister entstehen, unbeschränkt haftet, sofern dem

---

[6] 1. B. 56.

[7] Sofern diese noch nicht eingezahlt war, kann Gewinn entnommen werden. Die KG
kann mit einem fälligen Einlageanspruch gegen den Kommanditisten allerdings aufrechnen: *Oetker* § 169 Rdz. 9; MünchKommHGB-*Grunewald* § 169 Rdz. 6.

[8] 1. B. 57.

[1] 1. B. 58.

[2] *Koller*/Roth/Morck § 162 Rdz. 2.

Gläubiger die beschränkte Haftung nicht bekannt ist. Das Gesetz will auf diese Weise den Rechtsverkehr vor Haftungsbeschränkungen bewahren, die nicht deutlich zu Tage treten[3]. Der Kommanditist kann dieser Haftung dadurch entgehen, dass er seinen Beitritt von der aufschiebenden Bedingung seiner Eintragung als Kommanditist ins Handelsregister abhängig macht[4]. Die Praxis verfährt auch so.

2. *Ausscheiden von Gesellschaftern*

Im Grundsatz gilt auch hier dasselbe wie für die OHG[5]. Erhält ein ausscheidender Kommanditist eine *Abfindung* von der KG, so liegt hierin eine *Einlagenrückgewähr* mit der Folge, dass die Haftung des Kommanditisten gegenüber den Gläubigern der KG nach Maßgabe von § 172 Abs. 4 HGB wieder auflebt[6]. Denn der Kommanditist erhält dann von der KG eine Leistung, ohne eine Gegenleistung zu erbringen. Die Haftung trifft ihn allerdings nur im Verhältnis zu den Gläubigern, die vor der Eintragung seines Ausscheidens im Handelsregister Gläubiger der KG geworden sind[7]. Denn nach der Eintragung ist klargestellt, dass der Kommanditist für die Schulden der KG nicht mehr haftet. Zugunsten des Kommanditisten gilt die Enthaftungsregel des § 160 HGB[8].   **55**

Das Ausscheiden des Kommanditisten muss *ins Handelsregister eingetragen werden* (§ 162 Abs. 3 HGB). Diese Eintragung ist nur deklaratorisch[9]. Zugunsten gutgläubiger Dritter *greift aber § 15 HGB ein.* Auf den ersten Blick scheint dem allerdings der Wortlaut von § 162 Abs. 2 HGB entgegen zu stehen, da dort gesagt wird, dass bei der Bekanntmachung der Eintragung keine Angabe zu den Kommanditisten zu machen und § 15 HGB insoweit nicht anzuwenden sei. Aber dies kann nur so verstanden werden, dass – da eine Bekanntmachung der Kommanditisten nicht erfolgt – auch Bekanntmachungsfehler bedeutungslos sind – eine bloße Selbstverständlichkeit. Würde man unter § 162 Abs. 2 HGB auch Eintragungsfehler subsumieren[10], so wäre der durch das Handelsregister Dritten eingeräumte Schutz in einem wesent-   **56**

---

[3] A.A. *Mattheus/Schwab* ZGR 2008, 65, 74: Es solle Druck auf die Gesellschafter ausgeübt werden, die Eintragung zügig zu betreiben. Aber auf die Dauer des Eintragungsverfahrens haben diese oftmals keinen Einfluss.

[4] BGHZ 82, 209, 212; *Oetker* § 176 Rdz. 48.

[5] 1. B. 59 ff.

[6] Der Kommanditist haftet also maximal in Höhe der ins Handelsregister eingetragenen Hafteinlage. Sofern er eine geringere Summe von der KG erhalten hat, haftet er nur in dieser Höhe.

[7] BGHZ 71, 296, 304; MünchKommHGB-*Karsten Schmidt* §§ 171, 172 Rdz. 73, 43.

[8] Zu dieser Norm 1. B. 63.

[9] *Koller/Roth/Morck* § 162 Rdz. 2.

[10] So *Karsten Schmidt* ZIP 2002, 413, 417; *Mattheus/Schwab* ZGR 2008, 65, 84; da-

lichen Punkt unvollständig, ohne dass es einen Grund für diese Sonderbehandlung gerade der Kommanditisten gäbe. Zudem bringt § 162 Abs. 1 S. 2
HGB zum Ausdruck, dass § 15 HGB auch zum Nachteil der Kommanditisten
gilt. Denn die Erstreckung der Eintragungspflicht auf die Gesellschafter einer BGB-Gesellschaft, die Kommanditistin ist, hat den Zweck, diese Gesellschafter über § 15 HGB haftbar zu machen, wenn die Eintragung insoweit
unrichtig ist. Dies lässt sich aber nur begründen, wenn § 15 HGB auch zu
Lasten eines Kommanditisten gilt.

3. Übertragung der Mitgliedschaft

57   Wiederum gilt im Grundsatz dasselbe wie bei der OHG[11]. Überträgt ein
Kommanditist seine Beteiligung, so liegt auch dann keine Einlagenrückgewähr an ihn vor, wenn er von dem Erwerber dafür – wie regelmäßig – eine
Gegenleistung erhält. Denn schließlich hat der Kommanditist aus dem Vermögen der KG nichts erhalten. Dies war früher, als man die Übertragung
einer KG-Beteiligung als Austritt des alten und Eintritt des neuen Kommanditisten verstand, sehr umstritten, entspricht aber nun der allgemeinen Meinung[12]. Für den seine Beteiligung *übertragenden Kommanditisten* besteht
daher im Grundsatz *kein Haftungsrisiko*. Allerdings muss er dafür Sorge
tragen, dass auch im Handelsregister deutlich zum Ausdruck kommt, dass
der neue Kommanditist statt seiner die Beteiligung erhält, also die den Gläubigern zur Verfügung stehende Haftungsmasse nicht größer geworden ist[13].
Dies erfolgt üblicherweise dadurch, dass ins Handelsregister eingetragen
wird, dass ein Gesellschafter ausgeschieden und einer eingetreten sei, und
zwar im Wege der Sonderrechtsnachfolge[14]. Erhält der neue Kommanditist

---

gegen *Burghard*, FS Hadding, 2004, S. 325, 333 ff.; *Grunewald* ZGR 2003, 541, 543 ff.;
Wilhelm DB 2002, 1979, 1982 f.

[11] 1. B. 65.

[12] BGHZ 81, 82, 85; *Huber* ZGR 1984, 146, 148; *Kübler/Assmann* § 8 III 4 c); Münch-
KommHGB-*Karsten Schmidt* § 173 Rdz. 29; die Problematik der älteren Sichtweise ist
geschildert bei *von Olshausen*, Gedächtnisschrift Knobbe-Keuk, 1997, S. 247.

[13] RG WM 1964, 1131, 1132; BGHZ 81, 82; zu den einzelnen Fallgestaltungen bei
fehlendem Nachfolgevermerk, also insbesondere zu den Fällen, dass das Ausscheiden des
Altkommanditisten im Handelsregister eingetragen ist oder nicht, *Huber* ZGR 1984, 146,
155 ff. und *von Olshausen*, Gedächtnisschrift Knobbe-Keuk, 1997, S. 247, 274 mit Unterschieden im Einzelnen.

[14] BGH ZIP 2005, 2257, auch soll der Nachfolgevermerk nur eingetragen werden,
wenn mit der Anmeldung versichert wird, dass dem Altkommanditisten keinerlei Abfindung aus dem Gesellschaftsvermögen gewährt oder versprochen worden ist. Doch ist dies
keineswegs eine Voraussetzung für die Anteilsübertragung – ob eine solche vorliegt, bestimmt sich allein nach der Vereinbarung der Vertragsparteien. Vielmehr geht es insoweit
lediglich um die Haftung des Altkommanditisten, dem BGH zustimmend aber Münch-
KommHGB-*Karsten Schmidt* § 173 Rdz. 27.

sodann seine Einlage von der KG zurück, so haftet er nach § 172 Abs. 4 HGB. Der alte Kommanditist haftet insoweit nicht, auch nicht gegenüber den Gläubigern der KG, deren Forderungen in der Zeit vor der Eintragung seines Ausscheidens im Handelsregister begründet worden sind und die sich daher vielleicht darauf verlassen haben, dass sie den Veräußerer im Falle der Einlagenrückgewähr in Anspruch nehmen können[15]. In der Person des Veräußerers ist der Tatbestand des § 172 Abs. 4 HGB nicht erfüllt. Kommanditisten, die nichts entnehmen – und das muss erst recht für Altkommanditisten gelten –, haften nicht. Auch bleibt zu bedenken, dass der Veräußerer keinerlei Einfluss darauf hat, ob es zu einer Auszahlung an den Erwerber kommt oder nicht.

Wird der *neu eintretende Kommanditist richtig als Rechtsnachfolger des*   58
alten eingetragen, so trifft ihn kein Haftungsrisiko, sofern der Veräußerer die Einlage geleistet hatte[16]. Gemäß der zwischen dem Veräußerer und dem Erwerber getroffenen Absprache kommt die Einlageleistung des Altkommanditisten dem neuen zugute. Fehlt der Rechtsnachfolgevermerk, so gilt gleichwohl nichts anderes. Denn nach wie vor gilt die getroffene Abrede, nach der die Einlageleistung des alten Kommanditisten dem neuen zugute kommen soll[17]. Auch der Veräußerer haftet im Regelfall nicht, da die Altgläubiger (also die Gläubiger aus der Zeit vor der Anteilsübertragung), denen er allein haftet, schon deshalb von der Einzahlung nur einer Hafteinlage ausgehen konnten, weil im Zeitpunkt des Entstehens ihrer Forderung nur dies im Handelsregister eingetragen war[18]. Wird der „Eintritt" überhaupt nicht ins Handelsregister eingetragen, so haftet der Erwerber ebenfalls nicht. Denn § 176 Abs. 2 HGB ist auf den Fall der Anteilsübertragung nicht anwendbar, da eben kein Eintritt eines neuen Gesellschafters vorliegt[19]. Es wäre auch nicht sachgerecht, den Erwerber, sofern er nicht in irgendeiner Weise den Rechtschein erweckt hat, er sei persönlich haftender Gesellschafter, allein deshalb, weil er seiner Eintragungspflicht nicht nachgekommen ist, unbeschränkt haften zu lassen.

---

[15] *Koller*/Roth/Morck §§ 171, 172 Rdz. 26; *Michel* ZGR 1993, 118 ff.; a. A. BGH NJW 1976, 751, 752; *von Olshausen,* Gedächtnisschrift Knobbe-Keuk, 1997, S. 247, 268; MünchKomm HGB-*Karsten Schmidt* § 173 Rdz. 33.

[16] Unstreitig, BGHZ 81, 82, 85; Nachweise bei MünchKommHGB-*Karsten Schmidt* § 173 Rdz. 29; ist die Einlage nicht geleistet, so haften beide, der alte Kommanditist aber mit der Möglichkeit, sich auf § 160 HGB zu berufen; OLG Rostock ZIP 2001, 1049; MünchKommHGB-*Karsten Schmidt* § 173 Rdz. 31.

[17] BGHZ 81, 82, 87 f.; Heymann-*Horn* § 172 Rdz. 20.

[18] *von Olshausen,* Gedächtnisschrift Knobbe-Keuk, 1997, S. 247, 258; a. A. BGHZ 81, 82; Heymann-*Horn* § 172 Rdz. 20.

[19] *Huber* ZGR 1984, 146, 160 ff.; *Mattheus/Schwab* ZGR 2008, 65, 72; MünchKommHGB-*Karsten Schmidt* § 176 Rdz. 26; a. A. BGH NJW 1983, 2259.

4. Tod eines Gesellschafters

59   Für den *Tod des Komplementärs* gilt das zur OHG Ausgeführte[20]. Für den *Tod des Kommanditisten* bestimmt § 177 HGB, dass die KG, falls nichts anderes vereinbart ist, mit den Erben fortgesetzt wird. Die gesetzliche Regelung führt somit zu demselben Ergebnis wie eine Nachfolgeklausel in der OHG oder BGB-Gesellschaft[21]. Daher gilt das dort Gesagte hier entsprechend: Insbesondere sollte entgegen der h.M.[22] das Einrücken einer Erbengemeinschaft in die Rechtsposition eines Kommanditisten für zulässig erklärt werden[23]. Doch dürfte schon wegen der seit langem anders liegenden Tradition von Rechtsprechung und Literatur in absehbarer Zeit hier nicht mit einer Änderung zu rechnen sein. Der Standpunkt der h.M. hat zur Folge, dass auch bezüglich eines Kommanditanteils die bereits geschilderten Regeln der Sondererbfolge gelten.

60   § 173 HGB ist für den Kommanditisten, der seine Beteiligung geerbt hat, nicht einschlägig. Die Vererbung einer Kommanditistenstellung kann nicht als Eintritt in eine KG gewertet werden[24]. Schließlich fällt die Erbschaft dem Kommanditisten ohne sein Dazutun an. Erst recht ist § 176 Abs. 2 HGB nicht einschlägig: Anderenfalls würde dem *Erben eines Kommanditisten* sogar eine unbeschränkte *Haftung* für die Schulden der KG drohen[25]. Auch bezüglich der *Testamentsvollstreckung* gilt das für die BGB-Gesellschaft Ausgeführte[26]. Sie ist also zulässig[27]. Da der Testamentsvollstrecker den Erben ohne seine Zustimmung nicht persönlich verpflichten kann, ist die Haftung des Kommanditisten etwa nach § 171 Abs. 1 HGB oder nach § 172 Abs. 4 HGB auf den Nachlass beschränkt[28].

61   Der *Gesellschaftsvertrag* kann auch eine *andere Regelung* als in § 177 HGB vorgesehen bezüglich der Erbfolge in den KG-Anteil treffen. Es kann

---

[20] 1. B. 66 ff.

[21] 1. A. 154 ff.

[22] BGHZ 91, 132, 135; BGH NJW 1989, 3152, 3153; BGH NJW 1986, 2431, 2432 (obiter dictum, es handelte sich um eine OHG); Baumbach/*Hopt* § 177 Rdz. 3; MünchKommHGB-*Karsten Schmidt* § 177 Rdz. 16.

[23] S. die Anregung von *Ulmer* NJW 1990, 76, 83; dagegen *Stodolkowitz*, FS Kellermann, 1991, S. 439, 442, 448 f.

[24] Offen gelassen in BGH NJW 1995, 3314; die Haftung nach § 173 HGB besteht zwar nur in Höhe der Hafteinlage, aber die Möglichkeit der erbrechtlichen Haftungsbeschränkung soll insoweit nicht bestehen: *Oetker* § 173 Rdz. 9; MünchKommHGB-*Karsten Schmidt* § 173 Rdz. 34.

[25] BGH NJW 1989, 3152, 3155; *Oetker* § 176 Rdz. 45.

[26] 1. A. 156.

[27] BGH NJW 1989, 3152; nach *Karsten Schmidt*, FS Maier-Reimer, 2010, S. 619 ist noch nicht mal eine Zulassung im Gesellschaftsvertrag erforderlich (zweifelhaft).

[28] A. A. Heymann-*Horn* § 177 Rdz. 15; in der Tendenz auch BGH NJW 1989, 3152, 3155.

also etwa auch vereinbart werden, dass die KG beim Tod eines Kommanditisten aufgelöst werden soll. Auch eine Eintrittsklausel kommt in Frage[29]. Dann allerdings wird ein solcher Eintritt auch als Eintritt i. S. v. § 173 HGB und § 176 Abs. 2 HGB anzusehen sein.

XI. Gesellschaften auf fehlerhafter Vertragsgrundlage

Unterschiede zur OHG und zur BGB-Gesellschaft ergeben sich nicht[1].   **62**

XII. Auflösung und Beendigung

Die für die OHG genannten Auflösungsgründe gelten im Grundsatz auch   **63** für die KG[1]. Auch die Folgen der Auflösung sind dieselben wie bei der OHG[2].

XIII. Die GmbH & Co. KG

1. Vorteile der GmbH & Co. KG, Erscheinungsformen

Die GmbH & Co. KG ist eine KG, deren (meist einziger) Komplementär   **64** eine GmbH ist. Zunehmend findet sich auch die UG (haftungsbeschränkt) & Co. KG[1]. Ähnlich strukturiert sind Kommanditgesellschaften, deren (ebenfalls meist einziger) Komplementär eine juristische Person ausländischer Rechtsform ist[2]. Diese Ineinanderschiebung zweier Gesellschaften, von denen die eine Personengesellschaft und die andere – die Komplementärin – juristische Person ist, hat Rechtsprechung und Rechtswissenschaft anfänglich skeptisch gestimmt. Vielfach wurde daher die Ansicht vertreten, eine solche *Grundtypenvermischung* sei unzulässig[3]. Mittlerweile ist aber unstreitig, dass die GmbH & Co. KG zulässig ist, zumal zahlreiche Gesetzesbe-

---

[29] 1. A. 159 f.

[1] 1 1. B. 74.

[1] 1 1. B. 75 ff.

[2] 2 1. B. 83 ff.; siehe aber auch BGH ZIP 2003, 1338, in der PublikumsKG gelte § 273 Abs. 4 AktG analog.

[1] Zu der Frage, ob eine UG (haftungsbeschränkt) Komplementärin sein kann, 2. F. 122.

[2] Allgemein zu diesen Gesellschaften Teil 3; zur Übernahme der Komplementärstellung MünchKommHGB-*Grunewald* § 161 Rdz. 101 f.

[3] S. die Darstellung der rechtlichen Anerkennung der GmbH & Co. KG bei *Kübler/Assmann* § 22 II und *Karsten Schmidt* § 56 I 2.

stimmungen bestehen, die von der Existenz der GmbH & Co. KG ausgehen (z. B. § 125 a, § 172 Abs. 6 HGB).

65   Die Anzahl von Kommanditgesellschaften, deren persönlich haftender Gesellschafter eine GmbH ist, nimmt ständig zu[4]. Grund dafür ist die auf diesem Weg erreichbare *Haftungsbeschränkung* für alle natürlichen Personen als Gesellschafter trotz der Wahl der Rechtsform der KG. Zwar haftet auch in der GmbH & Co. KG der persönlich haftende Gesellschafter (also die GmbH) wie in jeder KG für die Schulden der Gesellschaft unbeschränkt persönlich. Aber für die Schulden der GmbH haftet eben nur das Gesellschaftsvermögen und nicht das Privatvermögen der Gesellschafter.

66   Die GmbH & Co. KG bietet gegenüber einer KG mit einer natürlichen Person als Komplementär noch einen *weiteren Vorteil*: Nach der gesetzlichen Regel liegen Geschäftsführungsbefugnis und Vertretungsmacht in der KG bei dem persönlich haftenden Gesellschafter. Es kommt nun aber häufig vor, dass dieser persönlich haftende Gesellschafter selbst nicht oder nicht mehr die Fähigkeit zur Führung des Unternehmens der KG hat. Soll dann ein neuer „Manager" gefunden werden, so impliziert dies praktisch, dass die KG in irgendeiner Weise umstrukturiert werden muss, was im Normalfall eine Vertragsänderung und somit die Zustimmung aller Gesellschafter voraussetzt, ein Weg, der oftmals wenig praktikabel ist. Auch fragt es sich, ob derjenige, der zur Führung der Geschäfte bereit ist, überhaupt Gesellschafter werden will. Zugleich können – insbesondere bei Familiengesellschaften – Bedenken gegen die Aufnahme von bestimmten Personen in den Gesellschafterkreis bestehen. Sofern die Geschäftsführung und Vertretung bei der GmbH liegt, stellt sich die Sache wesentlich einfacher dar: Jede Veränderung in der Position des Geschäftsführers der GmbH führt zugleich zur Auswechselung derjenigen Person, die die Geschäfte der KG führt, da die GmbH als Komplementärin der KG tätig ist. Eine Verknüpfung der Unternehmensführung mit der Gesellschafterstellung ist also nicht erforderlich. Im Grunde genommen werden auf diese Weise trotz formalen Festhaltens am Grundsatz der Selbstorganschaft[5] die Vorteile der Fremdorganschaft für die Personengesellschaft erreicht.

67   Gegenüber einer GmbH bietet die GmbH & Co. KG vielfach *steuerliche Vorteile*[6]. Hinzu kommt, dass sie als Personengesellschaft im Grundsatz nicht den strengen Regeln von *Kapitalaufbringung und -erhaltung*, die für juristische Personen gelten, unterliegt. So kommt etwa auf das Vermögen der KG § 30 GmbHG nicht zur Anwendung, so dass Auszahlungen an den

---

[4] *Windbichler* § 37 Rdz. 6; *Kübler/Assmann* § 22 I 2; *Karsten Schmidt* § 56 I 5.
[5] 1. C. 14.
[6] *Windbichler* § 37 Rdz. 7.

Kommanditisten im Prinzip zulässig sind[7]. Eine Ausfallhaftung der anderen Gesellschafter für nicht erbrachte oder zurückgewährte Kommanditeinlagen vergleichbar mit §§ 24, 31 Abs. 3 GmbHG besteht nicht. Gerade diese Möglichkeit, trotz beschränkter Haftung aller Gesellschafter, die natürliche Personen sind, die Vorteile der Personengesellschaft zu nutzen, hat zur Folge gehabt, dass die Judikatur Sonderregeln für die GmbH & Co. KG entwickelt und der Gesetzgeber einige speziell für die GmbH & Co. KG geltende Normen ins Gesetz eingefügt hat.

Anders als die Kapitalgesellschaften unterliegt die GmbH & Co. KG auch **68** nur in einem *eingeschränkten Umfang der Mitbestimmung*[8]. Auch das wird oftmals als Vorteil empfunden.

Die GmbH & Co. KG wird für ganz unterschiedliche Zwecke genutzt. Sie **69** ist einmal im Bereich der *Familiengesellschaften* sowie bei sonstigen Gesellschaften mit überschaubarem Gesellschafterkreis vertreten. Es kommt auch vor, dass ein Gesellschafter Kommanditist und zugleich einziger Gesellschafter der GmbH – eventuell auch noch der Geschäftsführer dieser GmbH – ist (*sog. Einmann-GmbH & Co. KG*).

Viele *Publikumsgesellschaften* sind als GmbH & Co. KG organisiert. Die **70** Gründergesellschafter sichern sich ihren Einfluss auf die KG, indem sie als Gesellschafter der GmbH die Geschäftsführer auswählen und beeinflussen. Bisweilen sind sie sogar selbst die Geschäftsführer. Für die Anlagegesellschafter, die als Kommanditisten ohne direkten Einfluss auf die Geschäftsführung der GmbH sind, kann sich auf diese Weise eine schwierige Lage ergeben.

2. Informationsrechte und Schutz der Kommanditisten vor sachwidriger Geschäftsführung in der KG

a) Dem Kommanditisten steht nach § 166 HGB ein eingeschränktes *Infor-* **71** *mationsrecht* zu. Soweit er zugleich auch Gesellschafter der GmbH ist, hat er allerdings nach § 51a GmbHG die Möglichkeit, in umfassender Weise Informationen sowohl über die GmbH wie auch über die KG[9] zu erhalten. Für den „Nur-Kommanditisten", also für den Kommanditisten, der nicht zugleich GmbH-Gesellschafter ist, bleibt es aber bei der Regel des § 166 HGB. Diese missliche Situation zeigt zugleich, dass mit Recht eine extensive Auslegung des § 166 HGB befürwortet wird[10]. Denn im Grundsatz besteht kein

---

[7] Zu den Grenzen: 1. C. 76 ff.
[8] *Windbichler* § 37 Rdz. 15; *Kübler/Assmann* § 22 I 2 f.); *Karsten Schmidt* § 56 IV 5.
[9] 2. F. 117.
[10] 1. C. 23 ff.

vernünftiger Grund für einen unterschiedlichen Umfang der Informationsrechte von GmbH-Gesellschaftern und Kommanditisten.

72   b) Wie in jeder KG liegt auch in der GmbH & Co. KG die *Geschäftsführung und Vertretung* beim Komplementär, also bei der GmbH und damit bei ihrem Geschäftsführer. Sofern die Kommanditisten zugleich auch Gesellschafter der GmbH sind, haben sie in ihrer Funktion als GmbH-Gesellschafter einen maßgeblichen Einfluss auf die Geschäftsführung der KG. Denn sie wählen die Geschäftsführer der GmbH aus und erteilen ihnen Weisungen[11]. Wenn die Kommanditisten an der GmbH nicht beteiligt sind, stellt sich die Sachlage für sie wesentlich ungünstiger dar. Denn jetzt sind sie praktisch ohne Einfluss auf die Geschäftsführung der GmbH und damit auch der KG. Zwar wird man sagen können, dass sich aus der gesellschafterlichen Treuepflicht der GmbH gegenüber der KG ergibt, dass die GmbH für eine ordnungsgemäße Geschäftsführung in der KG Sorge zu tragen hat. Eine Pflichtverletzung führt zu Schadensersatz- und Erfüllungsansprüchen – meist in der Form von Unterlassungsansprüchen – der KG. Diese Ansprüche können, sofern die geplante Geschäftsführungsmaßnahme offensichtlich unvertretbar ist, auch von den Kommanditisten im Wege der actio pro socio geltend gemacht werden[12]. Doch setzt dies voraus, dass die Kommanditisten um die geplanten Maßnahmen wissen. Zudem richtet sich eine solche Klage nur gegen die GmbH.

73   Günstiger wäre es, wenn es den *Kommanditisten offen stehen würde, direkt auf die Person des Geschäftsführers der GmbH Einfluss zu nehmen.* Ob man davon ausgehen kann, dass jedenfalls in einer Publikumskommanditgesellschaft ein direktes *„Abberufungsrecht" der Kommanditisten* gegenüber dem Geschäftsführer der GmbH in Analogie zu §§ 117, 127 HGB besteht oder ob die Kommanditisten wenigstens die Tätigkeit des Geschäftsführers für die KG unterbinden können, ist bislang noch offen, erscheint aber eher unwahrscheinlich, da damit entgegen der Gesetzeslage und der von den Beteiligten selbst gewählten Vertragsgestaltung die Rechtsposition der GmbH-Gesellschafter, denen die Einflussnahme auf die Geschäftsführung eigentlich zusteht, entscheidend zugunsten der Kommanditisten beschränkt werden würde[13]. Hierfür besteht letztlich auch kein Bedürfnis, weil die Kommanditisten nach §§ 117, 127, 140 HGB gegen die GmbH vorgehen können. Es ist dann Sache der GmbH-Gesellschafter dem ggf. durch Abberufung des Geschäftsführers zuvorzukommen. Ebenfalls noch offen ist die Frage, ob die GmbH-Gesellschafter auch Treuepflichten im Verhältnis zu

---

[11] 2. F. 86 ff.

[12] 1. A. 62 ff.

[13] Für solche Einflussmöglichkeiten der Kommanditisten *Hopt* ZGR 1979, 1, 16; *Hüffer* ZGR 1981, 348, 359; für ein Abberufungsrecht der KG *Kübler/Assmann* § 22 III 2; gegen ein Abberufungsrecht MünchKommHGB-*Grunewald* § 161 Rdz. 80.

den Kommanditisten treffen. Wäre dem so[14], so bestünden bei der Wahl eines ungeeigneten Geschäftsführers u. U. Schadensersatzansprüche der Kommanditisten gegen die GmbH-Gesellschafter.

Eine vergleichbare Problematik stellt sich, wenn die KG und damit ihre **74** *Kommanditisten durch eine nicht sachgerechte Geschäftsführung der GmbH geschädigt werden.*

In dem Fall BGHZ 75, 321[15] wurde der Beklagte, der Alleingesellschafter und **75** Geschäftsführer der Komplementär-GmbH einer Publikumskommanditgesellschaft war, von der KG auf Schadensersatz in Anspruch genommen. Dem Beklagten wurde vorgeworfen, er habe die Gelder der Anleger nicht zum Nutzen der KG sondern zu seinem eigenen Vorteil verwandt. Der BGH hat der Klage stattgegeben. Dabei wird in dem Urteil gesagt, dass der Dienstvertrag zwischen Geschäftsführer und GmbH ein solcher mit Schutzwirkung zugunsten der KG sei, weil dieser Dienstvertrag den Einschluss der KG in seinen Schutzbereich erfordere, da Fehlleistungen des Geschäftsführers sich zwangsläufig stets und in erster Linie zum Nachteil der KG auswirken würden.

Die Entscheidung ist kaum in die klassische Lehre vom Vertrag mit Schutzwirkung für Dritte einzufügen[16]. Auch hat die Lösung über diese Rechtsfigur den Nachteil, dass man dann eigentlich auch in den Vertrag zwischen GmbH und Geschäftsführer hineinschreiben könnte, dass eine Schutzwirkung zugunsten der KG nicht beabsichtigt sei. Daher wäre es überzeugender, der KG einen Anspruch gegen die GmbH zu geben, der das Fehlverhalten ihres Geschäftsführers über § 31 BGB zugerechnet würde, und dann der GmbH den Rückgriff auf den Geschäftsführer zu eröffnen, zumal zu seinen Gunsten dann auch problemlos berücksichtigt werden kann, ob er aufgrund von Weisungen der Gesellschafter gehandelt hat oder nicht. Ein direkter Anspruch der KG gegen den Geschäftsführer kann sich in Extremfällen aus § 826 BGB ergeben.

3. Kapitalsicherung in der GmbH & Co. KG

In der GmbH & Co. KG haftet für die Schulden der KG neben den Kom- **76** manditisten der persönlich haftende Gesellschafter, die GmbH. Diese haftet als alleinige Komplementärin als einzige unbeschränkt. *Bezüglich des GmbH-Vermögens* gilt GmbH-Recht, also insbesondere § 19 und §§ 30, 31 GmbHG. Demgemäß müssen Zahlungen, die aus dem GmbH-Vermögen an die GmbH-Gesellschafter erfolgen, unter den Voraussetzungen des § 30 GmbHG an die GmbH zurückgezahlt werden. Werden aus dem KG-Vermögen *Zuwendungen an die Kommanditisten erbracht,* so gilt § 172 Abs. 4

---

[14] MünchKommHGB-*Grunewald* § 161 Rdz. 65; *Kübler/Assmann* § 22 III 2; *Stimpel* AG 1986, 117, 118 f.

[15] Bestätigt in BGH WM 2002, 1128, 1129; im Ergebnis zustimmend *Hüffer* ZGR 1981, 348, 354; *Kübler/Assmann* § 22 III 2; *Stimpel* AG 1986, 117, 119; *Westermann* NJW 1982, 2870.

[16] S. *Grunewald* BB 1981, 581 ff.

HGB mit der Folge, dass die Einlagen der Kommanditisten unter Umständen als nicht geleistet gelten und daher die Haftung in Höhe der Hafteinlage wieder auflebt. Da aber Auszahlungen aus dem KG-Vermögen grundsätzlich nicht verboten sind, schuldet der Kommanditist unabhängig von der Höhe der an ihn erfolgten Zahlungen den Gläubigern der KG nie mehr als die versprochene Hafteinlage.

77   Für die GmbH & Co. KG kann es bei dieser summenmäßig beschränkten Kommanditistenhaftung nicht in jedem Fall bleiben. Wenn durch die *Auszahlungen aus dem KG-Vermögen mittelbar auch das GmbH-Vermögen unter die zur Erhaltung des Stammkapitals erforderliche Summe herabgedrückt wird*[17] – eben weil die GmbH als Komplementärin für die Schulden der KG einzustehen hat – und wenn der Kommanditist zugleich GmbH-Gesellschafter ist, dürfte kaum ein Zweifel daran bestehen, dass die §§ 30, 31 GmbHG eingreifen[18]: Denn diese Auszahlung beeinträchtigt auch das Vermögen der GmbH und gezahlt wurde an einen GmbH-Gesellschafter. Gegenüber dem Normalfall des § 30 GmbHG ergibt sich allerdings eine Besonderheit: Da die Zahlungen aus dem KG-Vermögen erfolgten, steht der Rückforderungsanspruch aus § 31 GmbHG auch der KG zu.

78   In dem Fall BGHZ 110, 342[19] war an den Kommanditisten Vermögen der GmbH & Co. KG in einem Umfang ausgezahlt worden, dass dadurch mittelbar das Vermögen der Komplementär-GmbH unter den Nennwert ihres Stammkapitals herabsank. Der Kommanditist war nicht zugleich Gesellschafter der GmbH. Damit stellte sich die Frage, ob auf diese Auszahlungen gleichwohl §§ 30, 31 GmbHG zur Anwendung kamen. Der BGH hat das bejaht und dabei entscheidend darauf abgestellt, dass, wenn in einer GmbH & Co. KG keine natürliche Person persönlich haftender Gesellschafter ist, die KG nur in einem sehr eingeschränkten Umfang davor geschützt sei, dass ihr Vermögen zugunsten der Kommanditisten ausgehöhlt wird. Denn dann fehlt eine natürliche Person, die mit ihrem Vermögen für die Schulden der KG einzustehen habe.

Die Entscheidung ist nicht unproblematisch. Auch wenn man im Grundsatz mit dem BGH der Ansicht ist, dass ein Kommanditist, der entsprechende Zahlungen erhalten hat, diese an die KG zurückzuzahlen hat, sollte dies jedenfalls nicht für Kommanditisten gelten, die auf die Geschäftsführung keinen Einfluss haben und daher die finanzielle Situation der GmbH auch nicht kennen. Insbesondere für solche Kommanditisten passt auch die strenge Haftung des § 31 Abs. 3 GmbHG nicht[20].

---

[17] Gleiches gilt, wenn im Zeitpunkt der Zahlung an den Kommanditisten beide Gesellschaften überschuldet sind: BGHZ 60, 324.

[18] BGHZ 60, 324; 69, 274, 280; *Windbichler* § 37 Rdz. 21; *Kübler/Assmann* § 22 IV 2 a); *Karsten Schmidt* § 56 V 1 b).

[19] Bestätigt in BGH NJW 1995, 1960; zustimmend Lutter/*Hommelhoff* § 30 Rdz. 64.

[20] *Schnelle* GmbHRdsch 1995, 853; Scholz-*Westermann* § 30 Rdz. 59.

D. Die Stille Gesellschaft

I. Begriffsbestimmung und Erscheinungsformen

In § 230 HGB umschreibt das Gesetz, was eine Stille Gesellschaft ist. Danach beteiligt sich der Stille Gesellschafter am Handelsgewerbe eines anderen mit einer Einlage, wobei die Einlage in das Vermögen des anderen übergeht. Dieser wird aus den in dem Betrieb geschlossenen Geschäften allein berechtigt und verpflichtet. Der Stille Gesellschafter ist am Gewinn des Unternehmens beteiligt (§ 231 Abs. 2 HGB). **1**

a) Damit wird zum einen eine Selbstverständlichkeit deutlich: Die Stille **2** Gesellschaft ist eine Gesellschaft mit der Folge, dass §§ 705 ff. BGB ergänzend zur Anwendung kommen. Zweck der Stillen Gesellschaft ist die Gewinnerzielung im Handelsgewerbe des einen Gesellschafters zum beiderseitigen Nutzen (§ 231 Abs. 2 HGB). Da die Stille Gesellschaft selbst kein Handelsgewerbe betreibt, ist sie auch keine Handelsgesellschaft. In der Praxis bereitet die *Abgrenzung zu partiarischen Rechtsgeschäften*, also zu Rechtsgeschäften, bei denen die Gegenleistung zwar (auch) in einer Gewinnbeteiligung besteht, die aber gleichwohl Austauschverträge sind, Schwierigkeiten[1]. Dabei muss die Abgrenzung anhand der Überlegung entwickelt werden, dass die Bestimmungen über Gesellschaften dann zur Anwendung kommen sollen, wenn der für Gesellschaften geschaffene Normenbestand die getroffenen Vereinbarungen der Parteien sinnvoll ergänzt[2]. Die h.M. tendiert demgegenüber eher dazu, Indizien für das Vorliegen einer Stillen Gesellschaft zu entwickeln (etwa Bestehen von Kontrollrechten, gewählte Bezeichnung, Verlustbeteiligung, Fehlen von Sicherheiten für die Kapitalhingabe, lange Dauer der vertraglichen Bindung, Mitentscheidungsrechte bei Änderung des Unternehmensgegenstandes[3]) und dann pauschal entweder die Normen für Austauschverträge oder des Gesellschaftsrechts für anwendbar zu erklären.

---

[1] Nach *Schön* ZGR 1993, 210 ff. ist eine solche Unterscheidung überflüssig. Stets seien die Regeln der Stillen Gesellschaft anwendbar. Doch dürfte das kaum den Vorstellungen der Parteien entsprechen. Die Folgerung von der Gewinnbeteiligung auf das Recht der Stillen Gesellschaft ist ebenso schematisch wie die auch von *Schön* abgelehnte, sogleich zu schildernde „Indizienlehre".
[2] Siehe bereits oben 1. A. 5 f.; lediglich wenn es darum geht, ob zwingendes Recht angewandt werden soll (selten), kann so nicht verfahren werden, da sonst dieses zwingende Recht mittelbar doch dispositiv wäre. Siehe zu dieser Problematik, die auch bei der Abgrenzung BGB-Gesellschaft/Verein eine Rolle spielt, 2. B. 4 f. und den Fall BGHZ 127, 176, in dem es um die Anwendbarkeit der Sonderregeln für AGB ging.
[3] BGH ZIP 1994, 1847; BGHZ 127, 176, 178 ff.; *Kübler/Assmann* § 9 I 1 b); Münch-KommHGB-*Karsten Schmidt* § 230 Rdz. 61 ff.

3   In dem Fall BGH NJW 1992, 2697 sollte der Kläger aufgrund eines sogenannten
Kooperationsvertrages in einem dem Beklagten gehörenden Unternehmen mitarbei-
ten, DM 500.000 einzahlen und am Gewinn beteiligt sein. Der Kläger kündigte diesen Vertrag. Er verlangte die bereits eingezahlten Mittel in Höhe von DM 300.000
zurück. Das Berufungsgericht hatte gemeint, es läge weder ein partiarisches Darlehen noch eine Stille Gesellschaft vor. Vielmehr habe der Kläger eine Art verlorenen
Zuschuss an den Beklagten gezahlt.

Das Urteil des BGH folgt dem Berufungsgericht in der Annahme, dass ein Darlehen nicht gegeben sei. Die Befugnisse des Klägers in dem Unternehmen seien zu
umfassend gewesen. Dies spreche aber nicht gegen das Bestehen einer Stillen Gesellschaft. Diese Ausführungen des BGH überzeugen, da in der Tat nichts für die Annahme des Berufungsgerichts sprach, der Kläger habe die Zahlungen an die Beklagte
als verlorene Zuschüsse geleistet. Damit stand fest, dass die eingeschossene Summe
zurückzuzahlen war. Ob die Abrechnung nach den Regeln des Darlehensrechts oder
der Stillen Gesellschaft zu erfolgen hatte, musste anhand der Frage entschieden werden, auf welche Weise die zwischen den Parteien getroffene Vereinbarung stimmig
zu ergänzen war. Da auch eine Gewinnbeteiligung (und eventuell auch eine Verlustbeteiligung) vorgesehen war, spricht in der Tat manches dafür, dass eine Auseinandersetzung nach den Regeln des Gesellschaftsrechtes sachgerecht war.

4   b) Eine Stille Gesellschaft liegt nach der gesetzlichen Regel nur vor, wenn
die Beteiligung am *Handelsgewerbe* eines anderen erfolgt. Damit wird § 1
Abs. 2 HGB in Bezug genommen. Erfolgt die Beteiligung an einer Gesellschaft, die kein Handelsgewerbe betreibt (also z. B. an einer BGB-Gesellschaft), so liegt im Grundsatz keine Stille Gesellschaft sondern eine BGB-
Gesellschaft vor. Dazu zählen insbesondere Unterbeteiligungen an Beteiligungen an Personen- oder Kapitalgesellschaften. Da die Interessenlage aber
kaum anders als bei der Beteiligung an einem Handelsgewerbe ist, kann
vielfach auf den Normenbestand der Stillen Gesellschaft zurückgegriffen
werden[4].

5   c) Da nach § 230 Abs. 2 HGB der Inhaber aus den im Betrieb geschlossenen Geschäften allein berechtigt und verpflichtet wird, steht zugleich fest,
dass die Stille Gesellschaft eine sogenannte *Innengesellschaft* ist[5]. Während
der eine Gesellschafter das Geschäft betreibt, tritt der andere nach außen
nicht in Erscheinung.

6   d) Die *Erscheinungsformen* der Stillen Gesellschaft sind sehr unterschiedlich. Dem Leitbild der gesetzlichen Regelung entspricht die *aus zwei Personen bestehende* Stille Gesellschaft mit einem Unternehmergesellschafter
und einem lediglich kapitalmäßig beteiligten Gesellschafter. Diese Form
kommt beispielsweise vor, wenn ein bislang in dem Unternehmen tätiger
Gesellschafter aus der Gesellschaft ausscheiden, ihr aber doch verbunden

---

[4] Für eine analoge Anwendung der §§ 230 ff. HGB *Karsten Schmidt* § 62 II 1 a); Oet-
ker/*Schubert* § 230 Rdz. 116.
[5] 1. A. 108.

bleiben will, oder wenn Familienangehörige an einem Unternehmen ohne größeren unternehmerischen Einfluss beteiligt werden sollen. Die Stille Gesellschaft ist im Vergleich zur KG dann besonders attraktiv, wenn der Betreffende nach außen nicht in Erscheinung treten will. Es gibt auch sogenannte *atypische Stille Gesellschaften*, in denen der *Stille Gesellschafter maßgeblichen Einfluss* auf die Geschicke des Unternehmens *hat*[6].

Selbstverständlich kann der Inhaber des Unternehmens auch Gesellschafter mehrerer Stiller Gesellschaften sein, wobei sich jeder Stille Gesellschafter für sich an dem Unternehmen beteiligt. Sofern, wie häufig, zahlreiche Gesellschaftsverträge abgeschlossen werden, die inhaltlich übereinstimmen[7], stellen sich oftmals die gleichen Probleme wie bei den *Publikumsgesellschaften*. Dies zeigt sich auch daran, dass die Gesellschaftsverträge von Publikumsgesellschaften vielfach vorsehen, dass die Gesellschafter zugleich auch Stille Gesellschafter werden sollen[8]. Bisweilen besteht unter den Stillen Gesellschaftern eine BGB-Gesellschaft, deren Zweck die gemeinsame Wahrnehmung der Rechte der Stillen gegenüber dem Unternehmergesellschafter ist[9].

Daneben gibt es auch die sogenannte *mehrgliedrige Stille Gesellschaft*, bei der mehrere Stille Gesellschafter mit dem Unternehmergesellschafter in einer Stillen Gesellschaft zusammengeschlossen sind. Diese Gesellschaftsform ist mittlerweile allgemein anerkannt[10]. §§ 230 ff. HGB kommen zur Anwendung. Bei Gesellschaften mit großer Gesellschafterzahl gelten die Regeln für Publikumsgesellschaften. Sofern die mehreren Stillen Gesellschafter ihrerseits wiederum als BGB-Gesellschaft organisiert sind, kommt es auch vor, dass nur die BGB-Gesellschaft selbst Stiller Gesellschafter ist. Dann liegt wieder eine zweigliedrige Stille Gesellschaft vor[11].

II. Der Gesellschaftsvertrag

Der Gesellschaftsvertrag wird zwischen dem Unternehmergesellschafter und dem Stillen abgeschlossen. Sofern der Unternehmergesellschafter eine *OHG oder KG* ist, greifen die Regeln über „*Grundlagengeschäfte*" ein, mit

---

[6] 1. D. 20 f.

[7] Beispielsfall BGH ZIP 1995, 738; ZIP 2001, 243, 244; ZIP 2004, 2095.

[8] Dann stellt sich die Problematik der gesplitteten Einlage, 1. C. 44.

[9] BGH NJW 1995, 1353, 1355.

[10] Beispiel in BGH NJW 1995, 192 und BGH ZIP 1994, 455; MünchKommHGB-*Karsten Schmidt* § 230 Rdz. 83; *Weimar* ZIP 1993, 1509, 1512.

[11] Die Abgrenzung kann im Einzelfall schwierig sein, siehe den Fall BGH ZIP 1987, 1316, wo letztlich offen bleibt, welcher Gesellschaftstyp vorlag; auch BGH ZIP 1998, 859.

der Folge, dass die Zustimmung sämtlicher Gesellschafter für den Vertrags-schluss erforderlich ist[1]. Für die Vertretung im Außenverhältnis hat dies aber keine Bedeutung, so dass die vertretungsberechtigten Gesellschafter auch ohne Zustimmung der übrigen Stille Gesellschaftsverhältnisse einge-hen können. Dies ist auch dann nicht anders, wenn es sich um eine atypische stille Beteiligung in dem Sinne handelt, dass dem Stillen nicht unerhebliche Einflussmöglichkeiten auf die Verwaltung der Gesellschaft – eventuell ge-paart mit entsprechenden Vermögensrechten – eingeräumt werden[2]. Viel-mehr gehen die vertretungsberechtigten Gesellschafter dann nur ein weit-tragendes Geschäft ein, das die Gesellschaft bindet. Ein neuer Gesellschaf-ter wird damit aber in die OHG/KG nicht aufgenommen und auch der Gesellschaftsvertrag wird nicht geändert[3]. Geschäfte mit weittragender Be-deutung sind aber für OHG und KG nichts Ungewöhnliches.

1. Form und Genehmigungserfordernisse

10   a) Der Vertragsabschluss bedarf im Grundsatz *keiner Form*. Dies ist aller-dings dann anders, wenn die Verpflichtung zu der Leistung der Einlage des Stillen ausnahmsweise die Einhaltung bestimmter Formerfordernisse ver-langt, also etwa ein Grundstück auf den Unternehmergesellschafter übertra-gen werden soll. Die stille Beteiligung kann auch schenkweise eingeräumt werden[4]. Dann liegt in der Begründung der Stillen Gesellschaft der Vollzug der Schenkung[5]. Dem ist zwar unter Hinweis darauf, dass die Mitgliedschaft in einer Stillen Gesellschaft nicht verselbständigt sei, für die typische Stille Gesellschaft widersprochen worden[6]. Doch überzeugt das nicht, da die Fra-ge, wann eine solche Verselbständigung eingetreten ist, wann also über eine bloße Forderung hinaus eine eigenständige mitgliedschaftliche Rechtsposti-

---

[1] *Schön* ZGR 1990, 220, 225; siehe auch 1. B. 23.

[2] A.A. Heymann-*Horn* § 164 Rdz. 7; *Zutt*, in Großkomm. zum HGB, § 230 Rdz. 62; ähnlich wie hier *Schön* ZGR 1990, 220, 226 und *Westermann*, FS Ulmer 2003, S. 658, 660, die aber bereits dann eine Notwendigkeit für die Zustimmung der Gesellschafter sehen, wenn in die gesellschaftsrechtliche Stellung der OHG/KG-Gesellschafter einge-griffen wird. Dies besagt aber nur, dass die vertretungsberechtigten Gesellschafter ohne diese Zustimmung pflichtwidrig handeln.

[3] Anders in dem Beispiel von *Schön* ZGR 1990, 220, 227, in dem dem Stillen die Befug-nis zur Benennung und Abberufung des geschäftsführenden Gesellschafters übertragen wird. Zu Recht stellt *Schön* fest, dass dies nur mit Zustimmung der Gesellschafter geht.

[4] A.A. nur *Herrmann* ZHR 147 (1983), 313 ff.: Wenn die Beteiligung vom Geschäfts-inhaber geschenkt werde, liege keine Gesellschaft vor, weil der Stille keine Einlage leiste. Dies überzeugt nicht. Gegen sie zutreffend *Karsten Schmidt* DB 2002, 829, 830.

[5] 1. A. 11; Oetker/*Schubert* § 230 Rdz. 47.

[6] So für den Fall, dass die stille Beteiligung auf Kosten des Unternehmensträgers er-folgt: *Karsten Schmidt* DB 2002, 829, 832 ff.; eine Heilung hält in jedem Fall Heymann-*Horn* § 230 Rdz. 21 für ausgeschlossen.

on zugewendet wird, nicht beantwortet werden kann. Viel spricht dafür, dass die Begründung der Beteiligung des Stillen eben gerade die Einräumung dieser mitgliedschaftlichen Rechtsposition ist.

b) Der Gesellschaftsvertrag bedarf der *Genehmigung des Vormund-* **11** *schafts-/Familiengerichts*, wenn als Stiller Gesellschafter Personen beteiligt sind, die durch einen Vormund oder ihre Eltern vertreten werden. Gleiches gilt für einen Gesellschafter, für den ein Betreuer bestellt ist (§ 1908 i BGB). Denn die Stille Gesellschaft ist auf das Betreiben eines Erwerbsgeschäfts gerichtet (§§ 1822 Nr. 3, 1643 Abs. 1 BGB). Dies ist auch dann nicht anders, wenn die Verlustbeteiligung und Mitspracherechte der Stillen ausgeschlossen sind. Bezüglich der Mitspracherechte ist dies offensichtlich: Die Reduzierung der Rechte des Stillen um jede Mitsprache kann nicht zur Folge haben, dass nun auch noch der Schutz durch das Genehmigungserfordernis entfiele. Trifft den Stillen keine Verlustbeteiligung, so ist sein Risiko zwar geringer. Aber dies ändert nichts daran, dass er die Einlage nur zurückerhält, wenn der Unternehmensinhaber entsprechend zahlungskräftig ist. Vor diesem Risiko wird der Stille nach dem Gesetzeswortlaut geschützt[7].

2. Beiträge

Der Stille hat seinen im Gesellschaftsvertrag festgelegten Beitrag zu leis- **12** ten. Da die Stille Gesellschaft Innengesellschaft ist und somit keine Ansprüche haben kann, *schuldet der Stille Gesellschafter den Beitrag dem Unternehmergesellschafter*. Sofern sein Beitrag in der Übertragung von Vermögensobjekten besteht, hat er sie in das Vermögen des Unternehmergesellschafters zu leisten (§ 230 Abs. 1 HGB). Dabei kann auch ein Dritter für den Stillen leisten (§ 267 Abs. 1 BGB). Es kann auch vorgesehen werden, dass der Stille keinerlei Vermögensobjekte auf den Unternehmergesellschafter zu übertragen hat (etwa nur Dienste leisten oder Gegenstände zur Nutzung überlassen soll). Auch das ist ein tauglicher Beitrag[8]. Da der Stille Gesellschafter anders als ein Kommanditist nicht durch die Dokumentation einer entsprechenden Hafteinlage im Handelsregister in Erscheinung tritt, stellt sich die Frage, ob bestimmte Leistungsgegenstände einlagefähig sind und wie sie gegebenenfalls zu bewerten sind, nicht. Die Gesellschafter sind

---

[7] A.A. für diesen Fall BGH NJW 1957, 672; Oetker/*Schubert* § 230 Rdz. 45; Münch-KommHGB-*Karsten Schmidt* § 230 Rdz. 106. Wie hier *Zutt*, in Großkomm. zum HGB, § 230 Rdz. 65, aber mit einer Ausnahme für Beteiligungen ohne jedes geschäftliche Risiko.

[8] BGHZ 7, 174, 181; MünchKommHGB-*Karsten Schmidt* § 230 Rdz. 149; *Weimar* ZIP 1993, 1509, 1510; *Zutt*, in Großkomm. zum HGB, § 230 Rdz. 75, 12 verlangt eine Einlage. Diese müsse mit einem Geldbetrag bewertbar sein.

insoweit frei[9]. Der Beitrag des Unternehmergesellschafters besteht in der Führung seines Geschäfts auf gemeinsame Rechnung.

3. Die Treuepflicht, Gleichbehandlungsgebot

13   a) Wie in jeder Gesellschaft so besteht auch für die Gesellschafter einer Stillen Gesellschaft eine *wechselseitige Treuepflicht*[10]. Es gilt daher im Grundsatz das zur BGB-Gesellschaft Ausgeführte[11]. Da die Stille Gesellschaft Innengesellschaft ist, stehen ihr bei Verletzungen dieser Treuepflicht keine Schadensersatzansprüche zu. Vielmehr gibt es insoweit nur wechselseitige Ansprüche der Gesellschafter.

14   In dem Fall BGH ZIP 1987, 1316 (und ganz ähnlich in dem Fall BGH NJW 1995, 1353, ein Initiator der jeweils beklagten Gesellschaften war sogar dieselbe Person!) hatte der Unternehmergesellschafter, eine GmbH, erhebliche Beträge für rückdatierte und überteuerte Beratungsverträge mit ihrem Geschäftsführer und ihren Gesellschaftern aufgewandt. Durch diesen Vermögensabfluss war der Wert der Stillen Beteiligung gesunken. Das Urteil führt zutreffend aus, dass in der Stillen Gesellschaft zwischen den Gesellschaftern gegenseitige Treuepflichten bestehen. Geschäfte, die der Unternehmergesellschafter aus diesem Grund nicht durchführen darf, sei es nun, dass sie gegen eine ausdrücklich übernommene Vertragspflicht oder gegen die allgemeine Treuepflicht verstoßen, muss der Stille Gesellschafter nicht gegen sich gelten lassen[12]. Er hat dann einen Anspruch darauf, so gestellt zu werden, als sei die schädigende Handlung nicht vorgenommen worden. Daher schuldete die GmbH im Grundsatz Ausgleich des Vermögensschadens an sich selbst. Da dies offensichtlich nicht möglich ist, muss der Stille einen Anspruch auf Zahlung eines Ausgleichs in sein Privatvermögen erhalten[13].

15   b) Das Gesetz legt weder für den Unternehmergesellschafter noch für den Stillen ein *Wettbewerbsverbot* fest. Da der *Geschäftsinhaber* aber, sofern nichts anderes vereinbart ist, verpflichtet ist, die in seinem Unternehmen erzielbaren Gewinne auf gemeinsame Rechnung zu tätigen, kann es nicht zulässig sein, dass er für sich allein auf eigene Rechnung in demselben Tätigkeitsbereich aktiv wird. Für ihn gilt also ein Wettbewerbsverbot[14].

---

[9] MünchKommHGB-*Karsten Schmidt* § 230 Rdz. 150.

[10] BGHZ 3, 75, 81; BGH WM 1963, 1209, 1210; BGH ZIP 1987, 1316; MünchKommHGB-*Karsten Schmidt* § 230 Rdz. 154; *Windbichler* ZGR 1989, 434, 436. Demgegenüber erkennt *Schön* ZGR 1993, 210, 230 Treuepflichten nur als flexibles Korrektiv gegen die missbräuchliche Ausnutzung der „Rechte des Stillen" an. Dies wird der häufigste, aber eben nicht der einzige Anwendungsfall der Treuepflichten des Stillen sein.

[11] 1. A. 17 ff.

[12] Der Entscheidungsspielraum des Unternehmergesellschafters ist aber groß, 1. D. 21.

[13] BGH NJW 1995, 135; *Grunewald*, Die Gesellschafterklage in der Personengesellschaft und der GmbH, 1990, S. 61 f.; *Koller*/Roth/Morck § 230 Rdz. 22.

[14] Baumbach/*Hopt* § 230 Rdz. 16; MünchKommHGB-*Karsten Schmidt* § 230 Rdz. 141.

Für den *Stillen Gesellschafter* gilt dieser Grundsatz nicht. Nur wenn er **16** aufgrund seiner Stellung besondere Informations- und Einflussmöglichkeiten in Bezug auf die Geschäfte des Unternehmergesellschafters hat, ist dies anders[15]. Denn dann besteht die Gefahr der Ausnutzung von Geschäftschancen durch den Stillen für eigene Rechnung. Das muss der Geschäftsinhaber nicht hinnehmen. Insoweit zeigt sich deutlich eine Parallele zur KG[16].

c) Eine *Gleichbehandlung* von Geschäftsinhaber und Stillem kommt na- **17** turgemäß weitgehend nicht in Frage, da die Stellung der beiden Gesellschafter in der Gesellschaft verschieden ist. Sofern es sich um eine mehrgliedrige Stille Gesellschaft handelt[17], gilt zwischen den mehreren Stillen das Gleichbehandlungsgebot uneingeschränkt[18].

4. Auslegung und Inhaltskontrolle

a) Die *Auslegung* des Gesellschaftsvertrages erfolgt genau so wie bei an- **18** deren Personengesellschaftsverträgen auch[19]. Auch die Sonderregeln für Gesellschaften mit großer Mitgliederzahl kommen zur Anwendung, sofern die Stille Gesellschaft mehrgliedrig ist und eine entsprechende Gesellschafterzahl vorliegt[20]. Wenn der Unternehmergesellschafter mehrere gleich lautende zweigliedrige Stille Gesellschaftsverträge abgeschlossen hat, gelten die Sonderregeln für mitgliederstarke Gesellschaften nicht, da jeder Gesellschaftsvertrag nur zwischen zwei Gesellschaftern abgeschlossen worden ist. Nur wenn die Stillen ihrerseits miteinander verbunden sind – etwa zur gemeinsamen Wahrnehmung ihrer Rechte – oder ihnen sonst deutlich ist, dass auf ihr individuelles Verständnis keine Rücksicht genommen werden kann, kommen die Regeln für die Auslegung von Gesellschaftsverträgen von Gesellschaften mit großer Mitgliederzahl zur Anwendung[21]. Gleiches gilt, wenn der Stille Gesellschafter eine Publikumsgesellschaft ist, deren Zweck auf diese Beteiligung zugeschnitten ist. Auch dann ist es den Gesellschaftern der Stillen Gesellschaft klar, dass es wegen der weittragenden Bedeutung des Gesellschaftsvertrages auf ihr individuelles Verständnis nicht ankommen kann[22].

---

[15] BGH NJW 2002, 1046, 1047 (obiter dictum); im Ergebnis ähnlich, aber wohl etwas zurückhaltender *Armbrüster* ZIP 1997, 261, 272; Baumbach/*Hopt* § 230 Rdz. 16.

[16] 1. C. 9.

[17] 1. D. 8.

[18] 1. A. 26 ff.

[19] 1. A. 29 ff.

[20] Zur mehrgliedrigen Stillen Gesellschaft 1. D. 8.

[21] BGH ZIP 2001, 243, 244; BGH ZIP 2004, 2095, 2096.

[22] Siehe den Fall BGH NJW-RR 1989, 993, 994.

19   b) Für die *Inhaltskontrolle* gelten keine Besonderheiten[23]. Auch bei der zweigliedrigen Stillen Gesellschaft kommen die Sonderregeln für AGB nicht zur Anwendung, da § 310 Abs. 4 BGB bestimmt, dass Gesellschaftsverträge nicht unter dieses Gesetz fallen und eben auch die Stille Gesellschaft Gesellschaft ist. Auch kommt hinzu, dass die auf Austauschverträge zugeschnittenen Normen für die Inhaltskontrolle von Stillen Gesellschaftsverträgen nur wenig hergeben[24]. Für die mehrgliedrige Stille Gesellschaft gelten bei entsprechend großem Gesellschafterkreis die Regeln über Gesellschaften mit großer Mitgliederzahl[25]. Dies gilt auch für gleich lautende zweigliedrige Gesellschaftsverträge[26]. Denn auch dann wird eine verstärkte Inhaltskontrolle notwendig, da die Gefahr droht, dass sich der Unternehmergesellschafter der Kontrolle durch die Stillen Gesellschafter entzieht.

III. Geschäftsführung und Vertretung

20   a) Da die Stille Gesellschaft eine reine Innengesellschaft ist, tritt sie nach außen nicht in Erscheinung. Vielmehr führt der *Unternehmergesellschafter sein Geschäft* auf gemeinsame Rechnung. Ein Widerspruchsrecht für den Stillen Gesellschafter besteht nach der gesetzlichen Regelung in keinem Fall. Doch ist dies nicht zwingend. Dem Stillen Gesellschafter können auch *weitgehende Einflussmöglichkeiten auf die Führung der Gesellschaft eingeräumt werden.*

21   Der Unternehmergesellschafter hat die bezüglich der Geschäftsführung getroffenen Vereinbarungen einzuhalten. Regelmäßig ist er nicht berechtigt, das Unternehmen teilweise oder ganz zu veräußern oder (teilweise) einzustellen, da dann eine Partizipation des Stillen am Gewinn ausgeschlossen ist[1]. Auch darf der Geschäftsinhaber das Unternehmen nicht treuwidrig führen, also beispielsweise nicht Vermögenswerte des Unternehmens durch für das Unternehmen ungünstige Verträge auf sich oder ihm nahe stehende Personen verlagern[2]. Bei der Entscheidung, wie die Geschäfte des Unternehmens zu führen sind, hat der *Unternehmergesellschafter,* sofern nichts anderes vereinbart ist, *ein weites Ermessen.* Daher kann man auch nicht sagen,

---

[23] 1. A. 33 ff.

[24] BGH ZIP 1994, 1847, 1849; *Grunewald,* FS Semler, 1993, S. 179, 187; a. A. für die typische Stille Gesellschaft *Harry Schmidt* ZHR 159 (1995), 734, 744.

[25] Siehe den Fall BGH ZIP 1994, 455, in dem sich der Unternehmergesellschafter das Recht hatte einräumen lassen, die Stillen nach freiem Ermessen „hinauszukündigen". Allgemein zu einem solchen Recht 1. A. 140.

[26] BGH ZIP 2001, 243, 244; BGH ZIP 2004, 2095, 2097.

[1] BGH WM 1963, 1209, 1210; BGH ZIP 1994, 1847, 1848; *Karsten Schmidt* § 62 III 2 b).

[2] Siehe den Beispielsfall BGH ZIP 1987, 1316, 1. D. 14.

dass der Unternehmergesellschafter prinzipiell Sitz und Rechtsform des Geschäfts nicht verändern dürfe[3]. Es kommt vielmehr darauf an, ob diese Maßnahme unternehmerisch vertretbar ist. Denn nach der getroffenen Vereinbarung soll der Unternehmergesellschafter das Geschäft führen. Das besagt zugleich, dass er in diesem Bereich einen gewissen Freiraum haben soll, da anders unternehmerisches Handeln nicht denkbar ist.

Eine erhebliche *wirtschaftliche Umgestaltung* des Unternehmens (etwa   **22** eine Verpachtung) bedarf aber der *Zustimmung des Stillen*, da er seine Einlage für ein Unternehmen mit einem bestimmten wirtschaftlichen Betätigungsfeld zur Verfügung gestellt hat[4]. Sofern der Unternehmergesellschafter pflichtwidrig gehandelt hat, muss für einen Schadensersatzanspruch[5] noch Verschulden festgestellt werden. Ob dieses vorliegt, richtet sich nach § 708 BGB[6].

Wenn der Stille Gesellschafter eine bestimmte Art der Geschäftsführung   **23** nicht hinnehmen muss, wenn also der unternehmerische Freiraum des Geschäftsinhabers überschritten ist, kann der Stille Gesellschafter aus dem Gesellschaftsvertrag *auch Unterlassung* oder Durchführung bestimmter Geschäfte verlangen[7]. Verschulden ist insoweit nicht erforderlich.

IV. Informationsrechte des Stillen Gesellschafters

Die Informationsrechte des Stillen Gesellschafters entsprechen denen des   **24** Kommanditisten (§ 233 HGB). Auf die Ausführungen zur KG kann daher verwiesen werden[1]. Auch für den Stillen Gesellschafter gilt, dass sein im Gesetz niedergelegtes *Einsichtsrecht* unabdingbar ist, da er ohne sachgerechte Prüfung des Jahresabschlusses seine Gewinnbeteiligung nicht verifizieren kann[2]. Ein unabdingbares *Auskunftsrecht* besteht für den Stillen Gesellschafter, wenn er es zur Geltendmachung seiner Gesellschafterrechte

---

[3] So aber Oetker/*Schubert* § 230 Rdz. 72.

[4] BGHZ 127, 176, 179 f.; Oetker/*Schubert* § 230 Rdz. 72; differenzierend Münch-KommHGB-*Karsten Schmidt* § 230 Rdz. 178; nach *Reusch*, Die Stille Gesellschaft als Publikumsgesellschaft, 1989, S. 111 dürfen die wesentlichen Grundlagen der Gesellschaft nur mit Zustimmung des Stillen geändert werden.

[5] Zur Berechnung 1. D. 14.

[6] *Kübler/Assmann* § 9 II 2 b); Oetker/*Schubert* § 230 Rdz. 77.

[7] *Grunewald*, Die Gesellschafterklage in der Personengesellschaft und der GmbH, 1990, S. 64; zurückhaltend *Windbichler* ZGR 1989, 434, 440; a. A. *Reusch*, Die Stille Gesellschaft als Publikumsgesellschaft, 1989, S. 109.

[1] 1. C. 23 ff.

[2] 1. C. 23; MünchKommHGB-*Karsten Schmidt* § 233 Rdz. 25; *Koller*/Roth/Morck § 233 Rdz. 3: Einsichtsrecht lediglich nicht gänzlich ausschließbar.

benötigt[3]. Eine Erweiterung der Kontrollrechte des Stillen Gesellschafters ist problemlos möglich und kommt in der Praxis auch durchaus vor.

V. Gewinn- und Verlustbeteiligung des Stillen Gesellschafters

1. Gewinnbeteiligung

25   Der Stille Gesellschafter ist zwingend am Gewinn des Unternehmerge-sellschafters beteiligt (§ 231 Abs. 2 HGB). Ist eine solche Gewinnbeteiligung nicht vorgesehen, handelt es sich nicht um eine Stille Gesellschaft. Sofern der Gesellschaftsvertrag den Anteil des Stillen am Gewinn nicht bestimmt, gilt nach § 231 Abs. 1 HGB ein *„angemessener Anteil"* als bedungen. Diese wenig klare Regelung kommt nur selten zur Anwendung, da die Gewinnbe-teiligung üblicherweise ausführlich geregelt ist. Da das Gesetz auch nicht sagt, wie der Gewinn zu berechnen ist, ob also etwa auch Wertsteigerungen am Anlagevermögen zu berücksichtigen sind und ob und in welchem Um-fang stille Reserven gelegt werden dürfen[1], sollte auch dies im Gesellschafts-vertrag geregelt werden. Macht der Stille Gesellschafter seinen gegen den Unternehmergesellschafter gerichteten Anspruch auf Auszahlung des Ge-winns nicht geltend, so erhöht dies im Regelfall seine Einlage nicht (§ 232 Abs. 3 HGB). Vielmehr hat der Stille dann, sofern dieses Stehenlassen ein-verständlich erfolgt, einen Anspruch nach § 488 Abs. 1 BGB.

2. Verlustbeteiligung

26   Ist – was selten vorkommt – die Verlustbeteiligung des Stillen nicht gere-gelt, so gilt nach § 231 Abs. 1 HGB ein *„angemessener Anteil"* als bedungen. Eine Verlustbeteiligung kann auch ganz ausgeschlossen werden (§ 231 Abs. 2 HGB). Sofern eine Verlustbeteiligung vorgesehen ist, wird diese vom Einla-gekonto des Stillen abgebucht. Gewinne können erst wieder entnommen werden, wenn das Einlagekonto wieder aufgefüllt ist – etwa durch stehen gelassene Gewinne (§ 232 Abs. 2 S. 2 HGB). Der Stille ist in jedem Fall nicht verpflichtet, mehr als seine Einlage zu leisten (§ 232 Abs. 2 HGB). Auch bei einem negativen Kapitalkonto besteht also kein Anspruch des Unternehmer-gesellschafters gegen den Stillen. Eine Haftung gegenüber den Gläubigern des Unternehmergesellschafters besteht in keinem Fall. Vielmehr können

---

[3] Für eine Ausdehnung des Informationsrechts des Stillen Gesellschafters: *Schlitt*, Die Informationsrechte des Stillen Gesellschafters, 1996, S. 120; *Karsten Schmidt* § 62 IV 2 a).
[1] Dazu MünchKommHGB-*Karsten Schmidt* § 232 Rdz. 5 ff.; *Schulze/Osterloh*, FS Kruse, 2001, S. 379.

diese nur eine eventuell noch offen stehende Einlageforderung des Unternehmergesellschafters gegen den Stillen pfänden.

3. Die Einlage des Stillen in der Insolvenz des Unternehmergesellschafters

Nach § 236 Abs. 1 HGB kann der Stille im Insolvenzverfahren des Unternehmergesellschafters seine Einlage (abzüglich seiner Verlustbeteiligung) geltend machen. Es handelt sich um eine normale *Insolvenzforderung*. Diese Regelung ist abdingbar. Die Gesellschafter können also auch vereinbaren, dass die Einlage im Insolvenzverfahren nicht geltend gemacht werden kann.   27

Darüber hinaus hat die Judikatur die Einlage von Stillen Gesellschaftern unter gewissen Umständen als *Eigenkapital* des Geschäfts des Unternehmergesellschafters eingestuft mit der Folge, dass sie in der Insolvenz nicht nur nicht geltend gemacht, sondern vom Insolvenzverwalter – sofern sie noch nicht geleistet ist – sogar noch eingefordert werden kann. Dies gilt allerdings nur für Stille Gesellschafter, die zugleich auch als Gesellschafter an dem Unternehmen, das dann meist als KG oder GmbH organisiert ist, beteiligt sind oder aufgrund des Stillen Gesellschaftsvertrages so viele Rechte haben wie die Gesellschafter der das Geschäft führenden Gesellschaft[2]. Ob die Einlage Eigenkapitalcharakter hat, entscheidet sich anhand derselben Kriterien, mit Hilfe derer auch im Rahmen der sogenannten gesplitteten Einlage der Eigenkapitalcharakter von Darlehensforderungen festgestellt wird[3].   28

VI. Gesellschafterwechsel

Die Stellung als Stiller Gesellschafter ist *übertragbar*, wenn dies im Gesellschaftsvertrag vorgesehen ist[1]. Insbesondere bei Stillen Gesellschaften, die nicht auf ein persönliches Vertrauensverhältnis der Gesellschafter untereinander angelegt sind, kommt dies in der Praxis häufig vor. Die Übertragung ist auch möglich, wenn der Unternehmergesellschafter seine Zustimmung im Einzelfall erteilt.   29

---

[2] So im Fall BGH NJW 1985, 1079; BGHZ 106, 7, 9; dazu *Renner* ZIP 2002, 1430.

[3] 1. C. 44, dort auch zur Judikatur zum Eigenkapitalcharakter einer Stillen Gesellschaft bei Kombination mit der Stellung als Kommanditist.

[1] 1. A. 149; *Karsten Schmidt* § 62 IV 2 c); *Zutt*, in Großkomm. zum HGB, § 230 Rdz. 97.

30 *Stirbt der Stille Gesellschafter*, so tritt sein Erbe bzw. eine Erbengemeinschaft an seine Stelle. Eine Sondererbfolge vergleichbar der Regelung bei anderen Personengesellschaften findet nicht statt[2].

VII. Gesellschaften auf fehlerhafter Vertragsgrundlage

31 Die *Regeln über Gesellschaften auf fehlerhafter Vertragsgrundlage sind im Prinzip anwendbar*[1]. Im Einzelfall kann allerdings etwas anderes gelten, nämlich dann, wenn eine Rückabwicklung problemlos möglich ist[2]. Gegen eine Anwendung der Regeln über Gesellschaften auf fehlerhafter Vertragsgrundlage auf die Stille Gesellschaft wird eingewandt, dass bei vielen Stillen Gesellschaften ein organisationsrechtlicher Kern fehle, und somit die Voraussetzungen für einen Bestandsschutz nach den genannten Regeln nicht vorliegen würden. Dies soll nur dann anders sein, wenn aufgrund besonderer Absprachen eine entsprechende Organisation gegeben ist[3]. Doch ist diesen mit wenig klaren Kriterien operierenden Überlegungen entgegenzuhalten, dass nicht nur eine entsprechende Organisation sondern etwa auch jahrelange Gewinn- und Verlustverrechnungen dazu führen können, dass eine Rückabwicklung nicht mehr praktikabel ist.

32 In dem Fall BGH ZIP 2005, 2060[4] hatte der Kläger einen Stillen Gesellschaftsvertrag mit den beklagten Gesellschaften abgeschlossen. Zu diesen Vertragsschlüssen war er durch unvollständige Angaben der Beklagten veranlasst worden. Er verlangte Rückzahlung seiner Einlage.
Der BGH hat dieser Klage, gestützt auf §§ 311 Abs. 2 Nr. 1, 241 Abs. 2, 280 Abs. 1 BGB stattgegeben. Die fehlerhafte Aufklärung führe zu einem Schadensersatzanspruch, der auf Rückzahlung der Einlage gerichtet sei, da davon auszugehen sei, dass sich der Kläger bei zutreffender Schilderung nicht für die in Rede stehende Geldanlage entschieden hätte. Auch die Grundsätze der fehlerhaften Gesellschaft würden zu keinem anderen Ergebnis führen. Vielmehr würden diese nur einer Anfechtung oder der Geltendmachung eines Nichtigkeitsgrunds entgegen stehen. Denn genauso wie Schadensersatzansprüche gegen Initiatoren und Gründungsgesellschafter ge-

---

[2] MünchKommHGB-*Karsten Schmidt* § 234 Rdz. 56f; Oetker/*Schubert* § 234 Rdz. 39 f.

[1] BGH NJW 2005, 1784, 1785; BGH NJW 1993, 2107; Baumbach/*Hopt* § 230 Rdz. 11; *Wertenbruch* NJW 2005, 2823; zustimmend für koordinierte stille Beteiligungen *Armbrüster/Joos* ZIP 2004, 189, 192; auch schon oben 1. A. 175; a.A. *Schäfer* ZHR 170 (2006), 373, 395; für die typische Stille Gesellschaft *Schön* ZGR 1993, 210, 241.

[2] 1. A. 162.

[3] *Reusch*, Die Stille Gesellschaft als Publikumsgesellschaft, 1989, S. 105 ff.; MünchKommHGB-*Karsten Schmidt* § 230 Rdz. 133.

[4] Dem BGH zustimmend *Konzen*, FS Westermann, 2008, S. 1133, 1151 ff.; *Wertenbruch* NJW 2005, 2823, 2825.

richtet werden könnten (1. A. 120), müsse dies auch möglich sein, wenn der Initiator die Gesellschaft als Stille Gesellschaft mitgründe.

Diese Entscheidung ist nicht unproblematisch, da die Grundsätze der fehlerhaften Gesellschaft auch dem Schutz der Gläubiger dienen, deren Schuldner, der Unternehmergesellschafter, mit Schadensersatzansprüchen belastet wird[5]. Doch wird man die Schadensersatzansprüche der Stillen Gesellschafter wohl in der Tat nicht anders als die sonstiger Gläubiger behandeln können, zumal die Stille Gesellschaft als reine Innengesellschaft nach außen nicht in Erscheinung tritt und daher die Gläubiger des Unternehmergesellschafter auf ihre Existenz auch kaum vertrauen werden.

VIII. Auflösung und Beendigung der Gesellschaft

1. Gründe für die Auflösung

a) Kündigung der Gesellschaft durch einen Gesellschafter

Die Gesellschaft kann von jedem Gesellschafter *ordentlich gekündigt*   **33** werden. Es gelten dieselben Regeln wie bei der OHG (§ 234 Abs. 1 HGB), wobei bei der zweigliedrigen Stillen Gesellschaft eine Fortsetzung der Gesellschaft natürlich nicht in Frage kommt. Dies hat zur Folge, dass auch Beschränkungen dieses Kündigungsrechts im gleichen Ausmaß wie bei der OHG zulässig sind[1]. Genau wie dort ist auch bei der Stillen Gesellschaft der Ausschluss des ordentlichen Kündigungsrechts nicht möglich (§ 723 Abs. 3 BGB)[2].

Das *außerordentliche Kündigungsrecht* (§ 234 Abs. 1 S. 2 HGB) besteht   **34** im gleichen Umfang wie in der BGB-Gesellschaft[3]. Ein wichtiger Grund zur Kündigung durch den Stillen Gesellschafter kann etwa darin liegen, dass sich der Unternehmergesellschafter wiederholt über die in Bezug auf die Geschäftsführung getroffenen Vereinbarungen hinwegsetzt[4]. Daneben soll eine andauernde Unrentabilität ein wichtiger Grund zur Kündigung sein[5].

---

[5] Dies ist auch der Grund, aus dem das OLG Hamburg, NZG 2004, 859 und das OLG Bamberg, NZG 2004, 861 anders als der BGH entschieden hatte.

[1] 1. B. 59; für Stille Gesellschaften, die auf bestimmte Zeit eingegangen sind, gibt es daher kein ordentliches Kündigungsrecht.

[2] BGHZ 50, 316, 321; Baumbach/*Hopt* § 234 Rdz. 8; MünchKommHGB-*Karsten Schmidt* § 234 Rdz. 47.

[3] 1. A. 180.

[4] Oetker/*Schubert* § 234 Rdz. 17; *Windbichler* ZGR 1989, 434, 441.

[5] RG JW 1927, 1350; MünchKommHGB-*Karsten Schmidt* § 234 Rdz. 49; dies kann aber kaum so pauschal gesagt werden. Entscheidend ist, ob die stille Beteiligung als Risikokapital in Bezug gerade auf das bestehende Risiko gedacht war, das dann im Moment des Risikos natürlich nicht abgezogen werden kann, oder ob die stille Beteiligung mehr als verzinsliche Kapitalanlage angelegt ist.

b) Kündigung durch den Gläubiger eines Gesellschafters

35   Für die Kündigung durch den Gläubiger des Stillen Gesellschafters gilt § 135 HGB entsprechend (§ 234 Abs. 1 S. 1 HGB). Gläubiger des Unternehmergesellschafters können dagegen die Stille Gesellschaft nicht kündigen. Das ist auch einleuchtend, da ihnen der Zugriff auf das gesamte Vermögen ihres Schuldners, zu dem auch die in das Vermögen des Unternehmergesellschafters geleistete Einlage des Stillen gehört, offen steht.

c) Auflösungsbeschluss, Zeitablauf, Erreichen und Unmöglichwerden des Gesellschaftszwecks

36   Die Gesellschafter können jederzeit die Auflösung der Gesellschaft beschließen. Die Gesellschaft wird auch aufgelöst, wenn sie für einen bestimmten Zeitraum eingegangen wurde und dieser *Zeitraum abgelaufen ist.* § 726 BGB kommt zur Anwendung. Wiederum gilt, dass bei der Annahme, die Erreichung des Gesellschaftszwecks der Stillen Gesellschaft sei unmöglich geworden, Zurückhaltung am Platze ist. Insbesondere führt eine mangelnde Rentabilität des Geschäfts nicht dazu, dass der Gesellschaftszweck nicht mehr erreicht werden könnte. Gerade die Feststellung, dass das Geschäft nicht mehr mit Gewinn zu betreiben ist, ist vielfach ausgesprochen schwer zu treffen und kann daher allenfalls eine Kündigung des Stillen Gesellschafters rechtfertigen[6].

37   In dem Fall BGH NJW 1982, 2821 war ein stilles Gesellschaftsverhältnis mit einer KG geschlossen worden, die eine reine Beteiligungsgesellschaft war und die Aktien an einer portugiesischen Hotel- und Casinobeteiligungsgesellschaft hielt. Die KG wurde wegen Spannungen zwischen den Kommanditisten und dem Komplementär aufgelöst. Die damit in Abwicklung befindliche KG verlangte von dem Stillen Gesellschafter die Erbringung seiner Einlage. Dieser verweigerte die Bezahlung mit der Begründung, die Stille Gesellschaft sei – wenn nicht automatisch aufgelöst – so doch jedenfalls von ihm wirksam gekündigt worden.
Der BGH hat dem Stillen Gesellschafter nicht Recht gegeben. Überzeugend wird gesagt, dass die Erreichung des Gesellschaftszwecks nicht unmöglich geworden sei, da durch einen entsprechenden Beschluss der Gesellschafter die KG – etwa nach Beitritt eines neuen Komplementärs – wieder in eine werbende Gesellschaft umgewandelt werden könne[7]. Da diese Möglichkeit bestehe und dem Stillen Gesellschafter auch zumutbar sei, könne er jedenfalls im Augenblick auch nicht aus wichtigem Grund kündigen.

---

[6] 1. D. 34; gegen eine automatische Auflösung bei Unrentabilität auch Münch-KommHGB-*Karsten Schmidt* § 234 Rdz. 16; Oetker/*Schubert* § 234 Rdz. 24.

[7] Darüber hinaus wird in dem Urteil auch gesagt, dass die Beteiligungsrechte der KG unter Umständen auch unter die Gesellschafter verteilt werden sollten. Soweit das erfolgt, wäre allerdings ein Kündigungsrecht des Stillen Gesellschafters gegeben, da dann die KG ohne Vermögen wäre, und daher nicht mehr vereinbarungsgemäß betrieben werden könnte.

d) Tod, Insolvenz eines Gesellschafters

Der *Tod des Unternehmergesellschafters* löst im Gegensatz zum *Tod des*   **38**
Stillen Gesellschafters (§ 234 Abs. 2 HGB) die Gesellschaft auf (§ 727 Abs. 1
BGB). Ist der Unternehmergesellschafter seinerseits eine Gesellschaft, so
hat die Norm keinen Anwendungsbereich, da die Auflösung oder Beendigung einer Gesellschaft dem Tod einer natürlichen Person nicht gleichsteht.
Den Interessen des Stillen Gesellschafters ist mit einem Recht zur Kündigung aus wichtigem Grund hinreichend gedient. Die *Insolvenz der Gesellschafter* löst die Stille Gesellschaft auf (§ 728 BGB).

2. *Folgen der Auflösung*

Mit der Auflösung tritt die Stille Gesellschaft in ein *Auseinandersetzungs-*   **39**
stadium. Der Anspruch des Stillen Gesellschafters auf Auszahlung seines
Auseinandersetzungsguthabens, bzw. des Unternehmergesellschafters auf
Leistung der noch offenen Einlage (nur bei Verlustbeteiligung und in Höhe
einer solchen Verlustbeteiligung des Stillen Gesellschafters, sonst erlischt
mit dem Gesellschaftsverhältnis die Pflicht zur Erbringung der Einlage) wird
mit Hilfe einer Schlussabrechnung ermittelt. Wiederum gilt, dass einzelne
Ansprüche, die die Gesellschafter gegeneinander haben, nicht mehr isoliert
geltend gemacht werden können[8]. Diese Regeln sind dispositiv. Insbesondere kann auch vereinbart werden, dass der Stille Gesellschafter so gestellt
werden soll, als wäre er wie ein Gesamthänder an dem Unternehmen des
Unternehmergesellschafters beteiligt[9]. Dann wird der Abfindungsanspruch
so wie in der BGB-Gesellschaft berechnet[10]. Für den Stillen Gesellschafter
bedeutet dies, dass er an Wertsteigerungen (aber auch an Wertverlusten) des
Unternehmens beteiligt ist (sog. vermögensmäßige atypische Stille Gesellschaft).

---

[8] 1. A. 190; BGH WM 1976, 1030, 1032; BGH NJW 1992, 2696, 2697; *Karsten Schmidt*
§ 62 V 1 b).

[9] *Weimar* ZIP 1993, 1509, 1511 zu vergleichbaren Vertragsgestaltungen bei der Bildung einer Stillen Gesellschaft mit einer GmbH. Siehe auch BGH NJW 2001, 3777, 3778:
Atypische Stille Gesellschaft.

[10] 1. A. 190.

E. Die Partnerschaftsgesellschaft

I. Begriffsbestimmung, praktische Bedeutung, anwendbares Recht

1. Begriffsbestimmung

1   Nach § 1 Abs. 1 S. 1 PartGG ist die Partnerschaft eine Gesellschaft, in der sich *Angehörige freier Berufe* zur Ausübung ihrer Berufe zusammenschließen. § 1 Abs. 2 PartGG bringt eine Legaldefinition[1] der freien Berufe und zählt beispielhaft freie Berufe auf (etwa Ärzte, Rechtsanwälte, Sachverständige, Dolmetscher, Wissenschaftler, Künstler, Lehrer), sagt aber auch, dass Angehörige ähnlicher Berufe ebenfalls eine Partnerschaft gründen können. Ob der Gesetzgeber gut beraten war, als er eine wenig präzise Definition wählte, die zu dem nur „im Allgemeinen" gelten soll, und diese durch eine enumerative Nennung sowie einen pauschalen Verweis auf „ähnliche" Berufe ergänzte, erscheint eher zweifelhaft. Denn zum einen leuchtet es nicht recht ein, warum die neu geschaffene Gesellschaftsform nur für die freien Berufe (und nicht allgemein für Gesellschaften, die kein Handelsgewerbe betreiben) offen stehen soll, und zum anderen ist aufgrund der ganz unterschiedlichen Tätigkeitsfelder der aufgezählten Berufe sowie der wenig präzisen Definition oftmals nur schwer zu sagen, wann ein Beruf diesen im Gesetz genannten Berufen ähnlich ist[2].

2   Da nach § 1 Abs. 1 S. 2 PartGG die Partnerschaft *kein Handelsgewerbe* ausübt, ist die Gründung einer Partnerschaft ausgeschlossen, wenn ein solches Gewerbe betrieben wird[3]. Für solche Gesellschaften stehen die OHG und die KG offen. Verlagert eine bereits gegründete Partnerschaft ihre Tätigkeit auf ein Handelsgewerbe, so wandelt sie sich kraft Gesetzes in eine OHG um. Das Partnerschaftsregister wird unrichtig[4]. Da die Begriffsmerkmale der OHG erfüllt sind, kann allein die rechtswidrige Eintragung im Partnerschaftsregister nicht zur Folge haben, dass die Regeln für die OHG nicht zur Anwendung kämen.

3   Partner können nur *natürliche Personen* sein (§ 1 Abs. 1 S. 3 PartGG). Es müssen nicht alle Partner denselben freien Beruf ausüben, aber jeder Partner muss überhaupt einen solchen Beruf ausüben. Gibt er den Beruf auf, so

---

[1] Dazu *Römermann* NZG 1998, 675, 676; MünchKomm-*Ulmer/Schäfer* § 1 PartGG Rdz. 36.

[2] *Mahnke* WM 1996, 1029, 1030; *Karsten Schmidt* NJW 1995, 1, 2; Beispiele für ähnliche Berufe bei *Henssler* § 1 Rdz. 199: Bademeister, EDV-Berater, Balletttänzer.

[3] Regelmäßig wird dies nicht der Fall sein, da Freiberufler kein Handelsgewerbe betreiben. Doch ist der Begriff des Freiberuflers nach § 1 Abs. 1 PartGG sehr weit.

[4] Meilicke/v. Westphalen/Hoffmann/*Lenz*/Wolf § 1 Rdz. 86; MünchKomm-*Ulmer/Schäfer* § 1 PartGG Rdz. 32; zur Legaldefinition *Römermann* NZG 1998, 675, 676.

scheidet er aus der Partnerschaft aus (§ 9 Abs. 3 PartGG). Interprofessionelle Zusammenschlüsse zwischen Freiberuflern können allerdings durch das jeweilige Berufsrecht verboten sein (siehe § 1 Abs. 3 PartGG).

2. Eintragung im Partnerschaftsregister

Nach § 5 PartGG ist die Partnerschaft ins Partnerschaftsregister einzutragen. Mit dieser Eintragung wird sie nach *§ 7 Abs. 1 PartGG im Verhältnis zu Dritten wirksam.* Diese § 123 HGB nachempfundene Vorschrift besagt nicht, dass vor der Eintragung keine Gesellschaft vorläge, nur handelt es sich eben nicht um eine Partnerschaftsgesellschaft. Regelmäßig ist es eine BGB-Gesellschaft[5]. Sofern von den Gesellschaftern gewünscht, können im Innenverhältnis auch schon vor der Eintragung der Partnerschaft die Regeln für die Partnerschaftsgesellschaft zur Anwendung kommen.   4

3. Praktische Bedeutung

Die praktische Bedeutung der Partnerschaftsgesellschaft *nimmt zu.* 2007 waren 7400 Gesellschaften bei den Partnerschaftsregistern angemeldet[6]. Es handelte sich vor allem um Partnerschaften von Rechtsanwälten, Steuerberatern und Ärzten.   5

4. Anwendbares Recht

Nach § 1 Abs. 4 PartGG gilt für die Partnerschaft das *Recht der Gesellschaft Bürgerlichen Rechts,* soweit das Partnerschaftsgesetz nichts anderes bestimmt. In vielen Bestimmungen des PartGG ist aber gesagt, dass das Recht der OHG zur Anwendung kommen soll (siehe etwa § 4 Abs. 1, § 6 Abs. 3, § 7 Abs. 2, 3, § 8 Abs. 1, § 9 Abs. 1, 3, § 10 Abs. 2 PartGG), so dass der pauschale Verweis auf das Recht der BGB-Gesellschaft nur eingeschränkte Bedeutung hat.   6

II. Der Gesellschaftsvertrag

Da auf die Partnerschaftsgesellschaften im *Zweifel das Recht der BGB-Gesellschaft* zur Anwendung kommt (§ 1 Abs. 4 PartGG), gilt das zur BGB-Gesellschaft Gesagte entsprechend. Insbesondere gelten die Regeln über   7

---

[5] *Coester-Waltjen* Jura 1995, 666; *Karsten Schmidt* NJW 1995, 1, 4; MünchKomm-*Ulmer/Schäfer* §§ 4, 5 PartGG Rdz. 18.

[6] *Henssler* Einführung Rdz. 14.

Beiträge, Gleichbehandlung und Treuepflicht[1]. Nach § 3 PartGG bedarf der Gesellschaftsvertrag allerdings der Schriftform. Zudem muss er bestimmte Angaben enthalten (§ 3 Abs. 2 PartGG). Wird die Schriftform nicht gewahrt, so erfolgt auch keine Eintragung im Register, da der Registerrichter nur ordnungsgemäß gegründete Partnerschaften eintragen wird. Da der Registerrichter dies aber nicht im Einzelnen überprüft[2], kann es gleichwohl zur Eintragung der Partnerschaftsgesellschaft kommen. Dann ist die Partnerschaft wirksam entstanden[3]. Der Name der Partnerschaft muss den Zusatz „und Partner" oder „Partnerschaft" enthalten. Dieser Zusatz darf nur von Partnerschaftsgesellschaften geführt werden (§ 11 Abs. 1 PartGG)[4].

III. Geschäftsführung und Vertretung

8   Nach §§ 6 Abs. 3, 7 Abs. 3 PartGG sind die für die OHG geltenden Bestimmungen über Geschäftsführung und Vertretung auch auf die Partnerschaft anwendbar. Da die Partnerschaft selbst rechtsfähig ist (§ 7 Abs. 2 PartGG mit Verweis auf § 124 HGB), wird also im Zweifel die Partnerschaft selbst durch jeden Partner vertreten (§ 7 Abs. 3 PartGG, § 125 HGB). Eine Besonderheit legt § 6 Abs. 2 PartGG fest. Danach ist ein *völliger Ausschluss eines Partners von der Geschäftsführungsbefugnis nicht möglich*. Vielmehr muss ihm die Erbringung seiner beruflichen Leistung gestattet sein. Das entspricht der an mehreren Stellen des Gesetzes zum Ausdruck kommenden Vorstellung des Gesetzgebers, dass jeder Partner in seinem Berufsfeld in der Partnerschaft tätig ist oder jedenfalls tätig sein kann (etwa auch § 9 Abs. 3 PartGG). Die Vertretungsmacht kann einem Partner allerdings vollständig entzogen werden.

IV. Vermögensordnung und Haftung in der Partnerschaftsgesellschaft

9   Die *Partnerschaft ist rechtsfähig* (§ 7 Abs. 2 PartGG, § 124 HGB). Sie ist, wie der Verweis auf die BGB-Gesellschaft (§ 1 Abs. 4 PartGG) zeigt, Gesamthandsgemeinschaft.

---

[1] 1. A. 17 ff., 26 ff.

[2] Auf Grund der in § 4 Abs. 2 S. 2 PartGG getroffenen Spezialregelung zu § 26 FamFG (Amtsermittlungsgrundsatz) ist der Umfang des Prüfungsrechts des Registerrichters umstritten: MünchKomm-*Ulmer/Schäfer* §§ 4, 5 PartGG Rdz. 11.

[3] *Coester-Waltjen* Jura 1995, 666; *Karsten Schmidt* NJW 1995, 1, 3; nach *Mahnke* WM 1996, 1029, 1035 kann aber eine Auflösungsklage erhoben werden.

[4] Dies gilt auch für Kapitalgesellschaften: BGHZ 135, 257, 258.

Nach § 8 Abs. 1 PartGG *haften die Partner im Grundsatz genauso wie* 10
die Gesellschafter einer OHG. Nach § 8 Abs. 2 PartGG gilt allerdings für
berufliche Fehler eine andere Regelung. In diesen Fällen haften, gleichgültig
ob vertragliche oder deliktische Ansprüche geltend gemacht werden, für die
Verbindlichkeiten der Partnerschaft nur die Partner, die mit der Bearbeitung
des Auftrags befasst waren (gesetzliche Handelndenhaftung), auf ein Verschulden dieser Partner kommt es also nicht an. Das schließt auch eine Haftung eines Partners, der sich mit dem Auftrag hätte befassen müssen, dies
aber nicht getan hat, aus[1]. Da sich der Vertragspartner der Partnerschaft auf
die Kompetenz gerade des Partners verlässt, der seinen Auftrag in die Hand
nimmt, scheint diese Regelung akzeptabel.

Die gesetzliche Handelndenhaftung gilt allerdings nicht für *Bearbeitungs-* 11
beiträge von untergeordneter Bedeutung (§ 8 Abs. 2 PartGG). Diese Einschränkung soll sicherstellen, dass gelegentliche wechselseitige Unterstüt-
zungen nicht allein deshalb unterbleiben, weil sonst die Haftungskonzentra-
tion auf den „federführenden" Partner hinfällig wird. Sollte allerdings die
unterstützende Handlung den Schaden verursacht haben, so wird man kaum
von einem Beitrag von untergeordneter Bedeutung sprechen können[2].

V. Gesellschafterwechsel

Die *Übertragung des Gesellschaftsanteils* ist unter denselben Vorausset- 12
zungen zulässig wie in der BGB-Gesellschaft[1]. Erforderlich ist also die Zustimmung der Partner. Darüber hinaus kann eine Übertragung nur auf eine
natürliche Person vorgenommen werden, die einen freien Beruf im Sinne
von § 1 Abs. 2 PartGG ausübt (§ 1 Abs. 1 PartGG).

Für das *Ausscheiden und den Beitritt von Partnern* gelten die für die 13
OHG getroffenen Regeln (§ 8 Abs. 1 S. 2 PartGG, § 130 HGB; § 9 Abs. 1
PartGG, § 140 HGB). Der *Tod eines Partners* führt nicht zur Auflösung der
Partnerschaft, sondern zum Ausscheiden eben dieses Partners. Die übrigen
Gesellschafter setzen die Partnerschaft also fort. Demgemäss ist die Beteili-
gung an einer Partnerschaft im Grundsatz nicht vererblich, doch kann der
Partnerschaftsvertrag etwas anderes bestimmen (§ 9 Abs. 4 S. 2 PartGG).
Auch ist die Beteiligung selbstverständlich nur an Personen vererblich, die
Partner sein können. Verliert ein Partner die Zulassung, so scheidet er aus
(§ 9 Abs. 3 PartGG).

---

[1] *Römermann* NZG 1998, 675, 676; a. A. *Jawansky* DB 2001, 2282.
[2] *Henssler* ZIP 1997, 1481, 1490.
[1] 1. A. 148 ff.

14   In dem Fall BGH ZIP 2010, 124 war eine Partnerschaftsgesellschaft von dem Kläger mit der Durchsetzung von Ansprüchen beauftragt worden. Ein Teil der Ansprüche verjährte, weil die Partnerschaftsgesellschaft sie nicht bis Ende 2000 gerichtlich
geltend gemacht hatte. Der Beklagte trat im Januar 2002 in die Partnerschaft ein und
führte das Mandat fort. Der Kläger verlangte von dem Beklagten Schadensersatz in
Höhe der verjährten Ansprüche.

Der Anspruch des Klägers konnte sich aus § 8 Abs. 1 S. 2 PartGG, § 130 HGB ergeben. Danach haftet der neu eintretende Partner für vor seinem Beitritt begründete
Verbindlichkeiten der Partnerschaft. Dann müsste der Beklagte mit der Bearbeitung
des Auftrags befasst gewesen sein (§ 8 Abs. 2 PartGG). Dies war nach dem Beitritt
des Beklagten der Fall. Daher hat der BGH der Klage stattgegeben. Das Urteil macht
deutlich, dass die Haftung aus § 8 Abs. 2 PartGG nicht unbedingt Verschulden voraussetzt. Neu beitretende Partner, die einen Auftrag zu Ende führen, müssen sich
daher über das damit verbundene Haftungsrisiko Gedanken machen.

15   Die Folgen des Ausscheidens entsprechen denen in der BGB-Gesellschaft[2].

VI. Auflösung und Beendigung

16   Für die Auflösung der Partnerschaft gilt § 131 HGB im Grundsatz entsprechend (§ 9 Abs. 1 PartGG). Die Liquidation erfolgt nach den für die
OHG getroffenen Regeln (§ 10 Abs. 1 PartGG).

---

[2] 1. A. 141 ff.

F. Europäische Wirtschaftliche Interessenvereinigung (EWIV)

I. Rechtsgrundlagen

Die EWIV beruht auf einer *Verordnung des Rates der Europäischen Ge-*   1
meinschaften[1]. Diese Verordnung enthält unmittelbar geltendes Recht. Sie
wird ergänzt durch ein Gesetz der Bundesrepublik Deutschland zur Ausführung eben dieser Verordnung (EWIV-Ausführungsgesetz)[2]. Dieses Gesetz
besagt in § 1, dass es gilt, soweit nicht die Verordnung zur Anwendung
kommt. Sofern das EWIV-Ausführungsgesetz keine Regelung enthält, soll
auf die für die OHG geltenden Vorschriften zurückgegriffen werden (§ 1
EWIV-Ausführungsgesetz). Damit findet sich das für die EWIV anzuwen-
dende Recht auf drei verschiedenen Ebenen: In erster Linie gilt die Verordnung der Europäischen Gemeinschaften, dann das EWIV-Ausführungsgesetz und, falls sich auch dort keine Regelung findet, das Recht der OHG.

II. Begriffsbestimmung und Erscheinungsformen

Nach Art. 3 Abs. 1 der VO hat die EWIV den Zweck, die wirtschaftliche   2
Tätigkeit ihrer Mitglieder zu erleichtern oder zu entwickeln sowie die Ergebnisse dieser Tätigkeit zu verbessern und zu steigern. Sie hat nicht den Zweck,
Gewinn für sich zu erzielen[1]. Vielmehr muss sie im Zusammenhang mit der
wirtschaftlichen Tätigkeit ihrer Mitglieder stehen und darf nur eine Hilfstä-
tigkeit hierzu bilden[2]. Die EWIV unterstützt also ihre Mitglieder, ohne deren
wirtschaftliche Tätigkeit zu ersetzen[3]. Bezieht man außerdem noch Art. 4
Abs. 2 der VO in die Betrachtung mit ein, wonach auf jeden Fall zwei Mitglieder vorhanden sein müssen, die ihre Haupttätigkeit oder Hauptverwal-
tung in verschiedenen Mitgliedstaaten der Europäischen Gemeinschaften
haben, so wird deutlich, dass die EWIV eine *grenzüberschreitende Zusam-*
menarbeit erleichtern soll. Dem entspricht, dass die in der Bundesrepublik
Deutschland bislang in Erscheinung getretenen EWIVs grenzüberschreiten-

---

[1] ABl. der Europäischen Gemeinschaften v. 31.07.85 Nr. L 199/1.
[2] BGBl. 1988 Teil I, S. 514.
[1] Dies beinhaltet kein Verbot der Gewinnerzielung. Nur ist die Gewinnerzielung nicht
der Zweck! Siehe *Gleichmann* ZHR 149 (1985), 633, 645.
[2] Im Falle eines Verstoßes droht die Auflösung, Art. 32 Abs. 1 der VO.
[3] *Ganske*, DB Beilage Nr. 20/1985, S. 3; *Zuck* NJW 1990, 954, 955: Die EWIV ist in
ihrer Tätigkeit akzessorisch und unselbständig.

de Kooperationen von Anwälten und anderen Freiberuflern sind[4]. Wegen ihrer gesetzlich vorgeschriebenen Hilfsfunktion gegenüber der Tätigkeit ihrer Mitglieder kann die EWIV aber nicht selbst die Rechtsberatung durchführen, also nicht die Rechtsform der Sozietät der Anwälte sein. Denkbar, wenn auch bislang in der Bundesrepublik wohl nicht bekannt, sind EWIVs mit ganz anderer Zielsetzung, etwa der Durchführung gemeinsamer Forschungsvorhaben, der Dokumentation oder der Werbung[5]. Die Zahl der EWIVs in Deutschland liegt bei circa 319[6].

III. Gesellschaftsvertrag, Geschäftsführung und Vertretung

3   Art. 5 der VO legt einen *Mindestinhalt des Gesellschaftsvertrages* fest. Danach muss er mindestens den Namen der Vereinigung enthalten mit dem Zusatz EWIV[1], den Sitz der Vereinigung, den Unternehmensgegenstand, Namen und Rechtsform sowie Sitz jedes Mitglieds und eine Bestimmung über die Dauer der Vereinigung, sofern diese nicht unbestimmt ist. Beiträge der Gesellschafter müssen nicht, können aber im Gesellschaftsvertrag festgelegt werden. Wie in jeder Gesellschaft besteht auch in der EWIV eine Treuepflicht der Gesellschafter untereinander[2].

4   Nach Art. 19 der VO werden die Geschäfte der Vereinigung von natürlichen Personen geführt, die durch den Gesellschaftsvertrag oder durch den Beschluss der Gesellschafter bestellt werden. Es ist nicht vorgesehen, dass die Gesellschafter selbst oder jedenfalls einer von ihnen Geschäftsführer sein müssten (der *Grundsatz der Selbstorganschaft gilt hier also unstreitig nicht*[3]). Die Geschäftsführer haben Vertretungsmacht für die EWIV (Art. 20 der VO), und zwar, falls nichts anderes vereinbart ist, in der Form der Einzelvertretungsmacht. Sie haben bei ihrer Geschäftsführung die Sorgfalt eines ordentlichen und gewissenhaften Geschäftsleiters anzuwenden. Sofern sie ihre Pflichten verletzen, sind sie der EWIV zum Schadensersatz verpflichtet (§ 5 EWIV-Ausführungsgesetz).

5   Die *Gesellschafterversammlung* kann auf die Geschäftsführung Einfluss nehmen. Nach Art. 16 Abs. 2 der VO kann sie jeden der Verwirklichung des Unternehmensgegenstandes (gemeint ist des Gesellschaftszwecks[4]) dienen

---

[4] Siehe *Zuck* NJW 1990, 954; Baumbach-*Hopt* Anh. § 160 Rdz. 2.

[5] Siehe die Beispiele bei *Gleichmann* ZHR 149 (1985), 633, 635.

[6] Statistik des Europäischen EWIV-Informationszentrums, Sindelfingen, Zahlen für August 2010.

[1] EuGH ZIP 1998, 68.

[2] *Ganske*, DB Beilage Nr. 20/1985, S. 6; Baumbach/*Hopt* Anh. § 160 Rdz. 26.

[3] *Klein-Blenkers* DB 1994, 2224, 2225; *Karsten Schmidt*, § 66 II 2 b).

[4] *Karsten Schmidt*, § 66 II 2 c).

den Beschluss fassen. Damit besteht für die Gesellschafterversammlung auch die Möglichkeit, im Beschlusswege über Fragen der Geschäftsführung zu entscheiden[5]. Im Gesellschaftsvertrag kann aber auch vorgesehen werden, dass solche Beschlüsse nicht gefasst werden dürfen. Sofern solche Entscheidungen der Gesellschafter vorliegen, müssen sie, wenn dies dem Gesellschaftsvertrag entspricht, auch verwirklicht werden. Dies wird üblicherweise Aufgabe der Geschäftsführer sein. Der Gesellschaftsvertrag kann auch vorsehen, dass die Geschäftsführung durch ein anderes Organ der EWIV als die Gesellschafterversammlung überwacht wird (Art. 16 Abs. 1 S. 2 der VO). Hier kommt insbesondere die Bildung eines Gesellschafterausschusses nach Art eines Aufsichtsrates in Frage[6]. Den Gesellschaftern steht nach Art. 18 der VO ein umfassendes Auskunfts- und Einsichtsrecht zu.

IV. Vermögensordnung und Haftung

Nach Art. 1 Abs. 2 der VO hat die EWIV von ihrer Eintragung im Handelsregister an (siehe § 2 EWIV-Ausführungsgesetz) die Fähigkeit, *Träger von Rechten und Pflichten zu sein*. Sie ist, wie die Verweisung auf das Recht der OHG zeigt, Gesamthandsgemeinschaft. Die Gesellschafter haften unbeschränkt als Gesamtschuldner für die Verbindlichkeiten der EWIV (Art. 24 Abs. 1 der VO). Allerdings können sie erst in Anspruch genommen werden, wenn zuvor die EWIV vergeblich zur Zahlung aufgefordert wurde (Art. 24 Abs. 2 der VO). Es besteht eine Nachschusspflicht (Art. 21 Abs. 2 der VO).   6

V. Gesellschafterwechsel

Art. 27 der VO sieht ein *Kündigungsrecht des Mitglieds* vor. Dabei ist wohl eine Kündigung der Mitgliedschaft und nicht der EWIV gemeint. Diese besteht also trotz der Kündigung fort. Lediglich das kündigende Mitglied scheidet aus. Sofern der Gesellschaftsvertrag Bestimmungen über diese Kündigung trifft, sind diese einzuhalten. Sind solche Regelungen nicht vorgesehen, so ist die Kündigung mit Zustimmung der übrigen Mitglieder möglich. Das ist im Grunde selbstverständlich. Darüber hinaus kann jedes Mitglied aus wichtigem Grund kündigen (Art. 27 Abs. 1 S. 2 der VO).   7

Nach Art. 22 der VO kann jeder Gesellschafter seine *Beteiligung* ganz oder teilweise an einen Mitgesellschafter oder an einen Dritten *abtreten*.   8

---

[5] Baumbach/*Hopt* Anh. § 160 Rdz. 34; *Lentner*, Das Gesellschaftsrecht der Europäischen wirtschaftlichen Interessenvereinigung (EWIV), 1994, S. 95.
[6] *Gleichmann* ZHR 149 (1989), 633, 642.

Die Abtretung wird allerdings erst wirksam, wenn alle übrigen Gesellschafter dem zustimmen. Neue Gesellschafter können jederzeit aufgenommen werden, wobei allerdings wiederum ein einstimmiger Beschluss aller Gesellschafter erforderlich ist (Art. 26 der VO)[1]. Gleiches gilt für das Ausscheiden (Art. 27 Abs. 1 der VO). Eine Ausschlussmöglichkeit ist in Art. 27 Abs. 2 der VO vorgesehen.

9   Ein Gesellschafter *scheidet mit seinem Tod aus der EWIV aus* (Art. 28 Abs. 1 der VO). Die Gesellschafterstellung ist nicht vererblich, es sei denn, es ist entweder im Gesellschaftsvertrag etwas anderes bestimmt oder die Mitgesellschafter erteilen ihre Zustimmung.

10   Sofern ein Gesellschafter, aus welchen Gründen auch immer, aus der EWIV ausscheidet, wird das *Auseinandersetzungsguthaben / seine Schuld* gegenüber der EWIV berechnet (Art. 33 der VO). Eine pauschale Festlegung der Abfindung darf im voraus nicht erfolgen (Art. 33 Abs. 2 der VO).

VI. Beschlussfassung der Gesellschafter

11   Nach Art. 17 der VO hat bei der Beschlussfassung in der Gesellschafterversammlung *jeder Gesellschafter eine Stimme*. Allerdings kann auch vorgesehen werden, dass bestimmte Gesellschafter mehrere Stimmen haben, aber nur unter der Bedingung, dass nicht ein einziges Mitglied die Stimmenmehrheit erhält. Die Beschlüsse werden einstimmig gefasst, wobei für bestimmte Beschlussgegenstände die Einstimmigkeit zwingend vorgesehen ist (Art. 17 Abs. 2 der VO[1]), während sie im Übrigen nur gilt, soweit der Gesellschaftsvertrag nichts anderes festlegt (Art. 17 Abs. 3 der VO).

VII. Auflösung und Beendigung

12   Die Gesellschaft wird durch einen *entsprechenden Beschluss* der Gesellschafter aufgelöst. Dieser muss einstimmig gefasst werden, sofern nicht der Gesellschaftsvertrag etwas anderes bestimmt (Art. 31 der VO). Ein solcher Beschluss muss unter anderem gefasst werden, wenn die Dauer, für die die Gesellschaft eingegangen war, abgelaufen ist oder wenn der Unternehmensgegenstand (gemeint ist der Gesellschaftszweck) verwirklicht ist oder

---

[1] Zur Haftung des beitretenden Mitglieds: Art. 26 Abs. 2 der VO.

[1] Bei Abs. 2 f, g werden systemwidrig Regelungsgegenstände genannt, bezüglich derer die Einstimmigkeit dispositiv ist. Nach *Ganske*, DB Beilage Nr. 20/1985, S. 6 und *Lentner*, Das Gesellschaftsrecht der Europäischen wirtschaftlichen Vereinigung (EWIV), 1994, ist der Sinn dieser Regelung, dass bei diesen Beschlussgegenständen das Einstimmigkeitsprinzip gilt, wenn nicht ausdrücklich etwas anderes gesagt ist.

nicht weiter verfolgt werden kann. Wird der Beschluss in diesen Fällen nicht gefasst, so kann jedes Mitglied bei Gericht beantragen, die Auflösung anzuordnen (Art. 31 Abs. 3 der VO). Außerdem hat das Gericht unter bestimmten Umständen die Auflösung der EWIV auszusprechen. Folge der Auflösung ist die Abwicklung der EWIV (Art. 35 Abs. 1 der VO). § 10 des EWIV-Ausführungsgesetzes bestimmt, dass die Abwicklung durch die Geschäftsführer zu erfolgen hat.

G. Die Partenreederei

1   Nach § 489 HGB besteht eine Reederei, wenn von mehreren Personen ein ihnen gemeinschaftlich zustehendes Schiff zum Erwerb durch die Seefahrt für gemeinschaftliche Rechnung verwendet wird. Nur zu diesem Zweck kann eine Partenreederei gegründet werden, und stets muss ein Schiff – aber eben auch nur ein Schiff – vorhanden sein. Diese sehr eingeschränkte juristische Nutzbarkeit der Partenreederei hat zusammen mit der persönlichen Haftung der Mitreeder[1] dazu geführt, dass ihre praktische Bedeutung gering ist. Sie soll daher hier nicht näher behandelt werden[2].

---

[1] Allerdings besteht diese nur im Verhältnis der Größe des Schiffsparts, also der Beteiligung des Mitreeders, nicht gesamtschuldnerisch (§ 507 Abs. 1 HGB).
[2] Ausführlich *K. Schmidt*, Die Partenreederei als Handelsgesellschaft, 1995; kurze Darstellung bei *Saenger* Rdz. 414 ff.

Zweiter Teil:

Körperschaften

Den bislang behandelten Personengesellschaften werden die Körper- **1**
schaften gegenübergestellt. Das sind der Verein bürgerlichen Rechts, die Aktiengesellschaft, die Kommanditgesellschaft auf Aktien, die Europäische
Aktiengesellschaft, die GmbH, die Genossenschaft, die Europäische Genossenschaft und der Versicherungsverein auf Gegenseitigkeit. Bei diesen Körperschaften ist von der gesetzlichen Idee her die Person des Gesellschafters
für seine Rechte und Pflichten nicht maßgebend. Daher ist die Mitgliedschaft
vielfach – nach der bisweilen dispositiven gesetzlichen Regel – *übertragbar
und vererblich*[1]. Auch *haften die Mitglieder* für die Schulden der Körperschaft meist *nicht*[2]. Die *Geschäfte der Körperschaft können von Personen
geführt werden, die Nichtmitglieder sind*[3]. Die Willensbildung erfolgt nach
dem *Mehrheitsprinzip*[4].

Diese Kriterien sind bei manchen Körperschaften alle erfüllt (Aktienge- **2**
sellschaft), bei manchen nur zum Teil (KGaA nur Willensbildung nach dem
Mehrheitsprinzip). Dadurch, dass die Regeln vielfach dispositiv sind, besteht
zudem für die Mitglieder *die Möglichkeit, die Körperschaft mehr auf ihre
eigene Person zuzuschneiden* und daher der gesetzlichen Idee der Personen-

---

[1] Aktien werden meist nach §§ 929 ff. BGB übertragen, 2. C. 209. Für die GmbH gilt
§ 15 Abs. 1 GmbHG. Für die Genossenschaft bestimmt § 77 GenG, dass mit dem Tod des
Genossen die Mitgliedschaft auf den Erben übergeht. Doch endet sie mit dem Schluss des
Geschäftsjahres, in dem der Erbfall eingetreten ist, sofern das Statut nichts anderes bestimmt. Bei der KGaA ist die Rechtsstellung als persönlich haftender Gesellschafter nicht
übertragbar: § 278 Abs. 2 AktG, §§ 161 Abs. 2, 105 Abs. 2 HGB, § 719 Abs. 1 BGB. Beim
Verein ist die Mitgliedschaft nicht übertragbar (§ 38 S. 1 BGB), jedoch kann die Satzung
die Mitgliedschaft übertragbar und vererblich ausgestalten (§ 40 BGB).
[2] § 2 GenG: Es kann aber eine Nachschusspflicht vorgesehen werden (§ 6 Nr. 3 GenG);
anders aber bei der KGaA: § 278 Abs. 1 AktG.
[3] § 26 BGB, § 76 AktG, § 35 GmbHG; anders in der Genossenschaft, § 9 Abs. 2
GenG.
[4] § 32 Abs. 1 S. 3 BGB; § 133 Abs. 1 AktG; § 47 Abs. 1 GmbHG; § 43 Abs. 2 GenG.

gesellschaft anzunähern. Dies ist insbesondere bei der GmbH nicht selten. Nahezu alle Körperschaften (eine Ausnahme bildet nach Ansicht vieler der nichtrechtsfähige bürgerlich-rechtliche Verein[5]) sind rechtsfähig. Wie sich gezeigt hat, sind zwar auch die Personengesellschaften weitgehend rechtsfähig[6]. Meist erlangen sie ihre Rechtsfähigkeit aber anders als die Körperschaften. Während die Personengesellschaften im Regelfall dadurch rechtsfähig werden, dass sie den jeweiligen gesetzlichen Tatbestand erfüllen (etwa indem sie nach den jeweiligen Kriterien eine OHG oder BGB-Gesellschaft werden[7]), reicht dies für die rechtsfähigen Körperschaften meist nicht aus[8]. Sie erlangen nach der gesetzlichen Vorstellung die Rechtsfähigkeit erst mit der Eintragung in ein Register (§§ 21, 22 BGB, § 41 Abs. 1 S. 1 AktG, § 11 Abs. 1 GmbHG, § 13 GenG) und heißen dann „juristische Personen"[9]. Gerade wegen der größeren Verselbständigung dieser juristischen Personen gegenüber ihren Mitgliedern, insbesondere wegen der regelmäßig fehlenden Haftung der Mitglieder für die Schulden der juristischen Person, wurde das Erlangen der Rechtsfähigkeit von dieser Eintragung, der eine staatliche Prüfung insbesondere der Vermögenssubstanz mühelos vorausgehen kann, abhängig gemacht.

---

[5] 2. B. 7 ff., siehe aber 2. B. 16.

[6] Die Stille Gesellschaft ist als bloße Innengesellschaft nicht rechtsfähig.

[7] Anders die Partnerschaftsgesellschaft: Sie wird zur Partnerschaft durch Eintragung ins Partnerschaftsregister. Zuvor liegt eine (ebenfalls rechtsfähige) BGB-Gesellschaft vor. Gleiches gilt für eine OHG nach § 105 Abs. 2 HGB.

[8] Anderes gilt nach der hier vertretenen Ansicht für den nichtrechtsfähigen Verein: Er ist rechtsfähig ohne Eintragung, 2. B. 7 ff., 16; auch sind die Vorgesellschaften rechtsfähig, unten 2. F. 36; beide sind keine juristischen Personen, da sie die Rechtsfähigkeit ohne Registereintragung erlangen.

[9] Zu diesem Unterschied bereits 1. A. 103.

A. Der rechtsfähige bürgerlich-rechtliche Verein

I. Begriffsbestimmung, Erscheinungsformen und praktische Bedeutung

Der rechtsfähige bürgerlich-rechtliche Verein ist eine rechtsfähige Kör- **1**
perschaft, die nach dem Willen ihrer Mitglieder als rechtsfähiger bürgerlich-
rechtlicher Verein organisiert sein soll[1]. Solche Vereine gibt es unzählige.
Jedermann kennt die für sie typische Abkürzung „e.V.". Diese Vereine sind
auf den unterschiedlichsten Gebieten tätig. Besonders häufig kommen sie im
Bereich des Sports, aber auch allgemein mit kultureller Zielsetzung vor.
Hinzu treten karitativ tätige Vereine. Auch die Zusammenschlüsse der Arbeitgeber sind oftmals rechtsfähige Vereine. Weniger geeignet ist die Rechtsform des rechtsfähigen Vereins für die Verfolgung eines wirtschaftlichen
Zwecks. Denn hier bestimmt § 22 BGB, dass Vereine mit einer solchen Ziel-
richtung die Rechtsfähigkeit nur durch staatliche Verleihung erlangen. Diese
wird aber nur sehr restriktiv gewährt[2].

II. Gründung und Erlangung der Rechtsfähigkeit

1. Ablauf der Gründung

Die Gründung eines Vereins erfolgt im Regelfall in mehreren Schritten: **2**
Erst einigen sich die Gründer auf die Satzung, dann wird der Vorstand bestellt und dann meldet der Vorstand den Verein zur Eintragung ins Vereinsregister an. Mit der Eintragung wird der Verein zum rechtsfähigen Verein.

2. Die Satzung

a) Inhalt und Form der Satzung

aa) Die Satzung ist das *Gründungsstatut des Vereins*, vergleichbar dem **3**
Gesellschaftsvertrag der Personengesellschaften. Sie wird von den Gründern des Vereins festgelegt und muss, soll die Eintragung des Vereins im

---

[1] Zu einer anderen Definition 2. B. 4, doch müssen die dort genannten Kriterien nicht
unabdingbar erfüllt sein, damit ein rechtsfähiger Verein vorliegen kann. Dafür ist letztlich die Absicht der Mitglieder entscheidend, die eben nicht beispielsweise als Aktiengesellschaft sondern als Verein organisiert sein wollen; siehe auch *Kübler/Assmann* § 10 I
und *Saenger* Rdz. 442, nach denen der rechtsfähige Verein eine zur Erreichung eines gemeinsamen Zweckes privatautonom gegründete, körperschaftlich verfasste, rechtsfähige
Personenvereinigung ist. Doch ist dies auch eine Aktiengesellschaft.
[2] 2. A. 30.

Vereinsregister und die Erlangung der Rechtsfähigkeit nicht von vornherein scheitern, den Vereinszweck, den Namen sowie den Sitz des Vereins enthalten. Auch muss sich ergeben, dass der Verein eingetragen werden soll (§ 57 Abs. 1 BGB). Darüber hinaus können weitere Regelungen in der Satzung getroffen werden. Der Vorstand hat der Anmeldung des Vereins zur Eintragung ins Vereinsregister die Satzung beizufügen (§ 59 Abs. 2 Nr. 1 BGB).

4   bb) Der *Vereinszweck* kann beliebig gewählt werden (Art. 9 Abs. 1 GG). Er muss nicht etwa ideeller Natur sein. Auch wirtschaftliche Zwecke können im Prinzip in der Rechtsform des rechtsfähigen Vereins verfolgt werden, doch scheitert dies meist daran, dass diesen Vereinen die Rechtsfähigkeit nicht verliehen wird[1]. Der Vereinszweck muss sich allerdings in dem durch §§ 134, 138 BGB vorgezeichneten Rahmen halten[2].

5   cc) Nach § 58 BGB soll die Satzung weitere Bestimmungen enthalten. Dazu gehören beispielsweise Regeln über den *Ein- und Austritt* von Mitgliedern (§ 58 Nr. 1 BGB)[3].

6   dd) Des Weiteren sollen, sofern diese vorgesehen sind, die *Beiträge* der Mitglieder in der Satzung festgelegt werden (§ 58 Nr. 2 BGB). Diese müssen nicht betragsmäßig bestimmt werden, vielmehr reicht es aus, dass überhaupt eine Pflicht zur Leistung der Beiträge festgelegt ist. Die Bestimmung der genauen Beitragshöhe kann dann der Mitgliederversammlung oder auch einem anderen Vereinsorgan überlassen werden[4]. Noch nicht einmal eine Obergrenze muss die Satzung nennen[5]. Problematisch sind oft *Beitragserhöhungen*. Auch wenn das in der Satzung oder Vereinsordnung festgelegte Verfahren zur Beitragserhöhung eingehalten ist, stellt sich die Frage, ob diese praktisch in einem beliebigen Ausmaß erfolgen können oder ob hier ein gewisses Limit besteht. Nicht rechtmäßig ist es selbstverständlich, eine Beitragserhöhung mit einem Ziel durchzuführen, das nicht dem Vereinszweck entspricht. Aber das wird nur selten der Fall sein. Darüber hinaus ergeben sich Schranken aus der Treuepflicht der Mitglieder untereinander. Diese impliziert, dass jedenfalls in kleineren Vereinen auf die finanzielle Leistungsfähigkeit einzelner Mitglieder Rücksicht zu nehmen ist.

7   In dem Fall BGH ZIP 2007, 2264 hatte die Mitgliederversammlung des klagenden Vereins eine Sonderumlage von 1.500 Euro pro Mitglied beschlossen. Der Betrag entsprach etwa dem sechsfachen Jahresbeitrag eines Mitglieds. Der Verein, ein Segelclub, wollte das bislang gepachtete Vereinsgrundstück mit diesen Mitteln kaufen,

---

[1] 2. A. 30.

[2] Bejaht für einen Raucherverein von OLG Oldenburg BeckRS 2008, 06297.

[3] 2. A. 79 ff.

[4] *Kohler*, Mitgliedschaftliche Regelungen in Vereinsordnungen, 1992, S. 115 ff.; BGHZ 105, 306, 316 mit einer Ausnahme für einen besonderen Verein (Spitzenverband der Kreditgenossenschaften); BGH ZIP 1995, 1508, 1509; BGH NZG 2010, 1112.

[5] BGH NZG 2010, 1112, 1113.

da der Verpächter zur Verlängerung des Pachtvertrages nicht bereit war. Der auf Leistung der Umlage in Anspruch genommene Beklagte hatte gegen den Beschluss gestimmt.

Der BGH hat der Klage stattgegeben. Zwar müsse bei Umlagen, die über die reguläre Beitragsschuld hinaus gehen, die Obergrenze grundsätzlich in der Satzung zumindest objektiv bestimmbar festgelegt sein, woran es in der Satzung der Klägerin fehlte[6]. Für die regulären Beiträge gilt das – so das Urteil – aber nicht, da die Mitglieder mit Anpassungen je nach Preisentwicklung rechnen mussten. In Ausnahmefällen – so die Entscheidung – könne aber auch ohne in der Vereinssatzung festgelegte Obergrenze eine Sonderumlage wirksam beschlossen werden. Ein solcher Sonderfall sei hier gegeben, da der Erwerb des Grundstücks für den Fortbestand des Vereins unabdingbar erforderlich und der Beitrag den Mitgliedern zumutbar gewesen sei. Ohne ein entsprechendes Grundstück konnte der Segelclub nicht fortbestehen und Alternativen zu dem erworbenen Grundstück gab es nicht. Das rechtfertigt in der Tat die in Rede stehende Belastung der Mitglieder.

ee) Die Satzung soll des Weiteren Bestimmungen darüber treffen, wie der *Vorstand gebildet* werden soll (§ 58 Nr. 3 BGB). Diese Regelung ergänzt § 26 Abs. 1 BGB, wonach der Verein einen Vorstand haben muss. Sofern die Satzung nichts anderes darüber aussagt, wird der Vorstand durch die Mitgliederversammlung bestellt (§ 27 Abs. 1 BGB). Es ist aber auch möglich, die Vorstandsbestellung einem Ausschuss der Mitgliederversammlung zu übertragen oder auch ein Mitglied allein oder sogar einen Vereinsexternen zur Bestellung des Vorstands zu ermächtigen. Gegen die Vorstandsbestellung durch Vereinsexterne (etwa durch den Vorstand eines Dachvereins oder durch eine staatliche Behörde) werden allerdings bisweilen Bedenken unter Hinweis auf die sog. *Vereinsautonomie*, also die Befugnis des Vereins, seine Angelegenheiten selbst zu gestalten, vorgebracht. Diese Befugnis werde beschränkt, wenn ein Dritter für den Verein festlegen könne, wer sein Vorstand sein soll. Aber diese Argumentation überzeugt nicht. Denn es gehört auch zur Vereinsautonomie, die Organisation des Vereins nach Belieben festzulegen. Eine irgendwie geartete Bevormundung der Vereinsmitglieder ist nicht angezeigt. Solange die Vereinsmitglieder per Satzungsänderung dieses Vorstandsbestellungsrecht wieder abändern können, kann von einer nicht mehr akzeptablen Satzungsgestaltung nicht gesprochen werden[7].

8

---

[6] Siehe dazu auch BGH WM 2008, 1499 für ein mit der Mitgliedschaft verbundenes Darlehen.

[7] OLG Köln NJW 1992, 1048; *Beuthien/Gätsch* ZHR 157 (1993), 483, 491; *Steinbeck*, Vereinsautonomie und Dritteinfluss, 1999, S. 134; nach *Flume*, Juristische Person, § 10 I, S. 340 f. bleibt stets ein Widerruf des Dritten als „Organbesteller" aus wichtigem Grunde möglich; siehe auch Soergel-*Hadding* § 25 Rdz. 25: Unwirksam seien Satzungsbestimmungen, durch die einem außenstehenden Dritten entscheidender Einfluss auf die Willensbildung und Geschäftsführung im Verein eingeräumt werde; allgemein zur Inhaltskontrolle unter diesem Aspekt 2. A. 20 f.

9　ff) Die Satzung soll auch Bestimmungen über die *Voraussetzungen enthalten, unter denen die Mitgliederversammlung einzuberufen ist,* über die Form dieser Berufung und über die Beurkundung der Beschlüsse (§ 58 Nr. 4 BGB). Es kann auch vorgesehen werden, dass eine solche Beurkundung nicht erfolgen soll. Dies ist insbesondere bei kleinen Vereinen zweckmäßig. Die Satzung soll von mindestens 7 Mitgliedern unterzeichnet sein und den Tag ihrer Errichtung angeben (§ 59 Abs. 3 BGB).

10　Sofern die Satzung die genannten Bestimmungen nicht enthält, wird *der Verein nicht eingetragen* (§ 60 BGB). Insofern besteht kein Unterschied zu den in § 57 BGB genannten Satzungsbestandteilen.

11　Neben diesem im Gesetz genannten notwendigen Inhalt der Satzung können *weitere Bestimmungen* getroffen werden. Soweit es sich um sog. „Grundentscheidungen" des Vereins handelt, müssen diese in der Satzung aufgeführt werden. Sind sie nur in anderen Regelwerken des Vereins enthalten, sind sie nicht verbindlich[8].

12　Eine besondere *Form* schreibt das Gesetz für die Satzung nicht vor. Doch muss die Satzung in Urschrift und Abschrift bei der Anmeldung des Vereins vorgelegt werden (§ 59 Abs. 2 Nr. 1 BGB). Dies heißt praktisch, dass sie schriftlich vorhanden sein muss.

b) Treuepflichten und Gleichbehandlungsgebot

13　Aus der Satzung ergibt sich, obwohl nahezu nie ausdrücklich genannt, eine *Treuepflicht der Mitglieder in doppelter Richtung:* Einmal gegenüber den anderen Mitgliedern und zum anderen gegenüber dem Verein[9]. Bezüglich der Intensität der Treuepflicht gilt im Grundsatz nichts anderes als in der BGB-Gesellschaft auch[10], da die Treuepflicht eine allgemeine Ausprägung des Grundsatzes von Treu und Glauben ist. Da aber die Verfolgung des Vereinszwecks meist nur von untergeordneter Bedeutung für die einzelnen Mitglieder ist (anderes kann aber etwa bei einem Zusammenschluss der Arbeitgeber in der Rechtsform des Vereins gegeben sein), kann auch aufgrund der Treuepflicht kein allzu intensiver Einsatz für Verein und Mitglieder erwartet werden. In einem kleinen Verein, in dem man sich untereinander kennt, ist die Intensität der Treuepflicht größer als in Vereinen mit großer Mitgliederzahl[11].

---

[8] 2. A. 23 f.

[9] BGH ZIP 2007, 2264, 2265, dazu 2. A. 7; *Lutter* AcP 180 (1980), 85, 102 ff.; *Karsten Schmidt* § 20 IV 1c; zur Treuepflicht des Mitglieds gegenüber dem Verein BGH RdL 1983, 317, in dem der Bundesgerichtshof unter Rückgriff auf die vereinsrechtliche Treuepflicht den Kläger dazu verpflichtete, eine formal ihm gegenüber dem Verein zustehende Rechtsposition nicht auszunutzen.

[10] 1. A. 17 ff.

[11] *Kübler/Assmann* § 10 III 2 d); *Karsten Schmidt* § 20 IV 2 d).

Auch bezüglich des *Gleichbehandlungsgebotes* gilt im Prinzip nichts anderes als im Recht der Personengesellschaft[12]. Das überrascht nicht, da auch dieser Grundsatz eine besondere Ausprägung von § 242 BGB ist, also von einer Norm, die in jedem Rechtsverhältnis gilt. Im Vereinsrecht kann dieser Grundsatz durchaus praktisch werden. So wäre etwa eine Regelung, nach der die Vereinseinrichtungen nicht allen, sondern nur einigen Mitgliedern zur Verfügung stehen, nicht zulässig. Doch zeigt sich hier auch gleich wieder die Schwäche des Gleichbehandlungsgebots: Wenn sachliche Gründe für eine solche Regelung sprechen (etwa längere Trainingszeiten für die Spitzensportler des Vereins fordern kürzere Nutzungszeiten für die anderen Mitglieder), kann ein Verstoß gegen das Gleichbehandlungsgebot nicht festgestellt werden. Wie im Personengesellschaftsrecht so ist auch im Vereinsrecht das Gleichbehandlungsgebot *dispositiv*. Das Gesetz sieht in § 35 BGB sogar ausdrücklich Sonderrechte einzelner Mitglieder vor.   **14**

c) Auslegung der Satzung

Die Satzung kommt durch entsprechende Erklärungen der Gründer zustande. Solange die Gründer die einzigen Mitglieder des Vereins sind, kann bei der Auslegung der Satzung gem. der Regel von §§ 133, 157 BGB vorgegangen und ermittelt werden, was die Gründer mit ihrer Erklärung unter Berücksichtigung ihrer individuellen Verhältnisse gemeint haben. Da die Erklärungen bei der Gründung aber immer an eine Vielzahl von Personen gerichtet sind (mindestens 7 Personen, § 56 BGB), können nur solche individuellen Besonderheiten Berücksichtigung finden, die allen anderen Gründern erkennbar sind (Auslegung vom Empfängerhorizont[13]). Auch muss bedacht werden, dass die Satzung bei der Eintragung des Vereins vorzulegen ist, und daher, sofern die Fragestellung für die Entscheidung über die Eintragung von Bedeutung ist, nur ein Verständnis in Frage kommt, das der Eintragung nicht entgegensteht[14].   **15**

Mit der Zeit erfolgt aber nahezu stets der Beitritt weiterer Personen. Da diesen ein besonderes individuelles Verständnis der Gründer für gewöhnlich nicht bekannt ist[15], kann ihre Beitrittserklärung nur dahingehend verstan-   **16**

---

[12] 1. A. 26 ff.; *Karsten Schmidt* § 16 II 4 b); *Wiedemann* § 8 II 2; speziell zur Gleichbehandlung im Vereinsrecht: BGH NJW 1997, 3368, 3369 (Ausschluss); *Kübler/Assmann* § 10 IV 2.

[13] Dann steht aber einer Berücksichtigung des individuellen Verständnisses auch nichts im Wege. Eine objektive Auslegung ist also dann auch nicht geboten: *Grunewald* ZGR 1995, 68, 82.

[14] Soergel-*Hadding* § 25 Rdz. 32; *Grunewald* ZGR 1995, 68, 83.

[15] Sofern dies doch der Fall ist, dürfen diese Aspekte auch berücksichtigt werden: BGHZ 73, 279; Soergel-*Hadding* § 25 Rdz. 32; strikter BGHZ 96, 245, 250; a. A. *Kübler/ Assmann* § 10 I c) aa): Die Auslegung habe stets objektiv zu erfolgen.

den werden, dass sie die Satzung so akzeptieren, *wie sie ein beliebiger Dritter verstehen würde*. Dies ist wiederum auch den Gründern bekannt. Daher müssen sich nunmehr auch diese an ein solches objektives Verständnis der Satzung halten. Im übrigen ist bei der Auslegung stets zu berücksichtigen, dass ein Verein zur Verfolgung eines bestimmten Zwecks gegründet wurde und daher eine Interpretation der Satzung, die dieser Zielsetzung dienlich ist, stets nahe liegt.

17   Dieses Ergebnis – Auslegung der Satzung im Regelfall aus sich heraus und ohne Berücksichtigung der Entstehungsgeschichte und des individuellen Verständnisses der Gründer – ist als solches unstreitig[16]. Es wird allerdings zuweilen damit begründet, dass die Satzung ein auf die Vereinsautonomie gegründetes objektives Gesetz sei, das durch schöpferischen Gesamtakt der Gründer entstehe, sich den Mitgliedern vom Erwerb der Mitgliedschaft an verpflichtend auferlege und daher auch wie ein Gesetz ausgelegt werden müsse[17]. Da diese Überlegung wenig griffig und letztlich in der Rechtsordnung auch nicht verankert ist, überzeugt aber wohl doch die hier gewählte Argumentation, die schlicht auf Parteiwille und Interessenlage abstellt, mehr.

18   Eine gewisse *Einschränkung dieser objektiven Auslegung* findet sich in dem Grundsatz, dass bei der Auslegung eine langjährige Vereinsübung[18] sowie sonstige allgemein zugängliche Umstände[19] Berücksichtigung finden sollen. Sofern ein Mitgliederwechsel stattgefunden hat und das neue Mitglied die Vereinsübung nicht kennt, kann dem aber, wenn der Wortlaut der Satzung ein anderes Verständnis nahelegt, nicht gefolgt werden. Ein Mitglied muss sich darauf verlassen können, dass das, was in der Satzung steht, auch gilt[20]. Akzeptiert ein Mitglied aber über längere Zeit die anders geartete Vereinsübung, so ist daraus zu entnehmen, dass es sich auf ein anderes Verständnis der Satzung nicht mehr berufen will.

19   In dem Fall BGH NJW 1997, 3368 war der Kläger, ein Kunsthändler, aus dem beklagten Verein, einem Zusammenschluss von etwa 50 norddeutschen Kunsthändlern zur gemeinsamen Vertretung ihrer Brancheninteressen, ausgeschlossen worden. Der Ausschluss war damit begründet, dass der Kläger zusammen mit zwei weiteren Vereinsmitgliedern eine eigene Kunstmesse plante, obwohl der Beklagte seit Jahren solche Messen organisierte. Mit der Klage wollte der Kläger festgestellt wissen, dass der Ausschließungsbeschluss der Mitgliederversammlung unwirksam war und er noch Mitglied des Beklagten ist.

---

[16] BGHZ 96, 245, 250; *Flume*, Juristische Person, § 9 I, S. 320; *Lutter* AcP 180 (1980), 85, 95; *Saenger* Rdz. 450.
[17] MünchKomm-*Reuter* § 25 Rdz. 17 ff.
[18] Soergel-*Hadding* § 25 Rdz. 32; *Reuter* ZGR 1987, 475, 477 f.; Erman-*Westermann* § 25 Rdz. 12; *Wiedemann* § 3 II 2 a).
[19] BGH NJW 1994, 51, 52 (AG); BGH NJW 1997, 3368, 3369.
[20] Ähnlich *Wiedemann* § 3 II 2 a).

Nach der Satzung des Beklagten konnte ein Mitglied aus wichtigem Grund[21], insbesondere bei satzungswidrigem Verhalten, ausgeschlossen werden. Der Verein diente – so die Satzung – der gemeinsamen Vertretung beruflicher Interessen der Mitglieder, von der Veranstaltung von Messen war nicht die Rede. Das Urteil untersucht sodann, ob allgemein zugängliche Umstände erkennbar waren, die eine über den Wortlaut der Satzung hinausgehende Auslegung rechtfertigen. Dies könnte, so der BGH, die Tatsache sein, dass der Beklagte seit Jahren Messen organisierte. Sollte daher auch die Organisation von Messen zu den Aufgaben des Vereins zählen, so wäre in der Organisation einer solchen Veranstaltung auf eigene Faust vielleicht ein satzungswidriges Verhalten zu sehen. Zur Klärung der Frage, ob eine solche Auslegung möglich war, wurde der Rechtsstreit an das Berufungsgericht zurückverwiesen. Zu beneiden ist das Berufungsgericht um diese Aufgabe sicher nicht. Die Argumentation wäre klarer gewesen, wenn eine entsprechende Vereinsübung sowie die Akzeptanz dieser Vereinsaktivitäten durch die Mitglieder festgestellt worden wäre. Weiter war ungeklärt, ob die unterschiedliche Behandlung, die der Kläger im Verhältnis zu den beiden anderen Mitgliedern, die ebenfalls auf eine eigene Messe hingearbeitet hatten, erfahren hatte, sachlich gerechtfertigt war oder ob hierin ein Verstoß gegen den Gleichbehandlungsgrundsatz lag. Auch in diesem Fall wäre der Ausschließungsbeschluss nichtig gewesen.

d) Inhaltskontrolle

Satzungsklauseln, die gegen § 134 BGB oder § 138 BGB verstoßen, sind **20** nichtig. Dies ist im Grundsatz selbstverständlich. Bei der Annahme der Sittenwidrigkeit von Satzungsregeln sollte aber Zurückhaltung geübt werden. Welche Vereinsziele die Mitglieder auf welche Art und Weise verfolgen, ist sehr weitgehend ihrer *eigenen Entscheidung überlassen*. Die Rechtsordnung hat diese im Wesentlichen hinzunehmen, da sich so das Grundrecht des Art. 9 Abs. 1 GG verwirklicht. Dem entspricht, dass auch die Art und Weise, wie sich der Verein organisiert, im Allgemeinen zu akzeptieren ist. Allerdings darf den Mitgliedern die Befugnis zur Satzungsänderung nicht genommen werden[22].

In dem Fall des OLG Frankfurt (OLGZ 1981, 391) war in der Satzung eines Ver- **21** eins vorgesehen, dass der geschäftsführende Vorstand mit dem geschäftsführenden Vorstand eines anderen Vereins personengleich sein sollte. Diese Bestimmung konnte durch Beschluss der Mitgliederversammlung geändert werden, wobei 50% der

---

[21] Auch ohne eine solche Klausel gilt nichts anderes: 2. A. 87.

[22] Bereits oben 2. A. 8; OLG Frankfurt NJW 1983, 2576; dabei muss diese Befugnis real und nicht nur rein theoretisch gegeben sein. Letzteres wäre etwa der Fall, wenn deutlich unrealistische Anwesenheitsquoten für Satzungsänderungen vorgesehen wären. In BGH ZIP 1984, 701, 702 klingt allerdings in einem obiter dictum an, dass ein anderer Verein (Hauptverein) den Satzungsinhalt des Vereins (Unterverein) bestimmen könne. Ob das so ist, wird in BGH NJW 1995, 583, 585 offen gelassen; wie hier *Steinbeck*, Vereinsautonomie und Dritteinfluss, 1999, S. 84 ff.; a. A. *Schockenhoff* AcP 193 (1993) 36, 48 ff.; *Wolff* NZG 2009, 1217: Dritteinfluss weitestgehend möglich; Überblick bei *Weber*, Privatautonomie und Außeneinfluss im Gesellschaftsrecht, 2000, S. 118 ff.

Mitglieder an dieser Versammlung teilnehmen mussten. Der Verein hatte ca. 4.500 Mitglieder, von denen etwa 2% üblicherweise auf der Mitgliederversammlung erschienen. Diese Satzungsklausel kann vor § 138 Abs. 1 BGB keinen Bestand haben. Zwar war der Mitgliederversammlung die Möglichkeit zur Abänderung der Satzungsklausel erhalten geblieben, aber diese Möglichkeit ließ sich rein faktisch so gut wie nie nutzen, da sie an unerfüllbare Voraussetzungen geknüpft war. Daher trug die Satzungsklausel auch nicht hinreichend dem Grundsatz Rechnung, dass im Verein den Mitgliedern die Chance der Neuorganisation verbleiben muss. Auch das OLG Frankfurt hat die genannte Klausel verworfen. Zu demselben Ergebnis kommt man, wenn man die sogleich zu schildernden Grundsätze der auf § 242 BGB gestützten Inhaltskontrolle anwendet.

22   Über diese an §§ 134, 138 BGB ausgerichtete Inhaltskontrolle hinaus kommen in Massenvereinen dieselben *auf § 242 BGB* gestützten Grundsätze zur Anwendung wie in Publikumspersonengesellschaften. Denn die Problematik liegt im Vereinsrecht nicht anders als im Recht der Publikumspersonengesellschaften: Auch hier kommt es vor, dass sich eine *„Funktionärselite"* bildet, die durch Satzungsklauseln ihre Machtposition abzusichern versucht[23]. Allerdings müssen diese Grundsätze im Vereinsrecht zurückhaltend angewandt werden. Manche Vereinsziele erfordern eine bestimmte Organisationsstruktur. Diese muss dann – selbst wenn sie zu einer Machtfülle an der Vereinsspitze führt – akzeptiert werden[24]. Im Grundsatz gilt aber doch, dass auch die Organisation von Vereinen so gestaltet sein muss, dass die Mitglieder nicht zum Vorteil der leitenden Personen und Organe entrechtet werden[25]. Neben diese Überprüfung der Organisation des Vereins tritt eine weitere Stoßrichtung der Inhaltskontrolle, die im Recht der Publikums-

---

[23] Typisch etwa der Fall OLG Frankfurt ZIP 1985, 213, 218: Hier ging es um die Frage, ob die Delegierten eines Gewerkschaftstages mehrheitlich von der Basis gewählt sein müssen oder ob die Funktionäre der Gewerkschaft als Mitglieder qua Amtes die Mehrheit des Gewerkschaftstages stellen können.

[24] Siehe BVerfG NJW 1991, 2623 (Religionsgemeinschaft der Bahai); es handelte sich aber um einen kleinen Verein. RG Warn 1925, Nr. 12: Es ging um die neuapostolischen Gemeinden Deutschlands. Der Stammapostel hatte eine erhebliche Machtfülle, die das Reichsgericht zu Recht für unproblematisch hielt.

[25] Siehe *Grunewald*, Der Ausschluss aus Gesellschaft und Verein, 1987, S. 114 ff.; allgemein zur Inhaltskontrolle im Vereinsrecht *van Look*, Vereinsstrafe als Vertragsstrafe, 1990, S. 179 ff.; Erman-*Westermann* § 25 Rdz. 4; vielfach wird eine Inhaltskontrolle für erforderlich gehalten, wenn ein faktischer Zwang zur Mitgliedschaft besteht und daher das Austrittsrecht des § 39 BGB leer läuft: *Reuter* FS BGH, 2000, S. 211, 231 ff.; dagegen *van Look*, WM-Festgabe Hellner, 1994, S. 46, 50; auf die mögliche Intransparenz einer Satzungsregel stellt *Coester-Waltjen* AcP 190 (1990), 1, 29 ff. ab; nach *Vieweg*, Normsetzung und -anwendung deutscher und internationaler Verbände, 1990, S. 234 ff. steht die Inhaltskontrolle immer offen. Dies soll aus der Justizgewährungspflicht des Staates folgen; die Inhaltskontrolle verbandsinterner Normen bejahen BGHZ 105, 306, 318 und BGH ZIP 1999, 1807 jedenfalls für diejenigen Vereine, die eine überragende Machtstellung innehaben.

personengesellschaften nur eine geringe Rolle spielt: Es geht um die Überprüfung der den Mitgliedern auferlegten Pflichten und um die Sanktionen, die vom Verein verhängt werden dürfen, wenn diese Pflichten nicht beachtet werden (z. B. Pflicht von Gewerkschaftsmitgliedern zur Abführung von Aufsichtsratsvergütungen an die Hans-Böckler-Stiftung[26]; Wettkampfsperren im Sportbereich[27]).

e) Vereinsordnungen und Satzung

Neben der Satzung verfügen viele Vereine noch über weitere Regelwerke, mit deren Hilfe die Angelegenheiten des Vereins geordnet werden, die sog. Vereinsordnungen. Damit stellt sich die Frage, *welche Bestimmungen* in der Satzung getroffen werden müssen und welche auch *in Vereinsordnungen* niedergelegt werden können. Für die Vereine ist es oftmals vorteilhafter, wenn die Regelungen in Vereinsordnungen enthalten sind, weil sie dann leichter veränderten Umständen angepasst werden können als im Wege einer Satzungsänderung[28].   **23**

Der BGH hat verschiedentlich ausgesprochen, dass die sog. *Grundentscheidungen* des Vereins in die Satzung aufgenommen werden müssen, wobei er bei der Bestimmung dessen, was eine Grundentscheidung ist, sehr großzügig verfährt[29]. Wie geschildert[30] muss beispielsweise die Beitragshöhe – obwohl für die Mitglieder sicher von großer Bedeutung – nicht in der Satzung aufgeführt werden. Hinter dem geschilderten Grundsatz steht die Überlegung, dass es dem Mitglied möglich sein soll, durch einen Blick in die Satzung seine Stellung im Verein zu ermitteln. Auch soll die erschwerte Abänderbarkeit der Satzung das Mitglied vor einem allzu schnellen Wechsel dieser Grundaussagen schützen. Ob dies eine realistische Sicht der Dinge ist, mag bezweifelt werden. Kaum ein Mitglied liest die Satzung, bevor es beitritt. Sollte es aber doch ein Interesse an solchen Regelwerken haben, so bedeutet es regelmäßig keine Mühe, die Vereinsordnungen zu erhalten. Es wäre daher wohl sachgerechter, wenn man den Begriff der Grundentschei-   **24**

---

[26] LG München NJW 2005, 1724.
[27] Siehe 2. A. 72.
[28] BGH NJW 1995, 583, 585; *Kohler*, Mitgliedschaftliche Regelungen in Vereinsordnungen, 1992, S. 27 ff.
[29] BGHZ 47, 172, 177; 105, 306, 313; BGH RdL 1983, 317, 319; WM 1984, 552, 553; auch schon RG JW 1929, 847; im Ergebnis ebenso Soergel-*Hadding* § 25 Rdz. 1; siehe auch Erman-*Westermann* § 25 Rdz. 3: Die Benutzungsordnungen für Vereinseinrichtungen müssten in die Satzung aufgenommen werden. Soll damit gesagt sein, dass etwa auch die Turnhallenordnung bei einem Tischtennisverein in die Satzung gehört?
[30] 2. A. 6

dung ernst nehmen würde und auf diese Weise einer Überfrachtung der Satzung von Anfang an entgegenwirken würde[31].

3. Erlangung der Rechtsfähigkeit

a) Vereine, deren Zweck nicht auf einen
wirtschaftlichen Geschäftsbetrieb gerichtet ist

25   Vereine, deren Zweck nicht auf einen wirtschaftlichen Geschäftsbetrieb gerichtet ist, erlangen die Rechtsfähigkeit durch Eintragung im Vereinsregister (§ 21 BGB). Dieses Verfahren steht also nur den sog. nichtwirtschaftlichen Vereinen zur Verfügung. Vereine, deren Zweck auf einen wirtschaftlichen Geschäftsbetrieb gerichtet ist, erlangen die Rechtsfähigkeit demgegenüber durch staatliche Verleihung (§ 22 BGB). Damit muss entschieden werden, *welche Vereine nicht wirtschaftlich und welche wirtschaftlich tätig sind.*

26   Nach dem Gesetzeswortlaut sieht es so aus, als solle nach dem Zweck des Vereins unterschieden werden (*subjektive Theorie*). Man hat aber bald erkannt, dass man hierbei nicht stehen bleiben kann, da anderenfalls eine ideelle Zielsetzung jeden wirtschaftlichen Geschäftsbetrieb mittragen könnte[32]. Auf der anderen Seite kann auch allein die Tatsache, dass der Verein sich wirtschaftlich betätigt (*objektive Theorie*), nicht zur Folge haben, dass er zu einem wirtschaftlichen Verein wird, da anderenfalls sehr viele Idealvereine als wirtschaftlich tätige Vereine einzustufen wären[33]. Denn viele dieser Vereine sind in irgendeiner Weise auch wirtschaftlich tätig (Verkauf an Vereinsmitglieder, Überlassung von Vereinseinrichtungen an Dritte gegen Entgelt). Man ist sodann davon ausgegangen, dass ein wirtschaftlicher Verein dann vorliegt, wenn er objektiv einen wirtschaftlichen Geschäftsbetrieb betreibt, der auch einem wirtschaftlichen Hauptzweck dienen soll (*gemischte Theorie*[34]). Viel geholfen hat auch diese Sicht der Dinge nicht. Die verwendeten

---

[31] Siehe *Grunewald* ZHR 152 (1988), 242, 247; *Lukes* NJW 1972, 121 ff.; *Reuter* ZHR 148 (1984), 523, 526 ff.; *Kohler*, Mitgliedschaftliche Regelungen in Vereinsordnungen, 1992, S. 100 ff. stellt darauf ab, ob die Regelung den Status des Mitglieds als solches betrifft sowie Belastungen des Mitglieds enthält. Dann soll eine Aufnahme in die Satzung erforderlich sein. Nach *Steinbeck*, Vereinsautonomie und Dritteinfluss, 1999, S. 116 kommt es auf den Grad der Belastung an, die die Regelung für das Mitglied beinhaltet.

[32] Soergel-*Hadding* §§ 21, 22 Rdz. 20; *Karsten Schmidt* § 23 III 2 a).

[33] Soergel-*Hadding* §§ 21, 22 Rdz. 20; *Karsten Schmidt* § 23 III 2 a); daher nicht überzeugend OLG Hamm NJW-RR 2003, 898 (Busreisen zur Stärkung des christlichen Lebens).

[34] BGHZ 15, 315, 319.

Begriffe erwiesen sich als zu wenig klar, so dass eine Subsumtion kaum je auch nur einigermaßen problemlos möglich war[35].

Mittlerweile hat man sich auf den Sinn der unterschiedlichen Formen der   27 Erlangung der Rechtsfähigkeit besonnen und geht daher davon aus, dass immer dann ein *wirtschaftlich tätiger Verein vorliegt, wenn aus Gründen des Gläubiger- oder Mitgliederschutzes*[36] das angestrebte Ziel, sofern Rechtsfähigkeit der Organisation gewünscht wird, besser in der Rechtsform der GmbH, AG oder Genossenschaft verfolgt wird[37]. Dies ist insbesondere dann der Fall, wenn der Verein am Markt tätig ist, wobei auch wirtschaftliche Aktivitäten gegenüber den Mitgliedern als Tätigkeit am Markt angesehen werden[38]. Eine Gewinnerzielungsabsicht ist nicht erforderlich[39]. Um nun aber nicht jede wirtschaftliche Aktivität unmöglich zu machen, beruft man sich auf das sog. *Nebenzweckprivileg*, nach dem eine gegenüber dem ideellen Hauptzweck nur untergeordnete wirtschaftliche Tätigkeit nicht dazu führen soll, dass ein Verein als wirtschaftlich tätig einzustufen ist[40]. Im Ganzen sind die anzuwendenden Kriterien bislang aber noch wenig klar[41]. So dürfte beispielsweise der Status als Idealverein für Fußballvereine mit Lizenzfußballabteilung vielfach nur noch traditionelle Gründe haben[42].

Vereine, deren Zweck nach den genannten Kriterien nicht auf einen wirt-   28 schaftlichen Geschäftsbetrieb gerichtet sind, müssen, wenn die Satzung den Kriterien der §§ 56 bis 58 BGB entspricht, ins Vereinsregister eingetragen werden. Damit erlangen sie die Rechtsfähigkeit.

---

[35] Kritisch zu dieser Theorie Soergel-*Hadding* §§ 21, 22 Rdz. 21; *Karsten Schmidt* § 23 III 2 a).

[36] Dieses Kriterium hält *Karsten Schmidt*, Verbandszweck und Rechtsfähigkeit im Vereinsrecht, 1984, S. 96 ff. nicht für einschlägig. Dies überzeugt vielfach, da zum Schutz der Mitglieder die Inhaltskontrolle eingreifen kann; wie hier *Lettl* AcP 203 (2003) 149, 174; *Reuter* NZG 2008, 851, 852.

[37] BGHZ 85, 88 ff.; BGH ZIP 2003, 2023 verneint einen wirtschaftlichen Verein, wenn lediglich Rechtsstreitigkeiten zur Abwendung einer Mülldeponie finanziert werden sollen, dazu 2. B. 11; OLG Schleswig NJW RR 2001, 1478: Verein zur Veranstaltung des Kieler Hafenfestes ist Idealverein; *Häuser/van Look* ZIP 1986, 749, 751; *Reuter* ZIP 1984, 1052, 1053; *Karsten Schmidt*, Verbandszweck und Rechtsfähigkeit im Vereinsrecht, 1984, S. 92 ff.

[38] Siehe den Fall BVerwG NJW 1998, 1166.

[39] LG Hamburg ZIP 1986, 228; OLG Hamm NZG 2000, 441; *Heckelmann* AcP 179 (1979), 1, 15.

[40] BGHZ 85, 88 f.; *Reuter* ZIP 1984, 1052, 1059 ff.; *Schießl*, Die Ausgliederung von Idealvereinen auf Kapitalgesellschaften, 2003, S. 44: Geschäftsbetrieb muss für ein geordnetes Vereinsleben erforderlich sein; kritisch zum Nebenzweckprivileg *Heckelmann* AcP 179 (1979), 1, 22.

[41] Zu Klarstellungsversuchen de lege ferenda *Hadding* ZGR 2006, 137, 147; *Heermann* ZHR 170 (2006), 247, 260.

[42] Dazu *Balzer* ZIP 2001, 175, 181; *Heckelmann* AcP 179 (1979), 1, 55; *Steinbeck/Menke* NJW 1998, 2169, 2170.

29   In dem Fall BVerwG NJW 1998, 1166 (mit Anm. *Karsten Schmidt* NJW 1998, 1124 und *Müller-Laube* JZ 1998, 788) wehrte sich der Kläger, die Scientology-Kirche Stuttgart e.V., gegen die Entziehung der Rechtsfähigkeit gemäß § 43 Abs. 2 BGB durch die Verwaltungsbehörden. Der Kläger behauptete, er sei nicht auf einen wirtschaftlichen Geschäftsbetrieb ausgerichtet, vielmehr verfolge er religiöse Zwecke.

Das BVerwG hat nicht abschließend über die Klage entschieden, sondern die Sache zurückverwiesen. Ein wirtschaftlicher Geschäftsbetrieb, so das Urteil, liege vor, wenn der Verein planmäßig und auf Dauer eine über den vereinsinternen Bereich hinausgehende, eigenunternehmerische Tätigkeit ausübe, die weiter reiche als es das Nebenzweckprivileg zulasse. Dies sei der Fall, wenn der Verein wie ein Kaufmann am Marktgeschehen teilnehme. Wenn die Leistungen nur den Mitgliedern angeboten würden, sei dieses Kriterium meist nicht erfüllt. Sollte der Kläger, wie er behauptete, tatsächlich seine Seminare zur „Erlangung einer höheren Daseinsstufe" nur Mitgliedern anbieten, so läge nach Ansicht des BVerwG keine wirtschaftliche Zielsetzung vor, da diese Kurse dann Ausdruck der gemeinsamen Überzeugung der Mitglieder wären. Der Verkauf von Schriftstücken war dem Kläger nicht nachgewiesen worden. Geklärt werden musste aber noch, ob er das wirtschaftliche Risiko solcher Geschäfte mittelbar (etwa über Tochtergesellschaften) trug. Das würde für die Annahme eines wirtschaftlichen Geschäftsbetriebs genügen.

b) Vereine, deren Zweck auf einen wirtschaftlichen Geschäftsbetrieb gerichtet ist

30   Nach § 22 BGB erlangen Vereine, deren Zweck auf einen wirtschaftlichen Geschäftsbetrieb gerichtet ist, die Rechtsfähigkeit durch staatliche Verleihung. *Wann eine solche Verleihung* der Rechtsfähigkeit *zu erfolgen hat,* sagt das Gesetz nicht. Fest steht aber, dass wirtschaftliche Ziele im Grundsatz in den dafür geschaffenen Rechtsformen von GmbH, AG und Genossenschaft verfolgt werden sollen. Daher wird sogar darüber diskutiert, ob § 22 BGB nicht ganz aufgehoben werden sollte[43]. Nur dann, wenn ausnahmsweise wegen besonderer Umstände diese Rechtsform nicht sachgerecht ist, kommt die Verleihung der Rechtsfähigkeit in Frage. Sie hat dann aber auch zu erfolgen, da gerade für diese Zwecke die Rechtsform des wirtschaftlich tätigen rechtsfähigen Vereins zur Verfügung gestellt wird[44].

---

[43] Dazu *Hadding* ZGR 2006, 137, 147 f.; *Heermann* ZHR 170 (2006), 247, 269 ff.
[44] BVerwG NJW 1979, 2261; Soergel-*Hadding* §§ 21, 22 Rdz. 52; *Karsten Schmidt* AcP 179 (1979), 1, 32 ff.; *Karsten Schmidt*, Verbandszweck und Rechtsfähigkeit im Vereinsrecht, 1984, S. 77 ff.

4. Der Vorverein

Die Gründung eines Vereins verläuft normalerweise in mehreren Etappen: Zuerst treffen die Gründer die Absprache, einen Verein gründen zu wollen, dann vereinbaren sie die Satzung, bestellen den Vorstand und zum Schluss meldet der Vorstand den Verein zur Eintragung an. Nach der Einigung der Gründer auf die Satzung und vor Eintragung im Register wird der Verein Vorverein genannt. Sofern schon vor der Eintragung ins Vereinsregister für den Verein gehandelt wird, stellt sich die Frage, welches Rechtsgebilde oder welche natürlichen Personen vertreten sind, und damit direkt zusammenhängend, wer für eventuelle Schulden haftet. Diese Problematik entsteht bei der Gründung fast jeder juristischen Person, da nahezu stets *bis zur Feststellung der Satzung und dann zwischen Feststellung der Satzung und Eintragung der juristischen Person* (also ihrem Entstehen) eine gewisse Zeit verstreicht, innerhalb derer ein Bedürfnis zum Handeln für die im Entstehen begriffene juristische Person gegeben sein kann. Besondere praktische Bedeutung hat diese Fragestellung bei der Gründung einer GmbH erlangt. Sie soll daher auch dort behandelt werden[45]. Für den Verein gilt im Ausgangspunkt dasselbe wie für die GmbH. Insbesondere ist auch er zwischen Feststellung der Satzung und Eintragung bereits rechtsfähig[46]. Das von ihm erworbene Vermögen geht ebenso wie die Verbindlichkeiten im Wege der *Gesamtrechtsnachfolge* auf den Verein über[47]. Personen, die für einen solchen Verein handeln, haften Dritten gegenüber persönlich (§ 54 S. 2 BGB). Diese Haftung erlischt mit Eintragung des Vereins[48]. Eine *Differenzhaftung* gibt es im Unterschied zur GmbH-Gründung nicht, da der Verein keine Regeln der Kapitalaufbringung und -erhaltung kennt[49]. Ist der Vorverein überschuldet, so haben die Gründer ein Insolvenzverfahren einzuleiten. Daneben besteht im Regelfall *keine persönliche Haftung* der Gründer. Sie bringen durch ihr Auftreten als (Vor-) Verein deutlich zum Ausdruck, dass eine persönliche Haftung nicht erwartet werden kann. Auch wissen die Gläubiger – anders als bei den Kapitalgesellschaften –, dass eine registerrichterliche Überprüfung, ob ein bestimmtes Kapital vorliegt, nicht erfolgt ist und nicht erfolgen soll. Nur wenn ein Handelsgewerbe betrieben wird, das deutlich den Rahmen des Nebenzweckprivilegs überschreiten würde,

31

---

[45] 2. F. 35 ff.

[46] A. A. *Beuthien* ZIP 1996, 305, 307 f.: Nichtrechtsfähiger Gründungsverein. Es könnten aber für den Vorverein besondere Gesellschaftsverbindlichkeiten begründet werden. Dann sollte man aber auch von Rechtsfähigkeit sprechen.

[47] Soergel-*Hadding* vor § 21 Rdz. 72; *Karsten Schmidt* § 24 II 3.

[48] *Beuthien* ZIP 1996, 360, 367; *Flume* ZHR 148 (1984), 503, 517; *Kübler/Assmann* § 25 III 2 b); *Karsten Schmidt* § 24 II 3; a. A. Soergel-*Hadding* vor § 21 Rdz. 70.

[49] BGH NJW 2001, 748, 750 für den wirtschaftlichen Vorverein; Soergel-*Hadding* vor § 21 Rdz. 74; a. A. *Kübler/Assmann* § 25 III 2 c); MünchKomm-*Reuter* §§ 21, 22 Rdz. 84.

wenn der Verein schon eingetragen wäre, greift eine persönliche Haftung der Gründer ein. Denn in diesem Fall entfällt ihre Schutzwürdigkeit. Es kommt dann der allgemeine Grundsatz zur Anwendung, dass eine Haftungsbeschränkung für unternehmerisches Handeln, sofern ein Auftreten als juristische Person erfolgt, nur nach Eintragung erreichbar ist[50].

III. Der Vorstand

1. *Berechtigung zur Geschäftsführung und Vertretung*

32   Das Gesetz regelt nicht, wer zur Geschäftsführung für den Verein berechtigt ist. Dagegen bestimmt es aber, wer den *Verein vertritt. Nach § 26 Abs. 2 S. 1 BGB ist dies der Vorstand*, der auch aus mehreren Personen bestehen kann (§ 26 Abs. 1 S. 2 BGB). Das Gesetz sagt aber wiederum nicht, wie die Vertretungsmacht bei mehreren Vorstandsmitgliedern aussehen soll, ob also etwa Einzel- oder Gesamtvertretungsmacht der Vorstandsmitglieder anzunehmen ist. Immerhin trifft § 28 Abs. 1 BGB die Bestimmung, dass bei einem Vorstand, der aus mehreren Personen besteht, Entscheidungen durch Mehrheitsbeschluss erfolgen. Hieraus lässt sich der Schluss ziehen, dass auch die Vertretung durch eine Mehrheit erfolgen kann[1]. Denn anderenfalls müsste eine Mehrheit, die eine bestimmte Maßnahme beschlossen hat, die überstimmten Vorstandsmitglieder, sofern sie sich weigern, das Beschlossene durch entsprechende rechtsgeschäftliche Maßnahmen auch zur Ausführung zu bringen, verklagen. Das wäre wenig praktikabel. Es liegt daher näher, der Mehrheit auch die Vertretungsmacht zuzusprechen. Umgekehrt kann auch von einer Regelung über die Vertretungsmacht auf eine entsprechende Geschäftsführungsbefugnis geschlossen werden. Denn es macht wenig Sinn, einem Vorstandsmitglied Vertretungsmacht einzuräumen, ihm aber die entsprechende Geschäftsführungsbefugnis, also die Erlaubnis, diese Vertretungsmacht auch zu nutzen, nicht zu erteilen. Gleichgültig, ob die Geschäftsführungsbefugnis nun bei einzelnen Vorstandsmitgliedern oder bei allen gemeinsam liegt, stets ist zu bedenken, dass die *Mitgliederversammlung* be-

---

[50] Weitergehend *Karsten Schmidt*, § 24 II 3: Eine persönliche Haftung der Gründer sei bereits dann gegeben, wenn ein Unternehmen betrieben wird; nach Soergel-*Hadding* vor § 21 Rdz. 67 haften die Mitglieder eines wirtschaftlichen Vorvereins analog § 128 HGB; nach *Beuthien* ZIP 1996, 305, 316 und ZIP 1996, 360, 363 ff. haften die Gründer in jedem Fall persönlich. Das macht insofern wenig Sinn, als nach Eintragung eine solche Haftung für „Neugläubiger" nicht in Frage kommt und nicht klar ist, warum „Altgläubiger" besser stehen sollten. Die Registereintragung dient ja nicht dem Gläubigerschutz.

[1] Soergel-*Hadding* § 26 Rdz. 16; *Karsten Schmidt* § 24 III 2 b).

züglich des Vorstandshandelns ein *Weisungsrecht* hat (§§ 27 Abs. 3, 665 BGB)[2].

In dem Fall BGH WM 1992, 2055 war in der Satzung eines Vereins Alleinvertre-   **33** tungsmacht für den dreiköpfigen Vorstand vorgesehen. In einer Vorstandssitzung wurde vereinbart, dass jeder Geldfluss über DM 5.000 von zwei Vorstandsmitgliedern oder einem Vorstandsmitglied und dem Geschäftsführer zu zeichnen sei. Der Beklagte, ein Vorstandsmitglied des Vereins, setzte sich über diese Anordnung hinweg und schloss im Namen des klagenden Vereins einen Bürgschaftsvertrag, aufgrund dessen der Kläger DM 37.000 zahlen musste. Diese Summe verlangte er von dem Beklagten unter Berufung darauf zurück, dass er nicht die Gegenzeichnung eines anderen Vorstandsmitglieds eingeholt habe. Der Beklagte wandte demgegenüber ein, die Übernahme der Bürgschaft habe im Interesse des Vereins gelegen.

Das Urteil führt aus, dass die Bestimmung in der Satzung – Alleinvertretungsmacht für jedes Vorstandsmitglied – nicht durch eine interne Absprache des Vorstands konterkariert werden dürfe. Dies sei aber durch die geschilderte Vereinbarung geschehen. Denn wenn bei Geschäften ab DM 5.000 die Gegenzeichnung eines weiteren Vorstandsmitglieds erforderlich sei, werde praktisch das Prinzip der Individual- durch das der Kollektivverantwortung ersetzt. Das könne nur im Wege der Satzungsänderung geschehen. Daher sei der Verstoß gegen die getroffene Vereinbarung als solcher bedeutungslos. Vielmehr müsse gefragt werden, ob der Beklagte seine Pflichten gegenüber dem Kläger verletzt habe.

Dem Urteil kann man im Grundsatz folgen. Allerdings wird man bei einer Festlegung der Zustimmungspflicht auf eine nicht unerhebliche Summe (etwa Geschäfte ab EUR 50.000,– bei einem nicht gerade großen Verein) wohl anders entscheiden müssen. Denn dann lässt sich nicht mehr sagen, dass die Einzelvertretungsmacht rein faktisch aufgehoben sei. Vielmehr dient eine solche Klausel dazu, dem nicht am Geschäft beteiligten Vorstandsmitglied Einblick in alle bedeutsamen Geschäfte des Vereins zu verschaffen. Dies ist schon deshalb wichtig, weil das Vorstandsmitglied eine generelle Kontrollpflicht bezüglich aller maßgeblichen Vereinsaktivitäten hat.

2. Bestellung und Anstellung

Die für den Verein handelnden Vorstandsmitglieder werden üblicherweise   **34** aufgrund einer Bestellung durch die Mitgliederversammlung tätig (§ 27 Abs. 1 BGB)[3]. Hinzu tritt ein Dienstvertrag zwischen Vorstand und Verein. Sofern die Vorstandsmitglieder keine Vergütung erhalten, was bei kleinen Vereinen häufig ist, gelten die Regeln des Auftragsrechts (§ 27 Abs. 3 BGB). Zuständig für den Abschluss von Anstellungsverträgen ist auf der Seite des Vereins dasjenige Organ, das auch die Bestellung vornimmt, also wiederum die Mitgliederversammlung[4]. Das ist auch sachgerecht, da anderenfalls das-

---

[2] BGH WM 1992, 2055, 2057; *Grunewald* ZIP 1989, 962, 964; Soergel-*Hadding* § 27 Rdz. 22 a; *Karsten Schmidt* § 24 III 3 a). Zu der Frage, ob dieses Weisungsrecht auf Dritte übertragen werden kann, *Beuthien/Gätsch* ZHR 157 (1993), 483, 491.

[3] Zu anderen Satzungsregelungen bereits oben 2. A. 8.

[4] BGHZ 113, 237; *Baums* ZGR 1993, 141, 143; a. A. MünchKomm-*Reuter* § 27 Rdz. 9.

jenige Vereinsorgan, das die Anstellung vorzunehmen hat, durch das Anbieten extrem ungünstiger Vertragsbedingungen die Bestellung unmöglich machen könnte.

3. Haftung für fehlerhafte Geschäftsführung gegenüber dem Verein

35   a) Schon *aufgrund der Bestellung*[5] ist der Vorstand zu einem ordnungsgemäßen Handeln für den Verein verpflichtet. Insbesondere hat er die den Verein auf öffentlich-rechtlicher Grundlage treffenden Pflichten (etwa Steuer- und Sozialabgaben) zu erfüllen. Hinzu tritt das *Anstellungsverhältnis*, ein Dienstvertrag oder Auftrag. Bestellung und Anstellung bestehen nebeneinander und folgen auch eigenen Regeln[6]. Im Einzelfall kann es durchaus vorkommen, dass zwar die Bestellung erfolgt ist, es an einem Anstellungsverhältnis – etwa weil man sich über die Bedingungen im Einzelnen noch nicht einigen kann – aber noch fehlt. Normalerweise ist es aber so, dass bei nicht pflichtgemäßem Verhalten das Vorstandsmitglied sowohl nach den Regeln der positiven Vertragsverletzung wie auch wegen Verletzung seiner sich aus dem Bestellungsverhältnis ergebenden Verpflichtungen haftet.

36   b) Um das Haftungsrisiko für Vorstandsmitglieder in Grenzen zu halten, bestimmt § 31a Abs. 1 BGB, dass Vorstandsmitglieder, die für ihre Tätigkeit nicht mehr als 500 Euro jährlich erhalten, gegenüber dem Verein und seinen Mitgliedern nur für Vorsatz und grobe Fahrlässigkeit haften. Sofern das Vorstandsmitglied im Außenverhältnis haftet (etwa nach §§ 823 ff. BGB), hat es gegenüber dem Verein einen entsprechenden Freistellungsanspruch (§ 31a Abs. 2 BGB[7]).

37   Das Haftungsrisiko wird für den Vereinsvorstand weiterhin dadurch etwas reduziert, dass nach Ablauf eines Jahres anlässlich einer Mitgliederversammlung dem Vorstand regelmäßig *Entlastung* erteilt wird. Mit dieser Entlastung billigt die Mitgliederversammlung die Geschäftsführung als im Wesentlichen ordnungsgemäß. Folge dieser Billigung ist, dass Schadensersatz- sowie Bereicherungsansprüche oder Kündigungsmöglichkeiten in Bezug auf Geschäftsführungsmaßnahmen, die der Mitgliederversammlung bekannt sind oder bekannt sein konnten, nicht mehr offen stehen[8].

---

[5] Dies gilt sogar auch für eine fehlerhafte Bestellung; dazu *Baums*, Der Geschäftsleitervertrag, 1987, S. 168 ff.; *Stein*, Das faktische Organ, 1984.

[6] *Fleck* ZIP 1991, 1269 (für die GmbH und AG); *Karsten Schmidt* § 36 II 4 a) für GmbH und AG; zweifelnd *Stodolkowitz* ZHR 154 (1990), 1, 4; zur GmbH: 2. F. 52.

[7] Zu § 31a BGB ausführlich *Burgard* ZIP 2010, 358.

[8] BGH ZIP 1988, 706, 710; BGH ZIP 2004, 407, 409 (Genossenschaft); BGH ZIP 2005, 981, 983 (Genossenschaft); Soergel-*Hadding* § 27 Rdz. 24; Bei der Feststellung, ob die Ansprüche bekannt sein können, muss bedacht werden, dass es im Prinzip Aufgabe des Vereinsvorstands ist, die Geschäftsführung offen zu legen, und nicht die der Mitgliederversammlung, nach solchen Ansprüchen zu fahnden.

4. *Durchsetzung der Ansprüche des Vereins gegenüber dem Vorstand*

Die Ansprüche des Vereins werden durch die zur Vertretung des Vereins **38** berechtigten Personen durchgesetzt, also durch den Vorstand. Soweit es um Ansprüche des Vereins gegen die einzelnen Vorstandsmitglieder geht, stellt sich damit die bereits aus dem Recht der Personengesellschaft bekannte Problematik, dass eine *konsequente Verfolgung dieser Ansprüche durch den Vorstand vielfach kaum erwartet werden kann.* Dies ist ganz deutlich, wenn nur ein einziges – eben das zu verklagende – Vorstandsmitglied vorhanden ist, wird aber auch dann, wenn mehrere Vorstandsmitglieder bestellt sind, vielfach nicht anders sein. Denn auch die übrigen Vorstandsmitglieder müssen sich fragen lassen, warum sie eine Entwicklung, die zur Schädigung des Vereins geführt hat, nicht unterbunden haben. Lediglich nach Auswechselung des Vorstands kann dies einmal anders sein.

Im Recht der Personengesellschaften wird in solchen Sondersituationen **39** dem einzelnen Gesellschafter das Recht zugesprochen, die Ansprüche der Gesellschaft im eigenen Namen durchzusetzen[9] (sog. *actio pro socio*). Auch im Vereinsrecht muss eine praktikable Möglichkeit zur Realisierung dieser Ansprüche offen stehen. Da die Mitgliederversammlung als oberstes Vereinsorgan zur Beschlussfassung über diese Anspruchsverfolgung berechtigt ist, besteht für sie die Möglichkeit, die Anspruchsdurchsetzung anzuordnen und zugleich einen besonderen Vertreter mit diesen Aufgaben zu betrauen[10]. Das Mitglied kann, spätestens wenn die Entlastung des Vorstands auf der Tagesordnung steht, darauf dringen, einen Beschluss zu fassen, nach dem ein Anspruch des Vereins gegen ein Vorstandsmitglied durchgesetzt werden soll. Wird ein solches Vorgehen aus sachwidrigen Gründen abgelehnt, so kann das Mitglied den Beschluss angreifen und zugleich eine sog. positive Beschlussfeststellungsklage erheben, die darauf abzielt festzustellen, dass positiv votiert wurde, da die anders lautenden Stimmen wegen Treuwidrigkeit nicht zu berücksichtigen sind[11]. Auf dieselbe Weise kann erreicht werden, dass ein besonderer Vertreter für die Durchsetzung dieser Ansprüche bestellt wird[12]. Einen Anspruch darauf, selbst dieser besondere Vertreter zu sein, hat das Vereinsmitglied nicht.

Dieser Weg für die Anspruchsverfolgung macht zugleich deutlich, dass ein **40** unabdingbares Bedürfnis für eine *actio pro socio*, also für die Verfolgung der Ansprüche des Vereins durch ein Mitglied im eigenen Namen, nicht besteht[13].

---

[9] 1. A. 62 ff.
[10] *Grunewald* ZIP 1989, 962, 966; MünchKomm-*Reuter* § 27 Rdz. 43.
[11] Zu diesen Klagen 2. C. 143.
[12] *Grunewald* ZIP 1989, 962, 967.
[13] A. A. *Becker*, Verwaltungskontrolle durch Gesellschafterrechte, 1997, S. 623 ff.

Auch kann eine solche Berechtigung, sofern keinerlei Anhaltspunkte dafür gegeben sind, nicht einfach als Satzungsinhalt unterstellt werden.

5. *Haftung für fehlerhafte Geschäftsführung gegenüber dem Mitglied*

41   Die Vorstandsmitglieder eines Vereins stehen zu ihrem Verein in rechtsgeschäftlicher Beziehung. Sie haften bei den entsprechenden Pflichtverletzungen[14]. Zu den Mitgliedern des Vereins besteht eine solche Rechtsbeziehung nicht. Man kann auch nicht sagen, dass das Rechtsverhältnis zwischen Verein und Vorstandsmitglied ein solches mit Schutzwirkung zugunsten der Vereinsmitglieder wäre[15]. Denn dies würde zum einen zu einer weiteren Erhöhung des Haftungsrisikos der Vorstandsmitglieder führen und zum anderen auch nicht den Vorstellungen der Mitglieder entsprechen. Denn diese sehen sich in einem Rechtsverhältnis zum Verein und nicht zum Vorstand. Möglich bleiben deliktische Ansprüche der Mitglieder gegenüber den Vorstandsmitgliedern. Hierbei steht insbesondere die Frage im Vordergrund, ob die Mitgliedschaft als ein sonstiges Recht i. S. v. § 823 Abs. 1 BGB anzusehen ist. Darauf wird zurückzukommen sein[16].

IV. Die Mitgliederversammlung

1. *Zuständigkeiten*

42   Die Angelegenheiten des Vereins werden, soweit sie nicht vom Vorstand oder einem anderen Vereinsorgan zu besorgen sind, durch Beschlussfassung der Mitgliederversammlung geordnet (§ 32 Abs. 1 S. 1 BGB). Da die übrigen Vereinsorgane bei ihren Handlungen gegenüber der Mitgliederversammlung weisungsgebunden sind[1], bringt die Norm zum Ausdruck, dass die *Mitgliederversammlung das höchste Vereinsorgan* ist. Das Gesetz führt neben der in § 32 BGB genannten „Generalzuständigkeit" der Mitgliederversammlung auch noch einige Beschlussgegenstände gesondert auf. So entscheidet die Mitgliederversammlung beispielsweise nach § 27 BGB über die Bestellung und Abberufung des Vorstands[2], nach § 33 BGB über die Grundlagen des Vereins und nach § 41 BGB über seine Auflösung[3]. Welche dieser Bestim-

---

[14] 2. A. 35.

[15] Siehe dazu *Grunewald* ZIP 1989, 962, 965; BGH ZIP 1990, 1067, 1071; siehe aber auch *Karsten Schmidt* JZ 1991, 157, 161, der in einem eingeschränkten Umfang zur Annahme drittschützender Organpflichten tendiert.

[16] 2. A. 78 ff.

[1] 2. A. 32.

[2] 2. A. 34.

[3] 2. A. 97.

mungen zwingend ist und welche nicht, ergibt sich aus § 40 BGB. Aber auch dann, wenn sich eine Kompetenzübertragung im Rahmen von § 40 BGB hält, ist zu prüfen, ob nicht eventuell ein Verstoß gegen § 138 BGB vorliegt. Die Grenze der Sittenwidrigkeit ist überschritten, wenn den Mitgliedern die Möglichkeit der Satzungsänderung genommen wird[4].

2. Stimmabgabe

a) Die Stimmabgabe ist *Willenserklärung*. Es gilt daher das zur BGB-Ge-   **43** sellschaft Ausgeführte entsprechend[5].

b) Nach § 34 BGB ist ein Mitglied *nicht stimmberechtigt*, wenn die Beschlussfassung die Vornahme eines Rechtsgeschäfts mit ihm oder die Einleitung/Erledigung eines Rechtsstreits zwischen ihm und dem Verein betrifft. Hierzu wird allgemein auch die Entlastung gezählt, da sie den Verlust von Ansprüchen des Vereins zur Folge hat[6] und daher einem Rechtsgeschäft zumindest nahe steht. Auch zeigen die gesetzlichen Regeln für die Entlastung in anderen Körperschaften, dass ein Stimmverbot den Vorstellungen des Gesetzgebers entspricht (§ 37 Abs. 1 S. 1 AktG, § 47 Abs. 4 S. 1 GmbHG, § 43 Abs. 6 GenG)[7]. Des Weiteren hat über den Wortlaut von § 34 BGB hinaus kein Mitglied ein Stimmrecht, wenn es darum geht, ob gegen das Mitglied eine Maßnahme aus wichtigem Grund ergriffen oder ein Verhalten des Mitglieds gebilligt oder missbilligt werden soll. Anderenfalls wäre eine ordnungsgemäße, am Vereinsinteresse ausgerichtete Willensbildung im Verein zu sehr erschwert[8]. Von dem Grundsatz, dass kein Mitglied stimmberechtigt ist, wenn es in dem beschriebenen Umfang selbst von dem Beschluss betroffen ist, gibt es eine Ausnahme für sogenannte innerverbandliche Akte[9]. Für

---

[4] Dazu bereits oben, 2. A. 20 f.; die Befugnis zur Satzungsänderung hält Soergel-*Hadding* § 33 Rdz. 7 ebenfalls für nicht übertragbar (ebenso *Kohler*, Mitgliedschaftliche Regelungen in Vereinsordnungen, 1992, S. 95 f.). Dort auch zu der Frage, ob die Satzungsänderung von der Genehmigung eines Dritten abhängig gemacht werden kann. Entgegen *Hadding*, a.a.O., und *Karsten Schmidt* § 5 I 3 b) (ähnlich auch MünchKomm-*Reuter* § 33 Rdz. 8) ist ein solches Genehmigungsrecht nicht etwa schon problemlos, wenn es als Sonderrecht eines Mitglieds nach § 35 BGB ausgestaltet ist. Die Entrechtung der Mitglieder wird dadurch nicht geringer. Auch ein Dritter dürfte sein Genehmigungsrecht genau wie ein Mitglied nicht missbräuchlich nutzen.

[5] 1. A. 69; zur Stimmabgabe als Willenserklärung *Flume*, Juristische Person, § 7 VII 1, S. 248; Soergel-*Hadding* § 32 Rdz. 25.

[6] 2. A. 37.

[7] Im Ergebnis ebenso *Flume*, Juristische Person, § 7 V 2, S. 222; Soergel-*Hadding* § 34 Rdz. 5, 7; *Karsten Schmidt* § 21 II 2 b, c): Fall des Richtens in eigener Sache; *Kübler/Assmann*, § 10 IV 1 a): Es liege ein Rechtsgeschäft zwischen Verein und Mitglied vor.

[8] 1. A. 71; zum Verein Soergel-*Hadding* § 34 Rdz. 7; *Karsten Schmidt* § 21 II 2 a); auch BGH NJW 1991, 172, 173 (GmbH).

[9] Siehe 1. A. 71; Soergel-*Hadding* § 34 Rdz. 4; *Kübler/Assmann* § 10 IV 1 a); *Lutter/*

diese sog. *Organisationsakte* des Vereins hält man einen Stimmrechtsausschluss nicht für sachgerecht, da hier eine Beeinflussung des Beschlusses durch den mittelbar Betroffenen seiner Stellung im Verein entspricht. Zu diesen Rechtsgeschäften gehört die Bestellung und die Anstellung des Vereinsvorstands sowie der Widerruf der Bestellung und die Kündigung des zugrunde liegenden Rechtsverhältnisses[10]. Vorrang hat aber auch insoweit der Grundsatz, dass niemand stimmberechtigt ist, gegen den eine Maßnahme aus wichtigem Grund ergriffen werden soll. Daher kann ein Vorstandsmitglied nicht mitstimmen, wenn es um seine Abberufung aus wichtigem Grund geht[11]. Gleichwohl abgegebene Stimmen sind unbeachtlich.

44   c) Ein Vereinsmitglied kann sich bei der Stimmabgabe jederzeit *vertreten lassen*. Wie für jede Willenserklärung so gelten auch für die Stimmabgabe die §§ 164 ff. BGB. Einer solchen Vertretung steht normalerweise auch § 38 S. 2 BGB nicht entgegen, wonach die Ausübung der Mitgliedschaftsrechte nicht einem Dritten überlassen werden kann. Denn mit dieser Bestimmung soll erreicht werden, dass die Vereinsmitglieder Herr der Willensbildung im Verein bleiben, was bei einer Bevollmächtigung regelmäßig nicht in Frage gestellt wird. Dies wird erst bei einer Abtretung des Stimmrechts anders. Eine solche mit einer Abtretung des Stimmrechts verbundene Aufteilung der Mitgliedschaft in Einzelrechte, die dann je ihr eigenes Schicksal hätten, kann nicht zulässig sein, da auf diese Weise nicht nur eine ganz unübersichtliche Organisation entstehen würde, sondern auch die Gefahr droht, dass das Vereinsgeschehen komplett von Dritten beherrscht wird *(Abspaltungsverbot)*[12]. Bei der Bevollmächtigung drohen diese Gefahren normalerweise aber nicht. Das ist nur dann anders, wenn die Vollmacht unwiderruflich erteilt werden soll[13]. Denn dann ist die Situation ganz ähnlich wie bei einer Abtretung und daher sind dann auch genau die Missstände zu befürchten, denen § 38 S. 2 BGB entgegentreten will. Daher muss jedenfalls bei Vorliegen eines wichtigen Grundes der Widerruf möglich sein.

45   Wie bei den Personengesellschaften ist eine Bevollmächtigung zur Stimmabgabe aber nur zulässig, wenn die *Satzung dies vorsieht*[14]. Für Vereine mit großer Mitgliederzahl passt die Grundregel von § 164 BGB – Vertretung bei Abgabe einer Willenserklärung stets zulässig – aber gut. Daher kann bei ihnen u. U. im Wege der ergänzenden Satzungsauslegung davon ausgegan-

---

Hommelhoff § 47 Rdz. 24 (GmbH); BGH WM 1989, 442 (GmbH); BGH NJW 1991, 172 (GmbH: Einforderung der Stammeinlagen).

[10] BGHZ 51, 209, 215 f. (GmbH); BGH WM 1989, 438, 442 f. (GmbH); a. A. bezüglich der Anstellung: *Flume*, Juristische Person, § 7 V 6, S. 231.

[11] Soergel-*Hadding* § 34 Rdz. 7.

[12] 1. A. 73

[13] OLG Stuttgart NZG 2010, 753; MünchKomm-*Reuter* § 38 Rdz. 66 ff.

[14] 1. A. 72; MünchKomm-*Reuter* § 38 Rdz. 70.

gen werden, dass eine Vertretung auch ohne eine ausdrückliche Regelung in der Satzung zulässig sein soll (§ 40 BGB).

d) Auch *Abstimmungsvereinbarungen* (Stimmbindungsverträge) unter **46** den Mitgliedern oder mit Dritten sind möglich[15]. Soweit diese Absprachen nur einzelne Beschlussgegenstände betreffen, sind sie unproblematisch. Soll dagegen eine umfassende Bindung erreicht werden, ist dies nur akzeptabel, wenn die Vereinbarung jedenfalls aus wichtigem Grund aufgekündigt werden kann, und zwar auch dann, wenn das Mitglied sich gegenüber anderen Mitgliedern gebunden hat[16]. Anderenfalls droht die Gefahr, dass die Mitglieder in nicht mehr akzeptabler Weise dem Einfluss eines Dritten oder eines übermächtigen Mitglieds ausgesetzt werden[17].

e) *Bei der Stimmabgabe* hat sich das Vereinsmitglied von den Interessen **47** des Vereins leiten zu lassen. Hierzu ist es aufgrund seiner *Treuepflicht* gegenüber dem Verein gehalten. Eine Stimmabgabe, die dem nicht entspricht, ist nichtig.

3. Einstimmigkeit und Mehrheitserfordernisse

a) § 32 Abs. 1 S. 3 BGB legt fest, dass Beschlüsse der Mitgliederversamm- **48** lung *mit einfacher Mehrheit* der erschienenen Mitglieder gefasst werden.

In dem Fall BGH ZIP 1987, 635 war in der Mitgliederversammlung des beklagten **49** Vereins über die Entlastung des Vorstands zu entscheiden. Von den 87 anwesenden Mitgliedern stimmten 28 für die Entlastung, ein Mitglied dagegen. Die Restlichen enthielten sich der Stimme. Der Versammlungsleiter stellte daraufhin fest, dass dem Vorstand keine Entlastung erteilt worden sei. Der Kläger, der Vorstandsvorsitzende des Vereins, beantragte festzustellen, dass der Vorstand entlastet sei.
Der BGH gab dem Kläger Recht. Dabei führt das Urteil[18] aus, dass entgegen dem Wortlaut des § 32 Abs. 1 S. 3 BGB nicht die Mehrheit der erschienenen – oder wie es in der Satzung des Vereins hieß: der vertretenen – Mitglieder entscheidet, sondern die Mehrheit der abgegebenen Stimmen. Anderenfalls, so heißt es in dem Urteil zutreffend, werde eine Stimmenthaltung wie eine Gegenstimme gewertet.

b) Von dem Grundsatz der Beschlussfassung durch schlichte Stimmen- **50** mehrheit wird in § 33 Abs. 1 S. 1 BGB für *Satzungsänderungen* eine Ausnahme gemacht. Hierzu ist eine *Dreiviertelmehrheit* der erschienenen Mitglieder erforderlich. Soll der *Zweck des Vereins geändert werden*, so ist so-

---

[15] Soergel-*Hadding* § 32 Rdz. 23; *Kübler/Assmann* § 10 III 2 d); a. A. *Flume*, Juristische Person, § 7 V 1, S. 217 für eine Stimmbindung gegenüber einem Nichtmitglied.

[16] Nach Soergel-*Hadding* § 32 Rdz. 23 ist nur die Stimmrechtsbindung gegenüber Vereinsexternen problematisch.

[17] Die Problematik liegt nicht anders als bei den Personengesellschaften, wobei auf Grund der fehlenden persönlichen Haftung die Bindung etwas weiter gehen kann, dazu 1. A. 75.

[18] Ebenso bereits BGHZ 83, 35.

gar die *Zustimmung aller Mitglieder* erforderlich. Die Zustimmung der nicht erschienenen Mitglieder muss schriftlich erfolgen (§ 33 Abs. 1 S. 2 BGB). Dies gilt allerdings nur, wenn die Satzung nichts anderes bestimmt (§ 40 BGB).

51   In einer Entscheidung des Bundesgerichtshofes (BGHZ 96, 245[19]) ging es um die Eintragung einer Satzungsänderung nach § 71 BGB. Der klagende Verein hatte nach § 2 seiner Satzung den Zweck, unlauteren Wettbewerb und Wirtschaftskriminalität im Interesse der Allgemeinheit, der gewerblichen Unternehmen, der freiberuflich Tätigen, insbesondere aber der Mitglieder zu bekämpfen und die Verbraucherinteressen durch Aufklärung, Beratung und Bekämpfung unlauteren Wettbewerbs zu wahren. Da der BGH Bedenken gegen die Klagebefugnis des Vereins nach § 3 Abs. 2 Nr. 2 UKlaG hatte, weil er ein sog. Mischverband sei, wurde in der Mitgliederversammlung über den Antrag abgestimmt, in § 2 der Satzung den auf das Wort „bekämpfen" folgenden Text zu streichen. Dies wurde von den 13 anwesenden Mitgliedern des 80 Mitglieder umfassenden Vereins einstimmig beschlossen. Nach § 5 der Satzung erfolgen Änderungen und Ergänzungen der Satzung mit einer Zweidrittelmehrheit aller anwesenden Mitglieder.

Der Registerrichter hatte sich unter Berufung darauf, dass dieser Beschluss den Vereinszweck geändert habe und nicht mit Zustimmung aller Mitglieder gefasst worden sei, geweigert, die Satzungsänderung ins Vereinsregister einzutragen. Der BGH ist dem nicht gefolgt. Vielmehr wird in der Entscheidung gesagt, dass eine solche Zweckänderung nicht vorliege. Vereinszweck sei nur der oberste Leitsatz der Vereinstätigkeit, mit dessen Änderung schlechterdings kein Mitglied bei seinem Beitritt rechnen könne. Hier sei Lebensgesetz des Vereins die Bekämpfung des unlauteren Wettbewerbs und der Wirtschaftskriminalität. Ob er dieses Ziel als Mischverband oder als Verband zur Förderung gewerblicher Interessen verfolge, sei demgegenüber sekundär. Die Entscheidung überzeugt. Die Zustimmung aller Mitglieder, wie sie bei einer Zweckänderung im Regelfall erforderlich ist, ist bei einem größeren Mitgliederkreis so gut wie nie erreichbar. Daher sollten wirklich nur die fundamentalen Aussagen über die Vereinstätigkeit als Zweck i. S. d. § 33 Abs. 1 S. 2 BGB verstanden werden. Dies gilt um so mehr, als das Urteil auch besagt, dass eine Satzungsklausel, die Satzungsänderungen betrifft und erleichtert, nicht ohne weiteres auch für Satzungsänderungen gilt, die eine Zweckänderung zum Inhalt haben[20].

52   c) § 35 BGB legt fest, dass *Sonderrechte* eines Mitglieds nicht ohne seine *Zustimmung* durch Beschluss der Mitgliederversammlung beeinträchtigt werden können. Hier taucht dieselbe Problematik auf, die schon im Zusammenhang mit der Kernbereichslehre der Personengesellschaften geschildert

---

[19] Zum Begriff des Vereinszwecks i. S. v. § 33 Abs. 1 S. 2 BGB: *Beuthien* BB 1987, 6 ff.; *Häuser/van Look* ZIP 1986, 749 ff.; *Reuter* ZGR 1987, 475; *Karsten Schmidt* BB 1987, 556 ff.

[20] Parallelen zum Bestimmtheitsgrundsatz (1. A. 84) ziehen *Häuser/van Look* ZIP 1986, 749, 753. Doch geht es hier darum, dass lediglich ein ganz eng umrissener Bereich einer allgemein gefassten Satzungsänderungsklausel entzogen wird. Siehe auch *Reuter* ZGR 1987, 475, 485 ff.

worden ist[21]: Es muss gesagt werden, wann ein solches Sonderrecht vorliegt. Wiederum gilt, dass mit dieser Norm die individuellen Vorrechte, die einem Mitglied in der Satzung eingeräumt worden sind (etwa die Zugehörigkeit zu einem Vereinsausschuss[22]), gemeint sind[23]. Ob einem Mitglied eine solche Sonderstellung eingeräumt werden sollte, ist per Interpretation der Satzung zu entnehmen. Da Vorrechte meist als besondere Vergünstigungen für das jeweilige Mitglied verstanden werden, muss die Satzung, wenn ein solches Recht ohne Zustimmung entziehbar sein soll (also § 35 BGB nicht gelten soll), dies ausdrücklich sagen. Nicht zu den Sonderrechten gehören die mit der Mitgliedschaft allgemein verbundenen Vorteile (z.B. das Recht, die Vereinseinrichtungen zu benutzen[24]). Diese stehen zur Disposition der Mehrheit. Doch muss bei der Beschlussfassung selbstverständlich der Gleichbehandlungsgrundsatz gewahrt werden.

4. Beschlussmängel

a) Beschlüsse der Mitgliederversammlung sind *fehlerhaft, wenn das für*   53
die Beschlussfassung vorgesehene Verfahren nicht eingehalten wurde. Welches Verfahren zu beachten ist, richtet sich nach der Satzung. Insoweit legt § 58 Nr. 4 BGB fest, dass die Satzung die Form der Einberufung der Mitgliederversammlung regeln soll. Das Gesetz bestimmt außerdem in § 32 Abs. 1 S. 2 BGB, dass der Gegenstand der Beschlussfassung bei der Einberufung der Mitgliederversammlung bezeichnet werden muss. Eine in keiner Weise aussagekräftige Bezeichnung der einzelnen *Tagesordnungspunkte* („Änderung der Satzung", „Verschiedenes") reicht nicht aus, da das Mitglied dann nicht entscheiden kann, ob die Tagesordnung Punkte enthält, die eine Teilnahme an der Mitgliederversammlung nahe legen. Auch kann eine Vorbereitung auf die Mitgliederversammlung nur erfolgen, wenn das Mitglied weiß, worum es geht. Hier besteht in der Praxis viel Streit[25]. Nach § 40 BGB ist § 32 Abs. 1 S. 2 BGB dispositiv. Eine Abweichung wird vielfach für sog. Dringlichkeitsanträge vorgesehen[26].

Bei der Ermittlung des Beschlussergebnisses dürfen *nur gültige Stimmen*   54
berücksichtigt werden. Ist eine Stimme (etwa wegen fehlender Geschäftsfähigkeit, Nichtbeachtung der Treuepflicht oder wegen Verstoßes gegen ein

---

[21] 1. A. 85.
[22] Beispiele bei MünchKomm-*Reuter* § 35 Rdz. 5.
[23] Soergel-*Hadding* § 35 Rdz. 8, 10, 11: herausgehobene, bevorzugte Rechtsstellung.
[24] Soergel-*Hadding* § 35 Rdz. 5.
[25] Siehe den Fall BGH NJW 2008, 69, dazu 2. A. 57; auch OLG Köln ZIP 1984, 1351: Angekündigt waren „Ergänzungswahlen zum Vorstand", die Beschlussfassung über Abwahl und Neuwahl des Vorstands war unzulässig. BGH ZIP 2003, 116, 119 (GmbH).
[26] Zu den Grenzen, die für Dringlichkeitsanträge gelten, BGH ZIP 1987, 446 ff.

Stimmverbot) nichtig, darf sie also nicht mitgezählt werden[27]. Wird sie gleichwohl mitgerechnet, so ist das festgestellte Beschlussergebnis falsch, und das Mitglied kann Klage auf Feststellung des richtigen Ergebnisses erheben[28].

55   b) Beschlüsse sind auch dann *fehlerhaft*, wenn sie *inhaltlich nicht der Rechtsordnung entsprechen*. Dies ist insbesondere dann der Fall, wenn ein Verstoß gegen die Treuepflicht[29] – sei es nun der Mitglieder untereinander oder der Mitglieder gegenüber dem Verein – vorliegt. Der Beschluss ist auch fehlerhaft, wenn er den Gleichbehandlungsgrundsatz[30] oder andere in der Satzung niedergelegte Bestimmungen nicht beachtet.

56   c) Nach Ansicht von Rechtsprechung und Literatur ist jeder fehlerhafte *Beschluss im Prinzip nichtig*[31]. Allerdings wird dieser Grundsatz dann vielfach unter Berufung darauf durchbrochen, dass die Willensbildung und Betätigung im Verein mit unerträglichen Unsicherheiten belastet würde, wenn jedes Mitglied und jeder Fremde sich unbegrenzt auf diese Nichtigkeit berufen könnte. Daher soll Nichtigkeit nur eintreten, wenn der Fehler für die Ausübung der Mitwirkungsrechte für ein objektiv urteilendes Mitglied relevant ist[32]. Auch müssen Fehler, die in einem Verstoß gegen lediglich mitgliederschützende Verfahrensvorschriften liegen, alsbald von den betroffenen Mitgliedern gerügt werden[33]. Doch bereitet sowohl der Nachweis entsprechender Relevanz als auch die Feststellung, es sei gegen eine lediglich die Mitglieder schützende Vorschrift verstoßen worden, nicht unerhebliche Schwierigkeiten. Denn es ist fast nie völlig auszuschließen, dass bei einem anderen Verfahren auch anders entschieden worden wäre. Auch dienen mitgliederschützende Vorschriften vielfach zugleich dem allgemeinen Interesse an einer ordnungsgemäßen Willensbildung. Daher wäre es sachgerechter, auch im Vereinsrecht wie bereits im Recht der GmbH eine Analogie zu den Regeln der Beschlussanfechtung im Aktienrecht zu ziehen[34].

57   In dem Fall BGH NJW 2008, 69 war als Tagesordnungspunkt für die Mitgliederversammlung des beklagten Vereins „Verkauf Clubhaus" angekündigt. Tatsächlich

---

[27] BGH ZIP 1991, 23, 24 (GmbH): Verstoß gegen die Treuepflicht.
[28] *Flume*, Juristische Person, § 7 VII 4, S. 253 f.; Soergel-*Hadding* § 32 Rdz. 39, 41; MünchKomm-*Reuter* § 32 Rdz. 53.
[29] 2. A. 13.
[30] 2. A. 14, 19.
[31] BGH NJW 2008, 69; BGHZ 59, 363, 373; Soergel-*Hadding* § 32 Rdz. 37 a; Erman-*Westermann* § 32 Rdz. 6.
[32] BGH NJW 2008, 69; zu der älteren mehr auf Kausalität abstellenden Judikatur Soergel-*Hadding* § 32 Rdz. 17; Erman-*Westermann* § 32 Rdz. 6.
[33] *Flume*, Juristische Person, § 7 VII 4, S. 253, 255; Soergel-*Hadding* § 32 Rdz. 18.
[34] *Becker*, Verwaltungskontrolle durch Gesellschafterrechte, 1997, S. 513; *Karsten Schmidt*, FS Stimpel, 1985, S. 217 ff.; *Terner* NJW 2008, 16, 19; *Reuter* ZHR 151 (1987) 355, 372 mit Ausnahme für Kleinvereine.

sollten die Mitglieder aber nicht über einen möglichen Verkauf grundsätzlich disku-
tieren, sondern einem konkreten, bereits ausgehandelten Vertrag zustimmen. Der
Kläger, Mitglied des Vereins, begehrte die Feststellung, dass der dem Verkauf zustimmende Beschluss und auch der entsprechende Kaufvertrag nichtig seien.

Der BGH hat entschieden, dass die Tagesordnung die Beschlussfassung nicht abgedeckt habe. Vielmehr hätte der Inhalt des Vertrags zumindest schlagwortartig wie-
dergegeben werden müssen. Daher sei der Beschluss nichtig. Für den Kaufvertrag
gelte dies – so das Urteil – aber nicht, da der Verein durch seinen Vorstand wirksam
vertreten worden sei. Da der Beschluss nichtig sei, habe der Vorstand, da weder ein
positives noch ein negatives Votum der Mitgliederversammlung vorgelegen habe,
das Grundstück verkaufen dürfen.

Diese Aussage ist zweifelhaft. Denn bei Geschäften von essentieller Bedeutung
für den Verein wird der Vorstand die Mitgliederversammlung wohl doch fragen müssen[35]. Im Ergebnis ist dem BGH aber zu folgen. Denn dieser Verstoß des Vorstands
gegen das „Innenrecht" des Vereins hat – sofern nicht die Voraussetzungen des Missbrauchs der Vertretungsmacht vorliegen – nicht zur Folge, dass die Vertretungsmacht
des Vorstands entfiele[36]. Das betont auch das Urteil.

V. Informationsrechte

1. Informationsrechte des Vereins

Zwischen Verein und Vorstand besteht entweder ein Dienstvertrag, der   58
eine Geschäftsbesorgung zum Inhalt hat, oder ein Auftragsverhältnis[1]. Nach
§ 666 BGB ist der Beauftragte verpflichtet, dem Auftraggeber – also dem
Verein – Nachricht und Auskunft zu geben sowie nach der Ausführung des
Auftrags Rechenschaft abzulegen. Mit dieser Bestimmung bringt das Gesetz
zum Ausdruck, *dass der Verein als der von der Geschäftsführung haupt-
sächlich Betroffene ein umfassendes Auskunftsrecht gegenüber dem Vorstand hat.* Zugleich ist dieser rechenschaftspflichtig. Diese Rechte des Vereins werden vielfach nicht durch den Vorstand – der über den Gang der
Geschäftsführung sowieso meist Bescheid weiß – sondern durch die Mitgliederversammlung wahrgenommen. Dass dieses Verfahren rechtmäßig ist,
folgt daraus, dass die Mitgliederversammlung als das oberste Vereinsorgan
befugt ist, letztlich über alle Dinge des Vereins zu entscheiden und dem Vorstand Weisungen zu erteilen[2]. Diese umfassenden Befugnisse können sachgerecht nur wahrgenommen werden, wenn die Mitgliederversammlung den
Verein bei der Ausübung der Informationsrechte gegenüber dem Vorstand

---

[35] So auch *Terner* NJW 2008, 16, 20.
[36] *Terner* NJW 2008, 16, 20; siehe zu dieser Problematik auch 1. B. 23; 2. C. 109.
[1] 2. A. 34.
[2] 2. A. 42.

auch vertreten kann[3]. In der Praxis funktioniert die Auskunftserteilung durch den Vorstand gegenüber der Mitgliederversammlung schon deshalb meist problemlos, weil der Vorstand von der Mitgliederversammlung insofern abhängig ist, als er seine Entlastung erreichen und seine Abberufung verhindern will.

2. Informationsrechte des Mitglieds

59   Informationsrechte der Vereinsmitglieder gegenüber dem Verein sieht das Gesetz nicht vor. Gleichwohl ist man sich darüber einig, dass solche *Informationsrechte bestehen*. Denn Informationsrechte sind Hilfsrechte zu den übrigen Befugnissen der Mitglieder. Sofern die Mitglieder Rechte im Verein haben, muss ihnen also auch ein entsprechendes Informationsrecht zustehen. Ist ihre Stellung im Verein eher der Rechtsposition eines Aktionärs angeglichen, so gilt im Grundsatz eine dem § 131 Abs. 1 AktG vergleichbare Regelung[4]. Ein Einsichtsrecht in die Unterlagen des Vereins kann dem Mitglied nur zustehen, wenn dies zur Ausübung seiner Rechte wirklich erforderlich ist. Denn gerade diese Form des Informationsrechts ist für den Gang der Vereinsgeschäfte besonders hinderlich. Der BGH[5] hat ein solches berechtigtes Interesse angenommen, wenn ein Vereinsmitglied die Offenlegung der Namen der anderen Mitglieder mit dem Ziel verlangt, Opposition gegen eine in seinen Augen bedenkliche Richtungsänderung des Vereins zu organisieren[6].

60   In dem Fall BGHZ 152, 339 verlangte die Klägerin, eine GmbH, von dem Beklagten, ihrem Gesellschafter, Unterlassung der Weitergabe vertraulicher Informationen, die diesem als Gesellschafter der Klägerin bekannt geworden waren. Die Gesellschafter der Klägerin sind die Deutsche Billard-Union e.V. (DBU) sowie drei ihrer insgesamt 17 Landesverbände. Auf die Klägerin ist der Geschäftsbetrieb zur Vermarktung des Billardsports ausgegliedert. Die weitergegebenen vertraulichen Unterlagen betrafen den Geschäftsführer der Klägerin, R, der zugleich Präsident der DBU war und dessen Amtsführung in der DBU umstritten war. Im Vorfeld einer Mitgliederversammlung der DBU versandte der Beklagte, der Mitglied des DBU ist, die in Rede stehenden Unterlagen an die anderen Mitglieder.
Der BGH hat der Unterlassungsklage nicht stattgegeben. Die Entscheidung führt aus, dass den Mitgliedern der DBU ein Auskunftsrecht nach §§ 27 Abs. 3, 666 BGB

---

[3] *Grunewald* ZIP 1989, 962; im Ergebnis ebenso Soergel-*Hadding* § 27 Rdz. 22 a; *Haas/Scholl*, FS Hadding, 2004, S. 365, 366.

[4] *Grunewald* ZIP 1989, 662, 663; siehe *Karsten Schmidt*, Informationsrechte in Gesellschaften und Verbänden, 1984, S. 56 f.: Ein Informationsrecht bestehe im Rahmen des Informationsbedürfnisses des Mitglieds. Dieses sei rechtsähnlich zu § 131 AktG. Allgemein für eine Analogie zu § 131 Abs. 1 AktG: Soergel-*Hadding* § 38 Rdz. 17; *Haas/Scholl*, FS Hadding, 2004, S. 365, 374 ff.

[5] ZIP 2010, 2397; dazu *Römermann* NZG 2011, 56.

[6] Zur BGB-Gesellschaft 1. A. 98.

zustehe, wonach sie über alle wesentlichen Verhältnisse des Vereins zu unterrichten seien. Hierzu zählten auch die Beziehungen der DBU zur Klägerin, ihrer Tochtergesellschaft. Nur wenn der Vorstand der DBU ein entsprechendes Informationsverlangen eines Mitglieds wegen vorrangiger Geheimhaltungsinteressen der DBU ablehnen könne, wäre der Beklagte als Mitglied der DBU nicht berechtigt gewesen, die anderen Mitglieder zur Tagesordnung der Mitgliederversammlung entsprechend zu informieren.

Wirklich zwingend ist diese Begründung nicht. Zwar trifft es zu, dass der Vorstand der DBU der Mitgliederversammlung entsprechende Informationen zugänglich machen muss, wenn er sie hat und keine besonderen Geheimhaltungsinteressen bestehen. Hierum ging es aber nicht. Vielmehr stand zur Debatte, ob ein GmbH-Gesellschafter Informationen, die ihm von der GmbH zugänglich gemacht worden sind, weiterleiten darf. Das ist im Regelfall zu verneinen[7]. Hier lag der Fall insofern besonders, als der DBU auch Gesellschafterin der Klägerin, daher ebenfalls entsprechend informiert und zudem zur Offenlegung der Interna der Klägerin schon deshalb in der Mitgliederversammlung verpflichtet war, weil die Klägerin ihre Tochtergesellschaft ist und keine besonderen Geheimhaltungsinteressen bestanden[8]. Wenn der Beklagte dies statt der DBU erledigt, werden keine schützenswerten Interessen Dritter gefährdet.

VI. Haftung von Verein und Mitgliedern im bürgerlich-rechtlichen Verein

1. Haftung des Vereins

Der Verein haftet als juristische Person für die durch seine Vertreter begründeten *rechtsgeschäftlichen Schulden*. Dies ist insofern selbstverständlich, als er selbst rechtsfähig ist und damit beispielsweise auch selbst Vertragspartner sein kann. Für Vertragsverletzungen, die die in § 31 BGB genannten Personen begehen, haftet der Verein nach dieser Norm. Auch § 278 BGB greift selbstverständlich ein. Der Verein kann – genau wie eine natürliche Person – ungerechtfertigt bereichert und Geschäftsherr/Geschäftsführer einer Geschäftsführung ohne Auftrag sein. Ebenso unproblematisch kann er Halter i. S. v. § 7 StVG werden.   **61**

Schuldner eines Anspruchs aus *unerlaubter Handlung* ist in erster Linie   **62** derjenige, der die unerlaubte Handlung begangen hat. Verwirklicht also etwa ein Vorstandsmitglied den Tatbestand des § 823 Abs. 1 BGB, so haftet es selbst[1]. Die Haftung des Vereins richtet sich nach § 31 BGB. Der Verein

---

[7] 2. F. 118.
[8] Weitergehend *Haas/Scholl*, FS Hadding, 2004, 365, 388: Die Vereinsmitglieder seien keine Dritten im Verhältnis zum Verein. Aber diese Argumentation nimmt zu wenig Rücksicht auf die Interessen der GmbH.
[1] Nicht anders als bei der GmbH besteht die Problematik in der Festlegung der Fälle,

haftet also für unerlaubte Handlungen, die der Vorstand oder ein Mitglied des Vorstands bzw. ein verfassungsmäßig berufener Vertreter in Ausführung der ihm zustehenden Verrichtungen begeht. Um zu einer möglichst weitgehenden Haftung des Vereins zu kommen, besteht in der Rechtsprechung und in der Literatur die Tendenz, den Begriff des verfassungsmäßig berufenen Vertreters sehr weit auszulegen[2]. Auch die Mitgliederversammlung wird als verfassungsmäßig berufener Vertreter verstanden[3].

2. *Haftung der Vereinsmitglieder für die Schulden des Vereins*

63 a) Für die Schulden des Vereins haften seine Mitglieder regelmäßig nicht. Das ist schon deshalb richtig, weil der Verein juristische Person ist und daher selbst Vertragspartner, Bereicherungsschuldner etc. sein kann. Erklärungen, die für den Verein abgegeben werden, werden auch nicht als Erklärungen der Mitglieder verstanden. In Sonderfällen wird diese Konzeption des Gesetzes allerdings von Rechtsprechung und Literatur durchbrochen und die Mitglieder werden für die Schulden des Vereins den Gläubigern des Vereins gegenüber haftbar gemacht (*sog. Durchgriff*)[4]. Dabei stehen im Vereinsrecht im Wesentlichen zwei Fallgruppen zur Diskussion: Der Durchgriff auf die Mitglieder soll zum einen gestattet sein, wenn der Verein *lediglich mit Finanzmitteln ausgestattet wird, die offensichtlich nicht ausreichen, um den Vereinszweck zu erreichen*. Diese Situation führt nach Ansicht mancher auch bei den Kapitalgesellschaften zur Durchgriffshaftung und wird dort materielle *Unterkapitalisierung* genannt[5]. Dabei sollten aber wirklich nur extrem gelagerte Fallgestaltungen zur Haftung der Mitglieder führen, da

---

in denen eine solche persönliche Haftung bei mittelbarer Schädigung/Schädigung durch Unterlassen angebracht ist: 2. F. 74.

[2] *Gehrlein*, FS Hüffer, 2010, S. 205, 206 f.; MünchKomm-*Reuter* § 31 Rdz. 20: alle leitenden Angestellten in selbständiger verantwortlicher Stellung, die unternehmerische Aufgaben mit einer – wenn auch begrenzten – Außenwirkung wahrnehmen (dort auch Nachweise aus der Judikatur).

[3] MünchKomm-*Reuter* § 31 Rdz. 24.

[4] Kritisch gegenüber jeder Form der Durchgriffshaftung *Wilhelm*, Rechtsform und Haftung bei der juristischen Person, 1981, S. 285 ff. *Wilhelm* plädiert stattdessen für die Begründung von Pflichten der maßgeblichen Mitglieder gegenüber der juristischen Person, deren Nichtbeachtung zu Schadensersatzpflichten gegenüber der juristischen Person führt. Unter dem Stichwort „Durchgriff" wird oftmals nicht nur die Frage der Haftung der Vereinsmitglieder für die Schulden des Vereins, sondern allgemein diskutiert, inwiefern die Trennung zwischen juristischer Person und Mitglied im Einzelfall unberücksichtigt bleibt, etwa wenn es auf Kenntnisse ankommt, die zwar die Mitglieder, nicht aber die juristische Person hat. Dies muss durch Auslegung der jeweiligen Norm geklärt werden und ist daher keine genuin gesellschaftsrechtliche Frage. Zu dieser Problematik *Kübler/ Assmann* § 24; *Karsten Schmidt* § 9.

[5] 2. F. 151 ff.

sonst stets die Gefahr besteht, dass zur Erfüllung der Vereinsverbindlich-keiten auf die Mitglieder zugegriffen wird. Denn im Nachhinein, wenn der Verein nicht zahlen kann, liegt es fast immer nahe, auf eine absolut unzurei-chende Finanzausstattung des Vereins zu schließen. Hinzu kommt, dass je-denfalls die Vertragsgläubiger wussten, dass sie sich auf ein Rechtsgeschäft mit einem eingetragenen Verein einlassen, und demgemäß auch kein Min-destkapital oder gar ein angemessenes Kapital erwarten konnten. Für die Vereinsmitglieder gilt demgegenüber, dass sie nicht damit rechnen mussten, für die Schulden des Vereins haftbar gemacht zu werden. Wer die Mitglied-schaft in einem eingetragenen Verein erwirbt, hat auch nicht etwa die Pflicht, für ein ordnungsgemäßes Finanzgebaren seines Vereins Sorge zu tragen.

Daher kommt, wenn keine besonderen Umstände vorliegen[6], nur dann die **64** Haftung der Mitglieder für die Schulden des Vereins in Frage, wenn es auf der Hand liegt, dass die Finanzausstattung des Vereins absolut unzureichend ist. Ist eine solche *absolut unzureichende Finanzausstattung* nur für einige Mitglieder erkennbar, so haften nur diese und auch das nur, wenn von ihnen ein Tätigwerden erwartet werden konnte. Da es entgegen manchen Andeu-tungen in der Literatur nicht um den Missbrauch der juristischen Person „Verein" geht, sondern um die Umschreibung der Pflichten der Mitglieder gegenüber ihrem Verein, sollte eine solche Haftung wie im Gesellschafts-recht so auch im Vereinsrecht entgegen der geschilderten h.M. nicht gegenü-ber den Gläubigern, sondern nur gegenüber dem Verein bestehen[7].

In dem Fall BGHZ 54, 222 hatte ein Verein von der Klägerin Gelände gepachtet, **65** das er seinen Mitgliedern, den Beklagten, zur Nutzung unterverpachtet hatte. Eine Pachterhöhung zwischen dem Kläger und dem Verein wurde nicht an die Mitglieder weitergegeben, so dass der Verein insolvent wurde. Nach Auflösung des Vereins nahm der Verpächter die Mitglieder in Höhe der noch ausstehenden Pacht in An-spruch. Der BGH hat der Klage auf anteilige Zahlung der Pacht mit der Begründung stattgegeben, dass es Treu und Glauben widersprechen würde, wenn die Beklagten sich die Vorteile aus der Zwischenschaltung des Vereins erhalten wollten, obgleich sie verpflichtet gewesen wären, dafür Sorge zu tragen, dass dem Verein die nötige Finanzausstattung zur Verfügung steht. Dass diese Begründung so allgemein nicht überzeugt, wurde schon gesagt: Keineswegs muss sich jedes Vereinsmitglied um die Finanzen seines Vereins kümmern. Vielmehr kann es sich insofern im Regelfall auf die dafür bestellten Personen verlassen. Etwas anderes gilt nur dann, wenn die unzu-reichende Finanzierung auf der Hand liegt. In dem vom BGH entschiedenen Fall handelte es sich um einen Verein mit nur wenigen Mitgliedern, der nichts weiter als diesen einen Pachtvertrag abgeschlossen hatte. Daher war es in der Tat offenkundig, dass die Beiträge der Mitglieder die Pacht nicht deckten[8]. Auch das Urteil führt aus,

---

[6] Etwa eine Täuschung über die Finanzausstattung des Vereins durch die Mitglieder.

[7] Siehe zur Diskussion im Recht der GmbH, 2. F. 153 f. Wie hier *Karsten Schmidt* § 9 IV 4 c).

[8] Nach *Karsten Schmidt* JZ 1970, 687 folgt die Haftung aus dem Treuhandcharakter des Vertragsverhältnisses. Auch *Schmidt* betont aber, dass die Vereinsmitglieder einen

dass die Vereinsmitglieder über diese Zusammenhänge unterrichtet waren. Dies rechtfertigt die Haftung; doch sollte diese Haftung wie dargelegt nur gegenüber dem Verein, nicht gegenüber den Gläubigern bestehen.

66   b) Eine Haftung der Mitglieder für die Schulden des Vereins kommt des Weiteren in Betracht, wenn die Vermögenssphäre zwischen Verein und Mitglied nicht getrennt wird (sog. *Vermögensvermischung*)[9]. Dies spielt bei den Kapitalgesellschaften eine größere Rolle und soll daher auch dort behandelt werden[10]. Gleiches gilt für die *Haftung wegen existenzvernichtenden Eingriffs*. Auch diese für die GmbH entwickelte Rechtsfigur[11] ist auf den Verein übertragbar[12].

67   c) Für Mitglieder von *wirtschaftlich tätigen Vereinen, die als Idealverein eingetragen sind*, wird diskutiert, ob sie wegen Missbrauchs der Rechtsform für die Schulden des Vereins haften. Da die Gläubiger eines eingetragenen Vereins mit einer solchen persönlichen Haftung nicht rechnen können, kann es um ihren Schutz nicht gehen. Die Haftung wäre also eine Art „Strafe", was zum einen als Legitimation für Haftung stets fragwürdig ist, und zum anderen in diesem Fall meist auch noch „den Falschen" treffen würde, da die Mitglieder sich keine Gedanken darüber machen (müssen), ob sich ihr Verein noch im Rahmen des Nebenzweckprivilegs[13] hält oder nicht[14].

68   In dem Fall BGH ZIP 2008, 364 (mit kritischer Anm. *Wolff* JZ 2008, 519) war der Verein Kolping Bildungswerk Sachsen e. V. insolvent geworden. Er hatte mit der Klägerin einen Leasingvertrag geschlossen. Die Beklagten waren sächsische Diözesanverbände, die ihrerseits Mitglieder des Vereins waren. Dieser führte in großem Ausmaß Maßnahmen zur beruflichen Aus- und Weiterbildung durch.

Der BGH geht davon aus, dass die wirtschaftlichen Aktivitäten durch das Nebenzweckprivileg nicht mehr gedeckt waren. Gleichwohl – so das Urteil – komme eine persönliche Haftung der Mitglieder nicht in Betracht. Denn die vom Gesetz vorgesehene Sanktion bestehe darin, dass ein Amtslöschungsverfahren eingeleitet oder die Entziehung der Rechtsfähigkeit in Angriff genommen werde (2. A. 95). Bis zu diesem Zeitpunkt dürften die Mitglieder auf die Haftungsbeschränkung vertrauen.

Überblick über die Verpflichtungen des Vereins hatten. Der Treuhandgedanke führt aber stets nur zu einer anteiligen Haftung, die im Falle des BGH auch allein eingeklagt war. Der hier entwickelte Gedanke führt demgegenüber zur Haftung für die volle Summe. Ganz gegen einen Durchgriff *Reuter* ZHR 151 (1987), 355, 377, der den Gläubiger auf die Pfändung eines Anspruchs aus § 670 BGB, den der Verein gegen seine Mitglieder haben soll, verweist.

[9] Zum Vereinsrecht Soergel-*Hadding* vor § 21 Rdz. 36; MünchKomm-*Reuter* vor § 21 Rdz. 34 ff.; *Wolff*, Jahrbuch junger Zivilrechtswissenschaftler, 2006, S. 349, 361 ff.; offen gelassen in BGH ZIP 2008, 364, 367.

[10] 2. F. 156 ff.

[11] 2. F. 159.

[12] *Hofmeister* ZIP 2009, 161, 163; *Grunewald*, FS Raiser, 2005, S. 99.

[13] 2. A. 27.

[14] Im Ergebnis so auch *Hippel* NZG 2005, 537; *Karsten Schmidt* ZIP 2007, 605, 609.

Dieses Urteil überzeugt aus den genannten Gründen. Eine andere Frage ist, ob die für das Geschäftsgebahren des Vereins verantwortlichen Mitglieder nicht ihre mitgliedschaftliche Treuepflicht verletzt haben, in dem sie Risiken für den Verein eingegangen sind, die dieser nicht tragen konnte[15]. Das führt aber nur zu einer Haftung im Verhältnis zum Verein.

d) Mitglieder, die die Schulden des Vereins begleichen, haben einen *Erstattungsanspruch* gegen den Verein in voller Höhe, und zwar auch dann, wenn sie im Wege der Durchgriffshaftung in Anspruch genommen wurden. Dies folgt aus der im Grundsatz getroffenen Vereinbarung, dass für die Schulden des Vereins dieser selbst haften soll. Kann von dem Verein nichts erlangt werden, so können auch die Vereinsmitglieder, die dem Gläubiger ebenfalls hafteten, in Anspruch genommen werden (§ 426 BGB).   **69**

VII. Ansprüche der Vereinsmitglieder untereinander und zwischen Verein und Mitglied

1. Ansprüche der Mitglieder untereinander und Ansprüche des Vereins gegenüber dem Mitglied

a) Wie geschildert[1] verbindet die *Mitglieder untereinander* eine *Treuepflicht*. Wird gegen diese Treuepflicht verstoßen, so können bei schuldhaftem Verhalten auch Schadensersatzansprüche in Betracht kommen. Diese Treuepflicht besteht auch schon – wenn auch in einem geringeren Ausmaß – bei eventuellen Verhandlungen über den Beitritt zum Verein. Sie ähnelt dann einem vorvertraglichen Schuldverhältnis (§ 311 Abs. 2 Nr. 1 BGB). Doch wird dies meist keine Rolle spielen, da die Beitrittserklärung gegenüber dem Verein – und nicht gegenüber den anderen Mitgliedern – abgegeben wird. Personen, die beim Beitritt für den Verein auftreten, vertreten also diesen mit der Folge, dass auch nur der Verein wegen Verletzung der Treuepflicht beim Beitritt haftet (§§ 311 Abs. 2 Nr. 1, 280 Abs. 1 BGB). Immerhin mag es sein, dass Mitglieder auf eigene Faust bewusst falsche Aussagen machen und so den Beitretenden zum Eintritt in den Verein motivieren, obgleich dies für das neue Mitglied schädlich ist[2]. Damit verletzen sie ihre mitgliedschaftlichen Treuepflichten, die sich genauso wie sich vertragliche Pflichten zu vorvertraglichen erweitern zu einer vormitgliedschaftlichen Treuepflicht ausdehnen.   **70**

b) Auch der *Verein kann Ansprüche gegen sein Mitglied* haben. Hierzu zählt einmal die Pflicht zur Zahlung der Beiträge. Weitere Ansprüche kön-   **71**

---

[15] Dazu *Grunewald*, FS Raiser, 2005, S. 99, 103.
[1] 2. A. 13 ff.
[2] Etwa wenn der Austritt mit Schwierigkeiten verbunden und die Beiträge hoch sind.

nen sich aus der Satzung ergeben. Aber auch soweit die Satzung keine ausdrückliche Regelung enthält, folgen aus der Treuepflicht des Mitglieds gegenüber dem Verein einzelne je nach Verein verschiedene Verpflichtungen. Soweit diesen schuldhaft nicht nachgekommen wird, hat das Mitglied Schadensersatz zu leisten. Hinzu treten unter besonderen Umständen aufgrund der einem Vertragsverhältnis vergleichbaren Sonderrechtsbeziehung zwischen Verein und Mitglied weitere Pflichten, die sich insbesondere auf die Finanzausstattung des Vereins beziehen können[3].

72   c) Von manchen Idealvereinen werden Geldforderungen gegen ihre Mitglieder aufgrund von Satzungsbestimmungen[4] geltend gemacht, die sog. *Vereinsstrafen*[5] festlegen. Diese Vereinsstrafen werden meist in einem formalisierten Verfahren „verhängt" und sind als Sanktionen gegen vereinsschädliches Verhalten gedacht. In welchem Umfang Satzungsbestimmungen und Vereinsordnungen, die Vereinsstrafen betreffen, zulässig sind, entscheidet sich anhand von §§ 138, 242 BGB[6]. Es gilt also nichts anderes als in Bezug auf andere Satzungsregelungen und Vereinsordnungen auch[7]. Aufgrund einer entsprechenden Strafbestimmung kann der Verein nur dann etwas von seinem Mitglied verlangen, wenn die in der Satzung oder in der Vereinsordnung niedergelegten Voraussetzungen erfüllt sind. Bestreitet das Mitglied dies, so ist vor Gericht zu prüfen, ob das Mitglied den Tatbestand der Vereinsstrafe erfüllt hat und daher die entsprechende Strafe schuldet. Sofern die Vereinsstrafen, wie vielfach, aufgrund von Tatbeständen, deren Voraussetzungen nicht exakt definiert sind (etwa vereinsschädliches Verhalten), verlangt werden, ist bei der Subsumtion auf die Besonderheiten des jeweiligen Vereins Rücksicht zu nehmen.

73   Demgegenüber findet sich in Judikatur und Literatur vielfach die These, dass nur eine eingeschränkte gerichtliche Überprüfung verhängter Vereinsstrafen zu erfolgen habe. Der Bundesgerichtshof geht davon aus, dass eine *Vereinsstrafe daraufhin zu kontrollieren sei*, ob sie eine Grundlage in der

---

[3] 2. A. 63 f.; nach *Hadding*, FS Kellermann, 1991, S. 91, 96 ff. und Soergel-*Hadding* § 38 Rdz. 24 besteht zwischen Verein und Mitglied ein vertragliches Schuldverhältnis, bei dessen Verletzung Verein und Mitglied haften. *Karsten Schmidt* JZ 1991, 157, 160 spricht von einer Sonderrechtsbeziehung.

[4] Details können in Vereinsordnungen festgelegt werden, die Grundentscheidung muss aber in der Satzung enthalten sein, 2. A. 23 f.; dazu Soergel-*Hadding* § 25 Rdz. 39; *Kohler*, Mitgliedschaftliche Regelungen in Vereinsordnungen, 1992, S. 126 ff.; *Karsten Schmidt* § 24 V 3 d); strenger noch BGHZ 47, 172, 177 f.

[5] Andere Vereinsstrafen beinhalten eine Verwarnung, eine Sperre und ähnliches oder – häufig – den Ausschluss aus dem Verein. Für diese Vereinsstrafen gilt im Prinzip nichts anderes. Zum Ausschluss noch genauer 2. A. 87 f.

[6] Siehe zur Inhaltskontrolle 2. A. 20 ff.

[7] *Karsten Schmidt* § 24 V 3 d); zur Kontrolle einer Vereinsstrafe (Ausschluss) ohne besonderen Anlass *Reuter* NJW 1987, 2401, 2405.

Satzung hat, auf einem Regelwerk beruht, das der Inhaltskontrolle standhält[8], in einem ordnungsgemäßen Verfahren zustande gekommen und durch
sachliche Gründe gerechtfertigt, d.h. nicht unbillig ist. Bei Vereinen ohne
große soziale Bedeutung wird nur überprüft, ob die Entscheidung nicht grob
unbillig ist[9]. Damit bringt das Gericht zum Ausdruck, dass nach seiner Ansicht nur eine Art verstärkte Plausibilitätskontrolle bezüglich der verhängten
Strafe erfolgen soll. Ob die Grundlage der Strafe, also die entsprechende
Satzungsbestimmung, wie hier vertreten, einer Inhaltskontrolle zu unterwerfen ist, ist demgegenüber in der Judikatur noch offen. Selbst diese eingeschränkte Kontrolle verhängter Strafen ist gegenüber der älteren Judikatur[10], die sogar die vom Verein der Bestrafung zugrunde gelegten Tatsachen
schlicht hinnahm und nicht feststellte, ob sie sich wirklich zugetragen hatten, ein Fortschritt.

Begründet wird diese eingeschränkte Überprüfung *mit dem Hinweis auf*   **74**
die Vereinsautonomie, die auch Strafmaßnahmen gegen die Mitglieder legi-
timiere[11]. Doch kann das schon deshalb nicht überzeugen, weil auch andere
Körperschaften und Gesellschaften ihr Statut autonom festlegen können,
gleichwohl aber der geschilderten Kontrolle unterliegen[12]. Man kann auch
nicht sagen, die Mitglieder würden sich im Moment des Beitritts einer solchen Strafgewalt unterwerfen[13]. Das wäre nichts anderes als eine schlichte
Fiktion. Das Mitglied akzeptiert zwar mit seinem Beitritt, die Vereinsstrafe
zu schulden, aber dies doch nur dann, wenn die Voraussetzungen dafür
wirklich gegeben sind und die Entscheidung des Vereins dem entspricht. Da
der Maßstab der Billigkeit seinerseits wenig klar ist, kann es aber auch sein,
dass die geschilderte Billigkeitskontrolle auf die Dauer auf eine volle inhaltliche Überprüfung der Vereinsentscheidung hinauslaufen wird. Manches
deutet darauf hin[14].

In dem Fall BGH NJW 1995, 583 verlangte der Kläger Rückzahlung von Buß-   **75**
dern, die er an den beklagten Verein gezahlt hatte. Der Kläger ist Turnierreiter und

---

[8] Das Mitglied muss sich beispielsweise nicht selbst belasten und ist daher nicht aus-
kunftspflichtig: BGH ZIP 2003, 343 (Genossenschaft).

[9] BGHZ 102, 265, 276 f.; BGH NJW 1991, 485; BGH NJW 1995, 583, 587; BGH NJW
1997, 3368, 3370; im Ergebnis ähnlich die Autoren, die die Vereinsstrafe als Vertragsstrafe deuten und daher § 315 Abs. 1 BGB – billiges Ermessen – anwenden: *Flume*, Juristische
Person, § 9 IV, S. 338; Soergel-*Hadding* § 25 Rdz. 62; *van Look*, Vereinsstrafe als Vertragsstrafe, 1990, S. 214 ff.

[10] BGHZ 21, 370; BGH WM 1966, 772, 773.

[11] BGH NJW 1997, 3368.

[12] Siehe *Flume*, FS Bötticher, 1969, S. 101, 102, 109; *Grunewald*, Der Ausschluss aus
Gesellschaft und Verein, 1987, S. 40 f.

[13] So aber BGHZ 21, 370, 373; BGHZ 47, 221; wie hier *Flume*, Juristische Person, § 9
IV, S. 333 f.; *Grunewald*, Der Ausschluss aus Gesellschaft und Verein, 1987, S. 41.

[14] Dazu *Gehrlein* ZIP 1997, 1912 (zum Ausschluss).

Mitglied in einem Reiterverein, der seinerseits Mitglied des Beklagten ist. Der Beklagte, wiederum Mitglied des Dachverbands der Deutschen Reiterei, ist für die Beaufsichtigung der Reitturniere verantwortlich. Für die Durchführung solcher Veranstaltungen hat ein anderes Mitglied des genannten Dachverbands (der Verein FN.) ein Regelwerk erlassen. Hierin ist vorgesehen, dass bei Regelverstößen Geldbußen verlangt werden können. Für die Beteiligung an Reitturnieren ist eine Lizenz des FN, der sogenannte Reiterausweis, erforderlich. Bei der Beantragung des ersten Ausweises sowie bei der jährlich notwendigen Verlängerung werden die Regeln des FN anerkannt. Gleiches erfolgt bei der Anmeldung zu den Reitturnieren. Der Kläger erkannte bei einem Reitturnier eine Entscheidung des Veranstalters zusammen mit weiteren Personen nicht an und schlug im anschließenden Stechen bewusst einen falschen Parcours ein. Er wurde disqualifiziert und mit einer Geldbuße belegt. Der Kläger, dem anderenfalls eine Sperre gedroht hätte, bezahlte die Buße an den Beklagten, wies aber darauf hin, dass er Rückzahlung verlangen werde.

Wäre der Kläger Mitglied des Beklagten gewesen, so wäre er an die Regeln des Beklagten – aber nicht unbedingt des FN – gebunden gewesen. Da dem aber nicht so war, musste zuerst festgestellt werden, ob das Regelwerk des FN für den Kläger überhaupt verbindlich war. Dies war sowohl aufgrund der Lizenz wie auch der Turniermeldung der Fall. Damit – so das Urteil – galten für den Kläger dieselben Regeln wie für die Vereinsmitglieder, so dass er ebenfalls der Disziplinargewalt des Beklagten unterstellt war. Demgemäß wurde die Vereinsentscheidung darauf überprüft, ob die zugrunde liegenden Regeln der Inhaltskontrolle standhalten, das Verfahren der vereinsinternen Verfahrensordnung sowie elementaren rechtsstaatlichen Normen entsprach, ob die Tatsachen fehlerfrei festgestellt und – da der Beklagte ein sozial mächtiger Verein war – auch ob die Vereinsentscheidung der Billigkeit entsprach. Diese Kriterien waren hier erfüllt.

2. Ansprüche des Mitglieds gegen den Verein

76   a) Was der Verein dem Mitglied schuldet, ergibt sich in erster Linie aus der Satzung und aus den Vereinsordnungen. Im Einzelfall kann es sein, dass eine Leistung aufgrund des Gleichbehandlungsgebots verlangt werden kann. Dies ist der Fall, wenn andere Vereinsmitglieder ungerechtfertigt begünstigt werden und die Leistung problemlos allen Mitgliedern erbracht werden kann. Daneben *besteht* aufgrund der Sonderrechtsbeziehung zwischen Verein und Mitglied *eine allgemeine Pflicht des Vereins, auf die Belange des Mitglieds Rücksicht zu nehmen*[15]. Dies gilt in erster Linie für die vereinsbezogenen Interessen, kann aber auch bei gravierenden Privatinteressen gege-

---

[15] *Lutter* AcP 180 (1980), 84, 122; siehe *Hadding*, FS Kellermann, 1991, S. 91, 94 ff., der für eine rein vertragliche Betrachtungsweise eintritt; ebenso *Helms*, Schadensersatzansprüche wegen Beeinträchtigung der Vereinsmitgliedschaft, 1998, S. 18 ff. Dies mag für den Verein die richtige Sichtweise sein. Für Kapitalgesellschaften (AG), bei denen die Problematik im Grundsatz gleich liegt, kann die vertragliche Betrachtungsweise nicht uneingeschränkt überzeugen. Wohl deshalb wird vielfach etwas ungenau von einer Treuepflicht gesprochen; siehe auch *Karsten Schmidt* JZ 1991, 157, 160, der von einer Sonderrechtsverbindung spricht.

ben sein. Für ein Fehlverhalten seines Vorstandes hat der Verein nach § 31 BGB einzustehen, für andere Personen im Rahmen von § 278 BGB.

In dem Fall BGHZ 110, 323 ging es um die Klage eines Vereinsmitglieds gegen **77** seinen Verein (und gegen den Vorsitzenden des Vereins). Der Verein diente der Förderung der Bootsklasse der Schärenkreuzer. Zur Vermeidung von „Materialschlachten" hatte die Generalversammlung mit Wirkung ab dem 01.01. 1986 neue Vorschriften für diese Bootsklasse beschlossen. Für bereits gebaute Yachten sollten Übergangsregeln gelten. Die Yacht des Klägers fiel unter diese Übergangsvorschriften mit der Folge, dass sein Boot durchaus klassengerecht war. Gleichwohl wurde ihm die Teilnahme an einer Regatta von dem Veranstalter verweigert, der insoweit Rücksprache mit dem Vereinsvorsitzenden genommen hatte. Der Kläger, der die Yacht daraufhin hatte umbauen lassen, verlangte DM 70.000 Schadensersatz, die er entweder auf eine entsprechende Wertminderung der angeblich nicht klassengerechten Yacht oder auf die angefallenen Umbaukosten stützte.

Der BGH führt aus, dass es zu den Mitgliedschaftsrechten des Klägers gehöre, nicht entgegen den geltenden vereinsrechtlichen Bestimmungen behandelt zu werden. Dazu zähle auch, dass der Vorstand, für dessen Fehlverhalten der Verein nach § 31 BGB hafte, die Interessen des Klägers auf Förderung seines Schärenkreuzers auch gegenüber Dritten nicht missachte. Die Verletzung dieses Mitgliedsrechts begründe – ähnlich der positiven Vertragsverletzung – Schadensersatzpflichten.

Diese Ausführungen sind überzeugend. Sie lassen allerdings die Gefahr erheblicher Haftungsrisiken für den Verein erkennen, dem aber die in § 31a BGB niedergelegte Beschränkung der Haftung auf Vorsatz und grobe Fahrlässigkeit jedenfalls für die dort privilegierten Vereine vorbeugt. Für alle Vereine muss klar sein, dass kein Mitglied einen Anspruch gegen den Verein mit dem Inhalt hat, dass jedes rechtswidrige Verhalten der Vereinsorgane unterbleibt. Der BGH will dieser Gefahr dadurch begegnen, dass er die Treuepflicht des Klägers gegenüber seinem Verein betont und daraus eine Pflicht des Klägers folgert, die Meinungsverschiedenheiten in einem Rahmen auszutragen, der größere wirtschaftliche Schädigungen des Vereins vermeidet (§ 254 BGB). Dies – so der BGH – wäre im Wege einer Feststellungsklage, gerichtet auf Anerkennung des Schiffes, möglich gewesen.

b) Ob darüber hinaus eine *deliktische Haftung des Vereins gegenüber den* **78** *Mitgliedern* (gestützt auf *§ 823 Abs. 1 BGB* wegen Verletzung der Mitgliedschaft) in Frage kommt, ist umstritten[16]. Der BGH hat diese Ansprüche in dem soeben geschilderten Schärenkreuzerfall bejaht[17]. Dabei hat er offen gelassen, ob jede schuldhafte Beeinträchtigung der Mitgliedschaft Schadensersatzansprüche nach den Regeln des Deliktsrechts zur Folge hat oder ob dazu ein unmittelbar gegen den Bestand der Mitgliedschaft gerichteter Eingriff von erheblichem Gewicht erforderlich ist. Jedenfalls in dem zur Entscheidung stehenden Schärenkreuzerfall sei ein deliktischer Schadenser-

---

[16] Siehe die Nachweise 1. A. 130f.; speziell zum Vereinsrecht *Hadding*, FS Kellermann, 1991, S. 91, 98ff.; *Helms*, Schadensersatzansprüche wegen Beeinträchtigung der Vereinsmitgliedschaft, 1998, S. 56ff.; *Karsten Schmidt* JZ 1991, 157ff.

[17] BGHZ 110, 323; kritisch zu diesem Urteil *Habersack*, Die Mitgliedschaft – subjektives und „sonstiges" Recht, 1996, S. 272.

satzanspruch gegeben, da die Mitgliedschaft in ihrem Kern betroffen gewesen sei. Überzeugen kann diese Judikatur aber nicht[18]. Dabei geht es weniger darum, dass der Verein anderenfalls vor ein unkalkulierbares Haftungsrisiko gestellt werden würde. Denn der Verein haftet – wie geschildert – aufgrund der zwischen ihm und seinem Mitglied bestehenden Sonderbeziehung in jedem Fall. Aus dieser Sonderbeziehung sind die beiderseitig zu erfüllenden Pflichten zu entwickeln. Mehr könnte auch unter Rückgriff auf § 823 Abs. 1 BGB nicht geschuldet sein.

79   Die praktische Bedeutung eines deliktischen Anspruchs liegt daher in der auf diesem Wege eröffneten Möglichkeit der *persönlichen Inanspruchnahme von Personen, die für den Verein handeln.* Denn deliktische Ansprüche setzen eine Sonderbeziehung gerade nicht voraus. Demgemäß finden sich die geschilderten Ausführungen des BGH auch im Zusammenhang mit der Frage, ob das Vorstandsmitglied, das die unrichtige Aussage gemacht hatte, persönlich in Anspruch genommen werden kann. Gerade diese Haftungserweiterung auf Vorstandsmitglieder und die anderen im Verein tätigen Personen ist aber – trotz der in § 31a BGB kodifizierten Haftungsbeschränkung – nicht sachgerecht[19]. Denn diese Personen erfüllen ihre Pflichten gegenüber dem Verein, der wiederum seinerseits in rechtliche Beziehungen zu seinem Mitglied tritt. Direkte Ansprüche des Mitglieds gegen den Vorstand, gestützt auf einen angeblichen Schutz des Kerns (Was soll das sein?) der Mitgliedschaft nach § 823 Abs. 1 BGB, also letztlich gestützt auf innerverbandliches Fehlverhalten, würden dem nicht entsprechen. Auch besteht keinerlei Bedürfnis für eine direkte Inanspruchnahme der genannten Personen, zumal für grobe Fälle die Haftung nach § 826 BGB offen steht.

80   c) Man könnte weitergehend auch der Ansicht sein, dass aus dem Sonderrechtsverhältnis zwischen Verein und Mitglied die Pflicht des Vereins folgt, die dem Mitglied eingeräumten *Mitverwaltungsrechte* zu wahren. Diese Frage wird in erster Linie für die AG diskutiert und soll daher auch dort vertieft werden[20].

---

[18] Kritisch auch *Gehrlein*, FS Hüffer, 2010, S. 205, 210; *Helms*, Schadensersatzansprüche wegen Beeinträchtigung der Vereinsmitgliedschaft, 1998, S. 56 ff.; *Karsten Schmidt* JZ 1991, 157, 159 f.

[19] A. A. *Bayer* NJW 2000, 2609, 2612.

[20] Unten 2. C. 206 f.; zur Übertragbarkeit der im Holzmüller-Urteil niedergelegten Grundsätze auf den Verein: *Habersack*, Die Mitgliedschaft – subjektives und „sonstiges" Recht, 1996, S. 308 ff.; MünchKomm-*Reuter* § 38 Rdz. 34; *Terner* NJW 2008, 16, 19.

VIII. Erwerb und Verlust der Mitgliedschaft

1. Beitritt von Mitgliedern

Mitglied in einem Verein wird man, sofern man nicht zu den Gründern 81 gehört, durch Beitritt. Der Beitritt erfolgt durch eine entsprechende *Willenserklärung gegenüber dem Verein*, die durch die zur Vertretung des Vereins berechtigten Personen angenommen wird[1].

Nicht selten kommt es vor, dass eine Person Mitglied eines Vereins werden 82 will, ihr dies aber verwehrt wird. Im Grundsatz ist ein solcher ablehnender Bescheid hinzunehmen, und zwar auch dann, wenn der Bewerber alle Voraussetzungen erfüllt, an die der Erwerb der Mitgliedschaft nach der Satzung geknüpft ist. Es gibt aber auch Fälle, in denen der Verein *zur Aufnahme eines Mitglieds verpflichtet ist*, also Kontrahierungszwang besteht. Ein solcher Aufnahmezwang ist aber nur gegeben, wenn der Verein im wirtschaftlichen, politischen oder sozialen Bereich eine überragende Machtstellung innehat und daher der Bewerber auf die Mitgliedschaft angewiesen ist[2]. Denn dann kann der Bewerber nicht darauf verwiesen werden, dass er auf die Mitgliedschaft verzichten oder selbst einen Konkurrenzverein gründen könne. Denn beides ist in den genannten Fällen weder zumutbar noch realistisch. Hinzu kommt, dass Vereine, die für sich in Anspruch nehmen, gegenüber der Öffentlichkeit bestimmte Interessen zu repräsentieren – und gerade um die Mitgliedschaft in solchen Vereinen geht es meist –, sich beim Wort nehmen lassen[3] und für Personen offen stehen müssen, die an einer Mitgliedschaft interessiert sind. Auch würde bei den genannten mächtigen Vereinen die Ablösung der Verbandsspitze von der Kontrolle durch die Mitglieder noch verstärkt[4], wenn diese „Funktionärselite" völlig unkontrolliert

---

[1] BGH ZIP 1987, 1108, 1109.

[2] Siehe *Grunewald* AcP 182 (1982), 182, 205 ff.; *Nicklisch* JZ 1976, 105, 107 ff.; *Karsten Schmidt* § 24 V 2 b), der zu Recht betont, dass eine Monopolstellung allein den Aufnahmeanspruch nicht begründen kann. Auf eine überragende Machtstellung im wirtschaftlichen und sozialen Bereich stellen BGHZ 93, 151, 152 (IG Metall, bejaht) und BGH NJW 1980, 186 (Anwaltsverein, verneint) ab. Dieses Kriterium präzisiert *Bartodziej* ZGR 1991, 517, 526. Soergel-*Hadding* § 38 Rdz. 13 will entscheidend darauf abstellen, ob eine Diskriminierung vorliegt. Aber das erfasst die Fälle nicht, in denen die Bewerber stets aus den gleichen unsachlichen Gründen abgelehnt werden.

[3] *Reuter*, FS BGH, 2000, S. 211, 222 ff.; *Wiedemann* § 2 II 1 b) aa); kritisch für den Fall, dass unter solchen Vereinen Wettbewerb herrscht, *Bartodziej* ZGR 1991, 517, 530 f.; zu Parteien und Koalitionen *Hesselberger*, FS Boujong, 1996, S. 251.

[4] Zu diesem Kriterium 2. A. 22; *Kübler/Assmann* § 34 III 1; nach MünchKomm-*Reuter* vor § 21 Rdz. 111a reicht allein dieser Aspekt bei Interessenverbänden zur Begründung der Aufnahmepflicht aus. Für Parteien gilt ein „Sonderrecht", das sie weitestgehend von der Aufnahmepflicht freistellt: BGHZ 101, 193.

über die Aufnahme neuer Mitglieder entscheiden könnte. Bei wirtschaftlich tätigen Vereinen greift vielfach § 20 Abs. 6 GWB ein[5].

83   Sofern in einem solchen Verein dem Bewerber um die Mitgliedschaft entgegengehalten wird, dass er die in der Satzung festgelegten *Voraussetzungen für den Erwerb der Mitgliedschaft nicht erfülle*, reicht dieser Hinweis allein nicht aus, um den betreffenden Verein von seiner Pflicht zur Aufnahme zu befreien[6]. Vielmehr werden diese Satzungsbestimmungen der Inhaltskontrolle unterzogen und können demgemäß dem Bewerber nur entgegengehalten werden, wenn sie dieser Überprüfung standhalten.

84   In dem Fall BGHZ 140, 74 verlangte ein in L ansässiger Sportverein mit dem Schwerpunkt Fußball Aufnahme in den beklagten Verein, einem Zusammenschluss von Sportvereinen in L, dessen Zweck in der Förderung des Sports, insbesondere des Jugendsports, in L besteht. Der Beklagte unterstützt seine Mitglieder gegenüber Behörden und Verbänden, beschäftigt vereinsübergreifend Jugendtrainer und hält die Kontakte zu der Stadt L sowie zum Kreis L. Er ist der einzige Vertreter seiner Mitglieder im Bereich des Sports gegenüber den zuständigen Behörden und Verbänden. Demgemäß werden die Mitglieder des Beklagten durch die Stadt L besonders gefördert. Der Aufnahmeantrag des Klägers wurde mit der Begründung zurückgewiesen, das Gebiet „Fußball" sei im Beklagten bereits vertreten und gemäß § 4 der Satzung könnten Vereine, deren Sportangebot im Beklagten bereits repräsentiert werde, nicht Mitglied sein.

Der BGH hat der Klage stattgegeben. Zur Begründung führt er aus, dass Vereine kraft der ihnen zustehenden Privatautonomie zwar grundsätzlich bei der Entscheidung über die Aufnahme neuer Mitglieder frei seien. Dies sei aber anders, wenn der Verein im wirtschaftlichen oder sozialen Bereich eine überragende Machtstellung innehabe und ein wesentliches Interesse am Erwerb der Mitgliedschaft bestehe. Eine solche überragende Machtstellung habe der Beklagte in L inne, da er bei der Sportförderung der Hauptansprechpartner der Stadt L sei. Die herausragende Rolle des Beklagten im Sportleben der Stadt L ergebe sich auch daraus, dass dem Vorstand der Bürgermeister und der Vorsitzende des Sportamts angehöre. Auf § 4 der Satzung könne sich der Beklagte nicht berufen. Denn diese gerade erst neu geschaffene Regelung benachteilige den Kläger unangemessen. Bisher sei es nie zu Schwierigkeiten aufgrund der Tatsache gekommen, dass mehrere Vereine derselben Sportart im Beklagten vertreten seien.

Diese Ausführungen überzeugen. In der Tat ist es möglich, dass ein kleiner Verein in einer bestimmten Region eine überragende Machtstellung inne hat. Aufgrund der engen Verbindung des Beklagten mit der Stadt L war die Gründung eines neuen Vereins, dessen Konkurrenz der Beklagte ernst zu nehmen hätte, illusorisch.

---

[5] Zu dem Zusammenhang zwischen GWB und § 826 BGB *Scholz-Hoppe*, FS Pfeiffer, 1988, S. 785. *Van Look*, WM-Festgabe Hellner, 1994, S. 46 ff.

[6] BGHZ 63, 282, 284 ff.; *Bartodziej* ZGR 1991, 517, 535; *Kübler/Assmann* § 34 III 3 d); *Nicklisch* JZ 1976, 105, 110 ff.

2. *Ausscheiden von Mitgliedern*

a) Die Mitgliedschaft endet, wenn das betreffende *Mitglied aus dem Ver-*   **85**
ein austritt. Nach § 39 BGB ist jedes Mitglied zum Austritt aus dem Verein
berechtigt, wobei die Satzung bestimmen kann, dass der Austritt nur zum
Schluss eines Geschäftsjahres oder erst nach Ablauf einer Kündigungsfrist
zulässig ist. Diese kann aber höchstens zwei Jahre betragen (§ 39 Abs. 2
BGB). Weitere Erschwernisse (etwa Zahlung von Austrittsgeldern) sind
nicht zulässig[7]. In diesem Recht liegt ein nicht unerheblicher Schutz der Mitglieder: Wenn ihnen ihr Verein nicht mehr gefällt, können sie austreten, wobei bei Vorliegen eines wichtigen Grundes sogar ein fristloser Austritt möglich ist[8]. Doch sollte man sich auch in diesem Punkt keinen Illusionen hinge-
ben: Oftmals ist ein Mitglied auf die Mitgliedschaft in einem bestimmten
Verein mehr oder weniger angewiesen, so dass der Austritt für das Mitglied
mit so vielen Nachteilen verbunden ist, dass er im Grunde nicht in Frage
kommt[9].

b) Der Austritt kann auch ohne Einhaltung der in der Satzung genannten   **86**
Bestimmungen erfolgen, wenn sich *Verein und Mitglied* insoweit *einigen.*
Ebenso endet die Mitgliedschaft, wenn in der Satzung nichts anderes be-
stimmt ist, durch den *Tod eines Mitglieds* (§§ 38 S. 1, 40 BGB).

c) Die Mitgliedschaft endet auch, wenn das *Mitglied* aus dem Verein *aus-*   **87**
geschlossen wird. Ein solcher Ausschluss ist – auch ohne entsprechende Regelung in der Satzung – stets zulässig, wenn in der Person des Mitglieds ein
wichtiger Grund vorliegt[10]. Denn dann kann dem Verein die Fortdauer der
Mitgliedschaft nicht mehr zugemutet werden. Im Übrigen ist ein Ausschluss
zulässig, wenn die – wirksam! – in der Satzung festgelegten Voraussetzungen
für eine solche Maßnahme erfüllt sind. Wehrt sich ein Mitglied gegen einen
solchen Ausschluss, so wird vor Gericht überprüft, ob alle Voraussetzungen
für den Ausschluss erfüllt sind. Eine nur eingeschränkte Überprüfung des
Ausschlusses unter Berufung darauf, dass der Ausschluss eine Vereinsstrafe
beinhalte, kommt also nicht in Betracht[11].

In dem Fall BGH NJW 1991, 485 war der Kläger, der Vorsitzende des Zentralkomi-   **88**
tees der marxistisch-leninistischen Partei Deutschlands (MLPD), für die er auch verschiedentlich kandidiert hatte, aus der beklagten Gewerkschaft ausgeschlossen wor-

---

[7] Soergel-*Hadding* § 39 Rdz. 6.
[8] Soergel-*Hadding* § 39 Rdz. 5; MünchKomm-*Reuter* § 39 Rdz. 10; *Karsten Schmidt*
§ 24 IV 1 c).
[9] *Heckelmann* AcP 179 (1979), 1, 37 f.; *Nicklisch*, Inhaltskontrolle von Verbandsnor-
men, 1982, S. 41 ff.
[10] BGH NJW 1972, 1892, 1893; *Grunewald*, Der Ausschluss aus Gesellschaft und Verein, 1987, S. 39 ff.; Soergel-*Hadding* § 39 Rdz. 14; MünchKomm-*Reuter* § 38 Rdz. 50.
[11] Zur Vereinsstrafe bereits 2. A. 72 ff.; wie hier *Flume*, FS Boetticher, 1969, S. 1, 20;
Grunewald, Der Ausschluss aus Gesellschaft und Verein, 1987, S. 44.

den. Ziel der MLPD ist die Erhebung der Arbeiterklasse zum bewaffneten Aufstand und die Zerschlagung des bürgerlichen Staatsapparates. Der Beirat der Beklagten erklärte die MLPD zur gewerkschaftsfeindlichen Organisation. Nach § 12 Nr. 2 der Satzung der Beklagten können Mitglieder ausgeschlossen werden, wenn sie einer gegnerischen Organisation angehören. Hierauf stützte sich der Ausschluss des Klägers.

In dem Urteil führt der BGH aus, dass die Entscheidung der beklagten Gewerkschaft, eines ihrer Mitglieder auszuschließen, von den staatlichen Gerichten daraufhin zu überprüfen sei, ob der Ausschluss eine Grundlage in der Satzung habe, in einem ordnungsgemäßen Verfahren zustande gekommen und durch sachliche Gründe gerechtfertigt, also nicht unbillig, sei. Das klingt nach einer eingeschränkten Überprüfung des Ausschlusses, wie sie unter Berufung auf eine angebliche Vereinsstrafgewalt der Vereine vielfach für richtig gehalten wird. Dass diese Überlegungen nicht überzeugen, wurde schon gesagt[12]. Sodann heißt es in der Entscheidung aber auch, dass die Beklagte wegen ihrer überragenden Machtstellung im wirtschaftlichen und sozialen Bereich nur einen begrenzten Ermessensspielraum bei der Aufnahme und dem Ausschluss von Mitgliedern für sich in Anspruch nehmen könne. Das ist insofern schon eher akzeptabel, als auch bei der hier vertretenen, vollen inhaltlichen Überprüfung der Ausschlussentscheidung die Frage, ob die MLPD eine gegnerische Organisation ist, anhand der Vereinsziele der Beklagten, bezüglich derer der Vorstand eine gewisse Entscheidungsprärogative hat, zu entscheiden ist. Das Urteil führt sodann aus, dass der Kläger den in der Satzung niedergelegten Ausschlustatbestand erfüllt und dieser auch einer Inhaltskontrolle standhält. Beides überzeugt.

3. Übertragung der Mitgliedschaft

89   Nach § 38 S. 1 BGB ist die Mitgliedschaft nicht übertragbar. Diese Regelung ist allerdings abdingbar (§ 40 BGB). Doch wird von der Möglichkeit einer entsprechenden Regel in der Satzung nur selten Gebrauch gemacht.

IX. Vereine auf fehlerhafter Satzungsgrundlage

1. Fehler bei der Gründung und bei der Satzungsänderung

90   Sofern die Satzung des Vereins nicht den gesetzlichen Anforderungen entspricht, wird der *Verein nicht ins Vereinsregister eingetragen* (§ 60 BGB). Der Verein bleibt also Vorverein. Allerdings kann es vorkommen, dass ein Fehler übersehen wird und die Eintragung trotz eines Gesetzesverstoßes erfolgt. Dann ist der Verein als rechtsfähiger Verein entstanden. Möglich ist eine Löschung (mit Wirkung für die Zukunft) nach den dafür getroffenen Regeln (§ 395 FamFG)[1].

---

[12] 2. A. 72 ff.; speziell zum Ausschluss aus einer Partei *Hesselberger*, FS Boujong, 1996, S. 251, 258.

[1] RGZ 81, 206, 208 ff.; BGH NJW 1983, 993; OLG Düsseldorf NJW 1990, 328 (aber mit Ausnahmen für Extremfälle); *Paschke* ZHR 155 (1991), 1, 10 f.; MünchKomm-*Reuter*

Auch eine *Satzungsänderung*, die ins Vereinsregister eingetragen wurde   **91**
(§ 71 Abs. 1 BGB), ist im Grundsatz wirksam[2]. Die Bestimmungen von § 242
AktG gelten analog[3].

2. Fehlerhafter Ein- und Austritt

Auch beim Ein- und Austritt von Mitgliedern können Fehler unterlaufen.   **92**
Da ein Verein meist zahlreiche Mitglieder hat, spielen solche Fehler für gewöhnlich keine Rolle: Auf ein Mitglied mehr oder weniger kommt es nicht
an. Zwar werden dann die Einladungen zu den Mitgliederversammlungen
unrichtig ergehen, aber daraus sind kaum je Konsequenzen für die gefassten
Beschlüsse zu befürchten[4]. Sollte es aber ausnahmsweise einmal darauf ankommen, ob eine bestimmte Person Mitglied ist oder nicht, so gilt nichts
anderes als in den Personengesellschaften[5]. Sofern eine, wenn auch fehlerhafte, Erklärung des Beitretenden/Ausscheidenden vorliegt und der Beitritt
/ das Ausscheiden vollzogen ist, kann der Fehler nur mit Wirkung für die
Zukunft geltend gemacht werden.

X. Verlust der Rechtsfähigkeit, Auflösung und Beendigung des Vereins

1. Verlust der Rechtsfähigkeit

Ein Verein kann seine Rechtsfähigkeit verlieren und *gleichwohl Verein*   **93**
bleiben. Er wird dann zum nichtrechtsfähigen Verein. Daneben verliert der
Verein selbstverständlich auch dann seine Rechtsfähigkeit, wenn er nach der
Abwicklung beendet ist.
Der Verlust der Rechtsfähigkeit unter Fortbestand des Vereins kann ein-   **94**
mal aufgrund eines *Beschlusses der Mitgliederversammlung* eintreten, mit

---

§§ 21, 22 Rdz. 64; Erman-*Westermann* § 21 Rdz. 7: Jedes Mitglied habe aber einen durch
Klage erzwingbaren Anspruch auf Anmeldung zur Löschung; a. A. Soergel-*Hadding* vor
§ 41 Rdz. 10: Der Mangel wirke wie ein Auflösungsbeschluss. Das hätte zur Folge, dass
vielfach erst nach längerer Zeit festgestellt wird, dass der Verein bereits aufgelöst ist – ein
wenig praktikables Ergebnis.
[2] BGHZ NJW 1983, 993; a. A. Soergel-*Hadding* § 71 Rdz. 9; MünchKomm-*Reuter* § 71
Rdz. 5: Beide unter Berufung darauf, dass anderenfalls Satzungsänderungen eine größere
Bestandskraft hätten als die ursprüngliche Satzung. Doch ist dies nicht richtig. Auch für
die ursprüngliche Satzung muss gelten, dass § 242 AktG analog gilt.
[3] Zur analogen Anwendung der für die Beschlussanfechtung/Nichtigkeit geltenden aktienrechtlichen Regeln: 2. A. 56.
[4] 2. A. 56.
[5] 1. A. 171 ff.

dem auf die Rechtsfähigkeit verzichtet wird[1]. Einem solchen Beschluss stehen Interessen der Allgemeinheit nicht entgegen. Er ist daher auch in jeder Beziehung zulässig. Der Verein verliert die Rechtsfähigkeit mit seiner Löschung im Vereinsregister[2].

95 Die *Rechtsfähigkeit* kann dem Verein aber auch *entzogen werden*. § 73 BGB sieht dies für den Fall vor, dass die Zahl der Mitglieder unter drei absinkt. Daneben gibt § 395 FamFG dem Registerrichter die Möglichkeit, den Verein im Register von Amts wegen zu löschen, wenn die Eintragung im Vereinsregister wegen eines Mangels einer wesentlichen Voraussetzung unzulässig war oder geworden ist[3]. Auch hier geht es nur um die Löschung im Vereinsregister, da nur die Eintragung unzulässig ist; der Verein besteht also als nichtrechtsfähiger Verein fort[4]. Daneben legt § 43 BGB fest, dass dem Verein durch die Verwaltungsbehörde (§ 44 BGB) die Rechtsfähigkeit entzogen werden kann, wenn der Verein das Gemeinwohl gefährdet (§ 43 Abs. 1 BGB)[5], oder wenn er, obwohl nach der Satzung auf einen nicht wirtschaftlichen Geschäftsbetrieb gerichtet, wirtschaftliche Zwecke verfolgt[6]. Gleiches gilt, wenn ein wirtschaftlich tätiger Verein, dem die Rechtsfähigkeit nach § 22 BGB verliehen wurde, einen anderen Zweck als den in der Satzung niedergelegten verfolgt. Die Entziehung der Rechtsfähigkeit durch Löschung des Vereins im Vereinsregister hat nicht zur Folge, dass der Verein nun liquidiert werden müsste. Vielmehr geht nur die Rechtsfähigkeit verloren, da nur diese zu Unrecht erlangt war. Insoweit müssen die §§ 45 ff. BGB restriktiv ausgelegt werden[7].

---

[1] Soergel-*Hadding* vor §§ 41–53 Rdz. 8; *Kollhosser* ZIP 1984, 1434 ff.; *Karsten Schmidt* § 24 VII 2 a) bb)); Erman-*Westermann* § 41 Rdz. 8.

[2] Eine Liquidation findet nicht statt. Der neue nicht rechtsfähige Verein ist mit dem alten identisch. *Kollhosser* ZIP 1984, 1434, 1436.

[3] Dazu *Karsten Schmidt* NJW 1993, 1225, 1227; siehe auch 2. A. 68.

[4] Soergel-*Hadding* vor §§ 41–53 Rdz. 14; im Grundsatz auch *Karsten Schmidt*, Verbandszweck und Rechtsfähigkeit im Vereinsrecht, 1984, S. 301 f., der aber zum Schutz der Mitglieder annimmt, der Verein werde aufgelöst. Doch lässt sich dem auch dadurch Rechnung tragen, dass man den Mitgliedern das Haftungsprivileg auch im Falle des Fortbestandes als nichtrechtsfähiger Verein erhält. Dazu 2. B. 8.

[5] Diese Norm hat neben § 3 VereinsG kaum praktische Bedeutung, da mit dem Entzug der Rechtsfähigkeit dem Gemeinwohl kaum je gedient ist: *Karsten Schmidt* NJW 1993, 1225, 1226.

[6] Siehe 2. A. 68.

[7] Im Grundsatz ebenso *Oetker* NJW 1991, 385, 389 und *Karsten Schmidt*, Vereinszweck und Rechtsfähigkeit im Vereinsrecht, 1984, S. 300 f., der aber zum Schutz der Mitglieder vor überraschenden Haftungsfolgen die Auflösung als angemessene Rechtsfolge ansieht. Dies kann nur bei wirtschaftlich tätigen Vereinen eine Rolle spielen. Zur Haftung im nichtrechtsfähigen, nicht wirtschaftlich tätigen Verein: 2. B. 8; zu Überlegungen de lege ferenda *Hadding* ZGR 2006, 137, 163 f.

In dem Fall KG NJW-RR 1993, 187 hatte ein Registerrichter unter Berufung auf **96** die § 395 FamFG die Löschung des Vereins Freizeitclub e.V. angekündigt, da nach den Feststellungen des zuständigen Amtes zu vermuten war, dass der Verein mittelbar eine Spielhalle betrieb. Das KG gab der gegen diese Maßnahme gerichteten Beschwerde mit der Begründung statt, dass das Verfahren nach § 43 Abs. 2 BGB abschließend regele, wie gegen Vereine vorzugehen sei, die als Idealvereine im Vereinsregister eingetragen sind, deren Zweck aber i. S. v. § 22 BGB auf einen wirtschaftlichen Geschäftsbetrieb gerichtet ist. Damit wird das Vorgehen gegen Vereine, die zwar als Idealvereine auftreten, aber keine sind, nicht unerheblich erschwert, da die für die Realisierung von § 43 BGB zuständigen Verwaltungsbehörden nur sehr eingeschränkt tätig werden[8], obgleich nach Auffassung des Bundesverwaltungsgerichts bei Auftreten eines wirtschaftlichen Vereins als rechtsfähiger Idealverein die Behörde regelmäßig die Rechtsfähigkeit entziehen muss[9].

2. Auflösung und Beendigung des Vereins

a) Der Verein wird durch einen entsprechenden *Beschluss seiner Mit-* **97** *glieder* aufgelöst (§ 41 BGB). Gleiches gilt im Falle der *Eröffnung des Insolvenzverfahrens* (§ 42 BGB). Auch der *Fortfall sämtlicher Mitglieder* führt zur Auflösung des Vereins[10]. Doch kann der Verein, wenn die mitgliederlose Zeit nur von kurzer Dauer ist, nach dem Eintritt neuer Mitglieder durch einen entsprechenden Beschluss fortgeführt werden, sofern stets ein Vereinsorgan vorhanden war[11]. Der Verein wird auch aufgelöst, wenn ein Zeitpunkt oder ein Ereignis eintritt, das nach der Satzung die Auflösung herbeiführen soll (§ 74 Abs. 2 BGB).

b) Die *Rechtsfolgen der Auflösung* sind unterschiedlich. Ist die Insolvenz **98** des Vereins der Auflösungsgrund, so findet ein Insolvenzverfahren statt. Ist ein entsprechender Beschluss der Mitgliederversammlung der Auflösungsgrund bzw. ist es der Ablauf der in der Satzung für den Verein festgelegten Zeit oder der Eintritt des in der Satzung genannten Auflösungsgrundes[12], so

---

[8] Für eine kumulative Kompetenzzuweisung *Oetker* NJW 1991, 385 ff.; *Karsten Schmidt* NJW 1993, 1225 ff.; offen gelassen in BGH ZIP 2008, 364, 366; zu § 43 BGB auch 2. A. 29.

[9] BVerwG NJW 1998, 1166, 1168; *Schießl*, Die Ausgliederung von Idealvereinen auf Kapitalgesellschaften, 2003, S. 48; *Karsten Schmidt* NJW 1998, 1124.

[10] BGHZ 19, 51, 61; Soergel-*Hadding* vor §§ 41–53 Rdz. 11; *Karsten Schmidt* JZ 1987, 395 ff.

[11] Dazu *Flume*, Juristische Person, § 6 II, S. 184 ff.; *Karsten Schmidt* JZ 1987, 394 ff. hält eine Neubelebung des Vereins durch den Beitritt der Mitglieder für möglich, wenn dem Verein ein dauernder Zweck von öffentlichem Interesse zu Grunde liegt.

[12] Gleiches sollte im Falle der Auflösung aufgrund Fortfalls des letzten Mitgliedes gelten. Die Liquidation muss u. U. durch einen Notliquidator erfolgen, §§ 48, 29 BGB; siehe dazu *Karsten Schmidt* JZ 1987, 394 ff.; auch *Reuter* ZHR 1987 (151), 355, 391; a. A. (keine Liquidation): BGHZ 19, 51, 57; BGH WM 1976, 686; Soergel-*Hadding* vor §§ 41–53, stattdessen wird dann eine Pflegerbestellung befürwortet.

gelten die §§ 45 ff. BGB. Danach fällt das Vereinsvermögen an den in der Satzung bestimmten *Anfallberechtigten*, hilfsweise an den Fiskus. Fällt das Vereinsvermögen nicht an den Fiskus, so findet eine Liquidation nach den §§ 47 ff. BGB statt. Mit der Liquidation ändert sich der Vereinszweck: Nunmehr geht es nur noch um die Abwicklung. Die Mitglieder können aber jederzeit die Fortsetzung des Vereins beschließen[13]. Der Abschluss der Liquidation führt zur *Beendigung des Vereins*. Gleiches gilt, wenn das Vereinsvermögen auf andere Art und Weise (etwa Anfall an den Fiskus) komplett verteilt ist.

---

[13] *Karsten Schmidt* § 24 VII 3 b) bb).

B. Der nichtrechtsfähige bürgerlich-rechtliche Verein

I. Erscheinungsformen und praktische Bedeutung

a) Nach *§ 54 BGB finden* auf Vereine, die nichtrechtsfähig sind, die *Vorschriften der Gesellschaft bürgerlichen Rechtes Anwendung.* Außerdem haftet derjenige, der für den nichtrechtsfähigen Verein handelt, aus einem Rechtsgeschäft, das er im Namen eines solchen Vereins mit Dritten vornimmt, persönlich. Diese Verweisung auf das Recht der Gesellschaft sollte zusammen mit der Handelndenhaftung nach der Vorstellung des Gesetzgebers die Vereine dazu veranlassen, die Rechtsfähigkeit zu erwerben. Der für die Erlangung der Rechtsfähigkeit unabdingbaren Eintragung ins Vereinsregister waren staatliche Kontrollen vorgeschaltet (§ 61 Abs. 2 BGB a.F.), die den Zweck hatten, unliebsame Vereine herauszufiltern[1]. Viele Vereine haben aber trotz dieser Regelung die Erlangung der Rechtsfähigkeit nicht angestrebt. Hierzu gehören beispielsweise die politischen Parteien und die Gewerkschaften, die schlicht nichtrechtsfähige Vereine geblieben sind. Hinzu treten zahlreiche andere nichtrechtsfähige Vereine, worunter auch viele Vereine mit nur geringer Mitgliederzahl sind.

b) Rechtsprechung und Literatur haben auf diese nichtrechtsfähigen Vereine entgegen der Bestimmung von § 54 S. 1 BGB weitgehend nicht Gesellschaftsrecht, sondern das Recht des rechtsfähigen Vereins angewandt. Dies hat zur Folge, dass der *nichtrechtsfähige Verein von der Gesellschaft abgegrenzt werden muss*, was, wäre man der gesetzlichen Regelung gefolgt, nicht erforderlich gewesen wäre, da dann auf den Verein ebenfalls Gesellschaftsrecht zur Anwendung gekommen wäre. Diese Abgrenzung ist naturgemäß nicht leicht. Sie kann sinnvollerweise nur mit Blick auf die Rechtsfolgen, die mit einer solchen Einordnung verbunden sind, vollzogen werden. Das zeigt zugleich, dass auf *Personenzusammenschlüsse, die wirtschaftlich i. S. v. §§ 21, 22 BGB tätig sind*[2], die Regeln des Gesellschaftsrechts (Recht der OHG oder der BGB-Gesellschaft) angewandt werden müssen, während das Vereinsrecht dann nicht einschlägig ist[3]. Insofern gilt nichts anderes als für Personenzusammenschlüsse, die zur juristischen Person werden wollen,

---

[1] BGHZ 42, 210, 215; 50, 325, 328; *Flume* ZHR 148 (1984), 503, 508; *Kübler/Assmann* § 11 I 1 a); *Karsten Schmidt* § 25 II 2 a).

[2] 2. A. 25 ff.

[3] Ähnlich Soergel-*Hadding* § 54 Rdz. 3: Wer nachweisen wolle, dass bei „Unternehmensträgerschaft" keine Gesellschaft, sondern ein Verein vorliege, den treffe eine kaum erfüllbare Beweislast. Nach *Karsten Schmidt* § 25 I 2 b) liegt bei Unternehmensträgerschaft stets kein Verein vor. Darauf, ob ein kaufmännisches Gewerbe vorliegt oder nicht, stellt *Kübler/Assmann* § 11 I 2 ab.

auch. Weil das Vereinsrecht für diese Zusammenschlüsse nicht sachdienlich ist, können sie nicht durch schlichte Eintragung ins Vereinsregister zur juristischen Person werden. Vielmehr kann dies ohne staatliche Verleihung nur erzielt werden, wenn die Rechtsformen der GmbH, der AG oder der Genossenschaft genutzt werden. Dieser Zwang, sich bei wirtschaftlicher Betätigung i.S.v. §§ 21, 22 BGB als Gesellschaft zu organisieren, muss auch dann erhalten bleiben, wenn der Status der juristischen Person nicht angestrebt wird. Dann stehen für den Personenzusammenschluss die BGB-Gesellschaft, die OHG und die KG zur Verfügung[4].

3   Demgegenüber wird in der Literatur die Ansicht vertreten, es müsse *typologisch zwischen Gesellschaft und Verein abgegrenzt werden.* Jeder Personenzusammenschluss, der auf Dauer angelegt sei, eine größere Anzahl von Personen betreffe und mit körperschaftlicher Organisation bei wechselndem Mitgliederstand einen gemeinsamen Zweck unter einheitlichem Namen verfolge, müsse als Verein eingeordnet werden[5]. Wäre dem so, so gäbe es keine Personengesellschaften mit einer Vielzahl von Gesellschaftern und einer körperschaftlichen Organisation, also, vereinfacht gesagt, keine Publikumspersonengesellschaften. Vielmehr wären diese als Vereine zu verstehen. Dieses Ergebnis entspricht nicht den Vorstellungen der betroffenen Verkehrskreise und wird auch aus anderen Gründen – etwa solchen des Gläubigerschutzes – nicht gefordert. Vielmehr ist die Rechtsordnung mit den Sonderproblemen der Publikumsgesellschaften weitgehend gut fertig geworden. Sofern noch Schwierigkeiten bestehen, würde auch die Anwendung des Vereinsrechts keine Abhilfe bringen. Insbesondere kann in der Handelndenhaftung des § 54 S. 2 BGB kein Allheilmittel gesehen werden. Sie ist im Gegenteil in den genannten Fällen alles andere als angebracht, da auch der rechtsgeschäftliche Partner der Publikumsgesellschaft mit dieser Haftung des Handelnden nicht rechnet. Sie würde ihm wie ein Geschenk des Himmels in den Schoß fallen.

4   c) Für einen *nicht wirtschaftlich tätigen Personenzusammenschluss* bleibt aber die Notwendigkeit bestehen, ihn entweder als BGB-Gesellschaft oder als Verein einzuordnen. Hier sollte in erster Linie der Wille der Mitglieder/ Gesellschafter entscheiden[6]. Denn zur Verwirklichung dieser Zwecke stehen eben beide Rechtsformen alternativ zur Wahl. Sofern ein solcher Wille nicht

---

[4] *Reuter*, FS Semler, 1993, S. 931, 938 meint demgegenüber, die Handelndenhaftung des § 54 S. 2 BGB sei wegen der fehlenden Registerpublizität unabdingbar. Daher könne das Recht der BGB-Gesellschaft nicht angewandt werden. Doch fehlt bei jeder BGB-Gesellschaft die Registerpublizität, ohne dass dies zu der Schlussfolgerung geführt hätte, das Recht der BGB-Gesellschaft sei nicht sachgerecht.

[5] *Reuter*, FS Semler, 1993, S. 931 ff.; *Schöpflin*, Der nicht-rechtsfähige Verein, 2003, S. 180.

[6] RGZ 74, 371.

zu ermitteln ist, ist die Einordnung vorzunehmen, die zu sachgerechten Ergebnissen führt und daher dem mutmaßlichen Parteiwillen entspricht. Insoweit gilt, dass für Personenzusammenschlüsse, die auf Dauer angelegt sind, eine größere Anzahl von Personen betreffen und bei körperschaftlicher Organisation mit wechselndem Mitgliederbestand einen gemeinsamen Zweck unter einem Gesamtnamen verfolgen, das Vereinsrecht eher passt[7].

In dem Fall BGH NJW 1979, 2304 hatte die Klägerin an den Beklagten, einen   5
Einzelhändler, gewerbliche Räume in ihrem Einkaufszentrum für 10 Jahre vermietet. Unter den Mietern wurde eine Werbegemeinschaft gegründet. Die Mitgliedschaft in der Werbegemeinschaft war auf die Dauer des Mietverhältnisses festgelegt (§ 4). Als Organe waren eine Versammlung der Mitglieder und ein Vorstand vorgesehen. Beschlüsse in der Versammlung wurden mit Mehrheit gefasst. Der mehrköpfige Vorstand beschloss die Werbemaßnahmen und verwaltete den Etat. Die Satzung der Werbegemeinschaft wurde mehrfach geändert. Während die Werbegemeinschaft in der ersten Fassung als „Verein" und die in ihr verbundenen Einzelhändler als „Mitglieder" bezeichnet wurden, ohne dass jedoch eine Eintragung ins Vereinsregister vorgesehen war, heißt es in den späteren Fassungen, die Einzelhändler schlössen sich zu einer Gesellschaft bürgerlichen Rechts zusammen. Statt „Mitglieder" heißt es jetzt „Gesellschafter", statt „Mitgliederversammlung" „Gesellschafterversammlung". Der Beklagte, der nach wie vor Mieter war, erklärte seinen Austritt aus der Werbegemeinschaft.

War die Werbegemeinschaft eine BGB-Gesellschaft, so war gegen den genannten § 4 nichts einzuwenden (nach § 723 Abs. 2 S. 2 BGB kann bei einer Gesellschaft, die auf bestimmte Zeit eingegangen ist – hier die 10-jährige Dauer des Mietverhältnisses – die Kündigung bis zum Ablauf dieser Zeit ausgeschlossen werden) und der Beklagte konnte nicht austreten. War Vereinsrecht anwendbar, so galt § 39 BGB[8].

Das Urteil führt aus, dass es Mischformen zwischen Verein und BGB-Gesellschaft gebe und daher auch nicht generell gesagt werden könne, es gelte stets nur Vereins- oder stets nur Gesellschaftsrecht. Hier passe § 723 BGB besser als § 39 BGB, da die bei Vereinen häufig bestehende Befürchtung, eine länger währende Mitgliedschaft könne sich möglicherweise als unerträglich erweisen, weil sich in der personellen Zusammensetzung der Mitglieder grundlegende Wandlungen vollziehen könnten, im zu entscheidenden Fall ferner liege.

Gegen diese Argumentation (Ergänzung mal durch Vereins- und mal durch Gesellschaftsrecht, je nachdem, was dem Willen der „Mitglieder" am ehesten Rechnung trägt) ist im Grundsatz nichts einzuwenden[9]. Doch kann dies nur dann richtig sein, wenn es nicht um die Anwendung zwingenden Rechts geht (wie hier des § 39 BGB). Dieses ist eben heranzuziehen, wenn ein Verein vorliegt, und zwar auch dann, wenn

---

[7] Soergel-*Hadding* § 54 Rdz. 4; die genannten Kriterien gelten als Definition des Vereins: RGZ 143, 212, 213; BGH LM Nr. 1 zu § 31; *Flume* ZHR 148 (1984), 503, 505; *Karsten Schmidt* § 25 I 1.

[8] Dazu, dass trotz des in § 54 S. 1 BGB niedergelegten Verweises auf das Recht der BGB-Gesellschaft für den nichtrechtsfähigen Verein weitgehend Vereinsrecht gilt, sogleich, 2. B. 6.

[9] Befürwortend *Bergmann* ZGR 2005, 654; Siehe zu der vergleichbaren Problematik der Abgrenzung Stille Gesellschaft / Darlehen 1. D. 2.

bei einem speziellen Verein die vom Gesetz als typisch angesehene Situation einmal nicht vorliegt[10]. Ob hier nun ein Verein oder eine BGB-Gesellschaft gegeben war, muss anhand der genannten Kriterien entschieden werden. Hier lag eine wirtschaftliche Betätigung am Markt im Interesse der Mitglieder vor. Daher war in der Tat das Recht der BGB-Gesellschaft anwendbar.

II. Das anwendbare Recht

1. Das Recht des rechtsfähigen Vereins

6   Trotz des in § 54 S. 1 BGB niedergelegten Verweises auf das Gesellschaftsrecht wird auf den nichtrechtsfähigen Verein weitgehend Vereinsrecht angewandt. Das wird mit dem bereits geschilderten Hinweis auf die mittlerweile überholten Intentionen des Gesetzgebers, der den nichtrechtsfähigen Verein in die Rechtsform des rechtsfähigen Vereins zwingen wollte, begründet. Die praktische Bedeutung dieses Verstoßes gegen die gesetzliche Anordnung ist rückläufig, da mittlerweile auch die BGB-Gesellschaft als rechtsfähig anerkannt ist und wegen des vielfach dispositiven Rechts sowohl im Bereich der BGB-Gesellschaft wie auch des Vereins stets das Vereinbarte, oder, sofern es an einer ausdrücklichen Vereinbarung fehlt, das, was das Vereinbarte auf sinnvolle Weise ergänzt, gilt. Sofern es aber doch einmal darum geht, ob *zwingendes Vereins- oder Gesellschaftsrecht* anwendbar ist, sollte in der Tat auf den nichtrechtsfähigen Verein ergänzend Vereinsrecht angewandt werden, da dieses eben wegen der körperschaftlichen Organisation sachgerechter ist als das Recht der BGB-Gesellschaft. Dies gilt dann auch, wenn im Einzelfall die Interessenlage ausnahmsweise einmal anders ist als vom Gesetzgeber für den Verein angenommen[1]. Von den *nicht zwingenden Normen des Vereinsrechts* sind jedenfalls, sofern nicht in zulässiger Weise etwas anderes vereinbart ist, die die Organisation des Vereins und den Erwerb und den Verlust der Mitgliedschaft betreffenden Bestimmungen (§§ 25 ff. BGB)[2] anwendbar.

---

[10] Anders *Flume* ZHR 148 (1984), 503, 522 unter Berufung darauf, dass aufgrund des Verweises in § 54 S. 1 BGB vorrangig Gesellschaftsrecht gilt. Doch sollte dies eine Privilegierung des nichtrechtsfähigen Vereins gegenüber dem rechtsfähigen Verein nicht rechtfertigen.

[1] Siehe den Fall „Werbegemeinschaft", 2. B. 5.

[2] Siehe Soergel-*Hadding* § 54 Rdz. 12 ff.; *Kübler/Assmann* § 11 II; *Karsten Schmidt* § 25 II 2 c).

2. Die Haftung im nichtrechtsfähigen Verein

a) Für Ansprüche, die auf einem Rechtsgeschäft beruhen, das im Namen   7
des Vereins und mit Vertretungsmacht für ihn abgeschlossen wurde, *haftet
jedenfalls der Verein*[3]. Für deliktisches Verhalten der Vorstandsmitglieder
und der anderen verfassungsmäßig berufenen Vertreter haftet der nichtrechtsfähige Verein nach §§ 30, 31 BGB[4]. Dies gilt unabhängig davon, ob
man das Recht des rechtsfähigen Vereins oder der BGB-Gesellschaft anwendet, und hat letztlich seinen Grund darin, dass mittlerweile auch die Rechtsfähigkeit der BGB-Gesellschaft weitgehend anerkannt ist.

b) Für die Schulden des nichtrechtsfähigen Vereins *haften die Mitglieder*   8
nicht[5]. Insofern gilt nichts anderes als im rechtsfähigen Verein auch. Da das
Verfahren zur Erlangung der Rechtsfähigkeit keinerlei Sicherung für die
Vereinsgläubiger beinhaltet, macht es für sie keinen Unterschied, ob der Verein rechtsfähig ist oder nicht.

c) Daneben bestimmt § 54 S. 2 BGB, dass der *Handelnde* aus einem   9
Rechtsgeschäft, das im Namen des Vereins vorgenommen wird, *persönlich
haftet*. Diese Bestimmung dient dem Schutz des Geschäftspartners, der besonders dringlich erscheint, weil ein Verein kein gesetzlich festgelegtes
Stamm- oder Grundkapital wie eine GmbH oder AG hat. Als Handelnder
gilt jeder, der für den Verein als sein Vertreter auftritt[6]. Daher spielt es keine
Rolle, ob er Vertretungsmacht hat. Entscheidend ist das Auftreten als Repräsentant des Vereins.

Die Haftung nach § 54 S. 2 BGB kann *durch Vertrag* mit dem Geschäfts-   10
partner *abbedungen werden*. Bei der Annahme, dies sei geschehen, ist die
Judikatur wie auch die Literatur[7] sehr zurückhaltend. Insbesondere wird
gesagt, die Tatsache, dass niemand an die persönliche Haftung des Vertreters gedacht habe, sei kein Grund, von einem Haftungsausschluss auszugehen. Das überzeugt nicht. Gerade wenn, wie meistens, niemand von einer
Haftung des Handelnden ausgeht, entspricht allein die Folgerung, dass eine
solche Haftung dann auch nicht besteht, der Interessenlage. Dass die gesetzliche Regelung von einem anderen Modell ausgeht, sollte demgegenüber
nicht stören. Es ist ja bekannt, dass diese Bestimmung auf die überholte Vor-

---

[3] Soergel-*Hadding* § 54 Rdz. 22; *Karsten Schmidt* § 25 III 1 a).
[4] Unstreitig, vgl. *Kübler/Assmann* § 11 III 4; MünchKomm-*Reuter* § 54 Rdz. 48.
[5] BGH NJW 1979, 2304, 2306; BGH ZIP 2003, 2023; *Reuter* NZG 2004, 217, 219;
Schöpflin, Der nichtrechtsfähige Verein, 2003, S. 431 ff.
[6] BGH NJW 1957, 1186; BGH ZIP 2003, 2023; *Karsten Schmidt* § 25 III 3 b).
[7] BGH NJW 1957, 1186; *Schöpflin*, Der nichtrechtsfähige Verein, 2003, S. 499; Erman-
Westermann § 54 Rdz. 15 mit Ausnahme für den Fall, dass alle Beteiligten bei Abschluss
des Vertrages von der alsbald entstehenden Rechtsfähigkeit des Vereins ausgingen. Dann
bestehe eine Haftung nur dafür, dass der rechtsfähige Verein in die Haftung eintritt; siehe
OLG Celle NJW 1976, 806.

stellung des Gesetzgebers zurückgeht, der nichtrechtsfähige Verein solle durch Haftungsnachteile dazu veranlasst werden, die Rechtsfähigkeit anzustreben.

11   In dem Fall BGH ZIP 2003, 2023 (mit Anm. *Reuter* NZG 2004, 217) klagte ein Vereinsmitglied gegen den Vorsitzenden eines nichtrechtsfähigen Vereins auf Erstattung von Kosten, die der Kläger in einem Prozess aufgewandt hatte, der zur Abwehr der Erweiterung einer Mülldeponie geführt wurde. Der Vereinszweck bestand darin, Prozesse gegen die Erweiterung der Mülldeponie zu finanzieren. Der Verein hatte, vertreten durch den Beklagten, mit dem Kläger eine Vereinbarung mit dem Inhalt geschlossen, dass der Verein die Prozessführung des Klägers materiell unterstützen werde. Der Verein ersetzte dem Kläger 2/3 der Kosten. Das letzte Drittel verlangt der Kläger von dem Beklagten.

Der BGH hat die Klage abgewiesen. Da der Verein nicht wirtschaftlich tätig sei, haften – so der BGH – die Mitglieder für die Vereinsschulden nicht. Das entspricht dem hier entwickelten Ergebnis[8]. Auch die Handelndenhaftung von § 54 Satz 2 BGB griff nicht ein, da der Kläger schon deshalb nicht als Dritter i. S. der Norm anzusehen war, weil es bei der Vereinbarung mit ihm um die Verwirklichung des Vereinszwecks ging. Da er die Interna des Vereins – im Beispielsfall die Tatsache, dass es an Finanzmitteln fehlte – kannte bzw. kennen musste, war er nicht schutzwürdig. Dies müsste dann wohl nahezu stets zum Ausschluss der Handelndenhaftung gegenüber Mitgliedern führen[9].

3. *Aktive und passive Parteifähigkeit, Eintragung des nichtrechtsfähigen Vereins im Grundbuch*

12   a) Nach § 50 Abs. 2 ZPO ist der bürgerlich-rechtliche Verein *passiv parteifähig.* Über die *aktive Parteifähigkeit* trifft die Norm keine Aussage. Daher liegt ein Umkehrschluss nahe, der dazu führen würde, dass für nichtrechtsfähige Vereine die passive, nicht aber die aktive Parteifähigkeit gegeben wäre. Der BGH ist daher auch lange Zeit davon ausgegangen, dass der nicht rechtsfähige Verein nicht aktiv parteifähig sei, hat aber dann doch unter Hinweis darauf, dass nunmehr die Rechtsfähigkeit der Gesellschaft bürgerlichen Rechts anerkannt ist und § 54 S. 1 BGB auf die betreffenden Regeln verweise auch die aktive Parteifähigkeit akzeptiert[10].

13   b) Zur *Vollstreckung in das Vereinsvermögen* genügt nach § 735 ZPO ein gegen den Verein ergangenes Urteil. Nach § 11 I S. 2 InsO kann über das Vereinsvermögen das *Insolvenzverfahren* eröffnet werden.

14   c) Schwierigkeiten bereitet die *Eintragung* des nichtrechtsfähigen Vereins *im Grundbuch.* Vielfach wird gesagt, ein nichtrechtsfähiger Verein könne

---

[8] Oben 2. B. 6, 2. B. 1 und 2. B. 2: Bei wirtschaftlicher Tätigkeit läge eine BGB-Gesellschaft vor.

[9] A. A. Erman-*Westermann* § 54 Rdz. 14.

[10] BGH NJW 2008, 69; dazu *Terner* NJW 2008, 16.

nicht ins Grundbuch eingetragen werden, da ihm die Rechtsfähigkeit fehle. Statt dessen müssten sämtliche Mitglieder mit dem Vermerk als „Mitglieder des nichtrechtsfähigen Vereins" eingetragen werden[11]. Dies ist jedenfalls für Vereine mit großer Mitgliederzahl natürlich nicht machbar. Daher sind zumindest solche Vereine gezwungen, ihre Grundstücke durch einen Treuhänder für den Verein halten zu lassen.

Demgegenüber mehren sich die Stimmen, die die Eintragung des nicht- **15** rechtsfähigen Vereins im Grundbuch *mit seinem Vereinsnamen* zulassen wollen[12]. Dem ist zu folgen, zumal auch die BGB-Gesellschaft, deren Recht für den nichtrechtsfähigen Verein gelten soll, mittlerweile ins Grundbuch eingetragen wird[13]. Hinzu kommt, dass dann, wenn der Verein mit seinem Namen eingetragen wird – anders als bei einer Eintragung eines Treuhänders –, die wirklichen Verhältnisse klarer bezeichnet sind, da er ja Eigentümer ist[14]. Allerdings ist aus dem Grundbuch dann nicht ersichtlich, wer hinter dem Verein steht. Doch ist dies gerade wegen des häufigen Mitgliederwechsels auch nicht anders, wenn die Mitglieder, die im Moment der Eintragung dem Verein angehören, ins Grundbuch eingetragen werden. Eine Aktualisierung des Grundbuchs in Bezug auf den Mitgliederstand ist aber jedenfalls für größere Vereine nicht praktikabel und daher auch nicht akzeptabel. Eine solche evident unzweckmäßige Regelung entspricht jedenfalls heutzutage, wo eine Benachteiligung nichtrechtsfähiger Vereine nicht mehr angestrebt wird, auch nicht mehr der Rechtsordnung.

Betrachtet man die für den nichtrechtsfähigen Verein geltenden Regeln, so **16** wird man sagen müssen, dass er – entgegen seinem Namen – *rechtsfähig* ist[15]. Dies ist auch nicht weiter verwunderlich: Verwiesen wird vom Gesetz auf den Normenbestand der BGB-Gesellschaft und diese ist rechtsfähig. Daneben werden die Regeln des rechtsfähigen Vereins angewandt. Dieser ist selbstverständlich ebenfalls rechtsfähig.

---

[11] RGZ 127, 309, 311 f.; OLG Zweibrücken NJW-RR 1986, 181; *Kübler/Assmann* § 11 III 2 b), c); *Karsten Schmidt* § 25 II 1 b).

[12] *Flume* ZHR 148 (1984), 503, 509; Soergel-*Hadding* § 54 Rdz. 18; Erman-*Westermann* § 54 Rdz. 7.

[13] 1. A. 105.

[14] Nicht schlüssig demgegenüber *Karsten Schmidt* § 25 II 1 b), wonach der nichtrechtsfähige Verein zwar Eigentümer sein soll, gleichwohl aber die Mitglieder mit dem geschilderten Zusatz einzutragen sind.

[15] *Hadding* ZGR 2001, 712, 727 ff.; dagegen *Leipold*, FS Canaris, 2007, S. 221, 240 f.

C. Die Aktiengesellschaft (AG)

I. Begriffsbestimmung, Erscheinungsformen und praktische Bedeutung, Recht des Kapitalmarkts

1. Begriffsbestimmung und Erscheinungsformen

1   Nach § 1 Abs. 1 AktG ist die Aktiengesellschaft eine Gesellschaft mit eigener Rechtspersönlichkeit, wobei für die Verbindlichkeiten der Gesellschaft den Gläubigern nur das Gesellschaftsvermögen haftet. Nach § 1 Abs. 2 AktG hat sie ein in Aktien zerlegtes Grundkapital. Diese mit „Wesen der Aktiengesellschaft" überschriebene Norm kann aber nicht als Definition der Aktiengesellschaft in dem Sinne verstanden werden, dass immer dann, wenn die genannten Kriterien erfüllt sind, eine solche Gesellschaft vorliegen würde. Denn auch bei einer GmbH ist eine Gesellschaft mit eigener Rechtspersönlichkeit gegeben, wobei für die Verbindlichkeiten der Gesellschaft den Gläubigern nur das Gesellschaftsvermögen haftet. Sie hat ein in Stammeinlagen zerlegtes Stammkapital. Ob sich die Gesellschafter so oder anders organisieren wollen, steht ihnen frei. Eine AG liegt vor, wenn die Gesellschafter diese Rechtsform wählen und eine entsprechende Eintragung im Handelsregister erfolgt.

2   § 1 Abs. 1 AktG bringt zum Ausdruck, dass die AG eine eigene Rechtspersönlichkeit hat. Außerdem bestimmt § 41 Abs. 1 AktG, dass die AG vor Eintragung ins Handelsregister nicht besteht. Damit wird klar, dass die Rechtsfähigkeit als Aktiengesellschaft mit Eintragung im Handelsregister erworben wird[1]. Nach § 3 AktG gilt die AG als *Handelsgesellschaft*, auch wenn der Gegenstand des Unternehmens nicht zum Betrieb eines Handelsgewerbes gehört. Nach § 6 Abs. 1 HGB ist sie damit *Formkaufmann*.

3   Von der gesetzlichen Grundkonzeption her ist die AG als *Publikumsgesellschaft* angelegt, also als Gesellschaft, die einem breiten Anlegerkreis offen steht. Dem entspricht, dass Aktien die einzigen an der Börse gehandelten Papiere sind, die die Beteiligung an einer Gesellschaft verkörpern. Diese Gesellschaften haben oftmals ein sehr hohes Grundkapital. Es gibt aber auch Aktiengesellschaften mit einem *kleinen* – u. U. sogar familiär aneinander gebunden – *Aktionärskreis* (personalistische Aktiengesellschaft). Für Aktiengesellschaften mit einem solchen Gesellschafterkreis passen die auf Publikumsgesellschaften zugeschnittenen Regelungen des AktG vielfach nicht so ganz. Der Gesetzgeber hat versucht, dem durch einige Sonderregeln für nicht börsennotierte Aktiengesellschaften (siehe §§ 3 Abs. 2, 130 Abs. 1 Satz 3, 134 Abs. 1 S. 2 AktG) bzw. für Aktiengesellschaften, denen die Per-

---

[1] Zur Rechtsfähigkeit der Vor-AG 2. C. 38.

son ihrer Aktionäre bekannt ist (§ 121 Abs. 4 AktG), Rechnung zu tragen[2]. Ob auf diese Weise – entsprechend der Zielsetzung des Gesetzes – die AG für den Mittelstand wirklich attraktiver geworden ist, muss aber bezweifelt werden. Als wesentlicher Nachteil der AG galt stets, dass das auf sie anwendbare Recht weitgehend zwingend ist, sowie die Kostenintensität vieler dieser Regeln. Daran hat sich nur wenig geändert[3].

Nicht wenige Aktiengesellschaften stehen unter dem *beherrschenden* **4** *Einfluss* eines anderen Unternehmens, das entweder mehrheitlich beteiligt oder sogar einziger Aktionär der AG ist[4].

2. Praktische Bedeutung

Die Zahl der Aktiengesellschaften ist relativ gering, steigt aber seit 1985 **5** an. Sie betrug 2010 circa 17.000 Gesellschaften, wovon circa 1000 Gesellschaften an der Börse notiert sind[5]. Das Grundkapital dieser Gesellschaften beläuft sich auf ca. 170 Mrd. EURO. Das zeigt, dass die AG nach wie vor die Gesellschaftsform für Unternehmen ist, die größere Kapitalmengen benötigen. Die Funktion einer Publikumsgesellschaft, der der Zugang zur Börse offen steht, erfüllt die AG in vielerlei Hinsicht geradezu optimal. Insbesondere kann sie sehr gut als Kapitalsammelbecken dienen. Gerade wegen ihrer auf diesen Eigenheiten beruhenden gesellschaftspolitischen Bedeutung hat der Gesetzgeber ein relativ dichtes Netz von Regelungen für die AG geschaffen. Hinzu kommt, dass die das Gesellschaftsrecht betreffenden Richtlinien der Europäischen Union die AG stets mit einbeziehen, so dass auch von dieser Seite her immer neue Normen für die AG geschaffen wurden. Das hat zur Folge, dass die AG zunehmend schwieriger und kostspieliger zu handhaben ist, was sie wiederum weniger attraktiv erscheinen lässt. Gerade weil die AG aber in vielfacher Hinsicht für Publikumsgesellschaften besonders geeignet ist, muss darauf geachtet werden, dass die Anziehungskraft dieser Gesellschaftsform nicht durch ein zu dichtes Regelungsgeflecht verloren geht.

3. Kapitalmarktrecht

Sofern Aktien an der Börse gehandelt werden, greifen die Regeln des Ka- **6** pitalmarktrechts ein. Diese sollen zwar in erster Linie die *Funktionsfähigkeit des Kapitalmarktes* sichern, flankieren aber vielfach den vom Gesell-

---

[2] *Hoffmann-Becking* ZIP 1995, 1; *Kindler* NJW 1994, 3041; *Lutter*, FS Vieregge, 1995, S. 603.

[3] Kritisch etwa *Hoffmann-Becking* ZIP 1995, 1; *Hommelhoff* AG 1995, 529.

[4] Nach *Kübler/Assmann* § 14 II 2 e) soll dies bei ca. 70% der Aktiengesellschaften der Fall sein.

[5] *Bayer* AG-Sonderheft 2010 S. 7, 12; *Windbichler* § 25 Rdz. 24.

schaftsrecht intendierten Schutz von Gläubigern und Gesellschaftern[6]. Dies zeigt sich etwa im Wertpapierhandelsgesetz (WpHG). Dieses regelt unter anderem das Verbot von Insidergeschäften (also von Geschäften, die einige Marktteilnehmer aufgrund ihres Geheimwissens tätigen: §§ 12 ff. WpHG), Meldepflichten für Geschäfte von Geschäftsführungs- und Aufsichtspersonen in Papieren ihrer Gesellschaft (Directors' Dealings, § 15 a WpHG), die Pflicht zur Veröffentlichung kursbeeinflussender Tatsachen (§ 15 WpHG) sowie Mitteilungspflichten bei der Veränderung des Stimmrechtsanteils eines Aktionärs (§§ 21 ff. WpHG). Diese Normen sollen das Vertrauen der Anleger in den Kapitalmarkt sichern und so zugleich zu dessen Funktionsfähigkeit beitragen. Ganz ähnlich liegt auch die Intention des Wertpapiererwerbs- und Übernahmegesetz (WpÜG), das in erster Linie Rahmenbedingungen für öffentliche Angebote auf börsenzugelassene Aktiengesellschaften betrifft. Das Gesetz regelt etwa die Ausgestaltung des Angebots und die Pflichten des Vorstands einer Gesellschaft, auf die sich ein Übernahmeangebot, also ein Angebot, das auf die Erlangung der Kontrolle in der Aktiengesellschaft gerichtet ist, bezieht.

4. Corporate Governance Kodex

7   Zwischen Aktien- und Kapitalmarktrecht liegt der sog. Coporate Governance Kodex, der sich ebenfalls nur an *börsennotierte Gesellschaften richtet und Empfehlungen enthält*, die eine vom Bundesjustizministerium eingesetzte Kommission für die Unternehmensorgane entwickelt hat[7]. Durch § 161 AktG wird eine Pflicht von Vorstand und Aufsichtsrat zur Erklärung darüber begründet, ob die Gesellschaft den Verhaltensregeln des Kodex entsprochen hat und, falls nicht, warum dies nicht geschieht[8]. Diese Erklärung muss der Öffentlichkeit zugänglich gemacht werden, damit sie ihre Entscheidung für ein bestimmtes Investment von der Einhaltung des Kodex abhängig machen kann (§ 161 Abs. 2 AktG)[9]. Noch nicht abschließend geklärt ist die Frage, ob Beschlüsse der Hauptversammlung, die trotz Entsprechenserklärung von dem Kodex abweichen, anfechtbar sind[10]. Das wird man wohl zu

---

[6] *Grunewald/Schlitt*, Einführung in das Kapitalmarktrecht, 2. Aufl., § 1 I/2; *Merkt/Rossbach* JuS 2003, 217, 220.

[7] Abrufbar unter www.corporate-governance-code.de; zur Rechtsnatur der Empfehlungen *Hoffmann-Becking*, FS Hüffer, 2010, S. 337 ff.; *Seidel* ZIP 2004, 285; *Ulmer* ZHR 166 (2002), 150.

[8] Zu Häufigkeit und Inhalt von Abweichungen *Kirschbaum/Wittmann* JuS 2005, 1062, 1065; *Werder-Talaulicar* DB 2009, 689 ff.

[9] In der Praxis ist es aber wohl so, dass der Kodex insoweit keine Rolle spielt: *Nowak/Rott/Mahr* ZGR 2005, 252 Bernhardt BB 2008, 1686.

[10] Dazu *E. Vetter* NZG 2008, 121, 123.

verneinen haben, da dem Kodex die Gesetzesqualität fehlt[11] und eine Verletzung von § 161 AktG erst nach dem Verstoß - nämlich bei unterbliebener Anpassung der Entsprechungserklärung – vorliegt. Sofern die Erklärung falsch ist, stellt sich die Frage, ob der Vorstand oder der Aufsichtsrat hierfür gegenüber Dritten, insbesondere gegenüber den Aktionären haftet[12] oder zumindest ein Hauptversammlungsbeschluss, der die Entlastung dieser Organe ausspricht, angefochten werden kann[13].

II. Gründung und Erlangung der Rechtsfähigkeit

1. Ablauf der Gründung

Nach der Regelung des AktG[1] erfolgt die Gründung einer AG durch Feststellung der Satzung durch den oder die Gründer (§ 2 AktG). Die Gründer übernehmen die Aktien und errichten so die AG (§ 29 AktG). Die Übernahme der Aktien beinhaltet die Verpflichtung zur Leistung der Einlage. Danach bestellen die Gründer den Aufsichtsrat und den Abschlussprüfer für das erste Geschäftsjahr (§ 30 Abs. 1 AktG). Der Aufsichtsrat bestellt sodann den Vorstand (§ 30 Abs. 4 AktG). Die Gründer berichten über die Gründung (sog. Gründungsbericht, § 32 AktG). Dieser wird von den Mitgliedern des Aufsichtsrates und des Vorstands geprüft (§§ 33, 34 AktG). Danach wird die AG von allen Gründern, Mitgliedern des Vorstands und des Aufsichtsrates zur Eintragung ins Handelsregister angemeldet (§ 36 Abs. 1 AktG). Diese Anmeldung darf erst erfolgen, wenn auf jede Aktie der eingeforderte Betrag, also mindestens 1/4 des geringsten Ausgabebetrags (§ 9 AktG) und bei Ausgabe der Aktien für einen höheren als diesen Ausgabebetrag auch dieser Mehrbetrag (§ 36a Abs. 1 AktG) eingezahlt ist und endgültig zur freien Verfügung des Vorstands steht (§ 36 Abs. 2 AktG). Sind Sacheinlagen vereinbart, so treten weitere Vorschriften hinzu[2]. Sofern die Prüfung des Gerichts ergibt, dass die Gesellschaft ordnungsgemäß errichtet und angemeldet ist, wird die AG ins Handelsregister eingetragen (§ 38 AktG).

8

---

[11] Daher fehlt es insoweit an der Voraussetzung von § 243 Abs. 1 AktG.

[12] *Borges* ZGR 2003, 508, 528 ff.; *Kort*, FS Raiser, 2005, S. 203; zur Haftung gegenüber der AG: *Goette,* FS Hüffer, 2010, S. 225, 228 f.; *Lutter* ZHR 166 (2002) 523, 527.

[13] 2. C. 59, auch BGH NZG 2009, 1270, 1272.

[1] Zum Entstehen einer AG durch Formwechsel §§ 190 UmwG. Zum Zahlenverhältnis *Bayer/Hoffman* AG-Report 2006, 399.

[2] 2. C. 26 ff.

2. Die Satzung

a) Inhalt und Form der Satzung

9   § 23 Abs. 2, Abs. 3, Abs. 4 AktG legt den notwendigen Inhalt der Satzung fest.

aa) Hierzu gehört insbesondere *die Höhe des Grundkapitals* (§ 23 Abs. 3 Nr. 3 AktG), das nach § 7 AktG mindestens 50.000 Euro betragen muss. Dieses Grundkapital ist in Aktien zerlegt (§ 1 Abs. 2 AktG) und zwar entweder in Nennbetrags- oder in Stückaktien (§ 23 Abs. 3 Nr. 4 AktG). Bei Nennbetragsaktien muss die Satzung den Nennbetrag der Aktien und die Zahl der Aktien je Nennbetrag aufführen (§ 23 Abs. 3 Nr. 4 AktG)[3]. Der Mindestnennbetrag pro Aktie beträgt 1 Euro (§ 8 Abs. 2 S. 1 AktG). Bei Stückaktien muss die Anzahl der Stücke in der Satzung bestimmt werden. Sie lauten nicht auf einen Nennbetrag. Alle Stückaktien sind am Grundkapital im gleichem Umfang beteiligt. Dieser anteilige Betrag darf ebenfalls 1 Euro nicht unterschreiten (§ 8 Abs. 3 AktG). Sind mehrere *Gattungen von Aktien* vorhanden[4], so sind auch diese sowie die Zahl der Aktien pro Gattung zu nennen (§ 23 Abs. 3 Nr. 4 AktG). Es ist auch zu sagen, ob die Aktien auf den Inhaber oder auf den Namen ausgestellt werden (§ 23 Abs. 3 Nr. 5 AktG)[5].

10   bb) Die Satzung muss auch die *Firma* (§ 4 AktG) und den *Sitz* (§ 5 AktG) der Gesellschaft bestimmen (§ 23 Abs. 3 Nr. 1 AktG). Außerdem muss der *Gegenstand des Unternehmens* bezeichnet werden (§ 23 Abs. 3 Nr. 2 AktG). Dabei genügen mehr oder weniger pauschale Angaben (die Gesellschaft stellt Waren aller Art her) nicht[6]. Denn mit der Nennung des Unternehmensgegenstandes in der Satzung soll zum Schutz der Aktionäre das dem Vorstand erlaubte Betätigungsfeld umrissen werden. Auch soll dem Registergericht die Prüfung ermöglicht werden, ob die Gesellschaft ein erlaubtes Tätigkeitsfeld anstrebt. Zugleich sollen die betroffenen Verkehrskreise über die Aktivitäten der Gesellschaft informiert werden. Völlig unsubstantiierte Angaben würden diesem Zweck ersichtlich nicht Rechnung tragen.

11   In dem Fall OLG Stuttgart ZIP 2007, 231[7] verlangte ein Aktionär, dass die Tagesordnung der nächsten Hauptversammlung um einen Antrag auf Änderung der Sat-

---

[3] Es ist auch zu sagen, wie sich die Aktien auf die namentlich zu nennenden Gründer verteilen (§ 23 Abs. 2 Nr. 1, 2 AktG).

[4] Zu diesen Gattungen § 11 AktG; die Satzung muss auch sagen, wie die Gattungen auf die Gründer verteilt sind: § 23 Abs. 2 Nr. 2 AktG.

[5] Zur Umstellung auf Namensaktien *Happ*, FS Bezzenberger, 2000, S. 111, 122 ff.; *Noack* DB 1999, 1306; zu den Unterschieden bei der Übertragung 2. C. 195.

[6] Beispiele bei MünchKomm AktG-*Pentz* § 23 Rdz. 80 ff.; *Raiser/Veil* § 11 Rdz. 8. Zur Vorratsgründung, also zur Gründung einer Gesellschaft, die vorerst nur für eine spätere Tätigkeit bereitgehalten werden soll, BGHZ 117, 323, 330 und 2. F. 49.

[7] Dazu *Priester*, FS Hüffer, 2010, S. 777 ff.

zung ergänzt werde (§ 122 Abs. 2 AktG). Der Unternehmensgegenstand (Entwicklung, Herstellung und Vertrieb von PKWs) sollte dahingehend ergänzt werden, dass
die Geschäftstätigkeit im Zusammenhang mit den Modellen SMART und Maybach
eingestellt wird. Der Vorstand lehnte diesen Antrag ab.

Das OLG Stuttgart hat dem Vorstand Recht gegeben. Zwar könnten die Aktionäre
den Unternehmensgegenstand in der Satzung im Prinzip beliebig festlegen und so
den Kompetenzbereich des Vorstands festschreiben. Sie müssten sich allerdings auf
die Vorgabe eines allgemeinen Rahmens beschränken. Andernfalls würden die Aktionäre unzulässig in das Recht des Vorstands zur eigenverantwortlichen Leitung der
AG (§ 76 AktG) eingreifen.

Das Urteil überzeugt. Zwar muss die Bezeichnung des Unternehmensgegenstands
so präzise sein, dass das Betätigungsfeld des Vorstands deutlich wird. Eine ganz konkrete Festlegung wie hier – die zudem noch unklar ist, da nicht deutlich wird, welche
technischen Veränderungen an den Modellen zu neuen, „zulässigen" Modellen führen – ist aber nicht möglich. Dies würde in der Tat in die Leitungskompetenz des
Vorstands eingreifen.

cc) Nach § 23 Abs. 3 Nr. 6 AktG muss die Satzung ferner die *Zahl der* **12**
Mitglieder des Vorstandes oder die Regeln, nach denen diese Zahl festgelegt
wird, nennen. Damit soll im Interesse der Klarheit des Rechtsverkehrs die
Offenlegung dieses Punktes erreicht werden. Aus demselben Grund muss
nach § 23 Abs. 4 AktG die Satzung Bestimmungen über die Bekanntmachungen der Gesellschaft enthalten.

dd) Neben diesen im Gesetz genannten Bestimmungen kann die Satzung **13**
weitere Regelungen treffen. Dabei ist allerdings § 23 Abs. 5 AktG zu beachten, wonach das Gesetz *ergänzende Satzungsregeln* nur zulässt, wenn die
gesetzlichen Regeln nicht abschließend sind[8]. In der Satzungsurkunde können auch sog. *nicht korporative Bestimmungen* enthalten sein[9]. Dies sind in
der Satzung niedergelegte Regelungen, die lediglich eine individuelle Vereinbarung der Gesellschafter untereinander oder zwischen Gesellschaft und
Gesellschafter betreffen. Einzelrechtsnachfolger der Aktionäre sind daher
an diese Absprachen nur gebunden, wenn von ihnen entsprechende Erklärungen abgegeben worden sind. Allein der Erwerb der Mitgliedschaft führt
anders als bei den echten Satzungsbestandteilen nicht dazu, dass auch diese
in der Satzung getroffenen nicht korporativen Regelungen das neue Mitglied
binden. Solche Absprachen der Gesellschafter untereinander werden oft
auch außerhalb der Satzung getroffen. Man nennt sie dann *schuldrechtliche
Nebenabreden*[10]. Die Rechtsfolgen sind dieselben.

---

[8] 2. C. 17 ff.
[9] *Hüffer* § 23 Rdz. 4; *Winter* ZHR 154 (1990), 259 ff.; zur Auslegung dieser Bestimmungen 2. C. 16; *Zetzsche* NZG 2002, 942, 945; Zur Anfechtbarkeit von Beschlüssen, die
gegen solche Vereinbarungen verstoßen, 2. F. 108.
[10] *Priester*, FS Claussen, 1997, S. 319 ff.; *Ulmer*, FS Röhricht, 2005, S. 633; *Winter*
ZHR 154 (1990), 259 ff.

14   ee) Die Satzung muss *notariell beurkundet* werden. Ist die AG auf den Betrieb eines Erwerbsgeschäfts gerichtet, so sind, falls ein Gründer nicht unbeschränkt geschäftsfähig ist, §§ 1822 Nr. 3, 1643 BGB anwendbar[11].

b) Auslegung der Satzung

15   Insofern gilt das zum Verein Gesagte[12] ebenfalls. Dabei ist allerdings gegenüber einer Auslegung, die an eine langjährige Verfahrensweise der Gesellschaft anknüpft und die nach dem Wortlaut der Satzung nicht zu erwarten ist, bei der AG noch größere Zurückhaltung am Platze als beim Verein. Denn schon allein wegen der meist größeren Anonymität des Erwerbs der Gesellschafterstellung ist davon auszugehen, dass Aktionäre, die neu hinzukommen, von früheren Verfahrensweisen in der Gesellschaft nichts wissen und auch nichts wissen müssen. Daher kann eine frühere Verfahrensweise nach einem Aktionärswechsel bei der Interpretation der Satzung so gut wie nie Berücksichtigung finden[13].

16   Von diesen Auslegungsregeln wird abgewichen, wenn sog. *nichtkorporative Bestandteile* der Satzung betroffen sind[14]. Da es sich insoweit um individuelle Vereinbarungen der Gesellschafter untereinander handelt, kann in Bezug auf diese Satzungsbestandteile in der Tat das persönliche Verständnis genauso wie sonst im Bereich der Vertragsauslegung berücksichtigt werden.

c) Inhaltskontrolle, § 23 Abs. 5 AktG

17   Aus § 23 Abs. 5 S. 1 AktG ergibt sich, dass das Aktienrecht weitgehend zwingendes Recht ist. Auf diese Weise wird den Problemen des Anlegerschutzes Rechnung getragen[15]. Denn wer Aktionär wird, weiß damit auch, dass er eine Gesellschaft vorfindet, die im Grundsatz den Bestimmungen des Aktiengesetzes entsprechend ausgestaltet ist. Damit wird zugleich erreicht, dass das Vertrauen in eine Kapitalanlage in Aktien steigt und damit eine gewisse Bereitschaft des Publikums zur Geldanlage in Aktien erhalten

---

[11] Unterschiede zur BGB-Gesellschaft ergeben sich nicht: 1. A. 12, dort auch zur Beteiligung von Personen, für die ein Betreuer bestellt ist.

[12] 2. A. 15 ff. Für eine Berücksichtigung der faktischen Struktur der AG (personalistisch oder nicht): *Friedewald*, Die personalistische Aktiengesellschaft, 1991, S. 153 ff.

[13] *Wiedemann* § 3 II 2 a): Der allgemeine Verbandswille müsse sich für die Mitglieder aus der innerverbandlichen Übung entnehmen lassen.

[14] *Hüffer* § 23 Rdz. 40; *Wiesner*, in Münchener Handbuch des Gesellschaftsrechts, Bd. 4, Aktiengesellschaft, § 6 Rdz. 4; *Winter* ZHR 154 (1990), 259, 264. Zur GmbH, wo die Problematik gleich liegt, 2. F. 16 ff. Zur Definition dieser Abreden 2. C. 13.

[15] *Raiser/Veil* § 9 Rdz. 19; kritisch dazu *Fleischer* ZHR 168 (2004), 673, 685 ff; differenzierend *Habersack* AG 2009, 1, 7.

bleibt[16]. Zum zwingenden Recht gehören jedenfalls die Normen, die die Organisation der AG betreffen, sowie Verfahrensvorschriften, etwa für Satzungsänderungen oder den Abschluss von Unternehmensverträgen[17]. Allgemein lässt sich sagen, dass ohne ausdrückliche Zulassung im Gesetz eine Abweichung vom Gesetz nicht möglich ist[18].

Demgegenüber sind aber *Satzungsbestimmungen, die das Gesetz lediglich ergänzen*, zulässig, wenn das Gesetz nicht abschließend ist[19]. Dies hat zur Folge, dass bei Bestimmungen in Satzungen, die nicht einen Regelungsspielraum ausfüllen, den das Aktiengesetz offen lässt, geklärt werden muss, ob sie das Gesetz ergänzen (dann u. U. zulässig) oder von ihm abweichen[20]. Dabei ist der Grundintention des Gesetzes (Anlegerschutz durch zwingende Normierung) insofern Rechnung zu tragen, als im Zweifel von einer abschließenden gesetzlichen Regel, die nicht ergänzt werden kann, auszugehen ist[21].

18

3. Erbringung der Einlage

a) Bargründung

Die Übernahme der Aktien beinhaltet die Pflicht, die Einlage zu leisten[22]. Soweit Geldzahlungen als Einlage geschuldet sind, muss nicht der gesamte Betrag schon vor der Anmeldung der AG eingezahlt werden. Vielmehr ist nur der sog. *eingeforderte Betrag*, der mindestens ein Viertel des geringsten Ausgabebetrags (§ 9 AktG) und bei Ausgabe der Aktien für einen höheren

19

---

[16] Sogenannter kapitalmarktrechtlicher Aspekt, (2. C. 6), siehe *Hirte*, ZGR-Sonderheft 13, S. 61, 71 ff.; kritisch *Fleischer* ZHR 168 (2004), 673, 685 ff.

[17] *Timm* DB 1980, 1201, 1204: § 23 Abs. 5 AktG schreibt die gesetzliche Zuständigkeitsordnung als zwingendes Recht fest. Beispiele bei *Beuthien/Gätsch* ZHR 157 (1993), 483, 502 ff. Manche Absprachen der Aktionäre lassen sich aber außerhalb der Satzung oder als sog. unechte Satzungsbestandteile aufrechterhalten: dazu *Noack*, Gesellschaftervereinbarungen bei Kapitalgesellschaften, 1994, S. 122 ff.; *Winter* ZHR 154 (1990), 259, 262.

[18] *Wiesner*, in Münchener Handbuch des Gesellschaftsrechts, Bd. 4, Aktiengesellschaft, § 6 Rdz. 9. Eine Aufzählung der eine Abweichung zulassenden Normen findet sich bei MünchKomm AktG-*Pentz* § 23 Rdz. 155; für eine sehr viel engere Auslegung des § 23 Abs. 5 AktG bei börsennotierten Gesellschaften *Hirte*, ZGR-Sonderheft 13, S. 61, 86 ff.

[19] Beispiele bei *Luther*, FS Hengeler, 1972, S. 167, 175 ff.; MünchKomm AktG-*Pentz* § 23 Rdz. 160.

[20] Allerdings sollte die praktische Bedeutung dieser Unterscheidung nicht überbewertet werden. Letztlich ist die Satzungsbestimmung eben immer nur zulässig, wenn das Gesetz sie gestattet – sei es als ergänzende oder abweichende Bestimmung.

[21] Siehe den Hinweis bei *Seibert* ZIP 1994, 247, 248, man könne § 23 Abs. 5 AktG für kleine AGs nachsichtiger auslegen.

[22] Zum Zusammenhang der deutschen Regeln mit der sog. Kapitalrichtlinie: *Habersack*, S. 126 ff.

Betrag auch diesen Mehrbetrag umfasst (§ 36 Abs. 2, § 36 a Abs. 1 AktG), zu leisten.

20 Wie diese Zahlungen zu erbringen sind, bestimmt jedenfalls bezüglich der vor der Anmeldung zu entrichtenden Beträge[23] § 54 Abs. 3 AktG. Nach dieser Norm kann nur bar oder durch Gutschrift auf ein Konto der Gesellschaft (die dann noch Vorgesellschaft ist[24]) geleistet werden. Alle anderen Erfüllungsvarianten (Aufrechnung, Zahlung an einen Gläubiger der AG, § 362 Abs. 2 BGB) scheiden also aus[25]. Außerdem muss zur *„freien Verfügung"* des Vorstands geleistet werden.

21 Was mit dieser Formulierung des Gesetzes gemeint ist, gehört zu den umstrittensten Problemen des Aktienrechts. Das ist insofern besonders misslich, als bei Annahme einer nicht dem § 54 Abs. 3 AktG entsprechenden – sofern nicht die Voraussetzung von § 27 Abs. 4 AktG erfüllt sind – nach h. M.[26], der Aktionär erneut leisten muss. Auch macht sich der Vorstand strafbar, wenn er bei der Anmeldung zum Handelsregister die freie Verfügbarkeit behauptet, obwohl sie nicht gegeben ist (§ 399 Abs. 1 Nr. 1 AktG). Der *Sinn der Bestimmung* liegt darin sicherzustellen, dass der AG tatsächlich das vereinbarte Kapital zufließt, und es nicht wieder an den Aktionär zurückgezahlt wird. Nur dann kann der Vorstand über die Mittelverwendung entscheiden. Üblich und unbedenklich sind *Absprachen* der Gründer oder Dritter mit den Vorstandsmitgliedern darüber, wie mit dem eingezahlten Geld verfahren werden soll, also etwa welche Investitionen etc. zu tätigen sind[27]. Dies gehört vielfach sogar zu einer ordnungsgemäßen Unternehmensplanung.

22 Dem Vorstand wird der geschuldete Betrag nicht zur freien Verfügung gestellt, wenn die *Summe aus Mitteln der Gesellschaft aufgebracht,* etwa dem Gesellschafter von der Gesellschaft vorgeschossen wurde[28], *oder wenn das Geld wie zuvor abgesprochen dem Aktionär wieder zur Verfügung ge-*

---

[23] Nach *Hüffer* ZGR 1993, 474, 477 und *Roth*, FS Semler, 1993, S. 299, 309 gilt die Norm für spätere Zahlungen auf die Einlageschuld nicht. A. A. *Ulmer* ZHR 154 (1990), 128, 137 mit dem überzeugenden Hinweis darauf, dass auch die nach der Anmeldung erbrachten Resteinlagen als Garantiefond dienen und endgültig auf die AG übergehen müssen; dazu auch BGH NJW 1992, 3300, 3302.

[24] 2. C. 38.

[25] BGHZ 119, 177, 190: § 362 Abs. 2 BGB gilt nicht; auch *Mülbert* ZHR 154 (1990), 145, 155.

[26] 2. C. 23.

[27] BGH ZIP 2003, 211, 212 (GmbH); BGH ZIP 2007, 528, 529; *Kleindiek*, FS Canaris, 2007, S. 1073, 1077; *Habetha* ZGR 1998, 305, 315 f.

[28] Siehe den Fall BGH ZIP 2004, 1046 (GmbH); BGH ZIP 2006, 1633, 1634 (Kapitalerhöhung GmbH); *Lutter*, in Kölner Komm., § 54 Rdz. 47. Zum Recht der GmbH: *Ulmer* § 7 Rdz. 53; BGH ZIP 2001, 513, 515: Leistung auf ein Bankkonto, über das auch der einlegende Gesellschafter verfügen kann: Keine freie Verfügung.

stellt wird (sog. Hin- und Herzahlen)[29]. Letzteres ist beispielsweise der Fall, wenn das Geld an einen Gesellschafter als Zahlung auf ein Darlehen zurückfließt.

Sofern nicht zur freien Verfügung geleistet wurde, weil das Geld an den   **23** Aktionär wieder zurückfließt, erfolgt außerhalb des Anwendungsbereichs der verdeckten Sacheinlage[30] u. U. eine Anrechnung eines eventuell gegen den Aktionär bestehenden Rückzahlungsanspruchs. Voraussetzung dafür ist, dass dieser Anspruch vollwertig[31] ist und jederzeit fällig gestellt werden kann (§ 27 Abs. 4 S. 1 AktG). Auch muss dies in der Anmeldung der AG zum Handelsregister offen gelegt werden (§ 27 Abs. 4 S. 2 AktG). Die Rechtsprechung versteht das so, dass die Anrechnung nur erfolgt, wenn dieser Offenlegungspflicht auch entsprochen wurde[32]. Das leuchtet nicht ein, da dies eine überzogene Rechtsfolge für eine fehlende Offenlegung beinhaltet und zudem die gesonderte Regelung der Anmeldung in S. 2 zeigt, dass es nicht darum ging, weitere Voraussetzungen für die Anrechnung festzulegen[33].

In dem Fall RGSt 24, 287 hatte sich der Angeklagte das Geld bei einem Dritten   **24** geliehen, dem Vorstand kurz in die Hand gedrückt und gemäß einer vorher getroffenen Absprache wieder an sich genommen und dem Darlehensgeber zurückgebracht. Das Reichsgericht entschied zu Recht, dass hier das Geld nicht zur freien Verfügung des Vorstands gestanden habe. Das ist mittlerweile unstreitig[34], da in diesem Fall der Vorstand wirklich keine Möglichkeit hat, das Geld nach seinem eigenen Gutdünken zu nutzen. Daher fehlte es in der Tat an der freien Verfügbarkeit.

In dem Fall BGH ZIP 2005, 2203 verlangte der Kläger als Insolvenzverwalter über   **25** das Vermögen der P-AG 700 000 Euro von dem Beklagten. Dieser hatte bei einer Kapitalerhöhung (bei der Gründung würde nichts anderes gelten) Aktien gegen eine Bareinlage in dieser Höhe übernommen. Nach Einzahlung einer entsprechenden Summe floss das Geld als Darlehen wieder an den Beklagten zurück. Später zahlte er dieses Darlehen wieder zurück.

Der BGH führt aus, dass die Bareinlage ursprünglich nicht zur freien Verfügung der AG gestanden habe, da sie absprachegemäß wieder an den Beklagten zurück geflossen sei. Sollte der Rückzahlungsanspruch vollwertig und jederzeit fällig sein, würde dies allerdings gemäß § 27 Abs. 4 S. 1 AktG den Beklagten von der Einlageschuld befreien, sofern dies in der Anmeldung offen gelegt wurde. Der BGH führt aus, dass jedenfalls die Tilgung des Darlehens zur Folge habe, dass die Barmittel

---

[29] BGH ZIP 2006, 665, 666 (GmbH); BGH ZIP 2007, 528, 529 (GmbH, verneint für Zahlungen an Schwestergesellschaften); *Mülbert* ZHR 154 (1990), 145, 182 f.; *Ulmer* ZHR 154 (1990), 128, 137; kritisch *Kleindiek*, FS Canaris, 2007, S. 1073, 1078.

[30] 2. C. 29 ff.

[31] Dies ist oft nur schwer festzustellen, *Bayer/J. Schmidt* ZGR 2009, 805, 835.

[32] BGHZ 180, 38, 46.

[33] *Altmeppen* ZIP 2009, 1545, 1547; *Hirte* NJW 2010, 2177, 2178; *Roth* NJW 2009 3397, 3398.

[34] *Habetha* ZGR 1998, 305, 315 f.; *Mülbert* ZHR 154 (1990), 145, 146; siehe auch BGH NJW 2001, 3781; BGHZ 153, 107 (GmbH): BHG ZIP 2004, 1046 Rückzahlung nach 11, 2 bzw. 1 Tag(en); zur GmbH Scholz-*Winter/Veil* § 7 Rdz. 35.

nunmehr endgültig der AG zugeführt worden seien. Damit sei der Zweck von § 54 Abs. 3 AktG erreicht[35].

b) Sacheinlagen

26   Neben Geldzahlungspflichten können die Aktionäre auch Einlagepflichten übernehmen, nach denen andere Vermögensgegenstände an die AG zu leisten sind. Diese Einlagen werden als Sacheinlagen bezeichnet (§ 27 Abs. 1 S. 1 AktG). Das Gesetz versucht auf mehreren Wegen auch bei der Verpflichtung zur Leistung von Sacheinlagen sicherzustellen, dass ein dem Grundkapital entsprechender Gegenwert in das Vermögen der AG gelangt. Demgemäß bestimmt § 27 Abs. 2 AktG, dass *Sacheinlagen* – und dasselbe gilt für Sachübernahmen[36] – *nur Vermögensgegenstände sein können, deren wirtschaftlicher Wert feststellbar ist.* Verpflichtungen zu Dienstleistungen können keine Sacheinlagen sein (§ 27 Abs. 2 AktG)[37]. Die Problematik liegt nicht anders als bei der Erbringung der Einlage des Kommanditisten[38].

27   Sollen Sacheinlagen/Sachübernahmen erbracht werden, so muss *in der Satzung* der Gegenstand der Sacheinlage, die Person, von der die Gesellschaft den Gegenstand erwirbt, sowie der Nennbetrag der für die Sacheinlagen zu gewährenden Aktien, bei Stückaktien die Zahl der als Gegenleistung zu erbringenden Aktien oder bei der Sachübernahme die zu gewährende Vergütung festgesetzt werden (§ 27 Abs. 1 AktG). Ist eine solche Festsetzung nicht erfolgt, ist eine Bareinlage geschuldet (§ 54 Abs. 2 AktG)[39]. Der Gründungsbericht hat zu der Frage der Angemessenheit der Leistungen der Gesellschaft Stellung zu nehmen (§ 32 Abs. 2 AktG). Neben die Gründungsprüfung durch die Mitglieder von Vorstand und Aufsichtsrat tritt die Prüfung durch sog. Gründungsprüfer (§ 33 Abs. 1, Abs. 2 Nr. 4 AktG, Ausnahmen in § 33a AktG), wobei sich die Gründungsprüfung auf die Frage zu erstrecken hat, ob der Wert der Sacheinlage/Sachübernahme den geringsten Ausgabebetrag (§ 9 AktG) der dafür zu gewährenden Aktien oder den Wert der dafür zu gewährenden Leistungen erreicht (§ 34 Abs. 1 Nr. 2 AktG)[40]. Die Sacheinlage ist vor der Anmeldung vollständig zu leisten (§ 36 a Abs. 2 AktG). Die Eintragung wird abgelehnt, wenn das Gericht der Auffassung ist, dass der *Wert der Sacheinlage oder Sachübernahme nicht unwesentlich*

---

[35] Bestätigt in BGH ZIP 2006, 1633, 1634; so auch *Bayer* GmbHR 2010, 1289, 1293.

[36] Hierunter versteht man die Verpflichtung der AG, Vermögensgegenstände gegen Vergütung vom Einleger oder Dritten zu übernehmen: § 27 Abs. 1 S. 1 AktG.

[37] Dazu zählen auch Beratungsleistungen: BGH ZIP 2010, 423, 425.

[38] 1. C. 34; speziell zur AG BGH NJW 2000, 2356, 2357 (Nutzungsrecht am Namen und Logo eines Sportvereins); *Pentz* ZGR 2001, 901, 908 ff.; *Steinbeck* ZGR 1996, 116.

[39] Zur Rechtslage vor Eintragung *Ulmer* ZHR 154 (1990), 128, 132.

[40] Zu der Frage, wie ein Agio abgedeckt werden muss, *Hoffmann-Becking*, FS Wiedemann, 2002, S. 999, 1001 ff.; *Priester*, FS Lutter, 2000, S. 617, 622.

hinter dem geringsten Ausgabebetrag (§ 9 AktG) der dafür zu gewährenden Aktien/Leistungen zurückbleibt (§ 38 Abs. 2 S. 2 AktG). Sollte es trotz all dieser Sicherheitsvorkehrungen zur Eintragung der AG trotz nicht vollwertiger Sacheinlage kommen, so trifft den Aktionär eine sog. Bardeckungspflicht: Er muss die Differenz zwischen dem geschuldeten und dem erbrachten Wert in bar nachzahlen[41].

Diese Regelungen werden *durch § 52 AktG gegen Umgehungen abgesi-*   **28**
chert. Nach dieser Bestimmung sind in den ersten zwei Jahren seit der Eintragung der Gesellschaft im Handelsregister bei Verträgen der AG mit Gründern oder mit mehr als 10% an der Gesellschaft beteiligten Aktionären, nach denen die AG Vermögensgegenstände für eine Vergütung erwerben soll, die den zehnten Teil des Grundkapitals übersteigt, bestimmte Sonderregeln einzuhalten (sog. *Nachgründung*[42]). Insbesondere ist für einen solchen Vertragsschluss die Zustimmung der Hauptversammlung erforderlich. Auch haben der Aufsichtsrat und besondere Prüfer diese Verträge zu prüfen. Der Vertrag ist ins Handelsregister einzutragen. Das Gericht lehnt die Eintragung u. a. ab, wenn es offensichtlich ist, dass die von der Gesellschaft aufzubringende Vergütung unangemessen hoch ist (§ 52 Abs. 7 AktG).

c) Verdeckte Sacheinlagen

Das Verfahren zur Einbringung von Sacheinlagen ist wegen der Überprü-   **29**
fung der Werthaltigkeit der Einlage relativ kompliziert und daher auch langwieriger als eine Bargründung. Nun lässt sich aber ein der Erbringung von Sacheinlagen gleichwertiger Zustand auch dadurch erreichen, dass man zwar eine Bareinlage vereinbart, das eingelegte Geld aber zur Tilgung einer bereits bestehenden Forderung des Einlegers oder in ähnlicher Weise (Erwerb von Gegenständen vom Einleger) verwendet. Da bei wirtschaftlicher Betrachtung eigentlich dieser Gegenstand und keine Bareinlage eingebracht wurde, liegt die Nähe zur Sacheinlage auf der Hand. Beispielsweise könnten etwa trotz Vereinbarung einer Bargründung die vom Aktionär zuvor an die AG eingezahlten Mittel von der AG an den Aktionär zur Zahlung einer Schuld der AG, die auf einem Kaufvertrag zwischen AG und Aktionär etwa über ein Auto beruht, wieder zurückfließen[43]. Wirtschaftlich betrachtet leistet der Aktionär das Auto und nichts anderes an die AG. Das ist aber nur im

---

[41] BGHZ 64, 52, 62; *Kübler/Assmann* § 15 I 4 b); *Windbichler* § 26 Rdz. 16; siehe § 9 GmbHG; zum Agio *Hoffmann-Becking*, FS Wiedemann, 2002, S. 999, 1002; *Priester*, FS Lutter, 2000, S. 617, 621 f.

[42] *Lutter/Ziemons* ZGR 1999, 479; kritisch *Bröcker*, Nachgründung, Sachgründung und Kapitalschutz, 2006; *Martens*, FS Priester, 2007, S. 427; *Priester* DB 2001, 467, dort auch zum Zusammenhang mit der Kapitalrichtlinie.

[43] Beispiel BGH ZIP 2003, 1540 (GmbH).

Wege einer Sacheinlage mit der für sie typischen Wertüberprüfung möglich.

30   Demgemäß bestimmt § 27 Abs. 3 S. 1 AktG, dass solche Geschäfte, sofern sie auf einer im Zusammenhang mit der Übernahme einer Geldeinlage getroffenen Abrede beruhen, als verdeckte Sacheinlage anzusehen und nicht wie Bareinlagen zu bewerten sind. Besteht ein zeitlicher und sachlicher Zusammenhang zwischen den Geschäften, so gilt dies als Indiz für eine solche Abrede[44]. Keine verdeckte Sacheinlage liegt vor, wenn der eingelegte Gegenstand gar nicht sacheinlagefähig ist, etwa Dienstleistungen zugesagt wurden. Denn dann können die Regeln über Sacheinlagen auch nicht umgangen werden[45].

31   Die Rechtsfolgen bei Vereinbarung einer verdeckten Sacheinlage ergeben sich aus § 27 Abs. 3 AktG: Durch die Geldzahlung wird der Aktionär zwar nicht von seiner Einlagepflicht befreit; Es wird aber nach Eintragung der AG der Wert des erbrachten Vermögensgegenstands auf die Einlageschuld angerechnet[46]. Um die verdeckte Sacheinlage für den Aktionär unattraktiv zu machen, bestimmt § 27 Abs. 3 S. 5 AktG, dass er die Werthaltigkeit des Gegenstands beweisen muss. Auch droht dem Vorstand die Strafbarkeit nach § 399 Abs. 1 Nr. 1, Nr. 4 AktG. Denn die Anrechnung erfolgt ja frühestens mit Eintragung und daher darf er nicht versichern, dass zur freien Verfügung geleistet wurde[47].

32   In dem Fall BGH ZIP 2010, 978 (mit klarer Anmerkung von *Pentz* GWR 2010, 285) ging es (vereinfacht) unter anderem um den Erwerb von Lizenzen, den eine GmbH (für eine AG gilt im Prinzip dasselbe) von ihrem Alleingesellschafter, dem Beklagten, für 3,9 Mio. Euro getätigt hatte. Das erforderliche Kapital war wie zuvor abgesprochen durch eine Barkapitalerhöhung von 739.000 Euro sowie eine Einzahlung des Gesellschafters von 3 Mio. Euro aufgebracht worden. Der Insolvenzverwalter verlangte Zahlung von 739.000 Euro, da er der Ansicht war, dass die Einlageverpflichtung nicht getilgt sei.

Der BGH geht zu Recht davon aus, dass hier eine verdeckte Sacheinlage in Rede stand. Die Gesellschaft hatte die Lizenzen vereinbarungsgemäß mit der Einlage des Gesellschafters bezahlt. Hinzu waren weitere Mittel der AG gekommen. In diesem Fall spricht man von einer verdeckten gemischten Sacheinlage. Damit stellte sich die Frage, ob der (umstrittene) Wert der Lizenzen gemäß § 27 Abs. 3 S. 3 AktG auf die Einlageschuld anzurechnen ist. Der BGH führt überzeugend aus, dass dies nur inso-

---

[44] BGH ZIP 2010, 978, 979; BGHZ 166, 8, 12; BGHZ 132, 133, 139; BGH ZIP 2002, 2045, 2047 (nicht mehr als 8 Monate zwischen Kapitalerhöhungsbeschluss und Leistung) *Henze* ZHR 154 (1990), 105, 114; *Pentz* ZIP 2003, 2093, 2094; Zu dem parallel liegenden Fall des Verstoßes gegen die Regeln der Kapitalerhaltung, 2. C. 163.

[45] BGH ZIP 2010, 423, 424; BGHZ 180, 38, 41 f.

[46] Über die Rechtsnatur dieser Anrechnung ist Streit entbrannt: *Bayer/J. Schmidt* ZGR 2009, 805, 816 f.: Parallele zur Differenzhaftung: *Maier-Reimer/Wenzel* ZIP 2008, 1449, 1452: Leistung an Erfüllung statt.

[47] Ausführlich Bayer/J. Schmidt ZGR 2009, 508, 824 ff.

weit der Fall sein kann, wie dieser Wert den zusätzlich von der Gesellschaft an den Gesellschafter geleisteten Betrag (hier also 3,161 Mio. Euro) übersteigt. Dies leuchtet ein, da nur in dieser Höhe der Gesellschaft durch die Lizenzen neue Werte zugeführt wurden. Übrigens – sollten die Lizenzen sogar weniger als 3,161 Mio. Euro wert sein, wäre an einen Anspruch nach §§ 57, 62 AktG (unten Rdz. 159 ff.) zu decken.

d) Einlageleistung durch Aufrechnung

Die Aktionäre können von der übernommenen *Leistungspflicht nicht be-*   **33**
freit werden (§ 66 Abs. 1 S. 1 AktG). Ein Erlassvertrag oder auch nur eine Stundungsabrede sind also unwirksam. Auch eine *Aufrechnung* des Aktionärs ist unzulässig (§ 66 Abs. 1 S. 2 AktG). Dies ist auch richtig. Denn andernfalls würde der Aktionär statt der versprochenen Bareinlage eine Forderung einbringen, also eine verdeckte Sacheinlage leisten[48]. Ob die AG aufrechnen kann oder nicht, sagt das Gesetz nicht. Gleichwohl ist eine solche Aufrechnung durch die AG nicht unbeschränkt zulässig. Dies gilt einmal für die Zahlungspflichten, auf die §§ 36 Abs. 2, 36 a Abs. 1 AktG zur Anwendung kommen. Für sie gilt nach § 36 Abs. 2 AktG die Regelung des § 54 Abs. 3 AktG[49]. Ansonsten darf die AG dann aufrechnen, wenn die Forderung des Aktionärs gegen die AG vollwertig, fällig und liquide ist[50]. Denn in den anderen Fällen würde der Aktionär entgegen der Regel des § 66 Abs. 1 AktG jedenfalls in einem eingeschränkten Umfang von seiner Einlagepflicht befreit. Ansonsten ist eine Aufrechnung der AG nur zulässig, wenn sich das Verbot zum Nachteil der Gesellschaft auswirken würde – etwa wenn die wirtschaftliche Lage des Aktionärs schlecht und damit unklar ist, ob er seine Einlageschuld wird begleichen können[51].

e) Kaduzierung

Erbringt ein Aktionär die geschuldete Einlage[52] trotz Aufforderung nicht,   **34**
so kann er seiner *Aktien für verlustig erklärt werden* (§ 64 AktG). Er wird also aus der AG ausgeschlossen, haftet aber weiter für die noch offene Einlageschuld (§ 64 Abs. 4 S. 2 AktG). Für den rückständigen Betrag haftet au-

---

[48] 2. C. 29, daher sollten die Rechtsfolgen denen bei der verdeckten Sacheinlage weitgehend entsprechen und nicht wie in § 66 Abs. 1 AktG vorgesehen, die Nichtigkeit der Aufrechnung herbei führen; 2. F. 23.

[49] 2. C. 19 f.

[50] BGHZ 90, 370, 372 (GmbH); BGHZ 125, 141, 143 (GmbH); *Hüffer* § 66 Rdz. 6; MünchKom AktG-*Bayer* § 66 Rdz. 38; a. A. *Karollus* ZIP 1994, 589 ff. unter Berufung auf die Regelung des § 194 Abs. 1 S. 2 AktG.

[51] *Hüffer* § 66 Rdz. 6; *Fleischer* in K. Schmidt/Lutter § 66 Rdz. 13.

[52] Sofern Sacheinlagen geschuldet sind, gilt die Regel für Geldschulden, wenn sich die Sacheinlage nach allgemeinem Leistungsstörungsrecht in eine Geldschuld umgewandelt hat oder eine Überbewertung der Sacheinlage vorliegt; ähnlich *Hüffer* § 64 Rdz. 3; MünchKommAktG-*Bayer* § 64 Rdz. 12.

ßerdem jeder Rechtsvorgänger des Aktionärs[53], wobei der jeweils frühere erst in Anspruch genommen werden kann, wenn der Betrag von seinem Nachfolger nicht zu erlangen ist (§ 65 Abs. 1 AktG). Gegen Zahlung des rückständigen Betrags wird eine neue Aktienurkunde ausgehändigt (§ 65 Abs. 1 S. 4 AktG). Ist auch auf diese Weise die Zahlung des geschuldeten Betrags nicht zu erlangen, so wird die Aktie verkauft (§ 65 Abs. 3 AktG).

4. Anmeldung und Eintragung im Handelsregister

35   Die Gründer und alle Mitglieder des Vorstands und des Aufsichtsrates melden die Gesellschaft unter Beifügung bestimmter Unterlagen zur Eintragung ins Handelsregister bei dem zuständigen Gericht an (§ 36 Abs. 1, § 37 AktG). Bei der Anmeldung muss nachgewiesen werden, dass der *eingezahlte Betrag endgültig zur freien Verfügung des Vorstands steht* (§ 37 Abs. 1 S. 2 AktG). Das heißt aber nicht, dass die Geldbeträge abgesehen von den in § 36 Abs. 2 AktG ausdrücklich als erlaubt genannten Aufwendungen noch unangetastet vorhanden sein müssten. Dies würde eine wirtschaftlich sinnvolle Verwendung der Mittel blockieren. Das wird besonders deutlich, wenn man an den Fall denkt, dass ein Unternehmen als Sacheinlage eingebracht wurde. Daher muss die Erklärung dahingehend abgegeben werden, dass die Mittel zur freien Verfügung standen und das Grundkapital noch gedeckt ist, sei es auch auf andere Weise als durch Geldbeträge, die für die AG bereitliegen[54].

36   *Der Nachweis*, dass eingezahlte Gelder endgültig zur freien Verfügung stehen (oder in dem genannten Sinne zur freien Verfügung gestanden haben), ist, sofern durch Gutschrift auf ein Bankkonto geleistet wurde, *durch eine schriftliche Bestätigung des Kreditinstituts* zu führen (§ 37 Abs. 1 S. 3 AktG). Für die Richtigkeit der Bestätigung ist das Kreditinstitut gegenüber der Gesellschaft verantwortlich (§ 37 Abs. 1 S. 4 AktG) und über § 399 Abs. 1 Nr. 6 AktG, § 823 Abs. 2 BGB auch manchen Dritten gegenüber, insbesondere Personen, die im Vertrauen auf die Richtigkeit der Angaben neue Aktien erwerben[55]. Das Kreditinstitut trifft eine eigenständige Gewährleistungshaftung. Dabei muss die Bestätigung aber so verstanden werden, dass die Bank lediglich erklärt, nach ihrem Wissen bzw. nach dem Wissen eines

---

[53] Diese können aus dem Aktienbuch entnommen werden, da bei nicht voll eingezahlten Aktien stets Namensaktien ausgegeben werden (§ 10 Abs. 2 AktG).

[54] *Bayer*, FS Horn, 2006, S. 271, 278; *Kleindiek*, FS Canaris, 2007, S. 1073, 1080; nur „wertneutrale" Geschäfte mit der Einlage akzeptiert BGH NJW 2003, 3198, 3200 (GmbH); *Hüffer* ZGR 1993, 474, 480f.; MünchKomm AktG-*Pentz* § 36 Rdz. 79; bei der Kapitalerhöhung muss nicht einmal mehr eine wertgleiche Deckung vorliegen: BGH NJW 2002, 1716; BGH ZIP 2005, 2013, 2014; dazu 2. F. 125.

[55] BGH ZIP 2005, 2013, 2014; *Döser* NJW 2006, 881.

ordnungsgemäß organisierten Kreditinstituts liege eine freie Verfügbarkeit vor. Nur wenn diese Aussage falsch ist, haftet das Kreditinstitut[56].

Nach einer Prüfung des Gerichts, ob die AG *ordnungsgemäß errichtet* 37 *und angemeldet ist* (§ 38 Abs. 1 AktG), erfolgt die Eintragung. Die Gesellschaft ist nur dann ordnungsgemäß errichtet, wenn die Satzung wirksam ist und den in § 23 Abs. 2–4 AktG aufgezählten Mindestinhalt aufweist[57]. § 38 Abs. 4 AktG legt fest, unter welchen Voraussetzungen das Fehlen bzw. die Vereinbarung gesetzeswidriger Satzungsbestandteile die Eintragung der AG hindert[58].

5. Die Vor-AG

Genau wie die Gründung eines Vereins so verläuft auch die Gründung 38 einer AG in mehreren Etappen. Dabei spricht man ab dem *Zeitpunkt der Übernahme aller Aktien durch die Gründer,* also ab Errichtung der Aktiengesellschaft (§ 29 AktG), von einer Vor-AG. Diese ist, genau wie ein Vorverein, rechtsfähig[59]. Wer vor Eintragung der AG im Namen der AG handelt, haftet hierfür persönlich (§ 41 Abs. 1 S. 2 AktG)[60]. Die Haftung erlischt mit Eintragung der Gesellschaft[61]. Wie die Gründer einer GmbH[62] haften auch die Gründer einer AG[63] nur der Vor-Gesellschaft und nicht den Gesellschaftsgläubigern gegenüber. Anders als bei der GmbH, bei der der Gesetzgeber von einer personalistischen Struktur ausgehen konnte, haften die Gründer einer AG aber nur anteilig für die Anlaufverluste und zwar auch dann, wenn andere Gründer ausfallen[64]. Die für die Vor-AG begründeten

---

[56] Ähnlich BGH WM 2008, 483, 486; *Röhricht,* FS Boujong, 1996, S. 457, 470 ff.: Es komme auf die Kenntnisse der Bank an. Nach *Ulmer* GmbHR 1993, 189, 197 haftet die Bank nur für Richtigkeit, soweit ihre eigene Sphäre (Kontoführung) betroffen ist; *Butzke* ZGR 1994, 94, 97 ff.: Bestätigung beinhalte die Aussage, dass das Geld eingezahlt und bis zu einem bestimmten in der Erklärung zu nennenden Tag nicht abverfügt worden sei. Auch werde bestätigt, dass keine Pfändungen erfolgt bzw. Pfandrechte begründet seien.

[57] Hierzu und zu weiteren Voraussetzungen einer ordnungsgemäßen Errichtung *Hüffer* § 38 Rdz. 7; *Röhricht,* in Großkomm. zum AktG, § 38 Rdz. 15 ff.

[58] Zu dieser 1998 neu eingeführten, aus sich heraus kaum verständlichen Bestimmung *Hüffer* § 38 Rdz. 11 ff.

[59] BGH NJW 1992, 1824 (weitgehend rechtsfähig); *Karsten Schmidt* § 27 II 3 a; *Weimar* AG 1992, 69, 70; *Priester* ZHR 165 (2001), 383, 392: voll handlungsfähiger Rechtsträger.

[60] Siehe BGH ZIP 2004, 1409, wo die Haftung der Aufsichtsratsmitglieder gegenüber dem Vorstand nach § 41 Abs. 1 S. 2 AktG zu Recht abgelehnt wird. Dazu auch 2. F. 45.

[61] BGH ZIP 2005, 350; *Karsten Schmidt* § 27 II 4 b).

[62] Dazu 2. F. 41 ff.

[63] BGH ZIP 2005, 350, 351.

[64] *Wiedemann* ZIP 1997, 2029, 2032; a. A. *Karsten Schmidt* § 27 II 3 c): gesamtschuld-

Rechte und Verbindlichkeiten gehen auf die AG über[65]. Da Aktiengesellschaften im Unterschied zu GmbHs nicht sehr oft neu gegründet werden, soll
die Problematik bei der GmbH geschildert werden.

III. Treuepflicht und Gleichbehandlungsgebot

1. Treuepflicht

a) Die Treuepflicht gegenüber der AG

39   In den Personengesellschaften wird die Treuepflicht der Gesellschafter gegenüber der Gesellschaft im Wege der Auslegung dem Gesellschaftsvertrag
entnommen[1]. Für den Verein verfährt man ähnlich. Im Wege der Satzungsinterpretation wird ermittelt, dass die Vereinsmitglieder auf die Vereinsin-
teressen gemäß den Grundsätzen der Treuepflicht Rücksicht zu nehmen haben[2]. Bei der AG scheint dieses Verständnis gewisse Schwierigkeiten zu bereiten. Denn zumindest bei großen Gesellschaften nehmen die Aktionäre,
die u. U. ihre Aktien an der Börse erwerben, von der Satzung kaum oder gar
keine Notiz, so dass der Satzungsinhalt für die Rechtsstellung des Aktionärs
zur AG von geringerer Bedeutung sein könnte. Doch steht auch ein Aktionär
in einer Rechtsbeziehung zu seiner AG und jede Rechtsbeziehung untersteht
dem Gebot von § 242 BGB. Die Treuepflicht des Aktionärs konkretisiert
letztlich nur diese Norm[3].

40   Sehr viel schwieriger ist die Frage zu entscheiden, *wie weit diese Treuepflicht* im Einzelfall *reicht*. Es ist klar, dass ein Aktionär einer Publikumsgesellschaft nur in einem sehr eingeschränkten Umfang einer Treuepflicht unterliegt[4]. Insbesondere sind ihm etwa auch negative Äußerungen über die
Gesellschaft erlaubt. Dass aber auch ihn Treuebindungen treffen, zeigen Fälle, in denen Kleinaktionäre eine für die AG besonders nachteilige Anfechtungsklage in der Absicht erheben, auf diese Weise Zahlungen von ihrer
Gesellschaft für die Rücknahme der Klage zu erpressen. Das ist eindeutig

---

nerische Außenhaftung; BGH ZIP 2005, 350, 351 tendiert für die AG zu derselben Lösung wie bei der GmbH 2.F. 37.

[65] BGH NJW 1992, 1824; *Karsten Schmidt* § 27 II 3 d).

[1] 1. A. 17.

[2] 2. A. 13.

[3] *Hennrichs* AcP 195 (1995), 222, 228 ff.; für eine Entwicklung der Treuepflicht per
Satzungsinterpretation *Henze* BB 1996, 489, 492; *Hüffer*, FS Steindorff, 1990, S. 59, 65 f.;
eine Treuepflicht gegenüber der AG bejahen ohne Stellungnahme zu der Frage, worauf
diese Treuepflicht beruht, RGZ 146, 385 ff., 395; BGHZ 14, 25, 38; *Lutter* ZHR 153 (1989),
446, 452; *Werner*, FS Semler, 1993, S. 419, 423; *Wiedemann*, § 2 I 1 b) bb).

[4] Zur Abhängigkeit der Intensität der Treuepflicht von der Art und Weise, wie die Gesellschaft ausgestaltet ist, 1. A. 18.

treuwidrig[5]. Darüber hinaus spielt die Frage der Treuepflichtverletzung bei der Stimmabgabe in der Hauptversammlung eine größere Rolle[6].

b) Die Treuepflicht gegenüber den Mitaktionären

Lange Zeit war umstritten, ob auch die Aktionäre untereinander durch eine Treuepflicht verbunden sind. Mittlerweile ist diese Frage aber geklärt[7]. Die ursprünglichen Bedenken, die im Wesentlichen darauf hinausliefen, dass die Aktionäre miteinander nicht rechtsgeschäftlich verbunden seien, haben also letztlich nicht überzeugt. Dabei war wohl weniger der Hinweis auf die Satzung, die auch die Aktionäre untereinander verbindet, entscheidend, als die Überzeugung, dass Element jedes Gesellschaftsverhältnisses die Pflicht zur Rücksichtnahme auf die Mitgesellschafter sein muss, mag dieses Ergebnis nun im Wege der Satzungsauslegung, unter Berufung auf § 242 BGB oder einer anderen gesetzlichen Regel bzw. im Wege der Gesamtanalogie zu den übrigen Gesellschaftsformen zu entwickeln sein[8].

41

Mit der Annahme einer solchen Treuepflicht der Gesellschafter untereinander sind aber die entscheidenden Fragen noch nicht beantwortet. Vielmehr muss nun geklärt werden, wie weit diese Treuepflicht reicht oder, konkreter gesprochen, *was der einzelne Aktionär seinen Mitgesellschaftern nun eigentlich schuldet.* Dabei ist klar, dass dies nur unter Berücksichtigung der jeweiligen Struktur der Aktiengesellschaft beantwortet werden kann[9]. Hat die Gesellschaft nur zwei Aktionäre, so ist die Treuepflicht wesentlich intensiver als in einer AG mit zahllosen Aktionären. Insoweit gilt nichts anderes als bei den Personengesellschaften auch. Dass aber auch in Aktiengesellschaften mit großem Aktionärskreis Treuepflichtverletzungen möglich

42

---

[5] Der BGH nennt diese Klagen rechtsmissbräuchlich und erklärt sie mit dieser Begründung zu Recht für unbegründet, siehe 2. C. 141 f. Zugleich sind diese Klagen aber auch treuwidrig. So richtig *Henze* BB 1996, 489, 494; *Werner*, FS Semler, 1993, S. 419, 420, der aber darüber hinaus noch weitere Klagen für treuwidrig hält; auch *Bayer* NJW 2000, 2609, 2613.

[6] 2. C. 126.

[7] Sinngemäß bejaht von RGZ 132, 149, 162 f., dann abgelehnt in BGH JZ 1976, 561; dann wieder bejaht in BGHZ 103, 184; BGHZ 129, 136: Girmes, hierzu 2. C. 127; BGH NJW 1999, 3197 (2. C. 174); *Henze* ZHR 162 (1998), 186; *Lutter* FS BGH, 2000, S. 321, 330; *Raiser/Veil*, § 12 Rdz. 40 ff.

[8] *Dreher* ZHR 157 (1993), 150, 152 f. nimmt an, die Mitgliedschaft begründe ein Sonderrechtsverhältnis zwischen den Gesellschaftern; *Henze*, FS Kellermann, 1991, S. 141, 145, 149 betont mehr den rechtsformübergreifenden Ansatz, zieht aber auch andere Überlegungen heran; *Lutter* ZHR 153 (1989), 446, 454 f. führt mehrere dieser Aspekte nebeneinander an; *Timm* WM 1991, 481, 482 beruft sich auf ein Schuldverhältnis; *Wiedemann* JZ 1989, 447, 448 stellt auf die Möglichkeit der Mehrheit ab, die Rechtsstellung der Minderheit zu beeinflussen.

[9] BGHZ 103, 184, 194; *Dreher* ZHR 157 (1993), 150, 154 f.; *Henze* ZHR 162 (1998), 186; *Marsch-Barner* ZHR 157 (1993), 172, 173 ff.

sind, zeigt der bereits genannte Fall der Erpressung von Zahlungen für Kla-
gerücknahmen durch Kleinaktionäre. Werden diese Beträge statt von der
AG von einem anderen Aktionär (insbesondere von dem Mehrheitsaktionär)
erpresst, so liegt eine Treuepflichtverletzung der Aktionäre untereinander
vor[10].

43 In dem Fall BGHZ 103, 184 besaß eine GmbH 96% der Aktien einer AG. Die übrigen 4% befanden sich in Streubesitz. Die GmbH beschloss trotz gut gehender Geschäfte der AG, diese zu liquidieren. Dabei war geplant, dass die GmbH das Vermögen der AG aus der Liquidationsmasse erwerben sollte. Demgemäß bereitete der
Vorstand diese Vermögensübertragung auf die GmbH vor, ohne nach alternativen –
vielleicht sogar günstigeren – Verwertungsformen zu suchen. Ein Aktionär (Inhaber
von 4 Aktien) focht den Liquidationsbeschluss an.

Der BGH entschied, dass die Mehrheitsgesellschafterin durch die Verhandlungen
mit dem Vorstand der AG über die Übernahme wesentlicher Teile des Gesellschaftsvermögens schon vor Fassung des Liquidationsbeschlusses die gesellschafterliche
Treuepflicht verletzt habe, da sie sich auf diese Weise Sondervorteile gegenüber den
anderen Aktionären verschafft habe. Daher hatte die gegen den Auflösungsbeschluss
gerichtete Anfechtungsklage Erfolg.

Im Ergebnis liegt das Urteil sicher richtig. Doch erscheint es nicht sonderlich rea-
litätsnah, wenn die Treuepflichtverletzung in der Vorbereitung der Vermögensübertragung auf die Mehrheitsgesellschafterin vor Fassung des Liquidationsbeschlusses
gesehen wird. Denn bei wirklichkeitsnaher Betrachtung bestand doch für den Anfechtungskläger mit gerade 4 Aktien nie eine ernsthafte Chance, bei der Veräußerung des Unternehmens aus der Liquidationsmasse mithalten zu können[11]. Darum
ging es ihm auch gar nicht. Für ihn entscheidend war die Frage, ob die Liquidation
auch mit dem Ziel beschlossen werden konnte, das Unternehmen gar nicht abzuwi-
ckeln, sondern nach Ausschluss der Mitaktionäre allein durch den Mehrheitsgesellschafter fortzuführen. Der BGH scheint dies zu bejahen. Doch wären insoweit wohl
eher Zweifel am Platz. Hier ging es in der Sache darum, Mitgesellschafter aus der AG
herauszudrängen. Hierfür steht das Squeeze-out-Verfahren nach § 327 a ff AktG zur
Verfügung. Es erscheint missbräuchlich, wenn das Liquidationsrecht hierzu genutzt
wird[12].

2. Das Gleichbehandlungsgebot

44 Nach § 53 a AktG sind Aktionäre unter gleichen Voraussetzungen gleich
zu behandeln. Damit ist selbstverständlich nicht eine identische Behandlung

---

[10] Zu diesen und weiteren zum Teil auch zweifelhaften Beispielen *Lutter* ZHR 153
(1989), 446, 458 ff. und ZHR 162 (1998), 164, 168; siehe auch *Timm* WM 1991, 481, 483,
490 ff., der den umgekehrten Fall des Abkaufs der Anfechtungsklage durch den Mehrheitsaktionär in dessen Interesse ausführlich behandelt; auch *Henze* ZHR 162 (1998),
186, 191 f.; zum sog. „Girmes-Fall" BGHZ 129, 136; 2. C. 127.
[11] Kritisch insoweit auch *Wiedemann* JZ 1989, 447, 449, der meint, es gehe darum,
dem Minderheitsaktionär eine angemessene Beteiligung am Wert des Unternehmens zu
sichern. Aber das hatte der Kläger nicht verlangt.
[12] Ähnlich *Lutter* ZHR 153 (1989), 446, 450 f.

der Aktionäre gefordert. Das wäre in Anbetracht der unterschiedlichen Beteiligungsarten und -höhen nicht sachgerecht. Vielmehr ist – wie auch im Recht der Personengesellschaften – mit dem in § 53 a AktG niedergelegten Gleichbehandlungsgebot nur gemeint, dass eine willkürliche, sachlich nicht gerechtfertigte Ungleichbehandlung nicht erlaubt sein soll[13]. Auch steht – ebenfalls wie im Recht der Personengesellschaften – das Gleichbehandlungsgebot in weitem Umfang zur *Disposition der Aktionäre*: Zum einen kann in der Satzung die Rechtsstellung der Aktionäre unterschiedlich ausgestaltet werden (etwa Vorzugsaktien ohne Stimmrecht § 139 AktG) und zum anderen kann ein Aktionär eine ihn benachteiligende Ungleichbehandlung billigen. Dann ist sie problemlos zulässig.

In dem Fall BGHZ 120, 141 hatte die beklagte AG mit ihrer Mehrheitsaktionärin   **45**
Genussrechtsverträge geschlossen. Der Kläger, ein Minderheitsaktionär, focht den Beschluss der Hauptversammlung, der dem Ausschluss des Bezugsrechts der Aktionäre zustimmte[14], mit der Begründung an, in dem Ausschluss liege ein Verstoß gegen den Gleichbehandlungsgrundsatz. Der BGH führt aus, dass § 53 a AktG ein Verbot willkürlicher Ungleichbehandlung beinhalte. Dass eine solche nicht gegeben sei, begründet das Urteil im Wesentlichen damit, dass wegen der schlechten Ertragslage der Beklagten und der im Vergleich zu anderen Kapitalanlagen wenig günstigen Konditionen der Genussrechte nicht damit zu rechnen gewesen sei, dass eine größere Anzahl von Aktionären diese Genussrechte zeichnen würde. Daher sei es gerechtfertigt gewesen, dass die Beklagte die sichere Plazierung der Genussrechte bei der Mehrheitsaktionärin unter Vermeidung der hohen Kosten, die bei einer Begebung auch an die Kleinaktionäre entstanden wären, vorzog. Hinzu kam, dass die Beklagte den außenstehenden Aktionären Schuldverschreibungen mit einer sogar günstigeren Verzinsung angeboten hatte. Dann kann wirklich nicht mehr von einer willkürlichen Ungleichbehandlung die Rede sein[15]!

Die praktische Bedeutung des Gleichbehandlungsgebotes liegt vielfach   **46**
bei der *Kontrolle von Hauptversammlungsbeschlüssen*. Sie haben dem Gleichbehandlungsgebot Rechnung zu tragen. Andernfalls sind sie anfechtbar[16]. So hat beispielsweise das KG Berlin entschieden, dass ein Kapitalerhöhungsbeschluss anfechtbar ist, wenn ohne besonderen Grund nur zwei Aktionären die Möglichkeit eingeräumt wird, statt einer Bar- eine Sacheinlage zu erbringen[17]. Aber auch der Vorstand ist, etwa bei der Durchführung von

---

[13] Ausführlich *Verse*, Der Gleichbehandlungsgrundsatz im Recht der Kapitalgesellschaften 2006, S. 252 ff.; zu den Schwächen des Gleichbehandlungsgrundsatzes *Schokkenhoff*, Gesellschaftsinteresse und Gleichbehandlung beim Bezugsrechtsausschluss, 1988, S. 53 ff.
[14] Zum Ausschluss des Bezugsrechts 2. C. 176 ff.; eine sachliche Rechtfertigung für den Bezugsrechtsausschluss war nach Ansicht des BGH nicht erforderlich, weil die Genussrechte die vermögensrechtliche Stellung der Aktionäre nicht beeinträchtigten.
[15] Zustimmend auch *Lutter* ZGR 1993, 291, 309 f.
[16] 2. C. 138 f.
[17] ZIP 2010, 1849, 1852.

Geschäftsführungsmaßnahmen, an den Gleichbehandlungsgrundsatz gebunden[18]. Die Rechtslage ist nicht anders als im Recht der Personengesellschaften und des Vereins auch[19].

IV. Der Vorstand

1. Berechtigung zur Geschäftsführung und Vertretung

a) Geschäftsführung

47   Nach § 76 Abs. 1 AktG *leitet der Vorstand die Gesellschaft unter eigener
Verantwortung.* Damit bringt das Gesetz nicht nur zum Ausdruck, dass der
Vorstand die Geschäfte der AG führt, sondern auch dass er dies eigenverantwortlich zu tun, also seine Entscheidungen weisungsfrei zu treffen hat. Was
genau zu diesen Leitungsentscheidungen gehört, kann pauschal nicht gesagt
werden. Es kommt auf Struktur und Größe der jeweiligen Gesellschaft an.
Diese Leitungsentscheidungen können weder auf einen Dritten[1] noch auf ein
anderes Organ der AG übertragen werden[2]. Doch sollte man keine zu starren Vorgaben für die Unternehmensführung treffen. Eine hinreichende Lei-
tungsentscheidung ist auch erfolgt, wenn der Vorstand sich dafür entschieden hat, Aufgaben weitgehend zu delegieren. Doch muss er eine gewisse
Kontrolle ausüben. Auch muss ihm die Möglichkeit verbleiben, die Entscheidungsbefugnis wieder an sich zu ziehen.

48   Der *Umfang der Geschäftsführungsbefugnis* wird durch die Satzung festgelegt. Insbesondere hat sich der Vorstand bei seinem Handeln für die AG an
den Unternehmensgegenstand zu halten[3]. In der Satzung kann aber nicht
konkret eine bestimmte Geschäftsführungsmaßnahme vorgeschrieben werden, da anderenfalls entgegen der gesetzlich festgeschriebenen Kompetenz-
verteilung der Vorstand die AG nicht unter eigener Verantwortung leiten
würde (§ 23 Abs. 5 AktG)[4]. Darüber hinaus kann die Geschäftsführungsbe-

---

[18] Siehe etwa zur Unterstützung des Aktienkaufangebotes eines Aktionärs durch den
Vorstand BGH ZIP 2008, 218; zum Erwerb eigener Aktien durch die AG *Paefgen* ZIP
2002, 1509.

[19] 2. A. 14; zur Möglichkeit des Aktionärs, eine Verletzung des Gleichbehandlungsgrundsatzes im Klagewege geltend zu machen, *von Gerkan* ZGR 1988, 441, 442; *Raiser*
ZHR 153 (1989), 1, 18; *Zöllner* ZGR 1988, 393, 427.

[1] Eine Ausnahme besteht für Unternehmensverträge, insbesondere den Beherr-
schungsvertrag, § 291 Abs. 1 AktG.

[2] *Fleischer* ZIP 2003, 1, 7 ff.; *Henze* BB 2000, 209; speziell zu Führungsaufgaben im
EDV-Bereich *Stein* ZGR 1988, 163, 168 f.

[3] Dazu *Mertens*, in Kölner Komm., § 82 Rdz. 14 ff.; *Welf Müller*, FS Semler, 1993,
S. 195, 201 ff.

[4] Siehe 2. C. 11.

fugnis durch eine Geschäftsordnung geregelt werden, die sich der Vorstand – abgesehen von in der Satzung eventuell geregelten Einzelfragen – selbst gibt. Allerdings kann auch der Aufsichtsrat eine Geschäftsordnung für den Vorstand erlassen, die dann – im Rahmen der Satzung – gilt (§§ 82 Abs. 2, 77 Abs. 2 AktG)[5]. Häufig erfolgt eine Aufteilung der Aufgaben auf die einzelnen Vorstandsmitglieder nach Ressorts. Auch dann aber trifft den Vorstand aber eine Art übergeordnete Gesamtverantwortung für die einzelnen Abteilungen[6]. Im übrigen ordnen die Satzung oder der Aufsichtsrat an, dass bestimmte Geschäfte nur mit Zustimmung des Aufsichtsrats vorgenommen werden dürfen (§ 111 Abs. 4 S. 2 AktG). Bei der Geschäftsführung hat der Vorstand seine Tätigkeit am Interesse des Unternehmens, der Aktionäre, der Arbeitnehmer und am Gemeinwohl auszurichten.

Wie die Geschäftsführung bei einem mehrköpfigen Vorstand zu erfolgen   **49**
hat, bestimmt § 77 AktG. Nicht möglich ist es, einem oder mehreren Vorstandsmitgliedern ein Entscheidungsrecht bei Meinungsverschiedenheiten gegen die Mehrheit einzuräumen (§ 77 Abs. 1 S. 2 AktG). Ein Vetorecht dürfte aber wohl möglich sein: Denn dann wird lediglich die Durchführung einer bestimmten Entscheidung verhindert[7].

b) Vertretung

Nach § 78 Abs. 1 AktG *vertritt der Vorstand die Gesellschaft gerichtlich*   **50**
und außergerichtlich. Besteht der Vorstand aus mehreren Personen, so besteht Gesamtvertretungsmacht, sofern die Satzung nichts anderes bestimmt (§ 78 Abs. 2 S. 1 AktG). Sollte im Verhältnis zur AG die Geschäftsführungsbefugnis des Vorstands beschränkt sein (§ 82 Abs. 2 AktG), hat dies für die Vertretungsmacht keine Folgen (§ 82 Abs. 1 AktG). Allerdings gelten selbstverständlich die Regeln des Missbrauchs der Vertretungsmacht[8].

2. *Bestellung und Anstellung*

Die Vorstandsmitglieder *werden mit ihrer Zustimmung durch den Auf-*   **51**
sichtsrat bestellt (§ 84 Abs. 1 S. 1 AktG)[9]. Es ist nicht erforderlich, dass sie zugleich Aktionäre sind. Der Grundsatz der Selbstorganschaft gilt also in der AG unstreitig nicht. Die Bestellung kann allerdings nur auf höchstens 5

---

[5] *Bezzenberger* ZGR 1998, 352, 355; *Hoffmann-Becking* ZGR 1998, 497, 501 ff.

[6] BGH ZIP 2004, 407, 409 (Genossenschaft); *Fleischer* NZG 2003, 449, 452 ff.; zur GmbH 2. F. 54.

[7] Kritisch *Hoffmann-Becking* ZGR 1998, 497, 518 f.

[8] Dazu *Fleischer* NZG 2005, 529, 530.

[9] In der Praxis kommt es allerdings nicht selten vor, dass der Vorstand maßgeblichen Einfluss auf die Auswahl weiterer Vorstandsmitglieder nimmt, siehe *Peltzer*, FS Semler, 1993, S. 261 ff.

Jahre erfolgen. Der Corporate Governance Kodex[10] empfiehlt bei Erstbestellung diese Frist nicht auszuschöpfen. Eine wiederholte Bestellung ist zulässig (§ 84 Abs. 1 AktG). Damit will das Gesetz sicherstellen, dass eine gewisse Abhängigkeit des Vorstands vom Aufsichtsrat erhalten bleibt und der Aufsichtsrat sich in regelmäßigen Abständen mit der Frage befasst, ob der Vorstand richtig besetzt ist. Aus demselben Grund kann die *Bestellung* zum Vorstandsmitglied *widerrufen werden*, wenn ein wichtiger Grund vorliegt (§ 84 Abs. 3 S. 1 AktG)[11]. Dabei zählt zu den wichtigen Gründen auch ein Vertrauensentzug durch die Hauptversammlung, sofern dies nicht aus offenbar unsachlichen Gründen erfolgt ist (§ 84 Abs. 3 S. 2 AktG). Aber auch in diesem Fall steht es dem Aufsichtsrat frei, ob er den Vorstand oder auch nur einzelne Vorstandsmitglieder tatsächlich abberufen will[12]. Auf diese Weise sichert das Gesetz dem Vorstand eine gewisse Unabhängigkeit gegenüber Hauptversammlung und Aufsichtsrat.

52   Neben die Bestellung tritt ein *Anstellungsvertrag*[13]. Dabei handelt es sich für gewöhnlich um einen Dienstvertrag, wobei sich allerdings die dem Vorstand geschuldete *Vergütung* in einem angemessenen Verhältnis zu den Aufgaben des Vorstands und zur Lage der Gesellschaft zu halten hat (§ 87 Abs. 1 S. 1 AktG)[14]. Über die Frage, welche Vergütung angemessen ist, wurde in den letzten Jahren viel gestritten[15]. Für börsennotierte Gesellschaften (§ 3 Abs. 2 AktG) bestimmt § 87 Abs. 1 S. 2 AktG, dass Vergütungssysteme auf eine nachhaltige Unternehmensentwicklung auszurichten sind. Auf diese Weise will der Gesetzgeber vermeiden, dass Fehlanreize für das Vorstandshandeln gesetzt werden, wie man sie in der Belohnung kurzfristiger Erfolge sieht. Doch muss nun geklärt werden, welche Vergütungssysteme dieser Vorgabe entsprechen (etwa auch reine Festvergütungen? Welcher Anteil eines Jahresbonus darf am Ende des Jahres an den Vorstand ausgeschüttet werden und welcher muss an mehrjährige – wie viele Jahre – Erfolge gebunden werden?)[16]. Ähnlich schwierig wird es, wenn es um die von § 87 Abs. 2 AktG geforderte Herabsetzung der Bezüge bei Verschlechterung der Lage

---

[10] 5.1.2., zu dem Kodex 2. C. 7.

[11] Beispiel BGH ZIP 2007, 139: Bank droht mit Nichtverlängerung des Kredits, wenn Vorstand nicht abberufen wird.

[12] *Mertens/Cahn*, in Kölner Komm., § 84 Rdz. 129; *Raiser/Veil* § 14 Rdz. 39.

[13] *Reuter*, FS Zöllner, 1998, S. 487; kritisch gegenüber der Annahme zweier Rechtsverhältnisse *Stodolkowitz* ZHR 154 (1990), 1, 4 f. mit weiteren Nachweisen, siehe 2. A. 35.

[14] Sofern dies nicht der Fall ist, ist die Vergütungsabrede trotzdem wirksam. Doch macht sich der Aufsichtsrat schadensersatzpflichtig: *Kübler/Assmann* § 15 III 2 b) bb); *Mertens*, in Kölner Komm., § 87 Rdz. 3.

[15] *Fleischer* DStR 2005, 1279 ff., 1318 ff.; *Lücke* NZG 2005, 692 f.; *Lutter* ZIP 2006, 733; *Thüsing* ZGR 2003, 457.

[16] Dazu *Fleischer* NZG 2009, 801; *Wagner* AG 2010, 774; *Wilsing/Paul* GWR 2010, 363.

der Gesellschaft geht[17]. In einem aufsehenerregenden Prozess hat der BGH desweiteren entschieden[18], dass nicht geschuldete Sonderzahlungen mit allein belohnendem Charakter, die der AG keinen Vorteil bringen können (kompensationslose Anerkennungsprämie), eine sogar strafbare (§ 266 StGB) Verschwendung von Gesellschaftsvermögen sind.

Der Anstellungsvertrag wird vom *Aufsichtsrat in Vertretung der Gesell-* **53** *schaft* abgeschlossen (§ 112 AktG)[19]. Dabei darf der Anstellungsvertrag im Grundsatz nicht für eine längere Zeit abgeschlossen werden als die Bestellung andauert, da anderenfalls auf diesem Wege faktisch doch eine Bindung der Gesellschaft an ein Vorstandsmitglied eintreten würde (§ 84 Abs. 1 S. 5 AktG). Wird die Bestellung widerrufen, so hat dies primär keine Auswirkungen auf den Anstellungsvertrag[20]. Allerdings wird in diesem Widerruf normalerweise auch eine Kündigung des Anstellungsvertrages liegen. Ob diese wirksam ist, richtet sich nach den allgemeinen Regeln. Sicher ist, dass nicht in jedem Widerruf der Bestellung zugleich ein wichtiger Grund für eine fristlose Kündigung des Anstellungsvertrages nach § 626 BGB liegt.

3. Haftung für fehlerhafte Geschäftsführung gegenüber der Gesellschaft

a) Genau wie das Vorstandsmitglied eines Vereins ist auch das Vorstands- **54** mitglied einer AG schon aufgrund der *Bestellung*[21] zu einem ordnungsgemäßen Handeln für die AG verpflichtet. Daneben tritt die Haftung aus dem *Anstellungsverhältnis*[22]. Dem entspricht, dass die Vorstandsmitglieder nach § 93 Abs. 1 AktG bei ihrer Geschäftsführung die Sorgfalt eines ordentlichen und gewissenhaften Geschäftsleiters anzuwenden haben und nach § 88 AktG dazu verpflichtet sind, der Gesellschaft *keinen Wettbewerb* zu machen[23]. Für Vorstandsmitglieder einer AG steht fest, dass die Grundsätze der

---

[17] *Hamann/Wittuhn* ZGR 2009, 847; *Hüffer* § 87 Rdz. 9 ff.

[18] ZIP 2006, 72 (Mannesmann).

[19] In OLG Schleswig ZIP 2001, 71 fehlte es an einem Beschluss des Aufsichtsrates über die Anstellung.

[20] Es ist aber zulässig, die Beendigung des Dienstvertrages an den Zeitpunkt des Widerrufs der Organbestellung zu knüpfen. BGH WM 1989, 1246; *Rellermeyer* ZGR 1993, 77, 82 f.

[21] Zum Fall der fehlerhaften Bestellung, also des faktischen Organs in der Aktiengesellschaft, *Hüffer* § 93 Rdz. 12; zu dem Fall, dass auch die Bestellung fehlt, *Fleischer* AG 2004, 517, 523 f.

[22] Es ergeben sich keine Unterschiede zum Verein, 2. A. 35 f.

[23] *Fleischer* AG 2005, 336; *Kort* ZIP 2008, 717; in BGH NJW 2001, 2476 wird ein Verstoß gegen § 88 AktG verneint.

beschränkten Arbeitnehmerhaftung zu ihren Gunsten nicht eingreifen[24]. Auch kann im Anstellungsvertrag keine *Haftungsmilderung* vereinbart werden[25]. Damit soll erreicht werden, dass Vorstandsmitglieder auch im Interesse der Arbeitnehmer und Anleger sowie letztlich auch der Allgemeinheit durch dieses Haftungsrisiko zu einem absolut pflichtgemäßen Verhalten angehalten werden.

55   Die AG kann nur unter sehr eingeschränkten Voraussetzungen auf Ersatzansprüche gegen die Vorstandsmitglieder verzichten (§ 93 Abs. 4 S. 3, 4 AktG). Die Gläubiger der Gesellschaft können diese Ersatzansprüche geltend machen, sofern sie von der AG keine Befriedigung erlangen können (§ 93 Abs. 5 AktG). Zur Abdeckung dieses erheblichen Haftungsrisikos verfügen viele Vorstände über eine entsprechende Versicherung[26]. Das Gesetz räumt dem Vorstand immerhin die Möglichkeit ein, die Hauptversammlung über eine geplante Maßnahme entscheiden zu lassen. Folgt er einem gesetzmäßigen Hauptversammlungsbeschluss, so haftet er der Gesellschaft nicht (§ 93 Abs. 4 S. 1 AktG).

56   b) Schwierig zu beantworten ist die Frage, *welches Verhalten ordnungsgemäß* i. S. v. § 93 Abs. 1 AktG ist. Klar ist, dass das Vorstandsmitglied seine Entscheidungen am Interesse des Unternehmens, der Aktionäre, der Arbeitnehmer und am Gemeinwohl auszurichten hat[27]. Doch ist mit dieser pauschalen Formulierung wenig gewonnen[28]. Eine gewisse Präzisierung bringen neben § 92 Abs. 2 S. 3 AktG (keine Zahlungen an Aktionäre, die zur Zahlungsunfähigkeit der AG führen[29]) und § 91 Abs. 2 AktG (Pflicht zur Schaffung eines Systems zur Erkennung von Gefahren für die AG[30]) auch andere Normen des AktG, die teilweise sogar strafrechtlich sanktioniert sind (§§ 399, 400, 404 AktG).

---

[24] *Fleck*, FS Hilger/Stumpf, 1983, S. 196, 214 ff.; *Hüffer* § 93 Rdz. 14; etwas abweichend *Schneider*, FS Werner, 1984, S. 795, 812 f.

[25] *Bastuk*, Enthaftung des Managements, 1986, S. 195 ff.; *Schneider*, FS Werner, 1984, S. 795, 812; *Westermann*, FS Beusch, 1993, S. 872, 879; dort auch zu Freistellungserklärungen.

[26] Dazu *Dreher* ZHR 165 (2001), 293 ff. Zu den Lücken des Versicherungsschutzes *Habersack*, FS Ulmer, 2003, S. 151, 155.

[27] *Henze* BB 2000, 209, 212; nach § 70 Abs. 1 AktG 1937 hatte der Vorstand die Gesellschaft unter eigener Verantwortung so zu leiten, wie das Wohl des Betriebes und seiner Gefolgschaft und der gemeine Nutzen von Volk und Reich es erfordern. Dieser Text wurde in der Aktienrechtsreform von 1965 wegen der nationalsozialistischen Terminologie nicht übernommen, ohne dass eine Änderung in der Sache angestrebt wurde. Siehe *Kropff*, Aktiengesetz mit Begründung des Regierungsentwurfs etc., 1965, S. 97.

[28] Konkretisierungen finden sich bei *Abeltshauser*, Leitungshaftung im Kapitalgesellschaftsrecht, 1998, S. 147 ff.; *Clemm/Dürrschmidt*, FS Welf Müller, 2001, S. 67, 75 ff.

[29] Dazu *Böcker/Poertzgen* WM 2007, 1203; *Möller* Der Konzern 2008, 1, 8.

[30] Dazu *Hoffmann-Becking* ZGR 1998, 497, 513; *Pahlke* NJW 2002, 1680; *Theusinger/Liese* NZG 2008, 289.

Wie schwer es ist, genau zu sagen, welches Verhalten ordnungsgemäß ist, **57** zeigen etwa die Fälle des Abkaufens von Anfechtungsrechten. Es kommt immer wieder vor, dass Aktionäre durch die Erhebung einer Anfechtungsklage gegen einen Hauptversammlungsbeschluss Maßnahmen blockieren, die für die Gesellschaft wesentlich sind. Ziel dieser Aktionäre ist vielfach nicht eine Kontrolle der Rechtmäßigkeit des Beschlusses, sondern die Erpressung von Zahlungen seitens der Gesellschaft[31]. Wenn die Vorstandsmitglieder dann an den Aktionär tatsächlich Zahlungen leisten, um ihn so zur Rücknahme der Anfechtungsklage zu bewegen, fragt es sich, ob dieses Verhalten ordnungsgemäß ist. Auf der einen Seite nutzt es der Gesellschaft, weil so die angestrebte Maßnahme zur Ausführung gelangt, auf der anderen Seite wird aber ein bestimmter Beschluss der Kontrolle auf seine Rechtmäßigkeit entzogen. Auch könnten die Zahlungen gegen § 57 Abs. 1 S. 1 AktG (Einlagenrückgewähr) oder § 53 a AktG (Gleichbehandlungsgrundsatz) verstoßen. Mittlerweile herrscht wohl die Ansicht vor, dass im Falle solcher erpresserischer Klagen Zahlungen geleistet werden dürfen, diese aber später wieder zurückgefordert werden müssen[32]. In jedem Fall muss einem Vorstandsmitglied ein weiter Spielraum zugestanden werden, innerhalb dessen jede Entscheidung als pflichtgemäß anzusehen ist. Demgemäß schließt § 93 Abs. 1 S. 2 AktG eine Pflichtverletzung aus, wenn die Vorstandsmitglieder bei einer unternehmerischen Entscheidung auf der Grundlage angemessener Informationen annehmen durften, zum Wohl der Gesellschaft zu handeln (*Business Judgement Rule*)[33].

c) Nach § 120 Abs. 1 AktG beschließt die Hauptversammlung alljährlich **58** über die *Entlastung* der Mitglieder des Vorstands[34]. Dieser Beschluss kann angefochten werden, wenn Entlastung trotz eines schwerwiegenden Gesetzesverstoßes erteilt wird[35], hat aber nach der ausdrücklichen Regelung des § 120 Abs. 2 S. 2 AktG keinen Einfluss auf eventuelle Ersatzansprüche. Der Grund für diese Sonderregel der Entlastung im Aktienrecht dürfte in der auch sonst zu beobachtenden Intention des Gesetzes liegen, durch eine relativ scharfe Haftung der Vorstandsmitglieder diese zu einem pflichtgemäßen Verhalten auch im Interesse von Arbeitnehmern, Anlegern und Allgemeinheit anzuhalten. In der Verweigerung der Entlastung kann auch ein Vertrau-

---

[31] 2. C. 141 f.

[32] Siehe mit Unterschieden im Einzelnen *Lutter*, FS 40 Jahre Der Betrieb, 1988, S. 193, 196 ff. und für recht weitgehende Zahlungsmöglichkeiten *Poelzig* WM 2008, 1009.

[33] Siehe BGHZ 135, 244; im Fall BGH ZIP 2002, 213 (Genossenschaft) war dieser Spielraum überschritten; *Henze* BB 2000, 209, 211; *Holzborn* WM 2006, 157; *Koch* ZGR 2006, 769, 782 f.

[34] 2. C. 104.

[35] BGHZ 153, 47, 52; BGH ZIP 2004, 2428, 2429; *Weitemeyer* ZGR 2005, 280, 292 ff.

ensentzug der Hauptversammlung liegen, der den Aufsichtsrat zum Widerruf der Bestellung des Vorstandsmitglieds veranlassen kann (§ 84 Abs. 3 AktG). Zugleich kann die Verweigerung der Entlastung für die betroffenen Personen einen nicht unerheblichen Verlust an Standing zur Folge haben.

59   In dem Fall BGH ZIP 2009, 460 (mit Anm. Mutter) hatte der klagende Aktionär den Beschluss der Hauptversammlung über die Entlastung des Vorstands und des Aufsichtsrates angefochten. Die AG hatte eine Entsprechungserklärung im Sinne von § 161 AktG abgegeben[36]. Nach 5.5.3 des Kodex soll der Aufsichtsrat über Interessenkonflikte und deren Behandlung in seinem Bericht an die Hauptversammlung informieren. Dies war in Bezug auf den Aufsichtsratsvorsitzenden (ihm drohten als ehemaligem Vorstand Regressansprüche nach § 93 Abs. 2 AktG), über deren Geltendmachung der Aufsichtsrat zu beraten und zu entscheiden hat (§ 111 Abs. 1 AktG), nicht geschehen.

Der BGH hat entschieden, dass die Entlastungsbeschlüsse anfechtbar seien[37], da die Organmitglieder entgegen § 161 AktG sich an den Kodex nicht gehalten, dies nicht offen gelegt hatten und die Unrichtigkeit der Erklärung auch kannten oder kennen mussten. Zwar hat der Kodex keine Gesetzeskraft, so dass der Verstoß als solcher nicht unter § 243 Abs. 1 AktG subsumiert werden kann. Doch ändert das nichts daran, dass gegen § 161 AktG verstoßen wurde. Allerdings führt nicht jede unrichtige Entsprechungserklärung zur Anfechtbarkeit des Entlastungsbeschlusses. Vielmehr betont der BGH zu Recht, dass es sich um einen wesentlichen Punkt handeln muss. Doch führt das dann wieder zu der Frage, wann ein Verstoß wesentlich ist[38].

60   d) Die Ansprüche der Gesellschaft gegen den Vorstand werden vom *Aufsichtsrat durchgesetzt* (§ 112 AktG). Die Klage kann durch eine Sonderprüfung (§ 142 AktG) vorbereitet werden[39]. Soweit es um Schadensersatzansprüche wegen pflichtwidrigen Vorstandshandelns geht, ist der Aufsichtsrat in aller Regel zur Geltendmachung dieser Ansprüche verpflichtet[40]. Darüber hinaus müssen Ansprüche gegen den Vorstand durchgesetzt werden, wenn die *Hauptversammlung* dies verlangt (§ 147 Abs. 1 S. 1 AktG). Sollte die Hauptversammlung dem Aufsichtsrat eine effektive Durchsetzung der Ersatzansprüche nicht zutrauen, kann sie einen besonderen Vertreter bestellen (§ 147 Abs. 2 AktG)[41]. Außerdem lässt das Gericht auf Antrag einer 1%igen Minderheit bzw. von Aktionären, die Aktien in einem anteiligen Betrag von 100.000 Euro halten, unter gewissen Umständen eine Klage dieser Aktionäre zu, die auf die Durchsetzung der Ersatzansprüche der Gesellschaft ge-

---

[36] 2. C. 7.

[37] Überblick über die Judikatur zur Anfechtung von Entlastungsbeschlüssen bei *Decher*, FS Hopt, 2010, S, 499; *Litzenberger* NZG 2010, 854.

[38] Dazu Goette, FS *Hüffer*, 2010, S. 225, 232, 234; *Mutter* ZGR 2009, 788, 797.

[39] Zu den Fällen, die der Sonderprüfung in letzter Zeit neue Aktualität verliehen haben *Müller-Michaels/Wingenter* AG 2010, 903.

[40] BGHZ 135, 244; BGH NZG 2009, 550, 552; dazu *Redeke* ZIP 2008, 1549 *Sünner* ZHR 163 (1999), 364, 368; *Ulmer* ZHR 163 (1999), 290, 292f.

[41] Ausführlich *Hüffer* ZHR 174 (2010) 642; *Kling* ZGR 2009, 190.

richtet ist (§ 148 AktG)[42]. Dies entspricht (sieht man von dem Quorum und dem Zulassungserfordernis ab) der *actio pro socio* der Personengesellschafter. Ob mit dieser Regelung eine ordnungsgemäße Durchsetzung der Ansprüche sicher gestellt wird, ist angesichts der erheblichen Voraussetzungen für eine Klageerhebung und des geringen Anreizes für eine solche Klage sehr zweifelhaft[43].

4. Haftung für fehlerhafte Geschäftsführung gegenüber den Aktionären

Vertragliche Beziehungen zwischen Aktionär und Vorstand bestehen 61 nicht. Daher können auch vertragliche Ansprüche von Aktionären gegen Vorstandsmitglieder nicht in Betracht kommen[44]. Dies entspricht der Rechtslage im Vereinsrecht[45].

5. Haftung gegenüber Dritten

Auch Dritte, insbesondere Gläubiger der AG, können unter Berufung auf 62 die unterschiedlichsten Rechtsgrundlagen die Inanspruchnahme der Vorstandsmitglieder anstreben. Diese Problematik ist insbesondere im Recht der GmbH aktuell geworden und soll daher auch dort erläutert werden[46].

V. Der Aufsichtsrat

1. Zusammensetzung des Aufsichtsrates

a) Die Verankerung der Arbeitnehmermitbestimmung im Aufsichtsrat

Die Mitbestimmung der Arbeitnehmer, also die Teilhabe der Arbeitneh- 63 mer an den unternehmerischen Entscheidungen, findet in unserer Rechtsordnung auf unterschiedlichen Ebenen statt. Im BetrVG ist die *betriebsverfassungsrechtliche* Form der *Mitbestimmung* geregelt, die durch ein spezielles Gremium, den Betriebsrat, ausgeübt wird. Ziel dieser betrieblichen Mitbestimmung ist in erster Linie der Schutz der Arbeitnehmer im Unternehmen. Dies kommt deutlich in dem in § 80 Abs. 1 BetrVG niedergelegten Aufgabenkatalog für den Betriebsrat zum Ausdruck. So hat der Betriebsrat bei-

---

[42] Zu dieser Regelung *Koch* ZGR 2006, 769, 770 ff.; *Redeke* ZIP 2008, 1549, 1550; *Seibert*, FS Priester, 2007, S. 763.

[43] *Koch* ZGR 2006, 769, 781 f.

[44] *Schulz-Gardyan*, Die sogenannte Aktionärsklage, 1991, S. 38 ff.; im Grundsatz auch *Raiser* ZHR 153 (1989), 1, 12 f., 25 ff.

[45] 2. A. 41.

[46] 2. F. 69 ff.

spielsweise darüber zu wachen, dass die zugunsten der Arbeitnehmer geltenden Gesetze durchgeführt werden (Nr. 1), und er hat Maßnahmen, die
dem Betrieb und der Belegschaft dienen, beim Arbeitgeber zu beantragen
(Nr. 2) sowie die Eingliederung ausländischer Arbeitnehmer im Betrieb und
das Verständnis zwischen ihnen und den deutschen Arbeitnehmern zu fördern (Nr. 7). Das Gesetz legt auch Aufgabenbereiche fest, bei denen der Betriebsrat mitbestimmen kann (§ 87 Abs. 1 BetrVG). Hierzu gehören beispielsweise Fragen der Ordnung des Betriebs (Nr. 1), Beginn und Ende der
täglichen Arbeitszeit (Nr. 2) sowie etwa auch die Einführung von technischen
Einrichtungen, die dazu bestimmt sind, Verhalten oder Leistung der Arbeitnehmer zu überwachen (Nr. 6). Hinzu treten Unterrichtungs- und Beratungs-
pflichten des Arbeitgebers (§§ 90 ff. BetrVG). Diese mehr auf die Stellung
des Arbeitnehmers im Betrieb abzielende Mitbestimmung gehört zum Bereich des Arbeitsrechts und wird hier nicht näher betrachtet.

64 Demgegenüber ist die *unternehmerische Mitbestimmung* der Arbeitnehmer im MitbestG, DrittelbG und im MontanMitbestG geregelt. Das *Montan-
MitbestG* gilt für die Unternehmen der Montanindustrie (Bergbau, Eisen,
Stahl), sofern sie als Aktiengesellschaft oder GmbH organisiert sind und in
der Regel mehr als 1.000 Arbeitnehmer beschäftigen (§ 1 MontanMitbestG),
sowie im Wesentlichen auch für Unternehmen, die Montanunternehmen beherrschen (MitbestErgG). Außerhalb des Anwendungsbereichs des Montan-
MitbestG gilt für Aktiengesellschaften mit mehr als 2.000 Arbeitnehmern
das *MitbestG*[1], bei Aktiengesellschaften zwischen 500 und 2.000 Arbeitnehmern gilt das *DrittelbG (§ 1 Abs. 1 Nr. 1 DrittelbG)*[2]. Beide Gesetze
kommen nicht zur Anwendung, wenn es sich um sog. *Tendenzunternehmen*
handelt (§ 1 Abs. 4 MitbestG, § 1 Abs. 2 Nr. 2 DrittelbG). Darunter versteht
man u. a. Unternehmen, die politischen, konfessionellen oder erzieherischen
Bestimmungen bzw. Zwecken der Berichterstattung oder Meinungsäuße-
rung dienen. Alle drei Gesetze (MontanMitbestG, MitbestG, DrittelbG) ver-
ankern die Arbeitnehmermitbestimmung im Aufsichtsrat, regeln aber die
Beteiligung der Arbeitnehmer in diesen Gremien unterschiedlich.

65 Nach dem *MontanMitbestG* wird der Aufsichtsrat von Arbeitnehmervertretern und Vertretern der Anteilseigner paritätisch besetzt (§ 4 MontanMitbestG). Hinzu tritt ein weiteres Aufsichtsratsmitglied, das von beiden Gruppen gemeinsam bestellt wird (§ 8 MontanMitbestG). Die Abberufung dieser
Aufsichtsratsmitglieder vor Ablauf der Amtszeit ist jederzeit möglich (§ 11
MontanMitbestG).

---

[1] Das sind ungefähr 700 Gesellschaften, AG-Report 8/2010 R 151.

[2] Ungefähr 700 Gesellschaften, AG-Report 8/2010 R153. Auf Aktiengesellschaften,
die ab dem 10. 08. 1994 im Handelsregister eingetragen worden sind und weniger als 500
Arbeitnehmer beschäftigen, kommt das DrittelbG nicht zur Anwendung (§ 1 Abs. 1 Nr. 1
DrittelbG.

Nach dem *MitbestG* setzt sich der Aufsichtsrat ebenfalls paritätisch aus　**66**
Arbeitnehmer- und Anteilseignervertretern zusammen. Die Arbeitnehmervertreter müssen zum weit überwiegenden Teil Arbeitnehmer des Unternehmens sein, es treten aber zwingend auch Gewerkschaftsvertreter hinzu (§ 7
Abs. 2 MitbestG). Diese Aufsichtsratsmitglieder können jederzeit abberufen
werden (§ 23 MitbestG). Der Aufsichtsratsvorsitzende und sein Stellvertreter werden mit einer Zweidrittelmehrheit vom Aufsichtsrat gewählt (§ 27
Abs. 1 MitbestG). Kommt eine solche Mehrheit im ersten Wahlgang nicht
zustande, so wählen im zweiten Wahlgang die Vertreter der Anteilseigner
den Aufsichtsratsvorsitzenden und die Arbeitnehmervertreter den Stellvertreter mit einfacher Mehrheit. Hierin liegt ein gewisses Übergewicht der Anteilseigner, weil bei Abstimmungen im Aufsichtsrat im Falle der Stimmengleichheit bei einer erneuten Abstimmung über dieselbe Sache und erneuter
Stimmengleichheit der Aufsichtsratsvorsitzende zwei Stimmen hat (§ 29
Abs. 2 MitbestG).

Soweit das *DrittelbG* zur Anwendung kommt, besteht der Aufsichtsrat zu　**67**
einem Drittel aus Arbeitnehmervertretern (§ 4 DrittelbG). Deshalb muss
nach § 95 Abs. 1 S. 3 AktG die Zahl der Aufsichtsratsmitglieder durch drei
teilbar sein. Das Aufsichtsratsmitglied kann auf Antrag des Betriebsrats
oder eines Fünftels der Wahlberechtigten jederzeit abberufen werden (§ 12
DrittelbG).

b) Die Vertreter der Anteilseigner im Aufsichtsrat

Die Vertreter der Anteilseigner im Aufsichtsrat werden von der Hauptver-　**68**
sammlung mit einfacher Mehrheit gewählt (§§ 101 Abs. 1, 119 Abs. 1 Nr. 1,
133 Abs. 1 AktG)[3]. Das hat zur Folge, dass ein Aktionär oder eine Aktio-
närsgruppe, die die Mehrheit in der Hauptversammlung stellt, letztlich über
alle Aufsichtsratsposten entscheiden kann. Die Wahl erfolgt für höchstens
vier Jahre (§ 102 Abs. 1 AktG). Auf diese Weise soll gewährleistet werden,
dass die Aufsichtsratsmitglieder von der Anteilseignerseite abhängig bleiben. Dem dient auch die Vorschrift des § 103 Abs. 1 AktG, nach der die
Aufsichtsratsmitglieder mit einer Dreiviertelmehrheit jederzeit abberufen
werden können.

Es besteht auch die Möglichkeit, in der Satzung für bestimmte Aktionäre　**69**
oder für die jeweiligen Inhaber bestimmter Aktien ein *Recht zur Entsendung eines Aufsichtsratsmitglieds* zu begründen (§ 101 Abs. 2 AktG). Dieses
Entsendungsrecht, das maximal ein Drittel der Aufsichtsratsmitglieder betreffen darf (§ 101 Abs. 2 S. 4 AktG), steht vielfach der öffentlichen Hand
zu, die auf diese Weise unabhängig von ihrer Kapitalbeteiligung Einfluss auf

---

[3] Zu den Wahlvorschlägen *Roth/Wörle* ZGR 2004, 565, 575; *Ulmer* AcP 202 (2002)
143, 161.

die Zusammensetzung des Aufsichtsrates erhält[4]. Der Entsendungsberechtigte hat die Möglichkeit, das entsandte Aufsichtsratsmitglied jederzeit abzuberufen (§ 103 Abs. 2 AktG).

c) Abberufung durch das Gericht

70   Jedes Aufsichtsratsmitglied, das gewählte wie das entsandte, *kann bei Vorliegen eines in seiner Person liegenden wichtigen Grundes vom Gericht auf Antrag des Aufsichtsrates abberufen werden (§ 103 Abs. 3 AktG).*

71   In dem Fall OLG Hamburg AG 1990, 218[5] war der Minister des Landes Schleswig-Holstein für Arbeit, Soziales, Gesundheit und Energie entsandtes Mitglied bei den Hamburgischen Elektrizitäts-Werken AG (HEW), die als Gesellschafterin an mehreren Unternehmen der Kernkraftgewinnung in Schleswig-Holstein beteiligt ist. 79% der Stromerzeugung der HEW erfolgt durch Kernenergie. Erklärtes Ziel des Aufsichtsratsmitglieds war es, die Voraussetzungen dafür zu beseitigen, dass die HEW Energie aus Kernenergie erzeugen oder vertreiben konnte. Daraufhin erfolgt seine Abberufung aus wichtigem Grund. Das OLG stellt in der Entscheidung fest, dass ein wichtiger Grund für die Abberufung gegeben sei, da das Aufsichtsratsmitglied Ziele verfolge, die mit schweren wirtschaftlichen Nachteilen für die Gesellschaft verbunden und daher mit dem Unternehmensinteresse nicht zu vereinbaren seien. Da für die Frage, ob ein wichtiger Grund vorliegt, allein die Sicht der Gesellschaft entscheidend ist, ist die Entscheidung überzeugend und richtig. Allenfalls ließe sich einwenden, dass ein konkreter Verstoß des Aufsichtsratsmitglieds gegen das Unternehmensinteresse bei seiner Tätigkeit im Aufsichtsrat noch nicht erfolgt war. Aber man wird kaum sagen können, dass bei Offenlegung von Zielen, die mit dem Wohl des Unternehmens nicht zu vereinbaren sind, mit der Abberufung gewartet werden muss, bis ein konkreter Verstoß erfolgt ist[6].

72   Es kommt häufiger vor, dass ein Aufsichtsratsmitglied *Beziehungen zu einem Wettbewerber* der Gesellschaft hat. Solche Personen können zwar

---

[4] Zu der Frage, ob dies mit Art. 56 Abs. 1 und Art. 43 EG (Kapitalverkehrs-, Niederlassungsfreiheit = Art. 49, 63 Lissabonner Vertrag) vereinbar ist, EuGH AG 2008, 80, 82 f.: EuGH ZIP 2010, 2199.

[5] Siehe auch OLG Frankfurt NZG 2008, 272 (Verletzung der Verschwiegenheitspflicht, Anmaßung persönlicher Kontrollkompetenz gegenüber dem Vorstand); OLG Stuttgart NZG 2007, 72 (Verletzung der Verschwiegenheitspflicht) und den Fall OLG Zweibrücken AG 1991, 70: Abberufung aus wichtigem Grund, weil das Aufsichtsratsmitglied Kontakt zu Geschäftspartnern der Gesellschaft aufgenommen hatte, um die Geschäftsbeziehung im Einzelnen zu erörtern. Hierzu ist in der Tat nur die Geschäftsleitung berufen. Allgemein zu der Frage, wann ein wichtiger Grund für eine Abberufung vorliegt, *Hoffmann/Kirchhoff*, FS Beusch, 1993, S. 377, 381 ff.; *Schneider/Nietsch*, FS Westermann, 2008, S. 1447, 1461 ff.

[6] So aber *Decher* ZIP 1990, 277, 282, der aber im Ergebnis ebenfalls der Entscheidung unter Berufung darauf folgt, dass ein Minister nicht Aufsichtsratsmitglied eines von ihm beaufsichtigten Unternehmens (Kernkraft) sein könne, da sonst ein Übermaß an Kontrolle drohe. So auch *Säcker*, FS Rebmann, 1989, S. 781, 796 ff.; dem Urteil zustimmend auch *Dreher* JZ 1990, 896, 899.

Aufsichtsratsmitglieder werden[7], da man nicht generell sagen kann, dass sie trotz dieser schwierigen Situation nicht vielleicht doch in der Lage sind, sachgemäße Arbeit zu leisten. Bei der Wahl sind solche Beziehungen zu Wettbewerbern offen zu legen (siehe § 125 Abs. 1 S. 5 AktG für die Wahl durch die Aktionäre bei börsennotierten Gesellschaften), so dass die Wähler selbst entscheiden können, ob sie dieses Risiko eingehen wollen. Der Corporate Governance Kodex empfiehlt bei wesentlichen nicht nur vorübergehenden Interessenkonflikten darüber hinaus eine Niederlegung des Amtes[8]. Auch können Aufsichtsratsmitglieder, die die Interessen der AG nicht hinreichend wahrnehmen, nach § 103 Abs. 3 AktG abberufen werden[9].

d) Überprüfung der Zusammensetzung des Aufsichtsrates

Da die Regeln, nach denen der Aufsichtsrat zusammenzusetzen ist, oft **73** nicht ganz eindeutig sind, sieht das Gesetz ein besonderes Verfahren zur Überprüfung der Zusammensetzung des Aufsichtsrates vor (§§ 97 ff. AktG; sog. *Statusverfahren*). Es beginnt vielfach mit einer auf bestimmte Weise erfolgenden Bekanntmachung des Vorstands, dass der Aufsichtsrat unrichtig zusammengesetzt sei, und wie er richtig zusammengesetzt werden solle. Die in § 98 Abs. 2 AktG genannten Personen, Organe und Gewerkschaften können das zuständige Gericht anrufen, wenn sie der Ansicht sind, dass der Aufsichtsrat nicht so wie vom Vorstand bekanntgegeben zusammenzusetzen sei. Erfolgt eine solche Anrufung des Gerichtes nicht, so ist der neue Aufsichtsrat nach den in der Bekanntmachung des Vorstands angegebenen gesetzlichen Vorschriften zusammenzusetzen (§ 97 Abs. 2 S. 1 AktG)[10]. Aber auch dann kann jederzeit von den in § 98 Abs. 2 AktG genannten Personen ein entsprechender Antrag bei Gericht gestellt werden[11].

2. *Die Aufgaben des Aufsichtsrates*

a) Überwachung und Beratung der Geschäftsführung, Bestellung und Abberufung der Vorstandsmitglieder

Nach § 111 Abs. 1 AktG hat der Aufsichtsrat die *Geschäftsführung zu* **74** *überwachen.* Diese Überwachung erstreckt sich nicht nur auf die Rechtmä-

---

[7] OLG Schleswig ZIP 2004, 1143, 1144; *Seibt*, FS Hopt, 2010, S. 1363, 1384; a.A. *Kübler*, FS Claussen, 1997, S. 239, 241 ff.; *Lutter/Kirschbaum* ZIP 2005, 103, 104.

[8] 5.5.3. zum Kodex 2. C. 7.; *Seibert*, FS Hopt, 2010, S. 1363, 1383; siehe auch 2. C. 94.

[9] Siehe *Schneider/Nietsch*, FS Westermann, 2008, S. 1447, 1462 zu der Frage, wann in Interessenkollisionen ein wichtiger Grund liegt.

[10] Dazu *Götz* ZIP 1998, 1523; *Oetker* ZHR 149 (1985), 575, 576; siehe den Fall OLG Stuttgart DB 1989, 1128.

[11] *Oetker* ZHR 149 (1985), 575, 576.

ßigkeit der Geschäftsführung sondern auch auf die Zweckmäßigkeit und Wirtschaftlichkeit[12]. Die Überwachung bezieht sich nicht nur auf abgeschlossene Vorgänge der Geschäftsführung sondern auch auf geplante Maßnahmen. Hier wirkt sie sich als Beratung des Vorstands aus[13]. Die Intensität der Kontrolle ist je nach der wirtschaftlichen Lage der Gesellschaft verschieden. In der Krise oder sonstigen für das Unternehmen besonders wichtigen Situationen[14] hat sich der Aufsichtsrat intensiver seiner Überwachungsaufgabe zu widmen als in normalen Zeiten, ohne dass die Überwachung zur Reservegeschäftsführung werden dürfte.

75   In Bezug auf die Geschäfte, für die auf Grund der Satzung[15] oder durch einen eventuell auch ad hoc gefassten[16] Beschluss des Aufsichtsrats die *Zustimmung des Aufsichtsrates* erforderlich[17] ist, hat sich der Aufsichtsrat eine detaillierte und verantwortungsbewusste Meinung zu bilden, und zwar insbesondere dann, wenn er seine Zustimmung verweigern will[18]. Sollte der Aufsichtsrat seine Zustimmung verweigern, so kann der Vorstand verlangen, dass die Hauptversammlung über die Zustimmung beschließt (§ 111 Abs. 4 S. 3 AktG). Auf diese Weise kann sich der Vorstand eine gewisse Unabhängigkeit gegenüber dem Aufsichtsrat bewahren. Doch wird dies in der Praxis kaum genutzt.

76   Um eine effektivere Überwachung des Vorstands durch den Aufsichtsrat sicherzustellen, trifft das Gesetz einige *Anordnungen bezüglich der Person der Aufsichtsratsmitglieder.* So dürfen nach § 105 Abs. 1 AktG die Mitglieder des Vorstands nicht zugleich (und nur eingeschränkt nach Beendigung der Tätigkeit)[19] Aufsichtsratsmitglieder derselben AG sein. Auch gilt ein Verbot von Überkreuzverflechtungen: Danach kann ein gesetzlicher Vertreter einer anderen Kapitalgesellschaft dann nicht Aufsichtsratsmitglied der AG sein, wenn ein Vorstandsmitglied dieser AG Mitglied des Aufsichtsrat der Kapitalgesellschaft ist (§ 100 Abs. 2 S. 1 Nr. 3 AktG). Auf diese Weise

---

[12] BGHZ 114, 127, 129 f.; *Henze* NJW 1998, 3309, 3310; *Nirk*, FS Boujong, 1996, S. 393, 399.

[13] BGHZ 114, 127, 129 f.; *Henze* NJW 1998, 3309, 3310; *Lutter/Kremer* ZGR 1992, 87, 88 ff.; *Nirk*, FS Boujong, 1996, S. 393, 398.

[14] *Möllers* ZIP 1995, 1725, 1729; Beispielsfall BGH NZG 2009, 550 (Aufsichtsratsmitglied haftet, weil es Verstoß des Vorstands gegen das Zahlungsverbot von § 92 Abs. 2 S. 1 AktG nicht unterbunden hatte).

[15] Der Katalog darf aber nicht so engmaschig sein, dass der Aufsichtsrat praktisch die Geschäfte der Aktiengesellschaft führt: *Hüffer* NZG 2007, 47, 52 f.; *Lieder* DB 2004, 2251, 2252.

[16] Eine Pflicht zur Fassung eines solchen Beschlusses wird in BGHZ 124, 111, 127 diskutiert; *Hüffer* NZG 2007, 47, 53; *Lieder* DB 2004, 2251, 2252.

[17] Zum Verhältnis dieser verschiedenen Möglichkeiten zur Begründung eines Zustimmungsvorbehalts zueinander *Fonk* ZGR 2006, 841, 844; *Götz* ZGR 1990, 633 ff.

[18] *Fonk* ZGR 2006, 841, 865 ff., 871 f.

[19] Dazu *E. Vetter*, FS Maier-Reimer, 2010, S. 795, 810 ff.

soll wechselseitigen Rücksichtnahmen und Abhängigkeiten vorgebeugt werden. Um zu gewährleisten, dass dem Aufsichtsratsmitglied genügend Zeit für seine Aufgaben verbleibt, bestimmt § 100 Abs. 2 S. 1 Nr. 1 AktG, dass ein Aufsichtsratsmitglied nicht bereits Mitglied von mehr als 10 anderen Aufsichtsräten sein darf. Für kapitalmarktorientierte Unternehmen (§ 264d HGB) schreibt das Gesetz desweiteren vor, dass mindestens ein unabhängiges Mitglied des Aufsichtsrates über Sachverstand im Bereich der Rechnungslegung oder Abschlussprüfung verfügen muss (§ 100 Abs. 5 AktG). Doch ist nicht recht klar, welche Mitglieder unabhängig sind und auch nicht, wie weitgehend die Kenntnisse sein müssen[20].

Eine weitere wesentliche Aufgabe des Aufsichtsrates liegt in der *Bestellung und Abberufung von Vorstandsmitgliedern*. Hiervon war schon die Rede[21]. Gerade diese Befugnis gibt dem Aufsichtsrat die Möglichkeit, auf die Geschäftsführung des Vorstands entscheidend Einfluss zu nehmen.   **77**

b) Die Vertretung der Gesellschaft gegenüber den Vorstandsmitgliedern

Die Vertretung der AG gegenüber den Vorstandsmitgliedern erfolgt durch den Aufsichtsrat (§ 112 AktG[22]). Damit wird vermieden, dass die Interessen der Aktiengesellschaft aus „*kollegialer Rücksichtnahme*" nur nachlässig verfolgt werden, wie es zu befürchten wäre, wenn auch in diesem Fall Vorstandsmitglieder die Gesellschaft vertreten würden.   **78**

Der Kläger war in dem Fall BGH ZIP 1991, 796 lange Zeit bei der beklagten Bank   **79** beschäftigt gewesen. In den letzten Jahren bis zu seinem vorzeitigen Ausscheiden Ende 1982 gehörte er dem Vorstand der Beklagten an. Der Anstellungsvertrag lief zum 31. 03. 1986 aus, seit dem 01. 4. 1987 bezieht der Kläger Altersruhegeld. Dieses berechnet die Beklagte auf der Grundlage von 12 Monatsgehältern, während der Kläger 13 Gehälter zugrunde gelegt sehen möchte. Er klagt gegen die Beklagte, vertreten durch den Vorstand.

Die Klage hatte keinen Erfolg, ohne dass geprüft worden wäre, wieviele Monatsgehälter der Berechnung des Ruhegehaltes des Klägers zugrunde zu legen waren. Die Klage wurde als unzulässig abgewiesen, weil die Beklagte nicht ordnungsgemäß vertreten war. Der BGH führt aus, dass nach § 112 AktG der Aufsichtsrat die AG gegenüber Vorstandsmitgliedern vertritt. Dies gelte auch für ausgeschiedene Vorstandsmitglieder. Auch dann könne nämlich die abstrakte Gefahr fehlender Unabhängigkeit des Vorstands bestehen. Dies zeige gerade der zur Entscheidung anstehende Fall: Die Ruhegehälter der noch im Amt befindlichen Vorstandsmitglieder waren genauso zu berechnen wie das Ruhegehalt des Klägers.

---

[20] OLG München ZIP 2010, 1082; *Kropff*, FS K. Schmidt, 2009, S. 1023, 1032; *Diekmann/Bidman* NZG 2009, 1087; *Staake* ZIP 2010, 1013.

[21] 2. C. 51.

[22] Zu der Frage, ob ein Rechtsgeschäft, das entgegen dieser Regel vom Vorstand als Vertreter der AG abgeschlossen wurde, nichtig oder schwebend unwirksam ist, BGH WM 1993, 1630, 1631; *Mertens*, FS Lutter, 2000, S. 523, 528 ff.

Im Ergebnis überzeugt das Urteil unabhängig davon, ob im konkreten Fall ein Interessenkonflikt vorlag oder nicht. Denn dies ist für den Kläger vielfach nur schwer erkennbar. Daher bestehen, wie es der Wortlaut des § 112 AktG auch sagt, keinerlei Ausnahmen von der Vertretungsregel[23].

80   Problematisch wird die Vertretung der AG durch den Aufsichtsrat gegenüber dem Vorstand erst dann, wenn sie genutzt wird, um unter Berufung darauf, dass der Vorstand der AG ein bestimmtes Verhalten schulde, im Klagewege ein *entsprechendes Handeln des Vorstands* zu erzwingen. Denn dann vermischen sich leicht die Organkompetenzen. Darauf wird zurückzukommen sein[24].

c) Weitere Aufgaben

81   Zahlreiche Vorschriften des Gesetzes weisen dem Aufsichtsrat noch weitere Aufgaben zu[25]. Dazu gehört die *Pflicht zur Einberufung der Hauptversammlung*, wenn das Wohl der Gesellschaft dies erfordert (§ 111 Abs. 3 AktG). Hinzu tritt die Erteilung des Prüfungsauftrags an die Abschlussprüfer (§ 111 Abs. 2 S. 3 AktG), die Prüfung des Jahresabschlusses, des Lageberichts und der Vorschläge des Vorstands über die Gewinnverwendung (§ 171 Abs. 1 AktG). Auch bei der Feststellung des Jahresabschlusses wirkt der Aufsichtsrat mit[26] (§ 172 AktG, zur Möglichkeit der Bildung von Gewinnrücklagen § 58 Abs. 2 AktG). Eine Vertretung der Aktiengesellschaft durch den Aufsichtsrat meist zusammen mit dem Vorstand findet auch bei Anfechtungs- und Nichtigkeitsklagen statt (§§ 246 Abs. 2, 249 Abs. 1 S. 1 AktG).

82   Gemäß § 171 Abs. 2 AktG hat der Aufsichtsrat der *Hauptversammlung* über seine Überwachungstätigkeit sowie über die Prüfung des Jahresabschluss *zu berichten*. Auf diese wird die Hauptversammlung über die Tätigkeit des Aufsichtsrates informiert. Noch nicht abschließend geklärt ist die Frage, wie ausführlich dieser Bericht zu sein hat[27]. Ein knapper, mehr formelhafter Bericht ist jedenfalls allenfalls dann akzeptabel, wenn die wirtschaftliche Lage der AG gut ist und es keinerlei besondere Vorkommnisse gab.

---

[23] BGH ZIP 2005, 900; BGH ZIP 2006, 2213 (Witwe des Vorstandsmitglieds); *Brandner*, FS Quack, 1991, S. 201, 206; *Rellermeyer* ZGR 1993, 77, 81.

[24] 2. C. 96 ff.

[25] Zur Gründungsprüfung 2. C. 8.

[26] 2. C. 152 f.

[27] *Drygala* AG 2007, 381; *Kiethe* NZG 2006, 888; *Lutter* AG 2008, 1, 3f; *E.* Vetter ZIP 2006, 257; *Wilsing*, FS Maier-Reimer, 2010, S. 889, 898 ff.

3. Informationsrechte, Verschwiegenheitspflichten

a) Informationsrechte

Eine ordnungsgemäße Erfüllung der weitgehenden Aufgaben des Auf- **83** sichtsrates setzt voraus, dass der Aufsichtsrat über die Vorkommnisse in der AG auch Bescheid weiß. § 90 AktG sieht daher ein *umfassendes Berichts- system* des Vorstandes gegenüber dem Aufsichtsrat vor. Danach muss etwa über die beabsichtigte Geschäftspolitik, grundsätzliche Fragen der Unter- nehmungsplanung, die Rentabilität der Gesellschaft, den Gang der Geschäfte und allgemein über wichtige Anlässe berichtet werden (§ 90 Abs. 1 AktG). In welchem zeitlichen Abstand diese Berichte zu erfolgen haben, regelt § 90 Abs. 2 AktG. Auch kann der Aufsichtsrat jederzeit über die Angelegenheiten der Gesellschaft einen Bericht verlangen (§ 90 Abs. 3 AktG)[28]. Hinzu kommt, dass der Jahresabschluss einschließlich des Lageberichts und des Prüfungsberichtes des Wirtschaftsprüfers dem Aufsichtsrat zur Prüfung vorzulegen ist (§ 170 Abs. 1 AktG). Auch besteht ein *Einsichts-* und Prü- fungsrecht in Bezug auf die Bücher und Schriften der Gesellschaft sowie ihre Vermögensgegenstände (§ 111 Abs. 2 AktG).

b) Verschwiegenheitspflicht

Diesen weit greifenden Informationsrechten entspricht, dass die Aufsichts- **84** ratsmitglieder eine umfassende Verschwiegenheitspflicht trifft (§§ 93 Abs. 1 S. 2, 116 AktG), die nur in seltenen Ausnahmefällen im Interesse der Gesell- schaft durchbrochen werden darf[29]. Für die *Vertreter der Arbeitnehmer* im Aufsichtsrat ist es oftmals nicht einfach, sich an diese Verschwiegenheits- pflichten zu halten, weil sie zugleich Loyalitätspflichten gegenüber ihren Wählern empfinden, die zur Offenlegung des im Aufsichtsrat Gehörten ver- leiten können[30]. Diese Gefahr kann wiederum dazu führen, dass der Vor- stand dem Aufsichtsrat Dinge vorenthält, um von vornherein die Geheim- haltung im Interesse des Unternehmens zu sichern[31]. Eine solche Entwick- lung würde die Funktionsfähigkeit des Aufsichtsrates schwer belasten.

---

[28] Zur Durchsetzung dieser Berichtspflicht 2. C. 98; zu den Grenzen *Manger* NZG 2010, 1255, 1256 f.

[29] BGHZ 64, 325, 329: Die Entscheidung besagt auch, dass die gesetzliche Verschwie- genheitspflicht durch die Satzung weder erweitert noch beschränkt werden kann; *Säcker* NJW 1986, 803, 804 f.; *Schwintowski* NJW 1990, 1009, 1011 ff.

[30] *Lutter/Krieger*, Rechte und Pflichten des Aufsichtsrates, 5. Auflage, 2008 Rdz. 255 f.; *Säcker* NJW 1986, 803 f.; eine Weitergabe der Informationen hält *Kittner* ZHR 136 (1972) 208 ff. sehr weitgehend für rechtmäßig.

[31] Dazu, dass eine solche Vorgehensweise nur in Extremfällen rechtmäßig ist, *Sina* NJW 1990, 1016, 1018; weitergehend aber *Mertens* AG 1980, 67, 71 f., 74.

85   In dem Fall AG München ZIP 1985, 1139, hatte ein von den Arbeitnehmern gewähltes Aufsichtsratsmitglied in einer Betriebsversammlung über eine geplante, im Aufsichtsrat zur Sprache gekommene Dividendenerhöhung berichtet und offen gelegt, welche Arbeitnehmervertreter sich für eine solche Maßnahme ausgesprochen hatten. Darauf betrieb der Aufsichtsrat die Abberufung dieses Mitglieds aus wichtigem Grund (§ 103 AktG). Das Gericht gab diesem Antrag nicht statt. Das Urteil stellt zwar fest, dass eine Verletzung der Verschwiegenheitspflicht vorlag, da die Weitergabe der Informationen über die bislang lediglich geplante Dividendenerhöhung dem Unternehmensinteresse widerspreche. Bei einer eventuell notwendigen Korrektur dieses Vorschlags nach unten könnte die Konkurrenz daraus auf eine Verschlechterung des Geschäftsverlaufs schließen. Auch die Bekanntgabe des Abstimmungsverhaltens einzelner Aufsichtsratsmitglieder widersprach – so das Gericht – dem Unternehmensinteresse, da so eine vertrauensvolle Zusammenarbeit im Aufsichtsrat erschwert werde.

Gleichwohl lag aber, wie das Urteil ausführt, ein wichtiger Grund im Sinne von § 103 AktG nicht vor. Denn schließlich sei die Mitteilung nicht gegenüber der allgemeinen sondern nur gegenüber der betrieblichen Öffentlichkeit erfolgt. Rein praktisch dürfte das aber keinen Unterschied machen: Was in einer Betriebsversammlung bekannt gegeben wird, ist – jedenfalls bei großen Unternehmen – so gut wie öffentlich bekannt gegeben. Doch fiel zu Gunsten des betroffenen Aufsichtsratsmitglieds ins Gewicht, dass es sich der Rechtswidrigkeit seines Handelns nicht bewusst gewesen war. Es hatte gemeint, den Arbeitnehmern als den Personen, die ihn gewählt hatten, über seine Tätigkeit im Aufsichtsrat berichten zu müssen.

4. Das Verfahren im Aufsichtsrat

86   a) § 107 Abs. 1 S. 1 AktG bestimmt, dass der Aufsichtsrat aus seinen Mitgliedern einen *Vorsitzenden* und mindestens einen Stellvertreter zu wählen hat. Sofern das MitbestG zur Anwendung kommt, ist das Verfahren nach § 27 MitbestG anzuwenden[32]. Obwohl das Gesetz nur an wenigen Stellen die Positionen des Aufsichtsratsvorsitzenden besonders hervorhebt (etwa § 107 Abs. 2 S. 1 AktG: Unterschrift unter das Protokoll; § 184 Abs. 1, § 188 Abs. 1; § 223, § 229 Abs. 3 AktG: Anmeldung von Kapitalerhöhung und -herabsetzung; § 29 Abs. 2 MitbestG: Zweitstimmrecht), hat er vielfach eine sehr weitgehende Einflussmöglichkeit, da er das Bindeglied zwischen Vorstand und Aufsichtsrat darstellt (siehe § 90 Abs. 1 S. 3 AktG: besondere Informationspflicht des Vorstands).

87   b) Der Aufsichtsrat wird vom Vorsitzenden *einberufen*. Jedes Aufsichtsratsmitglied sowie auch der Vorstand kann unter Angabe von Gründen verlangen, dass der Vorsitzende den Aufsichtsrat unverzüglich einberuft (§ 110 Abs. 1 AktG). Nach § 110 Abs. 3 AktG muss der Aufsichtsrat mindestens einmal und bei börsennotierten Gesellschaften (§ 3 Abs. 2 AktG) zweimal im Halbjahr zusammentreten. Die Sitzungen werden von dem Vorsitzenden

---

[32] 2. C. 66.

geleitet, wobei der Aufsichtsrat durch Beschluss entscheidet (§ 108 Abs. 1 AktG). Eine stillschweigende Beschlussfassung ist aus Gründen der Rechtssicherheit nicht möglich[33].

c) Der Aufsichtsrat kann für einzelne Fragen besondere *Ausschüsse* bilden. Allerdings können auf diese Ausschüsse nicht alle Fragen, über die der Aufsichtsrat zu entscheiden hat, übertragen werden (§ 107 Abs. 3 AktG). 　**88**

In dem Fall BGHZ 122, 342 bestand in einer AG ein Ausschuss des Aufsichtsrates, der Abschluss und Änderung der Anstellungsverträge der Vorstandsmitglieder vorzubereiten[34] hatte. Laut der Geschäftsordnung des Aufsichtsrates bestand der Ausschuss aus dem Vorsitzenden des Aufsichtsrates sowie aus zwei weiteren Personen. Als der Ausschuss neu zu besetzen war, schlug der Vorsitzende des Aufsichtsrates zwei Vertreter der Anteilseigner vor. Der Einwand des Klägers, der Ausschuss solle nicht nur mit Vertretern der Anteilseignerseite besetzt sein, fand kein Gehör. Die vorgeschlagenen Herren – und sonst niemand – wurden gewählt. 　**89**

Die gegen diese Wahl gerichtete Klage einiger Arbeitnehmervertreter hatte Erfolg. Der BGH führt aus, dass sachliche Gründe, die den völligen Ausschluss von Arbeitnehmervertretern im Vorstandsausschuss rechtfertigen, nicht ersichtlich seien. Daher müsse davon ausgegangen werden, dass die ausschließliche Besetzung des Ausschusses mit Vertretern der Anteilseigner allein dem Zweck diene, Vertreter der Arbeitnehmer generell und entgegen dem Sinn des MitbestG von der Teilnahme an der Ausschussarbeit auszuschließen. Dem entspreche, dass der Vorsitzende vor der Wahl darauf hingewiesen habe, dass Arbeitnehmervertreter von der Mitwirkung im Ausschuss fern zu halten seien.

Mit diesem Urteil dürfte ein erheblicher Schritt hin zu einer Beteiligung der Arbeitnehmervertreter in jedem Ausschuss des Aufsichtsrates getan sein. Denn irgendwelche sachlichen oder persönlichen Gründe, die gegen die Beteiligung jedes Arbeitnehmervertreters in einem solchen Ausschuss sprechen, werden kaum je gegeben sein[35].

d) Nach Ansicht des Bundesgerichtshofes[36] sind *rechtswidrige Beschlüsse des Aufsichtsrates im Prinzip nichtig*[37]. Demgemäß kann ein Aufsichtsratsmitglied Klage auf Feststellung der Nichtigkeit gegen die Gesellschaft, die sich diesen Beschluss zurechnen lassen muss, erheben. Demgegenüber wird vielfach die Meinung vertreten, dass man – genau wie bei fehlerhaften Be- 　**90**

---

[33] BGH ZIP 2010, 1437, 1438.

[34] Gemäß § 107 Abs. 3 S. 3 AktG besteht für die Entscheidung mittlerweile ein Plenarvorbehalt, dazu *Seibert* WM 2009, 1489, 1491.

[35] Nach *Jäger* ZIP 1995, 1735 und *Oetker* ZGR 2000, 19, 54 müssen Arbeitnehmer nur an Ausschüssen beteiligt werden, die über Materien entscheiden, die eigentlich dem Plenum vorbehalten sind. Doch warum sollte nur in diesem Fall eine Diskriminierung der Arbeitnehmervertreter unzulässig sein? Siehe auch *Dreher*, FS Boujong, 1996, S. 71, 91 ff.

[36] BGHZ 122, 342, 347; BGH ZIP 1997, 883; *Hüffer* § 108 Rdz. 18.

[37] Eine Begrenzung der Rechtsschutzmöglichkeiten spricht das Urteil über die Rechtsfigur der Verwirkung insbesondere bei der Geltendmachung minderschwerer Mängel an: BGHZ 122, 342, 347.

schlüssen der Hauptversammlung – zwischen anfechtbaren und nichtigen Beschlüssen unterscheiden müsse[38].

5. *Rechtsstellung und Haftung*

a) Bestellung und Anstellung

91   Die Bestellung der Aufsichtsratsmitglieder erfolgt wie geschildert durch Wahl oder Entsendung sowie durch eine entsprechende Annahme des Amtes durch das Aufsichtsratsmitglied[39]. Hinzu tritt ein Anstellungsvertrag[40]. Die zu zahlende Vergütung wird durch die Satzung oder durch Beschluss der Hauptversammlung bestimmt (§ 113 AktG). *Weitere Dienst- oder Werkverträge* über Tätigkeiten höherer Art können mit einem Aufsichtsratsmitglied nur abgeschlossen werden, sofern der Aufsichtsrat dem zustimmt (§ 114 AktG). Dabei ist insbesondere beim Abschluss sogenannter Beraterverträge darauf zu achten, dass mit Hilfe solcher Verträge nicht entgegen § 113 AktG für die Tätigkeit des Aufsichtsratsmitgliedes eine weitere Vergütung gezahlt oder Abhängigkeiten geschaffen werden, die zu gegenseitigen Rücksichtnahmen führen[41].

b) Haftung

92   Nach § 116 AktG gilt für die Sorgfaltspflicht und Verantwortlichkeit der Aufsichtsratsmitglieder § 93 AktG sinngemäß. Demgemäß haben die Aufsichtsratsmitglieder bei ihrer Tätigkeit die Sorgfalt ordentlicher und gewissenhafter Aufsichtsratsmitglieder anzuwenden (§ 93 Abs. 1 S. 1 AktG). Im Bereich unternehmerischer Entscheidungen können sie sich auf die Business Judgement Rule berufen[42]. Für Pflichtverletzungen (etwa ein Unterlassen, Schadensersatzansprüche gegen den Vorstand geltend zu machen[43]) haften sie der AG auf Schadensersatz. Auf *individuelle Schwächen* oder Unkenntnisse einzelner Aufsichtsratsmitglieder wird bei der Feststellung des Pflichtenverstoßes und des Verschuldens keine Rücksicht genommen[44]. Wer die

---

[38] OLG Hamburg ZIP 1992, 1310, 1313; *Baums* ZGR 1983, 300, 308f.; *Becker*, Verwaltungskontrolle durch Gesellschafterrechte, 1997, S. 494.

[39] 2. C. 63ff.

[40] Streitig; teilweise wird davon ausgegangen, es bestehe nur ein Bestellungsverhältnis. Zum Streitstand *Hüffer* § 101 Rdz. 2; *E. Vetter* ZIP 2008, 1, 2.

[41] BGH ZIP 2006, 1529; BGH ZIP 2007, 22; BGH ZIP 2007, 1056; *Lutter* FS Westermann, 2008, S. 1171; *Lorenz/Pospiech* NZG 2011, 81.

[42] Dazu 2. C. 57; zu den entsprechenden Informationspflichten *Kropff*, FS Raiser, 2005, S. 226ff.

[43] 2. C. 60.

[44] BGHZ 85, 293, 295; *Mutter/Gayk* ZIP 2003, 1773, 1774; *Wirth* ZGR 2005, 327, 335.

für eine solche Aufgabe erforderlichen Voraussetzungen nicht erfüllt, darf einen solchen Posten eben nicht annehmen. Andererseits müssen besondere individuelle Befähigungen im Interesse der AG eingesetzt werden. Dies entspricht dem Maßstab des § 276 BGB[45]. Allerdings darf nicht vergessen werden, dass das Amt des Aufsichtsrates keine besonderen Qualifikationsvoraussetzungen im Sinne von abgelegten Examina oder dergleichen erfordert[46]. Auch muss nicht etwa jedes Aufsichtsratsmitglied alleine alle im Aufsichtsrat anfallenden Fragen beantworten können. Es wäre nicht sachgerecht, insbesondere die Arbeitnehmervertreter unter Hinweis auf ein hohes Haftungsrisiko von der Übernahme eines solchen Mandates abzuhalten[47]. Die Entscheidung der Frage, ob ein Aufsichtsratsmitglied für seine Aufgabe geeignet ist, wird eben in gewissem Umfang durch seine Wahl rechtsverbindlich getroffen.

In dem Fall BGH ZIP 2007, 224 wurde der Beklagte von einem Insolvenzverwalter auf Zahlung von 300 000 Euro mit der Begründung in Anspruch genommen, er habe seine Pflichten als Aufsichtsratsmitglied verletzt (§§ 116, 93 AktG). Der Aufsichtsrat hatte seine Zustimmung zu Geschäften mit einer Gesellschaft erteilt, obwohl der Geschäftsführer[48] – wie im Aufsichtsrat bekannt war – unter Überschreitung seiner Kompetenzen schon zuvor Zahlungen an dieselbe von seiner Familie dominierte Gesellschaft geleistet hatte.

Der BGH hat der Klage stattgegeben. In dem Urteil wird überzeugend dargelegt, dass vor Erteilung der Zustimmung zu weiteren Zahlungen zumindest Erkundigungen über die Gesellschaft hätten eingeholt werden müssen. Das erscheint in der Tat unabdingbar, zumal die Vermutung krimineller Machenschaften zum Nachteil der Gesellschaft zumindest im Raum stand.

Jedes Aufsichtsratsmitglied hat seine *Entscheidungen am Interesse des Unternehmens auszurichten*. Doch zeigen sich die Schwierigkeiten sogleich, wenn es um eine Konkretisierung dieser Formulierung geht[49]. Dies gilt insbesondere, wenn Verhaltenspflichten von Aufsichtsratsmitgliedern festzulegen sind, die *neben dem Unternehmensinteresse noch anderen Interessen verpflichtet sind* (Arbeitnehmervertreter, Aufsichtsratsmitglieder, die auch in den Aufsichtsräten anderer Unternehmen tätig sind)[50]. Fest steht mittler-

---

[45] Erman-*Westermann* § 276 Rdz. 10 f.; MünchKomm-*Grundmann* § 276 Rdz. 55 f.

[46] Zu dem sog. unabhängigen Mitglied 2. C. 76.

[47] Speziell zur Haftung der Arbeitnehmervertreter im Aufsichtsrat *Edenfeld/Neufang* AG 1999, 49.

[48] Es handelte sich um einen fakultativen Aufsichtsrat einer GmbH, 2. F. 75, doch würde in der AG nichts anderes gelten.

[49] Einen deutlichen Fall behandelt die Entscheidung BGH NJW 1980, 1629: Hier hatte ein Aufsichtsratsmitglied, das zugleich an einem anderen in erheblichen wirtschaftlichen Schwierigkeiten befindlichen Unternehmen maßgeblich beteiligt war, den Vorstand der AG zur Ausstellung eines Wechsels im Interesse dieses Unternehmens veranlasst.

[50] 2. C. 72, 85.

weile, dass diese anderweitige Verpflichtung das Aufsichtsratsmitglied nicht davon befreit, bei seiner Tätigkeit im Aufsichtsrat seine Entscheidungen am Unternehmensinteresse auszurichten[51]. Im Einzelfall mag es zu einer Stimmenthaltung berechtigt sein[52]. Stets möglich ist die Niederlegung des Aufsichtsratsamtes[53].

95   Die Schadensersatzansprüche der AG werden *vom Vorstand geltend gemacht*, der hieran allerdings meist schon deshalb kein großes Interesse hat, weil er zur Anspruchsbegründung regelmäßig ein eigenes Fehlverhalten einräumen müsste. Ergänzend greift § 147 AktG und § 148 AktG ein[54]. Manche Pflichtverletzungen sind sogar strafrechtlich sanktioniert (§§ 399, 400, 404 AktG). Die alljährliche *Entlastung* (§ 120 Abs. 1 AktG) der Aufsichtsratsmitglieder durch die Hauptversammlung hat einen Verlust von Ersatzansprüchen der Gesellschaft nicht zur Folge (§ 120 Abs. 2 S. 2 AktG)[55].

c) Klagen gegen den Vorstand

aa) Klagen des Aufsichtsrats in Vertretung der AG sowie aus eigenem Recht

96   Nach § 112 AktG vertritt der Aufsichtsrat die Gesellschaft gegenüber den Vorstandsmitgliedern gerichtlich und außergerichtlich. Diese Norm sorgt für eine interessengerechte Vertretung der AG und ist daher in ihrem Kern sachgerecht und unproblematisch. Bei einer wortgetreuen Anwendung kann sie allerdings zu erheblichen Problemen führen. Denn *der Vorstand schuldet* der AG auf Grund seiner Bestellung sowie auch auf Grund des Anstellungsvertrages eine *sachgerechte Führung der Geschäfte der AG*. Demgemäß sind Geschäftsführungsmaßnahmen, die dem Nutzen der AG dienen, durchzuführen und solche, die der AG zum Nachteil gereichen, zu unterlassen.

97   *Dieser Anspruch der Gesellschaft* auf ordnungsgemäße Geschäftsführung könnte unter Berufung auf § 112 AktG nun auf Initiative des Aufsichtsrates im Namen der AG – vertreten *durch den Aufsichtsrat – durchgesetzt werden*, mit der Folge, dass das Entscheidungsrecht über Geschäftsführungsfra-

---

[51] OLG Schleswig ZIP 2004, 1143, 1144; *Dreher* JZ 1990, 896, 900; *Lutter* ZHR 145 (1981), 224, 239 ff.; *Ulmer* NJW 1980, 1603, 1605; zur Unterstützung von Streiks durch Aufsichtsratsmitglieder *Möllers* NZG 2003, 697.

[52] In der Literatur wird meistens diskutiert, wann ein Stimmrechtsausschluss gegeben ist: *Dreher* JZ 1990, 896, 901; *Lutter/Krieger*, Rechte und Pflichten des Aufsichtsrates, 3. Aufl., 1993, S. 235; eine Stimmenthaltung hält *Ulmer* NJW 1980, 1603, 1605 nicht für ordnungsgemäß.

[53] Zur Inkompatibilität zwischen diesen Ämtern OLG Schleswig ZIP 2004, 1143, 1144; *Säcker*, FS Rebmann, 1989, S. 781 ff.; *Lutter/Kirschbaum* ZIP 2005, 103, 104; zum Kodex 2. C. 72.

[54] 2. C. 104; 60.

[55] 2. C. 104; 58.

gen entgegen der Intention des Gesetzes beim Aufsichtsrat und nicht beim Vorstand liegen würde. Diese Problematik gleicht den im Recht der Personengesellschaften unter dem Stichwort der actio pro socio diskutierten Schwierigkeiten[56] und sollte auch auf die gleiche Weise gelöst werden. Um das vorrangige Recht des Vorstandes auf Festlegung der Art und Weise, wie die Geschäfte der AG geführt werden sollen, zu wahren, können Handlungs- oder Unterlassungsklagen der AG, vertreten durch den Aufsichtsrat, die sich für oder gegen solche Geschäfte richten, nur Erfolg haben, wenn die vom Vorstand geplante Maßnahme offensichtlich unvertretbar ist. Wenn dies aber wirklich einmal der Fall ist, so ist auch eine entsprechende Klage zulässig und begründet, zumal gerade durch die Billigung dieser Klage die *noch problematischere Aktionärsklage*[57] eingedämmt werden kann[58].

In der Literatur wird auch *vertreten*, dass der Aufsichtsrat nicht als Vertreter der AG sondern *aus eigenem Recht im eigenen Namen* unter gewissen Umständen Klage erheben kann[59]. Soweit dabei an ein Vorgehen gegen unrechtmäßige Geschäftsführungsmaßnahmen gedacht wird[60], widerspricht dies aber der Systematik des Gesetzes. § 112 AktG bestimmt, dass diese Ansprüche der Gesellschaft zustehen und vom Aufsichtsrat in Vertretung der AG durchgesetzt werden. Da die AG insoweit die Hauptbetroffene ist, ist diese Lösung des Gesetzes auch sachgerecht. Daher kommen für Klagen des Aufsichtsrates im eigenen Namen und aus eigenem Recht eigentlich nur Eingriffe in die Zuständigkeiten des Aufsichtsrates in Betracht, also etwa die Missachtung von Zustimmungsvorbehalten nach § 111 Abs. 4 S. 2 AktG[61]

98

---

[56] 1. A. 62 ff.

[57] 2. C. 207 f.

[58] *Stodolkowitz* ZHR 154 (1990), 1, 12 lässt solche Klagen jedenfalls bei schwerwiegenden Rechtsverletzungen zu; *Karsten Schmidt* ZZP 92 (1979), 212, 229 ff. bejaht diese Klage gegen Vorstandshandeln außerhalb des Kompetenzbereichs des Vorstands; a. A. *Pflugradt*, Leistungsklagen zur Erzwingung rechtmäßigen Vorstandsverhaltens in der Aktiengesellschaft, 1990, S. 122 ff., der dem Aufsichtsrat eine Ermächtigung zur Prozessführung über objektives Recht ohne subjektive Berechtigung zuspricht, aber nur im Bereich der „sekundären Organpflichten" des Vorstands, sowie bei den Pflichten, die sich aus der Kompetenzordnung selbst ergeben. A. A. auch *Mertens* ZHR 154 (1990), 24, 29 f.: Klage weder im Namen der AG noch im Namen des Aufsichtsrats möglich; zur Klage der Aktionäre 2. C. 60.

[59] Überblick bei *Raiser* ZGR 1989, 44, 48 f.; offen gelassen in BGHZ 106, 54, 59 ff.

[60] *Raiser* ZGR 1989, 44, 63 ff. bejaht eine Klage des Aufsichtsrats aus eigenem Recht bei schweren Rechtsbrüchen; wie hier *Schürnbrand*, Organschaft im Recht der privaten Verbände, 2007, S. 386 ff.

[61] Für eine Wahrung der Rechte des Kompetenzbereichs des Aufsichtsrates als eigene Rechte des Aufsichtsrates *Bork* ZGR 1989, 1, 17 ff.; *Raiser* ZGR 1989, 44, 60 ff.; *Schürnbrand*, Organschaft im Recht der privaten Verbände, 2007, S. 385; *Häsemeyer* ZHR 144 (1980), 265, 282 f. und *Teichmann*, FS Mühl, 1981, S. 663, 666 ff. bejahen eine Prozessstandschaft für die Aktiengesellschaft.

oder Verstöße gegen die in § 90 AktG niedergelegten Berichtspflichten[62]. Da aber zugleich in jeder Missachtung der Kompetenzordnung eine fehlerhafte Geschäftsführung liegt, kann der Aufsichtsrat nach der Konzeption des Gesetzes wie geschildert auch in diesem Fall im Namen der AG klagen, sofern diese Pflichtverletzung – wie wohl stets[63] – offenkundig ist. Eigene Rechte des Aufsichtsrats würden über diese Möglichkeiten nicht hinausführen, hätten aber weitere Schwierigkeiten (Parteifähigkeit, wer trägt die Prozesskosten?) zur Folge[64]. Sie sollten daher – zumal sie mit der gesetzlichen Regelung nicht im Einklang stehen – auch nicht entwickelt werden[65].

bb) Klagen der Aufsichtsratsmitglieder

99   Nach § 90 Abs. 3 S. 2 AktG kann ein einzelnes Aufsichtsratsmitglied unter bestimmten Umständen vom Vorstand Berichte verlangen. Ganz ähnlich bestimmt § 170 Abs. 3 AktG, dass jedes Aufsichtsratsmitglied berechtigt ist, vom Jahresabschluss und vom Lagebericht Kenntnis zu nehmen. Es ist unstreitig, dass diese Normen *Rechte der einzelnen Aufsichtsratsmitglieder begründen*, die diese im eigenen Namen auch gerichtlich durchsetzen können[66]. Ob diese unproblematischen Klagemöglichkeiten durch weitere zu ergänzen sind, ist insbesondere im Zusammenhang mit dem MitbestG streitig geworden. Da seitdem mit einer interessenpluralistischen Zusammensetzung des Aufsichtsrates zu rechnen ist, liegt die Frage nahe, ob einzelne Mitglieder des Aufsichtsrates noch weitere Rechte gegenüber dem Vorstand haben.

100   Im Mittelpunkt des Interesses stehen dabei naturgemäß Überlegungen, die auf ein *individuelles Klagerecht der Aufsichtsratsmitglieder gegen rechtswidrige Maßnahmen des Vorstandes* abzielen. Doch kann ein solches Recht jedes einzelnen Aufsichtsratsmitgliedes schon deshalb nicht bestehen, weil die Kontrollbefugnis gegenüber dem Vorstand dem Gesamtaufsichtsrat und nicht seinen einzelnen Mitgliedern zusteht[67]. Dass auch der Gesamtaufsichtsrat kein eigenes Recht auf Einschreiten gegen den Vorstand hat,

---

[62] Für ein eigenes Recht des Aufsichtsrates in diesem Fall *Bork* ZGR 1989, 1, 55; *Hommelhoff* ZHR 143 (1979), 288, 294 ff.

[63] Da klare gesetzliche oder satzungsmäßige Regeln vorliegen, wird die Feststellung einer solchen Pflichtverletzung meist einfach sein. Im Übrigen ist zu bedenken, dass in dem genannten Bereich keine Einschätzungsprärogative des Vorstands besteht und daher viel dafür spricht, jede Pflichtverletzung als mit der Handlungs- oder Unterlassungsklage verfolgbar anzusehen.

[64] Dazu *Bork* ZGR 1989, 1, 22 ff.

[65] Ähnlich *Stodolkowitz* ZHR 154 (1990), 7 ff.

[66] BGHZ 106, 54, 62; *Bork* ZGR 1989, 1, 32 ff.; *Hommelhoff* ZHR 143 (1979), 288, 315; *Mertens* ZHR 154 (1990), 24, 33; *Stodolkowitz* ZHR 154 (1990), 1, 14 f.

[67] *Bork* ZGR 1989, 1, 35; *Schürnbrand*, Organschaft im Recht der privaten Verbände, 2007, S. 392 ff.; *Stodolkowitz* ZHR 154 (1990), 1, 18 f.; a. A. *Pflugradt*, Leistungsklagen

das dann unter Umständen im Wege der actio pro socio von dem einzelnen Aufsichtsratmitglied wahrgenommen werden könnte, wurde bereits geklärt[68].

In dem Fall BGHZ 106, 54[69] bestand im Aufsichtsrat Uneinigkeit darüber, ob der **101** Vorstand der Adam Opel AG ordnungsgemäß gehandelt hatte. Dieser hatte beschlossen, die Datenerfassung und -verarbeitung der Gesellschaft auf ein Unternehmen zu übertragen, das mittelbar dem Alleinaktionär der Adam Opel AG gehörte. Der Aufsichtsrat lehnte es ab, dieses Vorgehen zu missbilligen. Die Aufsichtsratmitglieder der Arbeitnehmerseite klagten daraufhin gegen die Gesellschaft und gegen den Vorstand mit der Begründung, durch diese Ausgliederung der Datenverarbeitung sei es dem Vorstand nicht mehr möglich, die Gesellschaft eigenverantwortlich zu leiten (§ 76 Abs. 1 AktG) und infolgedessen könne er auch nicht mehr seinen Informations- und Berichtspflichten nachkommen.

Der BGH hat die Klage zu Recht abgewiesen. In der Entscheidung wird erläutert, dass das Überwachungsrecht dem Aufsichtsrat als Kollegialorgan zustehe und nicht seinen einzelnen Mitgliedern. Ob ein Aufsichtsratmitglied die Rechte des Gesamtaufsichtsrates im Wege der actio pro socio geltend machen könne und ob solche Rechte im vorliegenden Fall bestehen, hat das Urteil offen gelassen. Jedenfalls dürfe – so die Entscheidung – auf diese Weise nicht ein Konflikt zwischen Mehrheit und Minderheit im Aufsichtsrat ausgetragen werden. Hier war der Aufsichtsratsbeschluss, der das Vorgehen des Vorstandes billigte, aber noch nicht einmal im Klagewege angegriffen worden. Dies – so das Urteil – habe auf jeden Fall vorrangig zu erfolgen.

Das Urteil lässt also viele Fragen offen. Ein klares Nein zur Klage eines einzelnen Aufsichtsratmitglieds gegen den Vorstand und gegen die AG wäre wohl überzeugender gewesen.

VI. Die Hauptversammlung

1. Zuständigkeiten

a) § 118 Abs. 1 AktG bestimmt, dass die Aktionäre ihre Rechte in der **102** Hauptversammlung ausüben. Doch nehmen viele Aktionäre, insbesondere solche mit einem geringen Anteilsbesitz, aber auch viele ausländische *Aktionäre ihre Rechte in der Hauptversammlung nicht wahr.* Deshalb ist die Höhe des in der Hauptversammlung vertretenen Kapitals oftmals gering. Es

---

zur Erzwingung rechtmäßigen Vorstandsverhaltens in der Aktiengesellschaft, 1990, S. 126 ff.: Selbständige Prozessführungsbefugnis.

[68] 2. C. 98. Zu dieser Form der actio pro socio *Hommelhoff* ZHR 143 (1979), 288, 314; *Hommelhoff/Timm* AG 1976, 330, 332 f.; *Raiser* ZGR 1989, 44, 69 f.; ablehnend *Stodolkowitz* ZHR 154 (1990), 1, 18 ff.

[69] Siehe auch den Fall OLG Stuttgart NZG 2007, 549: Von dem Aufsichtsratmitglied war die Feststellung der Nichtigkeit des Aufsichtsratsbeschlusses über eine Umstrukturierungsmaßnahme beantragt.

wird daher überlegt, wie die Hauptversammlungspräsenzen gesteigert werden können[1].

103   b) Welche Rechte der Hauptversammlung zustehen, regeln § 119 AktG sowie einige andere Normen des AktG. Nach § 119 Abs. 1 Nr. 1 AktG ist die Hauptversammlung zuständig für die *Bestellung* – also die Wahl – *der Mitglieder des Aufsichtsrates*, soweit diese nicht zu entsenden oder von der Arbeitnehmerseite zu wählen sind[2]. Dieses Recht sichert der Hauptversammlung einen stets wiederkehrenden mittelbaren Einfluss auf die Zusammensetzung des Vorstandes. Ob der einzelne Aktionär hier oder sonst bei Entscheidungen der Hauptversammlung etwas mitbestimmen kann, hängt davon ab, ob er eine entsprechende Mehrheit hat oder für seinen Vorschlag gewinnen kann. Kleinaktionäre haben faktisch meist nahezu keinen Einfluss.

104   c) Die Hauptversammlung beschließt auch alljährlich über die *Entlastung von Vorstand und Aufsichtsrat* (§ 119 Abs. 1 Nr. 3 AktG)[3]. Sie entscheidet auch über die Geltendmachung von *Ersatzansprüchen gegen Vorstand*[4] *und Aufsichtsrat*[5] sowie gegen weitere Personen (§ 147 AktG). In börsennotierten Gesellschaften kann sie auch über das System der Vergütung des Vorstands beschließen (§ 120 Abs. 4 AktG: „Say on Pay")[6].

105   d) Zu den regelmäßig wiederkehrenden Entscheidungszuständigkeiten der Hauptversammlung gehört des weiteren die *Bestellung der Abschlussprüfer* und die *Entscheidung über die Verwendung des Bilanzgewinns* (§ 119 Abs. 1 Nr. 4, Nr. 2 AktG)[7].

106   e) In Fragen der *Geschäftsführung* hat die Hauptversammlung im Grundsatz *keine Kompetenz*, da die Gesellschaft nach § 76 Abs. 1 AktG vom Vorstand in eigener Verantwortung geleitet wird. § 119 Abs. 2 AktG gibt dem Vorstand aber die Möglichkeit, der Hauptversammlung eine Frage der Geschäftsführung zur Entscheidung vorzulegen[8]. Tut er dies, so ist er nach § 83 Abs. 2 AktG verpflichtet, den Beschluss der Hauptversammlung auch auszuführen. Schadensersatzpflichtig kann er für diese Maßnahmen dann nicht gemacht werden (§ 93 Abs. 4 S. 1 AktG).

107   f) Darüber hinaus enthält das Gesetz in § 119 AktG aber auch in anderen Normen des AktG Bestimmungen, die festlegen, dass in *Sondersituationen*

---

[1] Zu Bonuszahlungen für die Anwesenden *Klühs* ZIP 2007, 107; *Lenz* NZG 2006, 534.

[2] 2. C. 68 ff.

[3] 2. C. 58, 95.

[4] 2. C. 60. Der Aufsichtsrat kann diese Ansprüche ebenfalls durchsetzen: 2. C. 96.

[5] Der Vorstand kann diese Ansprüche ebenfalls durchsetzen: 2. C. 95.

[6] *Deilmann/Otte* DB 2010, 545; *Fleischer/Bedkowski* AG 2009, 677.

[7] 2. C. 154.

[8] Beispiel BGH NJW 2001, 1277, 1279.

die Hauptversammlung entscheiden soll. Dazu gehören einmal *Satzungsänderungen* (§ 119 Abs. 1 Nr. 5 AktG), bezüglich derer §§ 179 ff. AktG noch weitere Bestimmungen treffen. Ebenso beschließt die Hauptversammlung über Maßnahmen der Kapitalbeschaffung und -herabsetzung, die in §§ 182 ff. AktG detaillierter angesprochen sind[9]. Auch die Auflösung der Gesellschaft kann auf einen Beschluss der Hauptversammlung zurückgehen (§ 262 Abs. 1 Nr. 2 AktG). Diese Zuweisung von sogenannten *Grundlagenentscheidungen* an die Hauptversammlung setzt sich im Recht der verbundenen Unternehmen (§§ 293 f. AktG: Zustimmung zu Unternehmensverträgen, Eingliederung § 319 AktG) fort. Damit bringt das Gesetz zum Ausdruck, dass jedenfalls in diesen Fällen eine uneingeschränkte Kompetenz der Verwaltung zur Entscheidung über solch wesentliche Punkte nicht besteht.

g) Ob über die im Gesetz ausdrücklich genannten Fälle hinaus in vergleichbaren Situationen *ungeschriebene Hauptversammlungszuständigkeiten* bestehen, ist umstritten.   **108**

In dem Fall BGHZ 83, 122 (Holzmüller) gliederte die Beklagte, eine AG, die neben   **109** einem Holzhandel einen Seehafen betrieb, diesen auf eine 100 %ige Tochtergesellschaft aus. Der Seehafen war ein florierender Unternehmensteil, sogar das Herzstück des Unternehmens. Die Hauptversammlung wurde hierüber nicht befragt. Der Kläger, ein Aktionär[10], beantragte u. a. festzustellen, dass die Einbringung des Seehafenbetriebs in das Vermögen der Tochtergesellschaft nichtig sei, sowie hilfsweise die Beklagte zur Rückübertragung des Seehafenbetriebes zu verurteilen und weiter hilfsweise festzustellen, dass die Beklagte verpflichtet sei, bei allen Maßnahmen, für die in der Tochtergesellschaft ein Hauptversammlungsbeschluss mit 3/4-Mehrheit erforderlich ist, die Zustimmung der Hauptversammlung der Beklagten mit entsprechender Mehrheit einzuholen.

Das Urteil legt dar, dass die Hauptversammlung der Beklagten der Ausgliederung des Seehafenbetriebes habe zustimmen müssen, obwohl die Voraussetzungen der gesetzlich niedergelegten Hauptversammlungskompetenzen nicht erfüllt seien. Denn auch dort – so die Entscheidung –, wo die Voraussetzungen dieser Vorschriften nicht voll erfüllt sind, aber ein ihnen nahe kommender Sachverhalt gegeben sei (hier § 179 a AktG), könne für den Vorstand eine Vorlage an die Hauptversammlung ausnahmsweise zur Pflicht werden. Wenn tief in die Mitgliedschaftsrechte der Aktionäre eingegriffen werde, dürfe der Vorstand eine solche Entscheidung nicht in eigener Verantwortung treffen. Ein solcher Eingriff liege vor, wenn die Aktionäre über erhebliches Gesellschaftsvermögen nur noch mittelbar über den Vorstand (der die Hauptversammlung der Tochtergesellschaft bildet) und nicht mehr unmittelbar (wie es vor der Ausgliederung war) bestimmen könnten (Mediatisierungseffekt)[11]. Gleichwohl sei die Ausgliederung im vorliegenden Falle aber wirksam, da die Vertretungs-

---

[9] 2. C. 167 ff.

[10] Zur Problematik der Aktionärsklage 2. C. 206 ff.

[11] Die Klarstellung, dass es maßgeblich auf diesen Mediatisierungseffekt ankommt, erfolgte in einem Nichtzulassungsbeschluss: BGH ZIP 2007, 24, daher verneint für die Veräußerung von Beteiligungen.

macht des Vorstands nach § 82 Abs. 1 AktG nur durch Gesetz beschränkbar sei[12]. Auch der Antrag des Klägers auf Rückübertragung könne keinen Erfolg haben, da der Kläger insoweit zu zögerlich gehandelt habe.

Das Urteil führt dann weiter aus, dass zum Schutz der Aktionäre der beklagten AG vor eigenmächtigem Handeln ihres Vorstands, der ja in der Hauptversammlung der Tochtergesellschaft den Alleinaktionär – eben die beklagte Gesellschaft – vertrete, bei grundlegenden für die Rechtsstellung der Aktionäre der Obergesellschaft bedeutsamen Entscheidungen in der Tochtergesellschaft die Zustimmung der Hauptversammlung der Beklagten einzuholen sei.

110 Die in dem geschilderten Urteil noch wenig präzise festgelegte „*Erheblichkeitsschwelle*", von der ab die geschilderte ungeschriebene Mitwirkungskompetenz der Hauptversammlung besteht, hat der BGH in zwei späteren Entscheidungen näher umrissen[13]. Nur dann besteht eine Pflicht des Vorstandes zur Befragung der Hauptversammlung, wenn es sich um die entscheidende Aktivität der Muttergesellschaft handelt. Dies soll der Fall sein, wenn 75% des Unternehmens erfasst sind, wobei noch offen ist, ob es auf Gewinn, Umsatz, Arbeitnehmer oder Bilanzansätze ankommt[14]. Zum Schutz der Minderheit muss der entsprechende Hauptversammlungsbeschluss mit einer Dreiviertelmehrheit gefasst werden[15].

111 Das Holzmüller-Urteil ist in der Literatur aus den unterschiedlichsten Gründen auf Ablehnung gestoßen[16]. Dabei wurde zum einen betont[17], dass vielfach unklar sei, wann eine solche ungeschriebene Zuständigkeit der Hauptversammlung bestehe[18]. Insoweit haben die späteren Entscheidungen des BGH durch die immer deutlichere Betonung des *Mediatisierungseffekts* und der näheren Umschreibung der Erheblichkeitsschwelle eine gewisse Klärung gebracht. Allerdings fragt es sich, ob die *Hauptversammlung*, jedenfalls bei Aktiengesellschaften, bei denen nicht nur Großaktionäre Einfluss haben, von ihrer *Fachkompetenz her gesehen überhaupt das richtige Organ* für eine Entscheidung über solche für die Politik des Unternehmens wichtige Punkte ist[19]. Hinzu kommt, dass das Gesetz für die Überwachung der Geschäftsführung ein eigenständiges und kompetentes Organ, nämlich

---

[12] Siehe zu der gleichen Problematik im Verein 2. A. 56.

[13] BGHZ 159, 30; BGH ZIP 2004, 1001 mit Anm. *Altmeppen*.

[14] *v. Falkenhausen* ZIP 2007, 24, 25; *Liebscher* ZGR 2005, 1, 15.

[15] BGHZ 159, 30; BGH ZIP 2004, 1001; anders beim Delisting (Rückzug der AG von der Börse): BGH ZIP 2003, 387, 390).

[16] Im Grundsatz zustimmend aber *Bartels* ZGR 2008, 723, 756 ff.; *Lutter*, FS Stimpel, 1985, S. 825 ff.; *Zimmermann/Pentz*, FS Welf Müller, 2001, S. 151, 158 ff.

[17] *Heinsius* ZGR 1984, 383, 390 ff.; *Hübner*, FS Stimpel, 1985, S. 791, 795; *Joost* ZHR 163 (1999), 164, 171; *Martens* ZHR 147 (1983), 377, 381.

[18] Aufzählung möglicher Fälle bei *Lutter/Leinekugel* ZIP 1998, 225; *Zimmermann/Pentz*, FS Welf Müller, 2001, S. 151, 158 ff.

[19] *Beusch*, FS Werner, 1984, S. 1, 10; *Rehbinder* ZGR 1983, 92, 99; *Werner* ZHR 147 (1983), 433, 435.

den Aufsichtsrat, geschaffen hat. Die Feststellungsklage, die von einem Aktionär erhoben wird, passt dazu nicht[20].

2. Das Verfahren

a) Nach § 121 Abs. 1, 2 AktG wird die Hauptversammlung in den durch **112** Gesetz oder Satzung bestimmten Fällen *vom Vorstand einberufen*. Hierzu gehört auch die Pflicht zur Einberufung, wenn ein Verlust in Höhe der Hälfte des Grundkapitals eingetreten ist (§ 92 Abs. 1 AktG). Eine Einberufung hat auch zu erfolgen, wenn das Wohl der Gesellschaft dies erfordert. In diesem Fall hat auch der *Aufsichtsrat* ein Einberufungsrecht (§ 111 Abs. 3 AktG). Da jedenfalls über die Entlastung von Vorstand und Aufsichtsrat sowie über die Gewinnverwendung Beschluss gefasst werden muss, steht fest, dass die Einberufung mindestens einmal im Jahr zu erfolgen hat. Das Gesetz sieht auch vor, dass eine *Minderheit* von 5% der Aktionäre die Hauptversammlung einberufen und Gegenstände auf die Tagesordnung setzen kann (§ 122 Abs. 1, 2 AktG)[21].

Die Einberufung ist in den Gesellschaftsblättern bekanntzumachen **113** (§§ 121 Abs. 4 S. 1 AktG). Eine Erleichterung gilt, wenn die Aktionäre der Gesellschaft namentlich bekannt sind[22]. Dann kann die Einberufung und die Tagesordnung mit eingeschriebenem Brief mitgeteilt werden (§§ 121 Abs. 4 S. 2 AktG). Nach § 125 Abs. 1 AktG hat der Vorstand auch den Kreditinstituten und Aktionärsvereinigungen, die in der letzten Hauptversammlung Stimmrechte für Aktionäre ausgeübt oder eine solche Mitteilung verlangt haben, die Einberufung der Hauptversammlung, ihre Tagesordnung sowie Anträge von Aktionären mitzuteilen. Diese Mitteilungen werden nach § 128 Abs. 1 AktG von den Kreditinstituten oder Aktionärsvereinigungen an die Aktionäre der Gesellschaft weitergegeben. Sofern alle Aktionäre in der Hauptversammlung erschienen sind, können Beschlüsse gefasst werden, ohne dass es auf die Einhaltung der genannten Regeln ankommt (§ 121 Abs. 6 AktG).

b) An der Hauptversammlung darf jeder *Aktionär teilnehmen*. Es kommt **114** also nicht darauf an, ob er auch stimmberechtigt ist. Allerdings kann die Satzung die Teilnahme an der Hauptversammlung oder die Ausübung des

---

[20] 2. C. 206.
[21] Beispiel OLG Frankfurt DB 2005, 1207.
[22] Unproblematisch ist dies bei Namensaktien, § 67 Abs. 2 AktG; bei Inhaberaktien sollen nur zu vertretende Irrtümer über den Inhaber einen Einberufungsmangel darstellen: *Hüffer* § 121 Rdz. 11 d; *Lutter* AG 1994, 429, 438. Überzeugender wäre eine einschränkende Interpretation von § 241 Nr. 1 AktG, nach der nicht jeder der dort genannten Verfahrensmängel zur Beschlussnichtigkeit führt – gleichgültig, ob er im konkreten Fall relevant sein kann oder nicht.

Stimmrechts davon abhängig machen, dass sich Aktionäre anmelden (§ 123 Abs. 2 S. 1 AktG). Die Mitglieder von Vorstand und Aufsichtsrat sollen an der Hauptversammlung teilnehmen (§ 118 Abs. 2 AktG). Auf diese Weise wird erreicht, dass eventuell auftauchende Fragen vielfach direkt geklärt werden können. *Öffentlich* ist die Hauptversammlung nicht. Doch wird die Presse insbesondere bei großen Gesellschaften oftmals zugelassen. Sofern – wie meist – der Verlauf der Hauptversammlung stenographisch oder mittels einer Tonbandaufnahme protokolliert wird, kann ein Aktionär gegen Kostenerstattung von der Gesellschaft eine Abschrift der Protokollteile verlangen, die seine Fragen und Redebeiträge betreffen[23].

115   c) Die Hauptversammlung kann sich mit Dreiviertelmehrheit eine *Geschäftsordnung* geben, die die Vorbereitung und Durchführung der Versammlung regelt (§ 129 Abs. 1 S. 1 AktG)[24]. Die Versammlung wird von ihrem *Vorsitzenden* geleitet. Wer Vorsitzender ist, bestimmt das Gesetz nicht. Er wird also, wenn nicht – wie meist – die Satzung oder die Geschäftsordnung festlegt, wer Vorsitzender ist, von der Versammlung bestimmt[25]. Der Vorsitzende sorgt dafür, dass die Hauptversammlung ordnungsgemäß abläuft. Insbesondere prüft er gegebenenfalls die Teilnahmeberechtigung. Er achtet darauf, dass die Tagesordnung eingehalten und das Beschlussergebnis richtig festgestellt wird[26]. Er hat auch die Kompetenz, das Frage- und Rederecht der Aktionäre zu beschränken[27].

3. Stimmabgabe

116   a) *Die Stimmabgabe ist Willenserklärung.* Es gilt das zur BGB-Gesellschaft Ausgeführte entsprechend[28].

117   b) *Zur Stimmabgabe berechtigt* ist im Grundsatz *jeder Aktionär.* Allerdings muss er normalerweise seine Einlage vollständig geleistet haben (§ 134 Abs. 2 AktG). Kein Stimmrecht gewähren Vorzugsaktien ohne Stimmrecht (§ 139 Abs. 1 AktG). Das Stimmrecht lebt aber auf, wenn der Vorzugsbetrag in einem Jahr nicht ordnungsgemäß gezahlt wird und der Rückstand im nächsten Jahr nicht zusammen mit dem vollen Vorzug dieses Jahres nachge-

---

[23] BGH ZIP 1994, 1597.

[24] Zum Inhalt dieser Regelungskompetenz *Schaaf* ZIP 1999, 1339.

[25] *Butzke* ZIP 2005, 1164, 1165; zur Abwahl *Wilsing/v. d. Linden* ZIP 2010, 2321, 2326..

[26] Zur Leitungskompetenz des Vorsitzenden im Zusammenhang mit der Frage, welche Stimmen bei der Abstimmung mitzuzählen sind, *Grunsky* ZIP 1991, 778; *Oelrichs* GmbHR 1995, 863, 866; allgemein zu den Aufgaben *Bezzenberger* ZGR 1998, 352, 357 ff.; *Wicke* NZG 2007, 771.

[27] Siehe § 131 Abs. 2 S. 2 AktG, dazu LG Frankfurt ZIP 2007, 1861; *Weißhaupt* ZIP 2005, 1766.

[28] S. 1. A. 69.

zahlt wird (§ 140 Abs. 2 AktG). Kein Stimmrecht besteht für Aktien, die der AG selbst gehören (§ 71 b AktG).

c) Das *Stimmrecht* bestimmt sich nach dem *Nennbetrag* oder bei *Stückaktien nach der Zahl der Aktien* (§ 134 Abs. 1 AktG). *Mehrstimmrechte* sind unzulässig (§ 12 Abs. 2 AktG)[29]. Möglich sind aber sogenannte *Höchststimmrechte*. Darunter versteht man eine Satzungsbestimmung, nach der für den Fall, dass einem Aktionär mehrere Aktien gehören, das Stimmrecht durch Festsetzung eines Höchstbetrages oder von Abstufungen beschränkt ist (§ 134 Abs. 1 S. 2 AktG). Hinter einer solchen nur bei nichtbörsennotierten Gesellschaften (§ 3 Abs. 2 AktG) zulässigen Regelung steht für gewöhnlich der Wunsch, nicht von einem Großaktionär abhängig zu werden. Rechtspolitisch sind Höchststimmrechte stark umstritten, da sie tendenziell die Position des Vorstandes stärken und die Kontrollmöglichkeiten der Aktionäre beschränken. Auch reduziert sich die Möglichkeit von Kursgewinnen, da Personen, die unternehmerischen Einfluss anstreben, vom Aktienerwerb abgehalten werden[30]. Gerade bei nichtbörsennotierten Gesellschaften kann man die Entscheidung über die Zweckmäßigkeit einer solchen Regelung aber getrost den Aktionären überlassen[31]. **118**

d) § 136 AktG legt *Stimmverbote* fest. Danach dürfen Personen weder für sich noch für einen anderen mitstimmen, wenn darüber Beschluss gefasst wird, ob sie zu entlasten oder von einer Verbindlichkeit zu befreien sind bzw. ob die Gesellschaft gegen sie einen Anspruch geltend machen soll. Damit will das Gesetz Interessenkollisionen vorbeugen. Aus demselben Grund legt § 142 Abs. 1 S. 2 AktG ein Stimmverbot für Vorstands- und Aufsichtsratsmitglieder fest, wenn eine Sonderprüfung beschlossen werden soll, die sich auf Vorgänge bezieht, von denen die genannten Personen betroffen sind. **119**

§ 136 AktG regelt anders als §§ 34 BGB, 47 Abs. 4 S. 2 GmbHG nicht den Fall, dass über die Vornahme eines *Rechtsgeschäfts mit dem Aktionär* Beschluss gefasst werden soll. Da Geschäftsführungsmaßnahmen von Sonderfällen (§ 119 Abs. 2 AktG) abgesehen nicht in den Kompetenzbereich der Hauptversammlung fallen, wird eine solche Situation auch kaum je auftreten. Sollte dies aber doch einmal der Fall sein, so sollte nichts anderes als im Vereins- und GmbH-Recht auch gelten[32]. Die Interessenlage ist dieselbe. Da wiederum die bekannte Ausnahme für Organisationsakte gilt[33], ist von die- **120**

---

[29] Dazu *Saenger* ZIP 1997, 1813.
[30] *Adams* AG 1990, 63; *Assmann/Bozenhardt*, in Assmann/Basaldua/Bozenhardt/Peltzer, Übernahmeangebote, ZGR-Sonderheft 1990, S. 1 ff.; *Baums* AG 1990, 221; *Zöllner/Noack* AG 1991, 117, 119.
[31] So auch *Hüffer* § 134 Rdz. 5.
[32] *Karsten Schmidt* § 21 II 2 b; a. A. *Semler*, FS Zöllner, 1998, S. 553, 560.
[33] 2. A. 43.

sem Stimmverbot beispielsweise eine Beschlussfassung über den Abschluss von Unternehmens- und Verschmelzungsverträgen ausgeschlossen[34]. Auch der Ausschluss vom Stimmrecht in dem Fall, dass Maßnahmen aus wichtigem Grund gegen den betroffenen Gesellschafter ergriffen werden sollen, muss im Recht der AG ebenfalls gelten[35].

121   e) Der Aktionär *kann sich* bei der Stimmabgabe *vertreten lassen*. Die Gesellschaft kann solche Stimmrechtsvertreter benennen (§ 134 Abs. 3 S. 5 AktG) und die Vertretung in der Hauptversammlung organisieren. Dies ist nicht ungefährlich, da auf diesem Wege eine effektive Kontrolle der Verwaltung durch die Aktionäre blockiert werden kann[36]. Allerdings muss jede Vertretungsmacht jedenfalls im Fall des Vorliegens eines wichtigen Grundes widerrufbar sein. Denn andernfalls würde der Aktionär in einem mit den guten Sitten nicht mehr zu vereinbarenden Ausmaß von der Einflussnahme auf das Geschehen in seiner Gesellschaft abgeschnitten[37]. Mit derselben Einschränkung ist auch eine Ermächtigung des Aktionärs an einen Dritten, das Stimmrecht im eigenen Namen auszuüben, zulässig (§ 129 Abs. 3 AktG). Diese sogenannte *Legitimationszession* eröffnet dem Aktionär die Möglichkeit, als Inhaber der Aktie nicht in Erscheinung zu treten, gleichwohl aber seinen Willen in der Hauptversammlung zur Geltung zu bringen[38]. Da aber Kreditinstituten und anderen institutionellen Vertretern diese Möglichkeit nicht offen steht (§ 135 Abs. 1, Abs. 8 AktG), ist die praktische Bedeutung nicht allzu groß.

122   Von großer praktischer Bedeutung ist das sogenannte *Depotstimmrecht der Banken*, das in § 135 AktG geregelt ist. Der Vollmachtserteilung liegt regelmäßig ein Geschäftsbesorgungsvertrag zugrunde. Das Stimmrecht kann bei entsprechender Vollmachtsgestaltung auch im Namen dessen, den es angeht, ausgeübt werden (§ 135 Abs. 5 S. 2 AktG). Das ermöglicht es dem Aktionär, in der Hauptversammlung nicht in Erscheinung zu treten[39]. Wie das Kreditinstitut abzustimmen hat, bestimmt § 135 Abs. 2, 3 AktG: Vorrangig sind Weisungen des Aktionärs zu befolgen, danach die dem Aktionär mitgeteilten Vorschläge des Kreditinstituts. Eine von dem Vorschlag abwei-

---

[34] Damit wird den Überlegungen von *Raiser/Veil* § 16 Rdz. 85, die zu Recht meinen, ein solches Stimmverbot dürfe nicht für diese Beschlussgegenstände gelten, Rechnung getragen.

[35] *Zöllner*, in Kölner Komm., § 136 Rdz. 28.

[36] Dazu *Habersack* ZHR 165 (2001), 172, 184; *Piko/Preissler* AG 2002, 223, 226 f.; *Zetzsche* ZIP 2001, 682, 684.

[37] *Karsten Schmidt*, § 19 III 4 c), hält eine unwiderrufliche verdrängende Vollmacht für unzulässig. Er beruft sich zur Begründung auf das sog. Abspaltungsverbot. Doch müsste dieses seinerseits begründet werden. S. auch den Fall BGH NJW 1987, 780.

[38] Zur Legitimationszession *Than* ZHR 157 (1993), 125, 130 ff.

[39] Zu den Gründen, die aus Sicht des Aktionärs für eine solche Geheimhaltung sprechen, *Henssler* ZHR 157 (1993), 91, 94; *Than* ZHR 157 (1993), 125, 127.

chende Stimmabgabe ist angezeigt, wenn das Kreditinstitut den Umständen nach annehmen darf, dass der Aktionär bei Kenntnis der Sachlage eine abweichende Ausübung des Stimmrechts billigen würde (§ 135 Abs. 3 S. 1 AktG)[40]. Da das Depotstimmrecht einen gewissen Machtzuwachs bei den Banken zur Folge hat und zu Interessenkonflikten bei den Kreditinstituten führen kann, ist es politisch stets umstritten gewesen[41]. Ohne das Depotstimmrecht wäre die Hauptversammlungspräsenz aber noch geringer, was zu Zufallsmehrheiten oder einem weiteren Machtzuwachs bei maßgeblich beteiligten Aktionären führen könnte. Auch eine solche Entwicklung ist nicht unbedingt erwünscht.

Als Stimmrechtsvertreter für Kleinaktionäre treten neben den Kreditinstituten auch sogenannte *Aktionärsvereinigungen* auf[42]. Für sie sowie für Personen, die sich geschäftsmäßig gegenüber Aktionären zur Ausübung des Stimmrechts in der Hauptversammlung erbieten, gelten die genannten Bestimmungen sinngemäß (§ 135 Abs. 8 AktG). 　　**123**

f) *Abstimmungsvereinbarungen* unter den Aktionären oder mit Dritten sind im Grundsatz zulässig. Das Gesetz sieht in § 127a AktG sogar eine Internetplattform vor, das sogenannte *Aktionärsforum*, das eine koordinierte Stimmrechtsausübung ermöglichen soll[43]. § 136 Abs. 2 S. 1 AktG bestimmt allerdings, dass ein Vertrag, der einen Aktionär dazu verpflichtet, sein Stimmrecht nach Weisung der AG, des Vorstands oder des Aufsichtsrates auszuüben, nichtig ist. Gleiches gilt für einen Vertrag, der den Aktionär dazu verpflichtet, für die Vorschläge der Verwaltung zu stimmen (§ 136 Abs. 2 S. 2 AktG). Gleichgültig ist, mit wem ein solcher Vertrag geschlossen wird. Wenn allerdings schon feststeht, wie die Vorschläge der Verwaltung aussehen, ist eine Bindung gegenüber einem Dritten zulässig, da dann eine Einflussnahme der Verwaltung nicht mehr im gleichen Maße zu befürchten ist. 　　**124**

Ansonsten können Stimmbindungsverträge mit den Aktionären oder mit Dritten abgeschlossen werden. Da ein Aktionär für die Schulden der AG nicht persönlich haftet, ist eine solche Vertragsgestaltung *regelmäßig* nicht sittenwidrig[44]. Denn sie entrechtet den Aktionär nicht in unerträglicher Weise. Dies wird besonders deutlich, wenn man bedenkt, dass bei realistischer Betrachtung auch ohne vertragliche Bindung häufig – etwa in Konzer- 　　**125**

---

[40] Zu der Frage, wann das Kreditinstitut oder auch ein sonstiger Bevollmächtigter von der Weisung abweichen darf oder muss, *Henssler* ZHR 157 (1993), 91, 104 f.; *Than* ZHR 157 (1993), 125, 141 f.

[41] Siehe *Kropff* ZGR-Sonderheft 12, 1994, S. 3, 7 ff.; *Niederleithinger* ZIP 1995, 597, 600 f.; *Raiser* NJW 1996, 2257, 2261.

[42] Z. B. Deutsche Schutzvereinigung für Wertpapierbesitz e. V. und Schutzvereinigung der Kleinaktionäre e. V.

[43] Siehe *Holzborn* WM 2006, 157, 163.

[44] BGH NZG 2009, 183, 184; 1. A. 75 f.; dort auch zum Stimmpool.

nen – der Aktionär nicht selbst über die Ausübung seines Stimmrechts entscheidet. Wollte man hier allzu puristisch sein, würde man den wirtschaftlichen Gegebenheiten ohne Grund nicht Rechnung tragen. Zugleich stellt die
Kündbarkeit bei Vorliegen eines wichtigen Grundes sicher, dass der Aktionär im Ernstfall seinem Engagement in der Gesellschaft gemäß auf die AG
Einfluss nehmen kann. Entgegen einer in der Literatur vertretenen Ansicht
bedarf ein Stimmbindungsvertrag auch keines ihn rechtfertigenden
Grundes[45]. Es reicht, wenn die betroffenen Aktionäre einen solchen Vertrag
– wohl weil sie ihn für sachdienlich hielten – abgeschlossen haben. Eine Klage auf Erfüllung des Stimmbindungsvertrages ist zulässig. Unterschiede zum
Recht der Personengesellschaften ergeben sich insoweit nicht[46]. Unzulässig
ist der Stimmenkauf (§ 405 Abs. 3 Nr. 6, 7 AktG), also ein entgeltlicher
Stimmbindungsvertrag. Umstritten ist, ob ein Beschluss, der entgegen einer
alle Gesellschafter umfassenden Vereinbarung gefasst worden ist, anfechtbar ist. Diese Problematik spielt vorwiegend im Recht der GmbH eine Rolle
und soll daher auch dort erläutert werden[47].

126   g) Bei der Abstimmung hat sich der Aktionär von seiner *Treuepflicht* gegenüber der Aktiengesellschaft und seinen Mitaktionären *leiten zu lassen*[48].
Gegenüber den Mitaktionären kommen Schadensersatzpflichten aber nur in
Betracht, wenn diese nicht durch die Erhebung einer Anfechtungsklage den
Eintritt des Schadens selbst verhindern können[49]. In Sondersituationen, insbesondere wenn es sich um eine AG mit nur wenigen Gesellschaftern handelt, kann aufgrund der Treuepflicht auch eine Verpflichtung zur Abstimmung in einem bestimmten Sinne bestehen[50].

127   In dem Fall BGHZ 129, 136 stand in der Hauptversammlung einer AG ein Sanierungskonzept zur Debatte, ohne das der Zusammenbruch der Gesellschaft unver-
meidbar war. Der beklagte Stimmrechtsvertreter hatte vor der Hauptversammlung
um die Vertretung von Aktionärsstimmen mit der Erklärung geworben, er werde
dem Sanierungskonzept nicht zustimmen, da eine Lösung gefunden werden müsse
und könne, die die Aktionäre weniger belaste. Aufgrund der vom Beklagten vertre-

---

[45] So *Priester*, FS Werner, 1984, S. 659; *Karsten Schmidt* § 28 IV 4 b) ee).

[46] 1. A. 78.

[47] 2. F. 108; nach *Zutt* ZHR 155 (1991), 190, 195 kann diese Judikatur nicht ohne weiteres auf die Aktiengesellschaft übertragen werden, da nur bei der GmbH das Anfechtungsrecht nicht gesetzlich geregelt sei. Doch besteht in der Interessenlage kein Unterschied.

[48] 2. C. 39 ff.; treuwidrig abgegebene Stimmen sind nichtig und dürfen bei der Feststellung des Beschlussergebnisses nicht mitgezählt werden: *Zöllner*, FS Lutter, 2000, S. 821,
824 f., 828 f.

[49] *Henssler* ZHR 157 (1993), 91, 121; *Zöllner/Winter* ZHR 158 (1994), 59, 74; offen
gelassen in BGHZ 129, 130.

[50] Dies ist nicht anders als bei den Personengesellschaften, 1. A. 17 ff.; Beispiele bei
Henze ZHR 162 (1998), 186, 192.

tenen Stimmen konnte die für die Sanierung erforderliche Mehrheit nicht erreicht werden. Der Kläger, ebenfalls Aktionär, klagte auf Schadensersatz, da seine Aktien durch die Insolvenz wertlos geworden waren.

Der BGH sieht in der Stimmabgabe ein eigennütziges Verhalten der Aktionäre, aufgrund dessen es zum Zusammenbruch der AG gekommen sei. Dies beinhalte eine Treuepflichtverletzung der Aktionäre untereinander (nicht gegenüber der AG, da diese kein Recht auf Fortbestand hat!). Dies erinnert an vergleichbare Verpflichtungen von Personengesellschaftern[51]. Allerdings führt in der AG nur vorsätzliches[52] Handeln zum Schadensersatz. Verklagt waren aber nicht die vertretenen Aktionäre, sondern der Vertreter selbst. Mit einer kühnen Konstruktion kommt das Urteil zu dem Ergebnis, dass dieser nach § 179 Abs. 1 BGB hafte, sofern er nicht offen lege, wen er vertrete. Dies überzeugt nicht so recht. Der Beklagte war der Initiator der ganzen Sache. Dass er sich durch Nennung der Namen der Aktionäre, wozu er eigentlich nicht verpflichtet ist, sollte aus der Affäre ziehen können, will nicht recht einleuchten[53]. Eine Lösung über § 826 BGB, die vom BGH auch angesprochen wird, überzeugt da eher.

4. Mehrheits- und Formerfordernisse

a) Die Hauptversammlung fasst ihre Beschlüsse, sofern das Gesetz oder **128** die Satzung nichts anderes bestimmt, mit der sogenannten einfachen *Mehrheit*, also mit der Mehrheit der abgegebenen Stimmen (§ 133 Abs. 1 AktG)[54]. Von dieser Regel sieht das Gesetz für besonders wichtige Beschlussgegenstände Ausnahmetatbestände vor. So bedarf eine Satzungsänderung – auch in der Form der Kapitalerhöhung (§§ 182 Abs. 1, 193 Abs. 1, 202 Abs. 2, 207 Abs. 2 AktG) oder -herabsetzung (§ 222 Abs. 1 AktG) – einer 3/4-Mehrheit des bei der Beschlussfassung vertretenen Grundkapitals (§ 179 Abs. 2 S. 1 AktG). Allerdings steht diese Bestimmung zur Disposition: Die Satzung kann eine andere, doch für eine Änderung des Unternehmensgegenstands nur eine größere Kapitalmehrheit bestimmen (§ 179 Abs. 2 S. 2 AktG)[55]. Dieselben Mehrheitserfordernisse gelten für den Auflösungsbeschluss (§ 262 Abs. 1 Nr. 2 AktG), für Beschlüsse über Unternehmensverträge (§ 293 Abs. 1 AktG), über die Eingliederung (§ 319 Abs. 2 AktG) und über Strukturentscheidungen, die auf einer ungeschriebenen Hauptversammlungszuständigkeit beruhen[56]. Diese für die sogenannten Grundlagenbeschlüsse vom Gesetz vorgesehene 3/4-Mehrheit hat zur Folge, dass Aktionäre, die mehr als

[51] 1. A. 20; *Grunewald*, FS Roth 2011.
[52] 2. C. 202.
[53] Kritisch auch *Hüffer* § 53 a Rdz. 20 b; *Lutter* JZ 1995, 1053, 1056.
[54] Zur Berechnung der Mehrheit 2. A. 48 f.
[55] Für Satzungsänderungen in der Form der Kapitalerhöhung oder -herabsetzung gelten teilweise andere Regeln 2. C. 167 ff.
[56] 2. C. 110.; das Mehrheitserfordernis ist zwingend BGH ZIP 2004, 993, 998.

25% des Kapitals halten, die genannten Entscheidungen blockieren können (sogenannte *Sperrminorität*).

129   Darüber hinaus ist in einigen Fällen sogar die *Zustimmung* der betroffenen Aktionäre erforderlich (§ 180 AktG). Auch können Beschlüsse, die bestimmte Gattungen von Aktien betreffen, nur mit Zustimmung der jeweiligen Gattung gefasst werden (etwa §§ 141, 179 Abs. 3, 182 Abs. 2, 222 Abs. 2 AktG). Werden Sonderrechte einzelner Aktionäre betroffen (etwa Abschaffung eines Entsendungsrechts), so ist die Zustimmung des Aktionärs erforderlich (§ 35 BGB)[57].

130   b) Der Beschluss ist bei Gesellschaften, deren Aktien an der Börse gehandelt werden, von einem *Notar,* der in der Hauptversammlung anwesend sein muss, zu *beurkunden,* sonst gilt dies nur bei Beschlüssen, für die das Gesetz mindestens eine 3/4-Mehrheit verlangt (§ 130 Abs. 1 AktG). Satzungsänderungen müssen ins *Handelsregister eingetragen* werden (§ 181 AktG). Gleiches gilt auch für andere Beschlussgegenstände, die für die Gesellschaft große Bedeutung haben (etwa § 263 AktG: Auflösung; § 294 AktG: Unternehmensvertrag; § 319 Abs. 3 AktG: Eingliederung).

5. *Beschlussmängel*

131   a) Das Gesetz unterscheidet zwischen *nichtigen* und *anfechtbaren* Hauptversammlungsbeschlüssen. Nichtige Beschlüsse führen, sofern nicht Heilung eintritt, die angestrebte Rechtsfolge nicht herbei. Die Nichtigkeit kann von jedermann jederzeit geltend gemacht werden. Gerade wegen dieser gravierenden Rechtsfolgen und auch um Rechtssicherheit in Bezug auf die Frage zu erreichen, ob ein Beschluss nun nichtig ist oder nicht, sieht das Gesetz die Nichtigkeit eines Beschlusses aber nur in wenigen Fällen vor. Andere Beschlussmängel führen lediglich zur Anfechtbarkeit des Beschlusses. Diese muss durch Klage geltend gemacht werden und beinhaltet eine bloße Vernichtbarkeit des Beschlusses. Die Klage muss innerhalb eines Monats nach der Beschlussfassung erhoben werden (§ 246 Abs. 1 AktG).

132   b) Das Gesetz betont ausdrücklich, dass *Nichtigkeit* nur in den im Gesetz genannten Fällen eintritt (§ 241 AktG). Danach liegt Nichtigkeit unter anderem[58] vor, wenn der Beschluss in einer Hauptversammlung gefasst wurde, die nicht ordnungsgemäß einberufen war, oder wenn der Beschluss nicht entsprechend der gesetzlichen Regel beurkundet wurde (§ 241 Nr. 1, 2 AktG). Nichtigkeit ist auch gegeben, wenn der Beschluss mit dem Wesen der

---

[57] Zur Definition des Sonderrechts 2. A. 52; auch § 33 BGB würde zur Anwendung kommen, spielt aber praktisch keine Rolle.

[58] Weitere Nichtigkeitsgründe in §§ 250, 253 AktG; Beispiele für Nichtigkeit bei *Hüffer* ZGR 2001, 833, 840.

AG nicht zu vereinbaren ist[59] oder Vorschriften verletzt, die dem Gläubiger-schutz oder dem öffentlichen Interesse dienen (§ 241 Nr. 3 AktG). Ebenfalls nichtig sind sittenwidrige Beschlüsse (§ 241 Nr. 4 AktG)[60]. Diese general-klauselartig gefassten Nichtigkeitsgründe müssen aber restriktiv ausgelegt werden[61], da andernfalls die vom Gesetz angestrebte Rechtssicherheit bei der Frage, ob ein Beschluss nichtig oder bloß anfechtbar ist, nicht zu errei-chen wäre.

In dem Fall BGHZ 83, 151 setzte sich der Aufsichtsrat der beklagten AG aus 8 **133** Vertretern der Anteilseigner und der Arbeitnehmer zusammen. Die Hauptversamm-lung beschloss eine Satzungsänderung, nach der der Aufsichtsrat nur beschlussfähig sein sollte, wenn die Hälfte seiner Mitglieder an der Beschlussfassung teilnahmen und mindestens die Hälfte der an der Beschlussfassung Teilnehmenden Vertreter der Anteilseigner waren und sich unter ihnen der Vorsitzende des Aufsichtsrates befand. Die Kläger, die die Vertreter der Arbeitnehmer im Aufsichtsrat sind, beantragten, die Nichtigkeit des Beschlusses festzustellen.
Der BGH führt aus[62], dass das MitbestG als Ergebnis grundlegender nach langjäh-rigen Auseinandersetzungen gefundener Entscheidungen ein besonderes Gewicht habe und dem Wohl der Allgemeinheit dienen solle. Beschlüsse, die gegen seine Be-stimmungen verstoßen, seien daher nach § 241 Nr. 3 AktG nichtig. Der BGH legt sodann mit überzeugenden Erwägungen dar, dass ein solcher Verstoß im vorlie-genden Fall gegeben war. Der Grundsatz der Gleichbehandlung aller Aufsichtsrats-mitglieder – gleichgültig, wer sie gewählt oder entsandt hat – wird verletzt, wenn der Anwesenheit der von den Arbeitnehmern gewählten Aufsichtsratsmitgliedern ein geringeres Gewicht beigemessen wird als der Anwesenheit derjenigen Mitglieder, die von den Anteilseignern gewählt worden sind. Auch die Satzungsbestimmung, die die Teilnahme des Aufsichtsratsvorsitzenden zur Voraussetzung der Beschlussfähig-keit des Aufsichtsrates machte, ist – so der BGH – nichtig. Denn diese Regelung hat zur Folge, dass der Teilnahme des Vorsitzenden ein ungleich größeres Gewicht bei-gemessen wird als ihr im Verhältnis zu den anderen Mitgliedern zukommt. Dies ent-wertet die in § 27 MitbestG 1976 festgelegte Funktion des Stellvertreters.

Die *Nichtigkeit* eines Hauptversammlungsbeschlusses, der ins Handelsre- **134** gister eingetragen worden ist[63], kann *geheilt werden* (§ 242 AktG). Je nach Nichtigkeitsgrund muss zur Eintragung des Beschlusses ins Handelsregister

---

[59] Beispiel in BGH ZIP 2004, 2093: Beeinträchtigung der freien Übertragbarkeit der Aktien durch Formerfordernisse und Kosten.

[60] Sittenwidrigkeit wird nur angenommen, wenn der Beschluss durch seinen Inhalt gegen die guten Sitten verstößt. Das ist kaum je der Fall, *Hüffer* § 241 Rdz. 24; siehe auch 2. F. 111.

[61] BGH ZIP 2006, 1134, 1136: Kein ungeschriebener Nichtigkeitsgrund bei „stimmlo-sem" Hauptversammlungsbeschluss; für eine restriktive Auslegung auch *Karsten Schmidt* § 28 IV 5 c); a.A. (weite Auslegung des öffentlichen Interesses): *Gessler* ZGR 1980, 427, 438; *Schwab* in K. Schmidt/Lutter § 241 Rdz. 22.

[62] Ausführlicher BGHZ 83, 106; ähnlich *Huber*, FS Coing, 1982, S. 167, 187; *Hüffer* § 241 Rdz. 23; *Raiser* NJW 1981, 2166; *Säcker* JZ 1980, 82.

[63] Dazu, dass eine solche Eintragung nicht erfolgen sollte, 2. C. 213.

noch das Verstreichen eines bestimmten Zeitraums hinzukommen. Auch diese Vorschrift soll der Rechtssicherheit dienen: Liegen die in § 242 AktG genannten Heilungsvoraussetzungen vor, so ist der Beschluss in jedem Fall gültig. Eine Amtslöschung nach § 398 FamFG bleibt aber möglich. Sollte der nichtige Beschluss eine bestimmte auch für die Zukunft vorgesehene Verfahrensweise innerhalb der AG festlegen, so müsste, schon damit in der AG nicht rechtswidrig verfahren wird, eine solche Amtslöschung stattfinden[64].

135   Die Nichtigkeit des Beschlusses kann *im Klagewege* geltend gemacht werden. Für diese Klage gelten die Regeln über die Anfechtungsklage weitgehend entsprechend (§ 249 Abs. 1 S. 1 AktG). Die Nichtigkeit kann aber auch anderweitig geltend gemacht werden (§ 249 Abs. 1 S. 2 AktG). Allerdings führt nur die Erhebung der Nichtigkeitsklage dazu, dass eine Heilung nicht eintritt[65].

136   c) Nach § 243 Abs. 1 AktG kann ein *Beschluss der Hauptversammlung* wegen Verletzung des Gesetzes oder der Satzung *durch Klage angefochten* werden. Anders als bei der Nichtigkeitsklage schreibt das Gesetz bei dieser sogenannten *Anfechtungsklage* also keinen festen Katalog von Gründen vor, auf die die Klage ausschließlich gestützt werden könnte. Eine Unterscheidung zwischen Nichtigkeits- und Anfechtungsgründen ist gleichwohl in einem Anfechtungsprozess weitgehend nicht notwendig[66]: Beide Klagen verfolgen dasselbe Ziel. Die Rechtsfolge liegt bei gewonnenem Prozess in jedem Fall darin, dass der Beschluss nicht gilt. Anfechtbare Beschlüsse können durch einen Bestätigungsbeschluss der Hauptversammlung mit Wirkung für die Zukunft geheilt werden (§ 244 S. 1 AktG)[67].

137   Anfechtungsgründe gibt es viele[68]. Dabei wird zwischen Inhalts- und Verfahrensfehlern unterschieden. Zu den *Verfahrensfehlern* zählen etwa Mängel bei der Leitung der Hauptversammlung, z. B. bei der Feststellung des Abstimmungsergebnisses. So liegt beispielsweise ein Verfahrensfehler vor, wenn eine ungültige Stimme mitgezählt wird oder aus einem anderen Grunde das Beschlussergebnis unrichtig ermittelt wird[69]. Diese Beispiele zeigen

---

[64] *Casper*, Die Heilung nichtiger Beschlüsse im Kapitalgesellschaftsrecht, 1998, S. 242 ff.; allgemein zur Heilung nichtiger satzungsändernder Beschlüsse 2. C. 213.

[65] Streitig ist, ob auch die Erhebung einer Feststellungsklage die Heilung ausschließt: *Casper*, Die Heilung nichtiger Beschlüsse im Kapitalgesellschaftsrecht, 1998, S. 123 ff.

[66] Doch müssen natürlich bei der Geltendmachung von Anfechtungsgründen die besonderen Voraussetzungen der Anfechtungsklage (Widerspruch zu Protokoll gemäß § 245 Nr. 1 AktG, Einhaltung der Frist des § 246 Abs. 1 AktG) beachtet werden; zur Identität des Streitgegenstands von Anfechtungs- und Nichtigkeitsklage: BGHZ 152, 1; *Hüffer* ZGR 2001, 833, 853; *Kindl* ZGR 2000, 166.

[67] Beispielsfälle BGH NJW 2004, 1165; BGH NZG 2006, 191, 192; *Habersack/Schürnbrand*, FS Hadding, 2004, S. 391; *Zöllner* AG 2004, 397.

[68] Beispiele bei *Hüffer* ZGR 2001, 833, 844.

[69] BGHZ 44, 245, 250 ff.: Rechtswidriger Ausschluss stimmberechtigter Aktionäre von

aber zugleich, dass *nicht jeder Verfahrensfehler zur Anfechtbarkeit* des Beschlusses führen kann, da andernfalls auch vollkommen unbedeutende Fehler die Anfechtbarkeit herbeiführen würden. Daher verlangt man, dass der Gesetzes- oder Satzungsverstoß eine gewisse Relevanz hat[70]. Daher führen Verstöße gegen Bestimmungen, die für eine ordnungsgemäße Beschlussfassung auch im Interesse aller Aktionäre wichtig sind, stets zur Anfechtbarkeit, auch wenn im Einzelfall nicht nachgewiesen werden kann, dass der Beschluss möglicherweise auf dem Verfahrensfehler beruht. Dies wäre etwa der Fall, wenn einem unbequemen Minderheitsaktionär – etwa durch ungerechtfertigten Saalverweis – die Teilnahme an der Hauptversammlung unmöglich gemacht wird. Sofern die Anfechtung darauf gestützt wird, dass der Aktionär nicht ordnungsgemäß informiert worden ist, legt das Gesetz in Fortentwicklung des Relevanzaspektes in § 243 Abs. 4 AktG fest, dass eine Anfechtung nur möglich ist, wenn ein objektiv urteilender Aktionär die Informationserteilung als wesentliche Voraussetzung für die sachgerechte Wahrnehmung seiner Rechte angesehen hätte[71].

Von großer Bedeutung insbesondere für den Schutz von Minderheiten ist **138** die *Anfechtbarkeit wegen Inhaltsmängeln*. Hierzu gehören insbesondere Verstöße gegen das Gleichbehandlungsgebot und die Treuepflicht. Dabei gilt der Grundsatz, dass ein Beschluss, der in die Mitgliedschaft, insbesondere der Minderheitsaktionäre, eingreift, anfechtbar ist, wenn dieser Eingriff nicht durch das Gesellschaftsinteresse sachlich gerechtfertigt ist oder wenn er sich bei Abwägung der Gesellschaftsinteressen und der Interessen der Minderheitsaktionäre als unverhältnismäßig belastend für die Minderheit erweist. Allerdings kann sich aus dem Gesetz ergeben, dass der Beschluss trotz eines Verstoßes gegen dieses *Prinzip der Erforderlichkeit und Verhältnismäßigkeit* rechtmäßig ist. Nicht abschließend geklärt ist, wann dies der Fall ist[72].

In dem Fall BGHZ 136, 133 (mit ablehnender Anm. *Lutter* JZ 1998, 50; bestätigt **139** durch BGH ZIP 2009, 913) hatte die Hauptversammlung den Vorstand ermächtigt,

---

der Hauptversammlung; BGHZ 76, 191, 197: Für den Beschluss erforderliche Mehrheit nicht erkannt; BGH ZIP 2006, 1134: Ungültige Stimmen mitgezählt.
[70] BGH ZIP 1998, 22: Ladungsmangel, Kausalität bejaht; BGHZ 153, 32, 36ff.: und BGH ZIP 2004, 2093, Bekanntmachungsmangel, Relevanz bejaht; *Henze* BB 2002, 893, 900; *Hüffer* § 243 Rdz. 15; *Zöllner* AG 2000, 145, 148.
[71] Dazu *Kersting* ZGR 2007, 319, 323ff.; *Noack/Zetzsche* ZHR 170 (2006), 218, 220ff.; *Weißhaupt* ZIP 2005, 1766, 1771.
[72] Mit Unterschieden im Einzelnen *Henze*, FS Hadding, 2004, S. 409, 412; *Hirte*, Bezugsrechtsausschluss und Konzernbildung, 1986, S. 138ff.; *Lutter* ZGR 1981, 171; zum Bezugsrechtsausschluss 2. C. 176; keine Prüfung anhand des Maßstabs der Verhältnismäßigkeit und Erforderlichkeit erfolgt in BGHZ 70, 117, 123ff. (Einführung eines Höchststimmrechts); BGHZ 103, 183, 190 (Auflösung einer AG); BGHZ 138, 71 (Kapitalherabsetzung).

das Grundkapital unter Ausschluss des Bezugsrechtes um DM 300 Mio. gegen Geld-
oder Sacheinlagen zu erhöhen. Diese Maßnahme wurde vom Vorstand damit begründet, dass auf diese Weise die Gesellschaft die Möglichkeit haben solle, in geeigneten Einzelfällen Beteiligungen zu erwerben. Der Kläger wandte sich mit der Anfechtungsklage gegen den entsprechenden Beschluss der Hauptversammlung.

Diese Klage hätte Erfolg haben müssen, wenn der Beschluss einer sachlichen
Rechtfertigung bedurfte. Denn eine nähere Begründung für den Bezugsrechtsausschluss hatte der Vorstand nicht gegeben. Der Zweck des genehmigten Kapitals wurde vielmehr nur ganz allgemein umrissen. Der BGH hat der Klage aber nicht stattgegeben. Vielmehr besagt das Urteil, dass das genehmigte Kapital es dem Vorstand
ermöglichen solle, schnell und flexibel auf besondere Marktlagen zu reagieren[73].
Daher sei es nicht möglich, genauere Gründe für den Ausschluss des Bezugsrechts
schon bei der Beschlussfassung festzulegen. Diese Entscheidung überzeugt[74]. Ob sie
zur Folge haben wird, dass auch ein Bezugsrechtsausschluss im Rahmen einer gewöhnlichen Kapitalerhöhung keiner besonderen Rechtfertigung mehr bedarf, bleibt
abzuwarten[75]. Gründe für eine andere Behandlung dieser Variante der Kapitalerhöhung sind kaum ersichtlich[76]. Auch würde anderenfalls die gewöhnliche Kapitalerhöhung für die Geschäftsleitung unattraktiv werden.

140   Neben den in § 243 Abs. 1 AktG genannten Anfechtungsgründen führt
das Gesetz noch weitere an (§§ 243 Abs. 2[77], 251, 254, 255 AktG). *Wer zur
Anfechtung befugt ist*, regelt das Gesetz in § 245 AktG. Hierzu gehören Aktionäre, die ihre Aktien schon vor Bekanntmachung der Tagesordnung erworben hatten[78], in der Hauptversammlung erschienen sind und gegen den
Beschluss Widerspruch zu Protokoll erklärt haben (§ 245 Nr. 1 AktG)[79]. Auf
diese Weise wird sofort klar, ob mit einer Anfechtung gerechnet werden
muss. Eine Ausnahme gilt allerdings für nicht erschienene Aktionäre, wenn
sie zu Unrecht nicht zugelassen wurden oder ein Einberufungs- oder Bekanntmachungsfehler vorlag (§ 245 Nr. 2 AktG).

141   Die *Anfechtungsklage muss innerhalb eines Monats* nach der Beschlussfassung gegen die Gesellschaft, vertreten durch Vorstand und Aufsichtsrat,

---

[73] Zu einer Feststellungsklage des Aktionärs nach Ausübung der Ermächtigung 2. C.
174.

[74] *Krieger*, FS Wiedemann, 2002, S. 1081, 1083; *Westermann*, FS Zöllner, 1999, S. 607,
626 ff.; zurückhaltend in der Interpretation des Urteils *Cahn* ZHR 163 (1999), 554, 571;
a. A. *Bayer* ZHR 168 (2004), 132, 150 f.

[75] Dazu *Kindler* ZGR 1998, 35, 65; *Mülbert*, Aktiengesellschaft, Unternehmensgruppe und Kapitalmarkt, 1996, S. 259 ff.

[76] Ebenso *Kindler* ZGR 1998, 35, 65; a. A. *Henze* ZHR 169 (1998), 186, 188.

[77] Die praktische Bedeutung dieser Norm ist wegen der Ansiedlung der Verstöße gegen
Treu und Glauben und gegen das Gleichbehandlungsgebot in § 243 Abs. 1 AktG gering
geblieben; *Hüffer*, FS Kropff, 1997, S. 127.

[78] Mit dieser Regel soll vermieden werden, dass räuberische Aktionäre (2. C. 40) Aktien von Gesellschaften mit Tagesordnungspunkten erwerben, die „Anfechtungspotenti-
al" bieten, *Kersting* ZGR 2007, 319, 345; *Koch* ZGR 2006, 769, 796.

[79] Im Fall der Anfechtung nach § 243 Abs. 2 AktG ist dies nicht erforderlich: § 245
Nr. 3 AktG.

erhoben werden (§ 246 Abs. 1, 2 AktG). Mit dieser relativ knapp bemessenen Anfechtungsfrist wird im Interesse der Gesellschaft ein erhebliches Maß an Rechtssicherheit erreicht, da nach diesem Zeitpunkt von der Gültigkeit des Beschlusses ausgegangen werden kann, sofern keine Nichtigkeitsgründe vorliegen. Um das Prozessrisiko für den Anfechtungskläger in einem akzeptablen Rahmen zu halten, wird der Streitwert vom Gericht bestimmt (§ 247 Abs. 1 AktG). Sollte das Anfechtungsrecht *missbraucht*, also etwa zur Erpressung von Zahlungen oder sonstigen Leistungen an den anfechtenden Aktionär genutzt werden, so wird die Klage als unbegründet abgewiesen[80] und der klagende Aktionär haftet der AG auf Schadensersatz[81]. Zudem soll die in § 248a AktG niedergelegte Pflicht zur Offenlegung von verfahrensbeendenden Absprachen von erpresserischen Klagen abhalten.

In dem Fall BGHZ 107, 296 hatten die Kläger nach dem Vortrag der beklagten AG in einem Gesprächstermin mit der Gesellschaft darauf hingewiesen, sie würden die Anfechtungsklage erforderlichenfalls bis zum BGH treiben. Allerdings sei ein Interessenausgleich möglich. Andere Fälle, in den sechs- oder siebenstellige Beträge an sie gezahlt worden seien, seien erfolgreich abgeschlossen worden. Man solle Vergleichsangebote unterbreiten. Damit lag – wie der BGH zutreffend ausführt – deutlich ein Angebot auf Abkauf des Anfechtungsrechts vor, zumal die Kläger bei anderen Klagen ebenso verfahren waren. Auch wenn die Klage eigentlich begründet gewesen sein sollte, war sie, da sie mit dieser Intention durchgefochten wurde, abzuweisen. Daran ändert auch die Tatsache nichts, dass die Anfechtungsklage auch im Interesse der AG und der Mitgesellschafter dazu dient, die Legalität der Hauptversammlungsbeschlüsse abzusichern und daher ein besonderes Rechtsschutzinteresse des Klägers nicht erforderlich ist. **142**

Ein der Klage stattgebendes rechtskräftiges Urteil hat zur Folge, dass der Beschluss mit Wirkung für und gegen jedermann mit Rückwirkung für nichtig erklärt wird. Sofern dem Aktionär hiermit allein nicht gedient ist, er vielmehr der Ansicht ist, dass ein Beschluss mit einem anderen Inhalt als durch den Vorsitzenden festgestellt gefasst wurde, kann er die Anfechtungsklage mit einer sog. *positiven Beschlussfeststellungsklage* verbinden. Dies wird dann praktisch, wenn der Kläger meint, es seien Stimmen zu Unrecht mitgezählt oder nicht mitgezählt worden. Allein die Kassation des unrichtig verkündeten Beschlusses würde dem Kläger in einem solchen Fall nicht helfen[82]. **143**

---

[80] Dazu 2. C. 40 und 2. C. 168; BGHZ ZIP 1992, 1391; *Becker*, Verwaltungskontrolle durch Gesellschafterrechte, 1997, S. 717; *Henze*, FS Hadding, 2004, S. 409 ff.; *Wardenbach* ZGR 1992, 593; zum Freigabeverfahren 2. C. 158.

[81] OLG Frankfurt AG 2009, 200 stützt den Anspruch auf § 826 BGB. *Martens/Martens* AG 2009, 173; *K. Schmidt* AG 2009, 248, 257 f. Hinzu tritt ein Anspruch aus Verletzung der Treuepflicht, 2. C. 40.

[82] BGHZ 76, 191, 197 ff.; BGHZ 97, 28, 30; BGH AG 2001, 587, 588; *Hüffer* § 246 Rdz. 42; *Karsten Schmidt* NJW 1986, 2018, 2020; *Zöllner* ZGR 1982, 623.

144   d) Neben nichtigen und anfechtbaren Beschlüssen gibt es auch *schwebend unwirksame Beschlüsse.* Diese liegen vor, wenn zu dem Tatbestand der Beschlussfassung der Hauptversammlung noch weitere Momente hinzutreten müssen, um den Beschluss voll wirksam werden zu lassen. Dies kann beispielsweise die Zustimmung bestimmter Aktionäre oder auch der Inhaber bestimmter Aktiengattungen sein. Soll der Beschluss ohne die erforderliche Zustimmung zur Durchführung kommen, etwa weil man der Ansicht ist, eine solche Zustimmung sei nicht erforderlich, so können die betroffenen Aktionäre Klage auf Feststellung der Unwirksamkeit des Beschlusses erheben.

VII. Informationsrechte

1. Informationsrechte der Gesellschaft

145   Wie jedes Leitungsorgan einer Gesellschaft hat auch der Vorstand über seine Tätigkeit zu berichten. Adressat dieser Berichtspflicht ist nach § 90 AktG der Aufsichtsrat, bei dem ja auch die Pflicht zur Überwachung der Geschäftsführung des Vorstands liegt[1].

2. Informationsrechte der Aktionäre

146   a) Nach § 131 AktG ist jedem Aktionär – also auch Aktionären, die kein Stimmrecht haben – auf Verlangen *in der Hauptversammlung Auskunft über die Angelegenheiten der Gesellschaft* zu geben, sofern dies zur sachgemäßen Beurteilung eines Gegenstands der Tagesordnung erforderlich ist. Dabei ist der Begriff der Angelegenheit der Gesellschaft weit auszulegen. Gefragt werden kann nach allem, was mit der Tätigkeit der AG zu tun hat[2]. Hierzu gehören auch Geschäftsbeziehungen zu Dritten sowie die rechtlichen und geschäftlichen Beziehungen der Gesellschaft zu verbundenen Unternehmen (§§ 15, 131 Abs. 1 S. 2 AktG). Des Weiteren muss die verlangte Auskunft zur sachgemäßen *Beurteilung* des Gegenstandes *der Tagesordnung* erforderlich sein. Da aber manche Tagesordnungspunkte einer Hauptversammlung ein sehr weites Themengebiet ansprechen (Entlastung von Vorstand und Aufsichtsrat[3], Vorlage des Jahresabschlusses, Gewinnverwendung), wird rein praktisch gesehen auch mit dieser Gesetzesbestimmung

---

[1] 2. C. 83.

[2] *Hüffer* § 131 Rdz 11; *Wohlleben*, Informationsrechte des Gesellschafters, 1989, S. 99 ff.; zum Auskunftsverlangen in Bezug auf verbundene Unternehmen *Spitze/Diekmann* ZHR 158 (1994), 447.

[3] Siehe BGH NJW 2005, 828; einen restriktiven Standpunkt vertritt das OLG Frankfurt DB 1993, 2274: Im Rahmen der Beschlussfassung über eine Entlastung könne zwar der Gesamtbetrag erfolgter Spenden erfragt werden, nicht aber einzelne Spendenvorgän-

kaum eine Einschränkung des Auskunftsrechts erreicht[4]. Auch gilt diese Regelung nicht, wenn einem anderen Aktionär wegen seiner Eigenschaft als Aktionär eine Auskunft außerhalb der Hauptversammlung bereits gegeben worden ist (§ 131 Abs. 4 S. 1 AktG)[5]. Immerhin sieht § 131 Abs. 2 S. 2 AktG eine Möglichkeit zur Beschränkung des Frage- und Rederechts durch den Leiter der Hauptversammlung vor[6].

b) Um so wichtiger ist es, dass § 131 Abs. 3 AktG ein *Auskunftsverweigerungsrecht* festlegt, das u. a. dann eingreift, wenn die Erteilung der Auskunft geeignet ist, der Gesellschaft oder einem verbundenen Unternehmen einen nicht unerheblichen Nachteil zuzufügen. Allerdings kann die Auskunftsverweigerung hierauf wie auch auf einige andere Auskunftsverweigerungsgründe nicht gestützt werden, wenn eine entsprechende Auskunft außerhalb der Hauptversammlung bereits einem anderen Aktionär erteilt worden ist. Allein die Tatsache, dass der Vorstand aufgrund eigener Unkenntnis die verlangte Auskunft nicht sofort erteilen kann, hat nicht zur Folge, dass die Auskunft auch nicht erteilt werden müsste. Vielmehr müssen in der Hauptversammlung Personen anwesend sein, die die Antwort auf die verlangten Auskünfte für den Vorstand, der die Auskunft dann zu erteilen hat, vorbereiten[7].

147

In dem Fall KG ZIP 1995, 1585 stellte ein Aktionär in einer Hauptversammlung, deren Tagesordnung den Bericht des Vorstands über den Geschäftsverlauf, die Verwendung des Bilanzgewinnes und die Entlastung von Vorstand und Aufsichtsrat umfasste, die Frage: Wie hoch ist für jede börsennotierte AG, an welcher die Gesellschaft Anteile hält, der Nennwert der Aktien, soweit sie einen Marktwert von DM 100 Mio. haben?
Das KG hat dieses Auskunftsbegehren für begründet gehalten, da solche Angaben für die Beurteilung der Vermögens- und Ertragslage eines Unternehmens sowie für die Durchführung einer Aktienanalyse wesentlich seien. Diese Begründung ist bedenklich. Ein Aktionär kann nicht alles erfragen, was für ihn als Kapitalanleger von Interesse ist. Vielmehr muss die Auskunft zur Beurteilung eines Tagesordnungspunkts erforderlich oder doch zumindest hilfreich sein. Hier war keinerlei Bezug zu einem bestimmten Tagesordnungspunkt gegeben[8].

148

---

ge; Nach OLG Stuttgart ZIP 2003, 2024 muss gegebenenfalls klarstellend nachgefragt werden; auch *Hüffer* § 131 Rdz. 12.

[4] Zur Erforderlichkeit ausführlich *Trouet* NJW 1986, 1302, 1303 f.; zu langatmigen Fragenkatalogen einzelner Aktionäre *Martens*, in Missbräuchliches Aktionärsverhalten, 1990, Hrsg. *Timm*, S. 63, 72 f.; zur Verfassungsmäßigkeit BVerfG NJW 2000, 349, 350.

[5] Beispiel für § 131 Abs. 4 AktG in BayObLG ZIP 2002, 1804; dazu *Pentz* ZIP 2007, 2298.

[6] Zu den Grenzen einschlägiger Satzungsbestimmungen BGH ZIP 2010, 575.

[7] *Hüffer* § 131 Rdz. 9; siehe KG ZIP 1993, 1618, 1620; OLG Brandenburg AG 2003, 328.

[8] Kritisch auch *Hüffer* ZGR 2001, 833, 845; *Spitze/Diekmann* ZHR 158 (1994), 447, 461.

149   c) Wird eine begehrte Auskunft verweigert oder unrichtig erteilt[9], so kann der Aktionär gegen die Gesellschaft als Schuldnerin der verlangten Auskunft ein besonderes *Auskunftserzwingungsverfahren* einleiten (§ 132 AktG). Daneben kann der Aktionär, wenn sich die Auskunftsverweigerung auf einen Tagesordnungspunkt bezog, über den Beschluss gefasst wurde, u. U. aber auch diesen Beschluss anfechten[10].

150   d) Ein *Einsichtsrecht* haben die Aktionäre nicht.

VIII. Die Finanzverfassung der AG

1. *Jahresabschluss, Lagebericht, Gewinnverwendung*

151   a) Der Vorstand ist verpflichtet, in den ersten 3 Monaten nach Abschluss des Geschäftsjahres den *Jahresabschluss* (§§ 242, 264 Abs. 1 HGB) aufzustellen. Der Jahresabschluss ist um einen Anhang (§ 284 HGB) zu erweitern. Außerdem ist ein *Lagebericht* zu erstellen (§ 264 Abs. 1 S. 1 HGB)[1], der den Geschäftsverlauf und die Lage der Gesellschaft darstellt (§ 289 HGB). Der Jahresabschluss und der Lagebericht werden durch einen *Abschlussprüfer* auf ihre Rechtmäßigkeit hin überprüft (§§ 316 Abs. 1 S. 1, 317 HGB). Eine Ausnahme von dieser Prüfungspflicht besteht nur für „kleine" Aktiengesellschaften im Sinne von § 267 Abs. 1 HGB. Über das Ergebnis der Prüfung haben die Abschlussprüfer schriftlich zu berichten (§ 321 Abs. 1 S. 1 HGB). Sofern die Abschlussprüfer keine Einwendungen zu erheben haben, erteilen sie den sogenannten *Bestätigungsvermerk* (§ 322 Abs. 1 HGB). Andernfalls wird der Bestätigungsvermerk eingeschränkt oder versagt (§ 322 Abs. 4 HGB).

152   b) Nach Eingang des Prüfungsberichts hat der Vorstand unverzüglich den Jahresabschluss, den Lagebericht und den Prüfungsbericht *dem Aufsichtsrat vorzulegen.* Zugleich hat der Vorstand dem Aufsichtsrat den Vorschlag zu unterbreiten, den er der Hauptversammlung für die Verwendung des Bilanzgewinns machen will (§ 170 Abs. 1, 2 AktG). Der Aufsichtsrat prüft sodann den Jahresabschluss, den Lagebericht und den Vorschlag für die Verwendung des Bilanzgewinns (§ 171 Abs. 1 AktG). Über das Ergebnis der Prüfung berichtet er der Hauptversammlung (§ 171 Abs. 2 AktG).

153   c) Billigt der Aufsichtsrat den *Jahresabschluss,* so ist er *festgestellt,* wenn nicht, was aber nur ganz selten geschieht, Vorstand und Aufsichtsrat be-

---

[9] Zu diesem Fall, bezüglich dessen die Anwendbarkeit von § 132 AktG streitig ist, *Quack,* FS Beusch, 1993, S. 665, 668 ff.
[10] 2. C. 137.
[1] Eine Ausnahme gilt für kleine Aktiengesellschaften im Sinne von § 267 Abs. 1 HGB (§ 264 Abs. 1 S. 4 HGB).

schließen, die Feststellung des Jahresabschlusses der Hauptversammlung zu
überlassen (§ 172 S. 1 AktG). Billigt der Aufsichtsrat den Jahresabschluss
nicht, so erfolgt die Feststellung durch die Hauptversammlung (§ 173 AktG).
Sofern die Hauptversammlung einen bereits geprüften Jahresabschluss ändert, muss eine erneute Prüfung durch den Abschlussprüfer erfolgen (§ 173
Abs. 3 AktG).

d) *Die Hauptversammlung*, die unverzüglich nach Eingang des Berichts   **154**
des Aufsichtsrates einzuberufen ist, nimmt den festgestellten Jahresabschluss und den Lagebericht entgegen und *fasst Beschluss über die Verwendung des Bilanzgewinns.* Auch eine Sachausschüttung kommt bei entsprechender Satzungsgestaltung in Frage (§ 58 Abs. 5 AktG)[2]. Die Hauptversammlung ist an den festgestellten Jahresabschluss gebunden. Da der
Jahresabschluss üblicherweise aufgrund der Billigung des vom Vorstand
aufgestellten Jahresabschlusses durch den Aufsichtsrat festgestellt wird, besagt das, dass die Hauptversammlung im Regelfall keinen Einfluss auf die
Ausgestaltung des Jahresabschlusses hat. Dies ist insofern nicht ohne Bedeutung für die Entscheidung über die Verwendung des Bilanzgewinns, als bei
der Aufstellung des Jahresabschlusses Bewertungsspielräume bestehen, die
von der Verwaltung auch so genutzt werden können, dass der Jahresüberschuss nicht so hoch ausfällt wie bei Zugrundelegung anderer ebenfalls
rechtmäßiger Bewertungsmethoden (stille Reserven). Darüber hinaus können Vorstand und Aufsichtsrat, sofern sie den Jahresabschluss feststellen, bis
zur Hälfte des Jahresüberschusses in Gewinnrücklagen einstellen (§ 58
Abs. 2 S. 1 AktG) und so dem Einfluss der Hauptversammlung entziehen.
Denn die in die Gewinnrücklagen eingestellten Beträge werden vom Jahresüberschuss abgezogen und mindern so den Bilanzgewinn, über dessen Verwendung die Hauptversammlung beschließt. Die Satzung kann diesen Anteil sogar noch erhöhen, aber auch verringern (§ 58 Abs. 2 S. 2 AktG).

Die Hauptversammlung kann bei der Beschlussfassung über die Verwen-   **155**
dung des Bilanzgewinns (§ 174 AktG) weitere Beträge in die Gewinnrücklage einstellen oder als Gewinn vortragen (§ 58 Abs. 3 AktG) und damit den
zur Verteilung unter die Aktionäre kommenden Bilanzgewinn weiter verringern. Minderheitsaktionäre, die nicht an der Thesaurierung des Jahresüberschusses im Unternehmen sondern an einer Ausschüttung interessiert
sind, haben also auch im Rahmen dieser Beschlussfassung keine Möglichkeit, gegen den Willen der Mehrheit auf den Bilanzgewinn zuzugreifen. Der
Gefahr einer Aushungerung der Minderheit trägt das Gesetz in § 254 AktG
Rechnung: Nach dieser Norm kann der Beschluss über die Verwendung des
Bilanzgewinns angefochten werden, wenn die Hauptversammlung aus dem
Bilanzgewinn Beträge in Gewinnrücklagen einstellt oder als Gewinn vor-

---

[2] Dazu *Schnorbus* ZIP 2003, 509; *Schüppen* ZIP 2002, 1269, 1277.

trägt, obwohl dies bei vernünftiger kaufmännischer Beurteilung nicht notwendig ist, um die Lebensfähigkeit der Gesellschaft zu erhalten. Auch dieses Anfechtungsrecht besteht aber nur, wenn nicht einmal 4% des eingezahlten Grundkapitals an die Aktionäre verteilt wird. Selbstverständlich kann der Gewinnverwendungsbeschluss wie jeder andere Beschluss der Hauptversammlung auch nach § 243 AktG angefochten werden. Auch besteht die Möglichkeit einer Sonderprüfung (§ 258 AktG).

156   Nach der Vorlage an die Aktionäre hat der Vorstand den Jahresabschluss mit dem Bestätigungsvermerk oder dem Vermerk über dessen Versagung sowie den Lagebericht und den Bericht des Aufsichtsrates *zum Handelsregister einzureichen* (§ 325 Abs. 1 HGB). Sofern sich der Vorschlag für die Verwendung des Jahresergebnisses und der Beschluss der Hauptversammlung über die Verwendung nicht aus dem Jahresabschluss ergeben, sind auch diese Unterlagen einzureichen (§ 325 Abs. 1 HGB). Für kleine Gesellschaften gelten Erleichterungen (§§ 326 f. HGB). Durch die Einreichung der Unterlagen zum Handelsregister wird gewährleistet, dass auch Dritte die Papiere zur Kenntnis nehmen können (§ 9 HGB).

2. *Kapitalaufbringung und -erhaltung*

a) Der Grundsatz des festen Kapitals

157   Nach der Vorstellung des Gesetzes sind die Aktionäre verpflichtet, das Grundkapital aufzubringen und in der Gesellschaft zu halten. Auf diese Weise soll zu Gunsten der Gläubiger ein *Haftungsfond* gebildet werden, der zugleich einen gewissen Puffer gegen eine Überschuldung der Gesellschaft bildet[3]. Diese Sicht wird zunehmend mit dem Argument angegriffen, dass die Überprüfung, ob das Kapital real aufgebracht und nicht an die Gesellschafter zurückgeflossen sei, erhebliche Kosten verursache. Diese seien überflüssig, da man mit *beweglichen Ausschüttungssperren* die Gläubiger hinreichend schützen könne. Es würde ausreichen, wenn man es dem Vorstand nur dann gestatten würde etwas an die Aktionäre auszuschütten, wenn die Gesellschaft auch nach der Auszahlung in der Lage ist, ihre im gewöhnlichen Geschäftsgang fällig werdenden Verbindlichkeiten zu erfüllen[4]. Gerade diese wenig griffigen Voraussetzungen für eine Auszahlung lassen aber daran zweifeln, ob mit der Festlegung situativer Ausschüttungssperren etwas gewonnen ist, zumal den Geschäftsleitern eine persönliche

---

[3] *Drygala* ZGR 2006, 587, 589.
[4] Überblick über die Vorschläge bei *Veil* in Lutter, Das Kapital der Aktiengesellschaft in Europa, 2006, S. 91, 96 ff.; *Hennrichs* Der Konzern 2008, 42.

Haftung drohen soll, wenn sie zur Unzeit ausschütten. Ein erster Ansatz in diese Richtung findet sich in § 91 Abs. 2 AktG[5].

b) Kapitalaufbringung

Gemäß dem Grundsatz des festen Kapitals versucht das Gesetz sicherzustellen, dass die AG jedenfalls bei ihrer Gründung mit dem versprochenen Vermögen ausgestattet wird. Wie hoch dieses Anfangsvermögen der AG zu sein hat, bestimmt die Satzung. In ihr wird das sog. *Grundkapital* festgelegt (§ 23 Abs. 3 Nr. 3 AktG). Es muss mindestens 50.000 Euro betragen (§ 7 AktG). Das Grundkapital kann durch Bareinlagen oder durch Sacheinlagen aufgebracht werden. Hiervon sowie von den gesetzlichen Schutzvorkehrungen gegen nur scheinbare oder nicht vollwertige Einlageleistungen war schon die Rede[6]. Wird das *Grundkapital* später *erhöht*, so stellen sich die gleichen Probleme. Es muss, insbesondere im Interesse der Gläubiger der Gesellschaft, auch der erhöhte Betrag wirklich und vollwertig aufgebracht werden. Das Gesetz verweist daher bei den Regeln über die Kapitalerhöhung, von einigen Sonderbestimmungen abgesehen, auch konsequent auf das Gründungsrecht (§§ 183 ff. AktG).

158

c) Kapitalerhaltung

aa) Das Gesetz bestimmt in § 57 Abs. 3 AktG, dass vor Auflösung der Gesellschaft an die Aktionäre *nur der Bilanzgewinn ausgezahlt werden darf*. Dem entspricht, dass nach § 57 Abs. 1, 2 AktG den Aktionären die Einlagen nicht zurückgewährt werden und auch keine Zinsen auf die Einlagen zugesagt oder ausgezahlt werden dürfen. Damit soll sichergestellt werden, dass nur der Gewinn an die Aktionäre verteilt wird, nicht aber das sonstige Vermögen der Gesellschaft. Durch die Bilanzierungsregeln wird erreicht, dass nur wirklich erzielter Gewinn[7] ausgeschüttet wird. Ausschüttungen zu Lasten des Grundkapitals werden dadurch verhindert, dass dieses gemäß § 266 Abs. 3 HGB auf der Passivseite der Bilanz auszuweisen ist. Im Übrigen bleibt das Kapital im Interesse der Gläubiger sowie der Aktionäre und der AG in der Gesellschaft gebunden.

159

bb) Gegen das Verbot, außerhalb des gesetzlich vorgesehenen Verfahrens der Gewinnverteilung Vermögen an die Aktionäre auszuschütten, wird selten offen verstoßen. Doch kommt auch das – etwa im Zusammenhang mit missbräuchlich erhobenen Anfechtungsklagen[8] – vor. Häufiger werden soge-

160

---

[5] Dazu *Möller* Der Konzern 2008, 1, 8.
[6] 2. C. 19 ff.
[7] Allerdings muss er nicht in dem Jahr erzielt sein, in dem er ausgeschüttet wird. Es besteht die Möglichkeit, Rücklagen zu bilden und aufzulösen.
[8] 2. C. 142; s. den Fall BGH NJW 1992, 2821.

nannte *verdeckte Gewinnausschüttungen* vorgenommen. Dabei handelt es sich um besonders günstige Konditionen, die dem Aktionär meist im Rahmen eines Vertrages auf Kosten der Gesellschaft um seiner Aktionärseigenschaft willen eingeräumt werden. Hierzu gehören beispielsweise Darlehen an Aktionäre[9] zu nicht marktüblichen Bedingungen, überhöhte Gehälter oder Kaufpreiszahlungen sowie etwa auch das Überlassen von Lizenzen zu besonders günstigen Konditionen[10]. § 57 Abs. 1 S. 3 AktG stellt insoweit klar, dass Geschäfte der AG mit ihrem Aktionär dann – aber eben auch nur dann – nicht gegen § 57 Abs. 1 S. 1 AktG verstoßen, wenn der Gegenanspruch den Vermögensabzug bilanziell ausgleicht und zudem das Geschäft zu marktüblichen Konditionen abgewickelt wird[11].

161   Um solche Vermögensverlagerungen noch besser zu verbergen, werden auf Veranlassung des Aktionärs oftmals auch an Dritte, etwa an Kinder oder dem Aktionär nahe stehende Unternehmen, Leistungen erbracht[12]. Im Ganzen ist die Feststellung, dass solche Vermögensverlagerungen vorgekommen sind und zudem Dritten dieser Vorteil nicht gewährt worden wäre, vielfach nur schwer zu treffen.

162   cc) Sofern zugunsten der Aktionäre Vermögensverlagerungen entgegen der Regel von § 57 AktG erfolgt sind, müssen diese an die AG *zurückerstattet werden* (§ 62 AktG). Dieser Anspruch wird als abschließend angesehen. Um konkurrierende Vindikations- und bereicherungsrechtliche Ansprüche zu vermeiden, geht man davon aus, dass die entsprechenden Verpflichtungs- und Verfügungsgeschäfte trotz Verstoßes gegen § 57 AktG wirksam sind[13]. Bei Leistungen an Dritte, die unter das Verbot der Einlagenrückgewähr fallen, ist nicht der Dritte sondern der Aktionär Schuldner des Rückgewähranspruches[14].

163   In dem Fall BGH NJW 1987, 1194 begehrte die Klägerin, eine GmbH – doch würde für eine AG nichts anderes gelten –, Werklohn für die Erstellung des Rohbaus eines Einfamilienhauses auf dem Grundstück der Beklagten, ihrer Gesellschafterin. Die Bauleistungen sollten zu einem Festpreis von 125,– DM pro cbm abgerechnet werden, wobei man davon ausging, dass damit die Selbstkosten der Klägerin gedeckt

---

[9] Siehe 2. F. 129.

[10] BGH NJW 1987, 1194 (GmbH: Bauleistungen zu nicht kostendeckenden Preisen); BFH NJW 2001, 2742 (GmbH: Pensionszusage an Gesellschaftergeschäftsführer).

[11] Siehe die Ausführungen zur GmbH, wo die Problematik gleich liegt 2. F. 128, dort auch zu nicht „bilanzwirksamen" Geschäften.

[12] BGHZ 81, 311, 315 (GmbH: Leistung an verbundenes Unternehmen); BGHZ 81, 365, 368 (GmbH: Leistung an Verwandte); *Canaris*, FS Fischer, 1979, S. 31, 35 ff.; *Hüffer* § 57 Rdz. 14; speziell zur GmbH *Fleck*, FS 100 Jahre GmbHG, 1992, S. 391, 401 ff.

[13] Umstritten, siehe *Raiser/Veil* § 19 Rdz. 11 ff.; *Bitter* ZHR 168 (2004), 302, 342 f.

[14] BGH AG 1981, 227; MünchKommAktG-*Bayer* § 62 Rdz. 11; *Canaris*, FS Fischer, 1979, S. 31, 32, 35 ff.; *Hüffer* § 62 Rdz. 5.

seien. Später stellte sich heraus, dass dies nicht der Fall war. Dies führte zu den in Streit stehenden Nachforderungen der Gesellschaft.

In dem Urteil wird dargelegt, dass eine verdeckte Gewinnausschüttung dann nicht vorliegt, wenn ein nach kaufmännischen Grundsätzen handelnder Geschäftsführer unter den gleichen Umständen zu den gleichen Bedingungen dieses Geschäft auch mit einem Nichtgesellschafter abgeschlossen hätte. Bei Zugrundelegung dieses Gedankengangs hätte eigentlich das Vorliegen einer verdeckten Gewinnausschüttung verneint werden müssen: Denn da der Geschäftsführer davon ausging[15], dass die veranschlagten 125,– DM pro cbm kostendeckend waren, hätte er vielleicht ein vergleichbares Geschäft auch mit einem Dritten abgeschlossen. Diese Konsequenz wird in der Entscheidung aber nicht gezogen: Vielmehr wird betont, dass es darauf, ob die Geschäftsleitung Leistung und Gegenleistung als gleichwertig ansieht, nicht ankommt[16]. Das überzeugt, da der Grundsatz der Kapitalerhaltung zumindest auch dem Gläubigerschutz dient und daher von der Erfüllung subjektiver Kriterien nicht abhängig sein kann. Sofern allerdings die Gesellschaft etwa zur Lagerräumung bewusst auch an Dritte unter Selbstkostenpreis verkauft, liegt keine verdeckte Gewinnausschüttung vor. Denn dann ist die günstige Leistung an den Gesellschafter, wie es einschränkend in dem Urteil heißt, „durch betriebliche Gründe" gerechtfertigt.

Als Rechtsfolge sieht § 62 Abs. 1 AktG einen Anspruch auf Rückgewähr der Leistung vor[17]. Dieser Anspruch ist nach beiderseitiger Erfüllung des Geschäfts oftmals wenig praktikabel (etwa wenn Sachen veräußert und geleistet wurden, die die AG nicht mehr benötigt). Daher sollte in diesem Fall eine Einigung zwischen der Gesellschaft und dem Aktionär auf *Zuzahlung der Wertdifferenz* möglich sein. Dies kommt nach herrschender Meinung allerdings nicht in Betracht, da der Aktionär auf die Rückzahlung der bereits erbrachten Leistung einen Bereicherungsanspruch hat, mit dem er nach § 66 Abs. 1 AktG nicht aufrechnen kann[18]. Doch sollte wie im Bereich der Kapitalaufbringung auch hier nach beiderseitiger Erfüllung[19] der Anspruch der AG von vornherein nur auf die Begleichung der Wertdifferenz[20] gehen, da

164

---

[15] Dies war allerdings streitig.

[16] Ebenso *Hüffer* § 57 Rdz. 11; zur GmbH *Stimpel*, FS 100 Jahre GmbHG, 1992, S. 335, 343 ff.; a. A. *Flume* ZHR 144 (1980), 18, 21 f.; *Wilhelm*, FS Flume, 1978, S. 337, 382.

[17] In dem geschilderten Fall des BGH wäre, da eine Leistung vorlag, die ihrer Natur nach nicht zurückgewährt werden kann, der Wert zu vergüten. *Hüffer* § 62 Rdz. 8; *Lutter*, in Kölner Komm., § 57 Rdz. 26.

[18] *Hüffer* § 62 Rdz. 9; *Lutter*, in Kölner Komm., § 62 Rdz. 27; wie hier *Döllerer* BB 1973, 5, 8; *Wilhelm*, FS Flume, 1978, S. 337, 386 f.; auch *Flume* ZHR 144 (1980), 18, 24 und *Karsten Schmidt* § 29 II 2 b), die aber dem Gesellschafter die Befugnis der Rückgewähr der Leistung einräumen. Im Einzelfall kann sich dies aus § 242 BGB ergeben.

[19] Hat die AG noch nicht geleistet, so kann die Erfüllung wegen Verstoßes des Geschäfts gegen die Regeln der Kapitalerhaltung verweigert werden. *Flume* ZHR 144 (1980), 18, 23 ff.

[20] Allerdings verbunden mit dem Recht der AG, bei Vorliegen besonderer Gründe die unter Wert abgegebene Leistung zurückzufordern; ähnlich auch *Bitter* ZHR 168, (2004), 302, 342 f.

damit das zu Unrecht dem Aktionär Zugeflossene wieder ausgeglichen wird. Für irgendwelche darüber hinausgehende Sanktionen besteht kein Anlass.

165   dd) Um den Abfluss von Kapital an die Aktionäre außerhalb der Verteilung von Bilanzgewinn zu vermeiden, legt § 71 Abs. 1 AktG fest, dass die *AG im Prinzip keine eigenen Aktien* erwerben darf. Dies ist im Grunde nur ein Spezialfall der auch in § 57 Abs. 1 S. 1 AktG geregelten verbotenen Einlagenrückgewähr. Um für die in § 71 AktG genannten Ausnahmen von dem generellen Verbot der Einlagenrückgewähr Raum zu schaffen, bestimmt § 57 Abs. 1 S. 2 AktG, dass die Zahlung des Erwerbspreises beim zulässigen Erwerb eigener Aktien durch die Gesellschaft keine Einlagenrückgewähr sei.

166   Unter den in § 71 Abs. 1 AktG genannten besonderen Voraussetzungen dürfen Aktien dann aber *doch von der AG erworben werden*. Dies ist etwa dann erlaubt, wenn der Erwerb notwendig ist, um einen schweren unmittelbar bevorstehenden Schaden von der Gesellschaft abzuwenden (§ 71 Abs. 1 Nr. 1 AktG), also beispielsweise wenn die Gesellschaft durch eine gezielte Börsenspekulation bei einer Kreditaufnahme nachhaltig behindert wird[21]. Der Erwerb ist auch erlaubt, wenn die Aktien den Arbeitnehmern der Gesellschaft angeboten werden sollen (§ 71 Abs. 1 Nr. 2 AktG) oder wenn eine Ermächtigung der Hauptversammlung vorliegt (§ 71 Abs. 1 Nr. 8 AktG)[22]. Bestimmte Höchstgrenzen dürfen nicht überschritten werden (§ 71 Abs. 2 AktG mit Ausnahmen). In keinem Fall stehen der AG aus ihren eigenen Aktien Rechte zu (§ 71 b AktG).

3. Kapitalerhöhung und -herabsetzung

a) Die reguläre Kapitalerhöhung

aa) Die Durchführung

167   Wenn die Gesellschaft neues Kapital benötigt, kann sie – wie jeder andere auch – Kredite aufnehmen, also sich mit Fremdkapital finanzieren[23]. Sie kann aber auch ihr Grundkapital erhöhen und durch die Ausgabe von *Aktien gegen Einlagen* ihre Eigenmittel vergrößern. Da die Höhe des Grundkapitals und die Anzahl der Aktien in der Satzung festgelegt sind (§ 23 Abs. 3 Nr. 3, 4 AktG), muss zur Erhöhung des Grundkapitals ein die *Satzung ändernder Hauptversammlungsbeschluss* gefasst werden, auf den, soweit §§ 182 ff. AktG keine abweichenden Regeln enthalten, §§ 179 ff. AktG zur Anwendung kommen. Der Kapitalerhöhungsbeschluss muss zur Eintragung

---

[21] *Hüffer* § 71 Rdz. 9; MünchKommAktG-*Oechsler* § 71 Rdz. 127.

[22] Dazu, insbesondere auch zu Problemen bei nicht börsennotierten Gesellschaften, *Kiem* ZIP 2000, 209.

[23] 2. C. 188 ff.; 194 ff.

ins Handelsregister angemeldet werden (§ 184 AktG). Danach können die neuen Aktien gezeichnet werden (§ 185 AktG). Nur wer zeichnet, ist zur Erbringung der versprochenen Einlage verpflichtet, und kein Aktionär muss zeichnen. Allerdings verringert sich die quotale Beteiligung des Aktionärs an der AG und damit auch die Einflussmöglichkeiten des Aktionärs auf seine Gesellschaft, wenn er nicht zeichnet.

Wenn der Kapitalerhöhungsbeschluss angefochten wird, kommt die Ge-   **168** sellschaft oftmals in eine schwierige Lage, da der Beschluss dann meist nicht ins Handelsregister eingetragen[24] und folglich u. U. dringend benötigtes Kapital nicht zur Verfügung gestellt wird. Damit diese Blockade sich nicht zum Nachteil der AG auswirkt und Anfechtungsklägern kein entsprechendes Erpressungspotential zur Verfügung steht, sieht § 246a AktG ein sog. *Freigabeverfahren* vor. Danach kann das OLG, in dessen Bezirk die AG ihren Sitz hat, feststellen, dass die Erhebung der Klage der Eintragung nicht entgegensteht. Nach diesem Beschluss hat der Registerrichter die Eintragung vorzunehmen. Darüber hinaus bestimmt § 246a Abs. 3 S. 5 AktG, dass die Kapitalmaßnahme auch dann bestehen bleibt, wenn die gegen den Hauptversammlungsbeschluss gerichtete Klage später erfolgreich sein sollte. § 248 AktG gilt insoweit also nicht. Hierin liegt für die betroffenen Unternehmen ein großer Vorteil.

Dieser Beschluss ergeht insbesondere dann, wenn das Interesse der AG   **169** und ihrer Aktionäre an der alsbaldigen Eintragung vorrangig gegenüber den mit der Klage geltend gemachten Rechtsverletzungen erscheint (§ 246a Abs. 2 Nr. 3 AktG). Das Gericht ordnet also u.U. auch bei einer klar begründeten Klage die Eintragung an[25]. Der Kläger erhält nichts weiter als einen Schadensersatzanspruch (§ 246a Abs. 4 AktG)[26]. Dieser wird meist keinen größeren Umfang haben. Immerhin werden dem Kläger die nutzlos aufgewandten Prozesskosten ersetzt.

Die durch die Kapitalerhöhung neu geschaffenen Aktien müssen mindes-   **170** tens zum Nennbetrag oder bei Stückaktien zum anteiligen Betrag des Grundkapitals gezeichnet werden, eine sog. Unterpari-Emission ist also wie bei der Gründung nicht zulässig. In der Praxis wird meist der gesamte Erhöhungsbetrag von einer Bank oder einem *Bankenkonsortium*[27] gezeichnet, wobei

---

[24] Der Registerrichter entscheidet gem. § 21 FamFG nach freiem Ermessen, ob er einträgt.

[25] *Koch* ZGR 2006, 769, 800; *Paschos/Johannsen/Roth* NZG 2006, 327, 329.

[26] Nur der Kläger, nicht auch die anderen Aktionäre, *Koch* ZGR 2006, 769, 801.

[27] Das ist eine BGB-Gesellschaft mit mehreren Banken als Gesellschaftern, deren Zweck die Durchführung der Kapitalerhöhung ist: Zu den Einzelheiten *Timm/Schöne* ZGR 1994, 113; kritisch *Grundmann*, FS Boujong, 1996, S. 159; zu den Schwierigkeiten im Zusammenhang mit den Regeln der Kapitalaufbringung bei Einschaltung eines Konsortiums *Priester*, FS Brandner, 1996, S. 97.

dies auf einer vertraglichen Absprache zwischen der AG und den Banken beruht. Damit hat die AG die Gewähr, dass die Aktien untergebracht sind. Die Bank oder das Konsortium veräußern dann ihrerseits die jungen Aktien an Dritte. Nach der Leistung der Mindesteinlage oder auch von mehr, eventuell sogar der gesamten Einlage, wird die Durchführung der Kapitalerhöhung zum Handelsregister angemeldet (§ 188 AktG). Die *Modalitäten der Leistung* bestimmen sich wieder nach §§ 36 Abs. 2, 36 a, 188 Abs. 2 S. 1 AktG. Mit der Eintragung der Durchführung der Kapitalerhöhung ist das Grundkapital erhöht (§ 189 AktG). Die Aktionäre erhalten ihre Aktien (§ 191 AktG). Auch wenn nicht Bar- sondern Sacheinlagen erbracht werden, gelten im Wesentlichen dieselben Grundsätze wie bei der Gründung (§ 183 AktG), insbesondere muss eine Prüfung durch vom Gericht bestellte Prüfer stattfinden (§§ 183 Abs. 3, 33 Abs. 3 AktG).

bb) Bedingte Kapitalerhöhung

171   Auch die *bedingte Kapitalerhöhung* ist ein Fall der regulären Kapitalerhöhung[28] (§§ 192 ff. AktG). Diese Form der Kapitalerhöhung wird gewählt, wenn die Erhöhung des Grundkapitals nur so weit durchgeführt werden soll, wie von Umtausch- oder Bezugsrechten Gebrauch gemacht wird, die die AG auf ihre Aktien eingeräumt hat. Solche Rechte werden insbesondere Gläubigern von Wandel- oder Optionsanleihen[29] eingeräumt, können aber auch zur Abdeckung von an Arbeitnehmer oder Mitglieder der Geschäftsführung ausgegebenen Bezugsrechten genutzt werden (§ 192 Abs. 2 Nr. 3 AktG)[30]. Es gelten im Grundsatz dieselben Regeln wie bei der normalen Kapitalerhöhung, allerdings mit einigen Besonderheiten, die auf dem besonderen Zweck des bedingten Kapitals wie auch darauf beruhen, dass das Kapital nur unter bestimmten Voraussetzungen und sukzessive erhöht wird.

cc) Genehmigtes Kapital

172   Einen weiteren Fall der regulären Kapitalerhöhung bildet das *sogenannte genehmigte Kapital*, das in der Praxis eine ausgesprochen große Rolle spielt[31]. Ein genehmigtes Kapital wird geschaffen, wenn die Kapitalerhö-

---

[28] Die bedingte Kapitalerhöhung führt aber selbst bei Eintritt der Bedingung nicht stets dazu, dass Einlagen erbracht werden. Siehe den deutlichen Fall, dass Optionsanleihen von (meist ausländischen) Tochtergesellschaften ein Bezugsrecht auf Aktien der Mutter beinhalten: Dazu *Hüffer* § 192 Rdz. 10 ff.

[29] 2. C. 190.

[30] Die Bezugsrechte für Geschäftsführungsmitglieder sollen eine erfolgsbezogene Vergütung ermöglichen, *Hüffer* ZHR 161 (1997), 214; *Koller* ZHR 161 (1997), 246; *Weiß* WM 1999, 353; Aufsichtsratsmitglieder zählen aber nicht zur Geschäftsführung: BGH ZIP 2004, 613.

[31] *Bayer* ZHR 168 (2004) 132, 136.

hung nicht direkt und auch nicht auf jeden Fall durchgeführt werden soll, vielmehr dem Vorstand insoweit ein gewisses Ermessen eingeräumt wird. Für eine solche Verlagerung der Entscheidung über die Durchführung der Kapitalerhöhung von der Hauptversammlung auf den Vorstand spricht die Tatsache, dass die Hauptversammlung vielfach ein sehr schwerfälliges Organ ist, dessen Einberufung eine längere Zeitspanne erfordert und mit Kosten verbunden ist. Auch wird es dem Vorstand oft leichter fallen, sachgerecht über das wirtschaftliche Umfeld zu urteilen, das für die Plazierung junger Aktien entscheidend ist. Bisweilen soll das genehmigte Kapital auch zur Finanzierung von Unternehmenskäufen genutzt werden. Dann kann eine zügige Kapitalerhöhung unabdingbar sein.

Das genehmigte Kapital wird auf die im Gesetz geregelte Art und Weise **173** geschaffen (§§ 202 ff. AktG). Dabei ist deutlich zu erkennen, dass das Gesetz der mit dem genehmigten Kapital verbundenen *Machtverlagerung* von der Hauptversammlung *auf den Vorstand* in vielen Normen gegenzusteuern sucht. So kann die Ermächtigung an den Vorstand nur für fünf Jahre erfolgen (§ 202 Abs. 1, 2 AktG). Auch darf der Nennbetrag des genehmigten Kapitals die Hälfte des Grundkapitals nicht übersteigen (§ 202 Abs. 3 S. 1 AktG) und die neuen Aktien sollen nur mit Zustimmung des Aufsichtsrates ausgegeben werden (§ 202 Abs. 3 S. 2 AktG).

In dem Fall BGH ZIP 2005, 2207 (mit Anmerkung *Lutter* JZ 2007, 371) hatte der **174** Vorstand mit Zustimmung des Aufsichtsrates das Grundkapital in Ausnutzung eines genehmigten Kapitals unter Ausschluss des Bezugsrechts (2. C. 176) erhöht. Die Kapitalerhöhung wurde eingetragen. Der Kläger, ein Aktionär, beantragte, den Beschluss des Vorstands, das genehmigte Kapital auszunutzen sowie den Zustimmungsbeschluss des Aufsichtsrates für nichtig zu erklären, hilfsweise die Nichtigkeit festzustellen, da der Bezugsrechtsausschluss rechtswidrig sei.
Der BGH hat die gegen den Vorstands- bzw. Aufsichtsratsbeschluss gerichtete Anfechtungsklage zu Recht als unzulässig abgewiesen. Andernfalls könnte ein Aktionär unmittelbar in die Verwaltung der AG eingreifen, was dem gesetzlichen System nicht entspricht und die Handlungsfähigkeit von Vorstand und Aufsichtsrat erheblich beeinträchtigen würde. Den Feststellungsantrag hält das Urteil für zulässig. Zur Klärung der Frage, ob die Klage auch begründet war, wurde zurückverwiesen. Ob eine solche Feststellungsklage systemkonform ist, erscheint aber eher fraglich[32].

dd) Das Bezugsrecht

Um dem Aktionär die Möglichkeit zu geben, auch nach einer Kapitalerhö- **175** hung noch mit der gleichen Quote am Kapital der Gesellschaft beteiligt zu sein und um ihn vor finanziellen Verlusten zu bewahren, die bei einer Aus-

---

[32] 2. C. 206; speziell zu BGH ZIP 2005, 2207 *Henze*, FS Priester, 2007, S. 201; *Krämer/Kiefner* ZIP 2006, 301, 304; *Reichert/Senger* Der Konzern 2006, 338; *Wilsing* ZGR 2006, 722, 738 ff.

gabe neuer Aktien unter Wert eintreten können[33], räumt das Gesetz jedem Aktionär ein sogenanntes Bezugsrecht ein[34]. Demgemäß bestimmt § 186 Abs. 1 AktG, dass jedem Aktionär ein seinem Anteil an dem bisherigen Grundkapital *entsprechender Teil der neuen Aktien zugeteilt wird*. Sofern – wie meist – alle jungen Aktien von einem oder mehreren Kreditinstituten übernommen werden, kann dem Bezugsrecht der Aktionäre dadurch Rechnung getragen werden, dass es sich gegen die Banken richtet (sog. mittelbares Bezugsrecht, § 186 Abs. 5 AktG). Ein solches Verfahren gilt nicht als Ausschluss des Bezugsrechts (§ 186 Abs. 5 S. 1 AktG). Ein Bezugsrecht besteht außer bei der regulären Kapitalerhöhung auch beim genehmigten Kapital (§ 203 Abs. 1 AktG)[35]. Dagegen kommt es bei der bedingten Kapitalerhöhung nicht in Frage, da diese ganz bestimmten Zwecken dient (§ 192 Abs. 2 AktG), mit denen eine Verteilung der jungen Aktien unter die Aktionäre nicht vereinbar wäre[36]. Will ein Aktionär sein Bezugsrecht nicht ausüben, so kann er es verkaufen.

176   Das *Bezugsrecht kann auch* ganz oder zum Teil *ausgeschlossen werden* (§ 186 Abs. 3 S. 1 AktG). In diesem Fall hat der Vorstand der Hauptversammlung schriftlich über den Grund für den Ausschluss zu berichten[37]. Bei einem genehmigten Kapital mit Bezugsrechtsausschluss kann allerdings nicht viel berichtet werden, da noch nicht feststeht, welchem Zweck das genehmigte Kapital letztlich dienen soll[38]. Auch bei der Ausnutzung des genehmigten Kapitals trifft den Vorstand keine Berichtspflicht[39]. Der Beschluss über die Kapitalerhöhung mit Bezugsrechtsausschluss bedarf besonderer Mehrheiten (§ 186 Abs. 3 S. 2 AktG). Zudem besteht zum Schutz des Aktionärs vor einer Entwertung seiner Beteiligung nach § 255 Abs. 2 AktG ein Anfechtungsrecht, wenn der Ausgabebetrag unangemessen niedrig ist[40].

---

[33] Oft werden die jungen Aktien zur Sicherung ihrer Unterbringung unter dem Börsenkurs angeboten. Auch in diesem Vorteil liegt ein Vermögenswert, der dem Aktionär zusteht.

[34] Zu den Kosten des Bezugsrechts für die Aktiengesellschaft *Martens* ZIP 1992, 1677, 1687 f.; *Zöllner* AG 2002, 582, 589 f.; dort auch zu dem Wert des Bezugsrechts für den Aktionär.

[35] Beispiel zum Ausschluss des Bezugsrechts BGH ZIP 2009, 913 (Greenshoe) und 2. C. 139, 174.

[36] Allerdings besteht aufgrund von § 221 Abs. 4 AktG im Fall des § 192 Abs. 2 Nr. 1 AktG ein mittelbares Bezugsrecht.

[37] Wegen der hohen Anforderungen an die Berichtspflicht werden viele Anfechtungsklagen auf Verstöße gegen diese Norm gestützt, *Baums/Vogel/Tacheva* ZIP 2000, 1649; siehe auch oben 2. C. 139.

[38] *Bayer* ZHR 163 (1999), 505, 512 ff.; *Zöllner* AG 2002, 585 ff.; 2. C. 139.

[39] BGH ZIP 2005, 2207; *Krämer/Kiefner* ZIP 2006, 301, 305; *Wilsing* ZGR 2006, 722.

[40] Dazu *Bayer* ZHR 168 (2004) 132, 146.

Diese vom Gesetz vorgesehenen Formalien für den Bezugsrechtsaus-   **177**
schluss reichen aber nach Ansicht von Rechtsprechung und Literatur[41] zum
Schutz von Minderheitsaktionären nicht aus. Vielmehr soll der Bezugsrechtsausschluss nur rechtmäßig sein, wenn er darüber hinaus *verhältnismäßig und angemessen* ist. Es muss also das Interesse der AG an der Erreichung des mit dem Bezugsrechtsausschluss angestrebten Ziels gewichtiger
sein als das Interesse des Aktionärs am Erhalt seiner quotalen Beteiligung
sowie an der Vermeidung von finanziellen Nachteilen[42]. Für einen Fall hat
der Gesetzgeber festgelegt, dass eine solche Abwägung nicht zu erfolgen
hat: Nach § 186 Abs. 3 S. 4 AktG ist ein Bezugsrechtsausschluss zulässig,
wenn die Kapitalerhöhung 10% des Grundkapitals nicht übersteigt und der
Ausgabebetrag den Börsenpreis nicht wesentlich unterschreitet[43]. Dabei
ging man davon aus, dass bei dieser doch relativ geringen Erhöhung des
Grundkapitals ein Aktionär seine Quote durch Zukauf über die Börse halten
könne[44]. Unstreitig muss auf jeden Fall der Gleichbehandlungsgrundsatz gewahrt werden (§ 53 a AktG).

In dem Fall OLG München WM 1993, 840 gab es in einer AG zwei Gattungen von   **178**
Aktien, Vorzugsaktien und Stammaktien. In der Hauptversammlung der AG sollte
Beschluss über die Ermächtigung des Vorstands zur Kapitalerhöhung durch Ausgabe
von Stamm- und Vorzugsaktien gefasst werden (genehmigtes Kapital), wobei das
Bezugsrecht der Inhaber jeder Gattung von Aktien auf die jeweils andere Gattung
ausgeschlossen war. Der Kläger hatte diesen Bezugsrechtsausschluss angefochten,
jedoch ohne Erfolg. Das OLG führt aus, dass eine solche teilweise Anfechtung eines
Hauptversammlungsbeschlusses (nur des Bezugsrechtsausschlusses) nicht zulässig
sei[45]. Wenn schon, hätte die gesamte Kapitalerhöhung angefochten werden müssen,
da keine Anhaltspunkte dafür vorlagen, dass auch ohne den Bezugsrechtsausschluss
für das genehmigte Kapital votiert worden wäre. Ob das überzeugt, ist zweifelhaft.
Denn schließlich ist der Wille eines größeren Gremiums so gut wie nie feststellbar.
Daher muss anhand objektiver Kriterien entschieden werden, ob eine Teilanfechtung

---

[41] Dazu bereits 2. C. 138; BGHZ 71, 40, 44 ff.; BGHZ 120, 141; BGHZ 125, 33; BGH
ZIP 1994, 529, 530 f. Speziell zur Verhältnismäßigkeit und Angemessenheit des Bezugsrechtsausschlusses *Heinsius*, FS Kellermann, 1991, S. 115, 119 ff.; *Hüffer* § 186 Rdz. 25 ff.;
Kritisch aber *Martens* ZIP 1994, 669; *Mülbert*, Aktiengesellschaft, Unternehmensgruppe
und Kapitalmarkt, 1996, S. 330 ff.

[42] Zu der Problematik dieser Abwägung beim Bezugsrechtsausschluss *Cahn* ZHR 163
(1999), 554, 574 ff.; *Schockenhoff*, Gesellschaftsinteresse und Gleichbehandlung beim
Bezugsrechtsausschluss, 1988, S. 29 ff. Zu der Frage, auf welche Aktionäre (zustimmende,
dissentierende) abzustellen ist, *Martens* ZIP 1994, 669, 672.

[43] Zu dieser Norm *Hoffmann-Becking*, FS Lieberknecht, 1997, S. 25; *Lutter* AG 1994,
429, 440 ff.

[44] Zu dem Fall, dass diese Situation ausnahmsweise nicht vorliegt, *Claussen* WM 1996,
609, 614.

[45] Zur Zulässigkeit von Teilanfechtungen *Schnorr*, Teilfehlerhafte Gesellschaftsbe-
schlüsse, 1997; *Timm* ZIP 1990, 361, 363; die Teilanfechtung eines Bezugsrechtsausschlusses beim genehmigten Kapital billigt weitgehend auch *Hirte* WM 1994, 321, 328.

zulässig ist. Das geschieht am besten unter Heranziehung von § 139 BGB. Das hat zur Folge, dass die teilweise Anfechtung immer dann möglich ist, wenn der verbleibende Beschlussteil als selbständiger Beschluss denkbar ist[46]. Letztlich konnte die Klage aber auch dann keinen Erfolg haben, wenn man die Teilanfechtung zulässt. Denn dieser sogenannte gekreuzte Bezugsrechtsausschluss ist rechtmäßig[47]. Er erhält jeder Gattung von Aktien ihr quotales Gewicht, so dass der Grundsatz der Gleichbehandlung der Aktionäre optimal verwirklicht ist. Ohne den Bezugsrechtsausschluss hätte jeder Aktionär ein Bezugsrecht auf jede Gattung, was zu einer nicht gerechtfertigten Verschiebung des Verhältnisses der Gattungen zueinander führen würde.

b) Die Kapitalerhöhung aus Gesellschaftsmitteln

179   Ein ganz anderes Ziel als eine reguläre Kapitalerhöhung verfolgt die Kapitalerhöhung aus Gesellschaftsmitteln. Hier geht es nicht um die Zuführung neuen Kapitals, sondern um die Umwandlung von in der Gesellschaft angespartem Kapital in Grundkapital. Auf diese Weise wird eine verstärkte Bindung der Finanzmittel in der AG erreicht. Das festigt die Stellung der Gesellschaft am Markt, insbesondere gegenüber den Kreditgebern. Da aber kein neues Kapital zugeführt, sondern nur schon bisher den Aktionären zustehendes Gesellschaftsvermögen verstärkt gebunden wird, bestimmt § 212 AktG zwingend, dass die neuen Aktien den Aktionären im Verhältnis ihrer Beteiligung am Grundkapital zustehen (§ 212 S. 1 AktG), sog. *Gratisaktien*. Ein Bezugsrecht ist also nicht erforderlich, vielmehr entstehen die jungen Mitgliedschaften von Rechts wegen in der Person der Aktionäre[48].

180   Das *Verfahren der Kapitalerhöhung* aus Gesellschaftsmitteln ist in §§ 202 bis 207 AktG geregelt. Es lehnt sich an die reguläre Kapitalerhöhung an, ist aber einfacher zu handhaben, da keine neuen Einlagen, deren Bewertung problematisch sein kann, aufzubringen sind. Dem Grundsatz der realen Kapitalaufbringung wird dadurch Rechnung getragen, dass nur ganz bestimmte Rücklagen umwandlungsfähig sind.

c) Die Kapitalherabsetzung

aa) Die ordentliche Kapitalherabsetzung

181   Es kann vorkommen, dass eine Aktiengesellschaft überschüssiges Kapital hat. Da aber das Grundkapital an die Aktionäre nicht ausgeschüttet werden darf (§ 57 AktG), muss die Grundkapitalziffer herabgesetzt werden, wenn das so gebundene Vermögen an die Aktionäre verteilt werden soll. Gleiches

---

[46] BGH ZIP 1993, 1862, 1864 lässt offen, ob § 139 BGB stets angewandt werden kann.
[47] *Hüffer* § 186 Rdz. 30; a. A. *Bezzenberger*, FS Quack, 1991, S. 153, 165 f.: Es liege gar kein Bezugsrechtsausschluss vor.
[48] *Windbichler* § 32 Rdz. 36; *Hüffer* § 212 Rdz. 2.

gilt, wenn noch offene Einlageverpflichtungen den Aktionären erlassen oder als Grundkapital gebundenes Vermögen zwar in der Gesellschaft verbleiben, aber doch eher verfügbar sein soll (etwa durch Einstellung in Rücklagen). Gleichgültig welchem Zweck die Herabsetzung des Grundkapitals dient, stets sind bestimmte *Sicherheitsvorkehrungen zugunsten der Gläubiger* zu beachten. Denn schließlich beinhaltet jede Reduzierung der Grundkapitalziffer auch die Gefahr einer Verringerung des dem Gläubigerzugriff zur Verfügung stehenden Vermögens.

Die Kapitalherabsetzung erfordert einen satzungsändernden *Beschluss* **182** *(§ 23 Abs. 3 Nr. 3 AktG) der Hauptversammlung,* der mindestens mit einer 3/4-Mehrheit des bei der Beschlussfassung vertretenen Grundkapitals gefasst werden muss (§ 222 Abs. 1 AktG)[49]. Hat die Gesellschaft Nennbetragsaktien, so müssen die Nennbeträge herabgesetzt werden. Darüber hinaus ist aber auch die Einziehung bestimmter Aktien möglich (§ 237 AktG). Allerdings werden durch die Einziehung die Aktionäre verschieden behandelt: Einige verlieren ihre Mitgliedschaft, andere nicht. Wegen des in § 53 a AktG niedergelegten Gleichbehandlungsgebotes kann dies, sofern der betroffene Gesellschafter nicht zustimmt, nur erfolgen, wenn die Satzung ein solches Vorgehen vorsieht (§ 237 Abs. 1 AktG). Aber auch der Beschluss der Hauptversammlung, aufgrund dessen die zugelassene Einziehung beschlossen wird, muss sich an dem Gleichbehandlungsgebot messen lassen[50].

Zum Schutz der Gläubiger bestimmt § 225 AktG, dass sie unter gewissen **183** Umständen Sicherheitsleistung verlangen können. Allerdings muss ein entsprechendes Verlangen innerhalb von 6 Monaten nach Bekanntmachung des Hauptversammlungsbeschlusses über die Herabsetzung des Grundkapitals an die AG gerichtet werden. Hierauf ist bei der Bekanntmachung der Eintragung des Hauptversammlungsbeschlusses hinzuweisen (§ 225 Abs. 1 AktG). Zahlungen an die Aktionäre dürfen infolge der Herabsetzung des Grundkapitals erst geleistet werden, wenn diese 6 Monate abgelaufen sind und den Gläubigern Sicherheit geleistet wurde, sofern sie nicht befriedigt worden sind (§ 225 Abs. 2 S. 1 AktG). Unter welchen Umständen an die Aktionäre statt Geldzahlungen im Zuge einer Kapitalherabsetzung auch „Sachausschüttungen" vorgenommen werden dürfen, ist noch nicht abschließend geklärt. Diese Frage ist insofern nicht ohne praktische Bedeutung, als durch die Ausschüttung von Beteiligungen – eventuell auch nur an einen Teil der Aktionäre – eine Spaltung von Gesellschaften möglich wäre[51].

---

[49] Zu der Frage, ob dieser Beschluss einer sachlichen Rechtfertigung bedarf, BGH ZIP 1998, 692; *Krieger* ZGR 2000, 885, 891.
[50] *Hüffer* § 237 Rdz. 16; MünchKommAktG-*Oechsler* § 237 Rdz. 45.
[51] Beispiel BGH ZIP 1998, 692; MünchKommAktG-*Oechsler* § 222 Rdz. 3.

bb) Die vereinfachte Kapitalherabsetzung

184 Neben der ordentlichen Kapitalherabsetzung kennt das Gesetz noch die sogenannte vereinfachte Kapitalherabsetzung, die nicht zur Verteilung von Vermögen an die Aktionäre führt[52], sondern nahezu stets der *Sanierung der AG* dient. Demgemäß legt § 229 Abs. 1 AktG fest, dass die vereinfachte Kapitalherabsetzung nur zum Ausgleich von Wertminderungen, zur Deckung sonstiger Verluste sowie zur Einstellung von Beträgen in die Kapitalrücklage dienen kann. Durch die Herabsetzung der Grundkapitalziffer ist es für die AG leichter, wieder Gewinne zu erzielen, da auf der Passivseite der Bilanz eine geringere Ziffer – sowohl als Grundkapital wie auch als gesetzliche Rücklage, die in Abhängigkeit von der Höhe des Grundkapitals berechnet wird (§ 150 Abs. 2 AktG) – auszuweisen ist. Das kann die Gesellschaft für Anleger attraktiver machen mit der Folge, dass das Kapital sodann wieder heraufgesetzt werden kann[53]. Die vereinfachte Kapitalherabsetzung passt also die Grundkapitalziffer in gewisser Hinsicht an das tatsächliche Vermögen der AG an[54]. Da den *Gläubigern kein Vermögen als Haftungsgrundlage entzogen wird*, sind nur geringe Schutzvorkehrungen zu ihren Gunsten erforderlich. Sicherheitsleistungen können nicht verlangt werden (§ 229 Abs. 3 AktG nimmt § 225 AktG aus). Wohl aber stellt das Gesetz sicher, dass an die Aktionäre nur Dividenden aus künftigen Gewinnen und diese auch nicht in beliebiger Höhe gezahlt werden (§§ 230, 233 AktG). Ansonsten gelten weitgehend dieselben Regeln wie bei der ordentlichen Kapitalherabsetzung (§ 229 Abs. 3 AktG).

185 In dem Fall BGH NJW 1999, 3197[55] hatte die Hauptversammlung einer AG mit den Stimmen des Mehrheitsaktionärs beschlossen, das in Aktien zum Nennbetrag von 50,– DM zerlegte Grundkapital zur Deckung von Verlusten auf Null herabzusetzen und dann durch Ausgabe neuer, wiederum auf den Nennbetrag von DM 50,– lautender Aktien zu erhöhen. Wer Inhaber von 60 Altaktien war, konnte eine neue Aktie erwerben. Dieser Beschluss wurde von einer Schutzvereinigung von Kleinaktionären, die weniger Aktien besaßen, angefochten.

Der BGH hat dieser Klage statt gegeben. Die Treuepflicht der Aktionäre untereinander gebiete es – so das Urteil –, dass der Mehrheitsaktionär möglichst vielen Mitaktionären eine Gelegenheit zum Verbleib in der Gesellschaft einräume. Daher hätte der Nennbetrag der neuen Aktien auf den gesetzlichen Mindestbetrag (damals 5,– DM, jetzt 1 EURO, § 8 Abs. 2 AktG) festgelegt werden müssen, so dass auch Inhaber von nur 6 Aktien ein Bezugsrecht auf eine neue Aktie gehabt hätten.

---

[52] Auch die ordentliche Kapitalherabsetzung muss nicht zur Verteilung von Vermögen an Aktionäre führen: § 222 Abs. 3 AktG.

[53] Die Herabsetzung kann auch im Wege der ordentlichen Kapitalherabsetzung zu diesen Zwecken erfolgen.

[54] Allerdings kann das frei gewordene Vermögen auch in Rücklagen eingestellt werden: § 229 Abs. 1 AktG.

[55] Dazu *Krieger* ZGR 2000, 885.

4. Fremdkapital und Eigenkapital

a) Grundbegriffe

Was im Bilanzrecht unter *Eigenkapital* zu verstehen ist, bestimmt das Gesetz in § 266 Abs. 3 A HGB, nämlich das sogenannte gezeichnete Kapital, womit bei der AG das Grundkapital gemeint ist, die Kapitalrücklage, die Gewinnrücklagen, der Gewinnvortrag sowie der Jahresüberschuss. Welche Beträge in die *Kapitalrücklage* einzustellen sind, regelt § 272 Abs. 2 HGB. Dabei handelt es sich im Wesentlichen um das sogenannte Agio, also um einen Betrag, der bei der Ausgabe von Aktien über dem Nennwert oder bei Stückaktien über dem rechnerischen Anteil am Grundkapital hinaus erzielt wurde[56] (sogenannte Außenfinanzierung, weil durch die Zahlungen der Aktionäre aufgebracht). Als *Gewinnrücklage* werden nur Beträge ausgewiesen, die aus Gewinnen gebildet wurden (§ 272 Abs. 3 HGB, sogenannte Innenfinanzierung, weil von der Gesellschaft erwirtschaftet). Zum Eigenkapital zählen auch die sogenannten *stillen Reserven*, die dadurch entstehen, dass einzelne Bilanzposten den wirklichen Wert bestimmter Vermögensobjekte der AG nicht vollständig wiedergeben[57]. Da die stillen Reserven definitionsgemäß in der Bilanz nicht auftauchen, sind sie in § 266 HGB auch nicht genannt. Von ihrer Funktion her sind sie aber den im Gesetz genannten Eigenkapitalposten verwandt.

186

Die Vorteile einer Finanzierung durch Eigenkapital gegenüber einer Finanzierung durch Fremdkapital liegen darin, dass das Eigenkapital im Unterschied zum Fremdkapital nicht mit festen Zinsen bedient werden muss. Vielmehr nimmt es nur an einem Erfolg auf Grund des Jahresabschlusses teil. Im Insolvenzfall wird das Eigenkapital nach dem Fremdkapital bedient. Auf diese Weise bildet es einen Puffer, mit Hilfe dessen Verluste aufgefangen werden können. Das hat zugleich zur Folge, dass die Eigenkapitalausstattung eines Unternehmens bei der Kreditvergabe eine nicht unwesentliche Rolle spielt. Auch steht das Eigenkapital der Gesellschaft langfristig zur Verfügung, was bei Fremdkapital nicht der Fall sein muss.

187

Fremdkapital sind alle Kredite von Gläubigern, seien es nun beispielsweise Waren- oder Geldgläubiger, kurz- oder langfristige Kredite. Da sie im Insolvenzfall vor dem Eigenkapital bedient werden, sind die Fremdkapitalgeber besser gesichert als die Eigenkapitalgeber. Doch nützt dieser Vorteil rein praktisch oft nicht viel, da die in der Insolvenz zur Verteilung kommende Masse meist nur gering ist. Fremdkapitalgeber sichern sich daher vielfach zusätzlich noch auf andere Art und Weise ab.

188

---

[56] Baumbach/*Merkt* § 272 Rdz. 6.
[57] Baumbach/*Merkt* § 252 Rdz. 13 ff.

b) Zwischenformen

189   Eindeutig zum Fremdkapital zählt die Ausgabe von *Inhaberschuldver-schreibungen* im Sinne von § 793 BGB. Sie werden gerade von Aktiengesellschaften häufiger ausgegeben, da durch die vielfach breite Streuung dieser Papiere Finanzmittel von einer großen Anzahl von Anlegern und dadurch auch in einem Volumen aufgenommen werden können, wie es von Großunternehmen benötigt wird.

190   § 221 AktG behandelt besondere Schuldverschreibungen, nämlich solche, bei denen den Gläubigern Umtausch- oder Bezugsrechte auf Aktien eingeräumt werden (*Wandelschuldverschreibungen*) bzw. solche, bei denen die Rechte der Gläubiger mit Gewinnanteilen von Aktionären in Verbindung gebracht werden (*Gewinnschuldverschreibungen*[58]). Hierin liegt eine gewisse Annäherung an die Rechtsstellung der Aktionäre, so dass man von einer Zwischenform (zwischen Eigen- und Fremdkapital) sprechen kann. Besondere Bedeutung haben die Wandelschuldverschreibungen erlangt, und zwar weniger in der Form, dass eine Schuldverschreibung, die auf einen verzinslichen Zahlungsanspruch lautet, in Aktien umgewandelt werden kann (sog. *Wandelanleihe*), als vielmehr in der Art, dass neben der Schuldverschreibung noch ein Bezugsrecht auf Aktien für eine bestimmte Zeit und zu einem fest bestimmten Kurs besteht (sog. *Optionsanleihe*). Dieses Bezugsrecht wird normalerweise alleine ohne die Schuldverschreibung verbrieft und als sogenannter *Optionsschein* gehandelt[59].

191   Alle diese Schuldverschreibungen verbriefen *keine Mitgliedschaftsrechte*. Wegen der mit den Wandelschuldverschreibungen verbundenen Möglichkeit zum Erwerb von Mitgliedschaften (Umwandlung in Aktien) sieht das Gesetz aber vor, dass diese Papiere nur auf Grund eines Beschlusses der Hauptversammlung ausgegeben werden dürfen, der mit einer Mehrheit von mindestens 3/4 des bei der Beschlussfassung vertretenen Grundkapitals gefasst werden muss (§ 221 Abs. 1 S. 2 AktG). Die Aktionäre haben ein Bezugsrecht auf die Wandelschuldverschreibungen (§ 221 Abs. 4 AktG). Damit wird der Ausschluss des Bezugsrechts auf die später zur Bedienung der Umtausch- und Bezugsrechte erforderlichen Aktien kompensiert. Auch für die Gewinnschuldverschreibungen, deren praktische Bedeutung gering ist, gelten dieselben Regeln (§ 221 Abs. 1 AktG), da diese mit dem Interesse des Aktionärs auf Erhalt einer Dividende konkurrieren. In der Abhängigkeit der Verzinsung der Gewinnschuldverschreibung vom Jahresergebnis der AG liegt zugleich ihre Nähe zum Eigenkapital.

---

[58] Oft wird zusätzlich eine Mindestverzinsung festgelegt.

[59] Zur Zulässigkeit von Optionen, die nur ein Bezugsrecht enthalten und nicht mit einer Anleihe oder mit einem anderen Recht verknüpft sind (naked warrants) *Klöhn* ZIP 2003, 420; *Kuntz* AG 2004, 480.

Das Gesetz bestimmt in § 221 Abs. 3 AktG, dass dieselben Regeln auch **192** für Genussrechte gelten sollen, sagt aber nicht, was unter *Genussrechten* zu verstehen ist. Fest steht mittlerweile, dass Genussrechte keine Mitgliedschaftsrechte gewähren, sondern lediglich einen Anspruch, der einen bestimmten Geldwert hat[60]. Die Ansprüche ähneln denen von Aktionären gegenüber ihrer Gesellschaft[61]. So wird etwa häufig vereinbart, dass die Genussrechte gewinnabhängig verzinst und in der Liquidation nach den übrigen Gläubigern bedient werden. Diese aktienähnliche Ausgestaltung der Rechtsstellung des Genussrechtsinhabers, ohne dass ihm die mit der Aktionärsstellung verbundenen Mitverwaltungsrechte (etwa Stimmrecht, Anfechtungsrecht) zustehen, hat zu der Frage geführt, ob solche Vertragsgestaltungen[62] überhaupt zulässig sind. Es wurde die These aufgestellt, dass die Regeln über Vorzugsaktien ohne Stimmrecht als abschließend für die Ausgabe von Papieren ohne Stimmrecht, die Mitgliedschaften oder diesen ähnliche Rechtsstellungen verkörpern, anzusehen seien[63]. Auf diesem Wege sollte erreicht werden, dass die Geschäftsführung der AG nicht ohne die Kontrolle der Kapitalgeber in größerem Umfang über Eigenkapital oder dem ähnliche Mittel verfügt. Denn die Ausgabe von Vorzugsaktien ohne Stimmrecht ist nur in einem eingeschränkten Umfang möglich (§ 139 Abs. 2 AktG). Auch gewähren Vorzugsaktien alle anderen Mitverwaltungsrechte außer dem Stimmrecht (unter gewissen Umständen aber auch dieses: §§ 140 Abs. 2, 141 Abs. 4 AktG). Der BGH hat bislang offen gelassen, ob er sich diese Argumentation zu eigen machen will. Jedenfalls sofern die Genussrechtsinhaber im Einzelfall deutlich besser stehen als die Aktionäre, besteht, wie es in einem Urteil heißt, kein Anlass für die Annahme einer Umgehung der Regeln für Vorzugsaktien[64]. Genussrechte werden normalerweise verbrieft und als Inhaberschuldverschreibungen gehandelt (sog. Genussscheine).

In dem Fall BGHZ 156, 38 griff der Kläger einen Beschluss der Hauptversammlung an, der dem Abschluss von neun Verträgen zwischen der AG und anderen Un- **193**

---

[60] BGHZ 120, 141, 146 (dazu 2. C. 45); BGHZ 156, 38, 43; *Hüffer* § 221 Rdz. 26; *Schäfer* WM 1991, 1941, 1942; *Schön* JZ 1993, 925, 927.

[61] Darstellung des üblichen Vertragsinhalts bei *Schön* JZ 1993, 925, 926; *Sethe* AG 1993, 293, 298; *Vollmer/Lorch* ZBB 1992, 44, 49; allgemein zu der Frage, wann ein Genussrecht vorliegt: *Lutter* ZGR 1993, 291, 304 ff.

[62] Zu der Frage, wann eine solche aktiengleiche Ausgestaltung vorliegt, *Habersack* ZHR 155 (1991), 378, 387; *Krieger*, in Münchener Handbuch des Gesellschaftsrechts, Bd. 4, § 63 Rdz. 67; *Reuter*, FS Stimpel, 1985, S. 645, 654; *Schäfer* WM 1991, 1941, 1943.

[63] *Habersack* ZHR 155 (1991), 378, 384 ff.; *Hirte* ZIP 1991, 1461; *Reuter*, FS Stimpel, 1985, S. 645, 654; *Schäfer* WM 1991, 1941, 1942 f.; a. A. *Hüffer* § 221 Rdz. 34; *Sethe* AG 1993, 293, 300 ff.; *Vollmer/Lorch* ZBB 1992, 44, 45.

[64] BGHZ 119, 305, 311; *Habersack* ZHR 155 (1991), 378, 386; *Krieger*, in Münchener Handbuch des Gesellschaftsrechts, Bd. 4, § 63 Rdz. 67; a. A. *Hirte* ZIP 1991, 1461, 1463.

ternehmen zustimmte. Die als Stille Gesellschaften bezeichneten Verträge sahen vor, dass sich die Unternehmen mit Einlagen zwischen 2,3 und 25 Mio. Euro an der AG beteiligten, am Verlust der AG mit diesen Einlagen teilnahmen und eine Gewinnbeteiligung von ca. 8% des Nennbetrages der Einlage erhalten sollten. Die Einstellung, Veräußerung und Verpachtung des Geschäftes der AG bedurfte der Einwilligung der stillen Gesellschafter. Der Kläger war der Ansicht, dass die Verträge Genussrechte begründen würden und ihm daher ein Bezugsrecht nach § 221 Abs. 4 AktG hätte eingeräumt werden müssen.

Der BGH hat die Klage abgewiesen. Es handele sich – so das Urteil – um Gesellschaftsverträge und nicht um Genussrechte. Die Gewinn- und Verlustbeteiligung sei für die Stille Gesellschaft ebenso typisch (§ 231 Abs. 1 HGB) wie die im Gesellschaftsvertrag vorgesehenen Kontrollrechte (§ 233 HGB). Allein die Tatsache, dass eine Stille Gesellschaft gewisse Ähnlichkeiten zu Genussrechten aufweisen könne, führe nicht dazu, dass Bezugsrechte auch auf Gesellschaftsverträge bestehen würden. Dem wird man trotz der schwierigen Abgrenzung wohl folgen können.

c) Gesellschafterdarlehen

194   Wenn eine AG neue Finanzmittel benötigt, stehen ihr im Prinzip zwei Wege zur Deckung dieses Bedarfs zur Verfügung. Sie kann entweder im Zuge einer Kapitalerhöhung neues Eigenkapital aufnehmen oder sie kann sich mit Hilfe von Darlehen Fremdkapital beschaffen. Wenn die Gesellschaft auf Grund ihrer wirtschaftlichen Lage von Dritten zu marktüblichen Bedingungen kein Fremdkapital mehr erhalten würde und ohne neues Kapital liquidiert werden müsste, liegt es nahe, Kapital von den Gesellschaftern aufzunehmen. Dieses kann wiederum entweder als Fremd- oder als Eigenkapital zur Verfügung gestellt werden. Dabei wird vielfach Fremdkapital, also meist ein *Gesellschafterdarlehen*, gewählt. Denn die Finanzierung mit Hilfe von Fremdkapital geht schneller und ist einfacher, da – anders als bei einer Kapitalerhöhung – keine Satzungsänderung erforderlich ist. Auch kann, falls die Sanierung fehlschlägt, ein Darlehensrückzahlungsanspruch vielleicht noch rechtzeitig geltend gemacht werden. Eigenkapital kann demgegenüber nicht zurückverlangt werden und ist in der Insolvenz endgültig verloren.

195   Gerade die Aufnahme von Gesellschafterdarlehen lässt aber die Frage aufkommen, ob es den Gesellschaftern wirklich gestattet sein soll, ihren *Darlehensrückzahlungsanspruch durchzusetzen* bzw. *in der Insolvenz zur Tabelle anzumelden*. In einer langen Kette von Urteilen, die zur GmbH ergangen sind, hat die Judikatur[65] diese Frage für Darlehen, die zu einem Zeitpunkt gegeben wurden, zu dem Dritte der Gesellschaft kein Kapital mehr zur Verfügung gestellt hätten, verneint. Dies wurde damit begründet, dass die Gesellschafter sich widersprüchlich verhalten, wenn sie der Gesellschaft in der Krise gegebene Darlehen wieder abziehen, bevor der Zweck der Darlehenshingabe, die Sanierung, erreicht ist. Der Kredit habe gewissermaßen

---

[65] Die Entwicklung der Rechtsprechung schildern *Kübler/Assmann* § 18 VI 2.

die Funktion von Eigenkapital und müsse daher auch wie dieses behandelt werden. Auch sei der Gesellschafter über die Lage der Gesellschaft besser informiert als ein Gläubiger. Daher bestehe die Gefahr, dass er das Darlehen gerade noch rechtzeitig zu Lasten der anderen Gläubiger der Gesellschaft wieder abziehe. Dies sei auch deshalb nicht hinnehmbar, weil durch den Kredit der Anschein einer hinreichenden Kapitalausstattung erweckt werde[66]. Der Gesetzgeber hatte diese Rechtsprechung für die GmbH und die GmbH & Co. KG teilweise kodifiziert (§§ 32 a, b GmbHG, a. F., 172 a HGB a. F.). Obwohl diese Normen die AG nicht nannten, war man sich weitgehend darüber einig, dass auch für die AG im Grundsatz nichts anderes gelten konnte[67].

Diese Rechtslage führte zu *erheblichen Problemen*, weil zum einen kaum **196** rechtssicher festgestellt werden konnte, ob die Gesellschaft bei der Darlehensvergabe kreditwürdig in dem genannten Sinne war und zum anderen weil neben den Sonderregeln für eigenkapitalersetzende Gesellschafterdarlehen die Regeln der Kapitalerhaltung auf diese Gelder analog angewandt wurden[68]. Zugleich wurden wirtschaftlich vergleichbare Leistungen (etwa eine Nutzungsüberlassung) den Darlehen gleichgestellt, was weitere Unklarheiten zur Folge hatte[69].

Das MoMiG hat hier durch eine rein *insolvenzrechtliche* und zugleich an **197** klarere Tatbestandsmerkmale anknüpfende Regelung eine erhebliche Vereinfachung gebracht[70]. Danach gilt für alle Gesellschaften, bei denen keine natürliche Person unbeschränkt haftet, dass Forderungen aus Gesellschafterdarlehen oder dem wirtschaftlich entsprechenden Rechtshandlungen erst nach den übrigen Insolvenzgläubigern befriedigt werden (§ 39 Abs. 1 Nr. 5 InsO). Sofern für diese Forderungen im letzten Jahr vor der Eröffnung des Insolvenzverfahrens Befriedigung gewährt wurde, ist dies anfechtbar (§ 135 Abs. 1 Nr. 2 InsO). Gleiches gilt für Sicherheiten, die innerhalb der letzten 10 Jahre vor Stellung des Antrags auf Eröffnung des Insolvenzverfahrens für Gesellschafterdarlehen gewährt wurden. Für Nutzungsüberlassungen gilt § 135 Abs. 3 InsO.

Für *Gesellschafter, die mit 10% oder weniger am Haftkapital beteiligt* **198** *sind*, gilt dies nur, wenn sie geschäftsführende Gesellschafter, bei der AG also im Vorstand, sind (§ 39 Abs. 5 InsO). Diese Einschränkung soll zum Ausdruck bringen, dass nur Kredite von Gesellschaftern, die eine mitunter-

[66] Siehe die Darstellung bei *Huber*, FS Priester, 2007, S. 259, 264 ff.
[67] BGH ZIP 2005, 1316; BGHZ 90, 381, 384; *Junker* ZHR 156 (1992), 394 ff.; *Ketzer*, Eigenkapitalersetzende Aktionärsdarlehen, 1989, S. 31 ff.; *Lösler* NJW 2000, 564; *Veil* ZGR 2000, 223.
[68] Dies will die Neufassung von § 57 Abs. 1 S. 4 AktG ausschließen.
[69] Siehe Vorauflage 2. F. 132 ff. zur GmbH, wo der Schwerpunkt der Diskussion lag.
[70] Dazu *Bayer/Graff* DStR 2006, 1654, 1657.

nehmerische Verantwortung trifft, von § 39 InsO erfasst sind. Wegen der doch sehr starren 10%-Grenze ist diese Bestimmung rechtspolitisch nicht unproblematisch[71]. Gleiches gilt für die in § 39 Abs. 4 S. 2 InsO getroffene Regelung, nach der § 39 Abs. 1 Nr. 5 InsO nicht gilt, wenn der Darlehensgeber erst bei drohender oder eingetretener Zahlungsunfähigkeit die Geschäftsanteile zur Überwindung der Krise erwirbt. Damit soll erreicht werden, dass die geschilderten Regeln mögliche Sanierungen nicht blockieren[72].

5. Haftung des Aktionärs für die Schulden der Aktiengesellschaft

199 Für die Schulden der AG haftet diese selbst. Das ist, genau wie beim rechtsfähigen bürgerlich-rechtlichen Verein, selbstverständlich, da die AG juristische Person ist. Es kann daher auf die dort gemachten Ausführungen verwiesen werden[73]. Demgegenüber haften die Aktionäre für die Schulden der AG regelmäßig nicht. Ausnahmen bestehen wie beim Verein[74] im Falle der *materiellen Unterkapitalisierung, Vermögensvermischung* und des *existenzvernichtenden Eingriffs*. Doch sind dies vorwiegend die GmbH betreffende Probleme. Sie sollen daher auch dort behandelt werden[75].

IX. Ansprüche der Aktionäre untereinander und zwischen AG und Aktionär

1. Ansprüche der Aktionäre untereinander und Ansprüche der AG gegenüber den Aktionären

200 a) Die *Aktionäre sind wechselseitig* zur Wahrung der durch die *Treuepflicht* gebotenen Rücksichtnahmen verpflichtet[1]. Sofern sie dem nicht nachkommen, bestehen Unterlassungs- und Schadensersatzansprüche[2].

---

[71] Kritik bei *Dauner-Lieb* DStR 1998, 609, 613; *Habersack* ZHR 162 (1998), 201, 209; *Henze* ZHR 162 (1998), 223, 226; für Weiterungen *Westermann* DZWiR 2000, 1, 3; zu einer koordinierten Kreditvergabe von mehreren mit weniger als 10% beteiligten Gesellschaftern, BGH ZIP 2007, 1407.
[72] Zu den Einzelheiten dieser Bestimmungen, *Grunewald*, FS Bezzenberger, 2000, S. 85; *Rümker/Denicke*, FS Lutter, 2000, S. 665; *Westermann* DZWiR 2000, 1, 6.
[73] 2. A. 61 f.
[74] 2. A. 63 ff.
[75] Zur AG *Brändel*, in Großkomm. zum AktG, § 1 Rdz. 103 ff.; MünchKommAktG-*Heider* § 1 Rdz. 64 ff.; 2. F. 151 ff.; zum existenzvernichtenden Eingriff in das Vermögen der AG *Henze* AG 2004, 405, 412 f.
[1] 2. C. 41 ff.; zur Frage, ob Ansprüche nach §§ 311 Abs. 2, 280 BGB bestehen, 2. A. 70 zum Verein.
[2] Zur Stimmabgabe 2. C. 127.

b) Auch die *AG kann Ansprüche gegen die Aktionäre* haben. Dazu gehört   **201**
einmal der Anspruch auf Leistung der versprochenen Einlage[3]. Hinzu tritt
die Treuepflicht des Aktionärs gegenüber seiner Gesellschaft[4]. Sofern hiergegen verstoßen wird, bestehen Unterlassungs- und Schadensersatzansprüche. Weitere Pflichten können sich insbesondere im Bereich der Vermögensausstattung der AG ergeben. Diese Pflichten spielen vorwiegend im Recht
der GmbH eine Rolle. Daher wird von ihnen dort die Rede sein[5].

c) Sowohl im Verhältnis zu seinen Mitgesellschaftern wie auch im Verhält-   **202**
nis zur AG haftet der Aktionär nur, wenn ihn ein *Verschulden* trifft. Für den
Fall, dass die Haftung eines Kleinaktionärs wegen treuwidriger Stimmabgabe zur Debatte steht, hat der BGH gemeint, es werde nur für Vorsatz gehaftet, da anderenfalls Kleinaktionäre wegen des erheblichen Haftungsrisikos
von der Stimmabgabe abgehalten würden[6]. Eine Sonderbehandlung der Haftung gerade für die treuwidrige Stimmabgabe lässt sich aber kaum rechtfertigen. Vielmehr muss die Haftungsreduzierung auf vorsätzliches Handeln
für alle Schadensersatzansprüche gelten, die auf die fehlerhafte Wahrnehmung von Mitgliedschaftsrechten gestützt werden. Zugleich muss darauf
geachtet werden, dass bei der Feststellung der Treuwidrigkeit die Besonderheiten der Rechtstellung der Aktionäre bedacht werden. Von einem Kleinak-
tionär kann beispielsweise nicht erwartet werden, dass er sich auf die Hauptversammlung vorbereitet. Daher handelt er auch nicht pflichtwidrig, wenn er
sich seine Meinung ohne sorgfältiges Studium einschlägiger Papiere bildet[7].

2. Ansprüche des Aktionärs gegen die AG

a) Nach § 58 Abs. 4 AktG haben die Aktionäre *Anspruch auf den Bilanz-*   **203**
gewinn, soweit über ihn nicht so wie in dieser Norm vorgesehen anderweitig
verfügt worden ist. Ein Anspruch auf Auszahlung einer bestimmten Summe
kann nach der Systematik des Gesetzes aber nur bestehen, wenn die Hauptversammlung nach § 174 AktG über die Verteilung des Gewinns beschlossen hat. Der Aktionär hat gegenüber der AG einen *Anspruch auf Fassung*
eines Gewinnverwendungsbeschlusses[8], mit Hilfe dessen er seinen Zahlungsanspruch dann beziffern kann.

Der Aktionär hat des Weiteren ein Bezugsrecht bei einer Kapitalerhöhung   **204**
(§ 186 Abs. 1 AktG), einen Zahlungsanspruch bei einer Kapitalherabsetzung

---

[3] 2. C. 19 ff.
[4] 2. C. 39 ff.
[5] 2. F. 165.
[6] 2. C. 127.
[7] Ausführlich *Grunewald*, FS Kropff, 1997, S. 89.
[8] BGH ZIP 1993, 1862, 1866; *Schüppen*, FS Röhricht, 2005, S. 571, 575 ff.; *Zöllner*
ZGR 1988, 392, 417.

(§ 225 Abs. 2 AktG) und einen Anspruch auf Beteiligung am Liquidationserlös (§ 271 AktG). Im Einzelfall können sich Ansprüche auf Grund des Gleichbehandlungsgebotes ergeben[9]. Neben die *Vermögensrechte* treten die *Verwaltungsrechte* des Aktionärs. Hierzu zählen etwa die Informations- und Anfechtungsrechte[10]. Auch in diesem Bereich kann das Gleichbehandlungsgebot zu weiteren Rechten führen.

205   b) Ob neben diesen vom Gesetz vorgezeichneten Ansprüchen noch *weitergehende Ansprüche* oder vielleicht sogar ein allgemeiner *Anspruch auf Schutz der Mitgliedschaft* besteht, ist fraglich. Dabei ist wie im Recht der Personengesellschaften und des Vereins[11] davon auszugehen, dass die AG aufgrund der *Sonderrechtsbeziehung* zum Aktionär auf dessen Belange Rücksicht zu nehmen hat[12]. Da im AktG die Rechtsbeziehung zwischen AG und Aktionär weitgehend durchnormiert ist, wird diese allgemeine Pflicht zur Rücksichtnahme allerdings nur selten eine Rolle spielen. Ob weitergehend die *Mitgliedschaft* des Aktionärs nach § 823 Abs. 1 BGB als sonstiges Recht geschützt wird, kann offen bleiben. Denn jedenfalls könnte die Subsumtion der Mitgliedschaft unter diese Norm nicht zu weitergehenden Rechten des Aktionärs führen[13].

206   c) Damit stellt sich die Frage, ob aus der geschilderten Sonderrechtsbeziehung zwischen Aktionär und Gesellschaft ein allgemeiner Anspruch des Aktionärs auf *Wahrung seiner Mitverwaltungsrechte* gefolgert werden kann.

207   In dem Fall BGHZ 83, 122 (Holzmüller) hatte die beklagte AG einen wesentlichen Betriebsteil auf eine 100%ige Tochtergesellschaft ausgegliedert. Dies darf nach Ansicht des Bundesgerichtshofs nur mit Zustimmung der Hauptversammlung geschehen[14]. Diese war aber nicht eingeholt worden. Der Kläger, ein Aktionär der beklagten Gesellschaft, hatte beantragt, die AG in ihrer Eigenschaft als Alleingesellschafterin ihrer Tochtergesellschaft zur Rückübertragung des ausgegliederten Vermögensteils auf die Gesellschaft zu verurteilen.
Das Urteil führt aus, dass der Kläger – wie jeder Aktionär – einen Anspruch gegen die AG darauf habe, dass die Gesellschaft seine Mitgliedschaftsrechte wahre und dass dieser Anspruch verletzt wurde, als der Vorstand die Hauptversammlung von der Mitwirkung ausschloss. Gleichwohl hatte die Klage keinen Erfolg, da der Aktionär mit seiner Klage zu lange (2 1/2 Jahre !) gewartet hatte.

---

[9] *Raiser* ZHR 153 (1989), 1, 18; *Zöllner* ZGR 1988, 392, 405 f.
[10] 2. C. 146 ff. und 2. C. 136 ff.
[11] 2. A. 76 ff.
[12] *Zöllner* ZGR 1988, 392, 399 spricht von einer Verletzung des Mitgliedschaftsverhältnisses.
[13] 2. A. 78; ebenso *Zöllner* ZGR 1988, 392, 430; generell ablehnend *Schmolke*, Organwalterhaftung für Eigenschäden von Kapitalgesellschaften, 2004, S. 50 ff. a. A. *Habersack*, Die Mitgliedschaft – subjektives und „sonstiges" Recht, 1996, S. 243 ff.
[14] 2. C. 109.

Die Gefahren, die mit solchen Klagemöglichkeiten[15] *verbunden sind,* lie- **208**
gen auf der Hand: Es droht die Übernahme der doch beim Aufsichtsrat obliegenden Pflicht zur Überwachung des Vorstands durch die dafür vielfach
überhaupt nicht geeigneten Aktionäre. Daher ist gegenüber einer solchen
Entwicklung eine skeptische Grundhaltung am Platze[16]. Jedenfalls hat kein
Aktionär einen generellen Anspruch gegen die Gesellschaft auf rechtmäßiges Verhalten ihrer Organe[17].

X. Erwerb und Verlust der Aktionärsstellung

1. Erwerb der Aktionärsstellung

Aktionär wird man entweder dadurch, dass man sich als Gründer an der **209**
Gründung einer AG beteiligt, bei einer Kapitalerhöhung Aktien übernimmt[1]
oder die Mitgliedschaft von einem Dritten erwirbt. Ist die Mitgliedschaft
nicht in einer Aktie verbrieft, so erfolgt die Übertragung nach §§ 413, 398
BGB. Wie die *Übertragung von Aktien* zu erfolgen hat, hängt von der Art
ab, in der die Mitgliedschaft verbrieft ist. Namensaktien können als Order-
papiere auch durch Indossament, Einigung und Übergabe (§ 68 Abs. 1 AktG)
übertragen werden[2]. Gemäß § 67 Abs. 2 AktG gilt im Verhältnis zur AG nur
derjenige als Aktionär, der im Aktienregister eingetragen ist. Die Übertragung von Namensaktien kann an die Zustimmung der Gesellschaft gebunden werden (§ 68 Abs. 2 AktG, sog. *Vinkulierung*)[3]. Inhaberaktien werden

---

[15] Weiteres Beispiel 2. C. 174.

[16] *Adolff* ZHR 169 (2005), 310 bejaht eine Klagemöglichkeit zur Durchsetzung des
Rechts auf Entscheidungsteilhabe in der Hauptversammlung; weitere Beispiele bei *Bayer*
NJW 2000, 2609, 2611; *Habersack*, Die Mitgliedschaft – subjektives oder „sonstiges"
Recht, 1996, S. 243 ff.; *Henze*, FS Priester, 2007, S. 201, 218, will in manchen Fällen die
Regeln des Freigabeverfahren analog anwenden; nach Bartels ZGR 2008, 723, 735 ff. ist
bei „aktionärssensiblen" Verstößen eine Feststellungsklage zulässig.

[17] *Adolff* ZHR 169 (2005), 310 ff.; *Habersack*, Die Mitgliedschaft – subjektives oder
„sonstiges" Recht, 1996, S. 243 ff.; *Krieger* ZHR 163 (1999), 343, 353 f.; a. A. *Becker*,
Verwaltungskontrolle durch Gesellschafterrechte, 1997, S. 598, der zudem für die actio
pro socio des Aktionärs eintritt, S. 620; a. A. auch *Paefgen* ZHR 172 (2008), 42, 79 f.

[1] Die Mitgliedschaft entsteht durch Eintragung der AG bzw. der Kapitalerhöhung, *Lutter*, in Kölner Komm., § 68 Rdz. 9. Die Verbriefung der Mitgliedschaft ist also nicht zwingend erforderlich.

[2] Daneben kann eine Abtretung nach §§ 413, 398 BGB erfolgen. Es gilt bezüglich der
Urkunde dann § 952 BGB: umstritten, *Mentz/Fröhling* NZG 2002, 201, 202.

[3] S. dazu unten 2. F. 175 f.; die Vinkulierung ist zwingend erforderlich bei der Neben-
leistungs-AG (§ 55 AktG) und bei Aktien, an die ein Entsendungsrecht in den Aufsichtsrat
(§ 101 Abs. 2 S. 2 AktG) gebunden ist.

im Grundsatz nach §§ 929 ff. BGB übereignet[4]. Da aber eine Übergabe von Papieren jedenfalls im Börsenhandel nicht praktikabel ist, ist an die Stelle dieser Übereignungsform die Verfügung des Aktionärs über seinen Miteigentumsanteil an einem Sammelbestand von so verwalteten Aktien, der bei den Wertpapiersammelbanken gebildet wird, getreten (§§ 929, 931 BGB)[5]. Demgemäß ist lediglich eine Umbuchung der Miteigentumsanteile bei der Sammelbank erforderlich.

2. Verlust der Aktionärsstellung

210   Wer seine Mitgliedschaft in der AG in der beschriebenen Form überträgt, verliert sie; das ist unproblematisch. Daneben sieht das Gesetz noch weitere Formen des Verlustes der Mitgliedschaft vor. Hierzu gehört einmal die in § 64 AktG angesprochene *Kaduzierung*, die den Ausschluss von Aktionären betrifft, die ihre Einlage nicht rechtzeitig erbringen[6]. Darüber hinaus sieht § 237 Abs. 1 S. 1 AktG eine *Einziehung von Aktien* vor. Diese kann gegen den Willen eines Aktionärs aber nur erfolgen, wenn sie in der Satzung vorgesehen ist (§ 237 Abs. 1 S. 2 AktG). Der Aktionär weiß dann also um dieses Risiko.

211   Weitergehend bestimmt § 327 a AktG, dass die Hauptversammlung auf Verlangen eines mit 95% beteiligten Aktionärs die Übertragung der Aktien der übrigen Aktionäre auf den Hauptaktionär verlangen kann (sog. *Squeeze-out*). Ob darüber hinaus auch ohne eine entsprechende Regelung in der Satzung ein *Ausschluss eines Aktionärs* möglich ist, wenn in seiner Person ein wichtiger Grund im Sinne von § 737 BGB vorliegt, ist noch offen. Doch spricht vieles dafür, in dieser Situation einen Ausschluss ganz unabhängig von den in der Satzung getroffenen Regelungen zuzulassen[7].

---

[4] Streitig ist, ob auch die Abtretung der Mitgliedschaft nach §§ 413, 398 BGB möglich ist. Für die Aktie gilt dann § 952 BGB. Dazu *Mirow* NZG 2008, 52, 53.

[5] *Mirow* NZG 2008, 52, 54; *Mentz/Fröhling* NZG 2002, 201, 204; *Wiesner*, in Münchener Handbuch des Gesellschaftsrechts, Bd. 4, Aktiengesellschaft, § 14 Rdz. 6.

[6] 2. C. 34.

[7] Dazu *Becker* ZGR 1986, 383 ff.; *Grunewald*, Der Ausschluss aus Gesellschaft und Verein, 1987, S. 50 f.; *Reinisch*, Der Ausschluss von Aktionären aus der Aktiengesellschaft, 1992.

XI. Aktiengesellschaften auf fehlerhafter Satzungsgrundlage

1. Fehler bei der Gründung und bei der Satzungsänderung

a) Sofern die AG *nicht ordnungsgemäß errichtet* ist[1], wird sie nicht einge-   **212**
tragen. Sollte die Gesellschaft entgegen dieser Bestimmung aber doch eingetragen werden, so genießt sie nun im Interesse der Aktionäre und des Rechtsverkehrs und damit letztlich im Interesse der Allgemeinheit einen verstärk-
ten Bestandsschutz[2]. Jetzt können nur noch die in § 275 Abs. 1 AktG
genannten Umstände die Nichtigkeit der Gesellschaft herbeiführen. Zur
Geltendmachung dieser Mängel ist die Erhebung einer Klage erforderlich
(§ 275 Abs. 1 AktG). Das Gericht erklärt, sofern der Mangel nicht geheilt
wird (§ 276 AktG), die Gesellschaft mit Wirkung für die Zukunft für nichtig. Die AG wird abgewickelt (§ 277 AktG)[3]. Daneben besteht die Möglichkeit der Amtslöschung bzw. Auflösung nach §§ 394, 399 FamFG[4].

b) *Beschlüsse, die die Satzung ändern*, sowie auch einige andere Beschlüs-   **213**
se müssen ins Handelsregister eingetragen werden (§ 181 Abs. 1 AktG). Eine
solche Eintragung erfolgt nicht, wenn der Beschluss nichtig ist[5]. Die angestrebte Satzungsänderung ist dann nicht erfolgt. Sind solche Beschlüsse
lediglich anfechtbar, so kann unter Umständen eine Eintragung erfolgen[6].
Sofern nichtige Beschlüsse entgegen dieser Regel doch ins Handelsregister
eingetragen werden, genießen sie im Rahmen von § 242 AktG Bestandskraft[7]. Möglich bleibt eine Amtslöschung nach § 398 FamFG[8], siehe § 242
Abs. 2 S. 3 AktG. Es wird auch diskutiert, ob jedenfalls bei bestimmten Beschlüssen die *Regeln der fehlerhaften Gesellschaft* zur Anwendung kommen, mit der Folge, dass auch bei rechtzeitiger Anfechtungs- oder Nichtigkeitsklage eine Rückgängigmachung der Beschlussdurchführung nur mit
Wirkung für die Zukunft erfolgt[9].

---

[1] Zu den Voraussetzungen einer ordnungsgemäßen Errichtung 2. C. 37.

[2] S. *Kort*, Bestandsschutz fehlerhafter Strukturänderungen im Kapitalgesellschaftsrecht, 1998, S. 100 ff.; *Paschke* ZHR 155 (1991), 1, 4.

[3] 2. C. 216.

[4] *Kort*, Bestandsschutz fehlerhafter Strukturänderungen im Kapitalgesellschaftsrecht,
1998, S. 100 ff.; *Paschke* ZHR 155 (1991), 1, 3 f.

[5] *Hüffer* § 241 Rdz. 35.

[6] *Hüffer* § 243 Rdz. 51 ff.

[7] Beispiel BGH ZIP 2000, 1294 (GmbH); zu möglichen Schranken *Stein* ZGR 1994,
472, 485 ff.; anfechtbare Beschlüsse werden nach Ablauf der Anfechtungsfrist unangreif-
bar.

[8] Beispielsfall: OLG Hamm WM 1994, 383; *Casper*, Die Heilung nichtiger Beschlüsse
im Kapitalgesellschaftsrecht, 1998, S. 234; *Kort*, Bestandsschutz fehlerhafter Sturkturän-
derungen im Kapitalgesellschaftsrecht, 1998, S. 101.

[9] *Hommelhoff* ZHR 158 (1994), 11 ff.; *Krieger* ZHR 158 (1994), 35 ff.; *Zöllner* AG
1993, 68 ff.

2. Fehler bei der Übernahme von jungen Aktien

214   Wenn sich Gründer bei der Übernahme der Aktien oder Personen bei der
Zeichnung von Aktien im Zuge einer Kapitalerhöhung geirrt haben, getäuscht oder bedroht worden sind, kommt eine *Anfechtung* entgegen der
Grundregel von §§ 119, 123 BGB nach Eintragung der AG bzw. der Kapitalerhöhung *nicht in Betracht*. Gleiches gilt weitgehend auch für Formfehler
und andere Nichtigkeitsgründe[10]. Andernfalls würde die Gefahr bestehen,
dass niemand für die Aufbringung des gezeichneten Kapitals verantwortlich
wäre. Etwas anderes gilt aber für eine Zeichnung durch Geschäftsunfähige
und beschränkt Geschäftsfähige. Denn der Schutz dieser Personen geht der
Sicherung der Kapitalaufbringung vor[11]. In § 185 Abs. 3 AktG enthält das
Gesetz noch eine Regel für den Fall, dass der *Zeichnungsschein nichtig* ist.
Auch diese Bestimmung lässt erkennen, dass nach der Eintragung der Kapitalerhöhung die Berufung auf die Nichtigkeit der Verpflichtung zur Leistung
der Einlage nicht mehr möglich sein soll. Sollte der Kapitalerhöhungsbeschluss erfolgreich angefochten oder nichtig sein, helfen nach Eintragung
der Durchführung der Kapitalerhöhung die Regeln über die fehlerhafte Gesellschaft[12]. Meist wird aber ein Freigabeverfahren durchgeführt worden
sein, so dass § 246 a Abs. 4 AktG eine Rückabwicklung auch für die Zukunft
ausschließt.

XII. Auflösung und Beendigung

215   a) In § 262 AktG legt das Gesetz fest, wann die *AG aufgelöst wird*. Hierzu
gehört die Eröffnung des Insolvenzverfahrens über das Vermögen der AG
sowie ein rechtskräftiger Beschluss, aufgrund dessen die Eröffnung des Verfahrens mangels Masse abgelehnt wird. Die Gesellschaft wird auch mit Eintragung einer Auflösungsverfügung des Registergerichts nach § 399 FamFG
aufgelöst sowie durch eine bestandskräftige Löschungsverfügung wegen
Vermögenslosigkeit nach § 394 FamFG (§ 262 Abs. 1 AktG). Sie wird auch
aufgelöst, wenn eine Klage auf Nichtigerklärung der Gesellschaft nach § 275
AktG Erfolg hat[1]. Dies ergibt sich aus § 277 Abs. 1 AktG. Danach sind die
Regeln über die Abwicklung bei einer Auflösung anzuwenden.

---

[10] Einzelheiten bei *Kort*, Bestandsschutz fehlerhafter Strukturänderungen im Kapitalgesellschaftsrecht, 1998, S. 195; *Hüffer* § 185 Rdz. 28.

[11] *Hüffer* § 185 Rdz. 29; *Lutter*, in Kölner Komm., § 185 Rdz. 14.

[12] *Krieger*, in Münchener Handbuch des Gesellschaftsrecht Bd. 4, Aktiengesellschaft,
§ 54 Rdz. 145; *Schürnbrandd* ZHR 171 (2007), 731, 737.

[1] *Karsten Schmidt* § 30 VI 2 a).

b) Die *Rechtsfolgen der Auflösung* sind unterschiedlich. Ist die Eröffnung **216** des Insolvenzverfahrens Auflösungsgrund, findet ein Insolvenzverfahren statt. Ist die AG vermögenslos und eine Löschungsverfügung nach § 394 FamFG bestandskräftig geworden, so ist die AG regelmäßig ohne Liquidationsverfahren beendet (§ 264 Abs. 2 AktG). In den anderen Fällen gelten die §§ 263 ff. AktG. Danach wird die Auflösung ins Handelsregister eingetragen (§ 263 AktG). Die Abwicklung wird von den Vorstandsmitgliedern durchgeführt (§ 265 AktG). Diese fordern die Gläubiger unter Hinweis auf die Auflösung der Gesellschaft auf, ihre Ansprüche anzumelden (§ 267 AktG). Die Abwickler haben die laufenden Geschäfte zu beenden und das Vermögen der Aktiengesellschaft in Geld umzuwandeln und die Gläubiger zu befriedigen (§ 268 Abs. 1 AktG). Das nach der Begleichung der Verbindlichkeiten verbleibende Vermögen der Gesellschaft wird unter die Aktionäre quotal verteilt (§ 271 Abs. 1, 2 AktG). Solange mit der Vermögensverteilung unter die Aktionäre noch nicht begonnen worden ist, kann die Hauptversammlung in gewissen Fällen die Fortsetzung der Gesellschaft beschließen (§ 274 Abs. 1 AktG). Nach Abschluss der Abwicklung ist die *AG beendet.* Sie wird gelöscht (§ 273 Abs. 1 S. 2 AktG).

D. Die Kommanditgesellschaft auf Aktien (KGaA)

I. Begriffsbestimmung, Erscheinungsformen und praktische Bedeutung

1   Nach § 278 AktG ist die KGaA eine Gesellschaft mit eigener Rechtspersönlichkeit, bei der mindestens ein Gesellschafter den Gläubigern unbeschränkt haftet (der persönlich haftende Gesellschafter) und die anderen
Gesellschafter an dem in Aktien zerlegten Grundkapital beteiligt sind, ohne
für die Verbindlichkeiten der Gesellschaft zu haften (Kommanditaktionäre).
Damit wird deutlich, dass die KGaA Gemeinsamkeiten mit der KG hat: Es
gibt *zwei verschiedene Arten von Gesellschaftern*, von denen nur eine
Gruppe persönlich haftet. Daher verweist § 278 Abs. 2 AktG in Bezug auf
das Rechtsverhältnis der persönlich haftenden Gesellschafter untereinander
und gegenüber den Kommanditaktionären sowie gegenüber Dritten (z. B.
Geschäftsführung und Vertretung) auf das Recht der KG. Aber auch die
Ähnlichkeiten mit der AG liegen deutlich zutage: Die Kommanditaktionäre
sind wie Aktionäre an einem in Aktien zerlegten Grundkapital beteiligt. In
§ 278 Abs. 3 AktG wird daher auf das Recht der AG verwiesen.

2   Die KGaA ist *juristische Person, Handelsgesellschaft und Formkaufmann*
(§ 278 Abs. 1, 3 AktG, § 6 HGB). Die *praktische Bedeutung* der KGaA ist
momentan eher gering[1]. Daran hat auch eine Entscheidung des BGH, nach
der auch eine juristische Person Komplementär einer KGaA sein kann[2], nicht
geändert.

II. Der Komplementär

3   Der oder die Komplementäre der KGaA führen die Geschäfte der Gesellschaft (§ 278 Abs. 2 AktG). §§ 109 ff., 114 ff., 125 ff., 161 HGB sind anwendbar. Auch eine *juristische Person kann Komplementär sein*[1]. Die Komplementäre werden – anders als der Vorstand einer AG – nicht vom Aufsichtsrat
bestellt und abberufen. Vielmehr werden sie nach § 281 Abs. 1 AktG in der
Satzung genannt. Ihre Bestellung und Abberufung erfolgt daher im Wege
der Satzungsänderung. Doch kann die Satzung auch lediglich das Verfahren

---

[1] Siehe die Angaben bei MünchKommAktG- *Perlitt* vor § 278 Rdz. 1, 4: Im Frühjahr
2009 wird von 225 KGaA ausgegangen.
[2] BGHZ 134, 392.
[1] BGHZ 134, 392; *Baumann/Kusch*, FS Boujong, 1996, S. 33 ff.; siehe § 279 Abs. 2
AktG.

oder die Voraussetzungen festlegen, auf Grund derer ein Eintritt oder Ausscheiden der Komplementäre erfolgt[2].

Aus der Verweisung in § 278 Abs. 2 AktG ergibt sich, dass die *Hauptver-*   4
sammlung der Kommanditaktionäre nach der gesetzlichen Regelung der
Vornahme außergewöhnlicher Geschäfte *zustimmen muss* (§ 164 HGB)[3].
Diese Regelung wird oftmals abbedungen[4]. Dabei geht man davon aus, dass
dies für Entscheidungen, die eine Mediatisierung der Rechte der Kommanditaktionäre zur Folge haben, nicht möglich ist, da die im Aktienrecht entwickelte ungeschriebene Hauptversammlungszuständigkeit für diese Maßnahmen nach h. M. nicht abbedungen werden kann[5]. Das soll dann auch für
die Versammlung der Kommanditaktionäre gelten. Diese Argumentation
zeigt exemplarisch, wie schwer es ist, die KGaA, die das Recht der Personengesellschaften mit dem der Körperschaften verquickt, zu handhaben. Denn
der Verweis auf das Recht der KG besagt ja eigentlich auch, dass die Regeln
für die Hauptversammlung nicht gelten.

III. Der Aufsichtsrat

Dem Aufsichtsrat obliegen in vielerlei Hinsicht dieselben Rechte und   5
Pflichten wie in der AG[1]. Die Befugnis zur Bestellung und Abberufung der
Komplementäre hat der Aufsichtsrat aber nicht. Auch *§ 111 Abs. 4 S. 2 AktG*
kommt auf den Aufsichtsrat der KGaA *nicht zur Anwendung*, da andernfalls
Entscheidungen in Geschäftsführungsfragen nicht dem persönlich haftenden
Komplementär sondern dem Aufsichtsrat zufallen würden[2]. Wohl aber hat
der Aufsichtsrat die Geschäftsführung der Komplementäre zu überwachen.
Zudem vertritt er die KGaA gegenüber den Komplementären[3]. Auch führt er
die Beschlüsse der Kommanditaktionäre aus (§ 287 Abs. 1 AktG).

Der Aufsichtsrat wird nach den gleichen Regeln *zusammengesetzt* wie in   6
der AG. Allerdings dürfen die Komplementäre, auch soweit sie Kommanditaktionäre sind, bei der Wahl und Abberufung der Aufsichtsratmitglieder

---

[2] *Cahn* AG 2001, 579, 580; MünchKommAktG- *Perlitt* § 281 Rdz. 15 ff.

[3] Dazu, dass diese Bestimmung trotz anders lautender Formulierung ein Zustimmungsrecht enthält: 1. C. 15.

[4] Kritisch *Ihrig/Schlitt*, ZHR Beiheft 1998, S. 33, 66; a. A. *Heermann* ZGR 2000, 61,
76 ff.; *Hommelhoff*, ZHR Beiheft 1998, S. 9, 16.

[5] 2. C. 109; *Heermann* ZGR 2000, 61, 70 f.; *Ihrig/Schlitt*, ZHR Beiheft 1998, S. 33, 64,
dort auch zu weiteren Fällen, in denen die Grenzen der Satzungsfreiheit jedenfalls für
eine KGaA ohne natürliche Person als Komplementär zweifelhaft sind.

[1] Überblick über die Gemeinsamkeiten und Unterschiede bei *Kallmeyer* ZGR 1983,
57, 66 ff.

[2] Kritisch *Hommelhoff*, ZHR Beiheft 1998, S. 9, 16.

[3] Beispiel BGH ZIP 2005, 348.

nicht mitstimmen (§ 285 Abs. 1 S. 2 Nr. 1 AktG). Selbstverständlich können sie auch nicht Mitglied des Aufsichtsrates sein (§ 287 Abs. 3 AktG)[4].

IV. Die Kommanditaktionäre und die Hauptversammlung

7   Die Kommanditaktionäre üben ihre Rechte in der Hauptversammlung aus. Die Komplementäre haben nur dann in der Hauptversammlung ein Stimmrecht, wenn sie zugleich Kommanditaktionäre sind (§ 285 Abs. 1 S. 1 AktG). Bei der Beschlussfassung über bestimmte Punkte können sie aber nicht mitstimmen (§ 285 Abs. 1 S. 2 AktG). Beschlüsse der Hauptversammlung, die Angelegenheiten betreffen, für die bei einer KG das Einverständnis der persönlich haftenden Gesellschafter und der Kommanditisten erforderlich ist, sind nur wirksam, wenn ihnen die persönlich haftenden Gesellschafter zustimmen. Dazu gehören Satzungsänderungen und außergewöhnliche Geschäftsführungsmaßnahmen (§§ 116 Abs. 2, 164 HGB)[1]. Ob dieses Zustimmungsrecht durch eine entsprechende Bestimmung in der Satzung auch auf andere Beschlussgegenstände ausgedehnt werden kann, ist noch nicht abschließend geklärt[2].

---

[4] Zur Reichweite der Vorschriften, wenn eine GmbH Komplementär ist, BGH ZIP 2006, 177.
[1] *Hüffer* § 285 Rdz. 2; MünchKommAktG- *Perlitt* § 285 Rdz. 39 ff.
[2] *Hüffer* § 285 Rdz. 2; *Ihrig/Schlitt*, ZHR Beiheft 1998, S. 33, 68.

E. Die Europäische Aktiengesellschaft (SE)

Die Europäische Aktiengesellschaft (SE = Societas Europaea)[1] beruht auf **1** *Rechtsgrundlagen auf europäischer Ebene*: Einer Verordnung[2] über das Statut der Gesellschaft und einer Richtlinie[3], die ergänzend die Mitbestimmungsfrage regelt. Die Verordnung enthält unmittelbar geltendes Recht. Gemäß Art. 9 der Verordnung *unterliegt die SE in erster Linie eben dieser Verordnung*, ergänzend ihrer Satzung – soweit die Verordnung dies ausdrücklich zulässt – und in den durch die Verordnung nicht oder nur teilweise geregelten Bereichen den von den Mitgliedstaaten ergänzend erlassenen Regeln (in Deutschland enthalten im SE-Ausführungsgesetz) und dann weiter ergänzend den nationalen, für die Aktiengesellschaft geltenden Bestimmungen. Wie die Beteiligung der Arbeitnehmer zu erfolgen hat, bestimmt in Ausführung der Richtlinie das SE-Beteiligungsgesetz. Trotz dieser komplexen Rechtslage gibt es bislang 134 SE nach deutschem Recht, die teilweise über ein ganz erhebliches Grundkapitalverfügen[4].

Die Verordnung legt fest, wie die Gründung einer SE erfolgen kann[5]. Da- **2** nach ist eine Gründung nur grenzüberschreitend möglich (Art. 2 der Verordnung). Natürliche Personen können nicht Gründer sein.

Für die Bundesrepublik neu ist die Möglichkeit statt einer *dualistischen* **3** *Leitungsstruktur* (also einer Kompetenzaufteilung auf 2 Organe, Vorstand und Aufsichtsrat) eine *monistische* (nur ein Leitungsorgan, sog. Verwaltungsrat) zu wählen. In diesem Fall bestellt der Verwaltungsrat mindestens einen geschäftsführenden Direktor, der die Weisungen des Verwaltungsrates zu befolgen hat und von diesem jeder Zeit abberufen werden kann (§ 40 Abs. 5, § 44 Abs. 2 des SE-Ausführungsgesetzes)[6]. Ungefähr die Hälfte aller SE mit Satzungssitz in Deutschland haben diese monistische Struktur gewählt[7].

Eine weitere Besonderheit der SE liegt darin, dass über die Mitbestim- **4** mung der Arbeitnehmer eine Vereinbarung zwischen den Repräsentanten des Unternehmens und der Arbeitgeber getroffen werden kann. Nur wenn eine solche Vereinbarung nicht erzielt wird, gelten das MitbestG und das DrittelbG als Auffangregelung (§ 322 ff., 34 ff. SEBG).

---

[1] Erläuterungen auch zur Geschichte bei *Blanquet* ZGR 2002, 20; *Hirte* NZG 2002, 1.

[2] EG Nr. 2157/2001 des Rates vom 08. 10. 2001 = Beilage NZG Heft 1, 2002.

[3] EG 2001/86/EG des Rates vom 08. 10. 2001 = Beilage NZG Heft 1, 2002.

[4] Zahlen aus AG-Sonderheft 2010, S. 7; BASF (Grundkapital 1.176 Mio. Euro); Allianz (1.162 Mio. Euro); siehe AG-Sonderheft 2010 S. 11.

[5] Details bei *Ihrig/Wagner* BB 2004, 1749, 1751; *Teichmann* ZGR 2002, 383, 409 ff.

[6] Zu den Grenzen *Hoffmann-Becking* ZGR 2004, 355, 369.

[7] AG-Sonderheft 2010, S. 12.

F. Die Gesellschaft mit beschränkter Haftung (GmbH)

I. Begriffsbestimmung, Erscheinungsformen und praktische Bedeutung

1. Begriffsbestimmung und Erscheinungsformen

1   Das GmbHG enthält keine *Begriffsbestimmung* der GmbH. Aus § 13 Abs. 1, 2 GmbHG ergibt sich, dass die GmbH – wie die AG – eine Gesellschaft mit eigener Rechtspersönlichkeit ist, wobei für die Verbindlichkeiten der Gesellschaft den Gläubigern nur das Gesellschaftsvermögen haftet. Sie hat ein in Geschäftsanteile zerlegtes Stammkapital (§ 5 GmbHG). Die Gesellschafter können frei wählen, wie sie sich organisieren wollen. Eine GmbH liegt vor, wenn die Gesellschafter diese Rechtsform wählen und eine entsprechende Eintragung im Handelsregister erfolgt.

2   Die GmbH erwirbt die Rechtsfähigkeit als GmbH mit der Eintragung im Handelsregister (§ 11 Abs. 1 GmbHG)[1]. Nach § 13 Abs. 3 GmbHG ist sie unabhängig von ihrem Unternehmensgegenstand stets *Handelsgesellschaft* und damit nach § 6 HGB *Formkaufmann.*

3   Die GmbH ist von der gesetzlichen Konzeption her eine *personalistisch ausgerichtete Gesellschaft*, also eine Gesellschaft mit einem kleinen Kreis von Gesellschaftern, die sich untereinander kennen. Diesem Leitbild entspricht die Realität vielfach[2]. Da von demjenigen, der sich einer solchen Gesellschaft anschließt, eine Prüfung des Gesellschaftsvertrags erwartet wird, verzichtet das GmbHG weitgehend auf Anleger- (= Gesellschafter-) Schutzbestimmungen. Oftmals sind die Gesellschafter selbst im Unternehmen tätig. Ebenfalls nicht selten werden Familienunternehmen – unter Umständen mit Beteiligung mehrerer Stämme – als GmbH geführt.

4   Eine GmbH kann auch nur einen einzigen Gesellschafter haben (sog. *Ein-Mann-GmbH*). Sie kann entweder bereits durch nur eine Person gegründet werden (§ 1 GmbHG) oder es können sich im Laufe der Zeit alle Geschäftsanteile in einer Hand vereinen. Die Ein-Mann-GmbH wird oftmals von Unternehmen betrieben, die einzelne vielleicht besonders risikoreiche Unternehmensteile auf Tochtergesellschaften ausgliedern wollen. Diese GmbHs stehen dann – wie viele andere auch – unter dem *beherrschenden Einfluss* eines anderen Unternehmens. Ca. 15–20% aller GmbHs sind *Komplementäre* einer GmbH und Co KG[3].

---

[1] Zur Rechtsfähigkeit der Vor-GmbH 2. F. 36.
[2] Siehe die Zahlenangaben bei Baumbach/*Hueck*/*Fastrich* Einl. Rdz. 12 ff.; *Roth/Altmeppen* Einl. Rdz. 9.
[3] Hierzu 1. C. 64 ff.; Zahlenangaben bei *Roth/Altmeppen* Einl. Rdz. 56.

2. Praktische Bedeutung

Die praktische Bedeutung der GmbH ist groß. Die Anzahl der Gesell- 5
schaften wird auf über 1 Mio. geschätzt, wovon circa 40.000 eine Unternehmergesellschaft (haftungsbeschränkt) sind[4]. Die Zahlen steigen seit Jahr-
zehnten kontinuierlich an[5]. Die große Attraktivität der GmbH beruht nicht
zuletzt darauf, dass bei ihr in einem wesentlich größeren Umfang Gestaltungsfreiheit bezüglich der Ausgestaltung des Gesellschaftsvertrages besteht als in der AG. Zugleich liegt hierin aber auch ein größeres Risiko für
die Gesellschafter. Daher hat der Gesetzgeber die Übertragung von GmbH-
Geschäftsanteilen an Formerfordernisse gebunden (§ 15 Abs. 3 GmbHG)
und so einen spekulativen Handel unterbunden. An der Börse können Geschäftsanteile nicht gehandelt werden[6].

II. Gründung und Erlangung der Rechtsfähigkeit

1. Ablauf der Gründung

Die Gründung einer GmbH erfolgt durch Abschluss eines notariell beur- 6
kundeten (§ 2 Abs. 1, 1a GmbHG) Gesellschaftsvertrages durch eine (§ 1
GmbHG) oder mehrere Personen. Die Gründer übernehmen die Geschäfts-
anteile, die zusammen den Betrag des Stammkapitals ausmachen (§ 5 Abs. 3
S. 2 GmbHG). Damit ist die Verpflichtung zur Leistung der versprochenen
Einlage verbunden. Danach ist die Gesellschaft von sämtlichen Geschäfts-
führern (§ 78 GmbHG) beim Handelsregister anzumelden (§ 7 Abs. 1 Gmb-
HG), wobei die Geschäftsführer ihre Vertretungsbefugnisse zu benennen
haben (§ 8 Abs. 4 GmbHG). Der Anmeldung sind die in § 8 Abs. 1, 4 Gmb-
HG genannten Unterlagen beizufügen. Diese Anmeldung darf erst erfolgen,
wenn auf jeden Geschäftsanteil ein Viertel und insgesamt mindestens die
Hälfte des Mindeststammkapitals (§ 5 Abs. 1 GmbHG) eingezahlt ist (§ 7
Abs. 2 GmbHG). Bei der UG (haftungsbeschränkt[1]) muss das Stammkapital
voll eingezahlt sein. Sind Sacheinlagen vereinbart, so treten weitere Vorschriften hinzu[2]. Das auf den Geschäftsanteil Geleistete muss endgültig zur

---

[4] *Kornblum* GmbHR 2009, 1055; *Römermann* NZG 2010, 1375; zur UG (haftungsbeschränkt) 2. F. 7.

[5] Siehe die Angaben bei Baumbach/*Hueck*/*Fastrich* Einl. Rdz. 16; *Roth*/*Altmeppen*
Einl. Rdz. 6.

[6] Zu diesem Zusammenhang zwischen Gestaltungsfreiheit und fehlender Möglichkeit
zum formlosen Handel der GmbH-Anteile *Hadding* ZIP 2003, 2133; *Walz* NZG 2003,
1134.

[1] Siehe 2. F. 7, zum Volleinzahlungsgebot *Römermann* NZG 2010, 1375.

[2] 2. F. 22.

freien Verfügung des Geschäftsführers stehen (§ 8 Abs. 2 Satz 1 GmbHG). Ergibt die Prüfung des Gerichts, dass die Gesellschaft ordnungsgemäß errichtet und angemeldet ist, so wird die GmbH ins Handelsregister eingetragen (§ 9 c GmbHG).

2. Der Gesellschaftsvertrag

a) Inhalt und Form

7   Der notwendige Inhalt des Gesellschaftsvertrages ergibt sich regelmäßig aus § 3 GmbHG.

aa) Danach muss der Gesellschaftsvertrag den Betrag des *Stammkapitals* (§ 3 Abs. 1 Nr. 3 GmbHG) enthalten, der nach § 5 Abs. 1 GmbHG mindestens 25.000 Euro betragen muss, sofern die Gesellschaft nicht eine Unternehmergesellschaft (haftungsbeschränkt) im Sinne von § 5 a GmbHG ist[3]. Dann kann auch ein geringerer Betrag festgesetzt werden. Das Stammkapital ist in Geschäftsanteile zerlegt, die auf volle Euro lauten (§ 5 Abs. 1, Abs. 2, 3 GmbHG). Der Gesellschaftsvertrag muss Zahl- und Nennbeträge der Geschäftsanteile, die jeder Gesellschafter übernimmt, anführen. Damit steht die vom Gründer übernommene Verpflichtung fest. (§ 3 Abs. 1 Nr. 4 GmbHG).

8   bb) Des Weiteren müssen die *Firma* (§ 4 GmbHG) und der *Sitz* der Gesellschaft (§§ 3 Abs. 1 Nr. 1, 4 a GmbHG) sowie der *Gegenstand* des Unternehmens (§ 3 Abs. 1 Nr. 2 GmbHG) aufgeführt werden. Es gilt das zur AG Ausgeführte entsprechend[4]. Neben diesen vom Gesetz geforderten Angaben kann der Gesellschaftsvertrag weitere Bestimmungen enthalten. § 3 Abs. 2 GmbHG nennt den seltenen Fall, dass das Unternehmen auf eine gewisse Zeit beschränkt ist. Ebenso erwähnt das Gesetz (§ 3 Abs. 2 GmbHG) eine Bestimmung, nach der den Gesellschaftern weitere Leistungsverpflichtungen über die Einlageerbringung hinaus auferlegt werden. Doch sind dies nur einige Beispiele. Allgemein gilt, dass die Gründer in den Grenzen der allgemeinen Vertragsfreiheit[5] weitere Bestimmungen im Gesellschaftsvertrag vorsehen können.

9   Die Gründer haben wie in der AG[6] die Möglichkeit, in die Satzungsurkunde auch sogenannte *nicht korporative Bestimmungen* aufzunehmen. Gerade in Gesellschaftsverträgen von GmbHs kommt dies häufig vor[7]. Sollen diese sog. nicht korporativen Bestandteile abgeändert werden, bedarf es nur dann

---

[3] Siehe auch 2. F. 6.
[4] 2. C. 10.
[5] 2. F. 18.
[6] 2. C. 13.
[7] Siehe zu diesen Abreden Scholz-*Emmerich* § 3 Rdz. 102; *Ulmer* § 2 Rdz. 9.

einer förmlichen Satzungsänderung, wenn – was regelmäßig anzunehmen ist – die Abrede zum materiellen Satzungsbestandteil werden soll[8]. Einzelrechtsnachfolger der Gesellschafter sind dann an diese Absprachen gebunden. Werden solche Vereinbarungen außerhalb der Satzungsurkunde getroffen, nennt man sie *schuldrechtliche Nebenabreden*[9]. Für diese außerhalb der Satzung getroffenen Absprachen gilt § 53 GmbHG naturgemäß nicht. Einzelrechtsnachfolger sind an sie nicht gebunden[10].

In dem Fall BGH ZIP 1993, 432 war der Kläger an der beklagten GmbH zu 50% **10** beteiligt. Er wurde zum Geschäftsführer bestellt. In dem zwischen ihm und der GmbH abgeschlossenen Anstellungsvertrag wurde auf von der Gesellschafterversammlung beschlossene Vergütungsregeln Bezug genommen, in denen bestimmt war, dass der Geschäftsführer einen Deckungsbeitrag an die beklagte GmbH zu leisten habe, der durch Honorare, die bei der Geschäftsführung für die GmbH erzielt werden konnten, abgedeckt werden konnte. Dem Kläger gelang die Erwirtschaftung entsprechender Honorare nicht. Er leistete daher einen Deckungsbeitrag von 100.000,– DM. Mit der Klage verlangte er nach seinem Ausscheiden aus der GmbH Rückzahlung dieser Summe, weil die vereinbarte Pflicht zur Leistung eines Deckungsbeitrags im Prinzip eine Nebenleistungspflicht beinhalte, die als Satzungsbestandteil in die Satzungsurkunde hätte aufgenommen werden müssen. Der BGH ist dem nicht gefolgt. In dem Urteil wird vielmehr dargelegt, dass es der Vertragsfreiheit der Beteiligten überlassen sei, ob sie Nebenpflichten korporativ ausgestalten wollten oder sich lediglich die gegenwärtigen Gesellschafter gegenüber der Gesellschaft oder den Mitgesellschaftern binden. Nur dann wenn eine korporationsrechtliche Regelung mit den entsprechenden Folgen getroffen werden sollte, war eine Aufnahme in die Satzungsurkunde erforderlich. Dabei führt das Urteil überzeugend aus, dass schon allein die Tatsache, dass die Regelung außerhalb der Satzung – im vorliegenden Fall auch noch von Juristen – getroffen worden war, ein Indiz dafür ist, dass lediglich eine schuldrechtliche Nebenabrede gewollt war. Sollte dies aber doch anders gewesen sein, so wäre die Absprache nach § 2 Abs. 1 S. 1 GmbHG, § 125 S. 1 BGB unwirksam. Allerdings würde sich dann die Frage stellen, ob nicht eine Umdeutung nach § 140 BGB in eine schuldrechtliche Nebenabrede möglich wäre.

cc) Der Gesellschaftsvertrag bedarf gemäß § 2 Abs. 1 GmbHG *der notari-* **11** *ellen Beurkundung.* Eine Sonderregel gilt für den Fall, dass die Mustersatzung (Anlage 1 zum GmbHG) verwendet wird (§ 2 Abs. 1a GmbHG). Zwar muss auch das Musterprotokoll beurkundet werden, aber die geschilderte Gründung ist billiger[11]. Es dürfen aber keine vom Musterprotokoll

---

[8] BGH NJW 1999, 2809 (Finanzplankredit); 2. F. 148; *Bayer* in Lutter/Hommelhoff § 3 Rdz. 70; *Ulmer* § 2 Rdz. 9a.

[9] Scholz-*Emmerich* § 3 Rdz. 114; *Ulmer* § 3 Rdz. 112 ff.; *Ulmer* NJW 1987, 1849, 1850; *Winter* ZHR 154 (1990), 259 ff.; zur Anfechtung eines Gesellschafterbeschlusses aufgrund eines Verstoßes gegen eine schuldrechtliche Nebenabrede 2. F. 108.

[10] Allerdings kann die Absprache einen Vertrag zu Gunsten Dritter (auch der GmbH) beinhalten, BGH ZIP 2010, 1540, 1541.

[11] *Schäfer* ZIP 2011, 53, 54; *Wedemann* WM 2008, 1381, 1383.

abweichenden oder ergänzenden Regelungen erfolgen. Wann von einer solchen Abweichung gesprochen werden kann, ist im Einzelnen umstritten[12].

b) Treuepflicht und Gleichbehandlungsgebot

12   aa) Wie beim Verein, der AG und bei den Personengesellschaften[13], so ergibt sich auch bei der GmbH aus dem Gesellschaftsvertrag[14] – obwohl nie ausdrücklich erwähnt – eine *Treuepflicht der Gesellschafter in doppelter Richtung*: Zum einen gegenüber den anderen Gesellschaftern und zum anderen gegenüber der Gesellschaft[15]. Die Intensität der Treuepflicht ist abhängig von der Struktur der jeweiligen Gesellschaft[16]. Für die Einmann-GmbH gilt, dass eine Treuepflicht des Gesellschafters gegenüber seiner GmbH – jedenfalls soweit Gläubigerinteressen nicht im Spiel sind – nicht besteht, weil ein vom Gesellschafterinteresse unabhängiges Gesellschaftsinteresse nicht existiert[17].

13   In dem Fall BGH NJW 1985, 1901 waren der Kläger und K die alleinigen je zur Hälfte beteiligten Gesellschafter der beklagten GmbH. Die Beklagte ist Eigentümerin des Anwesens „Hotel Post", dessen Nutzung durch Vermieten der in dem Gebäude befindlichen Ladengeschäfte und Appartements der ausschließliche Gegenstand des Unternehmens ist. Die Gesellschafter waren nach den Feststellungen des Berufungsgerichts völlig entzweit, ja sie bekämpften sich geradezu. Der Kläger klagte auf Auflösung der GmbH (§ 61 GmbHG).

---

[12] Siehe LG Chemnitz ZIP 2010, 34 (Änderungen nur sprachlicher Natur im Rubrum des Musterprotokolls, keine Abweichung); OLG München ZIP 2010, 1081 (Änderung bei der Höhe der Kostenhaftung erheblich).

[13] Oben 1. A. 17 ff., dort auch zu der sog. Problematik des Reflexschadens, der im Recht der GmbH eine große Rolle spielt; 2. A. 13 ff.; 2. C. 39 ff.

[14] Zu den verschiedenen Ansätzen für die Entwicklung einer Treuepflicht gegenüber GmbH und GmbH-Gesellschaftern *Hüffer*, FS Steindorff, 1990, S. 59, 64; *Winter*, Mitgliedschaftliche Treuebindungen im GmbH-Recht, 1988, S. 43 ff.: *Winter* selbst befürwortet einen organisationsrechtlichen Ansatzpunkt. Im praktischen Ergebnis bestehen aber wohl keine Unterschiede gegenüber den hier vertretenen Überlegungen.

[15] Das Bestehen einer Treuepflicht ist unstreitig: z.B. BGH ZIP 2007, 268 (Pflicht zur Offenlegung von Sondervorteilen, die einem Mitgesellschafter eingeräumt werden); BGH ZIP 2009, 2195, 2198 (Anfechtung eines Entlastungsbeschlusses); Baumbach/*Hueck*/*Fastrich* § 13 Rdz. 20 ff.; Scholz-*Winter*/*Seibt* § 14 Rdz. 50 ff.; in BGHZ 98, 276 (Pflicht zur Zustimmung zur Vertragsänderung) wird allerdings zu Unrecht auf die personalistische Ausgestaltung der GmbH abgestellt; zurückhaltend Roth/*Altmeppen* § 13 Rdz. 28.

[16] BGH ZIP 2006, 1050, 1052; Siehe zu der gleich liegenden Problematik bei den Personengesellschaften 1. A. 18. Zu der Frage, ob für Gesellschafter ein Wettbewerbsverbot gilt, *Armbrüster* ZIP 1997, 1269, 1272; *Claussen*, FS Beusch, 1993, S. 511, 515.

[17] BGH ZIP 1992, 1734, 1736; zum Diskussionsstand *Lutter* ZHR 162 (1998), 164, 183; *Priester* ZGR 1993, 512, 517 ff. Interessant ist auch der Fall BGH NZG 2008, 187, 188: Im Regelfall keine Treuepflichtverletzung, wenn der GmbH Vermögen entzogen wird, das zur Deckung des Stammkapitals nicht benötigt wird.

Der BGH stellt fest, dass aufgrund des unheilbaren Zerwürfnisses der Gesellschafter, das sich bereits negativ auf die Geschäftsführung und Ertragslage der GmbH ausgewirkt hatte, ein wichtiger Grund im Sinne von § 61 Abs. 1 GmbHG vorlag. Sodann geht das Urteil der Frage nach, ob der Kläger durch die Erhebung der Auflösungsklage gegen seine Treuepflicht verstoßen habe. Dabei konnte es sich nur um die Treuepflicht gegenüber dem Mitgesellschafter handeln. Denn da jede Auflösungsklage zur Liquidation der Gesellschaft führt, kann eine besondere Rücksichtnahme auf die Interessen der GmbH in einem solchen Prozess nicht geschuldet sein. In den Entscheidungsgründen wird untersucht, ob den Belangen des Klägers in einer für ihn zumutbaren Weise auch durch eine für den anderen Gesellschafter weniger einschneidende Maßnahme als es die Auflösung der Gesellschaft darstellt, Rechnung getragen werden könne. Wenn das der Fall sei, so gebiete es die Treuepflicht, diesen den Mitgesellschafter weniger belastenden Weg zu gehen. Daher ist eine Auflösungsklage normalerweise unbegründet, wenn der Kläger die Möglichkeit hat, seine Beteiligung zum vollen, nicht hinter dem voraussichtlichen Liquidationserlös zurückbleibenden Wert zu veräußern und so eine Zerschlagung des Unternehmens mit den für die Mitgesellschafter damit verbundenen Nachteilen vermieden werden kann. Hier war aber eine solche Zerschlagung im Falle der Liquidation nicht zu befürchten, da die GmbH nur einen Vermögensgegenstand – das Hotel Post – besaß, der im Zuge der Liquidation problemlos verwertet werden konnte. Demgemäß musste sich der Kläger auch nicht auf eine Anteilsveräußerung verweisen lassen. Daher hatte die Auflösungsklage Erfolg. Dass diese Lösung sachgerecht ist, zeigt insbesondere auch die Überlegung, dass in der sich anschließenden Liquidation für die Gesellschafter gleichermaßen die Möglichkeit besteht, das Hotel zu erwerben.

bb) Auch bezüglich des *Gleichbehandlungsgebots* gilt in der GmbH nichts **14** anderes als in den Personengesellschaften und den anderen Körperschaften auch[18]. Wiederum geht es darum, eine willkürliche, sachlich nicht gerechtfertigte Ungleichbehandlung der Gesellschafter zu verhindern[19]. Das Gesetz geht denn auch in zahlreichen Vorschriften davon aus, dass die Gesellschafter gleich zu behandeln sind (s. etwa §§ 24, 26 Abs. 2, 3, 29 Abs. 3, 31 Abs. 3, 47 Abs. 2, 72 GmbHG). Doch zeigen die meisten dieser Normen zugleich auch, dass das Gleichbehandlungsgebot auch in der GmbH dispositiv ist.

In dem Fall BGH ZIP 1992, 237 hatten die Gesellschafter einer GmbH eine Abfin- **15** dungsregel beschlossen, nach der im Falle des Ausscheidens eines Gesellschafters dieser lediglich seine Einlage zurückerhalten sollte. Hinzu kam eine nach der Dauer der Mitgliedschaft in der GmbH gestaffelte Zahlung.
Der Kläger wandte sich mit der Anfechtungsklage gegen diesen Beschluss, unter anderem mit der Begründung, in dieser Regelung liege ein Verstoß gegen das Gleichbehandlungsgebot. Dem ist das Urteil nicht gefolgt. Vielmehr heißt es, das Gleichbehandlungsgebot besage nicht, dass die Gewährung unterschiedlicher Rechte im Gesellschaftsvertrag nicht erlaubt sei. Vielmehr müsse dies lediglich sachlich berechtigt sein. Dies sei bei der in Rede stehenden Regelung der Fall, da die Gesellschafter mit

---

[18] 1. A. 26 ff.; 2. A. 14 f.; 2. C. 44 ff.
[19] BGH ZIP 1992, 237, 241; Roth/*Altmeppen* § 13 Rdz. 60; Baumbach/*Hueck/Fastrich* § 13 Rdz. 31.

ihrem Stammkapital im Laufe der Jahre Vermögen erwirtschaftet hätten, das sie für weitere unternehmerische Maßnahmen gewinnbringend einsetzen könnten. Daran seien später eingetretene Gesellschafter mit ihrem Eigenkapital nicht beteiligt gewesen. Daher sei es nicht willkürlich, den Gesellschaftern, deren Kapital der Gesellschaft länger zur Verfügung gestanden habe, einen höheren Abfindungsanspruch zu gewähren, als den Gesellschaftern, die erst später hinzugetreten seien. Dem wird man folgen können, falls sichergestellt war, dass auch die Gesellschafter, die ihre Beteiligung übertragen erhalten hatten, die Zeit, in der ihr Rechtsvorgänger Gesellschafter gewesen war, in Rechnung stellen konnten.

c) Auslegung des Gesellschaftsvertrages

16   Bei der Auslegung des Gesellschaftsvertrages unterscheidet die Rechtsprechung zwischen *individualrechtlichen und körperschaftsrechtlichen* Bestimmungen. Zu den körperschaftsrechtlichen Bestimmungen zählen solche, die auch zukünftige Gesellschafter betreffen und für Dritte, insbesondere die Gläubiger der Gesellschaft, von Bedeutung sind. Die Auslegung dieser Bestimmungen hat nach Ansicht der Rechtsprechung objektiv, also aus sich heraus zu erfolgen[20]. Umstände, die außerhalb der Vertragsurkunde liegen und nicht allgemein erkennbar sind, also insbesondere die Entstehungsgeschichte und die Vorstellungen von Personen, die an der Abfassung des Gesellschaftsvertrages mitgewirkt haben, dürfen nicht berücksichtigt werden. Dies soll für individualrechtliche Bestimmungen des Gesellschaftsvertrages nicht gelten.

17   Dieser *objektiven Auslegung* der Satzung ist im Grundsatz zuzustimmen. Allerdings ist die Unterscheidung zwischen individual- und körperschaftsrechtlichen Bestimmungen nicht recht klar. Es wäre daher überzeugender, zwischen korporativen und nicht korporativen Bestimmungen zu unterscheiden[21]. Damit würde der Tatsache Rechnung getragen, dass die objektive Auslegung gerade deshalb richtig ist, weil auch ein Rechtsnachfolger an die Regelung gebunden ist, der das individuelle Verständnis der Gründer nicht kennen kann und auch nicht kennen muss. Dies gilt uneingeschränkt allerdings *nur, wenn die Geschäftsanteile frei übertragbar sind*[22]. Andernfalls ist dem Beitretenden klar, dass er in eine persönliche Beziehung der Gesellschafter untereinander eintritt und mit individuellen Interpretationen

---

[20] BGH NJW 1987, 1890, 1891: Mehrheitserfordernisse für Gesellschafterbeschlüsse; BGH NJW 1992, 892, 893: Abfindungsregel; BGH ZIP 1999, 1263, 1265: Finanzplankredit; BGH ZIP 2003, 116, 120: Vinkulierungsklausel.

[21] Definition 2. C. 13; wie hier Scholz-*Emmerich* § 2 Rdz. 38; *Ulmer* § 2 Rdz. 143.

[22] *Wiedemann*, § 3 II 2 a) mit Ausnahmen für Fälle, in denen die Regeln für Dritte eine Rolle spielen, dann objektive Auslegung; a. A., objektive Auslegung, BGH GmbHR 1982, 129, 130; Baumbach/*Hueck/Fastrich* § 2 Rdz. 29 f.; Rowedder- *Schmidt/Leithoff* § 2 Rdz. 78; auch *Ulmer* § 2 Rdz. 145 ff., der aber Missbrauchsgrenzen bei der objektiven Auslegung zieht.

rechnen muss, so dass bei unklaren Formulierungen im Gesellschaftsvertrag Erkundigungspflichten gegenüber den Mitgesellschaftern bestehen können. Insofern besteht kein Unterschied zum Recht der Personengesellschaft[23]. Umgekehrt kann in jeder GmbH das individuelle Verständnis der Gründer solange berücksichtigt werden, wie kein Wechsel der Gesellschafter eingetreten ist[24] bzw. alle Gesellschafter den Gesellschaftsvertrag gleich verstehen[25]. Das entspricht der Rechtslage im Vereinsrecht[26]. Überlegungen zum Gläubigerschutz stehen einer solchen auf das Verständnis der Gesellschafter Rücksicht nehmenden Interpretation nicht im Wege: Diesem Aspekt tragen der Grundsatz der Kapitalaufbringung und -erhaltung sowie Rechtsscheinüberlegungen hinreichend Rechnung. Andernfalls müsste für den Gesellschaftsvertrag von Personengesellschaften Gleiches gelten[27]. Ebenso wenig spielt es eine Rolle, ob auch die Gesellschaftsorgane um dieses Verständnis wissen[28]. Sofern sie den Gesellschaftsvertrag nicht gemäß dem besonderen Verständnis der Gesellschafter interpretieren, kann ihnen daraus kein Vorwurf gemacht werden. Damit ist ihren Interessen hinreichend Rechnung getragen.

d) Inhaltskontrolle

Vereinbarungen in Gesellschaftsverträgen, die gegen § 134 BGB oder § 138 BGB[29] verstoßen, sind nichtig. Allerdings wird § 138 BGB nur selten praktisch werden, da die Gesellschafter nur beschränkt haften, und daher auch sie benachteiligende Regelungen kaum je die Schranken der Sittenwidrigkeit überschreiten werden. Wohl aber kann § 138 BGB in Bezug auf Regelungen, die Dritte, etwa die Gläubiger, benachteiligen, eingreifen. Darüber hinaus erfolgt in GmbHs mit großer Gesellschafterzahl genau wie bei den Publikumspersonengesellschaften und Großvereinen eine an § 242 BGB ausgerichtete Inhaltskontrolle. Denn die mit jeder Großorganisation verbundene Problematik der Verselbständigung des Managements tritt auch in der GmbH auf. Da weitgehend kein zwingendes Recht der GmbH besteht, kann

18

---

[23] 1. A. 29 ff.

[24] *Grunewald* ZGR 1995, 68, 87; *Nitschke*, Die körperschaftlich strukturierte Personengesellschaft, 1970, S. 171 f.; a. A. teilweise *Karsten Schmidt* § 5 I 4 b), c).

[25] *Grunewald* ZGR 1995, 68, 87; siehe den Fall BGH NJW-RR 1989, 993, 994 (Stille Gesellschaft).

[26] 2. A. 16 ff., dort auch zu den Auswirkungen des Registerzwangs auf die Auslegung.

[27] Gegen eine unterschiedliche Behandlung von Gesellschaftsverträgen von Personengesellschaften und GmbHs weitgehend auch *Karsten Schmidt* § 5 I 4 b).

[28] A. A. wohl BGH NJW 1994, 51, 52 (AG).

[29] Beispielsfall BGH ZIP 1992, 237, 240: Beschränkung des Abfindungsanspruchs; zu den Grenzen, die bei der Einräumung von Rechten Dritter im Gesellschaftsvertrag zu beachten sind, *Ulmer*, FS Werner, 1984, S. 911.

dieser Problematik – anders als in der AG, für die § 23 Abs. 5 AktG gilt – nur im Wege der Inhaltskontrolle Rechnung getragen werden[30].

3. *Erbringung der Einlage*

a) Bargründung

19 Im Gesellschaftsvertrag wird der Betrag genannt, den jeder Gesellschafter auf das Stammkapital zu leisten hat (§ 3 Abs. 1 Nr. 4 GmbHG). Sind Geldzahlungen als Einlage geschuldet, muss nicht der gesamte Betrag schon vor der Anmeldung der GmbH erbracht werden. Vielmehr muss nach § 7 Abs. 2 S. 1 GmbHG *auf jeden Geschäftsanteil lediglich ein Viertel* des Nennbetrags geleistet sein. Insgesamt muss auf das Stammkapital aber mindestens so viel eingezahlt sein, dass der Gesamtbetrag der Bareinlage zuzüglich des Gesamtbetrages der Geschäftsanteile, für die Sacheinlagen zu leisten sind, die Hälfte des Mindeststammkapitals (§ 5 Abs. 1 GmbHG) erreicht.

20 Anders als das Recht der AG bestimmt das *GmbH-Recht nicht, wie diese Zahlungen* zu erbringen sind. Gleichwohl besteht aber – wie sich mittelbar auch aus § 8 Abs. 2 S. 1 GmbHG ergibt – kein Zweifel, dass wie in der AG so auch in der GmbH zur freien Verfügung der Geschäftsführer zu leisten ist[31]. Eine Leistung zur freien Verfügung wird unter denselben Voraussetzungen bejaht, wie auch im Recht der AG[32]. Für die GmbH & Co. KG hat der BGH daraus gefolgert, dass es an einer Leistung zur freien Verfügung fehlt, wenn der an die GmbH geleistete Betrag an die von dem Gesellschafter beherrschte KG als Darlehen ausgezahlt wird[33]. Dies ist deshalb besonders misslich, weil das Kapital ja in der KG für das zu betreibende Unternehmen benötigt wird[34]. Wird nicht zur freien Verfügung geleistet, so gilt für den Fall, dass das Fehlen der freien Verfügbarkeit auf einen Rückfluss der Mittel an den Gesellschafter zurück zuführen ist, gemäß § 19 Abs. 5 GmbHG, dass der Gesellschafter die Einlageschuld gleichwohl erfüllt hat, wenn der gegen ihn gerichtete Anspruch vollwertig und jederzeit fällig ist. Doch kann, wie im Zusammenhang mit der AG geschildert, eine solche Anrechnung nach Ansicht des BGH nur erfolgen, wenn diese Vorgehensweise bei der Anmeldung offen gelegt wurde[35].

---

[30] *Grunewald*, Der Ausschluss aus Gesellschaft und Verein, 1987, S. 140; ähnlich Scholz-*Emmerich* § 2 Rdz. 12; *Wiedemann*, § 3 II 3 a). Kritisch *Hey*, Freie Gestaltung in Gesellschaftsverträgen und ihre Schranken, 2004, S. 297 ff.; *Zöllner*, FS 100 Jahre GmbHG, 1992, S. 85, 100 ff., dazu bereits 1. A. 36.

[31] *Bayer* in Lutter/Hommelhoff § 7 Rdz. 18 f.; *Roth*/Altmeppen § 7 Rdz. 23.

[32] 2. C. 20 ff.

[33] BZH ZIP 2008, 174.

[34] *K. Schmidt* ZIP 2008, 481.

[35] 2. C. 25.

In dem Fall BGH NJW 1991, 1294 hatten die Gesellschafter einer GmbH die ge-   **21**
schuldete Einlage auf ein debitorisches Bankkonto der Gesellschaft gezahlt, wo sie
sofort mit dem Soll-Saldo der Gesellschaft verrechnet wurde. Der BGH entschied,
dass die Einlageleistung auch auf ein im Debet stehendes Gesellschaftskonto erbracht
werden kann. Dies gilt allerdings dann nicht, wenn die Gesellschaft – etwa wegen
einer Kündigung des Kredits – über die zugeflossenen Mittel nicht – auch nicht durch
Einräumung eines neuen Kredits – [36] verfügen kann. Dann fehlt es an der freien
Verfügbarkeit[37].

b) Sacheinlagen

Soll ein Gründer auf einen Geschäftsanteil etwas anderes als Geld leisten,   **22**
handelt es sich um eine Sacheinlage. Diese ist bei einer UG (haftungsbeschränkt) allerdings verboten (§ 5a Abs. 2 S. 2 GmbHG)[38]. *Was Gegenstand
einer Sacheinlage* sein kann, bestimmt das Gesetz nicht. Da es aber wie bei
der AG darum geht, im Interesse der Gründer und Gläubiger sicherzustellen,
dass zumindest ein dem Stammkapital entsprechendes Vermögen aufgebracht wird, gelten die dort angestellten Überlegungen auch hier[39]. Sollen
Sacheinlagen erbracht werden, so muss *im Gesellschaftsvertrag* der Gegenstand der Einlage, die Person des Leistenden und der Nennbetrag des Geschäftsanteils, auf den sich die Sacheinlage bezieht, festgesetzt werden (§ 5
Abs. 4 S. 1 GmbHG). Die Gesellschafter müssen einen Sachgründungsbericht verfassen, in dem die für die Bewertung der Sacheinlage wesentlichen
Umstände niedergelegt werden (§ 5 Abs. 4 S. 2 GmbHG). Ist ein Unternehmen Gegenstand der Sacheinlage, müssen außerdem die Jahresergebnisse
der letzten beiden Jahre angegeben werden (§ 5 Abs. 4 S. 2 GmbHG). Für die
Richtigkeit dieser Angaben haften die Gründer und Geschäftsführer nach
§ 9 a Abs. 1 GmbHG[40]. Eine Gründungsprüfung ist aber anders als im Recht
der AG nicht vorgesehen. Die Sacheinlage muss vor Anmeldung der Gesellschaft vollständig und zur freien Verfügung der Geschäftsführer geleistet
werden (§ 7 Abs. 3 GmbHG). Die Eintragung erfolgt nur, wenn das Gericht
der Überzeugung ist, dass der Wert der Sacheinlage dem Nennbetrag des
Geschäftsanteils, der durch die Sacheinlage abgedeckt sein soll, im Wesentlichen entspricht (§ 9 c Abs. 1 S. 2 GmbHG). Um eine solche Bewertung

---

[36] BGH ZIP 2002, 799 (GmbH); dazu *Bayer* in Lutter/Hommelhoff § 7 Rdz. 21.

[37] BGH NJW 1992, 3300, 3303; ebenso *Habetha* ZGR 1998, 305, 316f.; *Hommelhoff/
Kleindiek* ZIP 1987, 477, 490; dies gilt aber nur, wenn der Einzahlende davon weiß, *Kübler* ZHR 158 (1993), 196, 203f.; zur Zahlung auf ein debitorisches Bankkonto vor Fassung
des Kapitalerhöhungsbeschlusses BGH ZIP 2004, 849.

[38] Zu dem wenig deutlichen Sinn und der Reichweite des Verbots *Schäfer* ZIP 2011, 53,
56ff.

[39] 2. C. 26; speziell zur GmbH *Ulmer* § 5 Rdz. 24ff.; *Scholz-Winter/Westermann* § 5
Rdz. 42ff.

[40] Eine strafrechtliche Verantwortlichkeit folgt aus § 82 Abs. 1 Nr. 1–3 GmbHG.

durch das Gericht zu erleichtern, haben die Gründer Unterlagen darüber, dass der Wert der Sacheinlagen den Nennbetrag des dafür übernommenen Geschäftsanteils erreicht, bei der Anmeldung einzureichen (§ 8 Abs. 1 Nr. 5 GmbHG). Gleiches gilt für den Sachgründungsbericht und Verträge über die Sacheinlage (§ 8 Abs. 1 Nr. 4 GmbHG). Außerdem trifft den Gesellschafter eine *Bardeckungspflicht*: Er muss die Differenz zwischen dem Wert der erbrachten Sacheinlage und dem Nennbetrag des dafür übernommenen Geschäftsanteils gegebenenfalls bar nachzahlen (§ 9 GmbHG)[41].

c) Verdeckte Sacheinlagen

23   Auch im Recht der GmbH ist das Verfahren zur Erbringung von Sacheinlagen also relativ umständlich. Damit besteht genau wie im Recht der AG die Gefahr, dass Sacheinlagen verdeckt erbracht werden. Es gelten daher im Ausgangspunkt dieselben Regeln wie im Aktienrecht[42]. Demgemäß bestimmt § 19 Abs. 4 GmbHG, dass Rechtsfolge einer verdeckten Sacheinlage nach Eintragung der Gesellschaft die Anrechnung des Wertes des Vermögensgegenstandes ist, wobei der Einleger zu beweisen hat, welchen Wert der eingelegte Vermögensgegenstand hat. Da diese Anrechnung erst bei Eintragung erfolgt, darf der Geschäftsführer die Versicherung nach § 8 Abs. 2 GmbHG nicht abgeben[43], so dass es bei gesetzkonformem Verhalten nicht zur Eintragung kommt.

24   In Rechtsprechung und Literatur[44] werden unterschiedliche Modelle für eine *Heilung* verdeckter Sacheinlagen diskutiert. Diese Heilung hätte zur Folge, dass die in § 19 Abs. 4 GmbHG niedergelegte Beweislastumkehr nicht mehr greift[45]. Nach Ansicht des BGH[46] kann durch Satzungsänderung die Bareinlage in eine Sacheinlage abgeändert und der Fehler bei der Kapitalaufbringung auf diese Weise geheilt werden. Im Einzelfall kann auf Grund der Treuepflicht der Gesellschafter untereinander sogar ein Anspruch des betroffenen Gesellschafters gegen die anderen auf Mitwirkung an dieser Heilung bestehen[47]. Selbstverständlich müssen bei dieser Heilung die üb-

---

[41] Zu dem für die Wertberechnung maßgeblichen Zeitpunkt *Lieb*, FS Zöllner, 1999, S. 347.

[42] 2. C. 29 ff.

[43] *Bayer* in Lutter/Hommelhoff § 8 Rdz. 15; *Maier-Reimer/Wenzel* ZIP 2008, 1449, 1459.

[44] Für den Weg der Satzungsänderung; *Ulmer* ZHR 154 (1990), 128, 143; *Volhard* ZGR 1995, 287, 293; für eine Verrechnung nach Zeitablauf: *Joost* ZIP 1990, 549, 562 f.

[45] *Bayer* in Lutter/Hommelhoff § 19 Rdz. 80.

[46] BGHZ 132, 141 (Kapitalerhöhung), dort auch zur Berichtspflicht von Gesellschaftern und Geschäftsführern; *Habetha* ZGR 1998, 305, 327; *Krieger* ZGR 1996, 674; *Langenbucher* DStR 2003, 1838.

[47] BGH ZIP 2003, 1540; *Pentz* ZIP 2003, 2093, 2096.

lichen Regeln für Sacheinlagen (insbesondere Werthaltigkeit der Einlage) eingehalten werden.

d) Einlageleistung durch Aufrechnung

Nach § 19 Abs. 2 S. 1 GmbHG können die Gesellschafter von ihrer Einla-　**25**
geverpflichtung nicht befreit werden. Ein Erlassungsvertrag oder auch nur eine Stundungsabrede sind also nichtig[48]. Weiter besagt § 19 Abs. 2 S. 2 GmbHG, dass eine *Aufrechnung* mit einer Forderung, die der Gesellschafter gegen die GmbH hat, den Gesellschafter nur von seiner Einlagepflicht befreit, sofern die für Sacheinlagen getroffenen Bestimmungen von § 5 Abs. 4 S. 1 GmbHG eingehalten worden sind. Rechnet der Gesellschafter gleichwohl auf, so befreit ihn dies nicht von seiner Pflicht zur Leistung der Bareinlage, und das auch dann nicht, wenn die gegen ihn gerichtete Forderung vollwertig ist – was allerdings nur selten der Fall sein wird. Dieses Ergebnis widerspricht dem nach § 19 Abs. 4 GmbHG sonst geltenden Grundsatz, dass nur auf die Wertdifferenz gehaftet wird, und ist daher nicht recht systemkonform.[49] Sonderregeln für sog. Nachgründungen (§ 52 AktG) gibt es im GmbH-Recht nicht. Nachgründungen fallen daher unter die allgemeinen Bestimmungen[50].

In dem Fall BGHZ 135, 381 nahm der Insolvenzverwalter einer GmbH den Be-　**26**
klagten unter dem Gesichtspunkt der verdeckten Sacheinlage auf Zahlung von DM 500.000 in Anspruch. Die Gesellschafter der GmbH hatten im Juni 1987 aufgrund einer testierten Bilanz die Ausschüttung eines Gewinns in dieser Höhe an den Beklagten beschlossen. Im Juli des gleichen Jahres wurde das Kapital der GmbH erhöht. Der Beklagte leistete – wie schon im Kapitalerhöhungsbeschluss vorgesehen – seine Einlage durch Verrechnung mit dem Gewinnauszahlungsanspruch (sog. „Schütt-aus-Hol-zurück"-Verfahren).
Die Klage war begründet, wenn der Beklagte die übernommene Bareinlage nicht ordnungsgemäß erbracht hatte. Dies wäre der Fall gewesen, wenn er gegen § 19 Abs. 2 S. 2 GmbHG (Aufrechnungsverbot) verstoßen hätte. Da die geplante Verrechnung aber im beiderseitigen Einverständnis erfolgen sollte, ging es nicht um eine Aufrechnung, so dass § 19 Abs. 2 S. 2 GmbHG nicht zur Anwendung kommt. Der Beklagte hatte bei wirtschaftlicher Betrachtung allerdings eine Sach- und keine Bareinlage erbracht (nämlich seine Forderung gegen die GmbH auf Gewinnauszahlung). Daher greift § 19 Abs. 4 GmbHG ein. Der Beklagte hat also zu beweisen, dass er eine werthaltige Forderung gegen die GmbH hatte. Andernfalls trifft ihn die Differenzhaftung nach § 9 GmbHG. Im Ergebnis hat der BGH zum alten Recht ganz ähnlich entschieden.

---

[48] *Raiser/Veil* § 28 Rdz. 10.
[49] Zu Recht kritisch *Veil* ZIP 2007, 1241, 1246.
[50] *Ulmer* § 19 Rdz. 84.

27   Über eine Aufrechnung der GmbH trifft das Gesetz keine Aussage. Nach allgemeiner Meinung *darf die GmbH aufrechnen,* wenn die Forderung des Gesellschafters gegen die GmbH vollwertig, fällig und liquide ist[51]. In den anderen Fällen würde der Gesellschafter entgegen § 19 Abs. 2 S. 1 GmbHG zumindest teilweise von seiner Einlageschuld befreit. Sofern die GmbH gleichwohl aufrechnet, sollte man – wie bei der einverständlichen Verrechnung und der Aufrechnung durch den Gesellschafter[52] – davon ausgehen, dass den Gesellschafter die Differenzhaftung nach § 9 GmbHG trifft[53].

e) Kaduzierung und Ausfallhaftung

28   *Erbringt der Gesellschafter die geschuldete Einlage*[54] *trotz Aufforderung nicht,* so kann er seines Geschäftsanteils zugunsten der GmbH für verlustig erklärt werden (sog. Kaduzierung, § 21 GmbHG)[55]. Er wird also aus der Gesellschaft *ausgeschlossen,* haftet aber weiterhin für die noch offene Einlageschuld (§ 21 Abs. 3 GmbHG). Für den rückständigen Betrag haften alle Rechtsvorgänger des Gesellschafters, wobei der frühere erst in Anspruch genommen werden kann, wenn die Zahlungen von seinem Rechtsnachfolger nicht zu erreichen sind (§ 22 GmbHG). Gegen Zahlung des rückständigen Betrages erhält der Rechtsvorgänger des ausgeschlossenen Gesellschafters den Geschäftsanteil (§ 22 Abs. 4 GmbHG). Ist die geschuldete Summe von den Rechtsvorgängern des ausgeschlossenen Gesellschafters nicht zu erlangen, so veräußert die Gesellschaft den Geschäftsanteil (§ 23 GmbHG). Sollte auch auf diese Weise die Summe nicht zu erlangen sein, so müssen die übrigen Gesellschafter den offenen Betrag im Verhältnis ihrer Geschäftsanteile zueinander aufbringen (§ 24 GmbHG)[56].

---

[51] BGHZ 90, 370, 373; BGHZ 125, 141, 143; BGHZ 132, 133, 138; BGH ZIP 2002, 2045; *Bayer* in Lutter/*Hommelhoff* § 19 Rdz. 26 ff.; *Raiser/Veil* § 28 Rdz. 12; *Ulmer* § 19 Rdz. 69 ff; Die Rechtslage entspricht der bei der AG 2. C. 33.

[52] 2. F. 25, 26.

[53] *Veil* ZIP 2007, 1241, 1245.

[54] Dies gilt nicht nur für Bareinlagen, sondern auch für Sacheinlagen, an deren Stelle – etwa bei Überbewertung oder Unmöglichkeit – eine Geldzahlungspflicht getreten ist: Baumbach/*Hueck*/*Fastrich* § 21 Rdz. 3; *Bayer* in Lutter/Hommelhoff § 21 Rdz. 3; darüber hinaus wäre zu erwägen, die Norm auch auf die Nichterbringung von Sacheinlagen anzuwenden. Dazu *Melber,* Die Kaduzierung in der GmbH, 1993, S. 238 ff.

[55] Ausführlich *Melber,* Die Kaduzierung in der GmbH, 1993.

[56] Beispiele BGH NJW 1996, 2306; BGH ZIP 2005, 121; zur Höhe der geschuldeten Summe *Bayer,* FS Röhricht, 2005, S. 25, 31; *K. Schmidt,* FS Raiser, 2005, S. 311, 326.

4. Anmeldung und Eintragung im Handelsregister

Die Geschäftsführer melden die Gesellschaft unter Beifügung bestimm-   **29**
ter Unterlagen zur Eintragung ins Handelsregister *an* (§ 8 GmbHG). Die Anmeldung darf erst erfolgen, wenn die Bar- und Sacheinlagen so wie in § 7
Abs. 2, 3 GmbHG beschrieben geleistet sind. Demgemäß muss in der Anmeldung versichert werden (§ 8 Abs. 2 GmbHG), dass die Leistungen bewirkt
sind und endgültig zur freien Verfügung der Geschäftsführer stehen. Dabei
reicht es aus, wenn die Einlagen wertmäßig und nicht gegenständlich zur
Verfügung stehen[57].

Sollte ein Hin- und Herzahlen vereinbart worden sein, hat der Geschäfts-   **30**
führer dies in der Anmeldung anzugeben (§ 19 Abs. 5 S. 2 GmbHG). Das
Gericht überprüft dann, ob die Voraussetzungen von § 19 Abs. 5 S. 1 Gmb-
HG erfüllt sind[58]. Gibt eine Bank die Erklärung ab, dass eine Bareinlage zur
freien Verfügung steht, so gilt für das damit verbundene Haftungsrisiko das
zur AG Ausgeführte entsprechend[59]. Da eine solche Erklärung bei der GmbH
– im Unterschied zur AG – vom Gesetz nicht verlangt wird, muss aber genau
geprüft werden, was die Bank erklärt hat[60].

Das Gericht prüft, ob die GmbH ordnungsgemäß errichtet und angemel-   **31**
det ist (§ 9 c GmbHG). Hierzu gehört etwa ein formgerechter Gesellschaftsvertrag, der den gesetzlich niedergelegten Mindestinhalt aufweist, die ordnungsgemäße Erbringung der Stammeinlagen sowie eine Bewertung der
Sacheinlagen in dem Sinne, dass der Wert des Einlagegegenstandes den
Nennbetrag der zu erbringenden Stammeinlage im Wesentlichen deckt. Im
Einzelnen bestehen über den Umfang des Prüfungsrechts des Registerrichters trotz der Präzisierung durch § 9 c Abs. 2 GmbHG noch Unklarheiten[61].
Fest steht aber, dass das Registergericht die wirtschaftliche Zweckmäßigkeit
der Gründung nicht zu überprüfen hat. Mit der Eintragung entsteht die
GmbH (§ 11 Abs. 1 GmbHG).

5. Die Vorgründungsgesellschaft

Die Gründung einer GmbH erfolgt regelmäßig in mehreren Schritten. Vor   **32**
Abschluss des Gesellschaftsvertrages kann es vorkommen, dass die spä-

---

[57] Das gilt auch für die AG: 2. C. 35; *Ulmer* § 7 Rdz. 55; *Scholz-Winter/Veil* § 8
Rdz. 24.
[58] Eine verdeckte Sacheinlage liegt nur vor, wenn der Anspruch gegen den Gesellschafter schon bei Gründung bestand und daher hätte eingelegt werden können.
[59] 2. C. 36; *Appell* ZHR 157 (1993), 213, 228; *Butzke* ZGR 1994, 94, 109; *Spindler*
ZGR 1997, 537.
[60] BGH ZIP 1997, 281: Bestätigt war nur die Gutschrift auf dem Konto; *Nicolai* WM
1997, 993, 998; *Spindler* ZGR 1997, 537, 543.
[61] *Bayer* in Lutter/Hommelhoff § 9 c Rdz. 3 ff.; *Scholz-Winter/Veil* § 9 c Rdz. 4 ff.

teren Gesellschafter sich zu einer BGB-Gesellschaft zusammenschließen, deren Zweck der Abschluss eines Gesellschaftsvertrages ist (sogenannte Vorgründungsgesellschaft)[62]. Ein solcher Gesellschaftsvertrag bedarf ebenso wie der Gesellschaftsvertrag einer GmbH der notariellen Beurkundung[63] und muss, damit aus ihm geklagt werden kann, wie jeder Vorvertrag zumindest den notwendigen Satzungsinhalt schon hinreichend bestimmt erkennen lassen[64].

33   Wird in diesem Stadium von den Gründern bereits ein *Unternehmen gemeinsam betrieben*, das später von der GmbH geführt werden soll, so liegt, wenn das Unternehmen ein Handelsgewerbe betreibt, *eine OHG vor*[65], andernfalls bleibt es dabei, dass *eine BGB-Gesellschaft gegeben ist*. In beiden Fällen ist das Haftungsrisiko für die Gründer also immens! Sollte der Gesellschaftsvertrag der Vorgründungsgesellschaft nicht notariell beurkundet worden sein, befreit dies die Gründer nicht von diesem Haftungsrisiko, da insoweit die Regeln der fehlerhaften Gesellschaft eingreifen. Lediglich die Verpflichtung zur Gründung der GmbH gilt nicht, da die Aufrechterhaltung dieser Absprache weder im Interesse der Gesellschafter noch der Gläubiger geboten ist[66]. Wenn der Gesellschaftsvertrag der GmbH abgeschlossen ist, ist der Zweck der Vorgründungsgesellschaft erreicht. Die Gesellschaft wird aufgelöst (§ 726 BGB). Soweit Gesellschaftsvermögen gebildet worden war, erfolgt eine Liquidation, wobei das für die GmbH bestimmte Vermögen gemäß der Vereinbarung der Gesellschafter auf die jetzt bestehende Vorgesellschaft zu übertragen ist[67].

---

[62] *Kießling*, Vorgründungs- und Vorgesellschaften, 1999, S. 27 ff.; a. A. *Michalski/Sixt*, FS Boujong, 1996, S. 349, 366.

[63] Nur so kann der Warnfunktion des § 2 Abs. 1 GmbHG Rechnung getragen werden; BGH NJW-RR 1988, 288; *Bayer* in Lutter/Hommelhoff § 2 Rdz. 32; *Ulmer* § 2 Rdz. 44; a. A. *Kießling*, Vorgründungs- und Vorgesellschaften, 1999, S. 18 ff. unter Hinweis darauf, dass aus der Sicht des historischen Gesetzgebers § 2 GmbHG keine Warnfunktion hatte. Damals wusste man aber auch noch nichts von dem immensen Haftungsrisiko.

[64] *Priester* GmbHR 1995, 481, 482; Scholz-*Karsten Schmidt* § 11 Rdz. 11; *Ulmer* § 2 Rdz. 48.

[65] BGH NJW 1984, 2164; BGH ZIP 2004, 1208.

[66] Im Ergebnis ähnlich, aber mit einer künstlichen Unterscheidung zwischen einer Vorgründungsgesellschaft und einer unternehmenstragenden Außengesellschaft, Scholz-*Karsten Schmidt* § 11 Rdz. 14 ff.; dem weitgehend folgend *Priester* GmbHR 1995, 481; siehe auch *Ulmer* § 2 Rdz. 47, der den Formmangel nur auf den Teil des Gesellschaftsvertrages bezieht, der zur Gründung der GmbH verpflichtet, und die Vermutung von § 139 BGB nicht anwendet. Aber der Sinn der Unternehmensbetreibung war die Vorwegnahme der entsprechenden GmbH-Tätigkeit. Auch beziehen sich Formerfordernisse stets auf den ganzen Vertrag.

[67] Es besteht also kein automatischer Übergang der Rechte und Pflichten auf die Vorgesellschaft oder die GmbH. BGH NJW-RR 2001, 1042, 1043; BGH NJW 1998, 1645; *Bayer* in Lutter/Hommelhoff § 11 Rdz. 2; *Ulmer* § 2 Rdz. 50a; a. A. mit guten Gründen *Kießling*, Vorgründungs- und Vorgesellschaften, 1999, S. 352 ff.

In dem Fall BGH ZIP 1998, 646 kaufte der Beklagte im Namen einer G-GmbH, die   **34**
der Beklagte mit seinem Sohn gründen wollte, eine Zuschneidemaschine für DM
500.000 vom Kläger. Dieser wusste nicht, dass die G-GmbH noch gar nicht existier-
te. Erst nach dem Kauf wurde der Gesellschaftsvertrag notariell beurkundet und die
GmbH ins Handelsregister eingetragen. Die GmbH teilte dem Kläger mit, dass sie
den Kaufvertrag genehmige.

Der BGH hat der Klage stattgegeben. Die G-GmbH konnte, da sie noch nicht exis-
tierte, nicht Vertragspartner werden. Das Geschäft wurde gemäß der Regel, dass bei
unternehmensbezogenen Geschäften der wahre Träger des Unternehmens verpflichtet wird[68], mit einer aus den Gründern bestehenden OHG als Vorgründungsgesellschaft abgeschlossen. Für die Schulden dieser Gesellschaft haftet der Beklagte (§ 128
HGB). Zu einer Schuldübernahme (§§ 414, 415 BGB) durch die GmbH ist es nicht
gekommen: Der Kläger hatte das Angebot auf Abschluss eines solchen Vertrages
nicht angenommen. Da er nicht einmal wusste, dass sich hinter der G-GmbH eine
Vorgründungsgesellschaft verbarg, kann in dem Abschluss des Kaufvertrages mit
dieser Gesellschaft auch kein (konkludent) erklärtes Einverständnis mit einer solchen Übernahme durch eine später entstehende GmbH gesehen werden.

6. Die Vorgesellschaft

a) Gesellschaftszweck und Rechtsfähigkeit

Mit Abschluss des notariell beurkundeten Gesellschaftsvertrags entsteht   **35**
die sogenannte Vorgesellschaft. Der *Zweck* der Vorgesellschaft liegt in der
Herbeiführung der Eintragung der GmbH. Dies schließt nicht aus, dass von
der Gesellschaft ein Unternehmen geführt werden kann. Denn der Zweck
„Herbeiführung der Eintragung" schließt, wenn ein Unternehmen als Sacheinlage eingebracht werden soll, auch Vorbereitungshandlungen mit ein, die
darauf abzielen, dass die zu gründende Gesellschaft das einzubringende Unternehmen problemlos und in einem ordnungsgemäßen Zustand übernehmen kann[69]. Auch in anderen Fällen können die Gesellschafter vereinbaren,
dass ein Unternehmen bereits jetzt geführt werden soll. Sie erweitern dann
den Zweck der Vorgesellschaft[70].

Die Vorgesellschaft ist *rechtsfähig*[71]. Demgegenüber wird in der Literatur   **36**
vielfach zurückhaltender formuliert und von einer Teilrechtsfähigkeit gesprochen[72]. Diese Aussage wäre nur richtig, wenn es Bereiche geben würde,

---

[68] Koller/*Roth*/Morck vor §§ 48–58 Rdz. 4.

[69] BGHZ 80, 129, 139; *Ulmer* § 11 Rdz. 34; nach Scholz-*Karsten Schmidt* § 11 Rdz. 26
ist der Zweck der Vor-GmbH deckungsgleich mit dem Zweck der späteren GmbH. Doch
soll die Vor-GmbH ja nur in einem Durchgangsstadium bestehen.

[70] Dies ist formlos aber wegen des Haftungsrisikos nur mit Zustimmung aller Gesellschafter möglich, dazu 2. F. 37.

[71] Scholz-*Karsten Schmidt* § 11 Rdz. 27; nach *Raiser*/*Veil* § 26 Rdz. 105 ist die Vor-
GmbH vorläufig rechtsfähig.

[72] *Hueck*, FS 100 Jahre GmbHG, 1992, S. 127, 157 f.; *Ulmer* § 11 Rdz. 59 ff.: Rechtsfähige Einheit.

in denen der Vor-GmbH die Rechtsfähigkeit aufgrund überzeugender Argumente nicht zugestanden werden könnte. Gerade dies ist aber nicht der Fall. So ist mittlerweile die *Grundbuchfähigkeit* der Vorgesellschaft anerkannt[73]. Die Vor-GmbH kann auch Gesellschafterin einer Personengesellschaft sein[74], sie ist *wechsel- und scheckfähig*[75], *parteifähig*[76], *firmenrechtsfähig*[77] und auch *insolvenzrechtsfähig*[78]. In Anbetracht dieses Befundes ist es nur verwirrend, wenn immer noch von einer Teilrechtsfähigkeit gesprochen wird.

b) Das anwendbare Recht

37   Für die Vor-GmbH *gilt in vielen Punkten das Recht der GmbH*, da dies dem mutmaßlichen Willen der Gründer entspricht. So greift etwa für *Beschlüsse der Gründer* § 47 Abs. 1 GmbHG ein[79]. Doch kommt auf Vertragsänderungen – zu denen auch der Ein- und Austritt von Gründern zählen – das Einstimmigkeitsprinzip zur Anwendung[80] und für die Kündigung der Vorgesellschaft gilt § 723 Abs. 1 S. 2, 3 Nr. 1 BGB analog[81]. Die *Geschäftsführer* werden nach den im Gesellschaftsvertrag oder im GmbHG vorgesehenen Regeln bestellt[82]. Sie sind gegenüber den Gründern weisungsgebunden und haben sich an § 43 GmbHG zu halten[83]. Ihre *Vertretungsmacht* richtet sich nach dem Gesellschaftsvertrag bzw. nach § 35 GmbHG.

38   Umstritten ist, ob die Vertretungsmacht entsprechend der in § 37 Abs. 2 GmbHG getroffenen Regel unbeschränkbar ist oder ob sie nur so weit reicht, wie es dem Zweck der Vorgesellschaft entspricht[84]. Normalerweise wird dieser Streit nicht praktisch: Denn wenn ein Unternehmen als Sacheinlage eingebracht werden soll, gehört zum Zweck der Vorgesellschaft auch dessen Fortführung, so dass die Geschäftsführer hierfür in jedem Fall Vertretungs-

---

[73] BGHZ 45, 338, 348; Scholz-*Karsten Schmidt* § 11 Rdz. 33; *Ulmer* § 11 Rdz. 69.

[74] BGHZ 80, 129ff.; Scholz-*Karsten Schmidt* § 11 Rdz. 31; *Ulmer* § 11 Rdz. 160, 163.

[75] BGH ZIP 1998, 109; Scholz-*Karsten Schmidt* § 11 Rdz. 31; *Ulmer* § 11 Rdz. 71.

[76] BGH NJW 1998, 1079; Scholz-*Karsten Schmidt* § 11 Rdz. 34; *Ulmer* § 11 Rdz. 64.

[77] Dies ist bedeutsam für Prioritätsfragen im Bereich von § 12 BGB, §§ 4ff. MarkenG; siehe den Fall BGH NJW 1993, 459; Scholz-*Karsten Schmidt* § 11 Rdz. 30; *Ulmer* § 11 Rdz. 61.

[78] Scholz-*Karsten Schmidt* § 11 Rdz. 35; *Ulmer* § 11 Rdz. 64.

[79] BGHZ 80, 212, 214f.; *Raiser/Veil* § 26 Rdz. 101; Scholz-*Karsten Schmidt* § 11 Rdz. 46.

[80] BGH NZG 2005, 263; *Raiser/Veil* § 26 Rdz. 101.

[81] BGH NZG 2007, 20 (Vor-AG).

[82] BGHZ 80, 212, 214: Bestellung eines Geschäftsführers durch Mehrheitsbeschluss.

[83] BGH WM 1986, 789; *Raiser/Veil* § 26 Rdz. 102.

[84] Für die Anwendbarkeit von § 37 Abs. 2 GmbHG: *Raiser/Veil* § 26 Rdz. 122; Scholz-*Karsten Schmidt* § 11 Rdz. 63; dagegen BGHZ 80, 129, 139; 80, 182, 183; Baumbach/*Hueck/Fastrich* § 11 Rdz. 19; *Ulmer* § 11 Rdz. 54.

macht haben. Gleiches gilt, wenn aus anderen Gründen die Führung eines Unternehmens durch die Vorgesellschaft vorgesehen ist. Eine unbeschränkbare Vertretungsmacht ist aber wegen des immensen Haftungsrisikos der Gründer auch in diesem Fall nicht immer sachgerecht. Nur wenn die Vor-GmbH ein Handelsgewerbe betreibt, ergibt § 126 Abs. 2 HGB, dass das Gesetz von einer unbeschränkbaren Vertretungsmacht auch ohne entsprechende Absprache der Gesellschafter ausgeht. Wenn vereinbart ist, dass eine Bargründung erfolgen und mit der unternehmerischen Tätigkeit vor der Eintragung nicht begonnen werden soll, ist demgemäß, wenn nicht ausdrücklich etwas anderes vereinbart ist, die Vertretungsmacht entgegen § 37 Abs. 2 GmbHG auf die zur Durchführung einer solchen Gründung erforderlichen Geschäfte beschränkt[85]. Spätere Erweiterungen der Vertretungsmacht müssen wegen des hohen Haftungsrisikos einstimmig erfolgen[86]. Eine automatische Umwandlung in eine unbeschränkbare Vertretungsmacht erfolgt wie gesagt nur, wenn ein Handelsgewerbe betrieben wird.

Diese dem Schutz der Gründer dienenden Regeln haben nichts mit der **39** früher vorherrschenden Annahme zu tun, die Vertretungsmacht der Geschäftsführer sei auf die Durchführung solcher Geschäfte beschränkt, die auf die Herbeiführung der Eintragung gerichtet sind[87]. Mit diesem sogenannten *Vorbelastungsverbot* sollte erreicht werden, dass das Stammkapital bei Entstehung der GmbH nicht durch Verbindlichkeiten belastet ist, die für die Gründung der Gesellschaft nicht erforderlich sind. Mittlerweile trägt man der Vorstellung, dass bei Entstehen der GmbH das Stammkapital – abzüglich der Gründungskosten – voll erhalten sein soll, auf andere Weise, nämlich durch die sogenannte Differenzhaftung, Rechnung. Davon wird noch die Rede sein.

Die geschilderte „vorzeitige" Anwendung von GmbH-Recht gilt aber nur, **40** solange die Gründer die Eintragung der GmbH noch ernstlich betreiben. Daran fehlt es beispielsweise, wenn sich die Gesellschafter über die Bewertung von Sacheinlagen nicht einigen können und daher monatelang keinen Antrag auf Eintragung der GmbH stellen[88]. In diesen Fällen handelt es sich um eine OHG oder BGB-Gesellschaft bzw., wenn die Gesellschaft abgewickelt werden soll, um eine Liquidationsgesellschaft (sog. *unechte Vorgesellschaft*)[89].

---

[85] Ähnlich *Beuthien* NJW 1997, 565.

[86] BGHZ 80, 129, 139; *Bayer* in Lutter/*Hommelhoff* § 11 Rdz. 14; *Meister*, FS Werner, 1984, S. 521, 532; zugleich liegt darin eine Erweiterung des Zwecks der Vorgesellschaft.

[87] BGHZ 17, 385, 391 (Genossenschaft); BGHZ 53, 210, 212; ausführlich zur Entwicklung der Rechtsprechung *Hueck*, FS 100 Jahre GmbHG, 1992, S. 127, 153.

[88] So im Fall BGH ZIP 2002, 2309 mit Anm. *Drygala*.

[89] BGH ZIP 2002, 2309; BGH NJW 2008, 2441, 2442 (Liquidationsgesellschaft) *Mei-*

c) Haftung

41   aa) Vielfach diskutiert ist die Frage nach der Haftung in der Vorgesellschaft. Fest steht, dass bei ordnungsgemäßer Vertretung jedenfalls die Vorgesellschaft mit ihrem Vermögen haftet. Demgegenüber ist die *Haftung der
Gründer* umstritten. Dabei muss unterschieden werden zwischen der Haftung der Gründer unmittelbar gegenüber den Gläubigern der Vor-GmbH
und *gegenüber der Vorgesellschaft selbst*. Nach Ansicht des BGH trifft jeden
Gründer im Verhältnis zur Vor-GmbH eine Pflicht zur Deckung sämtlicher
Verluste (*Verlustdeckungshaftung*). Im Verhältnis zu den Gläubigern der
Vor-Gesellschaft haftet der Gründer demgegenüber nicht[90]. Von einer solchen unbeschränkten Haftung der Gründer ist schon deshalb auszugehen,
weil sie nach der Eintragung – unstreitig – ebenfalls für eventuelle Verluste,
die bis zur Eintragung entstanden sind, aufzukommen haben[91], und eine
unterschiedliche Haftung vor und nach diesem Zeitpunkt nicht zu begründen wäre[92]. Weiter wird darauf hingewiesen, dass die unbeschränkte Haftung der Regelfall und die beschränkte die Ausnahme sei, die für Personen,
die eine GmbH betreiben wollen, die Eintragung der Gesellschaft vorausset-
ze[93].

42   Ist demgemäß von der unbeschränkten Haftung auszugehen, so stellt sich
noch die für die Gründer allerdings weniger wichtige Frage, *wem gegenüber
diese Haftung besteht*. Auch in diesem Punkt überzeugt die Konzeption des
BGH. Genauso wie nach der Eintragung so haften die Gründer auch vor der
Eintragung der Vor-GmbH und nicht den Gläubigern. Jeder Gründer haftet
anteilig nach dem Verhältnis der Geschäftsanteile zueinander. Kann ein
Gründer seinen Verlustanteil nicht aufbringen, so gilt § 24 GmbHG[94]. Auf
diese Weise wird in der Insolvenz der Vor-GmbH eine sachgerechte Abwicklung durch den Insolvenzverwalter sichergestellt, während anderenfalls unter den Gläubigern ein Wettlauf um den ersten Zugriff auf das Gründerver-
mögen eintreten würde[95]. Dieser Anspruch der Vor-GmbH ist jedenfalls gegeben, wenn die Eintragung der GmbH scheitert[96]. Noch nicht abschließend

---

ster, FS Werner, 1984, S. 521, 545 f.; *Raiser/Veil* § 26 Rdz. 128; *Wiegand* BB 1998, 1065,
1070.

[90] BGH NJW 1997, 1507; *Ulmer* ZIP 1996, 733.

[91] 2. F. 44.

[92] BGH NJW 1997, 1508; *Kleindiek* ZGR 1997, 433; *Peifer* JuS 2008, 490, 492; *Ulmer*
§ 11 Rdz. 87.

[93] BGH NJW 1997, 1507; *Stimpel*, FS Fleck, 1988, S. 345, 360.

[94] BGH NJW 1997, 1507, 1509; *Peifer* JuS 2008, 490, 492.

[95] *Dauner-Lieb* GmbHR 1996, 82, 91; *Priester* ZIP 1982, 1151; *Ulmer* ZIP 1996, 733,
734; für eine Außenhaftung *Altmeppen* NJW 1997, 3272; *Roth* ZGR 1984, 597, 626;
Karsten Schmidt ZIP 1997, 671, 672.

[96] BGH NJW 1997, 1507, 1509; *Peifer* JuS 2008, 490, 492.

geklärt ist, ob er auch zuvor schon geltend gemacht werden kann. Da die Gläubiger der Vor-GmbH andernfalls mit einer Pfändung des Anspruchs der Vor-GmbH gegen den Gründer bis zu diesem Zeitpunkt warten müssten, sollte man davon ausgehen, dass der Anspruch auch vor dem Zeitpunkt besteht und bereits geltend gemacht werden kann[97].

Von dem geschilderten Grundsatz der Innenhaftung (also der Haftung der Gründer nur im Verhältnis zur Vor-Gesellschaft) wird für die Fälle eine Ausnahme gemacht, dass eine Einmann-Gründung vorliegt[98], nur ein Gläubiger vorhanden oder die *Vor-GmbH vermögenslos* ist[99]. Dann soll eine direkte – aber wiederum anteilige[100] – Inanspruchnahme der Gründer durch die Gläubiger der Vor-GmbH möglich sein. Wenn mehrere Gläubiger vorhanden sind, kann dies aber nur für den Fall gelten, dass eine Eröffnung des Insolvenzverfahrens über das Vermögen der Vor-GmbH mangels Masse abgelehnt wird. Denn anderenfalls ist die Abwicklung in einem geordneten Verfahren, eben dem Insolvenzverfahren, möglich und einem Wettlauf der Gläubiger vorzuziehen. Da die Vor-GmbH die geschilderten Ansprüche auf Verlustdeckung gegen die Gründer hat, wird diese Voraussetzung wohl kaum je erfüllt sein[101]. **43**

Die Eintragung der GmbH ändert nichts an der geschilderten Haftung der Gründer. Sie schulden – jetzt eben der GmbH – die Differenz zwischen dem tatsächlichen Reinvermögen[102] im Zeitpunkt der Eintragung[103] und der Höhe des Stammkapitals der GmbH (sog. *Unterbilanzhaftung*). Eine direkte Haftung der Gesellschafter gegenüber den Gläubigern der Vor-GmbH gibt es nun auch in den Fällen nicht mehr, in denen in der Vor-GmbH eine Ausnahme von der Innenhaftung gemacht wurde[104]. Erzielt die GmbH später ausschüt- **44**

---

[97] *Ulmer* ZIP 1996, 733, 738.

[98] Beispiel BGH ZIP 2001, 789.

[99] BGHZ 134, 333, 341; BSG ZIP 2000, 494, 497 f.; BAG ZIP 2000, 1546, 1549.

[100] *Kleindieck* ZGR 1997, 427, 439; *Ulmer* ZIP 1996, 733, 737.

[101] *Altmeppen* NJW 1997, 3272, 3273; *Wiegand* BB 1998, 1065, 1069 will diesen Anspruch bei Feststellung der Vermögenslosigkeit der Vor-GmbH außer Acht lassen; offen gelassen in BGH ZIP 1998, 1149, 1152.

[102] Zur Erstellung der sog. Vorbelastungsbilanz BGH ZIP 1997, 2008; BGH NJW 1999, 283; BGH ZIP 2006, 668; *Bayer/Lieder* ZGR 2006, 875, 892; *Hennrichs* ZGR 1999, 837; *Hüttemann*, FS Huber, 2006, S. 757.

[103] Demgegenüber stellen manche auf den Zeitpunkt der Anmeldung ab, da nur in diesem Moment die Gründer Einfluss auf die Kapitaldeckung haben und das Risiko einer späteren Wertminderung nicht tragen könnten: *Priester* ZIP 1982, 1141, 1146 ff. (unter Verzicht auf die Differenzhaftung) und *Karsten Schmidt* ZHR 156 (1992), 93, 106 ff., der aber für bis zur Eintragung entstandene operative Anlaufverluste eine zusätzliche Haftung annimmt; doch überzeugt der Einwand von *Stimpel*, FS Fleck, 1988, S. 345, 352 ff., dass das Risiko der Geschäftsführung bis zur Eintragung zu Lasten der Gründer gehen muss.

[104] BGH NZG 2006, 64 (Vermögenslose Einpersonengesellschaft).

tungsfähigen Gewinn, so mindert dies nach Ansicht der Judikatur den Anspruch aus der Unterbilanzhaftung nicht[105]. Überzeugen kann das aber nicht, da die Interessen der Gläubiger mit Aufbringung des Kapitals gewahrt sind. Sie stehen nicht anders als sie stehen würden, wenn der Anspruch aus der Unterbilanzhaftung erfüllt worden wäre. Es bestehen Ähnlichkeiten mit den Fällen der Rückzahlung der Einlage an den Gründer, in denen sich auch der BGH damit begnügt, dass später das Kapital vollständig vorhanden ist[106].

45   bb) Neben die Haftung der Gründer tritt nach § 11 Abs. 2 GmbHG die sogenannte *Handelndenhaftung*[107]. Sinn dieser Bestimmung soll es nunmehr[108] sein, den für die GmbH Handelnden zur Vorsicht zu mahnen und zur *beschleunigten Eintragung* der GmbH zu veranlassen. Hinzu kommt eine gewisse *Absicherung der Gläubiger*: Ihnen steht jedenfalls eine Person – nämlich der Handelnde – als Schuldner mit Sicherheit zur Verfügung. Gerade dieser Aspekt zeigt aber zugleich, dass die Norm mittlerweile mehr oder weniger *obsolet geworden* ist[109]. Denn durch das gerade geschilderte Haftungssystem ist für eine Sicherung der Gläubiger hinreichend gesorgt. Dem gegenüber betont der BGH, dass die Gläubiger der Vorgesellschaft nicht wissen können, ob die Gründer das handelnde Organ tatsächlich ermächtigt haben, schon vor der Eintragung geschäftlich tätig zu werden[110]. Aber dann wäre die Handelndenhaftung nur gerechtfertigt, wenn tatsächlich eine entsprechende Vertretungsmacht fehlt. Selbst in diesem Fall ist zudem § 179 Abs. 2 BGB einschlägig[111]. Sollten die Gründer wegen ihres erhöhten Haftungsrisikos an einer zügigen Eintragung interessiert sein, können sie selbst den Geschäftsführer entsprechend anweisen. Auch zu ihrem Schutz ist also die Regel des § 11 Abs. 2 GmbHG nicht erforderlich. Hinzu kommt, dass die Länge des Eintragungsverfahrens nur in einem sehr eingeschränkten Umfang von der Tätigkeit der Geschäftsführer abhängt und daher ein besonderer Druck auf sie auch wenig sinnvoll ist.

---

[105] BGH ZIP 2006, 668; a. A. *Bayer/Lieder* ZGR 2006, 875, 884; *Priester*, FS Ulmer, 2003, S. 477, 487 ff.

[106] 2. C. 25.

[107] Diese gilt nicht für die Vorgründungsgesellschaft: BGHZ 91, 148, 150 f.; *Bayer* in Lutter/Hommelhoff § 11 Rdz. 2; *Ulmer* § 11 Rdz. 131.

[108] Die Norm stammt aus der Zeit des Konzessionssystems, in der man die Tätigkeit einer Gesellschaft auf die Zeit nach der Eintragung und Konzessionierung beschränken wollte: *Bergmann* GmbHR 2003, 563.

[109] Eindringlich so *Lieb*, FS Stimpel, 1985, S. 399, 405; *Meister*, FS Werner, 1984, S. 521, 555 ff.; s. auch Scholz-*Karsten Schmidt* § 11 Rdz. 93, 96, der Druck- und Haftungsfunktion nach wie vor bejaht und die Norm als rechtspolitisch vertretbar ansieht.

[110] BGH ZIP 2004, 1409, 1410.

[111] *Ulmer* § 11 Rdz. 124; nach *Bergmann* GmbHR 2003, 563 entfällt die Haftung, wenn der Geschäftsführer dafür sorgt, dass die Gesellschaft und die Gesellschafter in Anspruch genommen werden können (Nennung ihrer Namen, etc.)

Diese Skepsis gegenüber dem Sinn der Norm hat zu einer restriktiven **46** Auslegung geführt. *Handelnder im Sinne von § 11 Abs. 2 GmbHG ist nur der Geschäftsführer* – oder eine Person, die wie ein solcher auftritt – und dieser auch nur, wenn er das in Rede stehende Geschäft betrieben oder jedenfalls gekannt und gebilligt hat[112]. Mit der Eintragung der GmbH erlischt die Haftung[113]. Man geht davon aus, dass die Eintragung nach erfolgter Registerkontrolle dem Gläubigerschutz hinreichend Rechnung trägt. Wird der Geschäftsführer in Anspruch genommen, so hat er seinerseits aus dem Anstellungsverhältnis zur Vor-GmbH/GmbH einen *Freistellungsanspruch* gegen diese[114]. Denn Inhalt dieses Vertragsverhältnisses ist auch, dass die Verluste aus der Geschäftstätigkeit die Gesellschaft und nicht den Geschäftsführer treffen. Einen entsprechenden Anspruch gegenüber den Gesellschaftern hat der Geschäftsführer aber nicht[115], da diese nicht seine Vertragspartner sind. Im Ergebnis ist dies aber unschädlich, da die Gesellschafter wie geschildert zur Deckung der Verluste der Vor-GmbH verpflichtet sind.

d) Eintragung der GmbH

Mit Eintragung der GmbH endet die Vorgesellschaft. Die Rechte und Ver- **47** bindlichkeiten der Vor-GmbH gehen im Wege der *Gesamtrechtsnachfolge* auf die GmbH über[116]. Sofern das *aufzubringende Stammkapital* abzüglich der notwendigen Gründungskosten im Zeitpunkt der Anmeldung *nicht vorhanden ist*, wird die Gesellschaft nicht eingetragen. Denn dann ist die Versicherung der Geschäftsführer nach § 8 Abs. 2 S. 1 GmbHG[117] nicht zutreffend und damit die Anmeldung nicht ordnungsgemäß. Nach der Anmeldung entstehende Verluste hindern die Eintragung im Grundsatz nicht, da die Ansprüche der Gesellschaft gegen die Gründer nach den Regeln der Differenz-

---

[112] BGH ZIP 2001, 789; *Bayer* in Lutter/Hommelhoff § 11 Rdz. 26 f.; enger *Ulmer* § 11 Rdz. 138.: Der Geschäftsführer müsse unmittelbar oder mittelbar am Vertragsschluss beteiligt sein; zur Anwendung von § 11 Abs. 2 GmbHG auf rechtsgeschäftsähnliche Handlungen OLG Karlsruhe ZIP 1998, 958.

[113] BGHZ 80, 182 ff.; *Ulmer* § 11 Rdz. 146 f. mit Ausnahme für den Fall, dass die GmbH nicht in die begründete Schuld eintritt. Dies ist richtig, da sich dann das Risiko des Gläubigers realisiert, vor dem ihn § 11 Abs. 2 GmbHG schützen soll.

[114] BGHZ 86, 122, 127; Baumbach/*Hueck/Fastrich* § 11 Rdz. 54; *Bayer* in Lutter/Hommelhoff § 11 Rdz. 30.

[115] *Bayer* in Lutter/Hommelhoff § 11 Rdz. 30; a. A. BGHZ 86, 122, 126; *Lieb*, FS Stimpel, 1985, S. 399, 403 f.; *Meister*, FS Werner, 1984, S. 521, 551.

[116] BGHZ 80, 129, 137 f.; 80, 182, 183; ausführlich *Hueck*, FS 100 Jahre GmbHG, 1992, S. 127, 147 ff., dort auch zur Einschränkung der Gesamtrechtsnachfolge noch unter Geltung des Vorbelastungsverbots.

[117] Dazu, dass diese Versicherung entsprechend zu erweitern ist, BayObLG WM 1992, 695, 696; *Bayer* in Lutter/Hommelhoff § 8 Rdz. 12; *Priester* ZIP 1982, 1141, 1144.

haftung zu aktivieren sind. Nur wenn Zweifel daran bestehen, ob die Gründer in der Lage sind, ihren Verpflichtungen nachzukommen, wird die Eintragung abgelehnt[118].

48   In dem Fall BGHZ 80, 129 schloss die Beklagte zusammen mit einem anderen Gründer am 31. 07. 1978 einen notariell beurkundeten Gesellschaftsvertrag zur Gründung einer GmbH, deren Geschäftsführerin sie wurde. Die GmbH wurde am 05. 10. 1978 ins Handelsregister eingetragen. In der Zeit zwischen Gründung und Eintragung beauftragten zwei Angestellte der GmbH & Co. KG, deren persönlich haftende Gesellschafterin die GmbH in Gründung bereits war, gestützt auf eine Vollmacht der Beklagten die Klägerin mit der Herstellung von Stahlkonstruktionen, deren Bezahlung die Klägerin verlangt.

In dem Urteil wird festgestellt, dass die Vor-GmbH bereits Gesellschafterin einer KG sein kann. Dies ist schon deshalb richtig, weil, die Vor-GmbH rechtsfähig ist. Dass auch Gläubigerschutzerwägungen der Übernahme einer Komplementärstellung durch eine Vor-GmbH nicht entgegenstehen, legt das Urteil unter Hinweis auf die Haftung der Gründer[119] dar. Für die Handelndenhaftung wird gesagt, dass auch ein Handeln für die KG in der Eigenschaft als Geschäftsführer der GmbH von § 11 Abs. 2 GmbHG erfasst wird. Das überzeugt schon deshalb nicht, weil es dann gerade am Handeln für die GmbH fehlt und angesichts des zweifelhaften Sinns von § 11 Abs. 2 GmbHG eine restriktive Auslegung nahe liegt. Das Urteil sagt nichts dazu, ob die Beklagte hier überhaupt Handelnde im Sinne der Norm war. Dies ist nicht zweifelsfrei, da sie nicht selbst nach außen als Geschäftsführerin in Erscheinung getreten war. Die Frage ist aber zu bejahen, da die Beklagte durch die Vollmachtserteilung das Geschäft gebilligt hatte. Letztlich scheiterte eine Haftung nach § 11 Abs. 2 GmbHG aber daran, dass jedenfalls mit der Eintragung die Handelndenhaftung erlischt.

7. Vorrats- und Mantelgesellschaften

49   Zur Vermeidung der mit einer Gründung verbundenen Haftungsrisiken wird in der Praxis vielfach statt einer Neugründung eine inaktive GmbH (wieder-) belebt. Teilweise werden solche Gesellschaften auf Vorrat gegründet (sog. Vorratsgesellschaften[120]) oder es werden Gesellschaften, die zwar früher ein Unternehmen geführt haben, jetzt aber keine oder nur noch geringe Aktivitäten entfalten, wiederbelebt (sog. Verwendung eines gebrauchten GmbH-Mantels). Nach Ansicht des BGH sind auf beide Fallgestal-

---

[118] BayObLG WM 1992, 695, 696 f.; *Bayer* in Lutter/Hommelhoff § 11 Rdz. 34; *Meister*, FS Werner, 1984, S. 521, 537; Scholz-*Karsten Schmidt* § 11 Rdz. 123; *Ulmer* § 11 Rdz. 113 ff.; a. A. Eintragung nicht möglich, da Differenzhaftung nicht ausreichend, BayObLG BB 1998, 2440; *Roth*/Altmeppen § 9c Rdz. 13.

[119] Damals ging der BGH allerdings noch von einer auf die Einlageschuld beschränkten Außenhaftung der Gründer aus.

[120] Dazu, dass dies mit der Verpflichtung zur Angabe des Unternehmensgegenstandes vereinbar ist, 2. C. 10.

tungen die *Gründungsvorschriften analog* anwendbar[121]. Daher haben beispielsweise die Geschäftsführer analog § 8 Abs. 2 GmbHG in der Anzeige der wirtschaftlichen Neugründung beim Handelsregister zu versichern, dass die erforderlichen Leistungen (§ 7 Abs. 2, 3 GmbHG) erbracht sind und sich im Moment der Offenlegung der Neugründung in ihrer freien Verfügung befinden. Auch § 11 Abs. 2 GmbHG ist anwendbar. Die Gesellschafter trifft die Verlustdeckungshaftung. Diese Judikatur ist nicht unproblematisch. Dies gilt insbesondere für die Fallgestaltung der Mantelverwendung, da diese von anderen Umstrukturierungen abgegrenzt werden muss. Der BGH spricht von einer wirtschaftlichen Neugründung. Doch ist diese anschauliche Bezeichnung kaum hinreichend präzise[122].

In dem Fall KG ZIP 2010, 582 klagte der Insolvenzverwalter einer GmbH gegen   50
einen Gesellschafter unter Berufung auf die Regeln der Verlustdeckungshaftung in Folge einer Mantelverwendung. Die GmbH hatte ihre Firma geändert und neue Geschäftsführer bestellt. Dies war ordnungsgemäß eingetragen worden. Allerdings war nicht offen gelegt worden, dass es sich um eine Mantelverwendung handelte und auch die Versicherung nach § 8 Abs. 2 S. 1 GmbHG war unterblieben. Das Stammkapital war im Zeitpunkt der Aufnahme der neuen Tätigkeit aber unstreitig vollständig vorhanden.
Bei Zugrundelegung der Judikatur des BGH hätte die Klage Erfolg haben müssen. Denn den Beklagten traf die Verlustdeckungshaftung für alle Verluste bis zur Offenlegung der Mantelverwendung. Das KG hat die Klage abgewiesen und sich maßgeblich darauf berufen, dass das Stammkapital vorhanden und damit der Zweck der Gründungsvorschriften erreicht war. Das leuchtet ein, lässt aber zugleich deutlich werden, dass die Judikatur des BGH dazu führt, dass registerrechtliche Versäumnisse u.U. völlig unverhältnismäßig mit einer persönlichen Endloshaftung sanktioniert werden[123].

III. Der Geschäftsführer

1. *Berechtigung zur Geschäftsführung und Vertretung*

a) Geschäftsführung

Das GmbHG enthält keine Norm, die die *Geschäftsführungsbefugnis* der   51
Geschäftsführer festlegt. Gleichwohl besteht Einigkeit darüber, dass die Ge-

---

[121] BGHZ 153, 158; BGHZ 155, 318; BGH NZG 2010, 476 mit Anm. *Goette* DStR 2010, 764; zu den Folgeproblemen *Heidinger* ZG 2005, 101; kritisch *Kleindiek*, FS Priester, 2007, S. 369; *Karsten Schmidt* ZIP 2010, 857.
[122] *Krafka* ZGR 2003, 577, 583; *Heidenhain* NZG 2003, 1051, 1052; *K. Schmidt* ZIP 2010, 857 f.; kritisch *Priester* ZHR 168 (2004) S. 248, 256.
[123] Siehe die berechtigte Kritik bei *Habersack* AG 2010, 845; *K. Schmidt* ZIP 2010, 857.

schäftsführer zur Führung der Geschäfte der GmbH im Grundsatz befugt sind[1].

52 § 37 Abs. 1 GmbHG zeigt allerdings, dass der Geschäftsführer bei seinem Handeln für die GmbH an *Weisungen der Gesellschafterversammlung*[2] gebunden ist. Er leitet also – im Unterschied zum Vorstand einer AG – die GmbH nicht in eigener Verantwortung. Daraus folgt zugleich, dass die Gesellschafterversammlung das maßgebliche Organ der GmbH ist. Es steht den Gesellschaftern frei, im Gesellschaftsvertrag oder in einer Geschäftsordnung oder sogar in dem Anstellungsvertrag mit dem Geschäftsführer[3] Bereiche festzulegen, für die die Zustimmung der Gesellschafterversammlung einzuholen ist[4]. Umgekehrt können die Gesellschafter den Geschäftsführer aber auch von Weisungen freistellen. Die Grenze des Weisungsrechts wird überschritten, wenn zwingende gesetzliche Bestimmungen oder Regelungen des Gesellschaftsvertrages missachtet werden[5]. Dann sind die Weisungen unbeachtlich[6].

53 In dem Fall BGH ZIP 1991, 509 war der Kläger alleinvertretungsberechtigter Geschäftsführer der beklagten GmbH. Diese entwickelte und vertrieb Datenverarbeitungsprogramme. Sie arbeitete in erster Linie mit der Firma HP zusammen, deren Produkte sie vermarktete. Die Programme der Beklagten werden fast ausschließlich auf HP-Hardware eingesetzt und sind für die Hardware der Konkurrenz nicht verwendbar. Der Kläger gab Quellenprogramme der Beklagten ohne Zustimmung der Gesellschafterversammlung – aber mit Billigung des mit 60% an der GmbH beteiligten P – an die Firma DEC mit dem Ziel weiter, die Voraussetzung dafür zu schaffen, dass eine Kundin der Beklagten, die ihre Hardware von HP auf DEC umgestellt hatte, weiter mit der Software der Beklagten beliefert werden konnte. Dabei verfolgte der Kläger den Plan, die Geschäftspolitik der Beklagten zu ändern, indem er eine behutsame Öffnung der Beklagten für andere Hardware-Hersteller anstrebte. Daraufhin wurde er als Geschäftsführer abberufen. Gleichzeitig wurde der Anstellungs-

---

[1] Sonst wäre auch § 35 Abs. 1 GmbHG, wonach die Vertretung der GmbH durch ihre Geschäftsführer erfolgt, wenig sinnvoll. Siehe zum Verein 2. A. 32 f.

[2] Zu der Frage, inwieweit diese Weisungsbefugnis auf einen Beirat oder einzelne Gesellschafter übertragen werden kann, *Beuthien/Gätsch* ZHR 157 (1993), 493 ff., 497 ff.; *Fleck* ZHR 149 (1985), 387, 403 f.; Scholz-*Schneider* § 37 Rdz. 33; *Ulmer*, FS Werner, 1984, S. 911.

[3] Beispiel BGH ZIP 1991, 509.

[4] *Kort* ZIP 1991, 1274, 1275; *Zöllner/Noack* in Baumbach/Hueck § 37 Rdz. 17 ff.

[5] Abzulehnen ist die Annahme, den Geschäftsführern müsse stets und immer ein Kernbereich von Geschäftsführungskompetenzen erhalten bleiben: so *Zöllner/Noack* in Baumbach/Hueck, § 37 Rdz. 17; dagegen etwa *Beuthien/Gätsch* ZHR 157 (1993), 483, 498; *Mennicke* NZG 2000, 622. Es ist nicht ersichtlich, warum die Satzungsautonomie der Gesellschafter insoweit eingeschränkt sein sollte. Dass eine entsprechende Regelung wenig praktikabel ist, mag sein. Doch sollte die Entscheidung darüber den Gesellschaftern überlassen werden. Den Geschäftsführern muss aber die Möglichkeit verbleiben, ihre zwingenden Pflichten zu erfüllen. Siehe 2. F. 54.

[6] Siehe den Fall BGH WM 1994, 896, 897; OLG Frankfurt ZIP 1997, 450.

vertrag fristlos gekündigt. Der Kläger akzeptierte diese Kündigung nicht und verlangte die Bezahlung von seiner Meinung nach rückständigem Gehalt in Höhe von ca. 35.000,– DM.

Im Zusammenhang mit der Frage, ob ein wichtiger Grund i.S.v. § 626 Abs. 1 BGB zur Kündigung des Anstellungsvertrags vorlag, stellt das Urteil fest, dass die von dem Kläger angestrebte Neuorientierung der Geschäftspolitik nicht einfach von ihm allein durchgeführt werden durfte, sondern der Gesellschafterversammlung vorgelegt werden musste[7]. Denn Maßnahmen, die den Rahmen des bisherigen Geschäftsbetriebs sprengen, müssen – so der BGH – von den Gesellschaftern beschlossen werden. Dies überzeugt, da nur so sicher gestellt werden kann, dass das Weisungsrecht der Gesellschafterversammlung, das in diesem Grundlagenbereich von besonderer Wichtigkeit ist, nicht durch das Schaffen von Fakten aufgrund von Geschäftsführerhandeln obsolet wird. Sollte trotz Vorlage an die Gesellschafterversammlung keine Weisung ergehen, so kann der Geschäftsführer selbst entscheiden, sofern er damit nicht die ihm durch den Gesellschaftsvertrag gezogenen Grenzen (Unternehmensgegenstand!) überschreitet. Die bloße Billigung des Vorgehens durch den Mehrheitsgesellschafter P ersetzt einen Beschluss der Gesellschafterversammlung nicht. Denn sonst könnten die Mitwirkungsrechte der Minderheit unterlaufen werden. Gleichwohl kann dies bei der Abwägung, ob in dem Verhalten des Klägers ein wichtiger Grund für die Kündigung lag, mitberücksichtigt werden.

Wie die Geschäftsführung bei mehreren Geschäftsführern zu erfolgen **54**
hat, legt das Gesetz nicht fest. Doch wird man von der in § 35 Abs. 2 S. 2 GmbHG vorgesehenen Gesamtvertretungsregel auf eine entsprechende Gesamtgeschäftsführungsbefugnis schließen können[8]. Bei der Aufteilung der Geschäftsführungsaufgaben unter die Geschäftsführer muss aber beachtet werden, dass jedem Geschäftsführer so viele Kompetenzen verbleiben, dass er seine zwingenden Organpflichten noch wahrnehmen kann. Zwar ist auch in diesem Bereich eine Aufteilung der Aufgaben auf die einzelnen Geschäftsführer möglich. Doch verbleibt bei jedem Geschäftsführer die Pflicht zur angemessenen Überwachung des „zuständigen" Kollegen[9].

b) Vertretung

Nach § 35 Abs. 1 GmbHG *wird die GmbH von ihren Geschäftsführern* **55**
vertreten. Hat die Gesellschaft mehrere Geschäftsführer, so besteht Gesamt-

---

[7] Ebenso Ulmer/*Paefgen* § 37 Rdz. 8ff.; zurückhaltend *Zöllner/Noack* in Baumbach/Hueck, § 37 Rdz. 7ff. und *Kort* ZIP 1991, 1274, 1276 unter Hinweis darauf, dass die Grenzziehung des BGH zwischen vorlagepflichtigen und nicht vorlagepflichtigen Entscheidungen unklar sei. Doch ist die Abgrenzung von *Kort* (Maßnahmen auf gesellschaftsrechtlicher Ebene und Grundlagenentscheidungen seien vorlagepflichtig) nicht klarer, ja weitgehend wohl sogar deckungsgleich; siehe auch BGH DB 2008, 805: Fristlose Kündigung wegen Verstoßes gegen die innergesellschaftliche Kompetenzordnung.

[8] 2. A. 32 f.; Roth/*Altmeppen* § 37 Rdz. 33; Scholz-*Schneider* § 37 Rdz. 21.

[9] BGH ZIP 1995, 1334; BGH JZ 1995, 961 mit Anm. *Grunewald*; Roth/*Altmeppen* § 37 Rdz. 34; *Medicus* GmbHR 1998, 9f.; zur AG 2. C. 49.

vertretungsmacht (§ 35 Abs. 2 S. 2 GmbHG). Von dieser Regel kann im Gesellschaftsvertrag abgewichen werden. Eine Beschränkung der Geschäftsführungsbefugnis hat auf die Vertretungsmacht der Geschäftsführer keine Auswirkung (§ 37 Abs. 2 GmbHG). Diese Regel gilt aber nicht zugunsten von Gesellschaftern, da diese den Umfang der Geschäftsführungsbefugnis kennen. Ansonsten gelten die Regeln des Missbrauchs der Vertretungsmacht[10].

2. Bestellung und Anstellung

56　　Nach § 46 Nr. 5 GmbHG werden die *Geschäftsführer mit ihrer Zustimmung von der Gesellschafterversammlung bestellt*. Der Gesellschaftsvertrag kann von dieser Regel aber auch abweichen[11]. Nicht selten werden Sonderrechte auf die Geschäftsführung oder die Bestellung von Geschäftsführern für Gesellschafter begründet[12]. Eine Befristung der Geschäftsführerstellung ist vom Gesetz nicht vorgesehen, kann aber vereinbart werden.

57　　Die *Abberufung* kann nach § 38 Abs. 1 GmbHG jederzeit durch Mehrheitsbeschluss der Gesellschafter erfolgen (§ 46 Nr. 5 GmbHG). Auch in dieser Bestimmung zeigt sich, dass die Gesellschafterversammlung das oberste Organ der GmbH ist. Vielfach wird aber im Gesellschaftsvertrag von dieser Regelung abgewichen und die Abberufung an das Vorliegen eines wichtigen Grundes geknüpft.

58　　Neben die Bestellung tritt ein *Anstellungsvertrag*[13] mit der GmbH, bisweilen aber auch mit einem Dritten. Die GmbH wird beim Vertragsabschluss und bei einer eventuellen Kündigung durch ihre Gesellschafter vertreten[14].

3. Haftung für fehlerhafte Geschäftsführung gegenüber der Gesellschaft

59　　a) Wie der Vorstand einer AG so ist auch der Geschäftsführer einer GmbH aufgrund der Bestellung und des Anstellungsverhältnisses zu einem *ordnungsgemäßen Handeln für die GmbH* verpflichtet[15], wobei der BGH davon

---

[10] BGH ZIP 2006, 1391; *Fleischer* NZG 2005, 529, 530.

[11] Zur Übertragung der Bestellungskompetenz auf ein anderes Gesellschaftsorgan oder sogar auf Dritte: *Beuthien/Gätsch* ZHR 157 (1993), 483, 492ff.; *Zöllner* in Baumbach/Hueck § 46 Rdz. 94ff. mit weiteren Nachweisen.

[12] Siehe den Fall BGH WM 1989, 250.

[13] Bezüglich der Trennung der beiden Rechtsverhältnisse gilt dasselbe wie in der Aktiengesellschaft, 2. C. 52; *Fleck* ZHR 149 (1985), 387ff. zu der Konstellation, dass der Anstellungsvertrag nicht mit der GmbH geschlossen wird.

[14] *Baums* ZGR 1993, 141, 148ff.; *Lunk* ZIP 1999, 1777, 1778; BGH ZIP 1991, 580, 582 (Änderung); BGH ZIP 2000, 1442 (Abschluss).

[15] 2. C. 53, dort auch zu der Frage, wann ein ordnungsgemäßes Handeln vorliegt. Speziell zur GmbH BGH NJW 1997, 741; *Strohn/Simon* GmbHR 2010, 1181, 1185.

ausgeht, dass § 43 Abs. 2 GmbHG als Spezialregel Ansprüche wegen Verletzung des Anstellungsvertrags ausschließt[16]. Demgemäß bestimmt § 43 Abs. 1 GmbHG, dass die Geschäftsführer in Angelegenheiten der GmbH die Sorgfalt eines ordentlichen Geschäftsmanns anzuwenden haben. Obwohl nicht ausdrücklich normiert, gilt auch für den Geschäftsführer einer GmbH die Business Judgement Rule, da er – genau wie der Vorstand einer AG – unternehmerische Entscheidungen zu treffen hat[17].

Noch nicht abschließend geklärt ist, unter welchen Voraussetzungen jemand, der sich *faktisch wie ein Geschäftsführer* verhält, auch wie ein solcher haftet. Der BGH hat dies in Bezug auf die Pflicht zur Stellung eines Insolvenzantrages für Personen bejaht, die zwar das Handeln der eigentlichen Geschäftsführung nicht völlig verdrängen, die Geschicke der Gesellschaft aber doch ganz maßgeblich bestimmen. Unbedingt erforderlich ist ein Hervortreten nach außen im Sinne einer faktischen Geschäftsführung[18].   **60**

b) Für die Geschäftsführer gilt, obwohl im Gesetz nicht ausdrücklich niedergelegt, unstreitig ein *Wettbewerbsverbot*. Andernfalls könnte der Geschäftsführer die ihm in seiner Eigenschaft als Repräsentant der GmbH bekannt gewordenen Tatsachen zu seinem eigenen Vorteil nutzen. Das kann nicht rechtmäßig sein[19].   **61**

c) In der Satzung oder im Anstellungsvertrag zwischen GmbH und Geschäftsführer kann eine *Haftungsmilderung* vereinbart werden[20]. Vielfach wird eine Reduzierung des Haftungsmaßstabes auf grobe Fahrlässigkeit oder sogar Vorsatz vorgesehen. Auch für den Fall der Verletzung von Pflichten, die den Interessen Dritter Rechnung tragen, gilt – abgesehen von § 43 Abs. 3 GmbHG und anderen zwingenden, dem Gläubigerschutz oder dem Allgemeininteresse dienenden Normen – nichts anderes[21]. Denn dem Drit-   **62**

---

[16] Beispiel 2. F. 133; BGH NJW 1997, 741, 742; BGH GmbHR 2008, 144, 145; dies ist insbesondere für die Verjährung wichtig, da die Ansprüche nach § 43 Abs. 4 GmbHG (5 Jahre, unabhängig von der Kenntnis, BGH ZIP 2005, 852, 853) verjähren. Wenn der Geschäftsführer zugleich Gesellschafter ist und in der pflichtwidrigen Geschäftsführung zugleich eine Verletzung der Treuepflicht liegt, gilt insoweit die allgemeine Verjährungsregel: BGH ZIP 1999, 240.

[17] *Kleindiek* in Lutter/Hommelhoff § 43 Rdz. 16; *Strohn/Simon* GmbHR 2010, 1181, 1185; zur AG 2. C. 57.

[18] BGH ZIP 2002, 848, 851; BGH ZIP 2005, 1414, 1415; BGH ZIP 2005, 1550, 1551 (der faktische Geschäftsführer hatte Bankvollmacht); BGH ZIP 2008, 1026, 1027; Überblick bei *Strohn* DB 2011, 158.

[19] Zum Umfang des Wettbewerbsverbotes *Armbrüster* ZIP 1997, 1269, 1276; *Kleindiek* in Lutter/Hommelhoff Anh. § 6 Rdz. 20 ff.; zur Basis des Wettbewerbsverbotes *Claussen*, FS Beusch, 1993, S. 111, 114 f.

[20] BGH NJW 2002, 2129, 2132; *Zöllner/Noack* in Baumbach/Hueck, § 43 Rdz. 5; *Westermann*, FS Beusch, 1993, S. 871, 879 f., dort auch zu Freistellungserklärungen; a. A. *Haas*, Geschäftsführerhaftung und Gläubigerschutz, 1997, S. 295.

[21] *Kleindik* in Lutter/Hommelhoff § 43 Rdz. 55.

ten ist mit einer Innenhaftung des Geschäftsführers sowieso nicht wirklich geholfen. Auch die Verjährungsfrist von § 43 Abs. 4 GmbHG kann verkürzt werden[22].

63   d) Wenn der Geschäftsführer auf *Weisung der Gesellschafterversammlung handelt*, haftet er im Grundsatz nicht[23]. Denn da er diese Weisungen auszuführen hat, würde man ihn sonst für etwas haftbar machen, das zu tun er nicht vermeiden kann. Diese Regel wirkt sich insbesondere für Einmann-Gesellschafter, die zugleich Geschäftsführer sind, entlastend aus[24]. Nur wenn die Weisungen nichtig sind, etwa weil sie gegen Vorschriften verstoßen, die den Interessen der Gläubiger oder Dritter dienen (§ 30 GmbHG, § 134 BGB), müssen sie nicht befolgt werden[25]. Erfolgt dies aber doch, so haftet der Geschäftsführer, und zwar auch dann, wenn er zugleich der einzige Gesellschafter ist.

64   e) Ob der genannte Schadensersatzanspruch der GmbH geltend gemacht werden soll, *entscheidet die Gesellschafterversammlung* durch Beschluss (§ 46 Nr. 8 GmbHG). Ein solcher Beschluss muss keineswegs immer ergehen, da es unzweckmäßig sein kann, die Ansprüche gegen den Geschäftsführer durchzusetzen. Die Gesellschafter haben insoweit ein unternehmerisches Ermessen[26]. Gegen eine Durchsetzung der Ansprüche kann sprechen, dass das Ansehen der GmbH durch einen solchen Prozess leiden oder die weitere Zusammenarbeit mit einem nur schwer entbehrlichen Geschäftsführer belasten würde. Fehlt es an einem solchen Beschluss, so kann der Anspruch nicht durchgesetzt werden[27]. Die Gläubiger der GmbH können – anders als in der AG – den Schadensersatzanspruch nicht geltend machen. Wollen sie auf diesen Anspruch zugreifen, müssen sie ihn also pfänden und sich überweisen lassen. Ein Verzicht auf diesen Anspruch der GmbH ist auf Grund eines entsprechenden Gesellschafterbeschlusses möglich, sofern nicht § 43

---

[22] BGH ZIP 2002, 2128; kritisch *Hommelhoff/Kleindiek* in Lutter/Hommelhoff § 43 Rdz. 60.

[23] BGHZ 122, 333, 336; *Haas*, Geschäftsführerhaftung und Gläubigerschutz, 1997, S. 36; *Hommelhoff/Kleindiek* in Lutter/Hommelhoff § 43 Rdz. 32; *Strohn/Simon* GmbHRdsch 2010, 1181, 1185.

[24] In diesem Fall ist auch ein Beschluss der „Gesellschafterversammlung" nicht erforderlich; Beispiel 2. F. 133 und BGH NJW 2000, 1571; BGH ZIP 2009, 2235, 2236; in BGH ZIP 2003, 945, 946 waren die beiden Gesellschafter mit dem Handeln des Geschäftsführers einverstanden; Ulmer/*Paefgen* § 43 Rdz. 118; Scholz-*Schneider* § 43 Rdz. 137.

[25] Scholz-*Schneider* § 43 Rdz. 119; *Ziemons*, Die Haftung der Gesellschafter für Einflussnahmen auf die Geschäftsführung der GmbH, 1996, S. 25 ff.

[26] *Grunewald* ZHR 157 (1993), 451, 461; zur AG 2. C. 60.

[27] BGH ZIP 1998, 332, 333; zu den damit verbundenen Schwierigkeiten der Minderheit: *Brandner*, FS Lutter, 2000, S. 317, 322 f.

Abs. 3 S. 3 GmbHG dem entgegensteht. Insbesondere liegt in der alljährlich erfolgenden *Entlastung* ein solcher Verzicht[28].

f) Schwierig zu beantworten ist die Frage, ob dieser Schadensersatzanspruch der GmbH *auch von einem Gesellschafter geltend gemacht werden kann.* Die Problematik liegt nicht anders als bei den Personengesellschaften: Es fehlt an einem funktionsfähigen Organ zur Durchsetzung dieser Rechte der Gesellschaft, da kaum damit gerechnet werden kann, dass ein Mitgeschäftsführer, so denn überhaupt einer vorhanden ist, solche Ansprüche gegen seinen Kollegen nachdrücklich geltend macht. Daher sollte man auch in der GmbH den für die Personengesellschaften entwickelten Weg gehen und von der Befugnis des Gesellschafters ausgehen, im Extremfall den Anspruch der GmbH gegen ihren Geschäftsführer oder auch gegen Mitgesellschafter durchzusetzen (*actio pro socio*[29]). Da es aber nach wie vor um den Anspruch der GmbH geht[30], muss zuerst ein Beschluss nach § 46 Nr. 8 GmbHG gefasst werden[31]. Denn nur wenn dieser Beschluss vorliegt, kann der Anspruch realisiert werden. Wird eine solche Beschlussfassung verweigert, so muss der Gesellschafter mit einer Anfechtungsklage kombiniert mit einer positiven Beschlussfeststellungsklage vorgehen[32].   **65**

In dem Fall BGH NJW 1990, 2627 waren der Kläger und die Beklagten zu 1 und 2 die Gesellschafter der Beklagten zu 3, einer GmbH. Der Kläger war mit 150.000,– DM, der Beklagte zu 1 mit 80.000,– DM und die Beklagte zu 2 mit 170.000,– DM beteiligt. Der Beklagte zu 1 schloss als alleinvertretungsberechtigter Geschäftsführer der Beklagten zu 3 mit der Beklagten zu 2 einen Dienstvertrag, wonach sie 3.500,– DM pro Monat erhalten sollte. Nach dem Gesellschaftsvertrag hatte die Gesellschafterversammlung Beschluss zu fassen, wenn die Bezüge 18.000,– DM pro Jahr überstiegen. Ein solcher Beschluss wurde gegen die Stimmen des Klägers von dem Beklagten zu 1 und der Beklagten zu 2 zwar gefasst, auf eine Anfechtungsklage   **66**

---

[28] Beispiel BGH ZIP 2009, 2195, 2198; zugleich präkludiert die Entlastung auch jede andere Sanktion: *Karsten Schmidt*, § 36 II 4 d); Scholz-*Schneider* § 43 Rdz. 265; dies ist nicht anders als beim Verein, 2. A. 37.

[29] 1. A. 62; Beispiel zur GmbH BGH ZIP 2005, 320, 321.

[30] Dies ist streitig. Zum Teil wird von einem eigenen Anspruch des Gesellschafters ausgegangen, der sich in erster Linie gegen Mitgesellschafter, also nicht gegen Fremdgeschäftsführer richtet: so *Gehrlein* ZIP 1993, 1525, 1530; *Raiser* ZHR 153 (1989), 1, 9 f., 25 bejaht aber, obwohl er einen Anspruch des Gesellschafters zugrunde legt, auch einen Anspruch gegen Fremdgeschäftsführer. Da insoweit aber kein vertragliches Band besteht, zeigt gerade dieses Resultat, dass es nicht um eigene Ansprüche des Gesellschafters gehen kann. Wieder anders *Zöllner* ZGR 1988, 392, 408: Es bestehe ein Anspruch des Gesellschafters, aber § 46 Nr. 8 GmbHG gelte analog.

[31] BGH ZIP 2005, 320, 321 mit Ausnahme für die zweigliedrige Gesellschaft, dort auch zum Vorrang der inneren Zuständigkeitsordnung.

[32] Siehe *Grunewald*, Die Gesellschafterklage in der Personengesellschaft und der GmbH, 1990, S. 76 (Gesellschaftergeschäftsführer); *Kowalski* ZIP 1995, 1315; *Zöllner* ZGR 1988, 392, 410.

des Klägers hin aber später für nichtig erklärt. Der Kläger beantragte festzustellen, dass der Dienstvertrag der Beklagten zu 2 nichtig sei.

Soweit die Klage gegen die Beklagte zu 3 zur Debatte stand, geht es um eine dem berühmten Holzmüllerfall[33] vergleichbare Problematik: Der Kläger wollte gegen seine Gesellschaft unter Berufung darauf vorgehen, dass die Rechte der Gesellschafterversammlung und damit auch seine Mitentscheidungsrechte nicht geachtet worden waren. Das Urteil erklärt eine solche Klage ganz auf der Linie der Holzmüllerentscheidung für zulässig.

Bezüglich der Klage gegen den Beklagten zu 1 ging es um Pflichtverletzungen bei der Führung der Geschäfte der GmbH. In dem Urteil wird zutreffend gesagt, dass Ansprüche auf Grund dieser Pflichtverletzung in erster Linie der GmbH zustehen. Etwas anderes kann nur für weitergehende Schäden des Gesellschafters gelten[34], die hier nicht ersichtlich waren. Der Gesellschafter kann aber – wie das Urteil ausführt – selbst auf Ausgleich des Schadens durch Leistung an die Gesellschaft klagen, wenn von der Geschäftsführung nicht erwartet werden kann, dass sie einen solchen Ersatzanspruch durchsetzt. Das entspricht der hier vertretenen Linie. Nicht angesprochen wird in dem Urteil, dass hier kein Gesellschafterbeschluss nach § 46 Nr. 8 GmbHG gefasst worden war, der die Geltendmachung von Ansprüchen gegen den Beklagten zu 1 billigte. Doch mag das daran liegen, dass nur eine Feststellungsklage erhoben war.

4. Haftung für fehlerhafte Geschäftsführung gegenüber den Gesellschaftern

67   *Vertragliche Beziehungen* zwischen den Gesellschaftern und den Geschäftsführern bestehen im Regelfall nicht. Nur dann wenn der Geschäftsführer zugleich Gesellschafter ist, ist dies anders. Doch führt auch dies im Regelfall nicht zu Ansprüchen des Gesellschafters gegen den geschäftsführenden Mitgesellschafter. Vielmehr liegt in der fehlerhaften Geschäftsführung eine Pflichtverletzung gegenüber der GmbH. Die daraus folgenden Ansprüche kann der Gesellschafter allerdings im Wege der Prozessstandschaft geltend machen[35].

68   Zu vertraglichen Ansprüchen gegen den Geschäftsführer könnte man nur kommen, wenn man in dem *Vertrag zwischen der GmbH und dem Geschäftsführer einen Vertrag mit Schutzwirkung zugunsten der Gesellschafter* sehen würde. Für die GmbH & Co. KG hat der BGH in der Tat entschieden, dass der Vertrag zwischen GmbH und Geschäftsführer ein solcher mit Schutzwirkung zugunsten der KG ist[36]. Ob dies überzeugend ist, mag hier dahinstehen. Jedenfalls kann eine generelle Schutzwirkung in Bezug auf den GmbH-Gesell-

---

[33] 2. C. 109; zur Übertragung dieser Gedanken auf die GmbH *Habersack*, Die Mitgliedschaft – subjektives und „sonstiges" Recht, 1996, S. 310 ff.

[34] Schäden, die den sog. Reflexschaden des Gesellschafters übersteigen, 1. A. 24.

[35] 2. F. 65.

[36] 1. C. 74.

schafter schon deshalb nicht überzeugen[37], weil sonst jede Pflichtverletzung mit einem doppelten Anspruch (einem der GmbH und einem der Gesellschafter) sanktioniert würde, ohne dass klar wäre, wie sich diese Ansprüche zueinander verhalten. Auch wenn man, wie in der Literatur vertreten[38], nur einige Pflichten des Geschäftsführers als solche zugunsten der Gesellschafter ansieht, ändert das an diesem prinzipiellen Problem nichts. Hinzu kommt dann aber die weitere Frage, welche Pflichten nun gesellschafterschützend sind und welche nicht. Es bleiben deliktische Ansprüche[39].

5. Haftung gegenüber Dritten

a) Ansprüche aus culpa in contrahendo

Ansprüche aus culpa in contrahendo (§§ 311 Abs. 2, 280 BGB) richten sich im Regelfall gegen den intendierten Vertragspartner, beim Abschluss mit einer GmbH also gegen diese. Von diesem Grundsatz macht § 311 Abs. 3 BGB eine Ausnahme: Unter Umständen haften auch Dritte. Dies gilt insbesondere, wenn der Dritte in besonderem Maße Vertrauen für sich in Anspruch nimmt und dadurch die Vertragsverhandlungen erheblich beeinflusst. Da für die GmbH meist ihr Geschäftsführer auftritt, trifft eine solche *Eigenhaftung* ihn.   **69**

Eine solche persönliche Inanspruchnahme des Vertreters wird vielfach bejaht, wenn der Vertreter ein besonderes *wirtschaftliches Eigeninteresse* am Vertragsschluss hat[40]. Wenn man bedenkt, dass zahlreiche *Geschäftsführer zugleich Gesellschafter*, eventuell sogar Alleingesellschafter, der vertretenen GmbH sind, wird deutlich, dass hier ein nicht unerhebliches Haftungsrisiko für die Geschäftsführer liegen kann. Nach anfänglichen Schwankungen in der Rechtsprechung steht aber mittlerweile fest, dass eine Beteiligung an der GmbH für eine Eigenhaftung aus culpa in contrahendo nicht ausreicht[41]. Dies ist auch richtig, da man andernfalls stets zu einer Eigenhaftung von maßgeblich beteiligten Gesellschaftern, die als Geschäftsführer für ihre Gesellschaft tätig sind, kommen müsste, obwohl doch gerade die Haftungsbeschränkung das legitime Ziel der Zwischenschaltung einer GmbH ist.   **70**

---

[37] Ebenso *Zöllner* ZGR 1988, 393, 409; Scholz-*Schneider* § 43 Rdz. 300, der aber „organschaftliche Pflichten" gegenüber den Gesellschaftern bejaht (Rdz. 301) a. A. *Schmolke*, Organwalterhaftung für Eigenschäden von Kapitalgesellschaften, 2004, S. 148 ff.

[38] *Baums* ZGR 1987, 554, 560 f.; *Raiser* ZHR 153 (1989), 1, 12 f.; *Karsten Schmidt* § 36 II 4 c).

[39] 2. A. 78 ff.

[40] MünchKomm-*Emmerich* § 311 Rdz. 236 ff.

[41] Die Entwicklung von Judikatur und Schrifttum zu dieser Frage schildern BGH ZIP 1993, 763, 764; *Haas*, Geschäftsführerhaftung und Gläubigerschutz, 1997, S. 74 ff.; *Medicus*, FS Steindorff, 1990, S. 725, 727.

71   Das wirtschaftliche Eigeninteresse des Geschäftsführers lässt sich in manchen Fallkonstellationen aber auch anders als unter Berufung auf eine Beteiligung an der GmbH begründen. Es kommt häufig vor, dass die Geschäftsführer, die ja vielfach zugleich auch Gesellschafter der GmbH sind, für die Verbindlichkeiten der Gesellschaft *Sicherheiten aus ihrem Vermögen zur Verfügung stellen*. Dann lässt sich sagen, dass durch die Vorteile, die das Geschäft der GmbH bringen soll, deren Verbindlichkeiten reduziert werden und damit die gestellten Sicherheiten wieder frei werden können. Damit ließe sich dann wiederum das wirtschaftliche Eigeninteresse des Geschäftsführers begründen. Doch kann auch das eine Eigenhaftung des Geschäftsführers aus culpa in contrahendo nicht rechtfertigen: Wer Sicherheiten aus seinem Privatvermögen stellt, kann wegen dieses Vorgehens kaum Dritten gegenüber haftbar gemacht werden[42].

72   Die Eigenhaftung des Vertreters aus culpa in contrahendo greift auch ein, wenn der Vertreter *besonderes persönliches Vertrauen* in Anspruch nimmt (§ 311 Abs. 2 S. 2 BGB). Dies ist aber nur der Fall, wenn der Vertreter eine zusätzliche Gewähr für den Bestand und die Erfüllung des Geschäfts geboten hat[43], er also deutlich gemacht hat, dass gerade er für die Durchführbarkeit des Geschäfts einstehe. Dies kann etwa der Fall sein, wenn der Geschäftsführer auf außergewöhnliche Sachkenntnisse oder auf verwandtschaftliche Beziehungen zu dem Vertragspartner hinweist, um damit seine besondere Vertrauenswürdigkeit zu begründen[44].

73   Selbst wenn die Voraussetzungen für eine persönliche Inanspruchnahme insoweit erfüllt sind, kommt eine Haftung des Geschäftsführers selbstverständlich nur in Betracht, wenn er bei der Vertragsanbahnung eine *Pflichtverletzung* begangen hat. Insoweit geht es meist darum, dass der Geschäftsführer auf die fehlende Kreditwürdigkeit der GmbH nicht hingewiesen bzw. den Eindruck erweckt hat, der Vertrag werde sich   problemlos abwickeln lassen, obwohl für ihn erkennbar war, dass dies wegen der schlechten Finanzlage der GmbH nicht der Fall sein würde. Ob insoweit tatsächlich Auf-

---

[42] BGH ZIP 1995, 124; BGH ZIP 1995, 211, 212; *Bork* ZGR 1995, 505, 507; *Grunewald* ZGR 1986, 580, 586 f.; *Haas*, Geschäftsführerhaftung und Gläubigerschutz, 1997, S. 75; auch *Canaris* JZ 1993, 649, 650 mit Ausnahme für den Fall, dass der Erlös aus dem Vertrag, bei dessen Anbahnung der Geschäftsführer den Pflichtverstoß begangen hat, zur Rückführung der gesicherten Schuld dienen soll. Doch kann auch diese persönliche Intention des Geschäftsführers, die als solche nicht pflichtwidrig ist, eine Haftung gegenüber Dritten kaum begründen. Siehe auch BGH ZIP 1995, 733: Keine Haftung wegen wirtschaftlichem Eigeninteresse, wenn dem Geschäftsführer Forderungen der GmbH zur Sicherheit abgetreten wurden.

[43] BGHZ 126, 181, 189 f.; BGH ZIP 1995, 31 f.; tendenziell a. A. *Karsten Schmidt* ZIP 1988, 1497, 1503: Geschäftsführer könnten unter Umständen Vertrauensträger kraft Amtes sein.

[44] *Medicus*, FS Steindorff, 1990, S. 725, 736 f.; *Müller* ZIP 1993, 1531, 1534.

klärungspflichten bestehen[45], ist aber zweifelhaft, zumal Überschneidungen mit der sogleich zu schildernden deliktischen Haftung des Geschäftsführers nach § 823 Abs. 2 BGB, § 15a Abs. 1 S. 1 InsO, § 64 Abs. 1 GmbHG nicht auszuschließen sind.

b) Deliktische Ansprüche

aa) Geschäftsführer, die bei der Durchführung ihrer Aufgaben die Rechts-   **74** güter Dritter verletzen, haften nach §§ 823 ff. BGB. Insofern gilt für sie nichts anderes als für andere Personen auch. Erfolgt die unerlaubte Handlung durch einen Arbeitnehmer der GmbH, so haftet der Geschäftsführer im Prinzip nicht, wohl aber, sofern sie sich nicht entlasten kann, die GmbH selbst (§ 831 Abs. 1 BGB). Wenn der Geschäftsführer gegen die betreffende Handlung nicht eingeschritten ist, obwohl dies von ihm erwartet werden kann, kann ihn allerdings eine Haftung aus *§ 823 Abs. 1 BGB* treffen. Eine solche mittelbare Schädigung ist aber rechtlich nur relevant, wenn eine Rechtspflicht zum Handeln besteht. Ob sich eine solche Pflicht aus dem Rechtsverhältnis zur GmbH entwickeln lässt, ist zweifelhaft.

In dem sogenannten Baustoff-Fall (BGHZ 109, 297[46]) hatte der Kläger der Z-   **75** GmbH Baumaterialien unter verlängertem Eigentumsvorbehalt geliefert. Die Z-GmbH, deren Geschäftsführer der Beklagte war, hatte die Lieferungen für ein Bauvorhaben der G verwendet, obwohl mit der G vereinbart war, dass gegen sie gerichtete Forderungen nicht abgetreten werden können. Der Kläger fiel in der Insolvenz der Z-GmbH aus und verlangte Zahlung von dem Beklagten. Der BGH hat der Klage nach § 823 Abs. 1 BGB mit der Begründung stattgegeben, den Beklagten habe die Garantenpflicht getroffen, dafür zu sorgen, dass der verlängerte Eigentumsvorbehalt nicht durch ein Abtretungsverbot ins Leere gehe. Diese Garantenpflicht wurde aus dem Rechtsverhältnis zur GmbH entnommen.

Wenn man dem folgt, heißt das, dass die dem Geschäftsführer gegenüber der GmbH obliegenden Pflichten sich zugleich zugunsten Dritter auswirken, ein Ergebnis, das für Pflichten, die im Zusammenhang mit einer Vertragsdurchführung stehen, kaum überzeugt[47]. Denn schließlich weiß der Vertragspartner, dass er es mit einer Gesellschaft zu tun hat, bei der außer ihr selbst im Grundsatz niemand haftet. Ein Einstehen des Geschäftsführers für die Erfüllung der Vertragspflichten der GmbH sprengt dieses System. Im außervertraglichen Bereich mag dies anders sein[48]. Ganz

---

[45] Zu dem Umfang solcher Aufklärungspflichten *Haas*, Geschäftsführerhaftung und Gläubigerschutz, 1997, S. 78 ff.; *Roth* ZGR 1993, 170, 197; kritisch *Bork* ZGR 1995, 505, 508.

[46] Bestätigt in BGH ZIP 1996, 786, 788.

[47] *Dreher* ZGR 1992, 22, 24; *Grunewald* ZHR 157 (1993), 451, 454 ff.; *Medicus*, FS Lorenz, 1991, S. 155, 166 f.; *Wagner* VersR 2001, 1057, 1060.

[48] *Grunewald* ZHR 157 (1993), 451, 456; *Ransiek* ZGR 1992, 203, 228 f.; enger *Kleindieck*, Deliktshaftung und juristische Person, 1997, S. 457 ff.; a. A. *Lutter* ZHR 157 (1993), 464, 474, 480 ff., der eine Haftung für Unterlassen nur bei Vorsatz bejaht, dann aber auch im vertraglichen Bereich.

allgemein gilt, dass derjenige, der eine Verkehrssicherungspflicht übernommen hat, für die Erfüllung dieser Pflicht auch gegenüber Dritten haftet. Da kann es für Geschäftsführer kein Sonderrecht geben. Doch sollte man bei der Entwicklung solcher Pflichten realistische Maßstäbe zugrunde legen. Kein Geschäftsführer einer auch nur mittelgroßen GmbH kann selbst den Bürgersteig vor dem Geschäftslokal verkehrsgerecht halten. Es reicht, wenn er insoweit eine Organisation eingerichtet hat, die dafür sorgt[49].

76   bb) Weitere Haftungsrisiken tun sich für den Geschäftsführer im Bereich von *§ 823 Abs. 2* BGB auf[50]. In diesem Zusammenhang spielt insbesondere die Frage, ob die in § 15a Abs. 1 InsO niedergelegte *Pflicht des GmbH-Geschäftsführers zur Stellung eines Insolvenzantrages*, wenn die GmbH zahlungsunfähig oder überschuldet ist, ein Schutzgesetz zugunsten der Gläubiger der GmbH ist, praktisch eine große Rolle. Dabei geht es einmal darum, ob die Gläubiger durch § 15a InsO nur davor geschützt werden sollen, dass sich die Insolvenzquote durch die Herauszögerung der Antragstellung verringert[51] oder ob es auch darum geht, dass jedermann davor bewahrt werden soll, mit einer GmbH nach Eintritt der Überschuldung oder der Zahlungsunfähigkeit zu kontrahieren[52]. Für den Umfang des zu ersetzenden Schadens hat dies offensichtlich immense Bedeutung. Geht es nur darum, den Gläubiger vor einer Reduzierung der Insolvenzquote zu bewahren, so erhält er nur die Differenz zwischen der Quote, die er bei rechtzeitiger Antragstellung erhalten hätte, und der wirklich erzielten (sogenannter Quotenschaden)[53]. Geht es aber weitergehend darum, zahlungsunfähige oder überschuldete Gesellschaften aus dem Verkehr zu ziehen, so kann ein „Neugläubiger", also jemand, der erst nach Eintritt der Insolvenzreife mit der GmbH kontrahiert hat, Ersatz des gesamten Schadens verlangen, der ihm aus dem Geschäft mit der zahlungsunfähigen oder überschuldeten GmbH entstanden ist. Zugleich überschneidet sich der Anwendungsbereich von § 823 Abs. 2

---

[49] *Wagner* VersR 2001, 1057, 1061.

[50] *Haas*, Geschäftsführerhaftung und Gläubigerschutz, 1997, passim; *Medicus* ZGR 1998, 570, 580. § 130 OWiG ist aber regelmäßig kein solches Schutzgesetz: BGH WM 1994, 896, 898f. und dazu *Karsten Schmidt* ZIP 1994, 837, 841. Inwieweit dies auch für die gesetzlichen Buchführungspflichten gilt, lässt das Urteil offen; dazu *Haas*, Geschäftsführung und Gläubigerschutz, 1997, S.137; *Kleindiek*, Deliktshaftung und juristische Person, 1997, S.445ff.; *Karsten Schmidt*, a.a.O.

[51] Auch bei sofortiger Stellung des Insolvenzantrages kann mit einer 100%igen Deckung der Forderungen nicht gerechnet werden, da durch die Insolvenzeröffnung erhebliche zusätzliche Kosten entstehen und der realisierbare Wert des Gesellschaftsvermögens fällt: s. *Roth* ZGR 1993, 170, 171; *Schulze-Osterloh*, FS Lutter, 2000, S.707, 711.

[52] *Bork* ZGR 1995, 505, 512ff.; *Kübler* ZGR 1995, 481, 493ff.; zu gesetzlich begründeten Ansprüchen BGH ZIP 2003, 1713 (Sozialversicherungsbeiträge); dazu auch BGH BB 2007, 1804).

[53] Zur Berechnung des Quotenschadens BGH ZIP 1997, 1542; BGH ZIP 1998, 776, 779; *Dauner-Lieb* ZGR 1998, 617; *Schulze-Osterloh*, FS Lutter, 2000, S.707, 719f.

BGB, § 15a Abs. 1 InsO[54] mit der bereits geschilderten Haftung aus culpa in contrahendo, sofern man davon ausgeht, dass eine Hinweispflicht auf eine drohende Zahlungsunfähigkeit der GmbH besteht.

77

Hinzu tritt nach § 64 S. 1 GmbHG die Haftung gegenüber der GmbH für Zahlungen[55], die nach Eintritt der Insolvenzreife getätigt werden. Diese Norm erfreut sich in der Praxis bei Insolvenzverwaltern besonderer Beliebtheit, da der Geschäftsführer für jede Zahlung haftet, die er nach Eintritt der Insolvenzreife getätigt hat, falls nicht die Regelung von S. 2 eingreift. Durch diese Regelung soll erreicht werden, dass das Vermögen der GmbH zur gleichmäßigen Befriedigung der Gläubiger erhalten bleibt. Daraus folgt dann zugleich, dass auch auf ein debitorisches Konto eingehende Zahlungen zur Haftung des Geschäftsführers führen, da auch diese nicht zur gleichmäßigen Befriedigung aller Gläubiger zur Verfügung stehen[56]. Konsequenter Weise müsste die Haftung entfallen, wenn der Betrag wieder abverfügt wird[57]. Zugleich wird damit deutlich, dass § 64 S. 1 GmbHG übermäßig harte, oft auch von Zufällen abhängige Ergebnisse generieren kann[58].

78

Des Weiteren haftet der Geschäftsführer, soweit es um Zahlungen an Gesellschafter geht, auch für Zahlungen, die die Zahlungsunfähigkeit der GmbH herbeiführen mussten (§ 64 S. 3 GmbHG). Welche Fälle unter diese Bestimmung zu subsumieren sind, ist allerdings wenig klar. Denn wenn ein fälliger Anspruch des Gesellschafters bedient wird, kann dies einer solventen GmbH eigentlich nicht verboten sein[59]. Es kann sich also nur um andere Leistungen handeln.

79

In dem Fall BGHZ 126, 181[60] war der Beklagte Geschäftsführer und Alleingesellschafter einer GmbH. Der Beklagte bestellte im Dezember 1985 und im Januar 1986 im Namen der GmbH Waren im Wert von ca. 100.000,– DM bei der Klägerin. Diese lieferte die Waren im Januar und Februar 1986 aus. Auf Antrag des Beklagten vom 27. 03. 1986 wurde am 25. 04. 1986 das Insolvenzverfahren über das Vermögen der GmbH eröffnet. Die Klägerin nimmt den Beklagten auf Zahlung von 90.000,– DM in Anspruch, mit denen er in der Insolvenz der GmbH ausgefallen ist. Er behauptet, die GmbH sei bereits 1985 überschuldet und zahlungsunfähig gewesen. Dies habe der

---

[54] In der Fassung des MoMiG, zuvor § 64 Abs. 1 GmbHG.

[55] Eine Scheckeinreichung ist nach Ansicht des BGH eine solche Zahlung, nicht aber Zahlungen mit Kreditmitteln BGH NZG 2007, 462.

[56] BGHZ 143, 184, 188; BGH NZG 2007, 462.

[57] Roth/*Altmeppen* § 64 Rdz. 10; *K. Schmidt* ZIP 2008, 1401, 1408.

[58] Berechtigte Kritik bei *K. Schmidt* ZIP 2008, 1401.

[59] Roth/*Altmeppen* § 64 Rdz. 61; *Haas* in Baumbach/Hueck § 64 Rdz. 99; die dort genannte Ausnahme, dass durch die Zahlung aus einer unwesentlichen Deckungslücke eine wesentliche wird, ist wohl eher theoretischer Natur. Zur Existenzvernichtungshaftung 2. F. 159.

[60] Zur Vorgeschichte des Falles *Kübler* ZGR 1995, 481, 482.

Beklagte bei der Warenbestellung gewusst. Unstreitig hatte der Beklagte zur Absicherung von Bankverbindlichkeiten der GmbH Rechte aus seiner Lebensversicherung und ein Festgeldguthaben abgetreten. Auch hatte er sich in Höhe von 250.000,– DM für Schulden der GmbH verbürgt.

In der Entscheidung wird eine Haftung des Beklagten aus culpa in contrahendo verneint. Überzeugend wird dargelegt, dass das für die Eigenhaftung des Vertreters konstitutive sogenannte wirtschaftliche Eigeninteresse nicht damit begründet werden könne, dass er aus seinem Privatvermögen Sicherheiten für die Schulden der GmbH gestellt hatte. Sodann geht das Urteil auf die Frage ein, ob die Haftung des Beklagten aus § 823 Abs. 2 BGB, § 15a Abs. 1 InsO abgeleitet werden kann. Dabei wird dargelegt, dass eine solche Haftung gegeben sei und eine Begrenzung auf den Quotenschaden nicht gerechtfertigt werden könne. Der Normzweck des § 15a Abs. 1 InsO liege darin, insolvenzreife GmbHs vom Geschäftsverkehr fern zu halten. Dies rechtfertige auch die unterschiedliche Behandlung der Neu- und Altgläubiger[61]. Die Altgläubiger hätten auf Grund der Verzögerung der Antragstellung eben einen geringeren Schaden als die Neugläubiger, die bei rechtzeitiger Antragstellung mit der GmbH gar nicht mehr kontrahiert hätten. In beiden Fällen kommt ein Mitverschulden der Gläubiger in Frage, falls sie bei Vertragsschluss erkennen konnten, dass ihre Forderungen gegen die GmbH gefährdet sind.

In sich ist die Begründung des BGH schlüssig, doch lässt sie, gerade weil sie davon ausgeht, dass der Sinn des § 15a Abs. 1 InsO im Schutz des Rechtsverkehrs vor der Teilnahme insolvenzreifer GmbHs liege, Zweifel aufkommen, ob § 15a Abs. 1 InsO überhaupt als Schutzgesetz im Sinne von § 823 Abs. 2 BGB verstanden werden kann. Mittlerweile entspricht es allgemeiner Meinung, dass nur solche Normen als Schutzgesetz anzusehen sind, deren Schutzzweck gerade durch Schadensersatzansprüche erreicht werden soll[62]. Davon kann bei § 15a Abs. 1 InsO keineswegs ohne weiteres ausgegangen werden. Vielmehr spricht vieles dafür, dass der Geschäftsführer nur durch die Haftung nach § 64 GmbHG sowie durch die Strafdrohung des § 84 Abs. 1 Nr. 2 GmbHG zur Stellung des Insolvenzantrages angehalten werden soll[63].

80   Neben dieser Haftung bleibt eine Inanspruchnahme des Geschäftsführers nach *§ 826 BGB* möglich. Der BGH geht davon aus, dass eine sittenwidrige Schädigung schon darin liegen könne, dass der Geschäftsführer sorglos darauf vertraut, dass Schulden bezahlt werden könnten, und dadurch einen Dritten zu Vorleistungen veranlasst[64]. Das würde zu einer erheblichen Erweiterung des mit der Geschäftsführung verbundenen Risikos führen.

---

[61] Zur Abgrenzung bei einem Kontokorrentkredit BGH ZIP 2007, 676.

[62] BGH NJW 1980, 1762; *Medicus*, Schuldrecht Besonderer Teil, 11. Aufl., Rdz. 826; siehe auch *Canaris* JZ 1993, 649, 650.

[63] Ausführlich zu dieser Frage *Altmeppen* ZIP 2001, 2201, 2203; *Bork* ZGR 1995, 505, 512; *Medicus* ZGR 1998, 570, 580; *Schulze-Osterloh*, FS Lutter, 2000, S. 707, 708 f.

[64] BGH NJW 1994, 197; ähnlich BGH ZIP 1996, 786, 787: Erforderlich sei, dass der Geschäftsführer mit der Insolvenz rechne; *Groß* ZGR 1998, 551, 561; *Schulze-Osterloh*, FS Lutter, 2000, S. 707, 715.

IV. Aufsichtsrat und Beirat

1. Zusammensetzung des Aufsichtsrats

Die Mitbestimmung der Arbeitnehmer findet im Wesentlichen im Auf- 81
sichtsrat statt. Dies gilt für die *betriebsverfassungsrechtliche Form* der Mitbestimmung allerdings nicht. Sie kommt für die GmbH wie für die AG gleichermaßen zur Anwendung. Von ihr war bereits die Rede[1].

Die *unternehmerische Mitbestimmung* ist demgegenüber im Aufsichtsrat 82
angesiedelt. Dies hat zur Folge, dass für GmbHs, die dem MitbestG bzw.
dem DrittelbG unterfallen[2], ein Aufsichtsrat zu bilden ist. Das MitbestG
kommt zur Anwendung, wenn die GmbH mehr als 2000 Arbeitnehmer beschäftigt (§ 1 Abs. 1 MitbestG), das DrittelbG ist einschlägig, wenn die Gesellschaft regelmäßig mehr als 500 und weniger als 2000 Arbeitnehmern
beschäftigt (§ 1 Abs. 1 Nr. 3 DrittelbG). Wenn das MitbestG anwendbar ist,
setzt sich der Aufsichtsrat paritätisch aus Arbeitnehmer- und Anteilseignervertretern zusammen. Soweit das DrittelbG einschlägig ist, besteht der Aufsichtsrat zu einem Drittel aus Arbeitnehmervertretern (§ 4 DrittelbG). Es
gelten dieselben Regeln wie für die Aktiengesellschaft[3].

Sofern ein Aufsichtsrat nicht nach den genannten Vorschriften obligato- 83
risch ist, *steht es den Gesellschaftern frei*, ob sie einen solchen in der Satzung vorsehen wollen. Wenn dies der Fall ist und der Gesellschaftsvertrag
keine anderweitigen Regelungen enthält, kommt nach § 52 GmbHG in vielfacher Hinsicht Aktienrecht zur Anwendung[4]. Dabei greift die Verweisung
immer dann ein, wenn ein Aufsichtsgremium über die Geschäftsführung
eingerichtet ist[5]. Auf die Bezeichnung kommt es nicht an.

2. Die Aufgaben des Aufsichtsrates

Sofern nach den genannten Regeln des MitbestG ein Aufsichtsrat zu bilden 84
ist, hat er die weitgehenden Kompetenzen des Aufsichtsrates der AG (§ 25
Abs. 1 MitbestG). Hierzu gehört insbesondere das *Recht zur Bestellung und*

---

[1] 2. C. 63.

[2] Das Montan-MitbestG erfasst auch GmbHs, aber ihm unterfallen momentan kaum
GmbHs. Es bleibt daher außer Betracht; unter das DrittelbG fallen ungefähr 715 GmbHs;
AG-Report 8/2010, S. 153.

[3] 2. C. 66 f.

[4] Es bestehen aber auch Unterschiede, siehe BGH ZIP 2010, 1988, 1990: Umfang der
Haftung bei Verstoß gegen die Überwachungspflicht, wenn der Geschäftsführer gegen
§ 64 S. 1 GmbHG verstößt.

[5] *Banspach/Nowak* Der Konzern 2008, 197, 199; für eine weitergehende Anwendung
der Norm *Reuter*, FS 100 Jahre GmbHG, 1992, S. 631 ff.

Anstellung der Geschäftsführer[6]. Auch kann sich der Aufsichtsrat Zustimmungsvorbehalte schaffen (§ 111 Abs. 4 AktG). Dies schränkt naturgemäß die Rechtsstellung der Gesellschafter ein und stärkt die Geschäftsführung. Das Weisungsrecht der Gesellschafterversammlung bleibt aber bestehen. Sollte es die Nichterteilung einer Zustimmung des Aufsichtsrates überspielen, muss allerdings § 111 Abs. 4 S. 4 AktG beachtet werden[7]. Kommt das DrittelbG zur Anwendung, hat der Aufsichtsrat nicht das Recht zur Bestellung und Anstellung der Geschäftsführer. § 1 Abs. 1 Nr. 3 DrittelbG verweist nicht auf § 84 AktG. Auch sonst ergeben sich Unterschiede zur Rechtsstellung des Aufsichtsrates einer AG (s. § 1 Abs. 1 Nr. 3 DrittelbG).

3. Der Beirat

85   In vielen Gesellschaftsverträgen von GmbHs ist vorgesehen, dass ein Beirat mit unterschiedlichen Kompetenzen gebildet werden soll. Nicht selten dienen Beiräte der Repräsentation von Stämmen in *Familiengesellschaften*. Dies ist zulässig, sofern nicht das wenige zwingende Recht der GmbH tangiert ist[8]. Wenn einem Beirat die Überwachung der Geschäftsführung anvertraut ist, gilt für ihn § 52 GmbHG[9].

V. Die Gesellschafterversammlung

1. Zuständigkeiten

86   Was der Bestimmung der Gesellschafter unterliegt, regelt § 46 GmbHG. Von besonderer Wichtigkeit ist dabei die Kompetenz zur *Bestellung und Abberufung* von Geschäftsführern[1] sowie zur *Prüfung und Überwachung* der Geschäftsführung (§ 46 Nr. 5, 6 GmbHG), da der Gesellschafterversammlung auf diese Weise sowie durch das bereits geschilderte Weisungsrecht ein maßgeblicher Einfluss auf die Führung der Geschäfte der GmbH gesichert wird. Zugleich ist die Gesellschafterversammlung für die Entlastung der Geschäftsführer zuständig (§ 46 Nr. 5 GmbHG). Auch dies hat eine nicht uner-

---

[6] BGH ZIP 1997, 978, 980; siehe auch BGHZ 89, 48, in der gesagt wird, dass der Aufsichtsrat für Abschluss und Kündigung des Anstellungsvertrages zuständig ist.

[7] *Raiser/Veil* § 35 Rdz. 16; a. A. *Zöllner/Noack* in Baumbach/Hueck, § 52 Rdz. 300: Es reiche eine mit Mehrheit der Gesellschafterversammlung beschlossene Weisung: offen gelassen in BGH ZIP 1997, 978, 981.

[8] Dazu speziell im Zusammenhang mit der Bildung von Beiräten *Reuter*, FS 100 Jahre GmbHG, 1992, S. 631 ff.; *Mertens*, FS Stimpel, 1985, S. 417, 420; *Wiedemann*, FS Lutter, 2000, S. 801 ff.

[9] 2. F. 83.

[1] 2. F. 56.

hebliche Bedeutung, da die Erteilung der Entlastung im Recht der GmbH weitgehende Rechtsfolgen hat[2]. Dem entspricht, dass die Gesellschafterversammlung auch über die Geltendmachung von Ersatzansprüchen gegen die Geschäftsführer (und gegen die Gesellschafter) entscheidet und die Vertretung der Gesellschaft in Prozessen gegen die Geschäftsführer bestimmt (§ 46 Nr. 8 GmbHG).

Die Gesellschafterversammlung entscheidet auch über die *Feststellung*   **87** *des Jahresabschlusses und die Verwendung des Ergebnisses* (§ 46 Nr. 1 GmbHG)[3]. Ebenfalls in ihre Kompetenz fällt die Einforderung der Einlagen (§ 46 Nr. 2 GmbHG). Dies ist wichtig, da nach § 7 Abs. 2 GmbHG bei der Anmeldung der GmbH nicht zwingend die gesamte Einlage eingezahlt werden muss. Das Gesetz erwähnt auch die Entscheidung über die Einziehung (§ 34 GmbHG)[4] von Geschäftsanteilen (§ 46 Nr. 4 GmbHG) sowie die Bestellung von Prokuristen und Handlungsbevollmächtigten für den gesamten Geschäftsbetrieb (§ 46 Nr. 7 GmbHG).

Nach §§ 53 ff. GmbHG erfolgt die Änderung des Gesellschaftsvertrages   **88** einschließlich Kapitalerhöhung und -herabsetzung ebenfalls durch Beschluss der Gesellschafter. Auch die Auflösung der GmbH sowie die Bestellung und Abberufung der Liquidatoren beruht auf einem Gesellschafterbeschluss (§ 60 Abs. 1 Nr. 2, § 66 Abs. 1 GmbHG). *Grundlagenentscheidungen* wie Verschmelzung und Formwechsel der Gesellschaft bedürfen ebenfalls eines Gesellschafterbeschlusses (§§ 13, 193 UmwG). Diese im Gesetz genannten Zuständigkeiten sind aber nicht abschließend, sondern nur beispielhaft gemeint. Die Gesellschafter entscheiden über alle Dinge, die ihnen der Gesellschaftsvertrag zuweist (§ 45 Abs. 1 GmbHG). Nur wenige Zuständigkeiten können nicht auf andere Organe verlagert werden. Hierzu gehört die Befugnis zur Satzungsänderung wie überhaupt zum Treffen von Grundlagenentscheidungen[5].

2. Das Verfahren

a) Das Gesetz regelt das Verfahren zur *Einberufung* und Durchführung   **89** der Gesellschafterversammlung nur sehr lückenhaft. § 49 GmbHG bestimmt, dass die Gesellschafterversammlung von den Geschäftsführern außer in den im Gesetz oder im Gesellschaftsvertrag ausdrücklich bestimmten Fällen auch dann einzuberufen ist, wenn es im Interesse der GmbH erforderlich ist.

---

[2] 2. F. 64.
[3] 2. F. 123.
[4] 2. F. 185 f.
[5] *Bayer* in Lutter/Hommelhoff § 45 Rdz. 8; speziell zur Übertragung der Bestellungs- und Anstellungskompetenz auf Dritte bereits 2. F. 56; zur Übertragung des Weisungsrechts 2. F. 52.

§ 49 Abs. 3 GmbHG nennt als einen Fall der Pflicht zur Einberufung, dass die Hälfte des Stammkapitals verloren ist. Da jedenfalls über die Entlastung der Geschäftsführer sowie über Jahresabschluss und Gewinnverwendung Beschluss gefasst werden muss, steht fest, dass die Einberufung mindestens einmal im Jahr zu erfolgen hat. Darüber hinaus bestimmt § 50 GmbHG, dass Gesellschafter, die zusammen mindestens mit 10% am Stammkapital beteiligt sind, verlangen können, dass die Gesellschafterversammlung einberufen wird bzw. dass bestimmte Gegenstände zur Beschlussfassung der Versammlung angekündigt werden. Sollten die Geschäftsführer dem nicht nachkommen, so können die Minderheitsgesellschafter die Einberufung selbst vornehmen (§ 50 Abs. 3 GmbHG)[6].

90   Die Einberufung erfolgt nach § 51 Abs. 1 GmbHG durch eingeschriebenen Brief und zwar mindestens eine Woche vor dem Versammlungstermin[7]. Dem ist die *Tagesordnung* beizufügen. Doch sind Beschlüsse schon dann nicht fehlerhaft, wenn die Tagungsordnung wenigstens 3 Tage vor der Beschlussfassung vorliegt (§ 51 Abs. 4 GmbHG). Nach § 48 Abs. 2 GmbHG können die Gesellschafter auch ohne Abhaltung einer Versammlung Beschlüsse fassen. Hierzu ist das schriftliche Einverständnis der Gesellschafter mit einer solchen Vorgehensweise erforderlich.

91   b) An der Gesellschafterversammlung kann *jeder Gesellschafter teilnehmen*. Darauf, ob er auch mit abstimmen kann, kommt es also nicht an. Dritte können an der Gesellschafterversammlung teilnehmen, wenn der Gesellschaftsvertrag dies vorsieht oder die Gesellschafter dies beschließen. Bevollmächtigte von Gesellschaftern müssen zugelassen werden, sofern nicht in ihrer Person ein wichtiger Grund liegt, der gegen ihre Teilnahme spricht[8]. Die Treuepflicht der Gesellschafter untereinander kann gebieten, dass einem Gesellschafter auch die Zuziehung eines Beraters gestattet wird[9].

92   c) Die Gesellschafter müssen zwar nicht, sollten aber einen *Vorsitzenden* bestimmen. Dies kann mit einfacher Mehrheit geschehen[10]. Dieser hat für den ordnungsgemäßen Ablauf der Gesellschafterversammlung zu sorgen und die gefassten Beschlüsse festzustellen. Gerade Letzteres ist vielfach ausgesprochen zweckmäßig[11].

93   d) Für die Beschlussfassung in der *Ein-Mann-GmbH* bestimmt § 48 Abs. 3 GmbHG, dass der Beschluss in einer Niederschrift aufzunehmen und zu unterschreiben ist. Damit will das Gesetz mehr Rechtssicherheit in Bezug auf

---

[6] Beispiel eines gescheiterten Versuchs BGH ZIP 2009, 2195, 2196.

[7] Extremer Beispielsfall BGH ZIP 2006, 707: Ladung per E-Mail in den Abendstunden des Vortages.

[8] *Bayer* in Lutter/Hommelhoff § 48 Rdz. 4.

[9] BGH ZIP 2009, 1158, 1159; *Zöllner* in Baumbach/Hueck § 48 Rdz. 13.

[10] BGH ZIP 2009, 2193.

[11] 2. F. 112.

die gefassten Beschlüsse erreichen. Es ist aber nicht so, dass Beschlüsse, die diesen Anforderungen nicht Rechnung tragen, nichtig wären. Denn andernfalls könnte sich der Gesellschafter der Selbstbindung allzu problemlos entziehen[12]. Beweisprobleme müssen allerdings zu Lasten des Gesellschafters bzw. der GmbH gehen.

3. Die Stimmabgabe

a) *Die Stimmabgabe ist Willenserklärung*[13].   **94**

b) *Zur Stimmabgabe berechtigt* ist im Grundsatz jeder Gesellschafter. Da-   **95**
bei gewährt jeder Euro eines Gesellschaftsanteils eine Stimme. Mehr- und Höchststimmrechte sind zulässig[14] (s. §§ 47, 45 GmbHG).

c) Nach § 47 Abs. 4 GmbHG ist ein Gesellschafter vom *Stimmrecht ausge-*   **96**
schlossen, wenn er durch die Beschlussfassung entlastet bzw. von einer Verbindlichkeit befreit werden soll. Gleiches gilt, wenn die Beschlussfassung die Vornahme eines Rechtsgeschäfts oder die Einleitung bzw. Erledigung eines Rechtsstreits gegenüber einem Gesellschafter betrifft. Die Vorschrift entspricht weitgehend § 34 BGB und wird daher genau so wie diese Norm gehandhabt. Kein Unterschied ergibt sich auch bei der Behandlung sogenannter innerverbandlicher Akte[15].

d) Der Gesellschafter kann sich bei Ausübung des Stimmrechts *vertreten*   **97**
lassen. Vollmachten bedürfen nach § 47 Abs. 3 GmbHG allerdings der Textform (§ 126b BGB). Ein Widerruf aus wichtigen Gründen muss stets möglich sein[16], da andernfalls der Gesellschafter in einem mit den guten Sitten nicht mehr zu vereinbarenden Ausmaß von der Einflussnahme auf das Geschehen in seiner Gesellschaft abgeschnitten wäre[17]. Eine *Legitimationszession* ist im GmbH-Recht nicht vorgesehen. Sie wird vielfach für unzulässig gehalten[18].

e) *Abstimmungsvereinbarungen* der Gesellschafter untereinander sowie   **98**
mit Dritten[19] sind im Prinzip zulässig. Die Interessenlage entspricht derjeni-

---

[12] BGH NJW 1995, 1750, 1752; *Bayer* in *Lutter/Hommelhoff* § 48 Rdz. 36.

[13] 1. A. 69; zur Entwicklung dieser Sichtweise im GmbH-Recht *Behrens,* FS 100 Jahre GmbHG, 1992, S. 539, 545.

[14] *Zöllner* in Baumbach/Hueck, § 47 Rdz. 67; allgemein zur Problematik von Höchst- und Mehrstimmrechten 2. C. 118; zu stimmrechtslosen Anteilen *Schäfer,* Der stimmrechtslose GmbH-Geschäftsanteil, 1997.

[15] 2. A. 43; speziell zur GmbH BGH ZIP 2007, 267, 269 (Geschäftsführergehalt); BGH ZIP 2010, 1640 (Bestellung zum Versammlungsleiter); *Raiser/Veil* § 33 Rdz. 60 ff.

[16] *Roth/Altmeppen* § 47 Rdz. 31a; *Zöllner* in Baumbach/Hueck, § 47 Rdz. 50; s. auch *Bayer* in Lutter/Hommelhoff § 47 Rdz. 24 nur widerrufliche Vollmacht wirksam.

[17] Insofern ergibt sich kein Unterschied zur AG, 2. C. 121.

[18] *Raiser/Veil* § 33 Rdz. 38; Scholz-*Karsten Schmidt* § 47 Rdz. 21.

[19] Beispielsfall OLG Köln ZIP 1988, 1122; OLG Frankfurt NZG 2000, 378; *Roth/Alt-meppen* § 47 Rdz. 38.

gen bei der AG[20]. Auch das in § 136 Abs. 2 AktG niedergelegte Verbot, sich als Gesellschafter zu verpflichten, nach Weisung der Gesellschaft, des Vorstandes oder des Aufsichtsrats zu stimmen, gilt in der GmbH analog[21]. Denn in der GmbH erfolgt die Kontrolle der Verwaltung durch die Gesellschafter. Dies bedingt, dass die Gesellschafter insoweit unbeeinflusst von den zu Kontrollierenden entscheiden.

99   g) Auch ein GmbH-Gesellschafter hat sich bei der Abstimmung von seiner *Treuepflicht* gegenüber der GmbH und seinen Mitgesellschaftern leiten zu lassen[22]. Hieraus kann sich auch die Pflicht ergeben, in einem bestimmten Sinne abzustimmen bzw. sich zumindest der Stimme enthalten[23]. Gesellschafter, die schuldhaft treuwidrig abstimmen, machen sich schadensersatzpflichtig.

4. Mehrheits- und Formerfordernisse

100   a) Nach § 47 Abs. 1 GmbHG werden die Beschlüsse der Gesellschafter mit der *Mehrheit der abgegebenen Stimmen*, der sogenannten einfachen Mehrheit, gefasst[24]. Der Gesellschaftsvertrag kann aber auch für alle oder einzelne Beschlussgegenstände etwas anderes bestimmen (§ 45 GmbHG). Das Gesetz sieht für einige besonders einschneidende Beschlussfassungen höhere Mehrheitserfordernisse vor. Hierzu gehört die in § 53 Abs. 2 GmbHG vorgesehene Dreiviertelmehrheit für Satzungsänderungen, die auch für Kapitalerhöhungen und -herabsetzungen sowie für den Auflösungsbeschluss (§ 60 Abs. 1 Nr. 2 GmbHG) gilt.

101   Darüber hinaus ist in einigen Fällen sogar die *Zustimmung der betroffenen Gesellschafter* erforderlich. Nach § 53 Abs. 3 GmbHG ist dies der Fall, wenn eine Vermehrung der den Gesellschaftern obliegenden Leistungen beschlossen werden soll. Hierzu gehört etwa die Begründung eines Einziehungsrechts nach § 34 GmbHG[25], die Schaffung von Vinkulierungsklauseln[26] oder die Verpflichtung zur Übernahme eines neuen Geschäftsanteils. Ebenfalls anwendbar sind §§ 33, 35 BGB[27]. Sonderrechte können etwa in

---

[20] 2. C. 124 f.
[21] *Zöllner* ZHR 155 (1991), 168, 184.
[22] *Bayer* in Lutter/Hommelhoff § 47 Rdz. 51; *Raiser/Veil* § 33 Rdz. 67.
[23] BGHZ 98, 276; BGH WM 1987, 841; *Raiser/Veil* § 33 Rdz. 68.
[24] Zur Berechnung 2. A. 48 f.
[25] BGHZ 9, 160; *Bayer* in Lutter/Hommelhoff § 53 Rdz. 21; *Raiser/Veil* § 33 Rdz. 47; dies gilt naturgemäß nicht für die Einziehung mit Zustimmung des Betroffenen Baumbach/Hueck/Fastrich § 34 Rdz. 5.
[26] *Raiser/Veil* § 33 Rdz. 47; a. A. *Lutter/Timm* NJW 1982, 409, 416.
[27] Zur Definition des Sonderrechts 2. A. 52; und speziell zur GmbH *Bayer* in Lutter/Hommelhoff § 53 Rdz. 24.

Form eines Entsendungs-, Präsentations- oder Bestimmungsrechts in Bezug auf die Geschäftsführung bestehen[28].

b) *Satzungsänderungen* müssen nach § 53 Abs. 2 GmbHG notariell beur- **102** kundet und ins Handelsregister eingetragen werden (§ 54 Abs. 1 GmbHG).

In dem Fall BGHZ 123, 15 war nach dem Gesellschaftsvertrag einer GmbH ein **103** Aufsichtsrat einzurichten. Dieser bestand aus zwei Mitgliedern. Die Vertreter der Gesellschafter wurden von der Gesellschafterversammlung für die Dauer von 3 Jahren gewählt. In einem nicht notariell beurkundeten und auch nicht ins Handelsregister eingetragenen Beschluss legten die Gesellschafter am 13. 10. 1984 dann aber fest, dass der Aufsichtsrat aus drei Mitgliedern bestehen sollte. Auch sollte sich die Amtszeit der Aufsichtsratsmitglieder jeweils um 1 Jahr verlängern, wenn die Gesellschafterversammlung nicht ihre Abberufung beschloss. Des Weiteren wurde die Bestellung und Abberufung des Aufsichtsrates sowie der Aufsichtsratsmitglieder in diesem Beschluss geregelt. Der Kläger, ein Gesellschafter der beklagten GmbH, hatte beantragt, festzustellen, dass die Herren H und D, deren Amtszeit sich nach dem im Beschluss vom 13. 10. 1984 niedergelegten Verfahren verlängert haben sollte, nicht mehr Mitglied des Aufsichtsrates seien.

Der BGH stellt fest, dass die Verlängerungsklausel vom 13. 10. 1984 unwirksam sei. Der entsprechende Gesellschafterbeschluss hätte als Änderung des Gesellschaftsvertrages nach §§ 53 Abs. 2, 54 GmbHG der notariellen Beurkundung sowie der Eintragung ins Handelsregister bedurft. Die Gesellschafter hatten allerdings unstreitig lediglich eine auf Zeit – bis zum Tod eines bestimmten Gesellschafters – gedachte Lösung schaffen wollen, die auf eine ganz bestimmte Situation zugeschnitten war. Der BGH hatte in einer früheren Entscheidung (WM 1981, 1218, 1219) gemeint, eine nur einen Einzelfall regelnde *Satzungsdurchbrechung* sei auch ohne Einhaltung der formellen Voraussetzungen einer Satzungsänderung jedenfalls nicht nichtig. Ob daran festzuhalten ist, lässt das Urteil offen. Jedenfalls könne sich, so die Entscheidung, die Zulässigkeit von nicht formgültigen Satzungsdurchbrechungen nur auf punktuelle Regelungen beziehen, bei denen sich die Wirkung des Beschlusses in der betreffenden Maßnahme erschöpfe[29]. Hier dagegen habe ein von der Satzung abweichender Zustand begründet werden sollen, der nicht nur von ganz kurzer Dauer war. Selbst diese sehr eingeschränkte Zulässigkeit von Satzungsdurchbrechungen ist zweifelhaft[30]. Möglich bleibt, wie auch in dem Urteil angedeutet, die Umdeutung des

---

[28] Beispielsfall BGH WM 1989, 250.

[29] Schwer zu sagen ist, wann dies jeweils der Fall ist: *Priester* ZHR 151 (1987), 40, 52 nennt als punktuelle Entscheidung den Fall einer verfahrenswidrigen Geschäftsführerbestellung, während die Bestellung eines Ausländers als Geschäftsführer bei entgegenstehender Satzungsregelung im Gesellschaftsvertrag nicht punktuell sein soll; berechtigte Kritik bei *Zöllner*, FS Priester, 2007, S. 879.

[30] *Priester* ZHR 151 (1987), 40, 51, 55 f. verlangt neben dem Bewusstsein der Satzungsdurchbrechung wenigstens eine notarielle Beurkundung; *Habersack* ZGR 1994, 354, 363 unterscheidet danach, ob der Wille der Gesellschafter auf Satzungsänderung gerichtet ist (dann ist der Beschluss ohne Eintragung im Handelsregister unwirksam) oder lediglich ein Satzungsverstoß gewollt ist (dann sei der Beschluss lediglich anfechtbar); nach *Zöllner*, FS Priester, 2007, S. 879 ff. sind Beschlüsse, die die Satzung nicht beachten, stets nur anfechtbar.

Beschlusses in eine schuldrechtliche Nebenabrede, die die Gesellschafter dann zur Schaffung einer entsprechenden Satzungsklausel verpflichten könnte[31].

5. Beschlussmängel

104   a) Über mögliche Beschlussmängel sowie die Art und Weise ihrer Geltendmachung sagt das Gesetz nichts aus. Lange Zeit bestand in Judikatur und Literatur Einigkeit darüber, dass diese Lücke *in Anlehnung an die im Aktiengesetz getroffene Regelung* zu schließen sei, wobei man davon ausging, dass den Besonderheiten der GmbH durch Modifikationen dieser Regelungen Rechnung getragen werden könne[32]. In letzter Zeit haben sich aber auch Stimmen bemerkbar gemacht, die diese Anlehnung kritisch betrachten[33]. Dabei wird darauf hingewiesen, dass Rechtssicherheitsüberlegungen, die das Beschlussmängelrecht der AG maßgeblich beeinflussen, in der GmbH nicht gleichermaßen bedeutsam seien. Auch Gläubigerschutzaspekte würden eine Übernahme der für die AG geltenden Regeln nicht erfordern, da die meisten Gesellschafterbeschlüsse in der GmbH für die Gläubiger ohne Relevanz seien. Daher sei gemäß der Realstruktur der meisten GmbHs eine Anlehnung an das Beschlussmängelrecht der Personengesellschaften sachgerechter. Dem ist entgegenzuhalten, dass gerade im Personengesellschaftsrecht wenig Klarheit über die Rechtsfolgen einer nicht ordnungsgemäßen Beschlussfassung besteht[34]. Daher fragt es sich, ob man wirklich gut beraten ist, wenn man die einzige im Gesetz klar entwickelte und auch bewährte Konzeption zur Geltendmachung von Beschlussmängeln verlässt. Sofern Abweichungen von aktienrechtlichen Regelungen erforderlich sind, können sie mit Rücksicht auf GmbH-spezifische Besonderheiten entwickelt werden.

105   b) Demgemäß sollte auch im Recht der GmbH zwischen nichtigen und anfechtbaren Beschlüssen unterschieden werden. Ob ein *Beschluss nichtig* ist, entscheidet sich daher anhand des in § 241 AktG niedergelegten Katalogs der Nichtigkeitsgründe, der an die Besonderheiten der GmbH angepasst werden muss. Einberufungsmängel (ein Gesellschafter wird nicht geladen; Ladung erfolgt an einen falschen Ort[35]) führen also zur Nichtigkeit der in dieser

---

[31] Kritisch *Habersack* ZGR 1994, 354, 370ff.; *Westermann*, Das Verhältnis von Satzung und Nebenordnungen in der Kapitalgesellschaft, 1994, S. 55f.

[32] Zur Entwicklung *Raiser*, FS 100 Jahre GmbHG, 1992, S. 587, 588ff.

[33] *Raiser*, FS 100 Jahre GmbHG, 1992, S. 587, 595; *Zöllner/Noack* ZGR 1989, 525, 532ff.

[34] Siehe die Kritik bei *Henze* ZGR 1988, 542, 546; *Hüffer* ZGR 2001, 833, 864.

[35] BGHZ 100, 264, 265: Eine Verletzung der Ladungsfrist führt nur zur Anfechtbarkeit; sofern dem Gesellschafter nicht durch den Ladungsmangel die Teilnahme faktisch unmöglich gemacht wird: BGH ZIP 2006, 707; *Bayer* in Lutter/Hommelhoff Anh. § 47 Rdz. 11f.; *Zöllner* in Baumbach/Hueck, Anh. § 47 Rdz. 45ff.

Versammlung gefassten Beschlüsse[36], sofern nicht alle Gesellschafter erschienen oder vertreten sind und sich auf die Gesellschafterversammlung einlassen (§ 51 Abs. 3 GmbHG)[37]. Auch Beurkundungsmängel, die aber im Recht der GmbH keine so große Bedeutung haben wie im AktG[38], führen zur Nichtigkeit (§ 241 Nr. 2 AktG). Praktisch werden kann auch die Nichtigkeit eines Beschlusses wegen Verstoßes gegen gläubigerschützende Vorschriften (§ 241 Nr. 3 AktG), da insoweit die Normen der Kapitalaufbringung und -erhaltung einschlägig sind[39]. Weitere Nichtigkeitsgründe als solche, die in Anlehnung an das Aktiengesetz entwickelt werden, gibt es nicht.

Die Nichtigkeit kann *jederzeit von jedermann* geltend gemacht werden. **106**
Nichtige Beschlüsse werden nicht ins Handelsregister eingetragen. Sofern dies aber doch geschieht, ist unter denselben Voraussetzungen wie im Aktienrecht eine Heilung möglich[40]. Die Geltendmachung der Nichtigkeit erfolgt auf dieselbe Art und Weise wie in der AG[41].

c) Von den nichtigen Beschlüssen sind die anfechtbaren zu unterscheiden. **107**
Ob ein *Beschluss anfechtbar ist*, entscheidet sich nach denselben Regeln wie im Aktienrecht. Wiederum können Verfahrens- und Inhaltsmängel unterschieden werden und wiederum gilt, dass Verfahrensfehler die Anfechtbarkeit nur begründen, wenn sie in dem geschilderten Sinne relevant sind[42]. Zu den Inhaltsmängeln gehören Verstöße gegen das *Gleichbehandlungsgebot* und die *Treuepflicht*. Eingriffe in die Mitgliedschaft müssen sich an dem bereits geschilderten Prinzip der Erforderlichkeit und Verhältnismäßigkeit messen lassen[43].

---

[36] Siehe BGHZ 139, 89, 94: Gesellschafterminderheit beruft die Gesellschafterversammlung ein, ohne nach einem entsprechenden Verlangen abzuwarten, ob der Geschäftsführer tätig werden würde: Es lag also ein Verstoß gegen § 50 Abs. 1, Abs. 3 GmbHG vor; in BGH WM 1984, 473 war ein Gesellschafter nicht geladen worden; in BGH ZIP 2009, 1158, 1159 war einem Berater die Teilnahme nicht möglich.

[37] Siehe den Fall BGH ZIP 2009, 1158, 1160.

[38] Siehe 2. F. 102.

[39] *Bayer* in Lutter/Hommelhoff Anh. § 47 Rdz. 18; *Zöllner* in Baumbach/Hueck, Anh. § 47 Rdz. 58 f.

[40] BGHZ 80, 212, 216 f.; BGH ZIP 2000, 1294; BGH ZIP 1996, 1983; *Zöllner* in Baumbach/Hueck, Anh. § 47 Rdz. 73 ff.; oben 2. C. 134.

[41] 2. C. 135; dazu, dass die Geltendmachung der Nichtigkeit auf andere Weise im Sinne von § 249 Abs. 1 S. 2 AktG die Heilung nicht hindert, BGH WM 1984, 473.

[42] 2. C. 137; *Bayer* in Lutter/Hommelhoff Anh. § 47 Rdz. 50; siehe den Fall BGH NJW 1987, 1890, 1891: Unberechtigter Ausschluss vom Stimmrecht.

[43] Zur AG, bei der nichts anderes gilt, oben 2. C. 138 f.; siehe auch *Bayer* in Lutter/Hommelhoff Anh. § 47 Rdz. 54; *Zöllner* in Baumbach/Hueck, Anh. § 47 Rdz. 102; kritisch gegenüber einer solchen Gleichsetzung *Martens*, FS 100 Jahre GmbHG, 1992, S. 607, 627 f., doch handelt es sich nicht um die Übernahme speziell aktienrechtlicher Regeln, sondern um allgemeine Grundsätze der Beschlusskontrolle; ein Beispielsfall für die Prüfung eines Verstoßes gegen Treuepflicht und Gleichbehandlungsgebot bildet der Fall BGH NJW 1990, 2625: Gehaltserhöhung für einen Gesellschaftergeschäftsführer.

108   In dem Fall BGH NJW 1987, 1890 war der Kläger als Geschäftsführer der beklagten GmbH mit der Mehrheit der Stimmen der Gesellschafter abberufen worden. Der
Kläger, der selbst auch Gesellschafter der beklagten Gesellschaft war, focht diesen
Beschluss mit der Begründung an, die Gesellschafter seien sich darüber einig gewesen, dass die Abberufung eines Gesellschafters als Geschäftsführer nur mit Zustimmung aller Gesellschafter erfolgen könne. Da dies im Gesellschaftsvertrag nicht niedergelegt worden war, berief er sich insoweit auf das Zeugnis des beurkundenden
Notars.

In den Urteilsgründen wird gesagt, dass die Anfechtungsklage, sofern diese Abrede wirklich von allen Gesellschaftern getroffen worden sei, Erfolg haben müsse.
Denn ein Verstoß gegen eine schuldrechtliche Nebenabrede[44] mache den Beschluss
rechtswidrig und damit anfechtbar. Diese Judikatur ist unter Hinweis darauf kriti-
siert worden[45], dass nach § 243 Abs. 1 AktG nur Verstöße gegen Gesetz und Satzung zur Anfechtung berechtigen. Auch trage die Entscheidung dem grundlegenden
Unterschied zwischen schuldrechtlichen Nebenabreden und Satzungsrecht nicht
hinreichend Rechnung, indem sie den doch objektiv auszulegenden Gesellschaftsvertrag so verstehe, wie es die Gründer vereinbart hätten[46]. Für die genannte Entscheidung spricht aber letztlich die ganz erhebliche Vereinfachung, die die Anfechtbarkeit gegenüber der sonst erforderlichen Klage auf Erfüllung der Nebenabrede
darstellt. Auch geschieht keinem Gesellschafter durch die Berücksichtigung der Abrede Unrecht: Die Judikatur setzt gerade voraus, dass sich alle Gesellschafter gebunden hatten[47].

109   *Zur Anfechtung befugt* ist jeder Gesellschafter, der nicht für den Beschluss
gestimmt hat. Dabei spielt es keine Rolle, ob er an der Gesellschafterversammlung teilgenommen hat. Auch ein Widerspruch zu Protokoll ist nicht
erforderlich. § 245 AktG gilt also nicht. Da der Gesellschafterkreis in der
GmbH typischerweise überschaubar ist, ist eine solche Formalisierung nicht
erforderlich. Ob auch die Geschäftsführer zur Anfechtung berechtigt sind,
ist streitig[48].

---

[44] 2. F. 9 f.; früher hatte der BGH bereits einmal ebenso entschieden, BGH NJW 1983,
1910.

[45] Kritisch etwa *Ulmer*, FS Röhricht, 2005, S. 633, 644 und *Winter* ZHR 154 (1990),
259, 268 ff.; zustimmend jedenfalls im Ergebnis *Happ* ZGR 1984, 168 ff.; *Zöllner* in Baum-
bach/Hueck, § 47 Rdz. 118.

[46] *Winter* ZHR 154 (1990), 259, 270: Das trifft zu, sollte aber umgekehrt zur Überden-
kung des Grundsatzes der stets gebotenen objektiven Auslegung führen, 2. F. 17.

[47] Entgegen *Happ* ZGR 1984, 168, 177 und *Noack*, Gesellschaftervereinbarungen bei
Kapitalgesellschaften, 1994, S. 167 kann daher nur die Verletzung schuldrechtlicher Nebenabreden, die alle Gesellschafter binden, zur Anfechtung führen. Anderenfalls würde
den ungebundenen Gesellschaftern die Möglichkeit genommen, auf die Willensbildung
der gebundenen Gesellschafter Einfluss zu nehmen; im Ergebnis so auch *Westermann*,
Das Verhältnis von Satzung und Nebenordnung in der Kapitalgesellschaft, 1994, S. 49
unter Hinweis darauf, dass auch eine Auslegung unter Heranziehung subjektiver, also nur
den Gesellschaftern bekannter Faktoren nur möglich ist, wenn alle Gesellschafter diese
Gesichtspunkte kennen.

[48] Ablehnend BGH ZIP 2008, 758, 759; Überblick bei Roth/*Altmeppen* § 47 Rdz. 139;

Problematisch ist die *Festlegung der Anfechtungsfrist*. Die Rechtspre-   **110**
chung orientiert sich an § 246 Abs. 1 AktG, trägt aber den Besonderheiten
der GmbH insofern Rechnung, als die jeweiligen Umstände des Falls dadurch Berücksichtigung finden, dass von einer angemessenen Frist gesprochen wird, bei der die Frist des § 246 Abs. 1 AktG lediglich als Leitbild
dient[49]. Dem wird man folgen können. Doch sollten Abweichungen von der
Monatsfrist jedenfalls nur in einem relativ engen Rahmen und auch dann
nur zulässig sein, wenn die anderen Gesellschafter mit einer Anfechtung
noch rechnen mussten. Denn auch in einer GmbH sollte relativ zügig Klarheit über das herrschen, was beschlossen ist.

In dem Fall BGHZ 101, 113 klagte eine GmbH auf Feststellung, dass der Ge-   **111**
schäftsanteil des Beklagten wirksam eingezogen worden war. Nach Nr. 7 des Gesellschaftsvertrages konnte ein Geschäftsanteil eingezogen werden, wenn die Zwangsvollstreckung in den Geschäftsanteil vorgenommen wird. Der Geschäftsanteil des
Beklagten war von dem einzigen Mitgesellschafter, einem Herrn M, der zugleich
auch Geschäftsführer der Klägerin war, aufgrund eines Schuldanerkenntnisses des
Beklagten gepfändet worden. Dieses Anerkenntnis war aber nur zum Schein abgegeben worden, um die Aufhebung einer Eigentümergemeinschaft, an der der Beklagte
beteiligt war, zu erreichen. M hatte mittlerweile seinen Geschäftsanteil auf seine
Ehefrau übertragen.
Die Klage hatte keinen Erfolg. Der BGH prüft, ob der Einziehungsbeschluss analog § 241 Nr. 4 AktG nichtig ist, weil sein Inhalt gegen die guten Sitten verstoße. Dies
wird zutreffend verneint, da hier nicht der Beschlussinhalt, sondern die Motivation
des beschlussfassenden Mitgesellschafters M zu beanstanden war. Das entspricht
dem Grundsatz, dass Nichtigkeitsgründe restriktiv zu verstehen sind, um so möglichst weitgehend Rechtssicherheit zu gewährleisten[50]. Eine Anfechtungsklage war
aber nie erhoben worden. Im Zeitpunkt der Entscheidung, ca. 6 Jahre nach der Beschlussfassung, kam sie selbstverständlich nicht mehr in Frage. Hier dient § 246
Abs. 1 AktG als Leitbild.
Gleichwohl wurde der Klage nicht stattgegeben. In den Gründen heißt es, die Berufung auf die Unanfechtbarkeit stelle einen Rechtsmissbrauch dar und sei daher
unbeachtlich. Für diese exzeptionelle Fallgestaltung wird man dem wohl zustimmen
können. Hier lag wirklich ein besonders schwerer Verstoß gegen die Treuepflicht vor,
die die Gesellschafter miteinander verbindet. Zugleich spielten Rechtssicherheitsüberlegungen nur eine eingeschränkte Rolle, da die Ehefrau des M als außer dem Beklagten einzig Betroffene mit Sicherheit wusste, wie es zu dem Einziehungsbeschluss
gekommen war[51].

---

bejahend für den Fall, dass dem Geschäftsführer die Ausführung des Beschlusses obliegt,
Zöllner in Baumbach/Hueck, Anh. § 47 Rdz. 140.
[49] BGH ZIP 2009, 1880: Frist von § 246 Abs. 1 AktG ist grundsätzlich einzuhalten;
dem folgend *Bayer* in Lutter/Hommelhoff Anh. § 47 Rdz. 62 f.; *Hüffer* ZGR 2001, 833,
865; eine Verkürzung der Anfechtungsfrist des § 246 Abs. 1 AktG aufgrund einer entsprechenden Regelung im Gesellschaftsvertrag ist nicht möglich: BGHZ 104, 66, 70 ff.
[50] 2. C. 132.
[51] Dagegen sehen *Zöllner/Noack* ZGR 1989, 525, 534 den Fall gerade nicht als exzep-

112   Eine Anfechtungsklage muss immer dann erhoben werden, wenn der *Versammlungsleiter einen bestimmten Beschlussinhalt festgestellt hat*[52] oder die Gesellschafter sich nach der Beschlussfassung einig sind, dass ein Beschluss mit einem bestimmten Ergebnis gefasst wurde und dies irgendwie dokumentiert ist[53]. In den anderen Fällen ist deutlich, dass Streit über das Ergebnis der Beschlussfassung besteht. Dann muss derjenige, der Klarheit bezüglich des Beschlussinhalts erreichen will, eine entsprechende Feststellungsklage erheben (§ 256 ZPO). Diese ist nicht fristgebunden[54]. Davon zu unterscheiden ist die bereits geschilderte positive Beschlussfeststellungsklage, mit der die Anfechtungsklage verbunden werden kann[55].

113   d) Neben nichtigen und anfechtbaren gibt es noch *schwebend unwirksame Beschlüsse*. Hierzu zählt insbesondere der Fall, dass ein bestimmter Beschluss nur mit Zustimmung eines oder mehrerer Gesellschafter gefasst werden kann. Auch davon war schon die Rede[56].

VI. Informationsrechte

1. *Informationsrechte der Gesellschaft*

114   Der Geschäftsführer ist *aufgrund des Anstellungs- wie auch des Bestellungsverhältnisses* der GmbH gegenüber verpflichtet, über seine Tätigkeit zu berichten und Rechenschaft abzulegen (siehe § 666 BGB). Wie im Verein so werden auch in der GmbH die entsprechenden Rechte kaum von den anderen Geschäftsführern in Vertretung für die GmbH[1] wahrgenommen, sondern von der Gesellschafterversammlung. Das entspricht § 46 Nr. 6 GmbHG und ist außerdem aus denselben Gründen rechtmäßig wie im Vereinsrecht[2].

---

tionell an. Sie begründen damit auch ihre generelle Kritik an der Übernahme des Beschlussmängelrechts der AG.

[52] BGHZ 104, 66, 69; BGH ZIP 2003, 435; BGH ZIP 2009, 2195, 2196; ebenso etwa *Bayer* in Lutter/Hommelhoff Anh. § 47 Rdz. 42.

[53] BGH ZIP 2008, 757, 758 (unterschriebenes Protokoll); *Bayer* in Lutter/Hommelhoff Anh. § 47 Rdz. 39; *Zöllner/Noack* ZGR 1989, 525, 528, die aber Einigkeit am Ende der Gesellschafterversammlung fordern. Doch muss es für die Maßgeblichkeit der Beschlussfassung ausreichen, wenn man sich nach der Fassung des Beschlusses einig war.

[54] BGH ZIP 1999, 656, 657; Verwirkung ist aber möglich.

[55] 2. C. 143; *Bayer* in Lutter/Hommelhoff Anh. § 47 Rdz. 43; Scholz-*Karsten Schmidt* § 45 Rdz. 180; *Zöllner* in Baumbach/Hueck, Anh. § 47 Rdz. 186; Beispielsfall BGHZ 104, 66, 69.

[56] 2. F. 101.

[1] 2. A. 58; möglich ist dies aber gegenüber ausgeschiedenen Geschäftsführern.

[2] 2. A. 58.

2. Informationsrechte der Gesellschafter

a) Nach § 51 a Abs. 1 GmbHG haben die Geschäftsführer jedem Gesell-   **115**
schafter auf Verlangen *Auskunft* über die Angelegenheiten der Gesellschaft
zu geben. Auch sind sie verpflichtet, dem Gesellschafter *Einsicht* in die Bücher, Schriften sowie in die EDV[3] der Gesellschaft zu gewähren. Es besteht
Einverständnis darüber, dass der Begriff der *„Angelegenheiten der Gesellschaft"* wie im Aktienrecht auch im Recht der GmbH weit auszulegen ist[4].
Hierunter fallen etwa auch die Beziehungen der GmbH zu verbundenen Unternehmen, die Entwicklungsmöglichkeiten und die Marktsituation der Gesellschaft, aber auch Details, wie etwa Einzelheiten (auch Gehaltshöhe!) der
Anstellungsverträge der Geschäftsführer.

Das Auskunfts- und Einsichtsrecht kann jederzeit[5] geltend gemacht wer-   **116**
den. Es muss also nicht etwa eine Gesellschafterversammlung abgewartet
werden[6] und es ist auch nicht erforderlich, dass ein besonderer Anlass für
das Informationsbegehren besteht. Allerdings sind beide Rechte *Hilfsrechte*,
die dem Gesellschafter die sachgemäße Ausübung seiner Gesellschafterrechte ermöglichen sollen. Sie dürfen daher auch nur zu diesem Zweck genutzt werden. Anderenfalls werden sie missbraucht[7]. Allerdings ist auf diesem Wege vielfach nur eine geringfügige Einschränkung des Informationsrechts zu erreichen, da die Rechte des Gesellschafters sehr umfassend sind[8].
Insbesondere verbleibt auch dann, wenn ein Beirat oder Aufsichtsrat besteht, den Gesellschaftern das Recht und die Pflicht, zumindest den Beirat
zu überwachen[9]. Das hat zur Folge, dass entsprechende Informationen –
etwa auch in Bezug auf Protokolle des Aufsichtsrates[10] – verlangt werden
können.

In einem Fall des OLG Düsseldorf (ZIP 1990, 1346) hatte die Antragstellerin, die   **117**
Gesellschafterin einer GmbH, die Komplementärin einer GmbH & Co. KG war, beantragt, die GmbH dazu zu verpflichten, ihr Auskunft über bestimmte Vorkommnisse in der KG (z. B. über Verträge, die die KG geschlossen hatte) zu erteilen und ihr
Einsicht in bestimmte Unterlagen der KG (Verträge, Korrespondenz) zu gewähren.
Das OLG hat dem Antrag stattgegeben und ausgeführt, dass zu den Angelegenheiten
der GmbH auch die Angelegenheiten der KG gehören, da die GmbH Komplementä-

---

[3] *Zöllner* in Baumbach/Hueck § 51a Rdz. 21.

[4] 2. C. 146; *Lutter*/Hommelhoff § 51 a Rdz. 8.

[5] Nicht etwa nur am Wochenende!: OLG Hamburg DB 2001, 2648.

[6] Es sei denn diese steht unmittelbar bevor: OLG Jena ZIP 2004, 2003.

[7] Siehe *Mertens*, FS Werner, 1984, S. 557, 568, der den Umfang der Informationen den
Befugnissen der Gesellschafter anpasst. Das entspricht der Rechtslage in der Kommanditgesellschaft (1. C. 26) und überzeugt.

[8] *Grunewald* ZHR 146 (1982), 211, 216 ff.

[9] In diesem Fall geht *Karsten Schmidt*, FS 100 Jahre GmbHG, 1992, S. 559, 582 f. von
einem eingeschränkten Informationsrecht des Gesellschafters aus.

[10] BGH ZIP 1997, 978; dazu *Stimpel*/Ulmer, FS Zöllner, 1999, S. 589.

rin der KG sei und sich das unternehmerische Geschehen in der KG abspiele. Auch hafte die GmbH als Komplementärin für die Schulden der KG. Dies sei auch für das Einsichtsrecht von Bedeutung, da sich dies auf alle Vorgänge erstrecke, die auch Gegenstand des Auskunftsbegehrens sein könnten. Das entspricht allgemeiner Meinung, soweit es um das Auskunftsrecht geht[11]. Das Einsichtsrecht kann sich aber nur auf Papiere beziehen, die zu den Unterlagen der GmbH gehören. Denn Rechte zu Lasten Dritter können durch § 51 a GmbHG nicht begründet werden. Lediglich in Bezug auf 100%ige Tochtergesellschaften kann etwas anderes gelten[12]. Eine solche Situation war aber in dem Fall des OLG Düsseldorf nicht gegeben.

118   b) Dieses extrem weite Informationsrecht wird in § 51 a Abs. 2 GmbHG insofern relativiert, als dort festgelegt ist, dass die Geschäftsführer die *Auskunft und Einsicht verweigern dürfen*, wenn zu besorgen ist, dass die Gesellschafter sie zu gesellschaftsfremden Zwecken verwenden und dadurch der Gesellschaft oder einem verbundenen Unternehmen einen nicht unerheblichen Schaden zufügen. Dies ist beispielsweise der Fall, wenn die verlangten Informationen an einen Dritten weitergegeben werden sollen[13] oder wenn ein Gesellschafter Informationen abfragt, um sie in einem Konkurrenzunternehmen zu nutzen[14]. Nach der Formulierung des Gesetzes („zu besorgen ist") muss eine solche Nutzung der Information nicht feststehen. Es reicht aus, dass eine entsprechende Gefahr besteht[15]. Darüber hinausgehend kann die Informationserteilung auch verweigert werden, wenn das Informationsrecht missbraucht, also zweckwidrig genutzt wird[16]. Dies ist etwa der Fall, wenn dauernd nach bereits Gesagtem oder nach Nebenpunkten gefragt wird, deren Klärung für die GmbH mit einem großen Aufwand verbunden wäre[17]. Will der Geschäftsführer die Informationserteilung verweigern, so muss er zuvor einen entsprechenden Beschluss der Gesellschafter herbeiführen (§ 51 a Abs. 2 S. 2 GmbHG)[18].

---

[11] Zum Auskunftsrecht in der GmbH & Co. KG: BGH NJW 1989, 225, 226 (obiter dictum); OLG Hamm ZIP 1986, 709; *Zöllner* in Baumbach/Hueck § 51a Rdz. 13.

[12] Zum Einsichtsrecht in Bezug auf die KG wie hier *Lutter*/Hommelhoff § 51 a Rdz. 20; *Raiser/Veil*, § 27 Rdz. 20; *Zöllner* in Baumbach/Hueck, § 51 a Rdz. 19; a. A. KG ZIP 1988, 716; OLG Karlsruhe NZG 1998, 599; Scholz-*Karsten Schmidt* § 51 a Rdz. 53 für den Fall, dass die GmbH gegenüber der KG befugt ist, die ihr zugänglichen Unterlagen an ihre Gesellschafter weiterzureichen.

[13] Umstritten ist, ob dies auch gilt, wenn die Informationen an einen potentiellen Erwerber des Geschäftsanteils weitergegeben werden sollen: *Götze* ZGR 1999, 202 ff.; *Körber* NZG 2002, 263, 264.

[14] Beispiel OLG München GmbHR 2008, 104.

[15] *Grunewald* ZHR 146 (1982), 211, 228; *Lutter*/Hommelhoff § 51 a Rdz. 26; *Raiser/Veil* § 27 Rdz. 20.

[16] KG NJW-RR 1988, 230, 231; *Lutter*/Hommelhoff § 51 a Rdz. 28.

[17] *Raiser/Veil* § 27 Rdz. 15.

[18] Ausnahmen von diesem Grundsatz sind ebenso streitig wie die Frage, ob der die Auskunft verlangende Gesellschafter bei der Beschlussfassung mitstimmen darf. Dazu

c) *Diese gesetzliche Regel ist zwingend* (§ 51 a Abs. 3 GmbHG). Im Ge-   **119**
sellschaftsvertrag können allerdings Regeln für ein ordnungsgemäßes Verfahren bei der Informationserteilung festgelegt werden[19].

In dem Fall BayObLG NJW-RR 1989, 350 hatten die Gesellschafter einer GmbH   **120**
einstimmig eine Regelung des Gesellschaftsvertrages beschlossen, nach der das Informationsrecht höchstpersönlich auszuüben war und nicht mehr als eine Stunde pro
Monat in Anspruch nehmen durfte. Der Antrag auf Eintragung dieser Änderung des
Gesellschaftsvertrages ins Handelsregister war abgelehnt worden, weil diese Vertragsbestimmung gegen § 51 a Abs. 1, Abs. 2 GmbHG verstoße.
Das hiergegen eingelegte Rechtsmittel hatte zu Recht keinen Erfolg. Das Gericht
führt aus, dass im Prinzip durchaus das Verfahren der Informationserteilung im Gesellschaftsvertrag geregelt werden könne. Doch dürften solche Regeln keine Anordnungen enthalten, die den materiellen Gehalt des Informationsrechts verkürzten.
Dies sei bei der Beschränkung der Informationsrechte auf eine Stunde pro Monat
aber der Fall, was insbesondere in Krisensituationen der Gesellschaft deutlich werde. In der Tat können zeitliche Schranken schon deshalb nicht überzeugen, weil sie
auf situationsbedingte Besonderheiten keine Rücksicht nehmen. Möglich ist die Ein-
richtung eines geregelten Berichtsystems innerhalb der Gesellschaft mit der Folge,
dass ohne besonderen Anlass Informationen über die Punkte, die in den Berichten
kontinuierlich angesprochen werden, nicht verlangt werden können[20].

d) Wird die begehrte Information verweigert, so kann der Gesellschafter
gegen die Gesellschaft ein besonderes *Informationserzwingungsverfahren*
betreiben (§ 51 b GmbHG). Daneben kann der Gesellschafter auch einen
Beschluss anfechten, wenn eine für die Beschlussfassung erhebliche Information nicht erteilt worden ist[21].

VII. Die Finanzverfassung der GmbH

1. *Jahresabschluss, Lagebericht, Gewinnverwendung*

Die in §§ 264 ff. HGB getroffenen Vorschriften über den Jahresabschluss   **121**
und den Lagebericht sowie über die Abschlussprüfung gelten für alle Kapitalgesellschaften. Es kann daher auf die bei der AG getroffenen Ausführungen verwiesen werden[1]. Bei der GmbH wird es häufiger als bei der AG
vorkommen, dass sie klein i. S. v. § 267 Abs. 1 HGB ist und daher weder ei

---

Lutter/Hommelhoff § 51 a Rdz. 29; *Mertens*, FS Werner, 1984, S. 557, 569; *Zöllner* in
Baumbach-Hueck, § 51 a Rdz. 38.
[19] Beispiele bei *Lutter*/Hommelhoff § 51 a Rdz. 33; zu einer Verinbarung im Rahmen
einer Absprache beim Ausscheiden eines Gesellschafters OLG München ZIP 2006, 1349.
[20] *Grunewald* ZHR 146 (1982), 211, 226; *Hommelhoff* ZIP 1983, 383, 391 f.; *Lutter*
ZGR 1982, 1, 5 f.; zustimmend auch *Karsten Schmidt*, FS Kellermann, 1991, S. 389, 398.
[21] *Raiser/Veil* § 27 Rdz. 22; *Zöllner* in Baumbach/Hueck, § 51 a Rdz. 47 f.
[1] 2. C. 151 ff.

nen Lagebericht erstellen (§ 267 Abs. 1 S. 3 HGB) noch eine Abschlussprüfung veranlassen muss (§ 316 Abs. 1 HGB).

122   Eine Besonderheit gilt für eine GmbH, die mit einem Stammkapital von
weniger als 25.000 Euro gegründet wird (sog. *Unternehmergesellschaft*).
Sie muss eine gesetzliche Rücklage bilden, die nur für eine Kapitalerhöhung
aus Gesellschaftsmitteln bzw. zum Ausgleich eines Jahresfehlbetrages bzw.
eines Verlustvortrages verwendet werden darf (§ 5 a Abs. 3 GmbHG). Allerdings folgt daraus nicht, dass eine UG (haftungsbeschränkt) nur gegründet
werden dürfte, wenn sie tatsächlich auch Gewinn machen kann. Vielmehr
wird nur der Fall geregelt, dass die Gesellschaft Gewinn macht[2]. Daher kann
sie selbst dann Komplementär einer KG sein, wenn sie vom Gewinn ausgeschlossen ist.

123   Die *Geschäftsführer haben den Jahresabschluss und den Lagebericht aufzustellen und dann unverzüglich den Gesellschaftern*[3] vorzulegen. Sind
Jahresabschluss und Lagebericht prüfungspflichtig, so sind sie zusammen mit
dem Prüfungsbericht unverzüglich nach dessen Eingang den Gesellschaftern
vorzulegen (§ 42 a Abs. 1 GmbHG). Die *Gesellschafter stellen den Jahresabschluss fest* (§ 46 Nr. 1 GmbHG). Sie sind also nicht an den von den Geschäftsführern aufgestellten Jahresabschluss gebunden. Ist in dem festgestellten
Jahresabschluss ein positives Jahresergebnis ausgewiesen, so *entscheiden
die Gesellschafter auch über dessen Verwendung* (§ 46 Nr. 1 GmbHG). § 29
Abs. 1 S. 1 GmbHG legt fest, dass die Gesellschafter – sofern im Gesellschaftsvertrag nichts anderes vereinbart ist – Anspruch auf dieses Jahresergebnis haben[4], wobei allerdings mit einfacher Mehrheit über die Verwendung
des Ergebnisses auch in dem Sinne beschlossen werden kann, dass Beträge in
Gewinnrücklagen eingestellt oder als Gewinn vorgetragen werden. Gleichwohl kann das Jahresergebnis nicht in beliebigem Umfang von der Verteilung unter die Gesellschafter ausgeschlossen werden. Anderenfalls könnte
eine Gesellschafterminderheit treuwidrig ausgehungert werden, eine Gefahr,
die insbesondere dann besteht, wenn die Gesellschaftermehrheit mit Geschäftsführungsaufgaben betraut ist und hierfür eine zumindest angemessene Gegenleistung erhält, so dass sich ihr Engagement in der Gesellschaft
auf diese Weise für sie auf jeden Fall auszahlt. Daher ist ein Beschluss, der
das Jahresergebnis von der Verteilung unter die Gesellschafter ausschließt,
nur rechtmäßig, wenn dies kaufmännisch zumindest vertretbar ist[5].

---

[2] *Stenzel* NZG 2009, 168; a.A. *Schäfer* ZIP 2011, 53, 58 f.; *Veil* ZGR 2009, 623, 641.

[3] Gemeint ist die Gesellschafterversammlung. Daher ist es umstritten, in welchem
Umfang der einzelne Gesellschafter Anspruch auf Aushändigung der Unterlagen hat.
Dazu *Kleindiek* in Lutter/Hommelhoff § 42 a Rdz. 16.

[4] Die Norm spricht vom Jahresüberschuss zuzüglich Gewinnvortrag und abzüglich
Verlustvortrag. Das ist das Jahresergebnis: Lutter/*Hommelhoff* § 29 Rdz. 2.

[5] OLG Hamm DB 1991, 2477; wohl noch restriktiver OLG Nürnberg BeckRS 2008,

2. Kapitalaufbringung und -erhaltung

a) Der Grundsatz der realen Kapitalaufbringung

Die Gesellschafter einer GmbH haften den Gläubigern der Gesellschaft im **124** Grundsatz nicht[6]. Daher ist es wichtig, dass die GmbH jedenfalls bei ihrer Gründung mit einer gewissen Vermögensmasse ausgestattet wird. Wie hoch dieses Anfangsvermögen mindestens zu sein hat, bestimmen die Gesellschafter durch Festlegung des sog. Stammkapitals im Gesellschaftsvertrag (§ 3 Abs. 1 Nr. 3 GmbHG). Das Gesetz legt in § 5 Abs. 1 GmbHG lediglich fest, dass das Stammkapital nicht unter 25.000 Euro liegen darf, sofern die Gesellschaft nicht als Unternehmergesellschaft firmiert (§ 5a GmbHG). Dieses Kapital kann durch Bar- oder durch Sacheinlagen aufgebracht werden. Davon sowie von den gesetzlichen Schutzvorkehrungen gegen nur scheinbare oder nicht vollwertige Leistungen war schon die Rede[7].

Wird das *Stammkapital erhöht*, so stellen sich dieselben Probleme. Wie- **125** der muss sichergestellt werden, dass das Kapital real aufgebracht wird. Das Gesetz verweist demgemäß auf das Gründungsrecht (§§ 55 f. GmbHG). Gewisse Erleichterungen ergeben sich allerdings daraus, dass bei einer Kapitalerhöhung an eine bereits bestehende Gesellschaft geleistet wird. Insbesondere muss der eingezahlte Betrag im Zeitpunkt der Stellung des Antrags auf Eintragung der Durchführung der Kapitalerhöhung nicht mehr unverändert oder durch ein entsprechendes Aktivum abgedeckt (sog. wertgleiche Deckung) vorhanden sein[8].

Ein Sonderproblem stellt sich bei der Kapitalerhöhung in der UG (haf- **126** tungsbeschränkt). Da gemäß § 5a Abs. 2 S. 2 GmbHG Sacheinlagen ausgeschlossen sind, fragt es sich, ob dies auch für eine Kapitalerhöhung gilt. Wenn man das bejaht, stellt sich die Anschlussfrage, ob nicht wenigstens bei einer Erhöhung des Stammkapitals auf 25.000 Euro das Verbot nicht mehr greift, da ja dann auch eine „normale" GmbH hätte gegründet werden können, für die § 5a Abs. 2 S. 2 GmbHG nicht gilt. In der Tat erscheint es nicht

---

16971; Scholz-*Emmerich* § 29 Rdz. 70; nach *Hommelhoff* ZGR 1986, 418, 427 hat die Gesellschaftermehrheit die Möglichkeit, 60% des Jahresergebnisses zur Selbstfinanzierung der GmbH abwägungsfrei einzubehalten. Das würde ganz erheblich zur Rechtssicherheit beitragen; zur Durchsetzung *Bork/Oepen* ZGR 2002, 241.

[6] Zu den Ausnahmen 2. F. 150 ff.

[7] 2. F. 19 ff.

[8] BGHZ 150, 197 (GmbH); BGH ZIP 2005, 2012, 2014; *Kleindiek*, FS Canaris, 2007, S. 1073, 1081; allerdings kann vor Fassung des Kapitalerhöhungsbeschlusses regelmäßig nicht schuldbefreiend gezahlt werden, falls der Betrag bei Fassung des Beschlusses nicht mehr als Guthaben oder Kassenbestand im Gesellschaftsvermögen vorhanden ist: BGH JZ 2004, 684 mit Anm. *Ulmer;* BGH ZIP 2006, 2214; *Ehlke* ZIP 2007, 749; *Goette*, FS Priester, 2007, S. 95; *Ulmer*, FS Westermann, 2008, S. 1572 ff.: zur Leistung von Sacheinlagen vor Fassung des Kapitalerhöhungsbeschlusses BGH ZIP 2004, 1642, 1644.

sinnvoll, Kapitalerhöhungen – die den Gläubigern ja gerade zu Gute kommen – über das für die GmbH Übliche hinaus zu erschweren[9].

b) Kapitalerhaltung

127   aa) Nach § 30 Abs. 1 S. 1 GmbHG darf *das zur Erhaltung des Stammkapitals erforderliche Vermögen an die Gesellschafter nicht ausgezahlt werden.* Dieser Satz, der im Zentrum zahlreicher Gerichtsentscheidungen steht, besagt im Grunde nur eine Selbstverständlichkeit: Das Stammkapital, das ja gerade der Sicherung der Gläubiger dienen soll, darf auch nach der Entstehung der GmbH nicht an die Gesellschafter verteilt werden. Das Stammkapital wird angegriffen und eine Auszahlung ist demnach unzulässig, wenn die Aktiva nach Abzug der Verbindlichkeiten[10] den Nennbetrag des Stammkapitals nicht mehr erreichen. Ob das der Fall ist, kann der Bilanz (mit auf den Auszahlungszeitpunkt fortgeführten Buchwerten[11]) entnommen werden. Ist das Stammkapital bereits angegriffen, so verbietet § 30 Abs. 1 GmbHG jede weitere Vergünstigung an die Gesellschafter[12]. Dies gilt auch, wenn die GmbH bereits überschuldet ist und damit die Leistungen an den Gesellschafter praktisch komplett aus Fremdmitteln erfolgen[13].

128   Nicht erfasst sind normale Austauschgeschäfte zwischen der GmbH und ihrem Gesellschafter, also Geschäfte, die ein nach kaufmännischen Grundsätzen handelnder Geschäftsführer so auch mit einem Nichtgesellschafter abgeschlossen hätte[14], wohl aber Geschäfte, die zwar nicht „bilanzwirksam", aber gleichwohl den Gesellschafter gegenüber Nichtgesellschaftern begünstigen. Dann fehlt es an der Deckung im Sinne von § 30 Abs. 1 S. 2 GmbHG[15]. Verstöße gegen § 30 Abs. 1 GmbHG werden vielfach als sog. *ver-*

---

[9] *Hennrichs* NZG 2009, 1161, 1162; *Lange* NJW 2010, 3686, 3689; *Priester* ZIP 2010, 2182, 2183; a.A. *Wachter* GmbHR-Sonderheft 2008, S. 32.

[10] Dabei ist nach § 266 Abs. 3 HGB das zu passivierende Stammkapital natürlich nicht abzuziehen. Sonst käme es doppelt in Ansatz. Ebenso wenig sind Rücklagen und Gewinnvorträge abzuziehen. Siehe *Peltzer/Bell* ZIP 1993, 1757, 1758.

[11] BGHZ 109, 334, 337 ff.; BGH ZIP 2003, 2069; *Stimpel*, FS 100 Jahre GmbHG, 1992, S. 335 ff.; weitergehend *Ulmer*, FS Pfeiffer, 1988, S. 853, 868 f.: Es seien Zerschlagungswerte anzusetzen, wenn wegen geplanter existenzgefährdender Ausschüttungen eine negative Fortbestehensprognose gegeben sei; dem folgend Scholz-*Westermann* § 30 Rdz. 17.

[12] Dies gilt auch dann, wenn sich diese Vorteile nicht in der Handelsbilanz niederschlagen: *Drygala/Kremer* ZIP 2007, 1289, 1294; *Stimpel*, FS 100 Jahre GmbHG, 1992, S. 335, 338 f.

[13] BGH NJW 1990, 1730, 1731 f.; *Ulmer*, FS 100 Jahre GmbHG, 1992, S. 363, 368.

[14] BGH NJW 1996, 589: Ein Verstoß liegt also auch dann vor, wenn der Geschäftsführer nicht bemerkt, dass das Geschäft für die GmbH nicht vorteilhaft ist.

[15] Grundstück, in dem stille Reserven stecken, wird zu dem Preis verkauft, zu dem es in der Bilanz steht, siehe Begründung zum Regierungsentwurf, Beilage ZIP 2007 zu Heft 23 S. 16; *Drygala/Kremer* ZIP 2007, 1289, 1293.

deckte Gewinnausschüttungen[16] (eventuell mit Zwischenschaltung Dritter) vorgenommen. Im Unterschied zum Aktienrecht sind solche Vermögensverlagerungen nur dann als Verstoß gegen die Regeln der Kapitalerhaltung zu werten[17], wenn sie zu einer Unterbilanz führen oder zu einem Zeitpunkt vorgenommen werden, zu dem eine solche Unterbilanz bereits besteht.

In dem Fall BGH ZIP 2004, 263 hatte die Klägerin, eine GmbH, einem Gesellschafter zu Lasten des gebundenen Vermögens ein Darlehen gewährt. Sie verlangte von ihrem Geschäftsführer, der an der Kreditgewährung mitgewirkt hatte, Schadensersatz. **129**

Der BGH hat der Klage im Grundsatz[18] statt gegeben. Der Beklagte habe nach § 43 Abs. 2, Abs. 3 GmbHG der Gesellschaft Schadensersatz zu leisten, da die Darlehenshingabe unter § 30 GmbHG falle. Zwar liege im Prinzip in der Auszahlung der Valuta ein bloßer Aktiventausch (der Rückzahlungsanspruch kann ja aktiviert werden), aber eine solche rein bilanzielle Betrachtungsweise werde der Bedeutung des Kapitalerhaltungsgrundsatzes nicht gerecht. Denn der Austausch liquider Haftungsmasse gegen eine zeitlich hinausgeschobene Rückzahlungsforderung verschlechtere die Befriedigungsaussichten der Gläubiger. Offen blieb, ob die Darlehensgewährung ausnahmsweise zulässig wäre, wenn die Darlehnshingabe im Interesse der Gesellschaft liegt und die Kreditwürdigkeit des Gesellschafters auch bei Anlegung strengster Maßstäbe außerhalb jeden vernünftigen Zweifels liegt.

Dieses Urteil überzeugt nicht und war daher der Anlass zu der Neufassung von § 30 Abs. 1 GmbHG durch das MoMiG. Nunmehr wird in S. 2 klargestellt, dass ein Verstoß gegen die Regeln der Kapitalerhaltung nicht vorliegt, wenn die Auszahlung an den Gesellschafter durch einen vollwertiger Anspruch gegen den Gesellschafter gedeckt ist[19]. Vorhersehbare Ausfallrisiken werden bei der Aktivierung des Rückzahlungsanspruchs berücksichtigt (§ 252 Abs. 1 Nr. 4 HGB)[20]. Weiter reicht der Schutz des Stammkapitals nicht. Allerdings ist der Geschäftsführer verpflichtet, das Kreditrisiko im Auge zu behalten und bei Bonitätsverschlechterung den Kredit zu kündigen[21].

bb) Sofern gegen § 30 Abs. 1 GmbHG verstoßen wurde, müssen die *zugeflossenen Vermögensvorteile* (also die weggegebenen Gegenstände) der **130**

---

[16] 2. C. 160 f.

[17] BGH NJW 1997, 2599, 2600; es kann aber ein Verstoß gegen die Treuepflicht der Gesellschafter untereinander bzw. gegen den Gleichbehandlungsgrundsatz vorliegen (siehe BGH NJW 1996, 589; BGH ZIP 2007, 268). Umstritten ist, ob nur die Gesellschafter über Ausschüttungen entscheiden dürfen mit der Folge, dass anderenfalls ein Anspruch der Gesellschaft aus § 812 BGB besteht: So *Karsten Schmidt* § 37 III 1 f.); *Ulmer*, FS 100 Jahre GmbHG, 1992, S. 363, 366; kritisch insoweit *Fleck* ZIP 1986, 269, 270.

[18] Es erfolgte eine Zurückverweisung an das Berufungsgericht.

[19] *Drygala/Kremer* ZIP 2007, 1289, 1292; *Kallmeyer* DB 2007, 2755, 2757.

[20] Umstritten ist, ob die Auszahlung auch dann unzulässig ist, wenn bei nur teilweise werthaltigem Rückzahlungsanspruch das Stammkapital durch die Wertberichtigung aber gleichwohl nicht angegriffen wird; siehe *Altmeppen* ZIP 2009, 49, 53; *Mülbert/Leuschner* NZG 2009, 281, 284.

[21] BGH ZIP 2009, 70, 72 zur AG.

GmbH von ihren Gesellschaftern[22] *erstattet werden* (§ 31 Abs. 1 GmbHG)[23]. Wertverluste sind auszugleichen[24]. Umstritten ist, ob statt Rückgabe des Gegenstandes auch nur eine eventuelle Wertdifferenz ausgeglichen werden kann[25]. Nach Ansicht des BGH führt der enge Zusammenhang zwischen Kapitalaufbringung und -erhaltung dazu, dass auch in Bezug auf den Erstattungsanspruch das Aufrechnungsverbot von § 19 Abs. 2 GmbHG gilt[26]. Die in § 31 Abs. 2 GmbHG vorgesehene Abmilderung, dass die Erstattung, sofern der Empfänger gutgläubig war, nur insoweit zu erfolgen habe, wie es zur Befriedigung der Gesellschaftsgläubiger erforderlich ist, wird nur selten zu einer Einschränkung der Ersatzpflicht führen.

131   Von erheblicher Bedeutung für die Mitgesellschafter ist die Regelung des § 31 Abs. 3 GmbHG. Danach *haften*, wenn der geschuldete Betrag von dem Empfänger nicht zu erlangen ist, soweit zur Gläubigerbefriedigung erforderlich, die *übrigen Gesellschafter* nach dem Verhältnis ihrer Geschäftsanteile. Sofern ein Gesellschafter ausfällt, wird dessen Beitrag auf die übrigen verteilt. Da die Haftung nach § 30 Abs. 1 GmbHG wie geschildert auch in dem Fall eingreift, dass trotz einer bereits bestehenden Unterbilanz den Gesellschaftern weitere Vergünstigungen gewährt werden, tut sich damit ein ganz erhebliches Haftungsrisiko auf. Der BGH geht, um dieses Risiko in Grenzen zu halten, davon aus, dass die Haftung nach § 31 Abs. 3 GmbHG auf die Höhe der Stammkapitalziffer beschränkt ist[27].

132   Hinzu tritt nach § 43 Abs. 3 GmbHG u. U. auch eine *Haftung der Geschäftsführer*[28] gegenüber der Gesellschaft. Diese sind zudem unter den Voraussetzungen des § 31 Abs. 6 GmbHG den nach § 31 Abs. 3 GmbHG in Anspruch genommenen Gesellschaftern ausgleichspflichtig.

---

[22] Dritte, denen Vermögensvorteile zufließen, sind im Regelfall nicht Schuldner: BGH NJW 1998, 2592, 2594; BGH GmbHR 2000, 771, 774; Lutter/*Hommelhoff* § 31 Rdz. 6.

[23] Es geht entgegen dem Wortlaut nicht nur um Zahlungen: Baumbach/*Hueck*/*Fastrich* § 30 Rdz. 33; *Kort* ZGR 2001, 615, 625.

[24] BGH WM 2008, 925, 926.

[25] Zurückhaltend BGH WM 2008, 925, 926; dafür *Altmeppen* JZ 1997, 967, 968; *Karsten Schmidt* § 37 III 2 a); *Ulmer*, FS 100 Jahre GmbHG, 1992, S. 363, 379; a. A. Scholz-*Westermann* § 31 Rdz. 2.; weitgehend unstreitig ist, dass das Geschäft (Verpflichtungs- und Verfügungsgeschäft) trotz Verstoßes gegen § 30 GmbHG nicht nichtig ist: BGH NJW 1997, 2599, 2600; BGH NJW 2001, 3123, 3124; *Butzke* ZHR 154 (1990), 357, 368; Lutter/*Hommelhoff* § 30 Rdz. 52, 56.

[26] BGH ZIP 2001, 157; *Kort* ZGR 2001, 615, 631.

[27] BGHZ 150, 61; BGH ZIP 2003, 2068, 2071; *Cahn* ZGR 2003, 298, 302; Baumbach/*Hueck*/*Fastrich* § 31 Rdz. 24; für Beschränkung auf die Höhe der Stammeinlage des Empfängers *Karsten Schmidt* BB 1995, 529; Scholz-*Westermann* § 31 Rdz. 30; nach *Lutter*/*Hommelhoff* haftet jeder Gesellschafter in Höhe des Stammkapitals abzüglich seiner eigenen Einlage: § 31 Rdz 21; für eine analoge Anwendung von § 39 Abs. 5 InsO, *Grunewald*, FS Lutter, 2000, S. 413, 421 f.

[28] Aber nicht der Prokuristen: BGHZ 148, 157; *Müller* ZGR 2003, 441.

In dem Fall BGHZ 142, 92 hatten die B-GmbH 50% und die Beklagten jeweils **133** 25% der Geschäftsanteile der klagenden GmbH von Dr. B gekauft. Die Klägerin erwarb von Dr. B Rechte zum Bau einer Golfplatzanlage, die eigentlich die B-GmbH erhalten sollte. Die B-GmbH schloss mit der Klägerin, beide vertreten durch die Beklagten als Geschäftsführer, einen Projektübertragungsvertrag, aufgrund dessen die B-GmbH 100.000,–DM für die Übertragung des bereits von Dr. B auf die Klägerin überführten Golfbauprojekts bezog. Nach Veräußerung der Geschäftsanteile an der Klägerin durch die B-GmbH und die Beklagten verlangte die Klägerin Zahlung der 100.000,–DM, da sie das Golfplatzprojekt doppelt bezahlt habe.

Die Beklagten wurden in erster Linie als ehemalige Geschäftsführer der Klägerin unter Berufung auf § 823 Abs. 2 BGB, § 266 StGB in Anspruch genommen, allerdings ohne Erfolg: Auch eine Inanspruchnahme wegen Verletzung der aus § 43 Abs. 1 GmbHG folgenden Pflichten kam nicht in Frage. Die Beklagten waren faktisch Alleingesellschafter der Klägerin, da sie auch Geschäftsführer der B-GmbH waren. Somit waren sie mit Abschluss des Projektübertragungsvertrages nur dem Willen der Gesellschafter – also gewissermaßen ihren eigenen Weisungen – gefolgt. Damit schied eine Haftung aus. Denn da das Stammkapital nicht angegriffen worden war, waren die Weisungen nicht gläubigerschädigend und damit auch nicht nichtig[29].

Der BGH führt weitergehend aus, dass auch dann, wenn die in Streit stehenden 100.000,–DM zulasten des Stammkapitals an die B-GmbH gezahlt worden wären, nicht anders zu entscheiden gewesen wäre. Denn die Haftung nach § 43 Abs. 2 GmbHG würde nur unter den Voraussetzungen von § 43 Abs. 3 S. 3 GmbHG (Schadensersatz zur Befriedigung der Gläubiger erforderlich), die hier nicht erfüllt waren, eingreifen. Die B-GmbH würde dann zwar als Gesellschafterin nach § 31 Abs. 1 GmbHG wegen Rückzahlung des Stammkapitals haften. Hierfür müssten die Beklagten aber nur im Rahmen von § 31 Abs. 3 GmbHG einstehen, also wiederum nur unter der Voraussetzung, dass der zu erstattende Betrag zur Befriedigung der Gläubiger erforderlich wäre[30]. Diese Regelung legt die Voraussetzungen, unter denen Mitgesellschafter für Auszahlungen von Stammkapital an andere Gesellschafter haften, abschließend fest. Eine darüber hinausgehende Haftung wegen Verletzung von Pflichten, die den Gesellschafter im Verhältnis zu seiner GmbH treffen, besteht im Prinzip nicht. Eine Ausnahme bildet insoweit die Haftung für bestandsvernichtende Eingriffe[31].

In dem Fall BGHZ 144, 336 war davon auszugehen, dass der Beklagte, ein Gesell- **134** schafter der klagenden GmbH, der Klägerin Kapital entnommen hatte, obwohl zur Zeit der Entnahme eine Unterbilanz vorgelegen hatte. Später war das Stammkapital der Klägerin aber wieder aufgefüllt worden. Das Urteil führt aus, dass die Klage auf Rückzahlung der entnommenen Beträge gleichwohl begründet sei. Denn auch bei Wiederauffüllung des Stammkapitals falle der Erstattungsanspruch nach § 31 Abs. 1 GmbHG nicht weg. Ziel dieses Anspruchs sei es, das durch die Entnahme angegriffene Gesellschaftskapital bis zur Höhe der Stammkapitalziffer wiederherzustellen. Geradeso wie für den Anspruch auf Erbringung der Einlage spiele es keine Rolle, ob das Stammkapital anderweit gedeckt ist[32].

---

[29] Dazu 2. F. 63.

[30] § 30 GmbHG ist also auch nicht etwa Schutzgesetz i.S.v. § 823 Abs. 2 BGB: BGH ZIP 2001, 1458, 1459.

[31] Dazu 2. F. 159.

[32] *Kort* ZGR 2001, 615; kritisch *Joost*, FS Priester, 2007, S. 337, 339 ff.

135   cc) Nach § 33 Abs. 1 GmbHG kann eine GmbH *ihre eigenen Geschäftsanteile nicht erwerben* oder zum Pfand nehmen, *wenn die Einlage noch nicht vollständig geleistet* ist. Damit legt die Norm fest, dass sowohl das Verpflichtungs- wie auch das Verfügungsgeschäft in diesem Fall nichtig ist[33]. Auf diese Weise stellt das Gesetz sicher, dass das Stammkapital der GmbH aufgebracht wird (kein Untergang der Einlageforderung durch Konfusion). Der Gesellschafter bleibt aufgrund der Nichtigkeit des dinglichen Geschäfts Gesellschafter und schuldet weiterhin die Erbringung der Einlage.

136   *Wenn die Einlage vollständig geleistet ist*, ist der Erwerb eigener Anteile im Prinzip zulässig. Dies gilt nach § 33 Abs. 2 GmbHG allerdings nur, wenn die GmbH eine *Rücklage in Höhe der Aufwendungen für den Erwerb bilden könnte*[34], ohne das Stammkapital[35] zu mindern. Entsprechendes gilt für die Inpfandnahme. Die Norm sichert also die Kapitalerhaltung. Da das Stammkapital nicht an die Gesellschafter verteilt werden darf, ist der Erwerb eben nur zulässig, wenn er aus ungebundenem Vermögen finanziert werden kann. Liegen die Voraussetzungen eines zulässigen Erwerbs voll eingezahlter Anteile nicht vor, so ist das schuldrechtliche Geschäft nichtig. Der dingliche Erwerb ist demgegenüber wirksam (§ 33 Abs. 2 S. 3 GmbHG), da er sich bei einem voll eingezahlten Anteil nicht zum Nachteil der Gesellschaft auswirkt. Rechte stehen der GmbH aus ihrem eigenen Anteil aber nicht zu[36].

3. Kapitalerhöhung und -herabsetzung

a) Die reguläre Kapitalerhöhung

137   Auch einer GmbH steht wie einer AG die Möglichkeit offen, ihr Stammkapital zu erhöhen und durch die Ausgabe von Geschäftsanteilen gegen Einlagen ihre Eigenmittel zu vergrößern. Eine *Pflicht zur Erhöhung des Stammkapitals* besteht im Regelfall nicht. Nur in Ausnahmesituationen kann sich aus der Treuepflicht für die Gesellschafter die Pflicht ergeben, für die Erhöhung des Stammkapitals zu stimmen[37].

138   Da die Höhe der Stammkapitalziffer im Gesellschaftsvertrag festgelegt ist (§ 3 Abs. 1 Nr. 3 GmbHG), muss, wenn das Stammkapital erhöht wird, eine Satzungsänderung erfolgen. §§ 53 f. GmbHG kommen zur Anwendung, soweit §§ 55 ff. GmbHG nicht eine abweichende Regelung enthalten. In dem

---

[33] BGHZ 15, 391, 393; *Lutter*/Hommelhoff § 33 Rdz. 11; *Raiser*/*Veil* § 37 Rdz. 43.

[34] Die Rücklage darf nicht wirklich gebildet werden Baumbach/*Hueck*/*Fastrich* § 33 Rdz. 9.

[35] Und eine nach dem Gesellschaftsvertrag zu bildende Rücklage, die nicht zu Zahlungen an die Gesellschafter verwendet werden darf.

[36] BGH NJW 1995, 1027 (Stimmrecht, Gewinn); Baumbach/*Hueck*/*Fastrich* § 33 Rdz. 23; *Lutter*/Hommelhoff § 33 Rdz. 39.

[37] Beispielsfälle BGHZ 98, 276; BGH NJW 1987, 3192.

satzungsändernden Beschluss oder auch in einem weiteren Beschluss wird festgelegt, wer zur Übernahme der Geschäftsanteile zugelassen werden soll (sog. *Zulassungsbeschluss*). Nach dem Gesetz sieht es so aus, als ob die Gesellschafter vollkommen frei darüber entscheiden könnten, wer die neuen Geschäftsanteile erhalten soll (§ 55 Abs. 2 GmbHG). Doch setzt sich mehr und mehr die Ansicht durch, dass auch den GmbH-Gesellschaftern wie den Aktionären ein *Bezugsrecht* zusteht[38]. Denn die Gefahren, denen ein Bezugsrecht in der AG vorbeugen will (Verlust der quotalen Beteiligungshöhe, finanzielle Nachteile), bestehen in der GmbH ebenfalls. Da zudem zumindest in einer mehr personalistisch geprägten GmbH die aus der Treuebindung der Gesellschafter untereinander erwachsende Pflicht zur gegenseitigen Rücksichtnahme eher stärker ausgeprägt ist als in der AG, muss gerade auch in der GmbH die Pflicht anerkannt werden, den Mitgesellschaftern die Erhaltung ihrer Beteiligungshöhe zu ermöglichen. Dieses Bezugsrecht kann unter denselben Voraussetzungen wie sie bei der AG gelten[39] ausgeschlossen werden. Stets erforderlich ist ein Gesellschafterbeschluss, der mit derselben Mehrheit gefasst werden muss, die auch für die Kapitalerhöhung nach Gesetz oder Satzung erforderlich ist[40]. Ein Zulassungsbeschluss, der dem Bezugsrecht nicht Rechnung trägt, ist rechtswidrig und damit anfechtbar[41]. Wurde ein Zulassungsbeschluss überhaupt nicht gefasst, so besagt dies, dass die neuen Geschäftsanteile unter Wahrung des Bezugsrechts auszugeben sind. Es kann dann direkt auf Abschluss eines Übernahmevertrages geklagt werden[42].

Eine *Pflicht zur Übernahme von Geschäftsanteilen besteht nicht.* Wer   **139** Geschäftsanteile erhalten will, kann, wenn er im Zulassungsbeschluss berücksichtigt ist, einen entsprechenden Übernahmevertrag mit der GmbH schließen, aufgrund dessen er zur Leistung der Einlage verpflichtet ist[43]. Für die *Modalitäten der Leistungserbringung* gilt weitgehend dasselbe wie bei der Gründung (§§ 56 ff. GmbHG). Noch offen ist, ob in besonderen Situationen (Sanierung) ausnahmsweise Voreinzahlungen auf eine künftige Kapitalerhöhung auch dann mit befreiender Wirkung erfolgen können, wenn sie bei Fassung des Kapitalerhöhungsbeschluss nicht mehr im Vermögen der

---

[38] BGH ZIP 2005, 985, 987; *Rottnauer* ZGR 2007, 401, 409; *Raiser/Veil* § 39 Rdz. 6; zu weitgehend gleichen Ergebnissen kommt auch *Ulmer* § 55 Rdz. 41 unter Berufung auf das Gleichbehandlungsgebot und die Treuepflicht.

[39] 2. C. 176 ff.

[40] *Lutter*/Hommelhoff § 55 Rdz. 21; a. A. Rowedder-*Zimmermann* § 55 Rdz. 33.

[41] BGH ZIP 2005, 985, 987; *Lutter*/Hommelhoff § 55 Rdz. 25; *Priester* DB 1980, 1925, 1932.

[42] Scholz-*Priester* § 55 Rdz. 48; *Zöllner* in Baumbach/Hueck, § 55 Rdz. 21.

[43] Der Übernehmer hat aber keinen Anspruch auf Durchführung der Kapitalerhöhung: BGH NJW 1999, 1252.

Gesellschaft vorhanden sind[44]. Nach der Leistung auf die Einlagen erfolgt die Eintragung der Kapitalerhöhung im Handelsregister (§ 57 GmbHG). Damit wird die Kapitalerhöhung wirksam.

140   Gemäß § 55a GmbHG kann der Gesellschaftsvertrag die Geschäftsführer ermächtigen, das Stammkapital für höchstens fünf Jahre nach Eintragung der Gesellschaft durch Ausgabe neuer Geschäftsanteile zu erhöhen. Dieses *genehmigte Kapital* ermöglicht es den Geschäftsführern, eine Kapitalerhöhung ohne Einschaltung der Gesellschafterversammlung durchzuführen[45]. Dieses aus dem Recht der Aktiengesellschaft stammende Rechtsinstitut ist für die GmbH nicht ganz so wichtig, da aufgrund der personalistischen Struktur der meisten Gesellschaften eine Gesellschafterversammlung meist relativ problemlos einberufen und daher eine Kapitalerhöhung auch recht schnell durchgeführt werden kann.

b) Die Kapitalerhöhung aus Gesellschaftsmitteln

141   Bei der Kapitalerhöhung aus Gesellschaftsmitteln geht es nicht um die Zufuhr neuen Kapitals sondern um die *Umwandlung von in der Gesellschaft angespartem Kapital in Stammkapital*. Diese Regeln entsprechen – von einigen Besonderheiten abgesehen – dem Recht der AG[46]. Die Erhöhung des Stammkapitals hat zur Folge, dass entweder neue Geschäftsanteile in der Person der bisherigen Gesellschafter entstehen (§ 57 j GmbHG) oder sich der Nennbetrag der Geschäftsanteile erhöht (§ 57 h GmbHG).

c) Die Kapitalherabsetzung

aa) Die ordentliche Kapitalherabsetzung

142   Aus denselben Gründen wie bei der AG kann auch in der GmbH die Herabsetzung der Stammkapitalziffer erforderlich sein[47]. Es versteht sich, dass eine solche Verringerung der Stammkapitalziffer nur unter Beachtung gewisser *Sicherheitsvorkehrungen zugunsten der Gläubiger* erfolgen kann: Denn die Herabsetzung hat zur Folge, dass das durch die Vorschriften der Kapitalerhaltung (§ 30 GmbHG) ganz besonders streng zugunsten der Gläubiger gebundene Vermögen verringert wird.

143   Die Kapitalherabsetzung kann nur aufgrund eines *Gesellschafterbeschlusses* erfolgen, der den Gesellschaftsvertrag ändert (§ 3 Abs. 1 Nr. 3 GmbHG). Die Bestimmungen von §§ 53 ff. GmbHG sind einzuhalten. Die *Nennbeträge der Geschäftsanteile* werden automatisch im jeweils gleichen

---

[44] 2. F. 125.
[45] Zu dieser Neuregelung *Wedemann* WM 2008, 1381; *Lieder* ZGR 2010, 868.
[46] 2. C. 179 f.
[47] 2. C. 181.

Verhältnis verringert, so dass die Beteiligungsquote jedes Gesellschafters erhalten bleibt. Die Gesellschafter können aber auch ein anderes Vorgehen beschließen. So können u. U. auch mehrere Geschäftsanteile zusammengelegt werden[48]. Auch eine Einziehung von Geschäftsanteilen ist möglich. In diesem Fall müssen die Voraussetzungen des § 34 GmbHG beachtet werden[49].

Zum Schutz der Gläubiger bestimmt § 58 Abs. 1 Nr. 1 GmbHG, dass der **144** Kapitalherabsetzungsbeschluss von den Geschäftsführern in den Gesellschaftsblättern zusammen mit der Aufforderung an die Gläubiger, sich bei der GmbH zu melden, bekanntgemacht werden muss. Gegenüber Gläubigern, die der Gesellschaft bekannt sind, hat eine entsprechende Mitteilung zu erfolgen. Gläubiger, die sich melden und der Kapitalherabsetzung nicht zustimmen, müssen befriedigt oder sichergestellt werden (§ 58 Abs. 1 Nr. 2 GmbHG). Erfolgt dies nicht, wird die Kapitalherabsetzung nicht ins Handelsregister eingetragen (§ 58 Abs. 1 Nr. 4 GmbHG). Um den Gläubigern Gelegenheit zur rechtzeitigen Anmeldung bei der GmbH zu geben, darf die Anmeldung der Kapitalherabsetzung erst 1 Jahr seit dem Tag, an dem die Aufforderung der Gläubiger erfolgt ist, vorgenommen werden (§ 58 Abs. 1 Nr. 3 GmbHG). Die Geschäftsführer haben bei der Anmeldung zu versichern, dass die Gläubiger, die sich bei der GmbH gemeldet und der Herabsetzung nicht zugestimmt haben, befriedigt oder sichergestellt sind (§ 58 Abs. 1 Nr. 4 GmbHG).

bb) Die vereinfachte Kapitalherabsetzung

Genau wie das AktG[50] kennt auch das GmbHG (§ 58 a) eine vereinfachte **145** Kapitalherabsetzung, die *nicht zur Verteilung von Vermögen* an die Gesellschafter führt, sondern – oft kombiniert mit einer Kapitalerhöhung (§§ 58 f. GmbHG) – der Sanierung der Gesellschaft dienen soll. Die dem Gläubigerschutz verpflichteten Normen der regulären Kapitalherabsetzung (§ 58 GmbHG) gelten nicht, da es ja nicht um die Verteilung von Vermögen an die Gesellschafter geht. Allerdings ist auch die vereinfachte Kapitalherabsetzung insofern für die Gläubiger nachteilig, als zukünftige Erträge eher an die Gesellschafter verteilt werden können, weil nicht mehr das hohe Stammkapital zuerst angespart werden muss (siehe dazu § 58 d GmbHG).

---

[48] Einzelheiten bei Hachenburg-*Ulmer* § 58 Rdz. 23.
[49] Einzelheiten insbesondere zum Verhältnis von Einziehung und Kapitalherabsetzung bei Hachenburg-*Ulmer* § 58 Rdz. 39 f.
[50] 2. C. 184.

4. Fremdkapital und Eigenkapital

a) Grundbegriffe

146   Die Eigenkapitaldefinition des HGB ist im Prinzip nicht rechtsformspezifisch. Auch für die GmbH gilt daher § 266 Abs. 3 A HGB. Unter gezeichnetem Kapital ist das Stammkapital zu verstehen. Auch die Funktion von Eigenkapital ist in jeder Gesellschaft die gleiche. Es kann daher auf die Ausführungen zur AG verwiesen werden. Zwischenformen zwischen Eigen- und Fremdkapital nach Art von Wandel- oder Gewinnschuldverschreibungen sowie Genussscheinen spielen bei der GmbH keine bzw. nur eine geringe Rolle[51].

b) Gesellschafterdarlehen

147   Wie bereits geschildert, galt lange Zeit für Gesellschafterdarlehen eine sehr komplexe Rechtslage, der das MoMiG ein Ende gesetzt hat[52]. Dass auf *Gesellschafterdarlehen die Regelung von § 30 GmbHG* nicht mehr zur Anwendung kommen soll, zeigt deutlich § 30 Abs. 1 S. 3 GmbHG. Wenn dort gesagt wird, dass S. 1 für Rückzahlungen auf Gesellschafterdarlehen nicht gelten soll, so ist diese Anordnung im Grunde nur vor dem Hintergrund der Judikatur, die dies anders sah, verständlich[53].

c) Finanzplanfinanzierung

148   Eine Finanzplanfinanzierung[54] kommt in der Praxis in zwei unterschiedlichen Formen vor, nämlich als *Finanzplankredit* und als *Finanzplannutzungsüberlassung*. Unter einem Finanzplankredit versteht man Darlehen, die die Gesellschafter gemäß einer untereinander oder mit der GmbH getroffenen Abrede zur langfristigen Deckung des Kapitalbedarfs der Gesellschaft zur Verfügung stellen[55]. Es verstieße gegen eine solche Abrede, wenn der Kredit in der Krise abgezogen oder nicht einbezahlt würde. Eine Finanzplannutzung ist gegeben, wenn der GmbH die Nutzung einer Sache langfristig zur Verfügung gestellt wird. Gerade bei Immobilien – dem Hauptfall der Nutzungsüberlassung durch Gesellschafter – kommt es häufiger vor, dass Grundstücke der GmbH von einem Gesellschafter langfristig zur Verfügung gestellt werden, da der Ausschluss des Kündigungsrechts für den überlas-

---

[51] 2. C. 189 ff.; zu Genussrechten Scholz-*Winter/Seibt* § 14 Rdz. 67 ff.
[52] 2. C. 194 ff.
[53] Siehe die Schilderung bei *Bayer/Graff* DStR 2006, 1654, 1656.
[54] Begriff von *Karsten Schmidt* ZIP 1999, 1241.
[55] Die Definitionen schwanken *Habersack* ZHR 161 (1997), 457, 460; *Grunewald*, FS Großfeld, 1999, S. 319, 323; *Gunßer* GmbHR 2010, 1250, 1252; die gleichen Schwierigkeiten bestehen bei der sog. „gespliteten Einlage", oben 1. C. 44.

senden (meist verpachtenden) Gesellschafter schon deshalb tragbar ist, weil er Eigentümer der Sache bleibt und daher im Falle der Insolvenz aussonderungsberechtigt ist (§ 47 InsO). Damit wäre das Kriterium für das Bestehen einer Finanzplannutzung bei der Verpachtung durch einen Gesellschafter oftmals erfüllt. Zieht man nun die Parallele zu Finanzplankrediten, so hieße das, dass diese Form der Bereitstellung von Fremdmitteln den Gesellschaftern nur unter Übernahme des Insolvenzrisikos für das Nutzungsrecht eröffnet ist[56]. Dies lässt sich vermeiden, wenn man eine Abrede, nach der die Mittel auch in der Krise der GmbH überlassen bleiben sollen, nicht schlicht unterstellt, sondern wirklich feststellt.

In dem Fall BGH NJW 1999, 2809 verpflichtete der Gesellschaftsvertrag einer **149** GmbH die Gesellschafter außer zur Aufbringung des Stammkapitals auch zur Leistung von Darlehen, wobei jeder Gesellschafter das Vierfache seiner Stammeinlage der GmbH als Darlehen zur Verfügung zu stellen hatte. Weiter war festgelegt, dass das Darlehen nur aus künftigen Erträgen oder nach Fassung eines Liquidationsbeschlusses zurückgezahlt werden musste. Nach Eröffnung des Insolvenzverfahrens über das Vermögen der GmbH wurde der Beklagte vom Insolvenzverwalter zur Einzahlung seines noch offen stehenden Teils des Darlehens in Höhe von 100.000 DM in Anspruch genommen.

Das Gericht hat die Sache zur Klärung des Inhalts der getroffenen Absprache zurückverwiesen. Das Urteil führt aus, dass der Beklagte die Darlehensverbindlichkeit eventuell nicht kündigen könne (siehe dazu § 490 BGB). Ob dem so sei, müsse im Wege der Auslegung der Absprache über die Pflicht, die GmbH mit Darlehen zu versehen, ermittelt werden. Sollte festgestellt werden, dass eine Kündigungsmöglichkeit nicht bestand, so stellt sich die weitere Frage, ob diese Abrede wieder aufgehoben werden könnte. Das Urteil deutet an, dass dies in der Krise der GmbH nur unter den Voraussetzungen zulässig sein soll, unter denen auch das Stammkapital einer GmbH herabgesetzt werden kann (§ 58 GmbHG)[57]. Aber das überzeugt nicht. Denn es geht nicht um den Abzug von Stammkapital, sondern um die Aufhebung einer Finanzierungszusage. Dies sollte im üblichen Rahmen möglich sein[58].

5. Haftung der Gesellschafter für die Schulden der GmbH

Für die Schulden der GmbH haftet die Gesellschaft selbst. Das ist, da die **150** GmbH juristische Person ist, selbstverständlich. Die Gesellschafter haften demgegenüber für die Verbindlichkeiten der GmbH nicht. Allerdings gibt es Ausnahmen von diesem Grundsatz.

---

[56] OLG Karlsruhe ZIP 1996, 318; *von Gerkan* ZGR 1997, 173, 196; *Habersack* ZHR 161 (1997), 457, 488; kritisch *Altmeppen* ZIP 1996, 909.

[57] Nach *Habersack* ZGR 2000, 384, 415. und *Steinbeck* ZGR 2000, 503, 515 ff. gelten die Regeln über das Nachschusskapital analog.

[58] So in der Tendenz BGH ZIP 2010 2092, 2093 (Patronatserklärung); *Karsten Schmidt* ZIP 1999, 1241, 1250.

a) Materielle Unterkapitalisierung[59]

151   Eine GmbH kann, auch wenn ihr Stammkapital die vom Gesetz vorgeschriebene (§ 5 Abs. 1 GmbHG) Summe aufweist, ein für ihre Zwecke *absolut unzureichendes Eigenkapital* haben. So ist es etwa denkbar, dass der
gesamte übrige Finanzbedarf durch Darlehen Dritter[60] abgedeckt wird. Das
Risiko, dass in dem Unternehmen nicht erfolgreich gewirtschaftet wird,
trifft dann sehr weitgehend die Fremdkapitalgeber, da das zur Verfügung
gestellte und in der Insolvenz verlorene Eigenkapital nur gering ist.

152   In der Literatur ist vorgeschlagen worden, bei Vorliegen einer solchen Situation die Gesellschafter – oder wenigstens einige von ihnen – auch *persönlich gegenüber den Gläubigern* der Gesellschaft für die Schulden der GmbH
haften zu lassen[61]. Dabei ist man sich darüber einig, dass nur Extremfälle
eine Haftung herbeiführen können, da die Frage, wann eine GmbH mit
einem angemessenen Eigenkapital ausgerüstet ist, auch von der Betriebs-
wirtschaftslehre nicht beantwortet werden und daher auch nicht Anknüp-
fungspunkt einer Haftung sein kann. Demgemäß kann nur eine *sog. qualifizierte materielle Unterkapitalisierung* zur Haftung führen[62]. Diese soll
nach einer mittlerweile vielfach akzeptierten Definition dann vorliegen,
wenn eine eindeutige und für Insider klar erkennbare unzureichende Eigenkapitalausstattung vorliegt, die einen Misserfolg zu Lasten der Gläubiger bei
normalem Geschäftsverlauf mit hoher, das gewöhnliche Geschäftsrisiko
deutlich übersteigender Wahrscheinlichkeit erwarten lässt[63]. Begründet
wird diese direkte Inanspruchnahme der Gesellschafter damit, dass in diesen Fällen das Privileg der beschränkten Haftung verspielt sei, da dies zum
Schutze der Gläubiger eine seriöse Festsetzung der Stammkapitalziffer zur
Voraussetzung habe[64].

---

[59] Von einer nominellen Unterkapitalisierung spricht man, wenn die Gesellschafter das
erforderliche Kapital in Form von Darlehen zur Verfügung stellen.

[60] Das Problem tritt bei der Finanzierung durch Gesellschafterdarlehen nicht auf, da
dieses Kapital in der Insolvenz der GmbH ebenfalls verloren wäre; 2. F. 136; 2. C. 183.

[61] *Raiser*, FS Lutter, 2000, S. 637, 647 ff.; *Wiedemann* § 4 III 1 b), § 10 IV 3 b); ablehnend gegenüber jeglicher Form der Haftung der Gesellschafter wegen materieller Unterkapitalisierung *Ehricke* AcP 199 (1999) 258, 283: Es fehle an einer Regelungslücke; *Vetter* ZGR 2005, 788, 818: Es gehe letztlich um die Pflicht, Insolvenzantrag zu stellen.

[62] *Brändel* in Großkomm. zum AktG, § 1 Rdz. 109; *Priester* ZGR 1993, 512, 526; *Raiser*, FS Lutter, 2000, S. 637, 656; *Stimpel*, FS Goerdeler, 1987, S. 601, 608.

[63] Roth/*Altmeppen* § 13 Rdz. 139.

[64] *Raiser* ZGR 1995, 156, 165; *Wiedemann* § 10 IV 3 b); siehe auch *Stimpel*, FS Goerdeler, 1987, S. 601, 608, der aber im Ergebnis eine Haftung gegenüber der GmbH befürwortet und nur in der masselosen Insolvenz der GmbH aus Gründen der Praktikabilität
einen Durchgriff bejaht. Nach dem hier vertretenen Konzept bleibt dann die Möglichkeit
der Anspruchspfändung; ablehnend BGH ZIP 2008, 1232, 1234 f.

Dem stehen Überlegungen gegenüber, die *von Pflichten* ausgehen, *die der*   **153**
jeweilige Gesellschafter gegenüber seiner GmbH hat und deren Verletzung
– Verschulden vorausgesetzt – zur Haftung gegenüber der Gesellschaft
führt. Solche Pflichten sollen auch im Bereich der Eigenkapitalausstattung
bestehen[65]. Diese Pflichten können, was praktisch wichtig ist, auch für die
Einmann-GmbH entwickelt werden. Denn da es um die Festlegung von Regeln geht, die dem Gläubigerschutz dienen, kann auch der Einmanngesell-
schafter sich von diesen Pflichten – etwa durch eine entsprechende Abrede
mit der GmbH – nicht befreien.

Der Vorteil einer solchen Konzeption, die auf die Begründung von Pflich-   **154**
ten gegenüber der Gesellschaft abzielt, im Vergleich zur eingangs geschilderten Durchgriffshaftung, liegt auf der Hand: *Der Anspruch kann in*
der Insolvenz – und nur dann wird es in der Praxis um Fragen der qualifizierten materiellen Unterkapitalisierung gehen – *vom Insolvenzverwalter*
zum Vorteil aller Gläubiger geltend gemacht werden, während eine Durchgriffshaftung nur dem zugute kommt, der die Anspruchsverwirklichung
selbst in die Hand nimmt[66]. Auch ist ein Ansatzpunkt bei der Postulierung
bestimmter Pflichten, die den Gesellschafter gegenüber seiner GmbH treffen, eher überzeugend als eine Argumentation, die dem Gesellschafter mehr
oder weniger deutlich einen Missbrauch der Haftungsbeschränkung vor-
wirft, obgleich er die gesetzlich niedergelegten Voraussetzungen für den Erhalt der Haftungsbeschränkung erfüllt. Zugleich bewahrt das Verschuldens-
korrektiv den Gesellschafter vor unüberschaubaren Haftungsrisiken.

Schwierig ist die Festlegung der *Pflichten*, die den Gesellschafter im Be-   **155**
reich der *Kapitalausstattung* gegenüber seiner GmbH treffen[67]. Nicht zu
übersehen ist jedenfalls die Gefahr, dass durch die Postulierung sehr weitge-
hender Pflichten das Haftungsprivileg de facto obsolet wird. Man muss sich
daher stets darüber im Klaren sein, dass wenn überhaupt, dann nur Extremfälle[68], die auch unter § 826 BGB[69] subsumierbar sind, zur Haftung führen

---

[65] *Altmeppen* ZIP 2001, 1837, 1846; *Eckhold*, Materielle Unterkapitalisierung, 2002,
S. 307 ff.; *Grigoleit*, Gesellschafterhaftung für interne Einflussnahme im Recht der GmbH,
2006, S. 241 ff.
[66] *Banerjea* ZIP 1999, 1153, 1158 f.; *Roth* ZGR 1993, 170, 204 f.; *Karsten Schmidt* § 9
IV 4 c).
[67] Sehr umfassende Pflichten nennt *Karsten Schmidt* ZIP 1988, 1497, 1506: Danach
soll ein Gesellschafter auch haften, wenn er die GmbH durch Einflussnahme auf die Geschäftsführung schädigt.
[68] Daher zu weitgehend *Roth* ZGR 1993, 170, 193 ff., der bereits bei Kreditunwürdig-
keit der GmbH die Gesellschafter vor die Alternative Sanierung oder Liquidation stellt.
[69] Wenn die Gläubiger einen Anspruch aufgrund dieser Norm gegen die Gesellschafter
haben, besteht auch eine Außenhaftung, die allerdings daran scheitert, dass die Gesellschafter nur einen Reflexschaden (1. A. 24) geltend machen können; siehe auch den Fall
BGH NJW 1979, 2104; allein die Verlagerung des Geschäftsbetriebs auf eine von densel-

können und dass auch nur derjenige Gesellschafter haftet, der aufgrund seiner Stellung in der GmbH über die Kapitalausstattung entscheidet[70]. In diese Richtung weist auch die neuste Judikatur des Bundesgerichtshofs[71], die allerdings lediglich auf § 826 BGB verweist und damit die Sonderrechtsbeziehung zwischen Gesellschafter und GmbH außer Acht lässt.

b) Vermögensvermischung

156   Noch in einem weiteren Fall wird eine unmittelbare Haftung der Gesellschafter für die Schulden der GmbH diskutiert: Wenn die Vermögenssphären von Gesellschaft und Gesellschafter nicht getrennt sind, wenn sich also nicht ermitteln lässt, welcher Gegenstand zum GmbH-Vermögen und welcher zum Gesellschaftervermögen gehört, soll eine solche Haftung bestehen[72]. Dies gilt allerdings nur, wenn auch unter *Berücksichtigung der Buchführung* und anderer Unterlagen der Gesellschaft nicht festgestellt werden kann, wie die Vermögensverteilung zwischen GmbH und Gesellschafter vorzunehmen ist. Eine auf den ersten Blick nur schwer durchschaubare Buchführung reicht für die geschilderte Haftung des Gesellschafters also nicht aus[73], wohl aber das Fehlen jeglicher Buchführung[74]. Entscheidend für die Haftung soll sein, dass das Privileg der beschränkten Haftung eine ordnungsgemäße Vermögensseparierung zur Voraussetzung hat. Betroffen sind nur Gesellschafter, die als Allein- oder Mehrheitsgesellschafter für die Vermischung verantwortlich sind[75].

157   Diesem Haftungskonzept ist aus denselben Gründen wie im Bereich der Unterkapitalisierung eine Argumentation vorzuziehen, die an den *Pflichten ansetzt, die dem Gesellschafter gegenüber der GmbH obliegen*[76]; denn wiederum gilt, dass eine gleichmäßige Gläubigerbefriedigung voraussetzt, dass der Anspruch der GmbH zusteht. Auch geht es erneut darum, dass der – und zwar ein bestimmter[77] und nicht pauschal alle – Gesellschafter haftet, der

---

ben Gesellschaftern neugegründete GmbH reicht für § 826 BGB nicht aus: BGH NJW 1996, 1283.

[70] *Priester* ZGR 1993, 512, 526; *Raiser* ZGR 1995, 156, 168; *Stimpel*, FS Goerdeler, 1987, S. 601, 612.

[71] BGH ZIP 2008, 1232, 1234 ff. dazu *Altmeppen* ZIP 2008, 1201; *Heeg/Kehbel* DB 2008, 1787; *Kleindiek* NZG 2008, 686.

[72] Roth/*Altmeppen* § 13 Rdz. 133; *Raiser*, FS Lutter, 2000, S. 637, 644 f.; *Stimpel*, FS Goerdeler, 1987, S. 601, 606, 615; a. A. *Ehricke* AcP 199 (1999), 258, 289: Es fehle eine Regelungslücke.

[73] BGHZ 95, 330, 333 f.; BGH ZIP 2006, 467, 469.

[74] BGHZ 125, 366, 368.

[75] BGH ZIP 2006, 467.

[76] *Grigoleit*, Gesellschafterhaftung für interne Einflussnahme im Recht der GmbH, 2006, S. 241 ff.; *Priester* ZGR 1993, 512, 528.

[77] Auch nach BGHZ 125, 366, 368; BGH ZIP 2006, 467, 469; *Karsten Schmidt* ZIP

seine Pflichten gegenüber der GmbH verletzt hat. Eine generelle Verwirkung des Haftungsprivilegs steht nicht zur Debatte. Zugleich führt die Anknüpfung an die Pflichtverletzung zu einem sachgerechten Haftungsumfang. Da Schadensersatz zu leisten ist, ist die GmbH so zu stellen, wie sie stehen würde, wenn die Vermögensseparierung ordnungsgemäß erfolgt wäre. Wegen der unklaren Vermögenslage muss der Gesellschafter nachweisen, dass bezüglich umstrittener Vermögensobjekte solche Unsicherheiten nicht bestehen. Es sind also alle Gegenstände der GmbH zuzurechnen, bezüglich derer nicht auszuräumende Zweifel an der Zugehörigkeit zum Gesellschaftervermögen bestehen[78]. Ein pauschaler Haftungsdurchgriff ist nicht zu rechtfertigen. Nur wenn überhaupt nicht mehr geklärt werden kann, wie die Vermögenszuordnung ist, insbesondere das Bestehen von Ansprüchen der GmbH gegen den Gesellschafter wahrscheinlich, im Einzelnen aber nicht zu klären ist, kommt eine unbeschränkte Haftung in Frage.

In dem Fall BGHZ 95, 330 (Autokran) war der Beklagte im Wesentlichen Alleingesellschafter von 7 GmbHs, die von der Klägerin insgesamt 39 Autokräne geleast hatten. Nach Streitigkeiten zwischen den Vertragsparteien kündigte die Klägerin die Verträge, nahm die Kräne zurück und verlangte DM 700.000 rückständige Leasingraten. Diese Forderung blieb im Wesentlichen unbezahlt, da alle Gesellschaften vermögenslos waren. Die Klägerin trug vor, der Beklagte habe Gesellschafts- und Privatvermögen miteinander vermischt. Das Landgericht hatte festgestellt, dass Aufträge in einer Größenordnung von „ein paar DM 100.000" für den Umbau des Privathauses der Familie des Beklagten im Namen einer der Leasinggesellschaften erteilt und die daraus resultierenden Rechnungen aus Gesellschaftsvermögen beglichen worden waren.   **158**

In dem Urteil wird überzeugend dargelegt, dass solche Entnahmen des Gesellschafters nicht ausreichen, um eine Haftung wegen Vermögensvermischung, die der BGH anders als hier befürwortet als Durchgriffshaftung versteht, eingreifen zu lassen. Vielmehr sind insoweit lediglich Ansprüche aus §§ 30, 31 GmbHG denkbar. Im vorliegenden Fall war die Vermögensseparierung zwischen Gesellschafts- und Privatvermögen nicht etwa allgemein so verschleiert, dass auch unter Berücksichtigung der Unterlagen der GmbHs nicht mehr gesagt werden konnte, was zu welcher Vermögensmasse gehörte bzw. ob Ansprüche der GmbH etwa aufgrund von §§ 30, 31 GmbHG gegen den Gesellschafter bestanden.

c) Bestandsvernichtende Eingriffe

Die Gesellschafter einer GmbH sind verpflichtet, bestandsvernichtende Eingriffe in das Gesellschaftsvermögen zu vermeiden. Darunter sind Maßnahmen zu verstehen, die ohne Rücksicht auf die Zweckbindung des Gesellschaftsvermögens *durch offene oder verdeckte Entnahmen* die GmbH zum   **159**

1994, 837; *Stimpel*, FS Goerdeler, 1987, S. 601, 612 haftet nur der Gesellschafter, der für die Vermischung verantwortlich ist.
[78] *Karsten Schmidt* § 9 IV 2 a).

Schaden der Gläubiger *außerhalb des üblichen unternehmerischen Risikos in die Insolvenz treiben*. Denn die Beendigung der GmbH hat in einem ordnungsgemäßen Liquidationsverfahren und nicht durch Vermögensentzug zu erfolgen. Welche Pflichten den Gesellschafter im Einzelnen zur Vermeidung bestandsvernichtender Eingriffe treffen, ist noch nicht geklärt[79]. In dem ersten Urteil des BGH zum existenzvernichtenden Eingriff ging es um eine relativ eindeutige Sachlage. Zu entscheiden war, ob ein Alleingesellschafter seine GmbH dazu veranlassen darf, ihre liquiden Mittel in einen von ihm beherrschten Liquiditätsverbund einzubringen, ohne die Existenz der GmbH abzusichern[80]. Ein so rigoroses Cash-Pooling ist wohl tatsächlich nicht akzeptabel.

160   Die Judikatur ging ursprünglich davon aus, dass der Gesellschafter, der den Eingriff tätigt, sowie jeder weitere *Gesellschafter, der durch sein Einverständnis an der Existenzvernichtung beteiligt war*, den Gläubigern der GmbH unbeschränkt persönlich haftet[81]. Gegen diese persönliche Haftung sprechen die schon im Rahmen der materiellen Unterkapitalisierung genannten Gründe: Die Durchgriffshaftung belastet den Gesellschafter verschuldensunabhängig mit einem extremen Haftungsrisiko, ohne dass so recht klar wäre, warum dies gerade bei Entzug von Vermögen der Fall sein sollte[82]. Diese Nachteile haben dazu geführt, dass nunmehr auch der BGH von einer Haftung gegenüber der GmbH ausgeht, wobei als Anspruchsgrundlage § 826 BGB genannt wird[83].

161   In dem Fall BGH ZIP 2007, 1552 nahm der Insolvenzverwalter einer GmbH den Beklagten als Gesellschafter[84] der Gemeinschuldnerin, die ein Hotel betrieb, wegen existenzvernichtenden Eingriffs in das Gesellschaftsvermögen in Anspruch. Der Beklagte hatte sich das Hotelinventar zur Sicherheit übereignen lassen und hatte durchgesetzt, dass der Pachtvertrag zwischen ihm und der GmbH 5 Monate vor Ablauf der Vertragszeit beendet wurde. Die GmbH hatte von da ab gegen Umsatzbeteiligung nur noch die Managementaufgaben zu erledigen. Wenig später verschlechterte sich die wirtschaftliche Lage der GmbH.

---

[79] Überblick über die Ansichten der Literatur bei *Burgard* ZIP 2002, 827, 829; Beispiele bei *Emmerich* AG 2004, 423, 427; *Lutter/Banerjea* ZGR 2003, 402, 416; *Vetter* ZIP 2003, 601, 606; siehe auch BGH ZIP 2008, 455: zusätzliche Vergütung für den Gesellschaftergeschäftsführer ohne besondere Gegenleistung, Haftung bejaht.

[80] BGHZ 149, 10; Verklagt war allerdings nicht der Gesellschafter, eine AG, sondern sein Organ, der Vorstand.

[81] BGH ZIP 2002, 848, 850.

[82] Siehe *Henze* AG 2004, 405, 413; *Schön* ZHR 168 (2004) S. 268, 287 f.

[83] Für eine Innenhaftung *Ulmer* ZIP 2001, 2021, 2026; *Karsten Schmidt* NJW 2001, 3580; für eine Außenhaftung *Bitter* WM 2001, 2133, 2139; *Lutter/Banerjea* ZGR 2003, 402, 413.

[84] Im Originalfall war der Beklagte als maßgeblicher Gesellschafter einer an der GmbH beteiligten Gesellschaft „faktischer" Gesellschafter der GmbH.

Der BGH führt aus, dass in der Aufhebung des Pachtvertrages kein existenzvernichtender Eingriff gelegen habe. Vielmehr sei diese Vorgehensweise schon deshalb gerechtfertigt gewesen, weil die GmbH mit den Pachtzahlungen nicht unerheblich im Rückstand gewesen und der Vertrag sowieso fast ausgelaufen gewesen sei. Zudem habe der Managementvertrag der GmbH auch weiterhin eine Umsatzbeteiligung gesichert. Auch die Sicherungsübereignung habe die Betriebsfortführung nicht behindert, da die GmbH das Inventar habe weiterbenutzen dürfen. Daher habe die GmbH keinen auf § 826 BGB zu stützenden Schadensersatzanspruch. Das überzeugt.

Diese Existenzvernichtungshaftung ergänzt das von §§ 30, 31 GmbHG **162** *vorgegebene Kapitalschutzsystem*, in dem eine sittenwidrige Selbstbereicherung der Gesellschafter, die die Insolvenz der Gesellschaft herbeiführt[85] oder vertieft[86], mit einem Schadensersatzanspruch der GmbH sanktioniert wird. Nicht recht einleuchtend ist allerdings, dass nur die GmbH – und nicht auch die Gläubiger – den Gesellschafter in Anspruch nehmen können, obgleich es sich doch bei § 826 BGB um eine deliktsrechtliche Anspruchsgrundlage handelt[87]. Es wäre daher überzeugender gewesen, wie hier vorgeschlagen[88], auf die schuldrechtlichen Pflichten des Gesellschafters gegenüber der GmbH abzustellen.

Für den *Geschäftsführer* bestimmt § 64 S. 3 GmbHG, dass er der GmbH **163** *Zahlungen zu ersetzen hat, die er an die Gesellschafter aus dem Vermögen der GmbH erbracht hat*, wenn diese zur Zahlungsunfähigkeit der GmbH führen mussten[89]. Er haftet also, wenn er an bestandsvernichtenden Eingriffen der Gesellschaft mitwirkt, (anders als diese) schon bei Fahrlässigkeit und nicht auf Schadensersatz sondern auf Rückgewähr[90].

---

[85] Siehe die Formulierung in BGH ZIP 2007, 1552, 1556.
[86] In BGH NZG 2008, 545, 548 war eine Liquidationsgesellschaft betroffen.
[87] Siehe die Hinweise von *Osterloh-Konrad* ZHR 172 (2008), 274, 290; *Schwab* ZIP 2008, 341, 343 und *Weller* ZIP 2007, 1681, 1682 ff.; dem BGH im Grundsatz folgend *Habersack* ZGR 2008, 533, 547.
[88] 2. F. 157.
[89] Dazu *Hölzle* GmbHR 2007, 729, 730; *Poertzgen* WM 2007, 1203.
[90] Zu diesen Unterschieden *Habersack* ZGR 2008, 533, 558 *J. Vetter* BB 2007, 1965, 1969.

VIII. Ansprüche der Gesellschafter untereinander und zwischen GmbH und Gesellschafter

1. Ansprüche der Gesellschafter untereinander und Ansprüche der GmbH gegenüber den Gesellschaftern

164   a) *Die Gesellschafter sind wechselseitig zur Wahrung der durch die Treuepflicht gebotenen Rücksichtnahme verpflichtet*[1]. Sofern sie dem nicht nachkommen, bestehen Unterlassungs- und Schadensersatzansprüche.

165   b) *Auch die GmbH kann Ansprüche gegen ihre Gesellschafter haben.* Dazu zählen die Ansprüche auf Leistung der versprochenen Einlage[2]. Auch hat der Gesellschafter die ihm durch die Treuepflicht gezogenen Schranken zu wahren. Bei einem Verstoß bestehen Unterlassungs- und Schadensersatzansprüche. Darüber hinaus können aufgrund der einem Vertragsverhältnis vergleichbaren Sonderrechtsbeziehung zwischen Gesellschaft und Gesellschafter weitere Pflichten hinzukommen. Hierzu gehören auch die Pflichten im Bereich der ordnungsgemäßen Vermögensausstattung der GmbH[3]. Mitgesellschafter können diese Ansprüche der GmbH im Wege der actio pro socio geltend machen[4].

2. Ansprüche des Gesellschafters gegen die GmbH

166   a) Nach § 29 Abs. 1, Abs. 2 GmbHG haben die Gesellschafter, sofern die Gesellschafterversammlung nichts anderes beschließt, *Anspruch auf den Jahresüberschuss* zuzüglich eines Gewinns und abzüglich eines Verlustvortrags. Ausnahmen von dieser Regel können insbesondere im Gesellschaftsvertrag vorgesehen werden. Aus § 29 GmbHG kann allerdings kein Zahlungsanspruch gegen die GmbH abgeleitet werden. Denn zuvor muss die Gesellschafterversammlung über die Verwendung des Jahresergebnisses beschließen. Wie in der AG so hat auch in der GmbH jeder Gesellschafter einen *Anspruch gegen die Gesellschaft auf Fassung eines solchen Gewinnverwendungsbeschlusses*[5], da er nur so seinen Zahlungsanspruch beziffern kann.

167   Darüber hinaus hat der Gesellschafter ein *Bezugsrecht* bei einer Kapitalerhöhung[6], bei einer Kapitalherabsetzung einen Zahlungsanspruch und

---

[1] 2. F. 12 f.
[2] 2. F. 19 ff.
[3] 2. F. 153 ff.
[4] Allgemein zur actio pro socio 2. F. 65; Beispiel BGH ZIP 2005, 320.
[5] *Bork/Oepen* ZGR 2002, 241, 249 ff.; *Schüppen*, FS Röhricht, 2005, S. 571, 578; *Zöllner* ZGR 1988, 392, 417; dort auch zu dem Anspruch gegen die Mitgesellschafter.
[6] 2. F. 138.

im Falle der Liquidation einen Anspruch auf Beteiligung am Liquidationserlös (§ 72 GmbHG). Weitere *Vermögensrechte* können aus dem Gleichbehandlungsgebot folgen. Zu den *Verwaltungsrechten* zählen etwa die Informations- und Anfechtungsrechte[7]. Auch hier kann das Gleichbehandlungsgebot zur Erweiterung der Rechte führen.

b) Aufgrund der *Sonderrechtsbeziehung* zwischen GmbH und Gesellschafter können sich im Einzelfall weitere Ansprüche ergeben. Die GmbH kann verpflichtet sein, auf besondere Interessen ihres Gesellschafters Rücksicht zu nehmen. Doch wird diese Verpflichtung nicht oft relevant werden, da „Eingriffsmöglichkeiten" der GmbH in Rechtspositionen des Gesellschafters nur selten gegeben sind. Lediglich Schadensersatzansprüche können jedenfalls nur mit äußerster Zurückhaltung anerkannt werden[8], da sonst das eigentlich dem Schutz der Gläubiger dienende Gesellschaftsvermögen zum Vorteil der Gesellschafter genutzt würde. Dem Gesellschafter kann, sofern dies möglich ist, zugemutet werden, sich durch eine Anfechtungs- oder Unterlassungsklage zur Wehr zu setzen. Auch wird meist die Verletzung von Rücksichtspflichten durch die GmbH auf einem Verstoß der Mitgesellschafter gegen ihre Treuepflicht beruhen. Dann müssen diese vorrangig in Anspruch genommen werden. Doch könnte die geschilderte Pflicht zur Rücksichtnahme etwa bei der Einforderung der Beiträge eine Rolle spielen.   **168**

Deliktische Ansprüche, die auf § 823 Abs. 1 BGB gestützt werden könnten (Verletzung der Mitgliedschaft), können nicht weitergehen und sind daher jedenfalls ohne praktische Relevanz[9].   **169**

c) Aus der Sonderrechtsbeziehung zwischen GmbH und Gesellschafter kann kein allgemeiner *Anspruch auf Wahrung der Mitverwaltungsrechte oder gar auf rechtmäßiges Verhalten der Gesellschaftsorgane* abgeleitet werden[10]. Insofern gelten dieselben Überlegungen, wie sie zur AG genannt worden sind: Die Geschäftsführung wird durch die Gesamtheit der Gesellschafter und nicht durch nur einen von ihnen kontrolliert. Ausnahmen bestehen in Extremfällen nach den Regeln der actio pro socio (2. F. 65).   **170**

---

[7] 2. F. 107 ff., 115 ff.

[8] *Winter*, Mitgliedschaftliche Treuebindung im GmbH-Recht, 1988, S. 92 f.

[9] Siehe dazu bereits 2. A. 78; *Grunewald*, Die Gesellschafterklage in der Personengesellschaft und der GmbH, 1988, S. 100; *Zöllner* ZGR 1988, 392, 430; weitergehend *Habersack*, Die Mitgliedschaft – subjektives und „sonstiges" Recht, 1996, S. 243 ff.; ganz ablehnend *Schmolke*, Organwalterhaftung für Eigenschäden von Kapitalgesellschaftern, 2004, S. 50 ff.

[10] 2. C. 206; *Zöllner* ZGR 1988, 392, 414 f. *Zöllner* bejaht eine Klage zur Durchsetzung von Gesellschafterbeschlüssen.

IX. Erwerb und Verlust der Gesellschafterstellung

1. Erwerb der Gesellschafterstellung

171   Gesellschafter einer GmbH wird man entweder dadurch, dass man sich als Gründer an der Gründung einer GmbH beteiligt, oder bei einer Kapitalerhöhung Geschäftsanteile übernimmt oder einen Geschäftsanteil von einem Dritten erwirbt. § 15 Abs. 1 GmbHG bestimmt ausdrücklich, dass Geschäftsanteile veräußerlich und vererblich sind.

a) Form- und Genehmigungserfordernisse

172   Nach § 15 Abs. 4 S. 1 GmbHG bedarf eine Vereinbarung, durch welche die Verpflichtung eines Gesellschafters zur Abtretung seines Geschäftsanteils begründet wird (sog. *Verpflichtungsgeschäft*), *der notariellen Beurkundung.*

Die damit verbundenen Erschwernisse für die Veräußerung von Geschäftsanteilen verhindern einen schnellen Handel mit GmbH-Beteiligungen und dienen so dem Schutz der Kapitalanleger[1]. Denn da das GmbH-Recht nur wenige zwingende Vorschriften enthält, kann der Erwerber eines Geschäftsanteils ohne sorgfältiges Studium der Vertragsunterlagen nie genau wissen, welche Rechtsstellung er erworben hat. Auch das *Verfügungsgeschäft*, die Abtretung des Geschäftsanteils (§ 413 BGB), *bedarf der notariellen Beurkundung* (§ 15 Abs. 3 GmbHG). Mit ordnungsgemäßer Beurkundung der Abtretung wird ein eventueller Formmangel des zugrunde liegenden Verpflichtungsgeschäfts geheilt (§ 15 Abs. 4 S. 2 GmbHG). Oft werden beide Geschäfte gleichzeitig und in derselben Urkunde beurkundet.

173   Schwierig zu beantworten ist die Frage, ob der Erwerb eines Geschäftsanteils durch eine Person, die durch ihre Eltern oder einen Vormund oder ihren Betreuer vertreten wird, der *Genehmigung des Familien-/Vormundschaftsgerichts* bedarf.

174   In dem Fall BGHZ 107, 23[2] hatte der Beklagte zusammen mit seiner Frau die D-GmbH, eine Maschinenfabrik, gegründet. Das Stammkapital in Höhe von 2 Mio. Mark wurde vollständig aufgebracht. Der Beklagte trat in einer notariellen Urkunde einen Anteil von seinem Geschäftsanteil in Höhe von DM 400.000 schenkweise an seinen minderjährigen Adoptivsohn ab, der von einem Pfleger vertreten wurde. Eine Genehmigung des Vormundschaftsgerichts wurde nicht eingeholt. Der Kläger, der den Nachlass des verstorbenen Adoptivsohns erworben hatte, wollte festgestellt wissen, dass der Geschäftsanteil Bestandteil des Nachlasses ist. Der Beklagte bestritt dies.

---

[1] BGH ZIP 1999, 925, 926; *Hadding* ZIP 2003, 2133; *Kecker*, Die Fungibilisierung von GmbH-Anteilen, 1991, S. 76 f., 79.
[2] Ausführlich zu diesem Urteil *Winkler* ZGR 1990, 131 ff.

Der Geschäftsanteil konnte nur dann Bestandteil des Nachlasses sein, wenn der Adoptivsohn ihn erworben hatte. Zu Recht war er beim Erwerb von einem Pfleger vertreten worden (§§ 1629 Abs. 2, 1795 Abs. 2, 1909 BGB). Formfehler lagen entweder nicht vor (falls auch das Verpflichtungsgeschäft notariell beurkundet worden war) oder waren geheilt (§ 15 Abs. 4 S. 2 GmbHG, § 518 Abs. 2 BGB). Fraglich war allerdings, ob die Genehmigung des Familiengerichts erforderlich war. Das ist gemäß §§ 1643 Abs. 1, 1822 Nr. 3, 1. Alt. BGB der Fall, wenn der Vertrag auf den entgeltlichen Erwerb eines Erwerbsgeschäfts gerichtet ist. Ein solcher Fall lag hier ersichtlich nicht vor, da der Geschäftsanteil dem Adoptivsohn geschenkt worden war. Auch lag keine maßgebliche Beteiligung in dem Sinne vor, dass dies dem Erwerb eines Erwerbsgeschäfts hätte gleichgestellt werden können. Auch die 2. Alternative des § 1822 Nr. 3 BGB (Eingehen eines Gesellschaftsvertrages zum Betrieb eines Erwerbsgeschäfts) lag nicht vor. Vielmehr hatte der Adoptivsohn eine bereits existente Beteiligung erworben. Auch eine analoge Anwendung dieser Bestimmung auf den Erwerb eines Geschäftsanteils lehnt das Urteil mit dem Hinweis darauf ab, dass die Beteiligung an einer Gründung wegen der in diesem Stadium aus mehreren Gesichtspunkten drohenden persönlichen Haftung wesentlich risikoreicher als der spätere Erwerb einer bestehenden Beteiligung sei.

Das Urteil wirft des Weiteren die Frage auf, ob die Anteilsübertragung aufgrund von § 1822 Nr. 10 BGB (Übernahme einer fremden Verbindlichkeit) der Genehmigung des Familiengerichts bedurfte. Diese Norm greift nur ein, wenn der zu Schützende nach außen eine Schuld übernimmt, im Innenverhältnis aber ein anderer haftet und ersatzpflichtig bleibt. Denn das Gesetz will die betreffende Personengruppe davor schützen, dass ein Schuldbeitritt wegen der rechtlichen Möglichkeit des Rückgriffs als risikolos eingeschätzt und vollzogen wird.

Nach § 16 Abs. 2 GmbHG haftet der Erwerber neben dem Veräußerer für die zur Zeit der Eintragung in die Gesellschafterliste auf den Geschäftsanteil rückständigen Leistungen. Hierzu können Einlagen aber auch Ansprüche aufgrund der Differenzhaftung oder aus § 31 Abs. 1, 3 GmbHG zählen. Ob die Anteilsübertragung genehmigungspflichtig ist, entscheidet sich also danach, ob solche Ansprüche bestehen und – falls ja – wer für diese Verbindlichkeiten im Innenverhältnis einzustehen hat (etwa der Veräußerer, die Mitgesellschafter). Danach war in dem zur Entscheidung stehenden Fall eine Genehmigung nicht erforderlich, da Verbindlichkeiten der Gesellschafter gegenüber der GmbH, für die der Minderjährige hätte einstehen müssen, nicht bestanden.

b) Die Vinkulierung

Sehr häufig wird nach dem Gesellschaftsvertrag[3] die Abtretung[4] des Geschäftsanteils an weitere Voraussetzungen, insbesondere an die *Zustimmung der Gesellschaft* oder der Gesellschafterversammlung oder auch einzelner bzw. aller Gesellschafter gebunden. Dies ermöglicht es, die Gesellschaft gegenüber dem Eindringen Fremder abzuschotten und trägt damit den Interessen vieler Gesellschaften Rechnung. Die Festlegung solcher Erschwernisse

175

---

[3] Zur nachträglichen Einfügung einer Vinkulierungsklausel 2. F. 101.
[4] Also das Verfügungsgeschäft. Auf das schuldrechtliche Geschäft bezieht sich Abs. 5 nicht: *Bayer* in Lutter/Hommelhoff § 15 Rdz. 64.

der Abtretbarkeit ist nach § 15 Abs. 5 GmbHG zulässig (sog. Vinkulierung) und hat zur Folge, dass die Abtretung nur wirksam wird[5], wenn die Voraussetzungen erfüllt sind.

176 Im Gesellschaftsvertrag kann auch bereits festgelegt werden, unter welchen *Voraussetzungen der Übertragung zugestimmt wird.* Wenn das der Fall ist, hat der Gesellschafter einen Anspruch gegen die Gesellschaft[6] oder, falls diese zuständig sind, gegen seine Mitgesellschafter[7] auf Erteilung der Genehmigung. Vielfach werden aber im Gesellschaftsvertrag nur einige Kriterien genannt, die bei der Genehmigungserteilung eine Rolle spielen sollen. Dann gehen diese Aspekte in die nach pflichtgemäßem Ermessen zu treffende Entscheidung, die auch an das Gleichbehandlungsgebot gebunden ist, ein. Nennt der Gesellschaftsvertrag keine Kriterien, so darf die Entscheidung gleichwohl nicht willkürlich erfolgen. Sie ist wiederum nach pflichtgemäßem Ermessen unter Berücksichtigung des Gleichbehandlungsgebotes zu treffen. In die Abwägung sind die Interessen des Gesellschafters an der Veräußerung sowie die Interessen der GmbH einzubeziehen. Trägt die Entscheidung dem nicht Rechnung, ist sie rechtswidrig. Vielfach werden im Gesellschaftsvertrag bestimmte Verfügungsgeschäfte von der Vinkulierung ausgenommen. Hierzu kann etwa die Übertragung des Geschäftsanteils auf nahe Angehörige zählen.

177 In dem Fall LG Aachen ZIP 1992, 924[8] hatte die Klägerin vinkulierte Aktien (für Geschäftsanteile einer GmbH würde nichts anderes gelten) einer Versicherungsgesellschaft gekauft, um eine Beteiligung von 25% an dieser Gesellschaft zu erwerben. § 8 der Satzung legte fest, dass im Falle der Verweigerung der Zustimmung zur Übertragung durch den Vorstand dies ohne die Angabe von Gründen geschehe. Der Vorstand hatte die Genehmigung demgemäß anfangs versagt, ohne seine Gründe offen zu legen. Späterhin erklärte er, die Klägerin, die ebenfalls das Versicherungsgeschäft betreibt, habe das Ziel, die Beklagte zu beherrschen. Demgegenüber sei es im Interesse der Beklagten, ihre Selbständigkeit zu erhalten und Fremdeinflüsse abzuwehren. Die Klägerin klagte auf Zustimmung zur Übertragung der vinkulierten Aktien auf sich.

Da der Anspruch auf Zustimmung zur Übertragung auf der Sonderrechtsbeziehung zwischen Gesellschafter und Gesellschaft beruht und die Klägerin noch nicht Gesellschafterin geworden war, machte sie das Recht des Veräußerers auf Zustim-

---

[5] Bis zu diesem Zeitpunkt ist die Abtretung schwebend unwirksam: *Lutter/Bayer* in Lutter/Hommelhoff § 15 Rdz. 76; das schuldrechtliche Geschäft bleibt auf jeden Fall wirksam und kann zur Haftung wegen Nichterfüllung führen.

[6] *Bayer* in Lutter/Hommelhoff § 15 Rdz. 78; Scholz-*Winter/Seibt* § 15 Rdz. 127.

[7] A.A. Scholz-*Winter/Seibt* § 15 Rdz. 127: Sofern ein Gesellschaftsorgan tätig sei, wozu wohl auch die Gesellschafterversammlung zählt, bestehe ein Anspruch gegen die GmbH. Doch geht es in diesem Fall um den Umfang der Treuepflichten der Mitglieder untereinander. Lediglich bei einer kapitalistisch strukturierten Gesellschaft kann zur Erleichterung der Rechtsverfolgung etwas anderes angenommen werden.

[8] Ausführlich dazu *Lutter* AG 1992, 369.

mung im eigenen Namen geltend. Da die Voraussetzungen der gewillkürten Prozessstandschaft erfüllt waren, hat das Gericht dies für zulässig angesehen.

Das Urteil legt zutreffend dar, dass § 8 der Satzung nicht so verstanden werden dürfe, als könne der Vorstand grundlos – also nach Belieben – die Zustimmung verweigern. Entscheidungen der Gesellschaftsorgane sind stets nach pflichtgemäßem Ermessen zu treffen[9]. Gleichwohl hatte die Klage keinen Erfolg. Das Urteil führt aus, dass hier ein fehlerhafter Gebrauch des Ermessens durch den Vorstand nicht erfolgt sei. Das überzeugt. Es ist durchaus zulässig, auf diesem Weg für den Erhalt der Selbständigkeit der Gesellschaft einzutreten. Vielfach ist gerade dies Zweck einer Vinkulierungsklausel. Auch aus der Tatsache, dass bislang alle Übertragungen genehmigt worden waren, folgte nichts anderes: Denn zuvor hatte noch kein Unternehmen versucht, eine Sperrminorität in der Beklagten zu erwerben. Daher verstieß die Ablehnung auch nicht gegen das Gleichbehandlungsgebot.

c) Eintragung in die Gesellschafterliste

Für die GmbH können, da sie an einer Veräußerung der Geschäftsanteile nicht beteiligt ist, Unklarheiten in Bezug auf die *Frage entstehen, wer nun ihr Gesellschafter ist.* Dies kann weit reichende Folgen haben. So besteht beispielsweise die Gefahr, dass der „falsche" Gesellschafter zur Gesellschafterversammlung eingeladen wird, was die Nichtigkeit der dort gefassten Beschlüsse zur Folge haben kann[10]. Um solche Komplikationen auszuschließen, bestimmt § 16 Abs. 1 GmbHG, dass im Falle des Anteilsübergangs der Gesellschaft gegenüber derjenige als Erwerber gilt, der in der im Handelsregister aufgenommenen[11] Gesellschafterliste eingetragen ist.   **178**

Der neue Gesellschafter muss also schon deshalb für seine Aufnahme in die Liste Sorge tragen, weil er sonst seine Mitgliedschaftsrechte nicht ausüben kann. Demgemäß bestimmt § 40 Abs. 1 GmbHG, dass die Geschäftsführer bei jeder Veränderung des Gesellschafterkreises eine neue Liste zum Handelsregister einzureichen haben. Wenn – wie etwa bei der Abtretung – ein Notar an der Veränderung mitgewirkt hat, trifft ihn die entsprechende Verpflichtung (§ 40 Abs. 2 GmbHG). Mit der Eintragung in der Liste ist für den Erwerber klar, dass er als neuer Gesellschafter akzeptiert wird. Zugleich legt § 16 Abs. 2 GmbHG fest, dass der Erwerber für die zur Zeit der Eintragung rückständigen Leistungen neben dem Veräußerer haftet. Erfolgt keine Eintragung, so ist die GmbH nicht berechtigt, den Erwerber als Gesellschafter zu behandeln, und zwar auch dann nicht, wenn sie weiß, dass er der neue   **179**

---

[9] *Lutter* AG 1992, 369, 370 ff.; *Bayer* in Lutter/Hommelhoff § 15 Rdz. 71; *Raiser/Veil* § 30 Rdz. 12; für freies Ermessen Baumbach/*Hueck/Fastrich* § 15 Rdz. 46.

[10] 2. F. 105.

[11] Siehe § 9 Abs. 1 HRV: Aufnahme in die für das Registerblatt bestimmten Registerordner.

Gesellschafter ist[12]. Gesellschafter, deren Beteiligung unrichtig aufgeführt ist, haben gegenüber der GmbH einen Anspruch auf Korrektur[13].

d) Gutgläubiger Erwerb

180 § 16 Abs. 3 GmbHG ermöglicht den gutgläubigen Erwerb von Geschäftsanteilen. Wer von einer Person erwirbt, die in der im Handelsregister aufgenommenen Gesellschafterliste eingetragen ist, *kann auch dann Gesellschafter werden oder ein Recht (z. B. ein Pfandrecht) an einem Geschäftsanteil erwerben, wenn der Veräußerer nicht Gesellschafter* ist. Der Geschäftsanteil muss aber existieren[14]. Auch kann eine bestehende Belastung nicht gutgläubig „wegerworben" werden[15]. Zudem muss der Erwerber gutgläubig und entweder die Liste drei Jahre unrichtig oder die Unrichtigkeit dem Berechtigten zuzurechnen sein. Wenn der Berechtigte nichts unternimmt, obwohl er weiß, dass die Liste (vermutlich) unrichtig ist, ist ihm die Unrichtigkeit zuzurechnen. Gleiches gilt, wenn sich ein Erwerber nicht um seine Eintragung kümmert.

181 Da die Gesellschafterliste online einsehbar ist, kann *jeder Gesellschafter jeder Zeit überprüfen*, ob die Liste richtig ist. Es kann daher erwartet werden, dass ein Gesellschafter, der zu Unrecht nicht eingetragen ist, dies bemerkt, zumal ihm ja auch gemäß § 16 Abs. 1 GmbHG die Gesellschafterrechte nicht zustehen. Er kann dann Widerspruch erheben. Dieser schließt gemäß § 16 Abs. 3 S. 3 GmbHG den gutgläubigen Erwerb aus.

2. Erwerb von Todes wegen

182 Nach § 15 Abs. 1 GmbHG ist der Geschäftsanteil vererblich. *Der Erbe oder die Erbengemeinschaft tritt in alle Rechte und Pflichten*, die mit der Gesellschafterstellung verbunden sind, *ein*. Eine Sondererbfolge wie im Personengesellschaftsrecht findet also nicht statt. Für die Erbengemeinschaft gilt § 18 GmbHG. Die Gesellschafter können sich auf verschiedene Weise davor schützen, dass auf diesem Wege neue Gesellschafter in die GmbH eindringen, die ihnen nicht genehm sind. So kann im Gesellschaftsvertrag etwa vereinbart werden, dass Erben auf Verlangen der Gesellschafter oder der Gesellschaft ihren Geschäftsanteil zu übertragen haben. Ist im Gesellschaftsvertrag vorgesehen, dass nur bestimmte Personen (etwa nur Abkömmlinge) Gesellschafter werden können, so kann diese Bestimmung als

---

[12] BGH ZIP 1991, 724, 725; BGH ZIP 2001, 513; *Bayer* in Lutter/Hommelhoff § 16 Rdz. 20.
[13] *Zöllner/Noack* in Baumbach/Hueck § 40 Rdz. 84.
[14] *Bayer* in Lutter/Hommelhoff § 16 Rdz. 58.
[15] *Bayer* in Lutter/Hommelhoff § 16 Rdz. 60.

Begründung einer solchen Abtretungspflicht verstanden werden. Denn ein Ausschluss der Vererblichkeit kann nicht vereinbart werden[16], da ein Geschäftsanteil nicht einfach in Wegfall kommen kann. Ebenfalls möglich ist es, im Gesellschaftsvertrag die Einziehung des Geschäftsanteils für den Fall vorzusehen, dass überhaupt neue oder bestimmte Personen im Erbwege in die GmbH einrücken[17]. Dann müssen die Voraussetzungen von § 34 GmbHG gewahrt werden. In diesem Fall kann die Einziehung auch ohne Zahlung eines Entgelts erfolgen[18]. Die Anordnung einer Testamentsvollstreckung ist im Grundsatz unproblematisch[19].

3. Verlust der Gesellschafterstellung

a) Selbstverständlich verliert ein Gesellschafter, der seinen Geschäftsanteil überträgt, seine Gesellschafterstellung. Gleiches gilt beim Tod eines Gesellschafters.   183

b) Das Gesetz sieht aber noch weitere Formen des Verlustes der Mitgliedschaft vor. Hierzu gehört zum einen die in § 21 GmbHG geregelte *Kaduzierung*[20], die zum Ausschluss derjenigen Gesellschafter führt, die die geschuldete Einlage nicht leisten.   184

c) § 34 GmbHG regelt darüber hinaus die sog. *Einziehung* von Geschäftsanteilen. Diese ist nur zulässig, wenn sie im Gesellschaftsvertrag vorgesehen ist (§ 34 Abs. 1 GmbHG). Die Einziehung kommt meist in der Form vor, dass es auf die Zustimmung des von der Einziehung betroffenen Gesellschafters nicht ankommen soll (sog. *Zwangseinziehung*). Eine solche Bestimmung muss schon zu dem Zeitpunkt im Gesellschaftsvertrag festgesetzt sein, zu dem der betreffende Gesellschafter seinen Anteil erwirbt (§ 34 Abs. 2 GmbHG)[21]. Vielfach wird die Zwangseinziehung daran geknüpft, dass der Geschäftsanteil eines Gesellschafters gepfändet, das Insolvenzverfahren über sein Vermögen eröffnet oder von Todes wegen eine Person Gesellschafter wird, die den Mitgesellschaftern nicht genehm ist. Im Gesellschaftsvertrag kann auch ganz allgemein gesagt werden, dass die Einziehung bei Vorliegen eines wichtigen Grundes in der Person eines Gesellschafters zulässig sein   185

---

[16] *Bayer* in Lutter/Hommelhoff § 15 Rdz. 11; Scholz-*Winter/Seibt* § 15 Rdz. 27.

[17] Siehe BGHZ 105, 213; BGH ZIP 2007, 862 (KG).

[18] Scholz-*Winter/Seibt* § 15 Rdz. 31; *Ulmer/Winter/Löbbe* § 15 Rdz. 18.

[19] Umstritten ist, ob der Gesellschaftsvertrag die Anordnung einer Testamentsvollstreckung für unzulässig erklären kann (dazu *Ulmer/Winter/Löbbe* § 15 Rdz. 29) und wie weit die Befugnisse des Testamentsvollstreckers reichen: *Priester*, FS Stimpel, 1985, S. 463, 468 ff.; *Ulmer/Winter/Löbbe*. § 15 Rdz. 30 f.

[20] 2. F. 28; zur Erweiterung des Anwendungsbereiches der Kaduzierungsregeln aufgrund des Gesellschaftsvertrages *Melber*, Die Kaduzierung in der GmbH, 1993, S. 257 ff.

[21] Zu den Voraussetzungen einer späteren Einfügung einer Einziehungsklausel: 2. F. 101.

soll[22]. Die Zwangseinziehung verschafft den Gesellschaftern die Möglichkeit, über die Zusammensetzung des Gesellschafterkreises zu entscheiden. Nach Ansicht der Judikatur soll allerdings, wenn nicht besondere Umstände vorliegen, eine Einziehung, die ins Belieben der Mitgesellschafter gestellt ist, unzulässig sein[23].

186   Die Einziehung erfolgt *auf Beschluss der Gesellschafter* (§ 46 Nr. 4 GmbHG). Sie führt zur *Vernichtung des Geschäftsanteils*. Die Stammkapitalziffer wird hiervon nicht betroffen. Vielmehr erhöht sich der Nennbetrag der verbleibenden Geschäftsanteile verhältnismäßig[24], so dass ihre Summe wieder gleich der Stammkapitalziffer ist. Auf diese Weise wird der Bestimmung von § 5 Abs. 3 S. 2 GmbHG Rechnung getragen[25]. Die Einziehung nicht voll eingezahlter Geschäftsanteile ist unzulässig und unwirksam, da anderenfalls der gegen den Anteilsinhaber bestehende Anspruch auf Leistung der Einlage erlöschen würde. Das wäre mit der Pflicht zur realen Aufbringung des Stammkapitals nicht vereinbar[26].

187   Der aus der GmbH ausscheidende Gesellschafter hat Anspruch auf Zahlung einer *Abfindung*, die dem Wert des Geschäftsanteils im Zeitpunkt seines Ausscheidens entspricht[27]. Bei der Zahlung der Abfindung ist § 30 Abs. 1 GmbHG zu beachten (§ 34 Abs. 3 GmbHG). Die Auszahlung darf also nicht zum Entstehen einer Unterbilanz führen. Zeichnet sich bereits bei Fassung des Einziehungsbeschlusses ab, dass die Abfindung ohne Verstoß gegen § 30 GmbHG nicht gezahlt werden kann, so ist der Einziehungsbeschluss unwirksam[28]. In den übrigen Fällen scheidet der betroffene Gesellschafter aus. Stellt sich später heraus, dass die Abfindung nur aus gebundenem Vermögen geleistet werden kann, so kann der Gesellschafter entweder die Auflösung der GmbH nach § 61 Abs. 2 GmbHG betreiben oder seine Wiederaufnahme in die Gesellschaft verlangen[29]. Hier ist vieles umstritten. Es empfiehlt sich

---

[22] BGH ZIP 1995, 567, 569; *Raiser/Veil* § 30 Rdz. 50.
[23] 1. A. 140; zustimmend Baumbach/*Hueck/Fastrich* § 34 Rdz. 9; *Lutter*/Hommelhoff § 34 Rdz. 27; Scholz-*Westermann* § 34 Rdz. 17.
[24] BGH NJW 1989, 168, 169; *Lutter*/Hommelhoff § 34 Rdz. 2.
[25] Baumbach/*Hueck/Fastrich* § 34 Rdz. 17b; *Lutter* GmbHR 2010, 1177; a.A. LG Essen BeckRS 2010, 15627.
[26] *Raiser/Veil* § 30 Rdz. 46; Scholz-*Westermann* § 34 Rdz. 52.
[27] Baumbach/*Hueck/Fastrich* § 34 Rdz. 22; Scholz-*Westermann* § 34 Rdz. 25.
[28] *Grunewald*, Der Ausschluss aus Gesellschaft und Verein, 1987, S. 241; wann davon ausgegangen werden kann, dass sich eine solche Vermögenslage abzeichnet, beschreibt *Ulmer*, FS Rittner, 1991, S. 735, 743 f.; enger BGH NZG 2009, 221; *Raiser/Veil* § 30 Rdz. 58 und Baumbach/*Hueck/Fastrich* § 34 Rdz. 40: Es müsse feststehen, dass das Entgelt entgegen § 30 GmbHG gezahlt werden müsse.
[29] *Grunewald*, Der Ausschluss aus Gesellschaft und Verein, 1987, S. 243; a.A. *Pentz*, FS Ulmer, 2003, S. 45l: Nur Beschlussanfechtung möglich; *Raiser/Veil* § 30 Rdz. 59 (ähnlich BGHZ 101, 113, 120): Die Einziehung werde erst wirksam, wenn ohne Verstoß gegen § 30 GmbHG gezahlt werde. Doch ist damit u.U. längere Zeit unklar, ob der Gesellschaf-

daher im Gesellschaftsvertrag vorzusehen, dass der Gesellschafter seine Mitgliedschaft sofort (also vor Zahlung der Abfindung) verliert[30]. Vereinbart wird oftmals, dass die Abfindung nicht dem Wert des Anteils entsprechen, sondern geringer ausfallen soll. Insoweit liegt die Problematik nicht anders als bei der Personengesellschaft[31].

d) Der Gesellschaftsvertrag kann also wie geschildert durch eine Einzie-   **188** hungsklausel dafür Sorge tragen, dass ein Gesellschafter, in dessen Person ein wichtiger Grund liegt, *aus der GmbH ausgeschlossen werden kann.* Auch eine Verpflichtung zur Abtretung des Geschäftsanteils kann für diesen Fall vorgesehen werden. Darüber hinausgehend besteht aber Einigkeit darüber, dass auch dann, wenn der Gesellschaftsvertrag keine entsprechende Regelung enthält, ein Ausschluss möglich ist, wenn in der Person eines Gesellschafters ein wichtiger Grund liegt[32]. In der Tat muss dies so sein, da es nur so den verbleibenden Gesellschaftern möglich ist, sich effektiv gegen Mitglieder zur Wehr zu setzen, die die Verfolgung des Gesellschaftsziels beeinträchtigen[33]. Für die Feststellung, ob ein solcher wichtiger Grund vorliegt, gilt dasselbe wie im Recht der Personengesellschaften[34].

Vor Durchführung des Ausschlussverfahrens müssen die übrigen Gesell-   **189** schafter mit einer Dreiviertelmehrheit über den Ausschluss beschließen[35]. In Anlehnung an § 140 HGB verlangt die Judikatur im Anschluss an die Beschlussfassung die Erhebung einer *Gestaltungsklage*[36]. Dem Ausscheidenden ist eine Abfindung zu zahlen, die aber nur unter Beachtung von § 30 Abs. 1 GmbHG geleistet werden darf. Insofern gilt dasselbe wie im Bereich der Einziehung. Um eine ordnungsgemäße Leistung der Abfindung sicherzustellen, geht der BGH davon aus, dass das Gestaltungsurteil nur bedingt ergeht. Es

---

ter nun endgültig ausscheidet oder nicht; dieselben Überlegungen sprechen auch gegen die von *Ulmer*, FS Priester, 2007, S. 775, 793 vertretene Lösung über eine auflösende Bedingung (= Zahlung erfolgt unter Verstoß gegen § 30 GmbHG) der Einziehung; für eine persönliche Haftung der Mitgesellschafter *Goette*, FS Lutter, 2000, S. 399, 410; offen gelassen in BGHZ 139, 299, 301; BGH ZIP 2003, 1544, 1546.

[30] Dies ist zulässig; BGH NZG 2009, 221.

[31] 1. A. 140 ff.; speziell zur GmbH Scholz-*Westermann* § 34 Rdz. 29 ff.; dort auch weitere Nachweise.

[32] BGH ZIP 2003, 395, 396; *Grunewald*, Der Ausschluss aus Gesellschaft und Verein, 1987, S. 48 f.; *Lutter*/Hommelhoff § 34 Rdz. 52; Scholz-*Winter* § 15 Rdz. 130.

[33] *Grunewald*, Der Ausschluss aus Gesellschaft und Verein, 1987, S. 49; zum Teil wird zur Begründung mehr darauf abgestellt, dass jedes Dauerschuldverhältnis kündbar sei (BGHZ 9, 157, 161 f.) bzw. auf die Treuepflicht (BGHZ 9, 157, 163; BGH ZIP 1999, 1843, 1844; *Ulmer* Anh. § 34 Rdz. 10; Scholz-*Winter/Seibt* Anh. § 34 Rdz. 21.

[34] 1. A. 137.

[35] BGHZ 9, 157, 177; BGH ZIP 2003, 395, 396; *Bärwaldt* NZG 2003, 261; *Ulmer* Anh. § 34 Rdz. 26.

[36] BGHZ 9, 157, 166; 16, 317, 322; BGH ZIP 2003, 395, 396. Zustimmend *Lutter*/Hommelhoff § 34 Rdz. 62.

wird unbedingt, wenn die Abfindung ohne Begründung einer Unterbilanz geleistet wird. In der Zwischenzeit ruhen die Gesellschafterrechte des Beklagten weitgehend. Problematisch an der Annahme eines bedingten Gestaltungsurteils ist, dass der Eintritt der Bedingung (vollständige Zahlung der Abfindung ohne Verstoß gegen § 30 GmbHG) oftmals lange Zeit auf sich warten lässt und zudem umstritten sein kann[37]. Man geht daher besser davon aus, dass die Klage auf Abtretung des Geschäftsanteils Zug um Zug gegen Zahlung einer ordnungsgemäßen Abfindung zu richten ist[38]. Erfolgt die Zahlung aus gebundenem Vermögen, so hat der Gesellschafter ein Auflösungsrecht. Insoweit entspricht die Rechtslage den von der Einziehung her bekannten Regeln.

190   e) Für den Fall, dass, was selten ist, im Gesellschaftsvertrag eine Nachschusspflicht der Gesellschafter vorgesehen ist, besteht nach § 27 GmbHG für einen Gesellschafter die Möglichkeit, sich von der Zahlung eines Nachschusses durch Zurverfügungstellen seines Geschäftsanteils zu befreien (sog. *Abandonrecht*).

191   f) Ein allgemeines *Austrittsrecht* sieht das Gesetz nicht vor. Gleichwohl besteht mittlerweile Einigkeit darüber, dass ein solches Recht bei Vorliegen eines wichtigen Grundes gegeben ist[39]. Für den Gesellschafter wird so die Möglichkeit geschaffen, sein Engagement in der GmbH zu beenden. Ihm verbleibt die nicht unwesentliche Freiheit, eine einmal eingegangene Bindung wieder aufzulösen, wenn diese für ihn nicht mehr tragbar ist[40].

192   Ein *wichtiger Grund* liegt demgemäß vor, wenn dem Gesellschafter die Fortdauer der Mitgliedschaft in der GmbH nicht mehr zugemutet werden kann. Dies kann der Fall sein, wenn die Gesellschaft grundlegend umgestaltet wird (etwa wenn der Unternehmensgegenstand nachhaltig verändert wird oder wenn die GmbH zur abhängigen Gesellschaft in einem Konzern wird oder wenn sich die Mitgesellschafter untragbar verhalten und dies durch andere Rechtsbehelfe nicht wirkungsvoll unterbunden werden kann[41]). Der

---

[37] *Ulmer* Anh. § 34 Rdz. 37 und *Ulmer*, FS Rittner, 1991, S. 735, 752 f. gehen von einem auflösend bedingten Gestaltungsurteil aus. Aber auch dann führt jeder Streit um die Frage, ob die Abfindung ordnungsgemäß erbracht ist, zu Unklarheiten über die Gesellschafterstellung.

[38] *Grunewald*, Der Ausschluss aus Gesellschaft und Verein, 1987, S. 110 ff. Das Urteil ist dann kein Gestaltungsurteil.

[39] BGH ZIP 1992, 237, 240; *H.-F. Müller*, Das Austrittsrecht des GmbH-Gesellschafters, 1996, S. 22 ff.; *Röhricht*, FS Kellermann, 1991, S. 361 ff.; *Ulmer* Anh. § 34 Rdz. 46.

[40] Zu der Frage, ob ein Austrittsrecht ohne Vorliegen eines wichtigen Grundes besteht, *H.-F. Müller*, Das Austrittsrecht des GmbH-Gesellschafters, 1996, S. 39 ff.; *Röhricht*, FS Kellermann, 1991, S. 361 ff. und *Ulmer* Anh. § 34 Rdz. 48.

[41] Beispiele bei *Becker*, Der Austritt aus der GmbH, 1985, S. 99 f.; *H.-F. Müller*, Das Austrittsrecht des GmbH-Gesellschafters, 1996, S. 52 ff.; *Röhricht*, FS Kellermann, 1991, S. 361, 381; *Ulmer* Anh. § 34 Rdz. 52.

Austritt kommt nur in Frage, wenn es dem Gesellschafter nicht auf andere Weise möglich ist, sein Engagement in der GmbH zu lösen. Diese Einschränkung des Austrittsrechts ergibt sich aufgrund der Treuepflicht des Gesellschafters gegenüber der GmbH und seinen Mitgesellschaftern. Daher wird ein Austritt eher in einer GmbH vorkommen, in der die Abtretung der Geschäftsanteile erschwert ist. Unabdingbare Voraussetzung für den Austritt kann dies aber nicht sein, da auch in anderen GmbHs die Fortdauer der Mitgliedschaft unzumutbar sein kann[42]. Je nach Anlass des Austritts muss der Gesellschafter unter Umständen auch finanzielle Einbußen bei der Nutzung anderweitiger Lösungsmöglichkeiten – etwa Übertragung des Anteils auf einen Mitgesellschafter – hinnehmen. Sofern – wie meist – der wichtige Grund in der Sphäre der GmbH seinen Ursprung hat, muss diese im Regelfall eine anderweitige Lösungsmöglichkeit für den Gesellschafter nachweisen[43].

Der Austritt erfolgt durch Abgabe der Austrittserklärung gegenüber der   **193**
GmbH. Der austrittswillige Gesellschafter hat einen Anspruch auf Zahlung einer vollwertigen Abfindung Zug um Zug gegen Abtretung des Geschäftsanteils an die GmbH oder einen von ihr genannten Dritten bzw. gegen Erteilung der Zustimmungserklärung zur Einziehung des Geschäftsanteils. Bis zur Abwicklung des Austritts sind die Mitgliedschaftsrechte des Austrittswilligen eingeschränkt[44]. Bei der Leistung der Abfindung ist § 30 GmbHG zu beachten. Wird die Abfindung nicht ordnungsgemäß erbracht, hat der Gesellschafter ein Recht zur Auflösung der GmbH[45].

In dem Fall BGHZ 88, 320 waren die Klägerin und der Streithelfer der beklagten   **194**
GmbH je zur Hälfte an der Gesellschaft beteiligt. Der Streithelfer hatte gemäß einer im Gesellschaftsvertrag vorgesehenen Bestimmung seinen Austritt aus der GmbH erklärt. Umstritten war die Höhe der an ihn zu zahlenden Abfindung. Daher war der Austritt auch noch nicht – wie im Gesellschaftsvertrag eigentlich vorgesehen – durch Abtretung des Geschäftsanteils an die Klägerin vollzogen worden. Die Klägerin hatte in einer Gesellschafterversammlung beantragt, ihren Sohn zum Geschäftsführer der Beklagten zu bestellen. Der Streithelfer stimmte gegen diesen Antrag. Die Klägerin, die die Stimmabgabe des Streithelfers wegen der zuvor erklärten Kündigung für unwirksam hielt, hatte beantragt, festzustellen, dass die Ablehnung ihres Antrags nichtig sei bzw. hilfsweise den Ablehnungsbeschluss für nichtig zu erklären. Wäre die Stimme eines nichtstimmberechtigten Gesellschafters mitgezählt worden, so wäre der Beschluss zwar nicht nichtig, eventuell aber doch anfechtbar gewesen[46]. Fest stand aber, dass der Streithelfer nach wie vor Gesellschafter der beklag-

---

[42] *H.-F. Müller,* Das Austrittsrecht des GmbH-Gesellschafters, 1996, S. 22 ff.; *Röhricht,* FS Kellermann, 1991, S. 361, 378.

[43] *Röhricht,* FS Kellermann, 1991, S. 361, 383 ff., dort auch zu den Ausnahmen.

[44] BGH ZIP 2010, 324, 326; Inwieweit dies der Fall ist, ist streitig. *Lutter/*Hommelhoff § 34 Rdz. 75; *H.-F. Müller,* Das Austrittsrecht des GmbH-Gesellschafters, 1996, S. 92 ff.; *Ulmer* Anh. § 34 Rdz. 60 ff.

[45] *Grunewald* GmbHR 1991, 185 ff.; *Lutter/*Hommelhoff § 34 Rdz. 77.

[46] 2. F. 107; *Zöllner,* in Baumbach/Hueck, Anh. § 47 Rdz. 115.

ten GmbH war. Denn der Austritt war noch nicht abgewickelt worden. Damit stand ihm im Grundsatz auch das Stimmrecht nach wie vor zu. Weiterhin griff zu seinen Gunsten § 16 GmbHG ein. Die Anfechtungsklage wäre aber auch begründet, wenn der Streithelfer sein Stimmrecht missbraucht hätte. Auch das konnte aber nicht festgestellt werden. Zwar geht das Urteil davon aus, dass sich mit der Austrittserklärung das berechtigte Interesse des Gesellschafters an einer Mitsprache in den Angelegenheiten der GmbH erheblich vermindert habe. Daher sei der Gesellschafter verpflichtet, Zurückhaltung bei der Stimmrechtsausübung zu üben und nicht ohne triftigen Grund gegen eine von den anderen Gesellschaftern vorgeschlagene, sachlich vertretbare Maßnahme zu stimmen, die seine Vermögensinteressen nicht beeinträchtige. Da der Streithelfer hier aber mit der Klägerin stark verfeindet war, konnte er, ohne gegen diese Pflichten zu verstoßen, gegen die Bestellung des Sohnes der Klägerin zum Geschäftsführer stimmen. Denn es war dann nicht fern liegend anzunehmen, dass der Sohn nicht die nötige Objektivität zur Bewältigung der Auseinandersetzungen zwischen den Gesellschaftern haben würde.

X. Die GmbH auf fehlerhafter Vertragsgrundlage

1. Fehler bei der Gründung und bei der Vertragsänderung

195   a) Wie die AG so wird auch die GmbH nicht ins Handelsregister eingetragen, wenn sie nicht ordnungsgemäß errichtet ist[1]. *Sollte die GmbH* entgegen dieser Regel doch *eingetragen worden sein*, so genießt sie im Interesse der Gesellschafter und des Rechtsverkehrs und damit letztlich im Interesse der Allgemeinheit einen starken *Bestandsschutz*[2]. Jetzt können nur noch die in § 75 Abs. 1 GmbHG genannten Gründe zur Nichtigkeit führen. Zur Geltendmachung dieser Gründe ist die Erhebung einer Klage erforderlich (§ 75 Abs. 1 GmbHG). Das Gericht erklärt, sofern der Mangel nicht geheilt wird (§ 76 GmbHG), die GmbH mit Wirkung für die Zukunft für nichtig. Die GmbH wird aufgelöst und abgewickelt (§ 77 GmbHG)[3]. Daneben besteht die Möglichkeit der Amtslöschung bzw. Auflösung nach §§ 394, 397, 399 FamFG.

196   b) *Beschlüsse, die den Gesellschaftsvertrag ändern*, müssen ins Handelsregister eingetragen werden (§ 54 Abs. 1 GmbHG). Eine solche Eintragung erfolgt nicht, wenn der Beschluss nichtig ist[4]. Ist der Beschluss lediglich anfechtbar, so kann u. U. eine Eintragung erfolgen[5]. Sollten nichtige Beschlüsse

---

[1] 2. F. 31.
[2] *Kort*, Bestandsschutz fehlerhafter Strukturänderungen im Kapitalgesellschaftsrecht, 1998, S. 26; *Paschke* ZHR 155 (1991), 1, 3f.
[3] 2. F. 202.
[4] *Bayer* in Lutter/Hommelhoff § 54 Rdz. 9; *Zöllner* in Baumbach/Hueck, § 54 Rdz. 20.
[5] *Bayer* in Lutter/Hommelhoff § 54 Rdz. 12; *Zöllner* in Baumbach/Hueck, § 54 Rdz. 22 ff.

entgegen dieser Regel ins Handelsregister eingetragen werden, so gilt § 242 AktG analog[6]. Möglich bleibt eine Amtslöschung nach § 398 FamFG[7].

2. Fehler bei der Übernahme junger Geschäftsanteile

Wenn sich Gründer oder andere Personen bei einer Kapitalerhöhung bei der Übernahme der Stammeinlagen geirrt haben, getäuscht oder bedroht worden sind, kommt eine Anfechtung entgegen der Grundregel von §§ 119, 123 BGB nach Eintragung der GmbH bzw. der Kapitalerhöhung nicht in Betracht[8]. Für Formfehler und andere Nichtigkeitsgründe gilt weitgehend dasselbe[9]. Sinn und Ausnahmen von dieser Regel beruhen auf denselben Überlegungen wie im Aktienrecht. Auf die dort gemachten Ausführungen kann verwiesen werden[10].   **197**

3. Fehler bei der Übertragung von Geschäftsanteilen

Fehler bei der Übertragung von Geschäftsanteilen werden im Verhältnis des Gesellschafters *zur GmbH mit Hilfe von § 16 GmbHG* bewältigt[11]. Die Rückabwicklung der Übertragung erfolgt im Verhältnis des Veräußerers zum Erwerber nach den allgemeinen Regeln des BGB. Im Falle eines gutgläubigen Erwerbs greift § 816 Abs. 1 BGB ein.   **198**

In dem Fall BGH NJW 1990, 1915[12] war ein GmbH-Gesellschafter durch eine arglistige Täuschung zur Übertragung seines Geschäftsanteils auf einen Mitgesellschafter veranlasst worden. Er klagte auf Feststellung, dass er nach wie vor Gesellschafter sei.   **199**
Da die Übertragung wirksam angefochten worden war, hätte die Klage nach der Bestimmung des § 142 Abs. 1 BGB erfolgreich sein müssen. Dem könnten allenfalls die Regeln der fehlerhaften Gesellschaft (1. A. 171) entgegenstehen. Danach wäre die Übertragung als wirksam zu behandeln und der Kläger könnte lediglich Rückübertragung der Beteiligung auf sich verlangen.
Der BGH führt aus, dass bei der Übertragung von Geschäftsanteilen einer GmbH die Regeln der fehlerhaften Gesellschaft nicht gelten[13]. Zur Begründung weist das

---

[6] BGH ZIP 1995, 1983; *Bayer* in Lutter/Hommelhoff § 54 Rdz. 19; *Zöllner* in Baumbach/Hueck, § 54 Rdz. 40; zu Fehlern in der Ursprungssatzung BGH ZIP 2000, 1295.

[7] *Kort*, Bestandsschutz fehlerhafter Strukturänderungen im Kapitalgesellschaftsrecht, 1998, S. 101; Beispiele bei *Lutter/Friedewald* ZIP 1986, 691, 692.

[8] Zur Gründung Scholz-*Emmerich* § 2 Rdz. 73; *Bayer* in Lutter/Hommelhoff § 2 Rdz. 28 f.; zur Kapitalerhöhung *Roth*/Altmeppen § 55 Rdz. 14; *Zöllner* in Baumbach/Hueck, § 55 Rdz. 42.

[9] Scholz-*Emmerich* § 2 Rdz. 72; *Bayer* in Lutter/Hommelhoff § 2 Rdz. 28.

[10] 2. C. 214.

[11] Siehe 2. F. 178 f.

[12] Besprechungen von *Grunewald* ZGR 1991, 452 und *Heinemann* EWiR 1991, 65.

[13] Bestätigt in BGH ZIP 1995, 1085, 1086.

Urteil darauf hin, dass im Verhältnis der Gesellschafter zur GmbH § 16 GmbHG für klare Verhältnisse sorge. Die Rückabwicklung der Übertragung zwischen Veräußerer und Erwerber des Geschäftsanteils könne aber nach Bereicherungsrecht erfolgen. Daher sei keine Notwendigkeit dafür gegeben, die Regeln über die fehlerhafte Gesellschaft anzuwenden. Demgemäß hatte die Feststellungsklage Erfolg.

Diese Begründung überzeugt. Offen bleibt die Frage, ob hieraus nicht auch Folgerungen für das Recht der Personengesellschaften zu ziehen sind. Vielleicht sollten auch dort die Regeln der fehlerhaften Gesellschaft im Falle der unwirksamen Übertragung der Gesellschaftsbeteiligung nur im Verhältnis des Gesellschafters zu seiner Gesellschaft Anwendung finden.

XI. Auflösung und Beendigung

1. Auflösungsgründe

200   In § 60 GmbHG nennt das Gesetz einige Auflösungsgründe. Hierzu gehört einmal ein entsprechender *Beschluss der Gesellschafter*, der mit einer Dreiviertelmehrheit gefasst werden muss (§ 60 Abs. 1 Nr. 2 GmbHG)[1]. Die GmbH wird auch aufgelöst, wenn über das Gesellschaftsvermögen das *Insolvenzverfahren* eröffnet bzw. die Eröffnung mangels Masse abgelehnt wird (§ 60 Abs. 1 Nr. 4, 5 GmbHG). Ebenfalls zur Auflösung der Gesellschaft führt ein Verfahren nach § 399 FamFG (§ 60 Abs. 1 Nr. 6 GmbHG)[2]. Auch die bereits erwähnte Nichtigkeitsklage[3] nach § 75 GmbHG führt die Auflösung der Gesellschaft herbei (§ 77 GmbHG).

201   Nach § 60 Abs. 1 Nr. 3 GmbHG wird die Gesellschaft des Weiteren durch *gerichtliches Urteil* aufgelöst. Wann eine solche Auflösungsklage erhoben werden kann, bestimmen §§ 61, 62 GmbHG. Eine gewisse praktische Bedeutung hat § 61 GmbHG. Danach kann die Auflösungsklage von Gesellschaftern, deren Geschäftsanteile zusammen 10% des Stammkapitals entsprechen, erhoben werden, wenn die Erreichung des Gesellschaftszwecks unmöglich wird oder wenn andere in den Verhältnissen der GmbH liegende wichtige Auflösungsgründe vorhanden sind. Zu den Verhältnissen der GmbH zählen auch die Verhältnisse ihrer Gesellschafter, so dass ein tiefgreifendes Zerwürfnis unter ihnen einen Auflösungsgrund abgibt[4]. Allerdings beinhaltet die Auflösung stets das äußerste Mittel, da sie das Ende der Gesellschaft herbeiführt. Sofern der Auflösungsgrund auf andere Weise beseitigt werden kann – etwa durch Ausschluss oder Austritt des die Auflösung betreibenden

---

[1] Zur Treuepflicht im Zusammenhang mit der Fassung von Auflösungsbeschlüssen: 2. C. 43.

[2] Beispiel: KG ZIP 2000, 2253.

[3] 2. F. 195.

[4] Beispielsfall 2. F. 13; BGH NJW 1999, 3779.

Gesellschafters –, hat dieser Weg Vorrang[5]. Die Auflösungsklage wäre dann abzuweisen. Neben den gesetzlichen Auflösungsgründen kann der Gesellschaftsvertrag weitere Auflösungsgründe vorsehen (§ 60 Abs. 2 GmbHG).

2. Die Folgen der Auflösung

Die Rechtsfolgen der Auflösung sind unterschiedlich. In jedem Fall *ändert sich aber der Gesellschaftszweck*. Er ist nunmehr auf Abwicklung und Beendigung der Gesellschaft gerichtet[6]. Ist die Eröffnung des Insolvenzverfahrens Auflösungsgrund, so findet ein Insolvenzverfahren statt. Ist die GmbH vermögenslos und deshalb nach § 394 FamFG gelöscht, so erübrigt sich ein Liquidationsverfahren. In den anderen Fällen kommen §§ 65 ff. GmbHG zur Anwendung. Die Auflösung wird ins Handelsregister eingetragen (§ 65 Abs. 1 GmbHG). Die Liquidation wird im Regelfall von den Geschäftsführern durchgeführt (§ 66 GmbHG). Diese machen die Auflösung bekannt und fordern zugleich die Gläubiger auf, sich bei der Gesellschaft zu melden (§ 65 Abs. 2 GmbHG). Die Liquidatoren beenden die laufenden Geschäfte, ziehen die Forderungen der Gesellschaft ein, wandeln das Vermögen der Gesellschaft in Geld um und befriedigen die Gläubiger (§ 70 GmbHG). Das verbleibende Vermögen wird unter die Gesellschafter nach dem Verhältnis ihrer Geschäftsanteile verteilt (§ 72 GmbHG). Zuvor muss aber das Sperrjahr des § 73 GmbHG abgewartet werden. Nach Abschluss der Liquidation ist die *Gesellschaft beendet*. Sie wird im Handelsregister gelöscht (§§ 6, 29, 31 HGB). **202**

Aufgelöste, aber noch nicht beendete Gesellschaften können, wenn mit der Verteilung des Vermögens noch nicht begonnen wurde, u. U. *fortgesetzt werden*[7]. Sollte bereits mit der Verteilung angefangen worden sein, so kann die Fortsetzung beschlossen werden, wenn die Gesellschafter das Vermögen der GmbH in Höhe des Stammkapitals wieder aufgefüllt haben. Dies überprüft der Registerrichter vor der Eintragung des Fortsetzungsbeschlusses[8]. **203**

---

[5] Zu der gleich liegenden Problematik bei der OHG 1. B. 78f.; BGH NJW 1985, 1901; *Becker*, Der Austritt aus der GmbH, 1985, S. 63ff.; *Raiser/Veil* § 41 Rdz. 6; siehe aber auch den Hinweis von *Karsten Schmidt* § 38 IV 2 b) bb): Ein Austrittsrecht führe nur dann zur Subsidiarität der Auflösungsklage, wenn die Mitgesellschafter den Austritt zu akzeptablen Bedingungen hinnehmen wollen. Dem kann nicht gefolgt werden, da der Austritt stets ein akzeptabler Rechtsbehelf ist, auch wenn er klageweise durchgesetzt werden muss. Richtig ist, dass die Abfindung des Austretenden nicht unter dem Liquidationserlös liegen darf.

[6] 1. A. 188.

[7] *Gehrlein* DStR 1997, 31.

[8] *Hennrichs* ZHR 159 (1995), 593, 607.

G. Die Genossenschaft

I. Begriffsbestimmung, Erscheinungsformen und praktische Bedeutung

1   a) Nach § 1 GenG ist eine Genossenschaft eine Gesellschaft von nicht geschlossener Mitgliederzahl, welche *die Förderung des Erwerbs oder der Wirtschaft ihrer Mitglieder* oder deren soziale oder kulturelle Belange mittels gemeinschaftlichen Geschäftsbetriebs bezweckt. Die Besonderheit der Genossenschaft gegenüber den übrigen Korporationen liegt also in ihrem Zweck. Die Genossenschaft unterstützt die Erwerbstätigkeit oder die sozialen/kulturellen Belange ihrer Mitglieder[1]. Sie kann aber auch Mitglieder haben, die diese Förderleistung nicht in Anspruch nehmen (§ 8 Abs. 2 GenG)[2]. Der Zweck einer Genossenschaft liegt also nicht in der Gewinnerzielung.

2   b) Nach § 17 Abs. 1 GenG hat die Genossenschaft als solche selbständig ihre Rechte und Pflichten. Nach § 13 GenG hat die Genossenschaft vor der Eintragung im Genossenschaftsregister diese Rechte nicht. Die Rechtsfähigkeit als Genossenschaft wird also mit der Eintragung im Register erworben. Nach § 17 Abs. 2 GenG gilt die Genossenschaft als *Kaufmann*, unabhängig davon, welche Tätigkeit sie ausübt.

3   In der Praxis sind die Kreditgenossenschaften (etwa die Volks- und Raiffeisenbanken, Sparda-Banken) von besonderer Bedeutung. Hinzu treten zahlreiche Einkauf- und Absatzgenossenschaften, Produktions-, Verbraucher- und Wohnungsbaugenossenschaften. Im Ganzen gibt es etwa 8.000 Genossenschaften mit circa 20 Mio. Mitgliedern[3]. Von den Landwirten sind z. B. 80% und von den Metzgern sogar 90% Mitglied einer Genossenschaft[4].

II. Gründung und Erlangung der Rechtsfähigkeit

1. Ablauf der Gründung

4   Die Gründung einer Genossenschaft erfolgt durch Feststellung des Statuts durch die Gründer (mindestens 3 Personen, § 4 GenG). Die Gründer bestel-

---

[1] BayObLG ZfG 1987, 102, 104; *Beuthien* § 1 Rdz. 8 f.; Pöhlmann/*Fandrich*/Bloehs § 1 Rdz. 5.

[2] Sog. investierende Mitglieder, dazu *Beuthien* AG 2006, 53; *Helios*/*Strieder* DB 2005, 2794, 2797.

[3] *Beuthien* Einl. Rdz. 17; *Hirte* DStR 2007, 2166, 2168.

[4] *Hirte* DStR 2007, 2166, 2168.

len den Aufsichtsrat und den Vorstand (§ 9 GenG)[1]. Die zu gründende Genossenschaft muss sodann von einem Prüfungsverband zum Beitritt zugelassen werden (siehe § 11 Abs. 2 Nr. 3 GenG). Der Vorstand meldet die Genossenschaft zur Eintragung ins Genossenschaftsregister an. Sofern die Prüfung des Registerrichters ergibt, dass die Genossenschaft ordnungsgemäß errichtet und angemeldet ist, erfolgt *die Eintragung ins Genossenschaftsregister*, wenn nicht das Gericht der Ansicht ist, dass eine Gefährdung der Belange der Mitglieder oder der Gläubiger der Genossenschaft zu besorgen ist (§ 11 a GenG). Mit der Eintragung entsteht die Genossenschaft als juristische Person (§§ 13, 17 GenG). Für die Vor-Genossenschaft gilt das Recht der Vor-GmbH entsprechend[2].

2. Statut

a) Inhalt und Form

§§ 6, 7 GenG legen fest, welchen Inhalt das Statut der Genossenschaft   5
haben muss. Hierzu zählen etwa Firma, Sitz und Gegenstand des Unternehmens (§ 6 Nr. 1, 2 GenG) sowie Regelungen über die Art der Einberufung der Generalversammlung und über die Form, in welcher die Bekanntmachungen der Genossenschaft erfolgen (§ 6 Nr. 4, 5 GenG). Von besonderer Bedeutung sind Bestimmungen darüber, ob die Genossen im Fall der Insolvenz der Genossenschaft Nachschüsse zur Insolvenzmasse zu leisten haben. Gerade die Pflicht zur Leistung solcher, u. U. in der Höhe sogar unbeschränkter Nachschüsse kann das Risiko der Beteiligung an einer Genossenschaft ganz erheblich anwachsen lassen[3]. Die Satzung muss auch den Betrag festlegen, bis zu welchem sich die Genossen mit Einlagen beteiligen können (§ 7 Nr. 1 GenG). Außerdem muss die Bildung einer gesetzlichen Rücklage zur Deckung von Verlusten vorgesehen werden. Weitere Bestimmungen können im Statut getroffen werden (siehe §§ 7 ff. GenG). Von besonderer praktischer Bedeutung ist dabei § 8 Abs. 1 Nr. 5 GenG. Nach dieser Bestimmung kann das Statut auch bestimmen, dass der Geschäftsbetrieb der Genossenschaft auch das Geschäft mit Nichtmitgliedern erfasst. Da der Zweck der Genossenschaft aber die Förderung ihrer Mitglieder ist, darf dieses Nichtmitgliedergeschäft nicht völlig im Vordergrund der Tätigkeit der Genossenschaft stehen[4]. Das Statut muss *schriftlich* niedergelegt werden (§ 5 GenG).

---

[1] Hat die Genossenschaft nicht mehr als 20 Mitglieder, kann auf den Aufsichtsrat verzichtet werden, § 9 Abs. 1 S. 2 GenG.
[2] BGH ZIP 2002, 353; dazu *Beuthien* WM 2002, 2261.
[3] Beispiel LG Berlin EWiR 2007, 655.
[4] *Glenk* WiB 1996, 233, 236 f.

b) Treuepflicht und Gleichbehandlungsgebot

6 Ungeschriebener Inhalt jedes Genossenschaftsstatuts ist das Gleichbehandlungsgebot und die Treuepflicht[5]. Insoweit gilt nichts anderes als in allen anderen Personengesellschaften und Körperschaften auch[6].

7 In dem Fall BGH ZIP 1993, 384 enthielt das Statut einer Genossenschaft Düsseldorfer Taxiunternehmen, die nach ihrem Geschäftsgegenstand eine Funkzentrale zur Vermittlung von Fahraufträgen für die Mitglieder betreibt, folgende Regelung: Mitglied kann nicht werden, wer in Düsseldorf einer anderen Vereinigung angehört, deren Geschäftsgegenstand die Fahrtenvermittlung mit Pkws ist. Die Landeskartellbehörde untersagte der Genossenschaft die Durchführung dieser Bestimmung unter Berufung auf § 1 GWB. Hiergegen wandte sich die Genossenschaft.

In dem Urteil wird dargelegt, dass die genannte Bestimmung des Statuts Taxiunternehmen daran hindert, neben den Vermittlungsdiensten der Betroffenen auch noch die Dienste weiterer Taxivermittlungszentralen in Anspruch zu nehmen und daher wettbewerbsbeschränkend wirke. Dies allein kann aber das Vorliegen eines Verstoßes gegen § 1 GWB noch nicht rechtfertigen. Vielmehr geht man allgemein davon aus, dass § 1 GWB nicht anwendbar ist, wenn die Regelung des Statuts erforderlich ist, um den Zweck oder die Funktionsfähigkeit der Genossenschaft zu sichern. Auf diese Weise will man den berechtigten und vom Gesetz durch die Zulassung von Genossenschaften anerkannten Interessen von Genossenschaften Rechnung tragen[7]. Demgemäß musste geprüft werden, ob das Verbot der Doppelmitgliedschaft zur Sicherung des Zwecks oder der Funktionsfähigkeit der Genossenschaft erforderlich war. Unter Berufung auf die Treuepflicht der Genossen gegenüber ihrer Genossenschaft hatte die betroffene Genossenschaft vorgetragen, sie könne und müsse von ihren Mitgliedern schlechthin verlangen, auf die Mitgliedschaft in einer weiteren Vereinigung zu verzichten, deren erklärtes Ziel es sei, der Genossenschaft im Kernbereich ihrer Tätigkeit Konkurrenz zu machen und zu ihren Lasten Marktstärke zu gewinnen. Dem folgt das Urteil nicht. Zwar erkennt es die Treuepflicht der Genossen gegenüber der Genossenschaft an, meint aber, es bestehe nicht die Gefahr, dass die Mitglieder Zugang zu sensiblen Daten über den Geschäftsbetrieb der Genossenschaft erhielten, die sie an Konkurrenzunternehmen weitergeben könnten. Auch sei – entgegen den Vermutungen der Genossenschaft – nicht zu befürchten, dass es bei Zulassung einer Doppelmitgliedschaft zu Misshelligkeiten unter den Genossen komme. Daher wurde die Untersagungsverfügung des Landeskartellamts nicht aufgehoben.

---

[5] BGH NZG 2009, 118, 120; BGH ZIP 2003, 1498, 1499 (Gleichbehandlung); *Beuthien* § 18 Rdz. 43 ff. 60 ff.; Pöhlmann/*Fandrich*/Bloehs § 18 Rdz. 14, 18 ff.

[6] 1. A. 17 ff., 25 ff.; 2. A. 13 ff.

[7] *Glenk* WiB 1996, 233, 238.

III. Der Vorstand

1. Berechtigung zur Geschäftsführung und Vertretung

Nach §§ 24 Abs. 1, 26 Abs. 1 GenG wird die Genossenschaft durch ihren **8**
Vorstand vertreten. § 27 Abs. 1 S. 2 GenG legt fest, dass der Vorstand *Beschränkungen seiner Geschäftsführungsbefugnis* zu beachten hat, die das Statut festsetzt. Wie eng diese Bindungen sein dürfen, die das Statut dem Vorstand auferlegt, ist im Einzelnen noch offen. Insbesondere ist umstritten, ob die Generalversammlung dem Vorstand bei entsprechender Satzungsbestimmung Weisungen erteilen darf[1]. Klar ist aber, dass solche Beschränkungen der Geschäftsführungsbefugnis keine Auswirkungen auf die Vertretungsmacht des Vorstands haben (§ 27 Abs. 2 S. 1 GenG).

2. Bestellung und Anstellung

Der Vorstand besteht, sofern die Genossenschaft mehr als 20 Mitglieder **9**
hat, mindestens aus 2 Personen (§ 24 Abs. 2 GenG). Wenn das Statut nichts anderes vorsieht, wird er *von der Generalversammlung bestellt*. Vorstandsmitglieder können nur Mitglieder werden (§ 9 Abs. 2 S. 1 GenG). Ein Widerruf der Bestellung ist jederzeit möglich (§ 24 Abs. 3 S. 2 GenG). Das Anstellungsverhältnis ist meist ein Dienstvertrag. Erhält das Vorstandsmitglied keine Vergütung, so liegt ein Auftragsverhältnis vor. Bei Abschluss des Anstellungsvertrages wird die Genossenschaft von ihrem Aufsichtsrat vertreten (§ 39 GenG). Gleiches gilt für die Führung von Prozessen der Genossenschaft gegen (auch ehemalige) Vorstandsmitglieder[2]. Wenn die Genossenschaft keinen Aufsichtsrat hat, muss die Generalversammlung einen Bevollmächtigten bestimmen (§ 39 Abs. 1 S. 2 GenG).

IV. Der Aufsichtsrat

a) *Der Aufsichtsrat besteht*, sofern das Statut nichts anderes festsetzt, aus **10**
3 Mitgliedern. Diese werden von der Generalversammlung gewählt (§ 36 Abs. 1 GenG), wobei nur Genossen wählbar sind (§ 9 Abs. 2 S. 1 GenG). Da die Genossenschaft nicht der Gewinnerzielung dient, dürfen die Mitglieder des Aufsichtsrats auch keine Tantiemen erhalten (§ 36 Abs. 2 GenG). Ein Widerruf der Bestellung durch die Generalversammlung ist jederzeit möglich (§ 36 Abs. 3 GenG). Hat eine Genossenschaft mehr als 500 Arbeitnehmer, so ist der Aufsichtsrat zu einem Drittel mit Arbeitnehmervertretern zu

---

[1] *Beuthien* § 27 Rdz. 8; Pöhlmann/*Fandrich*/Bloehs § 27 Rdz. 7.
[2] BGH NZG 2005, 560; BGH NJW 1998, 1646; *Bayer* DStR 1999, 1815, 1817.

besetzen (§ 1 Abs. 3 DrittelbG). Sollte eine Genossenschaft sogar mehr als 2000 Arbeitnehmer beschäftigen, so gelten § 7 MitbestG: Der Aufsichtsrat ist zur Hälfte mit Arbeitnehmervertretern zu besetzen.

11   b) Der Aufsichtsrat *überwacht die Geschäftsführung* des Vorstands. Zu diesem Zweck steht ihm gegenüber dem Vorstand ein umfassendes Auskunfts- und Einsichtsrecht zu (§ 38 Abs. 1 GenG). Auch hat er die Generalversammlung einzuberufen, wenn dies im Interesse der Genossenschaft geboten ist (§ 38 Abs. 2 GenG). Weitere Aufgaben können dem Aufsichtsrat durch das Statut zugewiesen werden (§ 38 Abs. 3 GenG). Hat die Genossenschaft nicht mehr als 20 Mitglieder, so kann in der Satzung auf einen Aufsichtsrat verzichtet werden (§ 9 Abs. 1 S. 2 GenG).

V. Die Generalversammlung

12   In der Generalversammlung üben die Genossen ihre Rechte in den Angelegenheiten der Genossenschaft aus (§ 43 GenG). Sie ist das *oberste Willensbildungs- und Entscheidungsorgan* der Genossenschaft[1]. Die Generalversammlung ist zuständig für die Wahl und Abberufung von Vorstands- und Aufsichtsratsmitgliedern (§ 24 Abs. 2, § 36 Abs. 1, 3 GenG) sowie deren Entlastung (§ 48 Abs. 1 S. 2 GenG). Sie stellt den Jahresabschluss fest und beschließt über die Verwendung des Jahresergebnisses sowie über die Deckung eines eventuellen Fehlbetrags (§ 48 Abs. 1 GenG). Sie beschließt auch über Änderungen des Statuts (§ 16 GenG) sowie über die Auflösung der Genossenschaft (§ 78 GenG). Diese Aufzählung ist nicht abschließend. Das Gesetz sieht weitere Zuständigkeiten vor.

13   In der Generalversammlung wird wie im Verein und nach dem gesetzlichen Leitbild auch in den Personengesellschaften *nach Köpfen abgestimmt* (§ 43 Abs. 3 S. 1 GenG). Mehrstimmrechte können im Statut vorgesehen werden. Doch sind insoweit die Beschränkungen von § 43 Abs. 3 S. 3 GenG zu beachten.

14   Hat eine Genossenschaft mehr als 1500 Mitglieder, so kann an die Stelle der Generalversammlung eine *Vertreterversammlung* treten (§ 43 a Abs. 1 GenG)[2].

---

[1] *Kübler/Assmann* § 13 II 4.
[2] *Hirte* DStR 2007, 2166, 2170.

VI. Die Finanzverfassung der Genossenschaft

1. Geschäftsanteil und Geschäftsguthaben

Unter einem *Geschäftsanteil* versteht das GenG *den Betrag, bis zu wel-* **15**
chem sich die einzelnen Mitglieder mit Einlagen beteiligen können (§ 7
Nr. 1 GenG). Dieser Betrag muss in der Satzung festgelegt werden und für
alle Mitglieder gleich hoch sein. Es muss in der Satzung auch bestimmt werden, zu welchen Einzahlungen auf den Geschäftsanteil jeder Genosse verpflichtet ist. Diese müssen für ein Zehntel des Geschäftsanteils nach Betrag
und Zeitpunkt der Zahlungspflicht im Statut niedergelegt sein. Für weitergehende in der Satzung vorgesehene Pflichteinzahlungen bestimmt die Generalversammlung die Fälligkeit (§ 50 GenG). Durch Änderung des Statuts
kann die Höhe der geschuldeten Pflichteinzahlungen herauf- und herabgesetzt werden[1]. Erfolgt eine Herabsetzung, so ist § 22 GenG zu beachten.
Nach § 7 a GenG kann im Statut auch bestimmt werden, dass sich die Genossen mit *mehr als einem Geschäftsanteil* beteiligen können oder müssen[2].

Von dem Geschäftsanteil zu unterscheiden ist das *Geschäftsguthaben*. **16**
Dies ist *der Betrag, mit dem der Genosse in einem bestimmten Zeitpunkt
tatsächlich an der Genossenschaft beteiligt ist.* Das Geschäftsguthaben besteht also aus der Summe der auf den Geschäftsanteil geleisteten Einzahlungen und zugeschriebenen Gewinne abzüglich der Verluste. Die Höhe des
Geschäftsguthabens bestimmt den Gewinn- und Verlustanteil des Genossen
(§ 19 Abs. 1 GenG). Vor dem Ausscheiden des Genossen darf das Geschäftsguthaben an ihn nicht ausgezahlt werden (§ 22 Abs. 4 GenG). Als Rückzahlungen gelten auch verdeckte Erstattungen, wie sie etwa durch überhöhte
Zahlungen erbracht werden, sofern aufgrund dieser Leistungen das zur Erhaltung des in der Bilanz insgesamt ausgewiesenen Geschäftsguthabens be-
nötigte Vermögen der Genossenschaft angegriffen wird[3].

2. Die Nachschusspflicht

Im Statut ist festzulegen, ob die Genossen für den Fall, dass die Gläubiger **17**
in der Insolvenz der Genossenschaft nicht befriedigt werden, Nachschüsse
zu leisten haben. Diese Nachschüsse können in unbeschränkter Höhe oder
auch nur in beschränkter Höhe vorgesehen werden (§ 6 Nr. 3 GenG). Zwingend ist die Vereinbarung einer Nachschusspflicht nicht. Die Nachschüsse

---

[1] Siehe BGHZ 56, 106: Einfügung einer Pflicht zur Übernahme weiterer Geschäftsanteile.
[2] Beispielsfall BGHZ 56, 106.
[3] BGH ZIP 1997, 927; allgemein *Bayer* DStR 1999, 1815, 1818.

werden vom Insolvenzverwalter geltend gemacht und gemäß der Regel des § 105 GenG in die Insolvenzmasse geleistet[4].

3. Die Pflichtprüfung

18   Jede Genossenschaft muss Mitglied in einem Prüfungsverband sein (§ 54 GenG)[5]. Der Prüfungsverband ist meistens ein rechtsfähiger Verein (§ 63 b Abs. 1 GenG), dem das Prüfungsrecht von einer staatlichen Behörde verliehen wurde (§ 63 GenG). Eine Genossenschaft hat, sofern nicht besondere Gründe vorliegen, einen Anspruch auf Aufnahme in einen Prüfungsverband[6]. *Aufgabe dieses Prüfungsverbandes* ist es, mindestens alle 2 Jahre – bei Genossenschaften mit einer Bilanzsumme von über 2 Mio. Euro jedes Jahr – die wirtschaftlichen Verhältnisse und die Ordnungsmäßigkeit der Geschäftsführung zu überprüfen (§ 53 GenG)[7]. Eine Prüfung nach Art von § 316 HGB durch Abschlussprüfer erfolgt nicht. Sie wird durch die geschilderte Pflichtprüfung ersetzt. Da die Genossenschaft kein festes Grundkapital hat und auch kein Genosse zwingend für die Schulden der Genossenschaft aufkommt, ist diese vom Gesetz vorgeschriebene Prüfung zum Schutz der Gläubiger unabdingbar.

19   Zur *Durchführung der Prüfung* haben die Prüfer ein umfassendes Auskunfts- und Einsichtsrecht (§ 57 Abs. 1 GenG). Über das voraussichtliche Ergebnis der Prüfung berichtet der Prüfer dem Vorstand und Aufsichtsrat in einer gemeinsamen Sitzung (§ 57 Abs. 4 GenG). Sodann erstattet der Prüfungsverband über das Ergebnis der Prüfung einen schriftlichen Bericht (§ 58 Abs. 1 GenG). Nach Beratung dieses Berichts durch Vorstand und Aufsichtsrat (§ 58 Abs. 4 GenG) ist er der Generalversammlung vorzulegen (§ 59 Abs. 1 GenG).

VII. Die Förderbeziehung zwischen Genossenschaft und Mitglied

20   Die Genossenschaft fördert definitionsgemäß den Erwerb oder die Wirtschaft ihrer Mitglieder (§ 1 Abs. 1 GenG). Die Mitglieder haben hierfür normalerweise ein bestimmtes Entgelt zu leisten. Die Satzung kann aber auch vorsehen, dass ein Mitglied die Förderleistung der Genossenschaft nicht

---

[4] Beispielsfall OLG Schleswig ZIP 2005, 617.
[5] Diese Bestimmung ist verfassungsgemäß: BVerfG NJW 2001, 2617.
[6] *Beuthien* § 54 Rdz. 10; *Kübler/Assmann* § 13 II 6 b) bb).
[7] Der Prüfungsverband kann im Rahmen von § 63 b Abs. 4 GenG nach seinem Statut weitere Aufgaben haben. Es muss aber jeder Genossenschaft, die Mitglied des Verbandes ist, möglich sein, nur die Pflichtprüfung zu beanspruchen und auch nur hierfür den Beitrag zu leisten (BGHZ 130, 243).

nutzt sondern nur investiert (§ 8 Abs. 2 GenG). Bei der Entscheidung darüber, ob und wie diese „Förderleistung" erbracht wird, hat die Genossenschaft das *Gleichbehandlungsgebot* zu wahren und aufgrund ihrer Sonderrechtsbeziehung zu den Genossen auf die Belange der einzelnen Genossen angemessen Rücksicht zu nehmen[1].

Die Förderbeziehung und die Gegenleistung des Genossen können nach Ansicht der Judikatur auf zwei grundverschiedenen Wegen erbracht werden, nämlich *entweder auf mitgliedschaftlicher Basis oder aufgrund eines normalen schuldrechtlichen Vertrages*[2]. Welchen Weg die Genossenschaft wählt, ist von erheblicher praktischer Bedeutung, da bei einer Abwicklung auf mitgliedschaftlicher Basis die Regeln des Gesellschaftsrechts, bei einer Abwicklung auf rein schuldrechtlicher Basis die Regeln für Austauschverträge, insbesondere § 305 ff. BGB, zur Anwendung kommen[3]. Beim Geschäft mit Nichtmitgliedern, das der Genossenschaft bei entsprechender Gestaltung des Statuts auch möglich ist (§ 8 Abs. 1 Nr. 5 GenG), kommt selbstverständlich nur eine rein schuldrechtliche Basis in Frage. **21**

In dem Fall BGHZ 103, 219 war die Klägerin eine Genossenschaft von Taxiunternehmen. Sie betrieb eine Telefon- und Funkzentrale sowie einen Computer zur elektronischen Datenverarbeitung von Krankentransporten. Nach § 11 ihres Statuts hat jedes Mitglied die Pflicht, die festgesetzten Entgelte für die Benutzung der Einrichtungen der Klägerin bis zur Beendigung der Mitgliedschaft zu bezahlen. Der Beklagte war mit 2 Taxen Mitglied der Klägerin gewesen, hatte aber im April 1983 die Mitgliedschaft gekündigt. Nach § 5 des Genossenschaftsstatuts konnte die Mitgliedschaft mit einer Frist von 12 Monaten zum Ende des Geschäftsjahres gekündigt werden. Die Klägerin verlangte das Entgelt von DM 316,– pro Taxe und Monat. Die Beklagte war der Ansicht, dass sie, da sie die Einrichtungen der Klägerin seit April 1983 nicht mehr in Anspruch nahm, auch kein Entgelt mehr schuldete. Sie berief sich hierfür auch auf § 309 Nr. 9 BGB. **22**

---

[1] Dies muss unabhängig davon gelten, wie die Rechtsbeziehung zwischen Genossenschaft und Genosse ausgestaltet ist (korporationsrechtlich oder rein schuldrechtlich), dazu sogleich. Denn die Genossenschaft kann sich dieser Pflicht nicht durch eine bestimmte Ausgestaltung der Förderbeziehung zum Genossen entziehen. Wie hier in Bezug auf das Gleichbehandlungsgebot *Michel*, Die Fördergeschäftsbeziehung zwischen Genossenschaft und Mitglied, 1987, S. 94 ff., der aber davon ausgeht, dass die Förderbeziehung in erster Linie nach schuldrechtlichen Regeln zu beurteilen ist; zum Gleichbehandlungsgebot in diesem Zusammenhang *Beuthien* § 18 Rdz. 61; *Großfeld/Aldejohann* BB 1987, 2377, 2380 f.

[2] A. A. *Michel*, Die Förderbeziehung zwischen Genossenschaft und Mitglied, 1987, S. 15 ff. und *Hadding* WM 1988, 1466 f., die davon ausgehen, es seien stets schuldrechtliche Regeln anwendbar, wobei aber besondere Grenzen des Genossenschaftsrechts zu beachten seien.

[3] In BGH ZIP 2003, 343 ging es um die Anwendbarkeit der Regeln für Vereinsstrafen 2. A. 72; in BGH WM 2003, 1021 bestand eine mitgliedschaftliche Verpflichtung zum Abschluss eines Pachtvertrages.

Das Urteil führt aus, dass die wirtschaftliche (Austausch-) Beziehung zwischen der Genossenschaft und ihren Mitgliedern entweder individualrechtlicher oder korporationsrechtlicher Art sein könne. Im ersteren Fall entstünden rein schuldrechtliche Beziehungen. Das Mitglied trete seiner Korporation wie ein außenstehender Dritter gegenüber. Habe das Rechtsverhältnis dagegen das Statut zur Grundlage, so gehöre es, sofern es sich nicht um einen unechten Bestandteil des Statuts handele[4], der korporationsrechtlichen Sphäre an. In dem Urteil wird sodann gesagt, dass hier eine korporationsrechtliche Grundlage gewählt worden sei. Denn die Verpflichtung zur Benutzung der Einrichtungen der Klägerin beruhe unmittelbar auf dem Statut und sei an Beginn und Ende der Mitgliedschaft gebunden. Auch betreffe sie die wichtigste Förderleistung der Klägerin. Daher sei § 309 Nr. 9 BGB wegen § 310 Abs. 4 BGB nicht anwendbar. Dem wird man folgen können[5].

VIII. Erwerb und Verlust der Mitgliedschaft

1. Erwerb der Mitgliedschaft

23   Der Erwerb der Mitgliedschaft in einer Genossenschaft erfolgt einmal durch *Beteiligung an der Gründung*. Es wird eine Liste der Mitglieder angefertigt, in die bestimmte Angaben über die Mitglieder aufzunehmen sind (§ 30 GenG). Möglich ist auch ein späterer Beitritt. Mit *Zulassung des Beitretenden* durch die Genossenschaft wird der Beitretende Mitglied[1]. Die anschließende Eintragung in die Liste hat lediglich deklaratorische Bedeutung (§ 15 GenG)[2].

24   Nach allgemeiner Meinung ist eine *Übertragung der Mitgliedschaft* nicht möglich, auch nicht, wenn das Statut dies ausdrücklich vorsieht[3]. Da aber das Geschäftsguthaben auf ein anderes Mitglied oder jemanden, der Mitglied werden will, übertragen werden kann (§ 76 GenG), leuchtet diese Annahme nicht so recht ein[4], zumal in allen anderen Gesellschaftsformen eine Übertragung möglich ist. Die Mitgliedschaft kann auch vererbt werden. Sofern das Statut nichts anderes bestimmt, endet die vererbte Mitgliedschaft aber mit Ablauf des Geschäftsjahres, in dem der Erbfall eingetreten ist (§ 77 GenG).

---

[4] Dazu oben 2. C. 13.

[5] Ausführlich dazu *Grunewald*, FS Semler, 1993, S. 179, 181 ff; kritisch *Bieder* ZHR 174 (2010) S. 705, 719 ff.

[1] In OLG Schleswig ZIP 2005, 617 bestanden Streitigkeiten über die Wirksamkeit des Beitritts.

[2] *Hirte* DStR 2007, 2166, 2172.

[3] RGZ 87, 408, 410.

[4] *Beuthien*, FS Wiedemann, 2002, S. 755, 761.

2. *Verlust der Mitgliedschaft*

Mit dem Tod eines Genossen verliert dieser seine Mitgliedschaft. Daneben **25**
besteht nach § 65 GenG eine *Austrittsmöglichkeit.* Diese setzt eine Kündigung des Genossen voraus, die mindestens 3 Monate vorher zum Ende des
Geschäftsjahres erfolgen muss. Das Statut kann regelmäßig keine längere
als eine 5-jährige Kündigungsfrist vorsehen (§ 65 Abs. 2 GenG). Auch diese
5-jährige Frist muss nicht eingehalten werden, wenn dem Genossen dies
nicht zugemutet werden kann (§ 65 Abs. 3 GenG)[5]. Es liegt auf der Hand,
dass diese und die in §§ 67, 67 a GenG vorgesehenen Kündigungsmöglichkeiten für die Genossen von großem Vorteil sind. Zugleich machen sie aber
die Rechtsform der Genossenschaft wegen des oftmals mit der Kündigung
verbundenen Kapitalabzugs unattraktiv und führen dazu, dass andere Organisationsformen vorgezogen werden[6]. Auch *Gläubiger* eines Genossen können eine solche *Kündigung herbeiführen* (§ 66 GenG). Von der Möglichkeit
zur Übertragung des Geschäftsguthabens, die ebenfalls zum Ausscheiden
des Genossen führt, war schon die Rede. Ebenfalls möglich ist die Ausschließung eines Genossen (§ 68 GenG).

Der Vorstand hat in den Fällen von §§ 65 bis 67 a, 68 GenG das *Ausschei-* **26**
den in die Liste der Genossen einzutragen (§ 69 GenG). Eine ähnliche Regelung gilt für das Ausscheiden infolge der Übertragung des Geschäftsguthabens (§ 76 Abs. 2 GenG).

Mit seinem Ausscheiden erhält der Genosse einen *Anspruch auf Auszah-* **27**
lung seines Geschäftsguthabens (§ 73 Abs. 2 GenG)[7]. Das gilt allerdings
nicht, wenn die Satzung ein Mindestkapital vorsieht und dieses durch die
Auszahlung unterschritten würde (§ 8a GenG). Ein Anspruch besteht auch
nicht, wenn das Ausscheiden auf der Übertragung des Geschäftsguthabens
beruht. Dann erhält der Genosse die „Gegenleistung" für sein Geschäftsguthaben von dem Erwerber.

---

[5] Ein noch weitergehendes Kündigungsrecht befürwortet *Schneider*, FS Fleck, 1988, S. 297 ff.
[6] *Hirte* DStR 2007, 2166, 2172 f.; *Karsten Schmidt* § 41 III 1.
[7] Zur Berechnung BGH ZIP 2003, 1498.

H. Die Europäische Genossenschaft

1   Der Rat der Europäischen Union hat eine Verordnung über das Statut der Europäischen Genossenschaft verabschiedet[1], die 2006 in Kraft getreten ist. Diese wird durch eine Richtlinie, die die Mitbestimmung regelt, ergänzt[2]. Die europäische Genossenschaft ist eine eigenständige europäische Rechtsform, ganz so wie die europäische Aktiengesellschaft und die EWIV. Der deutsche Gesetzgeber hat ein Gesetz zur Ausführung der Verordnung erlassen[3]. Die praktische Bedeutung ist gering. In der gesamten EU gibt es ungefähr zehn europäische Genossenschaften[4].

---

[1] 1435/2003 des Rates vom 22. 07. 2003; abgedruckt bei *Beuthien* SCE; gegen diese Verordnung hat das Europäische Parlament Klage vor dem EuGH erhoben: *Beuthien* Einl. SCE Rdz. 2; *Schulze* NZG 2004, 792.

[2] 2003/72/EG des Rates vom 22. 07. 2003.

[3] BGBl I S. 1911 vom 14. 08. 2006; Darstellung bei *Hirte* DStR 2007, 2217.

[4] *Fleischer* ZHR 174 (2010) S. 385, 395.

I. Der Versicherungsverein auf Gegenseitigkeit (VVaG)

a) Der Versicherungsverein auf Gegenseitigkeit *kann nur ein ganz bestimmtes Geschäft ausüben, eben das Versicherungsgeschäft* (§ 15 VAG)[1]. Die Geschäftsabwicklung erfolgt, wie sich aus § 15 VAG ergibt, auf genossenschaftliche Art und Weise. Nach dieser Norm ist ein Versicherungsverein auf Gegenseitigkeit ein Verein, der die Versicherung seiner Mitglieder nach dem *Grundsatz der Gegenseitigkeit* betreibt. Mitglied kann nur werden, wer ein Versicherungsverhältnis zu dem VVaG begründet (§ 20 S. 2 VAG). Das Versicherungsverhältnis ist integrierter Bestandteil der Mitgliedschaft[2]. Der VVaG ist nicht auf Gewinnmaximierung angelegt. Dies wäre auch nicht sinnvoll, da Gewinne aus dem Versicherungsgeschäft mit den Mitgliedern dann wieder denselben Personen – jetzt als Mitglieder des VVaG – zugute kämen. Demgemäß bestimmt § 38 VAG, dass ein eventuell doch erzielter Überschuss im Grundsatz an die Mitglieder zu verteilen ist. Neben dem Mitgliedergeschäft ist, falls die Satzung dies zulässt, auch das Nichtmitgliedergeschäft möglich (§ 21 Abs. 2 VAG). In diesem Bereich wäre es durchaus denkbar, dass auch ein VVaG auf Gewinnerzielung ausgerichtet ist, doch wird sich eine deutlich ungleiche Behandlung von Mitgliedern und Nichtmitgliedern am Markt kaum durchsetzen lassen.

Der VVaG steht im *Wettbewerb mit anderen Versicherungsunternehmen*, die aufgrund von § 7 Abs. 1 VAG vorwiegend in der Rechtsform der AG organisiert sind. Diese Konkurrenzsituation hat zur Folge, dass sich die Versicherungsbedingungen der verschiedenen Versicherungsunternehmen kaum unterscheiden. Die ganz unterschiedliche juristische Ausgestaltung – einmal Versicherungsverhältnis als Bestandteil der Mitgliedschaft und einmal als schuldrechtliches Vertragsverhältnis, wobei Vertragspartner eine auf Gewinnerzielung ausgerichtete Kapitalgesellschaft ist – hat also keine aus dem Versicherungsverhältnis unmittelbar ablesbare Folgen. Dem entspricht, dass der BGH Allgemeine Versicherungsbedingungen auch dann §§ 305 ff. BGB unterwirft, wenn sie Bestandteil der Satzung eines VVaG sind[3].

b) Schon § 15 VAG bringt zum Ausdruck, dass der VVaG ein Verein ist. Da sein Ziel ebenso gut in der Rechtsform der AG verfolgt werden kann, ist

---

[1] In dem Fall BGH ZIP 1995, 1272 hatten die Mitglieder eines VVaG beschlossen, den VVaG ohne Geschäftstätigkeit nicht aufzulösen, sondern fortzuführen. Das ist nicht möglich.

[2] Siehe BGH ZIP 1995, 1272: Eine Mitgliedschaft im VVaG ohne gleichzeitige Versicherung kann es nicht geben.

[3] BGH ZIP 1997, 2123; dazu *Baumann* JZ 1999, 881, 885 f.; *Benkel*, Der Versicherungsverein auf Gegenseitigkeit, 2002, S. 126.

er ein *wirtschaftlich tätiger Verein*[4]. Die Rechtsfähigkeit erwirbt er demgemäß durch staatliche Verleihung (§ 15 VAG). Mit dieser Verleihung erhält der VVaG zugleich die Erlaubnis zur Ausübung des Versicherungsgeschäfts.

4   Organe des VVaG sind Vorstand, Aufsichtsrat und Mitgliederversammlung, die aber, vergleichbar der Genossenschaft, durch eine Vertreterversammlung ersetzt werden kann.

---

[4] 2. A. 27.

Dritter Teil:

Gesellschaft ausländischer Rechtsform

Neben den geschilderten deutschen Gesellschaften können auch auslän- **1**
dische Gesellschaften auf dem deutschen Markt aktiv werden. Gesellschaften
aus *EU-Ländern leben in Deutschland im Grundsatz nach ihrem Heimat-
recht* und zwar auch dann, wenn sie in dem Land ihrer Gründung keinerlei
wirtschaftliche Aktivitäten entfalten[1]. Der EuGH hat festgestellt, dass dies
aus der in Art. 49 AEUV garantierten Niederlassungsfreiheit folgt. Gleiches
gilt für Gesellschaften aus den USA[2] und den EFTA-Staaten[3].

Allerdings sind auch diese Auslandgesellschaften dem *deutschen Delikts-* **2**
und Insolvenzrecht unterworfen[4]. Dies hat zur Folge, dass nur diejenigen
gläubigerschützende Normen auf Auslandsgesellschaften zur Anwendung
kommen, die dem deutschen Insolvenz- bzw. Deliktsrecht zuzurechnen sind,
nicht aber Bestimmungen des deutschen Gesellschaftsrechts. Dem steht eine
Sichtweise gegenüber nach der für jede Norm geprüft werden muss, ob sie
– gemessen am Maßstab der Niederlassungsfreiheit auf EU-Auslandgesell-
schaften – anwendbar ist[5]. Was aus diesen Grundsaussagen für die Geltung
einzelner Bestimmungen folgt, ist weitgehend noch ungeklärt[6]. Gleiches gilt
für eine ebenfalls in der Literatur vertretenen Ansicht, nach der deutsches
Recht nur dann zur Anwendung kommt, wenn dies durch zwingende Erfor-

---

[1] EuGH ZIP 1999, 438 (Centros); ZIP 2002, 2037 (Überseering); ZIP 2003, 1885 (In-
spire Art); dazu *Eidenmüller* JZ 2004, 24; *Kindler* NJW 2003, 1073; *Wertenbruch* NZG
2003, 618 ff.

[2] BGH ZIP 2003, 720; BGH ZIP 2004, 2230.

[3] Dazu BGH ZIP 2005, 1869, auch zu dem Sonderfall Schweiz *Hagen* WM 2007, 868,
872.

[4] Überblick bei *Bayer* BB 2004, 1, 4; *Riegger* ZGR 2004, 510, 525 f.; *Zimmer* NJW
2003, 3585, 3588 f.

[5] *Bitter* WM 2004, 2190; *Habersack* § 3 Rdz. 24; *Goette* ZIP 2006, 541, 543.

[6] Schilderung bei *Fischer* ZIP 2004, 1477; *Osterloh-Konrad* ZHR 172 (2008), 274,
298 ff. zur Existenzvernichtungshaftung.

dernisse des Allgemeininteresses bzw. auf Grund des Missbrauchsgedankens gerechtfertigt ist[7].

---

[7] Dazu *Kieninger* ZEuP 2004, 685, 696.

Vierter Teil:

Grundfragen des Gesellschaftsrechts

Zusammenfassung

Die ersten beiden Teile dieses Buches haben eine Fülle von Problemen und **1** Problemlösungen aufgezeigt. Viele Fragestellungen tauchten bei der Behandlung jeder Rechtsform auf, manche waren rechtsformspezifisch. Auch die Problemlösungen waren bisweilen dieselben. Gleichwohl verliert sich in der Fülle der Details leicht das Gemeinsame und auch der Blick für die Unterschiede. In diesem letzten Teil soll daher versucht werden, die Konfliktsituationen, mit denen es das Gesellschaftsrecht in erster Linie zu tun hat, aufzuzeigen und die verschiedenen Lösungen, die unsere Rechtsordnung dafür bereit hält, noch einmal anzusprechen.

I. Formen des Gläubigerschutzes

a) Eine Grundproblematik des Gesellschaftsrechts beinhaltet die Frage **2** nach dem Schutz der Gläubiger. Bei jeder Korporation – verstanden als Oberbegriff von Personengesellschaften und Körperschaften – besteht die Gefahr, dass die Mitglieder das dem gemeinsamen Zweck gewidmete und damit dem Gläubigerzugriff in erster Linie zur Verfügung stehende Vermögen zu ihrem eigenen Vorteil gering halten. Zum Schutz der Gläubiger kann eine unmittelbare *Haftung der Gesellschafter* gegenüber den Gläubigern mit ihrem außerhalb der Gesellschaft angesammelten Vermögen vorgesehen werden. Dies findet sich in unbeschränkter Höhe und bei allen Gesellschaftern bei der BGB-Gesellschaft, der OHG und der Partnerschaftsgesellschaft. Bei der KG und der KGaA haftet nur ein Teil der Gesellschafter in unbeschränkter Höhe. In beschränkter Höhe, aber unmittelbar, haftet der andere Teil der Gesellschafter bei der KG. In den Auswirkungen ähnlich, aber von der gesetzlichen Konzeption anders, liegt die Nachschusspflicht bei Genossenschaften. Die Genossen haften hier nicht unmittelbar gegenüber den Gläubigern, sondern werden vom Insolvenzverwalter auf Zahlung in die Insolvenzmasse in Anspruch genommen. Die Nachschusspflicht kann beschränkt oder unbeschränkt sein.

3   b) Das Gesetz kann auch einen ganz anderen Weg gehen und lediglich dafür Sorge tragen, dass ein *bestimmtes Kapital* von den Gesellschaftern in das Vermögen der Korporation aufgebracht und nicht wieder abgezogen wird. Dies ist das Prinzip der realen Kapitalaufbringung und -erhaltung von GmbH und AG und in einem eingeschränkten Umfang auch der Genossenschaft (§ 22 Abs. 4 S. 1 GenG). Die Höhe dieses Kapitals variiert, festgeschrieben ist bei der AG und der GmbH aber eine Mindesthöhe, wobei bei der UG (haftungsbeschränkt) diese Mindesthöhe (1 Euro) eher symbolische Bedeutung hat. Eine Kombination mit dem Grundsatz der persönlichen Haftung findet sich in der KGaA.

4   c) Daneben kann auch dem Gläubigerschutz vom Gesetz *kein besonderer Stellenwert* eingeräumt werden. Ohne persönliche Haftung und ohne vom Gesetz vorgesehene Verpflichtung zur Leistung von Kapital in bestimmter Höhe an die Korporation treten Genossenschaften und Vereine auf. Dies ist akzeptabel, da im vertraglichen Bereich die Rechtsform des Vertragspartners offen gelegt werden muss und damit jeder Gläubiger weiß, worauf er sich einlässt. Für die Begründung gesetzlicher Schuldverhältnisse besteht diese Möglichkeit des Selbstschutzes für Gläubiger allerdings nicht. Doch ist auch sonst niemand davor geschützt, durch ein gesetzliches Schuldverhältnis mit jemanden verbunden zu sein, der nicht leisten kann. Die Entscheidung der Rechtsordnung erscheint daher hinnehmbar.

II. Schutz der Minderheiten

5   Ebenfalls in jeder Korporation kann es vorkommen, dass ein Teil der Mitglieder – insbesondere aufgrund fest gefügter Mehrheitsblöcke – allein und u. U. sogar zu Lasten der Minderheit – über das Geschehen in der Korporation bestimmt. Auch diesem Problem kann auf unterschiedliche Weise Rechnung getragen werden.

6   a) Am effektivsten ist sicherlich die *Bindung der Entscheidungsfindung an die Zustimmung jedes Gesellschafters*. Dies ist das Prinzip der Geschäftsführung in der BGB-Gesellschaft. Bei Vertragsänderungen gilt auch für OHG, KG, Stille Gesellschaft und für die Partnerschaftsgesellschaft das Prinzip der Zustimmung aller. Diese Regeln sind aber dispositiv und werden vielfach dahingehend abgeändert, dass Beschlüsse wie in den übrigen Korporationsformen auch durch bestimmte Mehrheiten gefasst werden können (nicht in der Stillen Gesellschaft bei Vertragsänderungen). Unabhängig von

den Mehrheitserfordernissen stellt sich die Frage, ob ein Beschluss einer Art „*Inhaltskontrolle*„ zu unterziehen ist. Dies ist in jeder Korporation der Fall. Der Beschlussinhalt muss den Gleichbehandlungsgrundsatz wahren und der Treuepflicht gerecht werden. Dies alles dient dem Schutz der überstimmten Minderheit.

b) Daneben dient eine *Beteiligung der Gesellschafter* an der *Geschäftsführung und Vertretung* ihrem Schutz. Nach dem Gesetz sind in der BGB-Gesellschaft, in der OHG und in der Partnerschaftsgesellschaft alle Gesellschafter zur Geschäftsführung und Vertretung berechtigt. Diese Regelung ist aber weitgehend dispositiv, wobei zum Teil in diesen Gesellschaften wie auch in der KG davon ausgegangen wird, dass jedenfalls nur Gesellschafter zur sog. organschaftlichen Geschäftsführung und Vertretung zugelassen sind. Für die Genossenschaft entspricht dies der zwingenden gesetzlichen Regel. Eine effektive Form des Minderheitenschutzes liegt hierin aber nicht. Vielmehr ist gerade die Minderheit dazu prädestiniert, von der Geschäftsführung und Vertretung ausgeschlossen zu werden. Im Bereich der Geschäftsführung sorgt die actio pro socio, also das Recht jedes Gesellschafters, Ansprüche der Gesellschaft im eigenen Namen durchzusetzen, für einen gewissen Schutz der Minderheit. Dieses Recht besteht in der BGB-Gesellschaft, OHG, KG, der Partnerschaftsgesellschaft und in der GmbH. In der Genossenschaft wird es gerade entwickelt[1]. Ob es auch in Verein und AG besteht, ist umstritten[2].

c) Von Nutzen, und zwar gerade für Minderheiten (denn Mehrheiten wissen aufgrund ihres erheblichen Einflusses sowieso mehr), sind *Informationsrechte*. Ihr Umfang ist ganz unterschiedlich weit. Ein ganz umfassendes Informationsrecht hat der GmbH-Gesellschafter; Gesellschafter von BGB-Gesellschaften, OHGs und KGs haben ein Informationsrecht mittleren Umfangs. Stärker beschränkt ist das Informationsrecht des Aktionärs. Im gesetzlich niedergelegten Vereinsrecht und Genossenschaftsrecht finden sich keine Aussagen zum Informationsrecht.

d) Gerade für Minderheiten ist es wichtig, eine *Möglichkeit zum Ausscheiden* aus der Korporation zu haben. Die OHG (§§ 132, 131 Abs. 3 Nr. 3 HGB), die KG, die Partnerschaftsgesellschaft, der Verein und die Genossenschaft kennen Austrittsrechte. Bei der AG kann es sein, dass die Möglichkeit zur Veräußerung der Aktie leicht realisierbar ist. Sofern das nicht der Fall ist, stellt sich hier wie in der GmbH bei Vorliegen eines wichtigen Grundes die Frage nach einem Austrittsrecht[3]. In der BGB-Gesellschaft und in der Stillen

---

[1] *Hadding* ZfG 1993, 306.
[2] 2. A. 40, 2. C. 60.
[3] *Grunewald*, FS Claussen, 1997, S. 103; *Schindler*, Das Austrittsrecht in Kapitalgesellschaften, 1999, S. 80 ff.

Gesellschaft ist ein Austritt eine Vertragsänderung, zu der die Mitgesell-schafter nur sehr selten aufgrund ihrer Treuepflicht verpflichtet sind. Mög-lich bleibt für die BGB-Gesellschaft eine Kündigung der Gesellschaft nach § 723 BGB mit der Folge, dass die Gesellschaft zur Auflösung kommt.

III. Schutz der Gesellschafter vor „Führungseliten"

10   In jeder Korporation mit großer Mitgliederzahl ohne fest gefügte Stimm-blöcke besteht die Gefahr, dass sich die Verwaltungsspitze mehr oder weni-ger verselbständigt. Denn wenn die den Mitgliedern zustehenden *Verwal-tungsrechte durch Aufteilung auf eine Vielzahl von Personen atomisiert werden,* ist es wahrscheinlich, dass sich der persönliche Einsatz für den Ein-zelnen nicht mehr lohnt und damit eine effektive Kontrolle der Verwaltungs-spitze entfällt.

11   Da die Rechtsordnung die Mitglieder nicht zu einem persönlichen Einsatz bei der Wahrung ihrer Verwaltungsrechte zwingen will, ist diesem Problem schwer beizukommen. Möglich ist die Bekämpfung von Regeln, die dieses Phänomen noch verstärken. Das kann einmal durch die Festlegung zwin-genden Rechts mit nur geringem Raum für anders lautende Regeln gesche-hen. § 23 Abs. 5 AktG, § 18 S. 2 GenG gehen diesen Weg. Denselben Effekt kann man aber auch durch eine Inhaltskontrolle nach § 242 BGB oder § 138 BGB erreichen. Dies ist der Weg, den das Recht der BGB-Gesellschaft, der OHG, der KG, der Stillen Gesellschaft und des Vereins geht. Zugleich kann man versuchen, eine Kontrolle des Managements auf ein Organ zu verla-gern, das für diese Aufgabe geeigneter ist als die Mitgliederversammlung. Mit der Schaffung eines Aufsichtsrates, dem diese Aufgabe übertragen ist, lässt sich dieses Ziel erreichen. Über die Effizienz dieses Lösungswegs wird aber noch gestritten.

IV. Körperschaften versus Personengesellschaften

12   Dieser nur ganz knappe Streifzug durch Problemfelder und Problem-lösungsmöglichkeiten des Gesellschaftsrechts hat zugleich den Unterschied zwischen Körperschaften und Personengesellschaften gezeigt. Die Gruppe der Personengesellschaften löst die Probleme öfter gleich oder ähnlich, die Gruppe der Körperschaften löst sie vielfach anders, aber wiederum unter sich gleich oder ähnlich. Das beruht auf der bereits geschilderten Vorstellung des Gesetzgebers, dass bei den Personengesellschaften die Person des Ge-sellschafters für seine Rechte und Pflichten maßgebend ist, während sie bei den Körperschaften zurücktritt. Die Ähnlichkeit der Lösungen liefert wie-

derum eine Begründung für die Zusammenfassung der genannten Korporationsformen unter dem jeweiligen Oberbegriff. Denn eine solche Gruppie-
rung ist sinnvoll, weil sie Gleiches oder Ähnliches gemeinsam benennt. Dagegen geht es bei der Unterscheidung zwischen Körperschaften und
Personengesellschaften nicht um die Rechtsfähigkeit. Rechtsfähig sind die
genannten Korporationen alle. Die juristischen Personen sind nur ein Teil
aller Körperschaften und die Ähnlichkeit der Problemlösungswege erfasst
eigentlich alle Körperschaften. Deutlich wird dies etwa beim nicht rechtsfähigen Verein. Er ist eine Körperschaft, aber keine juristische Person. Gleiches
gilt für die Vorgesellschaft. Die eigentliche Grenzlinie verläuft also zwischen
Personengesellschaften einerseits und Körperschaften andererseits. Dem
folgt der Aufbau dieses Buches.

Stichwortverzeichnis